한국문학강의

한국문학강의 [개정판]

초판 발행 · 1994년 3월 11일
초판 20쇄 발행 · 2013년 5월 7일
개정판 발행 · 2015년 1월 5일
개정판 6쇄 발행 · 2021년 9월 27일

지은이 · 조동일, 서대석, 이혜순, 김대행, 박희병, 오세영, 조남현
발행인 · 이종원
발행처 · (주)도서출판 길벗
주소 · 서울시 마포구 월드컵로 10길 56(서교동 467-9호)
대표전화 · 02)332-0931 | **팩스** · 02)323-0586
출판사 등록일 · 1990년 12월 24일
홈페이지 · www.gilbut.co.kr | **이메일** · gilbut@gilbut.co.kr

책임편집 · 박윤조(joecool@gilbut.co.kr) | **디자인** · 강은경 | **제작** · 이순호, 손일순, 이진혁
마케팅 · 한준희, 김선영, 김윤희 | **영업관리** · 김명자, 심선숙 | **독자지원** · 송혜란, 윤정아

교정교열 및 전산편집 · P.E.N. | **CTP출력 및 인쇄** · 예림인쇄 | **제본** · 예림바인딩

ISBN 978-89-6618-888-8 03710
(길벗도서번호 040059)

값 16,000원

독자의 1초까지 아껴주는 정성 길벗출판사

(주)도서출판 길벗 | IT실용, IT/일반 수험서, 경제경영, 취미실용, 인문교양(더퀘스트) www.gilbut.co.kr
길벗이지톡 | 어학단행본, 어학수험서 www.eztok.co.kr
길벗스쿨 | 국어학습, 수학학습, 어린이교양, 주니어 어학학습, 교과서 www.gilbutschool.co.kr

한국문학강의

조동일 · 서대석 · 이혜순
김대행 · 박희병 · 오세영
조남현 공저

길벗

개정판 머리말

이 책은 한국문학에 관한 전반적인 이해를 제공하는 입문서이고 개론서다. 지금까지 많이 나온 국문학개론과 중요한 차이점이 있다면 국문 고전문학만 취급하는 관례를 시정하고 전 영역을 포괄해 균형 잡힌 서술을 한 것이다. 총설을 제대로 갖춘 것도 획기적인 변화다.

개념 논의나 사실 설명을 난삽하고 산만하게 해서 처음부터 흥미를 잃게 하는 것이 적합하지 않다고 보아, 여기서는 우선 작품의 이해에 힘쓰면서 쉽고 절실한 논의를 간명하면서도 친절하게 펴기 위해 애쓴다. 더 나아가서 한국문학의 전 영역에 걸쳐 대표적인 작품을 두루 찾아 읽고 깊이 공감을 나눈 경험을 바탕으로 문제점을 논의한다. 작품의 상호관련을 통해서 문학사의 전개를 이해할 수 있게 하는 것도 목표로 삼는다.

대학교재로서 적합한 내용이지만, 다각적인 이용이 가능하다. 고등학교 공부를 심화할 필요가 있다고 여기거나 한국문학에 관해 전반적인 이해를 새롭게 해야겠다고 생각되는 사람들에게도 충실한 안내자가 되어줄 것으로 믿는다. 대학의 강의교재, 고등학교 참고서, 일반 독서인을 위한 교양서적 사이의 두터운 장벽을 허무는 데 기여하리라 기대한다.

이 책을 지은 일곱 사람, 조동일·서대석·이혜순·김대행·박희병·오세영·조남현은 전공 영역이 각기 다르고, 연구하는 문제나 방법 또한 다양해 서로 보완하는 관계에 있다. 총설, 구비문학, 한문학, 고전시가, 고전산문, 근대시가, 근대산문을 하나씩 맡아 다루는 데 적임자라고 생각한다. 집필 계획을 면밀하게 작성하고, 취급 범위·내용 구성·집필 요령에 관해서도 통일된 방침을 채택했다. 일단 완성된 원고를 돌려 읽은 다음, 서로 점검하고 비판해 수정하는 과정도 거쳤다.

이 책은 대학교재로 널리 사용되어 거듭 간행되었다. 외국에서도 환영을 받아, 에스파냐어 번역이 2000년에 페루 리마에서, 중국어 번역이 2003년에 중국 베이징에서, 베트남어 번역이 2010년에 베트남 하노이에서 출판되었다. 이들 번역본이 한국문학 이해를 위한 교재로 긴요하게 이용되어 책 쓴 보람이 더 크다.

그런데 1994년에 책이 나오고 오랜 시간이 경과했으므로 필요한 부분을 다듬고 보태 개정판을 낸다. 최근의 연구동향을 정리하고 새로운 견해를 제시하는 작업을 충분하게 하고 싶지만 최소한으로 줄인다. 분량이 늘어나는 것이 바람직하지 않고 간명한 서술의 원칙을 지키고자 하기 때문이다. 더 알고 싶은 분들은 다시 작성한 참고문헌을 잘 이용하기 바란다.

2014년 12월
저자 일동의 생각을 조동일이 정리해서 쓴다.

차례

1부 · 초설

조동일

1. 한국문학의 범위와 영역

한국문학은 한국인 작자가 한국인 수용자를 상대로 한국어로 창작한 문학이다. 한국인은 다른 민족과 섞이지 않고 살아왔으며, 민족적 특색이 뚜렷하다. 그러므로 작자나 수용자가 한국인인가 가리는 데 아무런 어려움이 없다. 언어가 단일언어로 통일되어 있어, 한민족의 단일언어이자 한국의 국어인 한국어를 사용하는 문학이 바로 한국문학이다.

한국은 소수민족 또는 소수언어의 문제가 없는 가장 큰 나라라고 할 수 있다. 그 점에서 중국이나 일본과 다르다. 한국문학은 민족국가 문학의 좋은 본보기로, 한국문학사에서 민족국가의 문학이 형성되고 발전되어 온 전형적인 모습을 찾을 수 있다. 일본의 식민지 통치를 받는 얼마 동안 국가를 잃었지만, 그동안에도 한국인은 한국어를 지키고 한국문학을 민족문학으로 발전시켰다.

남북으로 분단되어 있는 오늘날에도 한국인은 오랜 문화유산을 함께 계승하고 있으며, 문학의 기본 양상이 서로 다르지 않다. 언어나 문학에서 보이는 남북의 이질성은 정치적인 이념이나 체제의 차이와 직결되는 것에 국한된다. 해외로 이주한 경우에도 중국 동북지방이나 중앙아시아에서는 한국어로 문학을 창작하고 있어, 넓은 의미의 한국문학은 거기까지 범위가 확대된다.

한국문학은 구비문학에서 시작되었다. 구비문학이 오늘날까지 이어지면서 기록문학의 저층 노릇을 해왔다. 중국에서 한문을 받아들여 한문학을 이룩하자, 문학의 폭이 확대되었다. 처음에는 한자를 이용해서 한국어를 표기하다가, 한국의 문자를 창안해 국문문학을 온전하게 발전시킬 수 있었다. 한국문학은 이렇게 구비문학, 한문학, 국문문학으로 이루어져 있고, 한국문학사는 이 세 가지 문학이 서로 관련을 맺으면서 성장해 온 역사다.

문학의 기본 요건이 글이 아니고 말이므로 구비문학이 문학이고, 한국의 구비문학이 한국문학이다. 얼마 동안의 논란을 거쳐, 이 점에 관한 견해가 일치하게 되었다. 국문학과에서는 으레 구비문학을 강의하고, 구비문학의 조사와 연구에 힘을 기울인다. 민요·무가·설화 등 구비문학의 오랜 유산이 아직까지 풍부하게 전승되며, 탈춤이나 판소리의 가치가 거듭 재평가되고 있다. 오늘날에는 시 창작에서 민요를 되살리려고 한다.

한문학은 한국어가 아닌 중국어를 글로 적은 한문으로 이루어져 있으므로 한국문학이 아니라고 할 수 있을 것 같다. 그러나 고전어인 한문은 중국어 구어와는 상당한 거리가 있고, 중국인뿐만 아니라 동아시아 여러 민족이 함께 쓰는 공동문어다. 그 점에서는 라틴어, 고전아랍어, 산스크리트어와 마찬가지다. 그러면서 한문은 다른 세 공동문어와는 상이하게 나라마다 발음이 다를 뿐만 아니라, 읽는 방식 또한 같지 않다. 한국에서 한국 음으로, 다른 나라에는 없는 토를 달아 읽는 한문은 한국어의 문어체다. 또한 한국어 특유의 어법이나 어휘를 받아들여 더욱 한국화한 한문도 있다.

한국 한문학은 한국의 작자가 한국의 독자를 상대로 창작해 왔으며, 한국인의 생활을 내용으로 하고, 한국문학으로서 중요한 구실을 해왔다. 한국 한문학은 구비문학을 적극 받아들이고 민중생활을 힘써 다루면서, 한문학을 민족문학으로 발전시키고자 하는 노력을 계속해 왔다. 중국에서 마련된 형식이나 표현방법을 그대로 따른 한문학 작품에서도 한국 한문학 특유의 취향이 확인된다.

한국어 기록문학은 한국어를 한자로 표기하면서 시작되었다. 한자를 받아들여 널리 사용하자, 한자를 이용해서 한국어를 표기하는 향찰鄕札을 고안할 수 있었다. 향찰은 일본의 가나假名 형성에 영향을 끼쳤으며, 베트남의 쯔놈字喃, chunom과도 그리 다르지 않다. 그런데 후대에 그 세 가지 표기법의 운명이 갈라졌다. 일본에서는 한자의 자획을 간략하게 하고 표음문자로 바꾼 가나 문자를 오늘날까지 사용하고, 베트남에서는 사용하기 어려운 쯔놈 문자를 버리고 마침내 로마자를 채택했으며, 한국에서는 15세기에 훈민정음訓民正音이라는 독자적인 문자를 창안했다.

한국어는 음절 구성이 복잡해 한자로 표기하기 힘들다. 그래서 향찰이 널리 이용될 수 없었다. 한국어를 정확하게 나타낼 수 있는 우수한 문자 훈민정음을 창안하자 비로소 한국의 국문문학을 제대로 가꿀 수 있는 발판이 마련되었다. 그렇지만 국문문학은 구비문학 및 한문학과 밀접한 관련을 가지고 필요한 단계를 거쳐 발전해야 했다. 국문문학은 구비문학을 어머니, 한문학을 아버지로 한 자식이라고 할 수 있다. 구비문학에서 표현을, 한문학에서 사상을 받아들여 그 둘을 결합시키면서 발전해 왔기 때문이다.

한국문학뿐만 아니라 한문학권의 다른 나라 문학도 구비문학·한문학·국문문학으로 이루어져 있다. 한문학권이 아닌 산스크리트어권·고전 아랍어권·라틴어권의 여러 나라에도 구비문학·공동문어문학·국문문학이 각기 존재한다. 그런데 한국문학사에서 구비문학·한문학·국문문학의 관계를 특히 중요시하는 데는 그만한 이유가 있다. 한국에서는 그 셋이 대등한 비중을 가지고 각기 적극적으로 구실을 해왔기 때문이다.

이와 달리 한문학권의 다른 나라를 보면, 중국에서는 한문학이, 일본에서는 국문문학이 압도적인 비중을 차지하고, 베트남에서는 구비문학이 특히 두드러진 구실을 해왔다. 한문학의 본고장인 중국은 한문학이 크게 발달한 반면, 누구나 쉽게 사용할 수 있는 글자가 없어 한국의 국문문학에 해당하는 백화문학白話文學의 발달이 더딜 수밖에 없었다. 한문학 능력을 평가해 관리를 선발하는 과거科擧 제도를 실시하지 않아 한문을 하는 문인이 많지 않은 일본에서는 한문학이 그리 발달하지 않은 반면에, 국문문학은 일찍부터 독특한 기풍을 뚜렷하게 드러내며 발달했다. 베트남에서는 한자에 직접 의존한 쯔놈 표기법은 널리 사용하기 어려워 국문문학의 창작이 원활하지 못한 대신에, 구비문학을 소중하게 여기고 적극 활용했다. 쯔놈으로 창작된 작품이 독서물로는 널리 유통되지 못하고, 구전을 통해 전해지면서 민족 전체의 고전으로 활용되었다.

한국에서는 구비문학·한문학·국문문학 중 어느 한쪽이 일방적으로 우세하지 않고 서로 대등한 비중을 가졌다. 그 셋이 다투면서 서로 끌어들이고, 상대방의 영역으로 침투하면서 서로 융화했다. 한문학은 구비문학을 적극 받아들여 한국 민족영웅의 투쟁을 찬양하고, 역사와 풍속을 노래하며, 흥미로운 이야기를 작품화해서 한국 특유의 문학으로 자라났다. 구비문학에서 마련된 시가 형식과 표현방법 또한 국문문학에서 적극 재창조되어 왔다. 시가의 혁신이 요구되면 구비시가 가운데 필요한 것을 가져와 새롭게 활용하는 것이 상례였다. 그리하여 시조와 가사가 생겨나고, 시조가 사설시조로 바뀌었다. 한시에 못지않은 품격과 사상을 갖추고자 하는 국문시가의 노력 또한 계속되었다.

구비문학·한문학·국문문학의 밀접한 관련은 상하층 문학 담당자들의 상호교섭과 협동이 있었기에 가능했다. 지배층은 피지배민중의 처지를 이해하면서 민족의식의 공감대를 형성하고 사회의 모순을 완화하는 것이 바람직하다고 여겨, 한문학을 구비문학에 근접시켰다. 민중을 가르치고 다스릴 필요가 있어 훈민정음을 창제했으며, 도덕적 교화의 효과적인 방법을 국문문학에서 마련하려고 했다. 국문소설에서 권선징악의 주제가 두드러지게 나타나는 이유가 바로여기에 있다. 그런데 민중은 신분에 따른 차별을 부당하게 여겨 지배층의 특권에 반발하는 풍자문학을 이룩했다. 상층에서 유래한 표현을 끌어다 희화화함으로써 국문문학의 작품세계를 상층에서 의도한 바와는 다르게 만들었다. 교훈과 풍자가 다양한 방식으로 경쟁하는 작품구조는 이러한 과정을 거치면서 마련되었다.

2. 한국문학사의 전개

구비문학·한문학·국문문학이 늘 같은 관계를 유지한 것은 아니다. 셋의 관계는 시대에 따라 바뀌었고, 바로 그 점에 근거를 두고 문학사의 시대 구분을 할 수 있다. 한국문학사의 시대 구분에 관해서 여러 가지 견해가 있고 논의는 복잡하지만, 구비문학·한문학·국문문학의 관계를 일차적인 기준으로 삼으면 우선 선명한 결과를 얻을 수 있다.

처음에는 구비문학만 있었다. 그 시기를 고대라고 할 수 있다. 그러다가 기원 전후의 시기에 한문을 받아들이고 5세기 이전에 본격적인 한문학을 이룩하면서 고대에서 중세로 들어섰다. 중세는 한문학의 시대였지만 국문문학도 공존했다. 처음에는 한자를 이용한 향찰을 통해서, 그다음에는 한국어를 직접 표기하는 훈민정음이 창안됨으로써 국문문학이 발전했다. 이리하여 17세기 이후에는 국문문학이 활발하게 창작되어 한문학과 맞설 수 있었고, 이로써 중세에서 근대로의 이행기로 들어섰다.

한문학이 물러나고 국문문학이 한문학의 위치까지 차지하게 된 시기의 문학이 근대문학이다. 1894년 갑오경장甲午更張을 통해 과거 제도를 폐지하고 국문을 공용의 글로 삼은 것이 근대문학 성립의 결정적인 계기가 되었다. 한민족은 단일민족이고, 한국어는 방언 차이가 아주 적어 민족어를 통일시키고 표준화해서 근대민족문학을 일으키는 과업을 쉽사리 수행할 수 있었다. 한문이 문어이고 국문이 구어라고 흔히 구분하지만, 국문 안에는 문어체와 구어체의 장벽이 없어 한문을 버리고 국문만 쓰자 언문일치가 바로 이루어질 수 있었다.

한국문학사의 시대를 구분하는 두 번째 기준은 문학 갈래다. 구비문학·한문학·국문문학이 각기 그것대로 특징 있는 문학 갈래를 제공해 문학사의 실질적인 변화를 가져왔다. 그래서 문학 갈래가 서로 경쟁하는 역사가 전개되었다. 두드러진 구실을 하는 문학 갈래가 시대에 따라 어떻게 교체되고, 여러 문학 갈래가 체계적인 관계를 맺는 양상이 어떻게 바뀌었는지를 정리해서 살피면, 문학사의 전개를 이해하는 관점을 한 차원 높일 수 있다.

구비문학의 시대인 고대에는 건국의 영웅을 주인공으로 한 건국서사시가 특히 중요한 구실을 했던 것으로 생각된다. 건국서사시

자체는 사라지고 말았지만, 그 흔적은 남아 있다. 건국의 신이로운 내력을 말한 건국신화의 개요가 한문으로 기록되어 전해지고, 나라굿을 하면서 영웅의 투쟁을 노래하던 방식이 서사무가로 이어져 전해 내려오는 것이다. 그 둘을 합쳐 보면, 건국서사시의 모습을 짐작할 수 있다.

한문학이 등장하면서 서사시를 대신해 서정시가 주도적인 구실을 하게 되었다. 한문학의 정수인 한시가 세련되고 간결한 표현을 자랑하는 서정시일 뿐만 아니라, 국문문학 또한 서정시를 가장 소중한 영역으로 삼았다. 향가는 민요에 근거를 둔 율격을 한시와는 다른 방식으로 다듬어 심오한 사상을 함축한 서정시로 발전했다. 국문문학이 향가에서만 이룩되었다는 사실이 바로 그 시기에 서정시가 다른 어느 갈래보다 중요한 구실을 했다는 증거다.

그런데 향가를 대신해 시조가 생겨나면서 문학 갈래의 체계가 개편되었다. 향가시대에는 서정시가 홀로 우뚝했던 것과 다르게, 시조는 가사와 공존했다. 시조는 서정시이지만 가사는 교술시敎述詩라고 할 수 있다. 서정은 집약을, 교술은 확장을 특징으로 한다. 서정은 세계의 자아화自我化라면, 교술은 자아의 세계화라고 할 수 있다. 가사뿐만 아니라 경기체가景幾體歌, 악장樂章 등도 교술시다. 훈민정음의 창제와 더불어 국문문학의 확장이 가능해지자, 장형長形 교술시가 기록문학의 영역에 들어설 수 있었다.

교술은 문학의 세계에 오래전부터 있었다. 한문학의 문文은 거의다 교술이었다. 그런데 국문문학 교술시 갈래가 여럿 등장한 시기에, 한문학에서도 실용적인 쓰임새는 없고 서사적인 수법을 빌려흥미를 끄는 교술문학 갈래인 가전假傳과 몽유록夢遊錄이 생겨났다. 교술이 활성화되는 변화가 국문문학과 한문학 양쪽에서 나타나 문학의 판도를 바꾸어놓은 것이다. 그리하여 중세 전기가 끝나고 중세 후기 문학의 시대가 시작되었다.

국문문학이 한문학과 대등한 위치로 성장한 중세에서 근대로의 이행기에 이르러서는 소설이 발달해 서정·교술·서사가 맞서게 되었다. 소설에는 한문소설과 국문소설이 있어, 서로 경쟁하고 자극했다. 국문소설의 발전으로 국문문학의 영역이 확대되고, 작품의 수와 분량이 대폭 늘어났다. 서정 영역의 시조에서 사설시조가 나타나고, 교술시인 가사의 길이가 더욱 늘어나 생활의 실상을 자세하게 다룬 것도 주목할 만한 일이다. 그것은 서사문학의 발달에 상응하는 변화가 다른 영역에서도 일어난 결과라고 할 수 있다.

구비문학 또한 활기를 띠고 새로운 문학 갈래를 산출했다. 민요와 설화의 재창조가 활발하게 이루어졌다. 서사무가를 기반으로 해서 판소리가 생겨나 서사문학을 쇄신하는 구실을 적극 수행했다. 판소리는 영웅서사시를 범인서사시로 바꾸어놓고, 교훈과 풍자가 서로 부딪치는 복합적인 구조를 만들어 당대의 논쟁을 수렴했으며, 음악이나 공연방식 또한 뛰어나 흥행에서 크게 성공했다. 오랜 내력을 가진 농촌탈춤이 더욱 규모가 크고 사회 비판에 적극적인 도시탈춤으로 발전해서, 구비문학까지 고려하면 서정·교술·서사·희곡의 네 가지 기본 갈래가 경쟁하는 시대에 들어섰다.

근대문학이 시작되면서 문학 갈래의 체계에서 나타난 가장 큰 변화는 교술의 몰락이다. 한문학이 퇴장하면서 교술의 커다란 영역이 사라졌다. 근대 국문문학에서는 교술산문 가운데 수필만 문학에 속한다고 인정받았다. 시조와 가사는 운명이 서로 달라, 시조는 부흥하려고 애쓰면서 가사는 구시대 문학의 잔존형태로서도 존속할 수 없게 해서, 교술의 몰락을 공식화했다. 그 대신에 희곡이 기록문학의 영역에 들어서서, 서정·서사·희곡의 갈래 삼분법이 확립되었다.

한국 근대문학 형성에 한국의 전통과 서양의 영향이 어떻게 작용했는가 하는 문제는 오래도록 논란거리가 되어왔다. 그 둘의 관계가 서정·서사·희곡의 세 영역에서 각기 다르게 나타났기 때문이다. 서사 영역 소설에서는 고전소설의 성장이 근대소설로 거의 그대로 연장되어 언어 사용, 사건 전개, 독자와의 관계 설정 등에서 단절이 없었다고 할 수 있다. 서정시에서는 고전시가의 전통이 이면에서 계승되고, 표면에서는 서양의 전례를 따르는 근대 자유시를 이룩하려는 노력이 두드러졌다. 희곡에서는 사정이 달라, 구비문학으로 전승되는 데 그친 탈춤과는 아주 다른 기록문학이자 개인작인 희곡이 이식되었다.

문학 갈래의 체계가 지금까지 살펴본 바와 같이 변한 것은 문학 담당층이 교체되었기 때문이다. 문학을 창조하고 수용하는 집단이 문학 담당층이다. 문학 담당층은 여럿이 공존하면서 서로 경쟁한다. 사회의 지배층, 그 비판세력, 피지배민중이 모두 문학 담당층으로서 각기 나름대로의 구실을 하면서 서로 경쟁했다. 문학사를 이해할 때 언어와 문학 갈래에 기준을 둔 지금까지의 고찰에다 문학 담당층끼리 주도권 경합을 벌여온 역사로 이해하는 작업을 보태야 이 차원을 넘어서서 삼차원에 이를 수 있다. 이제 문학 담당층의 일원으로서 대표적인 작자를 들어 논할 필요가 생겼다.

고대의 건국서사시는 정복전쟁의 주역인 군사적인 귀족이 스스로 창작하고 전승했으리라고 생각된다. 그때는 정치의 지배자가 종교의 사제자를 겸했을뿐더러 문학과 예술도 직접 관장했을 것이다. 건국의 시조가 하늘의 아들이므로, 하늘과 통하는 지배자가 자기 집단이 배타적인 우월감을 가져 마땅하다는 고대의 자기중심주의를 표현하는 가장 적합한 방식을 건국서사시에서 마련했다.

그런데 한문학을 받아들이고 격조 높은 서정시를 창작해야 하는 중세에 이르자 문학을 관장하는 전문가 집단이 있어야만 했다. 신라에서는 육두품六頭品이 바로 그런 임무를 맡았다. 육두품은 최고 지배신분인 진골眞骨의 지위에는 오를 수 없는 하급 귀족으로서, 글을 읽고 쓰는 능력으로 나라를 다스리는 데 실제로 기여하면서도 한문학과 불교 양면에서 중세 보편주의의 이상을 추구하는 갈등을 겪었다. 신라에서 뜻을 펴지 못해 당나라에 가야 했던 최치원崔致遠의 번민이 심각해진 원인도 그런 사정에서 비롯되었다.

10세기에 신라를 대신해 고려가 들어서자 중세 문학 담당층이 그런 지위에서 벗어나 스스로 지배신분으로 올라선 뒤 인재를 등용하는 관문으로 과거제도를 마련했다. 그 결과 한문학 창작의 수준이 크게 향상되었다. 그렇지만 누구나 실력을 기르면 과거에 급제할 수 있다는 원칙이 제대로 실현되지 않고 몇몇 가문이 기득권을 누렸으므로, 고려 전기의 지배층을 문벌귀족門閥貴族이라고 일컫는다. 그때 가장 두드러진 활동을 한 김부식金富軾의 문학 창작과 역사 서술에서 문벌귀족의 의식을 명확하게 확인할 수 있다.

12세기 말에 무신란이 일어나고, 이어서 몽고족이 침입하는 동안에 오랜 내력을 가진 문벌귀족은 밀려나고, 그 대신에 등장한 권문세족權門勢族이라고 일컬어지는 새로운 집권층이 생겨나 이념 수립의 능력은 없으면서 횡포를 일삼았다. 그러자 문벌귀족에 눌려 지내던 지방 향리鄕吏 가운데 한문학을 익혀 실력을 쌓은 인재가 중앙 정계에 등장해 신흥 사대부士大夫로 성장하면서, 권문세족에 맞서 사회 개혁을 요구하고 나섰다. 이로써 중세 전기 문학에서 중세 후기 문학으로 넘어올 수 있었다. 그 선구자 이규보李奎報가 민족을 생각하고 민족을 옹호하는 문학의 길을 열었다. 안축安軸과 이색李穡의 세대에 이르러서는 방향 전환을 더욱 뚜렷이 하고, 경기체가와 시조를 창안해 국문시가를 혁신하기도 했다.

사대부가 스스로 권력을 잡고 조선왕조를 창건해 신유학新儒學의 이상을 실현하려고 한 15세기 이후의 시기에, 그 때문에 노선 대립의 진통이 생겨났다. 문文과 도道는 불가분의 관계를 가져야 한다는 것을 공동의 강령으로 삼으면서, 서거정徐居正을 위시한 기득권층 훈구파勳舊派는 '문'을 더욱 중요시하고, 이황李滉이 이론적인 지도자노릇을 한 비판세력 사림파士林派는 '도'에 힘쓰는 것이 더욱 긴요하다고 했다. 한편, 김시습金時習을 선구자로 한 방외인方外人들은 사대부로서의 특권이나 우월감을 버리고 민중과의 동질성을 느끼면서, 조선왕조의 지배질서에 대해서 반발하는 문학을 했다.

17세기 이후 중세에서 근대로의 이행기에 이르면, 신유학의 이념과 한문학의 규범을 더욱 배타적으로 옹호하려는 집권 사대부들의 노력이 강화되었으나, 시대가 바뀌는 것을 막을 수는 없었다. 사대부 문학 내부의 분열이 확대되고 사대부의 주도권이 흔들렸다. 지배체제의 모순을 절감하는 사대부 지식인들 가운데 박지원朴趾源, 정약용丁若鏞 등의 실학파實學派 문인들이 나타나 사회를 비판하고 풍자하는 새로운 한문학을 이룩했다. 남성의 문학으로 일관되던 사대부 문학이 남녀의 문학으로 나누어졌으며, 사대부 부녀자들이 국문문학의 작자와 독자로서 중요한 구실을 하게 되었다.

중인 신분을 지닌 사람들이 한시를 짓고 시조를 전문적으로 노래하는 가객歌客 노릇을 하고 판소리의 애호가가 되기도 하면서 다양한 활동을 했다. 가객으로서는 김천택金天澤과 김수장金壽長이 두드러진 활동을 하면서 시조를 창작하기도 하고 시조집을 엮기도 했다.

신재효申在孝는 판소리를 후원하고 판소리 사설을 다듬었다. 중인 또는 그 이하 신분층에서 장사를 해서 돈을 모은 시민市民층이 형성되면서, 흥밋거리의 문학을 요구하고 문학을 상품화하는 방식을 마련해서 특히 소설의 발전에 적극 기여했다. 소설을 빌려주고 돈을 받기도 하고, 목판본으로 간행해 시장에 내놓아 널리 판매했다. 연행 활동을 직업으로 삼는 광대가 크게 활약해 판소리가 발달했다. 농민도 구비문학의 재창조에 힘써 민중의식 성장의 저변을 튼튼하게 다졌다.

사대부가 퇴장하고 시민이 지배세력으로 등장하면서 근대문학이 시작되었다. 염상섭廉想涉, 현진건玄鎭健, 나도향羅稻香 모두 서울 중인의 후예인 시민이어서 근대소설을 이룩하는 데 앞장설 수 있었다. 이광수李光洙, 김동인金東仁, 김소월金素月 등 평안도 상민 출신 시민층도 근대문학을 형성하는 데 큰 몫을 담당했다. 근대문학의 주역인 시민은 자기 계급의 이익을 배타적으로 옹호하지 않고 한편으로는 사대부 문학의 유산을 계승하고, 다른 한편으로는 민중문학과 제휴해 중세 보편주의와는 다른 근대 민족주의의 문학을 발전시키는 의무를 감당해야 했다.

그런데 근대화를 위한 스스로의 노력이 좌절되고 식민지시대가 시작되어 그 과업 수행에 차질이 생겼다. 민족자본가를 대신해 매판자본가가 시민의 주류를 이루게 되면서 중세에서 근대로의 이행기 동안의 축적이 망각되고, 서양의 근대문학을 일본을 거쳐 수입하려는 움직임이 표면화되었다. 문단의 주도권 따위에는 관심을 두지 않고 창작에 몰두하는 작자들은 이미 형성된 기반을 충실하게 이용하여 뚜렷한 성과를 거두는 한편, 해외문학파로 자처하는 비평가들은 서양문학 이식을 요구해서 혼선을 일으켰다. 그래서 전통 계승에 차질이 생기고, 시민문학이 민중문학에서 멀어졌다.

시민문학을 배격하고 프롤레타리아 문학을 해야 한다는 계급문학운동이 일어났다. 이 운동은 하층에서 겪는 고난을 심각하게 다룬 공적이 있으나 민족문학의 공동노선을 버린 것이 문제였다. 또한 지난 시기 민중문학을 이으려 하지 않고, 서양을 본보기로 삼고 이를 일본을 거쳐 받아들이는 데 급급해 혼선을 빚었다. 지난 시기 사대부문학·시민문학·민중문학의 전통을 폭넓게 계승한 근대 민족문학을 확립하면서 서양문학의 영향을 주체적으로 계승하는 것이 오늘날까지 이어지는 과제다.

3. 한국문학의 특질

한국문학의 특질은 우선 시가의 율격에서 잘 나타난다. 한국의 시가는 정형시라 해도 한 음보를 이루는 음절 수가 변할 수 있고, 음보 형성에 모음의 고저·장단·강약 같은 것들이 고려되지 않으며, 운(韻)이 발달되어 있지 않다. 고저를 갖춘 한시, 장단을 갖춘 그리스어나 라틴어 시, 강약을 갖춘 영어나 독일어 시에 견주면 단조롭다고 할 수 있을 것 같으나, 그런 요건을 갖추지 않은 단순 율격을 사용하는 프랑스나 일본의 시와는 다르게, 음절 수가 가변적이기 때문에 변화의 여유를 누린다.

가령 대표적인 정형시인 시조를 보면, 네 토막(음보)씩 세 줄로 이루어져 있고, 마지막 줄 첫 토막은 예사 토막보다 짧고, 둘째 토막은 예사 토막보다 길어야 한다는 규칙만 있다. 각 토막이 몇 음절로 이루어지는가는 작품에 따라 달라 작품마다 특이한 율격을 갖출 수 있는 진폭이 인정된다. 다른 여러 시형에서도 공통된 규칙은 최소한으로 한정하고, 변이의 영역을 보장하며, 그 범위를 확대해서 자유시에 근접하는 시형이 일찍부터 다양하게 나타났다. 시조에서 요구하는 그 정도의 제약도 불편하게 여겨, 한 줄을 이루는 토막 수가 정해져 있지 않은 사설시조를 만들어냈다. 판소리에서는 작품 전체에 일관된 율격이 없고, 여러 가지 율격과 그 변이형들을 필요에 따라 자유롭게 활용했다.

근대시는 일본을 거쳐 받아들인 서양의 전례에 따라 온통 자유시가 된 것 같지만, 전통적인 율격을 변형시켜 계승한 작품이 적지 않다. 일본의 경우에는 전통적인 율격의 규칙이 단조롭고 변형을 할 여지가 없으므로 질서를 파괴하자 바로 무질서가 나타났던 것과 다르게, 한국의 시는 원래부터 율격에 질서와 무질서가 공존하고 있었으므로 무질서의 측면이 두드러지는 자유시를 만들어내는 데 별다른 어려움이 없었다. 그런데도 글자 수를 헤아리는 율격론이 일본에서 수입되어 혼선을 빚어냈다. 일본과 같은 음수율, 영시에서와 같은 강약률을 적용해서 한국시가의 율격을 잘못 헤아리다가 한국 특유의 음보율을 발견한 것은 최근의 일이다.

율격이 규칙에 매이지 않고 자연스러운 변형을 갖추도록 하는 것은 그래야 멋이 있다고 생각하기 때문이다. 멋은 변형을 선호하는 미의식이라고 할 수 있다. 직선으로 뻗기만 했거나 규칙적으로 모가 난 도형은 좋아하지 않고, 천연스럽게 휘어지고 자연스럽게 이지러진 곡선이라야 멋이 있다고 한다. 문학 표현의 기본 원리이기도 하다. 멋과는 거리가 멀듯한 한문학에서도 격식이나 꾸밈새를 나무라고, 천진스러운 마음을 그대로 드러내야 한다고 했다.

작품을 전개하면서 애써 다듬어 기교를 자랑하는 풍조를 멀리하고, 일상생활에서 쓰는 자연스러운 말을 그대로 살리는 것을 소중하게 여겼다. 유식한 문구를 상스러운 말과 함께 쓰면서, 겉 다르고 속 다른 복합구조를 만들어 풍자의 효과를 높이는 것이 최상의 표현방법이었다. 문학의 가치를 평가하는 서열의 상하 양 극단에 해당하는 최고 지식인 박지원의 소설과 하층의 탈춤에 그런 특징이 공통적으로 나타나는 것은 참으로 주목할 만한 일이다.

문학하는 행위를 놀이로 여기고, 함께 어울리는 사람들이 누구나 같은 자격으로 어울려 함께 춤추는 마당놀이에 회귀하고자 하는 의지가 일관되게 이어진다. 그래서 하층민중의 탈춤을 재평가하려고 하는 것만은 아니다. 사상 혁신의 주역들이 노래하고 춤을 추면서 크게 깨달은 바를 널리 알려 깊은 감명을 주려고 한 내력을 알아야 한다. 원효元曉는 광대 스승에게서 배운 바가지춤을 추며 방방곡곡 돌아다니면서 가난하고 미천한 사람들을 일깨웠다. 이황은 곡조에 맞추어 노래 부르고 춤을 추면 마음을 깨끗하게 할 수 있는 노래를 짓는다고 했다. 최제우崔濟愚는 새로운 사상으로 세상을 변혁하기 위해 칼노래를 지어 칼을 들고 춤추면서 불렀다.

흥겨운 놀이이면서 심각한 고민을 나타내는 문학의 양면성을 하나로 합치는 작업을 바람직한 창조라고 여겨왔다. 심각한 고민에 근거를 둔 정서를 한恨이라 일컫고, 한국문학이 한의 문학이라고 하는 지적이 전적으로 부당한 것은 아니다. 그러나 다른 한편으로 신명난 놀이를 즐긴다는 점을 간과하지 말아야 한다. 신명은 감흥이 고조된 상태. 문학이나 예술을 하면서 한도 풀고 신명도 낸다. 한에 신명이 섞이기도 하고, 신명에 한이 끼어들어 구별하기 어렵다. 예술창작 행위가 최고 경지에 이르면 한이 신명이고 신명이 한이어서, 둘이 하나로 합쳐진다.

한을 신명으로 풀면 심각한 시련이나 고난을 넘어설 수 있다. 그렇게 비극이 부정된다. 한국 전통극에는 비극은 없고 희극만 있다. 연극의 영역을 넘어서더라도 비극적인 것을 높이 평가하지 않으며, 웃음을 통해서 진실의 깊은 깨달음에 이르려 한다. 깨달음의 높은 경지에 오른 고승들이 우스꽝스러운 거동을 하면서 숭고한 교리에 대한 헛된 집착을 타파하는 본보기를 보였다는 설화는 흔하다. 기발한 착상으로 논리를 넘어서는 선시禪詩를 불교문학에서 가장 가치 있는 영역으로 여기는 것도 같은 원리에 근거를 둔다. 박지원은 자기는 글로 장난을 한다면서 사상 혁신의 최고 성과를 나타냈다. 채만식蔡萬植이나 김유정金裕貞이 좋은 본보기를 보여주었듯이, 근대문학에서도 사회의식이 고조된 작품은 웃음의 효과를 활용하는 데 더욱 적극성을 띠었다.

한국의 서사문학 작품이 행복한 결말에 이르는 것도 이와 함께 고찰할 수 있는 특징이다.[1] 고대의 건국신화에서 마련된 '영웅의 일생'에서 영웅은 모든 고난을 투쟁으로 극복하고 승리자가 되는 것을 공식화된 결말로 삼았으며, 승리를 이룩하면 천상의 축복을 받을 따름이고, 지상과 천상, 사람과 신 사이의 대결이 다시 문제되지 않았다. 그렇게 해서 뚜렷하게 드러난 일원론에 근거를 둔 현실주의가 계승되어, 소설의 주인공 또한 행복을 이룩하는 것이 당연하다고 여긴다. 그 점은 서로 상반된 결과를 가져올 수 있다. 행복한 결말이 예정되어 있어 작품 전개가 안이해지기도 하고, 비극을 넘

---

1 행복한 결말과 관련된 한국문학의 특질에 관해서는 서대석, 〈고전소설의 행복된 결말과 한국인의 의식〉, 《관악 어문 연구》 3(서울: 서울대학교 국어국문학회, 1979); 김병국, 〈한국 고전문학과 세계관〉, 제7권 제1호(서울: 한국인문사회과학원, 1983) 등의 연구가 있다.

어서는 데까지 나아가야 하므로 투지가 더욱 고조되기도 한다. 그 중 어느 쪽인가는 작품에 따라서 다르다.

4. 한국문학 연구의 경과

한국문학을 이해하고 정리하려는 노력은 일찍부터 있었다. 13세기에 이루어진 이인로李仁老의 《파안집破閑集》 이래로 한시의 작품을 논하고 창작방법을 살피는 비평의 성과가 풍성하게 축적되었다. 18세기 초에 홍만종洪萬宗이 고금 비평서의 특히 긴요한 대목을 모아 《시화총림詩話叢林》을 엮었다. 한문학의 작품선집도 거듭 이루어진 것 가운데 15세기의 업적인 《동문선東文選》이 가장 방대해서 130권이나 되는 분량이고, 속편이 23권이다. 국문문학의 자료 집성은 18세기에 김천택이 역대 시조를 모아 《청구영언靑丘永言》을 내놓은 데서 비롯한다.

한국문학에 대한 근대적인 연구는 1920년대에 시작되었다. 전통적인 교육을 근대적인 자각과 연결시킨 그 시기 국학자國學者들은 한국문화 전반에 관해 광범위하게 연구해서, 일본의 식민지 통치에 항거하는 민족의식을 고취하고자 했다. 그 가운데 안확安廓의 업적이 특히 두드러진다. 1922년에 나온 안확의 《조선문학사朝鮮文學史》는 사실 정리는 제대로 하지 못했지만, 외래문화를 주체적으로 수용해서 민족문화가 발전해 온 과정을 해명하는 데 크게 기여한 의의가 있다.

1930년대에 이르러서는 신교육을 받고 대학에서 한국문학을 전공한 세대가 등장해서 한국문학 연구를 전문화하고 체계화했다. 김태준金台俊은《조선소설사朝鮮小說史》에서 처음으로 소설에 대한 진지한 관심을 나타냈으며, 유학의 이념적인 구속을 떨치고 소설이 생겨나서 발전해 마침내 근대소설에까지 이른 자취를 정리하고 평가했다. 조윤제趙潤濟는《조선시가사강朝鮮詩歌史綱》에서 국문시가의 변천과정을 고찰하면서, 자료를 면밀하게 고증하는 방법을 정착시켰다. 다시 한걸음 더 나아가, 민족정신의 총체성이 문학에서 어떻게 구현되었는가 살피는 민족사관을 이룩해 민족 해방과 통일의 원리로 삼고자 했다. 그런 관점에서 저술한《국문학사國文學史》를 광복 후인 1949년에 내놓았다.

1945년 이후에 대학에서 한국문학을 전공하고 대학을 마치자마자 한국문학 교수가 된 세대는 전공분야를 분명하게 하고, 자료를 빠짐없이 정리하고, 사실을 찾아내는 데 무엇보다 힘을 기울였으며, 전에 볼 수 없던 새로운 연구영역들을 개척했다. 이가원李家源이 한문학, 정병욱鄭炳昱과 심재완沈載完이 시조, 김기동金起東이 소설, 장덕순張德順이 설화, 김동욱金東旭이 판소리, 이두현李杜鉉이 연극, 전광용全光鏞이 근대소설을 연구한 성과가 특히 중요한 위치를 차지하고 널리 영향을 끼쳤다. 심재완은《역대시조전서歷代時調全書》에서 시조 자료를 이본에 따른 차이까지 정밀하게 밝히면서 정리했다. 김기동은《한국 고전소설 연구韓國古典小說研究》에서 고전소설을 광범위하게 찾아 읽고 해제했다.

1960년대 이후에 등장한 그다음 세대는 연구 방법과 이론을 중요시하면서 학풍을 쇄신했다. 한편으로는 서양의 연구방법을 받아들여 사실 정리 이상의 의미 있는 연구를 개척하기 위한 다양한 시험을 했으며, 다른 한편으로는 한국문학 연구의 전통을 새롭게 계승하려고 했다. 김열규金烈圭와 황패강黃浿江이 방향 전환에 앞장서서 원형비평原形批評의 방법으로 한국문학의 저층을 해명하려고 했다. 김용직金容稷과 김학동金澤東은 비교문학의 방법을 근대문학 연구에 본격적으로 적용했다. 이재선李在銑, 김윤식金允植은 근대문학에 대한 다각적인 검증을 왕성하게 했다. 필자 조동일趙東一은《한국문학통사》 다섯 권을 저술하고 문학과 철학, 한국문학과 세계문학의 관계를 밝히는 더욱 광범위한 작업을 시도하고 있다.

북한에서 한국문학을 연구한 성과는 1959년의《조선문학통사》 상·하권과, 1977년부터 1981년까지 나온《조선문학사》 다섯 권에 집약되어 있다. 둘 다 사회과학원의 집체작업으로 이루어졌으며, 문학사 서술에 공식 이념을 적용한 성과다. 그 뒤에《조선문학사》 전 15권을 내서 이미 이룬 작업을 확대했다. 문학의 유산을 정리해 번역하고 현대화해서 출판하는 사업에서는 평가할 만한 성과가 있다.

남한의 자료 정리 사업은 일관성은 없으면서 더욱 다양하다. 자료를 복사해 출판하는 기술이 보급되면서 한문학 문집, 국문소설과 가사, 근대문학 작품 및 관계자료 등이 대량 출판되었다. 민족문화추진회 등 몇 기관에서는 한문자료를 번역한 국역총서를 지속적으로 내놓고 있다. 한국정신문화연구원에서는 전국의 구비문학을 조사해《한국구비문학 대계韓國口碑文學大系》82권으로 집대성했다.《한국문학전집》이나 그와 비슷한 이름을 내세운 책이 이미 여러 차례 나왔으나, 이들은 모두 근대문학 선집에 지나지 않는다. 또한 고전문학 자료를 집성해서 누구나 쉽게 읽을 수 있는 선집을 내는 사업은 제대로 하지 못했다. 고려대학교 민족문화연구소에서《한국고전문학전집》을 큰 규모로 기획해 2014년 10월 현재 37권을 간행했다.

외국에서 한국문학을 연구한 성과는 아직 그리 크지 않아, 중국문학이나 일본문학 연구에 비해 양과 질 양면에서 현저하게 뒤떨어졌으므로 분발이 요망된다. 독자적인 연구가 제대로 이루어지지 않고 있을 뿐만 아니라, 한국에서 이루어진 한국문학 연구를 받아들여 소개하려는 노력도 미흡하다. 한국문학을 전공하는 외국인 학자는 몇몇 사람에 지나지 않는다. 게다가 외국에서 한국문학에 관해 가르치는 한국인 학자들은 대개가 전문적인 식견이 없어 크게 기여하지 못하고 있다.

외국에서 출판된 한국문학사가 몇 가지 있으나 내용이 충실하지 못하다. 독자적인 이해를 서술한 안드레 에카르트Andre Eckardt의 *Geschichte der Koreanischen Literatur*(《한국문학사》)는 사실과 많이 어긋난다. 국내의 연구를 간추리려고 한 위욱승韋旭昇의 《朝鮮文學史》를 위시한 다른 몇 가지 문학사도 내용이 미비하기는 마찬가지다. 작품 번역의 성과도 그리 많지 않아 한국문학을 제대로 알리기 어렵다.

한국학의 여러 분야 가운데 문학을 소홀하게 여기고, 특히 고전문학에 관해서는 전공자가 거의 없는 것이 큰 문제다. 미국에서는 정치학을 위시한 사회과학이, 일본에서는 역사학과 어학이 한국학 연구의 중심 분야이고, 문학은 소홀하게 취급되고 있다. 그 가운데 다행인 것은 외국에서 한국학을 하는 연구모임 가운데 AKSEAssociation for Korean Studies in Europe라고 약칭되는 '유럽한국학회'에서 문학에 많은 관심을 가지고 연구 발표를 계속하고 있다는 점이다. 대니얼 부셰Daniel Bouchez의 연구가 특히 높은 수준에 이르러 국내 학계에 자극을 준다.

5. 이 책의 구성과 내용

한국문학의 영역을 다음과 같이 구분하는 데 근거를 두고, 이 책의 편차를 마련한다.

앞서 설명한 바와 같이 '구비문학'은 말로 이루어진 문학이고, '한문학'은 한문을 사용한 문학이고, '국문문학'은 한국어를 글로 적은 문학이다. 구비문학을 한문으로 옮겨 정착시킨 것은 '한문학'에 포함시켜 다룬다. 한자로 한국어를 표기하는 향찰문학은 '국문문학'이다. 선후를 알기 어려운 한문본과 국문본이 공존하는 작품은 편의상 '국문문학'에서 다루기로 한다.

'고전문학'과 '근대문학'을 나누는 기준에 관해서는 여러 가지 논의가 있으나 '구비문학'과 '한문학'은 '고전문학'으로 간주하고, '국문문학'은 1894년 갑오경장 이후의 문학을 '근대문학'이라고 규정한다. '근대문학'은 '현대문학'과 구별하지 않고, 그 둘을 서로 겹치는 용어라고 여긴다. 본격적인 시와 시라고는 인정되지 않은 노래를 함께 지칭하기 위해서 '시가'라는 용어를 사용한다. '산문'에는 소설·실기·수필·비평을 주로 포함시킨다.

'구비문학' '한문학' '고전시가' '고전산문' '근대시가' '근대산문'
이 대등한 의의를 가졌다고 인정하고, 서술의 분량도 서로 같게 한
다. 그 여섯 영역은 오랫동안 각 분야 전공자들이 서로 다르게 관습
화된 용어를 사용해서 논의해 왔다. 이 책에서는 전문영역마다의
연구성과를 집약하면서, 서로 관련시켜 이해할 수 있는 공통의 관
점을 마련하고자 한다. 그렇게 하기 위해서 서술의 체계도 서로 비
슷하게 한다.

서론에서는 해당 영역 전반을 개괄하고, 결론에서는 해당 영역에
서 드러나는 한국문학의 특성이나 한국인의 사고방식을 간추린다.
본론은 하위 영역이나 문학 갈래의 변천을 시대순으로 고찰하면서,
한국문학을 대표할 수 있다고 인정되는 작품을 각 영역에서 5편 내
외씩 선정해 되도록 자세하게 다루는 방식을 택한다. 끝으로, 자료
집과 연구서 양쪽에서 우선적으로 이용해야 할 기본적인 참고문헌
을 엄선해서 제시한다.

'구비문학'은 서대석, '한문학'은 이혜순, '고전시가'는 김대행,
'고전산문'은 박희병, '근대시가'는 오세영, '근대소설'은 조남현이
분담해서 고찰한다. 이 여섯 사람은 해당 영역의 연구에 적극 참여
해 높은 평가를 받는 업적을 계속 이룩하고 있는 중견학자다. 각자
맡은 영역에 관해서 온당하고 균형 있는 서술을 하면서 자기 견해
를 제시하고, 최근의 연구성과와 새로운 문제점을 적절하게 논의했
다. 조동일이 초안을 작성한 계획을 함께 검토해 확정하고, 각자 집
필한 원고를 돌려 읽고 토론을 거쳐 수정했으므로, 체제를 통일하
고 견해를 조절할 수 있었다.

■ 참고문헌

김홍규, 《한국문학의 이해》, 서울: 민음사, 1986.

민병수 외, 《국어국문학 연구사》, 서울: 우석, 1985.

장덕순 편, 《한국문학사의 쟁점》, 서울: 집문당, 1986.

조동일, 《한국문학통사》, 서울: 지식산업사, 제1판 1982~1988, 제4판 2005.

_____, 《한국문학의 갈래 이론》, 서울: 집문당, 1992.

_____, 《한국문학 이해의 길잡이》, 서울: 집문당, 1996.

황패강 외 공편, 《한국문학 연구 입문》, 서울: 지식산업사, 1982.

2부 · 구비문학

서대석

1. 서론

한국의 구비문학은 한민족의 역사와 함께 매우 오랜 기간에 걸쳐 형성되고 전승된 문학유산이다. 한민족은 약 3000년 전부터 한반도와 만주 일대에 국가를 세우고 집단생활을 해왔다. 고조선·기자조선·부여·한韓·예濊·맥貊 등이 삼국 이전에 한민족이 세운 나라 이름이다. 이들은 농경을 주로 하면서 수렵이나 유목을 곁들여 생활한 집단으로 생각되며, 농경을 시작하고 마치는 시기에 거국적인 제전을 행했던 것으로 보인다. 오늘날 전하는 고대 구비문학 자료로는 국가를 건국한 시조신화와 단편적인 주술 노래 몇 편이 있는데, 이런 자료들이 한국 구비문학의 초기 모습이라고 생각된다.

삼국시대에 들어와서 국가체제가 갖추어지고 본격적인 농경생활이 시작되면서 설화·민요·무가 등의 구비문학이 향촌공동체를 중심으로 형성되어 전승되었을 것으로 추정된다. 국가를 창건한 시조신화는 동명묘東明廟, 시조혁거세묘始祖赫居世廟 등 시조묘에서 행한 국조의 제전을 통해서 전승되었고, 농경이나 길쌈 등의 협동적인 일을 하면서 농업노동요와 길쌈노동요가 일하는 현장에서 불렸을 것이다. 또한 삶의 체험을 이야기한 설화가 대중의 흥미를 획득해 전승력을 확보하면서 유형화되는 현상이 나타났다. 특히 고승高僧들의 신이한 행적이나 전쟁 중에 활약한 장군이나 영웅의 이야기가 흥미를 끌었고, 가뭄이나 홍수와 같은 자연재해를 겪은 뒤에 이를 극복한 이야기도 많이 나타난 것으로 보인다. 그런가 하면 신에 대한 제전에서 신의 위대한 행적이 구연되고 인간의 여러 가지 고난을 신의 힘을 빌려 해결하려는 주술이 발달하면서 주가呪歌도 많이 등장한 것 같다. 이러한 신화·노동요·주가·일상담 등의 자료 일부가 한문으로 번역되어《삼국유사三國遺事》《삼국사기三國史記》《수이전殊異傳》등 문헌에 수록되어 있다.

한국의 구비문학이 제 모습대로 정착된 것은 조선시대에 들어 세종이 훈민정음을 창제한 이후의 일이었다. 서기 1443년 한글이 창제되어 말 그대로의 표기가 가능해지자 고려시대에 불리던 노래들이 문헌에 수록되었다. 그러나 문헌에 기록으로 전해지는 한국의 구비문학 자료는 극히 일부분에 불과하다. 고려시대의 노래들 중에서도 궁중에 유입되어 궁중연회에서 궁중악대들이 부르던 일부 노래만이 조선 전기에 편찬한《악학궤범樂學軌範》이나《악장가사樂章歌詞》《시용향악보時用鄕樂譜》같은 시가집詩歌集에 수록되었고, 민간에서 불리던 많은 노래는 기록되지 못했다. 또한 고려시대 이전에 민간에서 전해지던 수많은 이야기도 기록으로 전해지지 못했다.

조선시대에 들어와서는 많은 설화자료가 한문으로 번역되어 문헌에 정착되었다. 이들 자료는 대체로 역사적 체험에서 형성된 이야기로서 조선왕조를 창업한 이야기로부터 정변政變, 사화士禍, 전란戰亂 등의 이야기가 주류를 이룬다. 특히 중종반정이나 인조반정에 얽힌 이야기와 임진왜란과 병자호란에 관한 이야기가 매우 풍부하다. 이러한 설화를 흔히 야담野談 또는 사화史話라고 하는데, 한 번 찬술된 설화집은 후대로 계승되면서 계속 새로운 이야기를 보태어 간행되었다. 그리하여 조선 후기에는 설화의 수도 많아지고 내용도 풍부해져서 《계서야담(溪西野談)》《청구야담(靑邱野談)》《동야휘집(東野彙輯)》 등 수많은 설화집이 간행되었다. 그러나 이들 자료는 한문으로 번역해 기록한 것이고 설화자료들을 편집한 사람은 밝혀놓았으나 이야기를 제공한 사람은 명시하지 않았기에 당시의 구비문학의 실상을 알려주는 데는 일정한 한계를 지닌다.

한국의 구비문학 자료가 한글로 수집되어 정리되기 시작한 것은 20세기에 들어와서였다. 일제 강점기에 일본인 학자들이 민요·무가 등을 수집해 일문(日文)으로 번역하여 간행했고, 같은 시기에 민족문화에 대한 각성이 높았던 한국학자 손진태(孫晉泰)·김소운(金素雲)·최상수(崔常壽) 등 몇몇 학자가 설화·민요·무가 등을 수집하여 자료집을 간행하였다. 이리하여 자료의 제보자와 수집 연월일 등이 밝혀진 한국어로 된 한국 구비문학 자료가 집성되기 시작했다. 그러나 일제강점 상황하에서 개인적 노력으로 이루어진 것이기에 그 성과는 일정한 한계를 가질 수밖에 없었다.

해방 후 전국에서 많은 대학이 설립되고 국문학과 민속학에 대한 관심이 높아지면서 구비문학 자료 수집도 매우 활발하게 전개되었다. 그러나 조사방법이나 조사사항이 협의되지 않은 상태에서 학자들 개인이 산발적으로 진행했기에 이 시기에 수집된 자료는 전국적인 자료 실상을 파악하는 데는 매우 미흡했던 것이 사실이다.

구비문학 자료가 본격적이고 체계적으로 수집된 것은 1980년대 들어 한국정신문화연구원 어문학연구실에서 전국적으로 구비문학 자료수집 사업을 전개하면서부터였다. 1978년 한국정신문화연구원이 설립되고, 1979년 구비문학 조사지침이 확정되고, 1980년부터 1984년까지 5년 동안 조사가 진행되었다. 그 결과 전국 60개 군에서 방대한 양의 자료가 수집·정리되었다. 수집된 자료는 《한국구비문학대계》82권으로 출간되었는데, 설화 1만 5,107편, 민요 6,187편, 무가 376편, 기타 21편이다.

한국의 구비문학은 한국의 언어로 한국인의 정감을 진솔하게 담아내고 있어서 민족문학으로서 특이한 양상과 가치를 가진다. 한국에 한자가 전래되기 이전에는 문자가 없었기 때문에 구비문학만 존재했다. 삼국시대에 한자가 전래되어 한자를 사용하게 되었으나, 한자로 문학활동을 하고 한자로 쓰여진 문학작품을 읽고 감상할 수 있는 사람은 극소수에 지나지 않았고, 많은 사람은 말로 된 구비문학을 향유했다. 고려시대에 들어와서 한문교육이 확대되고 한자를 아는 사람의 수가 증가했으나, 이는 관료가 되려는 일부 계층 사람들에 국한되었고 농업 등 1차 산업에 종사하는 대다수의 사람은 여전히 한자를 몰랐다. 조선시대에는 한글이 제정되었으나 그 보급 속도는 오늘날처럼 빠르지 못했다. 대체로 대다수 국민이 한글로 문학활동을 자유롭게 하게 된 시기는 조선 후기에 들어와서였다고 할 수 있다. 따라서 조선 후기까지 대다수 국민이 구비문학을 향유했고, 그 결과 오늘날까지 많은 구비문학 유산을 보존하게 되었다.

구비문학의 보편적 갈래는 설화·민요·무가다. 설화는 신화보다는 전설과 민담이 풍부하고, 특히 역사적 인물이나 사건과 결부된 이야기들이 매우 많은 것이 특징이다. 민요 중에서는 기능요가 아직까지도 풍부하게 전승되고 있는데, 노동요로는 농업노동요와 길쌈노동요가 많으며 의식요로는 장례의식요가 많이 전승된다. 특히 시집살이와 같은 서사민요가 풍부하다. 한국 구비문학의 특징적 갈래는 무가라고 할 수 있다. 무가는 아직까지 매우 많은 자료가 전승되고 있는데, 문학성이 뛰어난 장편의 축원무가와 수십 종의 서사무가, 그리고 10여 종의 희곡무가가 있다.

한국 구비문학의 특수성을 띠는 갈래는 판소리와 민속극이다. 판소리는 전문적인 창자가 노래하는 장편의 서사시로서 조선 후기에 발생해 오늘날까지 애호를 받고 있다. 민속극은 민속제전에서 행해지다가 조선 후기에 이르러서 독자적인 연극으로 발전하여 시정市井에서 놀이되었다. 대표적인 민속극으로는 가면극과 인형극이 있다.

2. 설화

한국의 설화는 중세나 근대의 문헌에 한자로 기록된 문헌설화와 현재 민간에서 구전되는 구비설화로 나눌 수 있다. 문헌설화는 국가를 건국한 국조 이야기, 그리고 고승·명장·명신 등 역사적으로 유명한 사람의 이야기가 대부분이고, 구비설화는 흥미 중심의 허구화된 웃음거리 이야기들이 주류를 이룬다. 문헌설화가 유교적 교양을 갖추고 한자문화에 친숙한 사대부 취향의 이야기라면, 구비설화는 한자문화에서 소외된 대중들이 즐겨 향유한 이야기라고 할 수 있다. 그러나 구비설화와 문헌설화 모두 한국인의 정신세계를 반영하는 설화문학으로서 그 속에는 신화도 있고 전설도 있으며, 경험담도 있고 상상담도 있다. 여기에서는 신화·전설·민담의 삼분법에 따라서 한국의 설화를 검토해 보겠다.

1) 신화

(1) 신화의 개념과 범주

신화는 학문적 관점에 따라 다르게 정의된다. 자연신화학파는 신화를 자연현상을 의인화한 이야기로, 철학자들은 원시인의 직관적 세계관이 투영된 자연현상의 시원을 설명하는 이야기로, 인류학자들은 풍요와 다산을 기원하던 원시인의 제전에서 형성된 이야기로, 심리학자들은 인간의 집단무의식의 심연에서 만들어진 이야기로 풀이한다. 그러나 신화가 이야기이면서 보통의 이야기와 다른 점은 신성한 이야기라는 점이고 신성성을 본질로 한다는 것이다. 신화의 신성성은 사제자처럼 공동체에서 권위를 인정받는 존재에 의해 경건한 제전을 통하여 전승되면서 존속되었다고 보는데, 전설의 진실성, 민담의 흥미성과 나란히 신화의 본질을 단적으로 드러내주는 특징이다.

한국 신화는《삼국유사三國遺事》등 문헌에 한문으로 수록되어 있는 건국신화와 무속제전에서 무속인이 창송唱誦하는 무속신화로 대별된다. 그밖에 족보에 기록되어 있거나 특정 문중에서 전승되는 성씨시조신화가 있고, 마을신의 유래로 전승되거나 당제堂祭에서 구송되는 당신화堂神話 등의 마을신 신화가 있다.

건국신화는 건국을 주도한 집단이 개국의 시조를 신성화한 이야기로서, 〈단군신화〉〈주몽신화〉〈박혁거세신화〉〈김수로신화〉 등이 있다. 이들 자료는 건국시조의 신이한 탄생과 건국경위나 왕으로의 즉위과정을 이야기한 것으로서 역사적 사실과 결부되어 있는데, 《삼국사기三國史記》《삼국유사》《제왕운기帝王韻紀》 등 사서史書에 수록되어 있다

무속신화는 무속신의 내력을 이야기한 서사무가로서, 전국적으로 전승되는 유형으로는 〈창세신화〉〈당금애기〉〈바리공주〉〈칠성풀이〉 등이 있다. 무속신화의 주요 유형은 서사무가를 검토하는 장에서 논하기로 하고 이 자리에서는 창세신화·국조신화·성씨시조신

화에 관하여 간략하게 검토하여 보기로 한다.

(2) 한국 신화의 검토

가. 창세신화

창세신화의 자료는 본토의 〈창세가〉〈셍굿〉〈시루말〉과 제주도의 〈초감제〉와 〈천지왕본풀이〉가 있다. 이들 자료에는 처음으로 하늘과 땅이 열린 유래와 인간의 시원, 해와 달의 조정 등 창세 신화소神話素가 들어 있다. 신화의 의미를 주요 신화소별로 검토하면 다음과 같다.

① 천지개벽

〈창세가〉에는 다음과 같은 서술이 나타난다.

한을과 싸이 생길 적에 미륵彌勒님이 탄생誕生한즉

한을과 싸이 서로 부터 떠러지지 아니 하소아

한을은 북개 꼭지처럼 도도라지고

싸는 사四 귀에 구리기둥을 세우고

― 창세가[1]

위의 자료는 천지개벽 관한 내용 전부를 보여준다. 그런데 내용이 간략할 뿐만 아니라 표현이 애매한 부분도 있어서 신에 의하여 하늘과 땅이 이루어졌다는 것인지 스스로 이루어졌다는 것인지 분

---

1 손진태,《朝鮮神歌遺篇》(동경: 향토문화사, 1930), 1쪽.

명하지 못한 점이 있다. 그러나 문맥을 자세히 검토하면 '미륵'이라는 창세신이 하늘과 땅을 분리시키고 땅 네 귀에 구리기둥을 세워서 하늘과 땅이 다시 합쳐지지 않도록 하였음을 알 수 있다. 이 같은 창세신에 의하여 인간세상이 처음으로 만들어졌다는 신화는 거신巨神 창세신화 유형으로서 외국 신화의 예로는 중국의 〈반고신화盤古神話〉가 있다.

② 인류의 시원

인류의 시원始原에 관한 이야기는 한국에서는 무속신화에서만 그 흔적을 찾을 수 있다. 〈단군신화〉에서 단군을 인류의 시조로 보고 단군의 출생과정을 인류시원 신화로 생각할 수도 있으나 단군은 최초의 통치자이지 최초의 인류는 아니다. 곰이 인류가 되기를 기원했다는 점에서 웅녀 이전에 이미 사람이 있었다고 볼 수 있으며, 단군이 나라를 다스렸다고 하였으니 나라란 인류의 집단을 말하는데, 단군이 등장하기 이전에 벌써 인류는 집단생활을 하고 있었다고 보아야 한다.

> 옛날 옛 시절時節에
> 미륵彌勒님이 한짝 손에 은銀쟁반 들고 한짝 손에 금金쟁반 들고 한을에 축사祝詞하니
> 한을에서 벌기 쩌러져 금金쟁반에도 다섯이요 은銀쟁반에도 다섯이라
> 그 벌기 잘이와서 금金벌기는 사나히 되고 은銀벌기는 계집으로 마련하고
> 은銀벌기 금金벌기 자리와서 부부夫婦를 마련하야 세상世上 사람이

나였어라.

– 창세가[2]

여기서 인간의 출현은 미륵에 의하여 이루어졌음을 볼 수 있다. 그러나 미륵도 전지전능한 창조주로 나타나지는 않는다. 미륵 스스로 인간을 만든 것이 아니라 미륵보다 더 높은 '한을天'의 힘을 빌려서 금쟁반과 은쟁반에 인류의 씨가 되는 '금벌레' '은벌레'를 얻을 수 있었던 것이다. 여기서 금쟁반과 은쟁반은 해와 달을 상징하고 금벌레와 은벌레는 해의 정기와 달의 정기를 나타낸 것이라고 볼 수 있다. 그렇다면 하늘이 미륵에게 해의 정기와 달의 정기를 내려주었고 미륵은 일월의 정기를 남자와 여자로 길러내고 결혼시켜 인류가 번성하도록 하였음을 알 수 있다.

이 신화에 담긴 우리 민족의 인간관을 집약하면 다음과 같다.

첫째, 인류의 시원을 하늘의 해와 달에 두고 있는데, 이는 인간의 남녀가 태양太陽과 태음太陰의 후예라는 점에서 양기陽氣와 음기陰氣의 결합으로 만물이 산생産生한다는 음양론적 사고를 반영하고 있다.

둘째, 인간은 하느님에 의해 그 생명이 주어졌고 단번에 창조된 것이 아니라 서서히 자라나면서 인간으로 변화했다는 진화론적 사고를 보여주고 있다.

셋째, 층차가 없는 다섯 쌍의 벌레로부터 인류가 기원하였다는 점에서 인류평등사상을 반영하고 있다.

넷째, 다섯 쌍의 부부가 낳은 자손의 후예가 결혼하여 인류가 번성하였다는 점에서 남매혼과 같은 근친혼近親婚의 불가피성을 배제

2 손진태, 앞의 책, 8쪽.

하지 않았고, 신화 전승집단이 신성시하는 성수聖數가 5임을 알 수
있다.

③ 해와 달의 조정

창세신화의 주요 신화소 가운데 하나가 해와 달의 유래다. 한국
신화에는 해와 달이 생겨난 이야기는 없고 두 개의 해와 달을 하나
로 조정한다는 내용만 전한다.

〈창세가〉: 천지가 처음 열렸던 당시에는 해도 둘, 달도 둘이었는데
미륵이 달 하나는 떼어서 북두칠성 남두칠성을 마련하고 해 하나
를 떼어서 큰 별을 마련한다.

〈시루말〉: 옛날에 달도 둘, 해도 둘 돋으므로 선문이 후문이 형제
가 철궁에 화살을 먹여 쏘아서 해 하나를 떼어다가 제석궁에 걸
어두고 달 하나를 떼어내어 명모궁에 걸어둔다.

〈천지왕본풀이〉: 인간에 해도 둘, 달도 둘이 있어서 일광日光에는 인
생이 타 죽고 월광月光에는 인생이 얼어 죽으므로 대별왕과 소별
왕은 부왕의 명령을 듣고 각각 무쇠활과 화살로 해 하나, 달 하나
씩을 쏘아 별을 만들어 해와 달이 하나인 살기 좋은 세상을 이룩
한다.

위의 자료들은 모두 태초에는 복수의 해와 달이 돋아 인류가 살
기 어려웠는데 어떤 영웅이 나타나서 두 개의 해와 달을 하나로 조
정한다고 되어 있다. 그러면 이러한 일월신화는 어떤 신화적 의미
를 보여주는가?

두 개의 태양이 등장한다는 것은 지나친 태양의 열로 인한 더위

와 가뭄을 뜻한다. 따라서 태양을 쏘아서 떨어뜨린다는 것은 가뭄을 방지하는 노력을 주술적으로 표현한 것이며, 해마다 실시하는 풍년을 비는 기풍의식祈豊儀式의 산물로 볼 수 있다.

그러면 달의 수를 조정한다는 것은 어떤 의미인가? 달의 수를 조정하는 것은 추위와 홍수를 막기 위해서라고 볼 수 있다. 이미 알려진 바와 같이 달은 물과 관계가 있다. 물과 달과 여자가 생생력환대生生力環帶를 이루고, 이 환대 속에서 달이 풍요·출산·건강 등에 관련된 생생력상징生生力象徵으로 숭앙된다. 달이 물을 상징한다면 복수의 달은 지나치게 많은 물, 곧 홍수를 의미하며 두 개의 달을 하나로 만드는 것은 홍수를 방지하기 위한 의식儀式의 산물이라고 볼 수 있다. 이러한 신화는 가뭄과 홍수를 방지하려는 기후조절제의에서 사제자가 행위로 연행하던 것이 언어로 전환되어 전승된 것으로 보인다.

나. 국조신화

한국의 국조신화는 〈단군신화〉〈주몽신화〉〈박혁거세신화〉〈수로왕신화〉가 있는데,《삼국유사》《삼국사기》《고려사高麗史》《제왕운기帝王韻紀》《세종실록지리지世宗實錄地理志》등 문헌에 기록되어 있다. 이들 국조신화는 대체로 고조선 건국신화, 고구려 건국신화 등 북방지역의 신화와 신라 건국신화, 가락국 건국신화 등 남방지역 신화로 나뉜다.

〈단군신화〉와 〈주몽신화〉는 고조선 건국과 고구려 건국을 이야기하고 있다는 점에서 신화에 반영된 역사적 사실은 상당한 시간적 거리가 있다. 그러나 신화의 의미는 동일함을 알 수 있다. 두 신화의 공통된 지향의식은 하늘과 땅(또는 물)에 대한 신성 관념이다. 즉, 하늘의 상징인 남신과 땅의 상징인 여신이 지상에서 만나 혼례를 행하고 새로운 국가의 시조를 탄생시킨다는 것이다.

북방지역 신화는 천신과 지신(또는 수신)의 혼례 → 시조의 탄강誕降 → 건국의 순서로 전개된다. 한편 남방지역의 신화인 신라의 〈박혁거세신화〉와 가락국의 〈수로왕신화〉는 하늘과 땅의 상징적 결합은 나타나지만 남신과 여신의 혼례과정은 없이 시조의 탄강이 먼저 이루어진다. 그러고 나서 시조의 건국이 이어지고 그다음 시조의 혼례가 나타난다. 즉, 남방지역의 신화는 시조의 탄강 → 건국 → 시조의 혼례 순서로 전개된다.

두 계열의 신화는 시조가 왕이 되는 과정에서도 차이를 보인다. 북방지역 신화는 국가체제가 정비된 이후에 시조가 태어나서 이미 있는 국가와는 다른 새로운 국가를 건국한다는 내용을 담고 있다. 반면 남방지역의 신화는 국가라는 것이 없던 시기에 처음으로 국가를 만들고 이 세상 최초의 왕으로 추대된다는 내용을 보여준다. 이런 점에서 남방지역 신화가 북방지역 신화보다 더욱 원초적인 국가 시원을 이야기한다고 할 수 있다.

〈단군신화〉는 한민족이 최초로 세운 조선의 개국과정을 이야기한 것으로서, 신화의 주역은 단군의 아버지인 환웅桓雄이지만 조선이라는 국가조직을 완비한 인물은 단군이고 국가의 조상제전에서 제향을 받는 존재 또한 단군이므로 〈단군신화〉로 일컬어진다. 《삼국유사》에 수록된 〈단군신화〉의 내용을 요약하면 다음과 같다.

옛날 환인桓因의 서자 환웅이 하늘 아래 인간세계를 탐해서 구했다. 아버지는 아들의 의향을 알고 아래 세계를 내려다보니 삼위태백三危太白이 나라를 세울 만했다. 그래서 천신天神의 증표인 세 가지 물건을 환웅에게 주고 내려보내어 다스리도록 했다. 환웅이 종자從者 삼천을 거느리고 태백산 꼭대기 신단수 아래 하강해 신시神市를 처음 여니 이분이 곧 환웅천왕이다. 환웅은 바람·비·구름을 맡아 다스리는 신하들을 거느리고 곡식·수명·질병·형벌·선악 등 인간의 360여 가지 일을 주재했다.

그때, 곰 한 마리와 범 한 마리가 같은 굴에서 살면서 줄곧 환웅에게 사람이 되게 해달라고 빌었다. 그래서 환웅은 신령스러운 쑥과 마늘을 그들에게 주고 말하기를, 너희가 이것을 먹고 백 일 동안 햇빛을 보지 않으면 사람이 될 것이라고 했다. 곰과 호랑이가 금기를 지키다가 호랑이는 참지 못해 사람이 못 되고, 곰은 금기를 지킨 지 스무하루 만에 사람의 형체를 얻어 여인이 되었다. 곰여인熊女은 결혼할 상대가 없으므로 날마다 단수 아래에서 잉태할 것을 기원했다. 그래서 환웅이 잠깐 신랑이 되어 웅녀와 혼인해 아들을 낳았는데, 그 아들의 이름을 단군왕검檀君王儉이라 했다. 단군은 평양성에 도읍을 정하고 나라 이름을 처음으로 조선朝鮮이라고 했다.

이 신화는 환웅이 신시를 개창하는 과정과 단군을 출생하는 과정의 두 부분으로 나뉜다. 역사학자들은 이 신화를 다음과 같이 해석한다. 환웅은 천신을 숭배하면서 이주해 온 집단을 나타내고, 환웅과 웅녀가 결혼해 단군을 낳고 단군이 조선의 시조가 되었다는 것은 이주해 온 천신 숭배 부족과 선주민인 곰 토템 부족이 통합해 새로운 집단으로 탄생했음을 말해 준다는 것이다.[3]

민속학자들은 환웅을 고대의 제사장이면서 부족장이었던 존재로 해석한다. 환웅이 환인에게서 받은 천부인天符印 세 개는 고대 무속사제가 가진 신성 징표로서 거울·방울·칼을 말하며, 그가 거느린 풍백風伯·운사雲師·우사雨師 등은 농경부족의 족장이 기후를 조절하

---

3 김정배,《한민족문화의 기원》(서울: 고려대출판부, 1973) 참조.

는 주술사로서의 권능이 있음을 말해 준다는 것이다.[4]

한편 이 신화에는 인본주의人本主義 사상이 굳게 자리잡고 있다고 본다. 환웅은 천신적 존재였으나 인간세계를 그리워했고, 곰과 호랑이는 동물이면서 사람이 되기를 원했다는 점에서 신도 동물도 모두 인간세계를 동경한다는 사고를 찾을 수 있다는 것이다.[5] 또한 후대에 시조신으로 숭앙된 존재는 신이었던 환웅이 아니라 인간으로 탄생한 단군이었다. 이 같은 인본주의 사상은 후대에 단군을 숭앙하는 대종교라는 종교의 기본 사상이 되기도 했다.

〈주몽신화〉는 고구려 건국신화로서 〈광개토왕능비廣開土王陵碑〉〈모두루묘지명牟頭婁墓誌銘〉 등의 비문에서부터 《삼국사기》《삼국유사》《제왕운기》《응제시주應制詩註》《세종실록지리지》《동국통감東國通鑑》《필원잡기筆苑雜記》 등 한국의 문헌자료와 《후한서後漢書》《위서魏書》《당서唐書》《주서周書》《수서隋書》《북사北史》 등 중국의 문헌에 두루 수록되어 있다. 〈주몽신화〉는 한국의 대표적 영웅신화로서 〈해모수신화〉〈주몽신화〉〈유리신화〉의 삼대 신화가 집성된 것이다. 천제의 아들인 해모수가 수신水神인 하백河伯의 딸 유화柳花와 혼인하여 주몽을 낳고, 주몽이 동부여 금와왕金蛙王의 궁중에서 생장하다가 탈출해서 졸본에 이르러 고구려를 세우고 비류왕沸流王 송양松讓의 항복을 받아 국위를 떨친다는 내용이다. 이 신화는 주몽의 신이한 탄생과 시련, 그리고 영웅적 투쟁을 통한 건국경위를 이야기하고 있어 영웅 일대기의 전형적인 모습을 보여준다. 또한 천신과 수신에 대한 신성의식을 담고 있어 한민족이 고대부터 천신 숭앙과 수신 숭앙이

---

4 최남선, 〈단군고기전석〉,《사상계》 2권 2호(서울: 사상계사, 1954년 2월); 황패강, 〈단군신화 시고〉,《한국 서사문학 연구》(서울: 단국대출판부, 1972).
5 김인희,《한국 무속사상 연구》(서울: 집문당, 1987).

강했음을 말해 준다.

〈박혁거세신화〉는 신라의 건국신화로서 《삼국사기》《삼국유사》《제왕운기》《세종실록지리지》 등 문헌에 두루 전하고 있다.

기원전 69년 3월 1일에 하늘과 땅이 자줏빛 기운으로 연결된 양산楊山 아래 나정蘿井에서 흰 말이 소리치고 하늘로 올라간 자리에 커다란 알이 있는 것을 육촌의 촌장들이 발견했다. 알이 깨자 한 남자아이가 나왔는데, 이 아이를 길러 왕으로 받드니 이 사람이 곧 신라의 첫째 임금인 박혁거세朴赫居世이고, 같은 날 사량리沙粱里 알영정閼英井 가에서 계룡이 왼쪽 옆구리로 여자아이를 낳았는데, 촌장들이 이 여자아이를 잘 길러 혁거세와 혼인시키니 이 이가 곧 혁거세왕의 왕비인 알영閼英이라는 것이다.

신라의 건국신화는 시조와 시조비의 신이한 출생담으로만 되어 있다. 그러나 왕과 왕비는 그 출생경위로 보아 각기 천신과 수신의 후예임을 알 수 있고, 두 사람이 혼인해 신라를 다스리고 두 성인으로 추앙받았다는 《삼국사기》의 기록으로 보아 신라에서도 천신과 수신에 대한 신성관념이 중심이었음을 알 수 있다.

〈수로왕신화〉는 〈박혁거세신화〉와 같은 성격을 가진다. 하늘과 땅이 자줏빛으로 연결된 구지봉龜旨峯의 땅 밑에서 파낸 알에서 수로首露가 출생했고, 수로가 왕으로 추대된 뒤에 멀리 아유타국阿踰陀國으로부터 배를 타고 온 공주 허황옥許黃玉과 혼례를 치르는 내용이 이어지고 있다. 이는 곧 시조의 탄강과 즉위, 그리고 시조의 혼례로 이어지는 남방지역 신화의 성격을 반영한 것이다.

다. 성씨시조신화

〈박혁거세신화〉와 〈수로왕신화〉는 건국신화이면서 동시에 경주

박씨와 김해 김씨의 성씨시조신화이기도 하다. 한국의 성씨시조신화는 이 밖에 제주도의 〈삼성姓신화〉와 평강平康 채씨蔡氏, 창녕昌寧 조씨曺氏의 시조신화 등이 있다. 〈삼성신화〉는 《고려사지리지高麗史地理志》《영주지瀛洲誌》 등의 문헌에 전하는데, 고高·양梁·부夫 세 성씨의 시조신화다.

탐라현耽羅縣 모흥혈毛興穴에서 솟아난 고을나高乙那, 양을나良乙那, 부을나夫乙那의 세 신인이 사냥을 하며 살고 있었다. 어느 날 세 신인은 바닷가에 떠내려온 나무함에서 동해 벽랑국碧浪國에서 왔다는 세 처녀와 송아지, 망아지 및 오곡의 씨를 발견했다. 세 신인은 세 처녀와 각기 결혼하고 활을 쏘아 땅을 분할하고 농경과 목축을 하며 살았는데, 그 뒤로 후손들이 번성했다는 것이다.

이 신화는 시조가 땅으로부터 솟아났다고 되어 있어 하늘에 대한 신성관념보다 땅에 대한 숭앙의식을 강조했으며, 시조의 결혼과정은 〈수로왕신화〉와 유사하나 목축과 농경이 여성들과 함께 벽랑국으로부터 전해졌다고 되어 있어 농경문화의 전래과정을 말해 준다.

평강 채씨와 창녕 조씨의 시조신화는 야래자夜來者 설화 유형으로서 수달이나 뱀 또는 거북 등이 사람으로 변해 밤에 처녀를 찾아가 임신시켰고, 거기서 출생한 아이가 시조가 되었다는 이야기다. 이 신화는 지신계의 여성과 수신계의 남성이 결합해 시조를 낳았고 부계의 존재가 감추어져 있다는 점에서 한반도의 건국시조의 출생과는 다른 성격을 보여준다. 이러한 야래자형 시조신화는 수신신앙이 천신신앙에 밀려 후퇴하면서 변모된 수신신화의 모습을 보여주는 것으로 추측된다.[6]

6   서대석, 〈백제신화 연구〉, 《백제논총》 제1집(서울: 백제문화개발연구원, 1985).

2) 전설

⑴ 전설의 특징과 분류

전설은 이야기 중에서 전승자가 그 내용을 사실이라고 여기는 자료들을 말한다. 그래서 전설을 이야기하는 사람들은 옳다거니 그르다거니 토론을 벌이기도 하고 이야기의 내용을 증명하는 증거물을 제시하며 자신이 없는 자료는 말하기를 주저하는 경향이 있다. 전설의 작중 배경은 대체로 특정한 역사적 시간과 구체적인 지리적 공간이 제시되는데, 이는 전설의 세계가 특정한 시간과 장소에서 일어난 일로서 언제 어디서나 인간이 사는 곳이면 일어날 수 있는 것을 이야기하는 민담의 세계와는 다른 것임을 말해 준다. 또한 전설은 비장미가 두드러지는 이야기이고 주인공의 일생을 본다면 출생과정은 생략되는 경우가 많은 반면 죽는 과정은 자세하게 서술된다는 특징이 있다.

가. 전국적 전설과 지역적 전설

전설은 증거물의 인지범위에 따라 전국적 전설과 지역적 전설로 나뉜다. 전국적 전설은 대체로 역사적 인물이나 사건과 관련을 가지는 이야기로서 증거물이 바로 한국의 역사 그 자체이기에 한국의 국민은 모두 이를 사실로 인정할 수밖에 없는 이야기들이다. 예를 들면 조선왕조의 건국과 관련된 한양을 도읍지로 선정한 이야기나 임진왜란 시기에 활약한 명장들의 이야기 등이 이에 해당된다. 한편 지역적 전설은 증거물이 인지되는 범위가 그 지역 주민들의 직접 체험에 근거를 둔 것으로서 일정한 한계를 가지는 이야기를 말한다. 예를 들면 충남 계룡산 연천봉 중턱에 있는 〈오뉘탑 전설〉이나 양산 통도사의 〈용혈암 전설〉 등이 그것이다. 그러나 이러한 분류는 역사에 대한 지식의 유무에 따라, 또는 인간의 활동공간의 확장에 따라 증거물의 인지범위가 달라질 수 있다는 점에서 분별력의 객관성이 문제될 수 있다.

나. 인물전설과 사물전설

전설은 작품의 주요 제재나 증거물의 성격에 따라 인물전설과 사물전설로 나누기도 한다. 인물전설은 역사적으로 이름을 떨친 인물에 관한 이야기가 주류를 이룬다. 신라 말기의 문인이며 학자인 최치원佰致遠, 고려 중기의 명신 강감찬姜邯贊, 조선시대의 대학자 서경덕徐敬德·이황李滉·이이李珥·이지함李之菡 등의 이야기가 바로 한국의 대표적 인물전설이다. 이러한 이야기는 주로 한문으로 기록된 문헌에 실려 있고 구전으로도 널리 전승되고 있다. 그러나 구전되는 인물전설이 반드시 역사적으로 국가를 위해 공헌한 인물의 이야기만은 아니다. 도선道詵·박상의朴尙義 등의 명풍名風, 허준許浚·유의태柳義泰 등의 명의名醫, 홍계관洪啓觀 등의 명복名卜을 비롯해서 김선달이나 방학중 등의 장난꾸러기, 자린고비 등의 인색한 인물에 이르기까지 역사적으로 잘 알려지지 않은 많은 인물의 이야기가 전하고 있다.

강감찬은 어머니가 여우였다고 한다. 강감찬의 아버지는 아들 100명을 둘 팔자였는데, 이를 모두 모아서 하나만 낳게 되면 훌륭한 아들이 탄생하리라고 생각하고 전국을 유랑하며 여성과 인연을 맺고 헤어지기를 아흔아홉 번 한 뒤, 본집으로 오다가 아름다운 여인으로 변한 여우에게 유혹되어 잉태를 시키고 말았는데, 이렇게 해서 출산한 아이가 바로 강감찬이라는 것이다. 강감찬은 태어나면서부터 귀신을 부릴 줄 알았고 신기한 재주를 많이 가지고 있었다. 얼굴이 일색으로 태어난 강감찬은 남자의 얼굴이 그토록 곱고 아름다워서는 큰일을 할 수 없다고 생각해 스스로 마마신을 불러 얼굴을 험하게 얽도록 명령해서 곰보가 되었다고 한다. 또한 연못의 개구리 울음소리를 부적 한 장으로 그치게 했고, 호랑이가 인명人命을 해치자 호랑이 떼를 압록강 밖으로 몰아내기도 했다.

강감찬 전설은 대체로 도선적道仙的 신비주의로 장식되어 비현실적인 내용을 담고 있다. 그러나 고려시대 명신名臣으로 귀주대첩에서 거란의 십만 대군을 물리친 역사적 인물 강감찬이 보통 사람과 다르다는 데는 아무도 이의를 제기하지 않기에 허황된 과장이 당연시되었던 것으로 본다.

조선 후기에 암행어사로 활약한 박문수朴文秀의 이야기 역시 일상적 합리성보다는 신비적 요소가 많다. 죽은 사람의 혼령이 도와주어 간부姦夫와 짜고 어린 신랑을 죽여 시체를 연못에 던진 살인사건을 해결한다든지, 죄수 부인의 지극한 정성에 감동한 미륵이 인간으로 변신해서 돈 있는 자들의 고난을 해결해 주고 그 사례로 받은 돈을 박문수에게 주어 관비官費 3천 관 때문에 죽을 위기에 처한 사람을 살려냈다든지 하는 이야기가 바로 그러한 예다.

이처럼 인물전설은 주인공의 출생과정이나 활동양상이 보통 사람과는 전혀 다른 신이한 면을 보여준다. 전설의 주인공은 대체로 최치원·강감찬·이지함 등 도가적 인물이 많으며, 이들은 대체로 조정보다는 백성 편에 서서 살았다. 특히 구전전설의 주인공은 남다른 지혜와 학식이 있는 인물로서, 그 학식과 지혜를 조정보다는 백성을 위해서 사용한 인물로 되어 있다.

사물전설은 자연물에 관한 전설과 인공물에 관한 전설로 나뉜다. 자연물은 해·달·별 등의 천체 및 산이나 강 등의 지상의 자연물을 비롯해 호수·암석·수목 등에 얽힌 이야기들로서, 신화적인 것에서 부터 역사와 관련된 것에 이르기까지 다양한 내용을 보여준다. 인 공물은 사원·석탑·성곽·교량·글씨·그림·조각 등 건축물이나 예술품 등의 조성과정에 얽힌 이야기가 대부분을 차지한다.

(2) 전설의 작품세계

전국 각지에서 두루 전승되는 〈장자못 전설〉은 연못의 유래를 설명하는 사물 전설이면서 성경에 나오는 '소돔과 고모라'형 이야기로서 세계적으로 분포된 보편적 전설 유형이다. 고승을 박대한 인색한 부자가 집이 함몰해 연못으로 변하면서 죽게 되는데, 부자 몰래 고승에게 시주했던 부자의 며느리는 고승의 교시로 살아날 길을 알았으나 고승이 선언한 금기를 지키지 못하고 돌로 변했다는 이야기다. 이 설화는 전국적으로 300여 개 연못의 전설로 전해지는데, 고승으로 대표되는 천상적 존재는 인간이 지향하는 이상을 말하고, 부자로 대표되는 인색한 부자는 지상적 존재로서 현실에 대한 집착을 말하며, 고승과 부자 사이에 존재하는 며느리가 바로 중간자적 존재로서 현실에 대한 집착과 초월계에 대한 이상 사이에서 갈등하는 인간의 모습을 보여준다.

〈오뉘 힘내기 전설〉은 주로 한반도 서남지역에 분포되어 있는데, 힘이 매우 센 누이와 남동생이 힘겨루기 내기를 하다가 어머니의 간섭으로 누이가 패배해 죽고 이를 안 남동생 역시 자살한다는 비극적 내용을 담고 있다. 계룡산 연천봉의 〈오뉘탑 전설〉, 충남 아산군의 〈꾀꼬리성의 유래〉, 천마산의 〈할미성 전설〉 등이 이 유형에 속한다. 이 전설은 대체로 남성과 여성의 능력 시합이라는 성격이 있고, 여성이 연장자로 등장하고 남성보다 더 유능하면서도 패배했다는 점에서 모권사회에서 부권사회로 이행하는 과정에서 형성된 여성들의 한을 함축하는 전설이라고 생각된다.

〈아기장수 전설〉은 천하의 명장으로 태어난 아기장수가 역적이 될까 봐 두려워하는 부모에 의해 죽임을 당하는 이야기다. 태어나자마자 공중을 날아다니는 아들의 모습을 본 부모는 콩섬과 팥섬으로 아이를 눌러 숨지게 했는데, 아이가 죽자 용마가 땅에서 솟아올라 펄펄 뛰다가 죽고 용마가 솟아난 곳이 연못이 되어 메아지못으로 불린다는 것이다. 이 전설 역시 전국 각지에 두루 전해 내려오는데, 외국의 침략에 시달리면서 초인적 능력을 발휘하는 장수를 갈망하는 한민족의 기대와 아기장수와 같은 훌륭한 인물이 전제군주제 사회에서 왕권을 위협할까 겁을 내어 용납될 수 없었다는 한恨의 정서가 투영되어 있다.

〈백일홍 전설〉과 〈삼태성 전설〉은 북한과 연변의 조선족이 전승하는 자료로서 중국의 소수민족 구비문학 자료집에는 조선족의 대표적 전설로 소개된 유형이다. 〈백일홍 전설〉은 어느 어촌에 살던 용감한 청년이 풍랑을 일으키는 바다의 악룡을 퇴치하러 가면서 승리하고 올 땐 흰 돛을 달고 패배하고 올 땐 붉은 돛을 달고 오겠다고 사랑하는 처녀에게 약속했는데, 승리는 했으나 용을 죽일 때 뿜어나온 피로 돛대가 붉게 물든 것을 모르고 돌아오자 이를 본 처녀가 낙담해서 죽어 백일홍이 되었다는 이야기다. 이 전설은 악룡을 물리친 영웅의 이야기이면서 영웅의 실수로 사랑하는 여인을 잃고 말았다는 슬픈 이야기다. 여기서 붉은색은 죽음을, 흰색은 삶을 상징하는데, 용이 죽으면서 처녀를 죽게 했다는 점에서 용과 처녀가 연관성이 있음을 시사해 준다. 용은 바다에서 활동하는 수신이다. 그리고 용의 피는 죽음의 색인 붉은빛이다. 청년 장수는 흰빛의 영웅이다. 흰빛은 바로 태양의 상징이다. 용과 청년의 싸움은 태양신과 수신의 싸움이고, 태양신을 숭배하는 부족과 수신을 숭배하는 부족 사이의 쟁투라는 의미를 함축하고 있다고 본다.

〈삼태성의 전설〉은 홀어머니를 모시고 사는 용감하고 신이한 재주를 배운 삼 형제가 힘을 합해 태양을 삼키고 사라진 흑룡을 죽이고 태양을 다시 찾아온 후 삼태성이 되어 태양을 계속 지킨다는 이야기다. 바다의 흑룡으로부터 태양을 지키는 삼태성이라는 별의 유래담으로서 태양을 숭배하는 우리 민족의 영웅전설이라고 할 수 있다. 여기서 태양은 훔쳐갈 수도 있고 다시 찾아올 수도 있는 존재라는 점에서 태양신 숭배 부족을 굳게 수호한다는 의미와 흑룡으로 상징되는 수신 숭배 부족과의 갈등을 동시에 나타낸다.

한국의 전설은 한민족의 한이 서린 문학이다. 그래서 유능하고 용감한 인물이 잘못된 사회의 현실에 맞서 싸우다가 패배해서 죽고 만다는 비장한 내용이 많다.

3) 민담

(1) 민담의 전반적 특징

민담의 전승자는 이야기의 내용을 신성하다거나 진실을 담고 있다고 생각하지 않는다. 그저 '꾸며낸 이야기' 또는 '거짓말 같은 이야기'로 알고 있으며, 재미있다고 여길 뿐이다. 그래서 민담에는 증거물이 없다.

민담은 흔히 '옛날 옛적 어느 한 곳에 한 사람이 살았는데' 하는 방식으로 서두가 시작된다. 이러한 민담의 서두에는 민담의 시간배경, 공간배경 그리고 주인공의 특성이 잘 드러나 있다. '옛날'이라는 시간배경은 시제상의 과거임을 나타낼 뿐 역사상의 특정 시기를 지칭하는 말은 아니다. 즉, 과거 사람이 살던 시절이면 그 어느 때라도 좋다는 뜻이고, 작중의 공간으로 제시된 '어느 한 곳에'라는 말은 이 세상 어느 곳이건 사람이 사는 곳이면 된다는 의미다. 이처럼 작중의 시간과 공간이 현실적으로 구체화되지 않는다는 것은 민담의 작품세계가 사람이 살던 시간과 장소에서는 언제 어디서나 일어날 수 있는 보편성을 갖는다는 뜻이다. 이런 점에서 민담의 전승범위는 지역의 제한을 받지 않는다. 흥미가 있고 청중의 환영을 받으면 전승력을 확보한다. 그래서 민담은 세계적인 분포를 보인다. 그러나 전승집단의 문화적 특성에 따라 세부 내용은 다르게 마련이다.

민담의 주인공은 신분이나 능력 면에서 매우 다양하다. 왕에서부터 거지에 이르기까지 온 계층의 인물이 등장하고 초인적 재주를 가진 사람이 있는가 하면 바보나 불구자들도 자주 나온다. 그런데 이들 주인공은 거의 모두가 출생과정이나 성장과정에 관한 이야기가 없이 바로 성년의 모습으로 나타난다는 특징이 있다. 이것이 고귀한 혈통을 내세우며 장황한 출생과정을 보여주는 신화나 비장한 죽음이 강조되는 전설과의 차이점이다. 또한 주인공들이 문제를 의식하고 해결하는 과정 역시 심각하지 않다. 우연히 행운을 얻기도 하고 소박한 지혜로 엄청난 문제를 해결하기도 한다. 특히 민담에는 소화笑話가 차지하는 비중이 적지 않은데, 소화의 주인공은 거의가 바보들이다. 그래서 민담은 우스운 이야기로도 알려져 있고 골계미滑稽美의 원천이 되기도 하였다.

(2) 민담의 분류

스티스 톰슨S. Thompson이 안티 아르네Antti Aarne의 《설화유형집

Verzeichnis der Marchentypen》을 번역하고 증보한 영문판《설화의 유형*The Types of the Folktale*》이란 책에서는 세계적으로 분포된 설화를 유형별로 분류·정리하면서 ①동물담, ②일상담, ③소담笑談과 일화, ④형식담, ⑤미분류담으로 나눈 바 있다.[7] 이 분류는 설화의 실상을 파악하기 위해 만들어진 실용적 분류안이다. 그러나 분류의 논리적 체계에는 문제가 있다. 형식담은 설화 중에서 특별한 형식을 가진 것으로서 이를 분류항으로 설정하려면 먼저 설화 전체를 형식담과 비형식담으로 분류해야 논리적으로 타당하다. 그러나 형식담의 비중이 그렇게 크다고 할 수 없으므로 비형식담의 하위 분류항과 같은 범주로 처리한 것으로 생각된다. 또한 다른 분류항에서도 이러한 논리의 결함이 발견된다. 동물담·일상담·소담은 설화의 주인공 성격이나 자질을 기준으로 한 분류라고 본다. 즉, 주인공으로 동물이 등장하면 동물담, 보통 사람이 등장하면 일상담, 그리고 바보가 등장하는 이야기는 소담이 된다는 것이다. 여기서 동물과 사람을 먼저 구분하고 다시 사람이 주인공인 민담을 재분류해야 논리적으로는 좀 더 체계적이라고 할 수 있다. 또한 대부분의 이야기를 일상담에 포함시키고 소화만을 별항으로 독립시킨 것도 논리적으로는 문제가 있다. 주인공의 자질 또는 능력에 따라 분류한다면 마땅히 보통 사람보다 우월한 인물의 이야기와 보통 사람의 이야기, 그리고 보통 사람보다 열등한 사람의 이야기로 나누어야 할 것이다.

한편 이야기의 흥미는 상황이 변화하는 데서 획득된다는 점에 착안해 조동일은 주인공의 자질과 상황의 성격을 고려해서 설화를 분

---

7 S. Thompson(trans.), *The Types of the Folktale*, FFC No.3 (Helsinki: Suomalainen Tiedeakatemia Academia Scientiarum Fennica, 1973).

류하자는 주장을 제기하기도 했다. 즉, 모든 이야기는 잘되는 이야기와 못 되는 이야기로 나눌 수 있는데, 주인공이 처한 상황이나 추구하는 목표의 종류에 따라 ①이기고 지기, ②알고 모르기, ③속이고 속기, ④바르고 그르기, ⑤움직이고 멈추기, ⑥오고 가기, ⑦잘되고 못 되기, ⑧잇고 자르기로 나뉜다는 것이다. 조동일은 이러한 분류체계를 수립하고 이에 따라 《한국구비문학대계》에 수록된 자료를 모두 분류해 정리한 바 있다.[8]

이러한 민담 분류의 문제를 고려해 본고에서는 주인공의 자질과 성격을 중심으로 동식물담·바보담·범인담·초인담으로 나누어 검토하기로 한다. 동식물담은 의인화된 동물 또는 식물의 이야기로서 여기에 등장하는 인간은 보조적 구실밖에는 하지 못한다. 동물이나 식물의 기원이나 생김새의 유래를 이야기한 기원담, 꾀 많은 동물과 힘센 동물 간의 대결을 보여주는 지략담, 동물들의 능력을 겨루는 경쟁담, 그리고 교훈적 목적을 가지고 인간사회를 동물세계에 비유해 이야기한 우화 등이 여기에 속한다. 다만 동물과 사람이 함께 등장하는 이야기는 주인공이 누구냐에 따라 다르게 분류된다.

한국의 주요 동물담은 《삼국사기》에 수록된 〈귀토지설龜兔之說〉을 비롯해 16세기 문헌인 《어면순禦眠楯》, 그리고 17세기 문헌인 《순오지旬五志》 등으로, 개·고양이·쥐·두더지 등의 이야기가 실려 있다. 또한 연대 미상인 《기문記聞》에도 토끼·까치·호랑이 등의 이야기가 실려 있다. 구전되는 한국의 동물담으로는 〈개와 고양이의 구슬 찾기〉〈호랑이의 꼬리 낚시〉〈두꺼비의 나이 자랑〉 등 100여 가지 유

---

8 조동일 외, 〈한국설화유형 분류집〉, 《한국구비문학대계》 별책부록(1)(성남: 한국정신문화연구원, 1989).

형이 채록되었는데, 여기에 등장하는 동물들은 가재·까치·개·고양이·개미·개구리·거미·게·꾀꼬리·꿩·독수리·돼지·메뚜기·모기·파리·벼룩·빈대·이·사자·소·자라·쥐·원숭이·여우·호랑이·토끼·곰·당나귀·두꺼비·닭 등이다. 말 대신에 당나귀가 많이 등장하고 한국에서 자생하지 않는 원숭이와 사자도 등장한다. 그러나 한국 동물담에 가장 많이 등장하는 것은 호랑이·토끼·여우·개·두꺼비 등이다.[9]

바보담은 주인공이 보통 사람 이하의 바보로 설정된 소담적 성격을 가지는 설화다. 바보담은 어리석은 인물이 주인공으로 등장해서 여러 가지 우스운 사건을 일으키는 이야기로서, 실수담과 성공담으로 나뉜다. 실수담은 바보들의 바보스러운 행위에 관한 이야기로서 정상적인 사람의 관점에서는 실수이지만 주인공 자신은 매우 현명한 행위로 인식하는 이야기의 유형으로, 모방담의 형식을 띤 자료가 많다. 성공담은 주인공의 능력과 달리 우연과 행운으로 성공하는 이야기를 말한다. 〈바보 사위〉〈바보 원님〉〈중은 여기 있는데 나는 어디 있나〉 등이 바보담의 예다.

범인담凡人譚은 평범한 인물이 주인공으로 등장하는 이야기로서 가장 현실성을 띤다. 대체로 체험을 바탕으로 형성된 역사적 인물의 이야기가 많고 주제에 따라 결연담結緣譚·출세담出世譚·치부담致富譚·보은담報恩譚 등으로 나눌 수 있다. 그러나 결혼과 치부 또는 출세가 대체로 함께 이루어지는 경우가 많다. 결연담의 대표적 유형으로는 〈나무꾼과 선녀〉〈구렁덩덩 신선비〉〈우렁색시〉 등이 있고, 출세담으로는 〈다시 찾은 옥새〉〈지하국 대적 퇴치담〉 등을 예로 들

---

9   조희웅,《한국설화의 유형적 연구》(서울: 한국연구원, 1983), 32~33쪽 참조.

수 있으며, 치부담 유형으로는 〈게으른 아들의 새끼 서 발〉 〈아버지의 유물〉 〈지네와 구렁이의 승천다툼〉 〈구복여행〉 등이 있고, 보은담의 대표적 유형으로는 〈삼천량의 보은〉 〈까치의 보은〉 〈두꺼비의 보은〉 〈용자의 보은〉 등이 있다.

초인담超人談은 주인공이 보통 사람의 수준을 넘는 유별난 능력이 있는 사람인 경우를 말한다. 능력의 성격에 따라 명의담名醫譚·명복담名卜譚·명풍담名風譚·이인담異人譚·장사담壯士譚·명공담名工譚 등의 하위항이 설정된다. 명의담의 대표적인 주인공은 허준과 유의태 등이고, 명복담의 주인공은 홍계관이며, 명풍담의 주인공은 도선과 박상의 같은 인물들이다. 이인담의 주인공은 서경덕·이지함·정북창鄭北窓 등 도교사상과 관련된 인물이 많고, 장사담의 주인공은 남이南怡·김덕령金德齡·임경업林慶業·박엽朴燁 등이며, 명공담의 주인공으로는 솔거率居·한석봉韓石峰 등이 있다. 이처럼 초인담은 인물전설과 많은 자료가 중복된다. 따라서 순수 민담으로서의 초인담은 역사적 현실성이나 일상적 합리성이 없는 허구화된 주인공의 신이한 행적으로 전개되는 설화를 말한다.

(3) 민담의 유형별 검토

한국의 동물담으로 널리 알려진 〈꼬리로 물고기 잡는 호랑이〉라고도 불리는 〈호랑이의 꼬리 낚시〉는 토끼를 잡아먹으려던 호랑이가 꼬리로 낚시질을 하면 많은 물고기를 잡을 수 있다는 토끼의 말을 듣고 꼬리를 호수에 담그고 있다가 호수가 얼어붙는 바람에 토끼도 놓치고 죽을 뻔했다는 이야기다. 꼬리가 얼어붙어 오도 가도 못하다가 사람들에게 죽을 위기에 처하자 꼬리를 끊고 도망갔다는 각편各篇도 있다.

이 설화는 아르네-톰슨의 유형 '2. 꼬리로 물고기 낚기'에 속하는 것으로서 세계적으로 널리 분포된 동물 지략담의 한국 유형이다. 이 유형의 작중 상황을 보면 호수의 물이 잠깐 사이에 녹았다가 얼었다가 하는 것으로 보아 기온의 변화가 매우 심하고 아주 추운 지역에서 일어날 수 있는 이야기임을 알 수 있다. 학자들은 대체로 시베리아와 같은 북부 극한지역을 이 유형의 진원지로 추정한다. 또한 여기에 등장하는 호랑이는 본래 호랑이가 아니고 곰이었는데 한국으로 전파되면서 한국인에게 무서운 동물로 알려진 호랑이로 바뀌었다고 한다.[10] 이처럼 해석하는 이유는 이 동물이 추운 지역에 서식하는, 꼬리가 짧은 동물이라야 되기 때문이다. 동물의 생김새를 설명하는 동물기원담의 결말 처리방식을 고려한다면 호랑이가 호수에 얼어붙은 꼬리를 끊고 달아났다는 내용으로 보아 이러한 해석이 그럴듯해 보인다. 그러나 한국의 이야기는 꼬리 짧은 동물의 유래를 설명하는 이야기가 아니고 착하고 연약한 작은 짐승이 포악하고 강한 동물을 지혜를 써서 혼내주었다는 내용에 흥미의 초점이 있다.

〈개와 고양이의 구슬 찾기〉는 아르네-톰슨의 분류 유형 '560. 마법의 반지'에 해당하는 것으로서 여러 가지 삽화가 부연되어 있어 한국 민담의 특색을 잘 보여주고 있다.

어떤 부부가 구렁이가 잡아먹으려던 꿩을 먹고 잉태해 아들을 낳는다. 그 아이가 자라서 장가를 가게 되었을 때 구렁이가 나타나서 잡아먹으려고 한다. 이때 신부가 구렁이를 보고 자기 삶을 책임지라며 보상을 요구하자 구렁이는 보배 구슬을 내준다. 그 구슬은 무

---

10 성기열, 《한일민담의 비교연구》(서울: 일조각, 1979).

엇을 요구하든 제공해 주고 적대자를 죽여 제거해 주기도 하는 주술적 능력이 대단한 보배였다. 신부는 구슬을 사용해 구렁이를 제거하고 신랑과 결혼한 뒤 부자가 되어 행복하게 산다.

이 설화의 전반부인 구렁이 퇴치 이야기는 한국의 유형에만 부가된 것으로서 보주寶珠 유래담에 해당한다. 후반부는 주인이 구슬을 잃어버리고 가난해지자 그 집에서 기르던 개와 고양이가 서로 의논한 끝에 구슬을 찾아 강 건너 먼 나라에까지 가서 쥐들의 도움을 받아 구슬을 도로 찾아온다는 이야기다. 그러나 구슬을 가지고 강을 건널 때 헤엄을 못 치는 고양이는 구슬을 물고 개의 등에 타고 오다가 말을 거는 개에게 대답하는 바람에 구슬을 강에 빠뜨렸다. 개는 구슬 잃은 책임을 고양이에게 미루고 그냥 돌아왔는데 고양이는 죽은 물고기를 먹다가 구슬을 찾아 가지고 온다. 그 때문에 고양이는 오늘날까지 사람과 함께 방 안에서 살게 되었고 개는 방 밖에서 도둑이나 지키게 되었다는 얘기다. 그러나 이러한 유래담은 개를 방 안에서 키우는 서구의 생활습관과는 맞지 않는다.

이 설화는 사람과 함께 생활하는 동물의 활약을 신비한 상상의 세계로 설정해 전개한 전형적인 민담으로서, 한국의 자료는 한국의 관습과 생활에 맞추어 변이되었음을 알 수 있다. 그래서 신부는 남편을 잡아먹으려는 구렁이에게 살아갈 대책을 요구했고, 구렁이도 이 같은 형편을 인정하고 소중한 구슬을 내주었다. 그런데 구슬을 내준 구렁이는 여러 가지 신성을 내포한 존재로서 일상적·합리적 사고로는 이해되지 않는 면이 많다. 주보의 주인이 구렁이가 먹으려던 꿩의 후신으로 설정된 점, 그리고 구렁이로부터 신랑을 구출하고 주보를 빼앗은 인물이 신부라는 점에서 구렁이를 신으로 섬기며 제사를 지낼 때 여성이 주재자가 되던 사회의 관습과 관련이 있다고 볼 수 있다. 주보인 구슬은 네모난 것으로 되어 있는데, 이는 만물이 생장하는 대지를 상징한다고 본다. 대지는 인간이 노력만 하면 삶에 필요한 재화를 무한히 제공한다.

〈부엉이의 노래 재판〉은 동물 간의 송사를 다루면서 뇌물이 횡행하는 인간사회를 풍자한 이야기다. 따오기에게 개구리 고기를 뇌물로 받은 부엉이가 꾀꼬리의 소리는 간사해서 못 쓰고 따오기의 소리가 점잖아서 좋다고 판결을 했다는 것이다. 따오기는 타고난 목청이 탁하고 거친 새로서 꾀꼬리의 맑고 고운 소리와 대결해 승리한다는 것은 있을 수 없는 일이다. 그러나 새들의 사회에서도 뇌물이 힘을 발휘해 따오기가 승리한 것이다. 이 설화는 부패한 관료사회의 부도덕함을 풍자한 우화로서 조선시대 문헌에 기록되기도 했다.

바보담 유형으로는 〈바보 사위〉를 들 수 있다. 먹고 잠만 자는 무능력한 사람을 데릴사위로 삼은 가정에서 사위에게 소를 골라보라고 하여 고를 줄 모르면 내쫓기로 장인과 장모가 의논을 했는데, 이를 몰래 엿들은 아내가 자기 남편에게 소 고르는 법을 가르쳐주어 쫓겨날 것을 면했다. 그 뒤로도 사위는 여전히 먹고 잠만 자다가 처백모를 문병하라는 말을 듣고 달려가 병석에 누운 처백모를 소 고르듯 다루어 기절시킨다. 장인과 장모는 사위를 다시 쫓아내려고 뒤주를 만든 자료와 용량을 물어 시험하기로 하였는데, 아내가 이를 미리 알고 가르쳐주어 또다시 위기를 모면하였다. 그러나 사위가 산증(생식기의 병)을 앓는 장인에게 달려들어 뒤주 문제를 해결하듯 아픈 데를 찌르고 두드리자 고통을 못 이긴 장인이 사위를 쫓아낸다는 이야기다. 이는 모방담의 형식을 띤 민담으로서 아들이 없는 가정에서 데릴사위를 두었던 한국의 습속을 반영하고 있다.

범인담으로서 가장 내용이 풍부하고 소설의 소재로도 널리 수용
된 민담은 〈지하국대적퇴치담〉이다. 이 유형은 아르네-톰슨의 유
형 '301. 잃어버린 세 공주'에 해당하는데, 손진태는 몽고의 유형과
비교하면서 북방민족 설화의 영향을 받은 설화로 분류한 바 있다.[11]
그러나 이 유형은 동북아시아 지역뿐만 아니라 유럽·러시아·중국·
미국 등 세계 여러 지역에서 전승되고 있다. 한국의 자료는 전국에
서 전승되며 〈미륵돼지 이야기〉 〈아귀귀신 이야기〉 등으로도 불리
는데, 전승지역에 따라 세부 내용에서는 차이를 보인다. 손진태가
강원도 춘천에서 수집한 자료의 내용을 약술하면 다음과 같다.

옛날 지하국에 사는 아귀가 지상세계에 나타나 세 공주를 잡아갔
다. 국왕은 신하들을 모아놓고 공주를 구출해 오는 사람에게는 막
내 공주와 결혼시키겠다는 조건을 내걸고 공주를 구출해 달라고 부
탁했다. 이때 한 무신이 자원해 종자 세 명과 함께 공주를 구출하러
나섰다. 꿈에 산신령을 만나 아귀가 있다는 지하국에 가는 길을 인
도받은 무신은 종자들에게 땅 위에서 기다리라고 하고 광주리에 줄
을 달아 타고 지하국에 이른다. 무신은 우물가에서 물을 길러 나온
공주를 만나 수박으로 변해 아귀귀신에게 독주 세 독을 먹이고, 아
귀를 죽이는 방법을 알아낸 뒤 아귀가 잠든 사이에 옆구리에 붙은
비늘 네 개를 떼어내 죽인다. 무신은 세 공주를 인도해 땅 위로 하
나씩 올려보냈는데, 지상에 있던 종자들은 공주 셋을 끌어올리고는
바위를 떨어뜨린 뒤 궁중으로 돌아와 자기들이 공주를 구했다고 해
서 환대를 받는다. 무신은 목숨은 건졌으나 굴을 나갈 방법이 없어
고민하던 중 산신령이 보낸 말을 타고 지상으로 나와서 궁중으로

11 손진태,《조선민족설화의 연구》(서울: 을유문화사, 1947).

돌아와 종자들의 배신을 국왕에게 알리어 처벌하고 막내 공주와 결혼해 행복하게 살았다고 한다.

이 설화는 공주 세 명이 아귀에게 납치되었고 아귀를 처치하는 인물이 공주들로 되어 있다는 점이 특징이다. 그러나 일반적인 이야기의 이치로 보아 아귀를 처치한 인물은 무신이라야 한다. 공주들이 다른 사람의 도움을 받지 않고 자신들의 힘만으로 아귀를 퇴치했다면 구태여 무신이 올 때까지 고통을 참으며 기다릴 필요가 없었기 때문이다.

한편 손진태가 대구 사람에게 들은 자료에는, 납치된 인물이 공주가 아니라 부잣집 딸들로 되어 있고, 무신이 아닌 한 한량이 결의형제를 맺은 초립둥이 세 사람과 같이 행동하며, 까치와 독수리를 구해 주고 까치에게서 지하국 가는 길을 안내받아 지하국에 이르러 동삼수를 먹어 기운을 기른 뒤, 대적이 잠든 사이에 큰 칼로 대적의 머리를 잘라 죽이고 부잣집 딸들과 많은 사람을 구출해 돌아와 부잣집 딸과 결혼한다는 내용이다. 이 자료에서는 결의한 형제들의 배신행위와 구해 준 독수리의 보은행위가 나타나지 않는데, 이는 본래 이야기와 달라진 변이부분일 것이다. 의형제가 배신해 주인공이 지하국에서 나갈 길이 막혔을 때 그전에 구해 준 독수리가 나타나 주인공을 등에 태워 지상으로 내어놓는다는 내용이 있어야 독수리를 구해 준다는 단락의 복선적 기능이 살아난다.

이 설화는 납치된 공주와 공주를 구출한 남자 주인공의 결연담이다. 한 영웅이 악마에게 납치된 공주를 구출하기 위해 여러 가지 모험과 싸움을 전개한 끝에 마침내 악마를 퇴치하고 공주와 결혼한다는 이야기는 세계적으로 널리 분포된 영웅신화의 전형적 모습이다. 이 자료는 민담으로 전승되면서 신성성은 퇴색했으나 인간의 삶에서 가장 긴요하고 흥미로운 요소를 모두 갖춘 전형적인 영웅담으로서의 성격을 잘 보존하고 있다.

〈나무꾼과 선녀〉는 '백조 처녀 설화' 유형으로서 아르네-톰슨의 유형 분류번호 313, 400, 465에 해당하는 설화의 한국 전승유형이다. 이 설화는 동아시아 여러 나라에 집중적으로 분포되어 있는데, 한국에서도 전국적으로 전승되고 있다. 한국에서 채록된 각편들은 대체로 행복한 결말을 맺는 승천상봉형과 부부의 분리로 끝을 맺는 수탉유래형으로 나눌 수 있다. 주요 서사 단락을 정리하면 다음과 같다.

하늘의 선녀 세 자매가 목욕을 하려고 지상으로 내려온다. 나무꾼은 포수에게 쫓기던 노루(사슴)를 구해 주고 노루는 나무꾼에게 선녀가 목욕하는 곳과 시간을 알려준다. 나무꾼은 막내 선녀의 날개옷을 감추고, 승천할 수 없게 된 선녀는 나무꾼과 결혼한다. 나무꾼은 노루가 부탁한 말을 어기고 아이 둘을 낳았을 때 날개옷을 선녀에게 주었고, 선녀는 아이들을 안고 승천한다. 나무꾼은 노루의 가르침을 받아 두레박을 타고 승천해 선녀를 만난다. 선녀의 부친은 하늘나라의 왕이었는데, 나무꾼의 사위 자격을 시험하려고 화살 세 개를 지상으로 날려 보내고 이를 찾아오라고 한다. 나무꾼은 화살을 찾다가 선녀의 부친에게 바치고 선녀와 재결합한다. (또는 나무꾼은 지상에서 어머니를 만나 지체하다가 승천하지 못하고 죽어서 수탉이 된다.)

이 설화는 천상계의 여성과 지상계의 남성이 동물의 도움으로 결혼한다는 이야기로서 한국의 건국신화에 나타나는 국조의 결혼과 상응하는 성격을 찾을 수 있다. 신화와의 차이점을 요약하면 다음과 같다.

첫째, 건국신화에서는 남성이 천상적 존재이고 여성이 지상적 존재로 설정되어 있는데, 이 설화에서는 여성이 천상적 존재이고 남성이 지상적 존재로 되어 있다.

둘째, 궁극적 도달점이 신화에서는 인간세상인 지상으로 나타나는 데 비해 이 설화에서는 천상으로 되어 있다.

셋째, 신화에서는 부부관계보다 부자관계가 더 중요시되는데, 이 설화에서는 부자관계보다 부부관계가 중심이다.

넷째, 신화에서는 국가와 같은 공동체의 삶이 중시되는 데 비해 이 설화에서는 개인의 행복 추구가 최종 목표다.[12]

이 설화에서 신부는 신분이 높고 용모가 아름다우며 능력이 뛰어난 반면, 신랑은 신분이 낮고 능력도 없는 인물로 나타난다. 이처럼 열등한 신랑과 우월한 신부의 설정은 한국 건국신화에서의 상황과는 대조되는 점이며, 가부장제 사회가 오랫동안 지속된 한국의 사회·역사적 현상과도 반대다. 이런 점에서 이 설화는 가부장제 사회에서 억압되었던 한국 여성의 잠재의식과 관련을 가진다고 할 수 있다.

이 밖에 신화적 성격이 잠재되어 있는 민담의 유형으로는 〈구렁덩덩 신선비〉를 들 수 있다. 〈구렁덩덩 신선비〉는 〈뱀서방〉 〈구렁선비〉 등으로 불리는 한국의 민담으로서, 세계적으로 분포된 '잃어버린 남편을 찾아서(아르네-톰슨 유형 425)'에 해당하는 설화 유형이다. 세계적으로 널리 알려진 〈큐피드와 사이키 이야기〉와도 같은 유형이다. 사이키 설화가 미모를 질투하는 비너스 신에게 벌을 받은

12 서대석, 〈한국 신화와 민담의 세계관 연구〉, 《국어국문학》 101(서울: 국어국문학회, 1989. 5).

여주인공 사이키가 성실하고 끈질긴 인간적 노력을 통해 큐피드 신과 결합하고 신이 된다는 이야기라면, 〈구렁덩덩 신선비〉는 언니들의 질투로 남편을 잃은 한 여인이 끈질긴 노력의 대가로 다시 남편을 찾는다는 이야기라는 점에서 차이를 보인다. 〈구렁덩덩 신선비〉의 내용을 요약하면 다음과 같다.

혼자 사는 어떤 여인이 구렁이를 낳았다. 이 구렁이는 이웃에 사는 부잣집 셋째 딸에게 장가가고 싶어했다. 부잣집 셋째 딸은 구렁이의 청혼을 받아들였고, 혼례를 올린 첫날밤에 구렁이는 허물을 벗고 신선같이 잘난 선비가 되었다. 신선비는 아내에게 구렁이 허물을 잘 보관하고 아무에게도 보여주지 말라고 당부하고는 과거를 보러 서울로 길을 떠났다. 구렁이가 허물을 벗었다는 소문을 들은 언니들은 신선비의 아내를 찾아와서 허물을 뒤져내어 불에 태워버렸다. 과거를 보고 집으로 돌아오던 신선비는 자기 허물이 타는 냄새를 맡고 발길을 돌려 어디론가 사라져버렸다. 신선비의 아내는 신선비가 돌아오지 않자 남편을 찾아 길을 떠났다. 그래서 밭 가는 농부·빨래하는 여인·까마귀·까치·새 보는 아이 등에게 길을 물어 신선비의 거처를 찾아냈고, 신선비가 제시한 여러 가지 문제를 해결한 뒤 부부로 재결합한다.

이상의 내용을 검토하면 이 설화는 단순한 흥미 본위의 민담이 아니라 수신신화水神神話였던 자료가 전승과정에서 신성성이 퇴색되어 민담으로 변한 것임을 알 수 있다. 구렁이 허물을 쓰고 태어난 신선비는 동물신이었고, 첫날밤에 간장독과 물독을 통과하면서 허물을 벗고 사람이 되었다는 점에서 농경사회에 이르러 동물신이 인격신으로 바뀐 사정을 반영한 것으로 해석된다. 구렁이의 허물을 태웠다는 것은 불의 재앙으로서 가뭄의 피해를 말하는데, 가뭄이든다는 것은 수신의 기능이 결핍됨을 말하고, 이를 수신인 신선비의 잠적으로 표현했다. 셋째 딸이 줄기차게 신선비를 탐색하는 것은 가뭄의 피해에서 벗어나기 위하여 수신을 새롭게 맞아들이는 영신의례迎神儀禮를 서사화한 것이라고 해석할 수 있다. 이런 점에서 신선비의 아내는 한 사람의 아내이면서 동시에 수신을 제향하는 사제자로서의 성격을 가진다고 할 수 있다. 신선비가 숨어 있던 곳이 물속을 통과해서 도달하는 곳이고, 곡식이 풍요롭게 결실을 맺어 새를 보는 곳으로 되어 있는 것으로 보아 신선비가 농경을 주관하는 생산신적 존재였음을 확인할 수 있다.[13]

(4) 민담에 나타난 한국인의 의식

민담의 전승자들은 대체로 한자문화로부터 소외되어 농업이나 어업 등 일차 생산업에 종사하던 피지배대중인 민중이었다. 이들은 지배층이 요구하는 생활규범은 지켰으나 유교 경전을 통해 성현의 가르침을 배운 것은 아니었다. 살아가면서 터득한 진리를 중시하고 남을 돕는 일이 선善이요, 남을 해롭게 하는 일은 악惡으로만 알고 있었다. 민담에 등장하는 인물들은 대체로 착한 사람과 악한 사람으로 나뉘는데, 착한 사람은 곤경에 처한 다른 사람을 구해 주는 인물이고 악한 사람은 자신의 이익을 위해 다른 사람을 해치는 인물이다. 자기가 잘 살려고 남의 보물을 훔쳐간 〈개와 고양이의 구슬찾기〉에 등장하는 이웃집 사람이나 약한 토끼를 잡아먹으려는 호랑이, 그리고 남의 집 처녀를 잡아간 지하국의 대적들은 모두 자신을

---

13 서대석, 〈'구렁덩덩 신선비'의 신화적 성격〉, 《고전문학 연구》 제3집(서울: 한국고전문학 연구회, 1986) 참조.

위해 남을 괴롭힌 악한 존재들이다. 이러한 악한 존재는 대체로 힘이 세고 성질이 사나운 존재로 나타나는데, 이에 대항해 싸우는 인물은 지혜와 용기를 가진 인물로서 다른 사람의 도움을 받아 싸움을 승리로 이끈다. 이처럼 한국 민담에 나타나는 윤리의식은 어떤 이념이나 사상에 근거한 것이 아니고 생활체험에 바탕을 둔 것이다.

민담의 주인공은 대체로 행운을 얻는 인물이다. 우연히 한 일이 엄청난 보상으로 이어져 부자가 되고, 결혼도 잘해 행복한 가정을 이루는 것으로 되어 있다. 민담의 주인공이 이룩한 성공은 목표를 정하고 그 목표를 향해 계산대로 행동해서 달성한 것이 아니다. 노력한 만큼의 대가는 흥미로울 것이 없는 지극히 평범하고 당연한 일이므로 민담의 소재로는 부적절하다. 민담에는 의도하지도 않았던 행운이 찾아오고, 죽기 직전의 위기에서 사태가 극적으로 반전되어 엄청난 보상이 주어지는 비일상적이고 비합리적인 내용이 많이 나타난다. 그러나 이러한 행운은 인성이 착하지 않은 인물에게는 찾아오지 않는다. 이러한 민담의 내용에서 착하고 성실하게 살아가노라면 언젠가는 의외의 행운이 찾아온다는 희망적이고 낙관적인 향유층의 의식을 찾을 수 있다.

민담의 주인공이 이룩하는 성공의 내용은 결혼과 치부致富로 요약된다. 어떤 과정을 겪었거나 결말은 주인공이 결혼하고, 부자가 되어 잘살게 된다는 것이다. 결혼은 가정을 이루고 후손을 두어 인류의 삶을 지속하는 기본 요소다. 결혼하지 않으면 누구나 당대의 삶에서 끝이 난다. 이런 점에서 결혼은 바로 자신의 수명을 후손을 통해 간접적으로 연장한다는 의미를 가진다. 수명은 삶의 양量에 해당한다. 한편 치부는 삶을 윤택하게 하는 요소다. 즐겁게 살기 위해서는 재화가 필요하다. 이런 점에서 부자가 된다는 것은 삶의 질質을 향상시키는 것이다. 이처럼 민담에서 추구하는 결혼과 치부는 삶의 질과 양을 개선하고 증진하는 요소로서 의미를 갖는다. 이런 점에서 민담 주인공이 추구하는 가치 있는 삶은 사회적 평판을 중시하는 신화나 전설의 주인공의 삶과는 달리 가정의 행복 추구에 초점을 두고 있음을 알 수 있다.

3. 민요

1) 민요의 자료 개관

민요는 민중들 사이에서 자연스럽게 형성되어 구전되는 노래를 말한다. 노동현장에서 일의 보조를 맞추기 위해서 부르는 노래도 있고, 의식을 진행하면서 의식의 일부로 부르는 노래도 있으며, 여러 사람이 함께 놀이를 하면서 놀이를 진행시키기 위해 부르는 노래도 있다. 어느 경우나 민요는 여러 사람이 함께 부르는 노래이고, 개인의 특수한 정서가 중시되지 않는다. 민요의 구성요소는 악곡과 가사와 기능이다. 악곡은 음악적 요소로서 민족음악학의 연구 대상이고 기능은 민속적 요소로서 민속학자가 관심을 가지는 요소이며, 가사는 문학으로서 구비문학의 연구영역에 속한다. 그러나 이 세 가지는 분리될 수 없는 민요의 실체를 이루는 요소들이다.

한국의 민요 자료는 20세기에 이르러서 본격적으로 수집되었다. 19세기 이전의 민요 자료는 특별한 사연이 있는 작품만이 사연과 노랫말이 한문으로 번역되어 문헌에 정착되었다.《삼국유사》에 수록된 〈구지가龜旨歌〉는 가락국의 시조 김수로왕의 탄생신화에 삽입된 신가神歌적 민요이며, 《고려사악지高麗史樂志》 속악조에 기록된 고구려의 민요 〈내원성來遠城〉〈연양延陽〉, 백제의 민요 〈선운산神雲山〉〈정읍井邑〉, 신라의 민요 〈도솔가兜率歌〉〈회소곡會蘇曲〉 등이 모두 한역된 민요의 예들이다. 고려시대에 불렸던 민요는 조선 전기에 편찬된 《악장가사樂章歌詞》《악학궤범樂學軌範》《시용향악보時用鄕樂譜》 등의 시가집에 한글로 기록되었다. 이른바 '고려속요'라고 하는 〈청산별곡青山別曲〉〈정읍사〉〈가시리〉〈쌍화점雙花店〉〈만전춘滿殿春〉 등이 그것이다. 조선시대의 민요는 현대에 민간에서 불리는 민요와 큰 차이가 없을 것으로 추측되는데, 특히 전문적인 직업 소리꾼이 부르던 민요가 〈잡가雜歌〉라는 이름으로 수집되어 정리되기도 했다. 잡가는 노동요·의식요·유희요 등 기능요를 제외한 유흥민요 전반이 망라되는데, 〈노랫가락〉〈창부타령〉〈아리랑〉〈수심가愁心歌〉〈육자배기〉〈신고산타령〉 '단가' '가사' '염불' 등이 그것이다.

국문학자들은 1930년대 이후 민족문화운동의 일환으로 민요를 수집하기 시작했다. 주요 자료집으로 김소운의 《조선구전민요집》(동경: 제일서방, 1933), 김사엽金思燁·최상수·방종현方鍾鉉의 《조선민요집성》(서울: 정음사, 1948), 고정옥高晶玉의 《조선민요연구》(서울: 수선사, 1949), 임동권任東權의 《한국민요집》 1~6(서울: 동국문화사, 1960)이 있다. 또한 본격적인 민요 수집의 성과물이 1980년에서 1988년 사이에 한국정신문화연구원에서 간행한 《한국구비문학대계》 전 81권 속에 집적되었다. 한반도 전역에 걸쳐 마을 단위로 조사된 민요의 전체 자료는 6,187편이다.

2) 민요의 기능과 분류

민요는 생활상의 필요에 따라 불렸다. 이처럼 실생활에서의 실질적 역할을 '기능'이라고 하는데, 이는 예술적 기능과는 다른 실용적 기능을 말한다. 민요의 기능에는 노동·의식·유희가 있다. 노동 기능은 노동현장에서 확인할 수 있고, 주된 기능은 여러 사람이 함께 일할 때 보조를 맞추는 것이다. 보리타작을 할 경우 보릿단을 메어치는 채질꾼이나 보릿짚을 두드리는 도리깨질꾼은 서로 보조를 맞추어 번갈아가며 내리쳐야 하는데, 일정한 리듬에 동작을 맞춤으로써 서로 부딪치거나 엉키지 않고 질서 있게 일을 해나갈 수 있기 때문이다. 이 같은 현상은 여러 사람이 힘을 합쳐야만 해낼 수 있는 일에서 더욱 뚜렷이 드러난다. 디딜방아로 방아를 찧을 경우 두 사람 이상이 방아 다리에 올라서야 방아가 들려서 비로소 일이 진행된다. 이때 방아 찧는 사람들이 방아에 올라서는 순간과 내리는 순간이 일치해야 일의 능률이 높아지는데, 〈방아타령〉은 올라섰다 내렸다 하는 동작의 보조를 맞추기 위해 필요한 민요다. 또한 집터를 다질 때 무거운 돌에 줄을 여러 가닥 달아서 많은 사람이 이를 함께 들었다 놓았다 하는데, 이때에도 움직임을 일치시키기 위해서 〈터다지기요〉라는 노래가 필요하다. 이처럼 협동노동에서 민요는 일종의 노동동작의 지시기능을 가진다.

민요의 보조 기능으로는 흥을 돋우어 즐거운 심리상태를 조성함으로써 노동과정에서 오는 피로와 지루함을 더는 것이 있다. 일의 성격상 협동이 긴요하지 않는 풀베기·나무하기·김쌈하기·바느질하기 등의 노동은 동작이 격렬하지 않은 대신 오랜 시간을 지속해야 하므로 음악적 리듬을 따라 같은 동작을 반복함으로써 권태감을 줄이고 능률을 향상시킬 수가 있다. 이처럼 노동의 실제적 기능을 가진 민요를 노동요라고 한다.

민요는 의식을 진행하는 데에도 필요하다. 신에게 인간의 소원을 빌거나 신을 찬양하는 노래는 의식의 일부로서 실제적인 기능을 가진다. 그러나 의식을 주관하는 전문적인 사제자만이 할 수 있는 노래는 민요라고 하지 않는다. 민요는 사람이면 누구나 부를 수 있어야 한다. 이런 점으로 민요와 무가를 구별할 수 있다. 그러나 의식요와 무가는 기능 면에서는 크게 다르지 않다. 예를 들어 〈지신밟기요〉나 〈고사요〉는 무가의 고사 축원과 기능이나 사설이 상통된다.

장례 때 상여를 메고 가며 부르는 〈상여소리〉는 의식요인 동시에 노동요다. 시체를 여러 사람이 협력해 운반하면서 발을 맞추기 위해 부른다는 점에서는 운반노동요라고 할 수 있다. 그러나 하나의 시체를 운반하는 데 수십 명이 협동할 필요는 없고 운반하는 것만이 목표가 아니며, 마을을 돌며 하직인사를 하고 상여를 메지 않은 상주喪主 이하 가족들이 행렬에 동참하기에 의식의 측면이 강하다. 장례 시에 봉분을 다지며 부르는 〈달구질소리〉 역시 노동 기능과 의식의 기능이 합쳐져 있는 민요다. 무덤을 만드는 일도 일종의 토목공사이기에 〈달구질소리〉는 '토목노동요'로 분류되어야 마땅하다. 그러나 봉분을 다지는 일은 반드시 여러 사람이 보조를 맞추어 진행해야 하는 일은 아니다. 그런데도 봉분을 모으고 다질 때는 여러 사람이 함께 노래를 부르며 리듬에 맞추어 춤을 추듯 율동을 하면서 빙빙 돌아가며 절도 있게 밟는다. 이것은 하나의 의식이다. 이때 부르는 민요의 내용도 지금 만들고 있는 봉분이 죽은 사람의 가족들에게 행운을 가져다줄 명당이라는 덕담으로 되어 있다. 이런 점에서 〈상여소리〉와 〈달구질소리〉 모두 장례의식요로 분류된다.

유희를 진행하면서 부르는 민요를 유희요라고 한다. 여러 사람이 모여서 노래에 맞추어 놀이를 진행하는 경우가 있다. 이때 노래는 노동요를 부를 때와 같이 유희동작의 지시기능을 가지며 유희의 일부로서 존재한다. 한국의 대표적인 유희요로는 〈놋다리밟기〉〈강강술래〉〈쾌지나칭칭나네〉 등이 있다. 그 밖에 아이들이 줄넘기놀이를 하며 부르는 노래도 유희요다. 유희요는 세시유희요와 경기유희요로 나뉘는데, 세시유희요에는 〈그네뛰기노래〉〈널뛰기노래〉〈윷놀이노래〉〈강강술래〉 등이 있고, 경기유희요에는 〈장기노래〉〈투전노래〉〈줄넘기노래〉〈술래잡기노래〉 등이 있다.

가. 노동요

노동요는 다시 농업노동요·어업노동요·벌채노동요·길쌈노동요·제분노동요·잡역노동요로 나뉜다.[14] 한국은 원래 농업국가였다. 그래서 농업노동요가 풍부하다. 대표적인 농업노동요는 〈모심기노래〉와 〈논매기노래〉다. 〈모심기노래〉는 못자리에서 모를 논으로 옮겨 심을 때 부르는 민요로, 조선 중엽 이후 모내기법(이앙법)이 널리 보급되면서 전국적으로 퍼졌다. 특히 조선 말기에 여러 사람이 협동해 줄모를 심으면서 급격히 확산되었다. 민요의 형태는 4음보 2행의 분련체分聯體인데, 후렴 없이 창자들이 교환창으로 부른다.

> **선창자** 이논에다 모를심어 장잎이 훨훨 영화로다
> **후창자** 우리동상 곱게길러 갓을씌워 영화로다

---

14 박경수·서대석, 〈한국 민요·무가 유형 분류집〉,《한국구비문학대계》 별책부록(3)(성남: 한국정신문화연구원, 1992)

선창자 서마지기 논배미가 반달같이 남았구나

후창자 그게무슨 반달인가 초승달이 반달이지

이처럼 선창자와 후창자가 주고받는 형태로 부르는 것이 원칙인데, 가사의 선택권은 선창자에게 있으며 후창자는 가사를 아는 사람이면 누구나 참여할 수 있다. 가사의 내용은 모를 심는 광경, 농사짓는 보람 등 모심는 노동과 관련을 가지는 사설이 본 모습이지만 남녀간의 그리움이나 애정을 표현한 선정적인 사설도 많다.

선창자 모시야 적삼 안섶안에 분통같은 저젖봐라

후창자 많이보면 병날테고 담배씨만큼 보고가자

〈논매기노래〉는 논을 매면서 선후창으로 부르는 노래인데, 선창자는 노래만 하고 일은 하지 않으며 일꾼들은 일을 하면서 후렴만 받아서 할 뿐이다. 후렴의 구절을 따서 민요의 명칭이 〈상사디야〉 〈단호리야〉 등으로 불린다. 또한 첫 번째 맬 때 부르는 노래와 두 벌 맬 때 부르는 노래가 따로 있다.

여보옵소 농부님네 오하 월신 단호리야 (──)

시격내격 다투질 말고 ──

일심합력 매어를 보세 ──

망근편자 땀이 나두룩 ──

삼동허리를 굽일면서 ──

– 〈단호리여〉(경기도 여주군 점동면)

농업노동요 중에 가축과 협동노동을 하면서 부르는 특이한 기능을 가진 노래는 〈소 모는 소리〉다. 논이나 밭을 갈면서 부르는 노래인데, 일하는 사람이 소를 몰면서 혼자 부른다. 가사의 내용은 주로 소에게 어떻게 움직이라는 지시어와 잘했을 때 하는 칭찬, 잘못했을 때 하는 욕설로 구성되어 있다. 곡조는 사설의 내용에 따라 달라지고 부르는 사람의 재량에 따라 차이가 나는데, 대체로 구성지게 완만한 가락으로 부른다.

노동요 중에서 내용이 풍부하고 가사가 세련된 것은 여성들이 길쌈을 하면서 부르는 길쌈노동요다. 길쌈노동요 중에는 서사민요가 많은데, 그중에서도 시집살이 노래가 종류도 많고 사설도 풍부하다. 대표적인 서사민요로는 〈쌍금쌍금 쌍가락지〉〈이선달네 맏딸아기〉〈진주낭군〉 등이 있다.

나. 의식요

의식요는 세시의식요·장례의식요·신앙의식요로 나뉜다. 세시의식요의 대표적인 예는 음력 정월에 농악대들이 마을의 각 가정을 찾아다니며 행운을 비는 의식에서 부르는 〈지신밟기요〉다. 〈지신밟기요〉는 선후창으로 부르는데, 선창은 농악대의 지휘자가 부르며 후창, 즉 후렴은 농악대원 모두가 부른다. 집안이 잘되라고 축원하는 내용으로서 경기지역에서는 〈고사반〉이라고도 한다.

어허 지신아 (──)
고실고실 고사로다 기밀기밀 기밀이야 (──)
산지조종은 곤륜산 수지조종은 황하수라 (──)
곤륜산 명기 뚝떨어져 어데를간지 몰랐더니 (──)

서울장안에 들어와서 삼각산이 생겼구나 (──)

삼각산명기 뚝떨어져 어디를간지 몰랐더니 (──)

(⋯)

이댁이터주가 생겼구나 이댁이집터가 생겼네 (──)

– 〈지신밟기요〉(충북 영동군 용산면)

　

장례의식요에는 〈상여소리〉와 〈달구질소리〉가 있다. 〈상여소리〉는 불교가사인 〈회심곡〉의 사설을 노랫말로 부르는 경우가 많은데, 인생의 덧없음을 한탄하면서 착하게 살아갈 것을 권하는 내용이다. 선창은 선소리꾼이 담당하고 후렴은 상여꾼 모두가 함께 부른다.

　

어-호 어-호 어가리넘차 어-호(──)

북망산천이 머다더니마는 문전산이 북망산이네 (──)

황천수가 머다더니마는 한번가면 못오는고 (──)

일가친척이 많건마는 어느일가가 대신갈꼬 (──)

명사십리 해당화야 꽃이진다고 설워마라 (──)

명년삼월이 돌아오면 너는다시 피련마는 (──)

우리인생 한번가면 다시오지는 못하리라 (──)

– 〈상여소리〉(경남 고성군 고성읍)

　

〈달구질소리〉는 일명 〈회닫이소리〉라고도 한다. 선창자가 북을 치며 가사를 선창하면 산역꾼들은 묘지에 둘러서서 손에 잡은 달굿대로 땅을 찌르고 발을 들어 춤을 추듯 밟으며 '에히호리 달고'라는 후렴을 받아 부른다. 묘지가 완성되어 가는 과정에 따라 '광중다지기' '평토다지기' '봉분다지기' 노래가 있다.

다. 유희요

한국 유희요 중에서 대표적인 노래는 경상북도 안동에서 전승되는 〈놋다리밟기〉다. 놋다리밟기는 처녀들이 모여서 노는 놀이로, 양팔로 앞 사람의 허리를 잡고 허리를 굽혀 등으로 연결해 다리를 만들고 공주로 뽑힌 한 처녀가 그 위를 밟고 지나가면 다리를 만든 사람들이 몸을 좌우로 천천히 일렁이면서 노래를 부른다. 〈놋다리밟기〉 노래는 '놋다리밟기'란 유희를 하면서 선후창으로 부르는 문답체 민요로, 선창자가 묻는 가사를 부르면 다리를 만든 여러 처녀들이 율동을 하면서 답하는 가사를 부른다.

선창 어느윤에 놋다리로   **후창** 청계산에 놋다릴세

이터전이 누터이로   나라전의 옥터일세

이기와는 누기와로   나라님의 옥기왈세

– 〈놋다리밟기〉(경북 안동지방)

강강술래는 전라남도 서남 해안지방에서 전승되는 민속놀이로, 추석이나 정월 보름에 행해진다. 달밤에 젊은 부녀자 수십 명이 모여 손에 손을 맞잡고 원을 그리며 오른쪽으로 돌면서 〈강강술래〉라는 민요를 부르며 춤을 춘다. 〈강강술래〉는 선후창으로 부르는데, 선창자가 가사를 부르면 후창자는 춤을 추면서 '강강술래'라는 후렴으로 받는다. 처음에는 진양조로 천천히 부르다가 점차 중모리, 중중모리, 자진모리로 빨라지는데, 그에 따라 춤추는 동작도 빨라진다.

선창 술래좋다 강강술래   **후창** 강강술래

달떠온다 달떠온다	강강술래
동해용왕 달떠온다	강강술래
팔월이라 한가윗날	강강술래
각시님네 놀음이라	강강술래

라. 비기능요

비기능요는 실제적 기능이 없이 유흥을 목적으로 부르는 민요를 말한다. 그러나 비기능요 중에는 지역에 따라 기능요로 불리는 것도 많다. 경기도 여주군에서는 모심기노래로 〈아라리〉를 부른다.

전국적으로 널리 불리는 '아리랑'은 한국의 대표적 민요인데 전승지역에 따라 세부 악곡이 다르며 명칭도 지역명을 내세워 구별한다. 서울의 〈본조 아리랑〉, 강원도의 〈강원도 아리랑〉〈정선 아라리〉, 경상남도의 〈밀양 아리랑〉, 전라남도의 〈진도 아리랑〉 등이 그것이다. 또한 20세기에 들어와서 신민요 아리랑의 변이형태로 나타난 〈독립군 아리랑〉〈한글 아리랑〉〈종두 아리랑〉〈연변 아리랑〉 등이 있다. 이들 중 〈정선 아라리〉〈밀양 아리랑〉〈진도 아리랑〉이 본래 민간에서 자생된 토속민요이며, 서울 경기의 〈본조 아리랑〉은 이러한 지방의 민요가 유행노래로서 중앙으로 진출해 근대에 형성된 것으로 본다. 특히 〈정선 아라리〉는 강원도 일대에서 밭매기노래로 불리는 메나리곡을 기본 악조로 깔고 있어서 당초에 노동요로 형성된 민요가 널리 보급되어 유행하면서 이별의 정한과 선정적인 사설이 부연되어 유흥요로 변모한 것으로 보인다.

아리랑의 노랫말은 3음보 2행의 가사와 2음보 2행의 후렴이 접속된 3음보 4행의 연첩連疊으로 이루어져 있다. 노래는 후렴부터 부르는데, 이는 아리랑을 한다는 것을 알리는 역할을 한다.

아리랑 아리랑 아라리요

아리랑 고개로 넘어간다

나를 버리고 가시는 님은

십리도 못가서 발병이 난다

이상은 서울 〈본조 아리랑〉의 대표적인 노랫말이다. 이것이 〈엮음 아라리〉 또는 〈자진 아라리〉로 바뀌면 노랫말에 부연과 확장이 나타나고, 이에 따라 곡조도 빠른 장단으로 바뀐다.

나를 버리고 가시는 님은 십리도 못가서 발병이 나고 이십리 못가서 노수가 없구 삼십리 못가서 불한당 만나구 사십리 못가서 날 생각하구 누깔이 자개다 초가 되어서 되돌아서누나

네팔자나 내칠자나 고대광실 높은집에 반달같은 볏이개에 이부자리 펼쳐놓구 네이불은 내가덮구 내이불은 네가덮구 두 몸이 한몸되어 네입술은 내가빨고 내입술은 네가빨며 쫄쪼를 빨어가며 잠자보기는 애당초 다글렀으니깐 웅틀멍틀한 멍석자리에 깊은 정만 드잔다.

아리 아리룽 아리 아리룽 아라리로구나

아리랑 고개 저쪽에 또 넘어간다

아리랑이 나타내는 정서의 핵심은 이별의 정한이다. 이별 중에서도 사랑하는 사람의 배신에 대한 야속함과 원망스러움이 익살스러운 저주로 표현되어 있다. 여기서의 저주는 이별의 상황을 역전시켜 떨쳐 뿌리치고 떠나가던 임이 마음을 고쳐먹고 다시 돌아오기를 바라는 심경을 골계적으로 나타낸 것이다. 이러한 이별의 정서는

한국 고전시가의 하나의 전통으로서 〈공무도하가公無渡河歌〉〈서경별곡西京別曲〉, 황진이黃眞伊의 시조 및 한용운韓龍雲의 〈님의 침묵〉에까지 이어지는 한민족의 정조적 특성으로 파악된다.

현재는 방송사정이 좋아서 전국적으로 알려져서 불리나, 예전에는 각 지역을 대표하는 유흥민요가 있었다. 경기도 충청도 일대 중부지역에서는 〈노랫가락〉〈청춘가〉〈창부타령〉 등이 많이 불렸고, 경상도 지역에서는 〈길군악〉, 전라도 지역에서는 〈육자배기〉, 함경도 지역에서는 〈신고산타령〉, 평안도 지역에서는 〈수심가〉, 제주도에서는 〈오돌또기〉가 대표적인 민요곡이었다. 이러한 민요 명칭은 악곡명으로서 가사는 분련체로 연첩되어 계속해서 지어 보태졌다. 또한 분련된 하나의 연은 2~3행으로 되어 있는 단형과 4행 이상으로 길어지는 장형이 있는데, 장형으로는 〈육자배기〉와 〈창부타령〉이 있다.

3) 민요의 가창방식과 형태

민요는 가창방식과 시가형태가 긴밀한 관계를 가진다. 즉 후렴이 있느냐 없느냐에 따라 가창방식이 달라지고, 교환창이냐 선후창이냐에 따라 시가형태가 결정된다.

민요의 가창방식은 선후창·교환창·독창·합창으로 구분된다. 그러나 독창과 합창은 창작노래인 가곡창과 별다르지 않으며, 선후창이나 교환창 중에도 독창과 합창은 부분적으로 존재하므로 민요의 가창방식으로 논의할 대상이 못 된다. 다시 말해 선후창에서 선창자는 늘 독창을 하는 셈이며 후창자들은 늘 합창을 하는 것이다. 또한 선후창이나 교환창으로 부르는 민요라도 혼자 부르면 독창이 될 수밖에 없다. 민요는 본래 여러 사람이 함께 부르는 노래로서 가창 방식의 특성은 지속적으로 이어 부르는 것이다. 혼자 부를 수 있는 유행민요의 경우도 계속해서 부르기 위해서는 받아서 부를 사람이 필요하기에 교환창에 포함시켜 다룰 수 있다. 이런 점에서 민요의 가창형태를 선후창과 교환창으로 나누어 검토하기로 한다.

선후창은 선창자 한 명과 후창자 여럿이 협동해 가창하는 형태로서, 선창자는 새로운 노랫말을 계속해서 이어 부르며 후창자는 꼭 같은 후렴구만을 반복해서 부르는 가창방식이다. 후렴이 있는 연속체 민요가 이러한 가창방식을 취하는데, 〈논매기노래〉〈터다지기〉〈상여소리〉〈달구질소리〉등이 이에 속한다. 선창자는 후렴부터 선창해서 후창자들과 호흡을 조절하고 보조를 맞춘 뒤에 노랫말을 한 구절씩 엮어나간다. 선창자가 한 번 부르고 끊어 넘기는 단위가 하나의 행을 이루는데, 한 행은 대체로 2음보 또는 4음보로 이루어지며 1음보는 3~4음절로 이루어진다. 한 행이 2음보로 된 노래는 박자가 매우 느린 경우이고, 4음보로 된 노래는 박자가 빠른 경우다. 그러나 대체로 2음보를 한 행으로 한다. 이를 통해서 2음보가 한국 민요의 가장 기조를 이루는 가창단위임을 알 수 있다. 2음보 연첩의 선후창 민요는 안정감이 있고 지속성이 강한 특징이 있어 일정한 동작을 오랜 시간 반복하는 노동을 할 때 불린다.

후창자들이 후렴을 받는 요령은 선창자의 가사가 끝나는 마지막 음절부터 참여해 후렴으로 이어 부르는 것이며, 선창자 역시 후창자의 후렴 마지막 음절에서 참여해 다시 선창으로 이어간다. 이렇게 하는 이유는 소리가 끊어지지 않게 하기 위해서다. 후렴이 없는 긴 노래도 선후창으로 부르는데, 그 요령도 후렴 있는 노래와 같다. 〈길쌈노동요〉로 불리는 서사민요 대부분은 후렴이 없는 가사체의 장편 민요인데, 선창자가 부른 노랫말을 후창자가 그대로 따라서 반복해서 부르며 선창자와 후창자는 반드시 마지막 음절을 함께 부름으로써 소리의 공백을 방지한다.

선창 천하지대본은 / 농사인데 // **후창** 어화월신 덴호리야
농사짓기에 / 힘을쓰세 //   어화월신 덴호리야

여기서 밑줄 친 부분이 선창자와 후창자가 함께 부르는 음절이다.

교환창은 여러 사람이 같은 자격으로 같은 곡의 노래를 한 연씩 바꾸어가며 부르는 방식이다. 분련체의 민요가 대부분 교환창으로 불리는데, 분련체 민요는 후렴이 있는 노래와 후렴이 없는 노래가 있다. 후렴이 있는 대표적인 분련체 민요가 〈아리랑〉〈창부타령〉〈늴리리야〉〈뱃노래〉〈신고산타령〉 등이다. 가창방식은 여러 사람이 둘러앉아서 부르는 경우 앉은 순서대로 돌아가며 부르는 것이 보통이나, 새로운 노랫말을 아는 사람이 자원할 경우 노래를 받아 부를 사람은 앞 절의 후렴 부분을 앞 절을 부른 사람과 함께 부르는 것이 관례다. 후렴을 함께 부르는 것은 노래가 끊어지는 것을 막고 노래를 받을 사람을 좌중에게 알리는 구실을 한다. 후렴이 없는 노래로는 〈모심기노래〉〈노랫가락〉〈청춘가〉 등이 있는데, 노래를 받아 부를 사람이 앞소리 가사의 마지막 음절에 동참하는 가창방식은 후렴이 있는 경우와 같다. 후렴이 없는 경우 마지막 음절은 특별히 길게 빼게 되어 있다.

분련체 민요에서 한 연聯의 형태는 일정하지 않아, 3음보 2행으로 된 〈아리랑〉, 4음보 2행으로 된 〈모심기노래〉〈청춘가〉, 4음보 3행으로 된 〈노랫가락〉, 4음보 6행 이상인 〈창부타령〉 등 여러 가지가

있다.

청천 / 하늘엔 / 잔별도 많고 //
요내 / 가슴엔 / 수심도 많다///   〈아리랑〉

상주함창 / 공갈못에 / 연밥따는 / 저처자야 //
연밥줄밥 / 내따줄께 / 내품안에 / 잠들거라 ///   〈모심기〉

세월이 / 가기는 / 흐르는 / 물같고 //
사람이 / 늙기는 / 바람결 / 같구나 ///   〈청춘가〉

이름일랑 / 묻지마오 / 꽃이라면 / 그만이지 //
보는이야 / 있건없건 / 흥에게워 / 제피느니 //
꽃피고 / 이름없느니 / 그를 설워 ///   〈노랫가락〉

요망스런 / 저가이야 / 눈치없이 / 짖지마라 //
기다리고 / 바라던님 / 행여나 / 쫓을세라 //
임을그려 / 애태우고 / 꿈에라도 / 보고지고 //
구곡간장 / 다녹을제 / 장장추야 / 긴긴밤을 //
이리하여 / 어이샐고 / 잊으려고 / 애를쓴들 //
든―정이 / 병이되어 / 사르나니 / 간장이라 ///   〈창부타령〉

4) 민요에 나타난 한국인의 정서적 특질

민요에는 민중들이 일상생활에서 겪는 정한이 잘 나타나 있다.

특히 노동요에는 일하는 즐거움과 보람이 꾸밈 없이 소박하게 나타난다.

> 꽃은동동 배꽃이요 열매동동 깜운열매
> 아밤주든 은장도로 어럼설설 설어더가
> 단단히 묶어내어 바리바리 실어다가
> 닷문안에 부라놓고 마당에 백이었네
> 도로끼로 비락맞쳐 싸리비로 날부리여
> 앞내물에 배를띄워 조리쪽박 건지다가

위의 노래는 〈메밀노래〉의 일부인데 메밀을 갈아서 가꾸어 수확하는 과정이 아름답게 묘사되어 있다. 농작물을 경작하고 수확하는 일의 보람을 이 노래를 통해 알 수 있다. 농민들에게는 곡식 하나하나가 수많은 손을 거쳐서 이루어진 일의 보람이기에 열매 하나라도 대견하고 소중하게 느껴지게 마련이다. 메밀 열매 하나하나는 일차 생산활동에 종사하지 않는 양반들에게는 보잘것없는 것이겠으나 직접 밭을 매어 가꾼 농민에게는 소중한 곡식이 아닐 수 없다.

또한 풍년이 들어 기뻐하는 모습이 묘사되기도 한다.

> 삼천리 방방에 곳곳마다
> 풍년이 들었으니
> 저건너 김풍헌 거동을 보소
> 노적가리를 달아를 놓며
> 춤만 두둥실 추는구나

이것은 〈논매기노래〉의 일부인데, 논을 매면서 벌써 풍년이 들어 수확할 것을 상상하고 있다. 풍년을 기원하는 마음을 표현한 것이면서 미래의 소망을 이미 이루어진 것처럼 표현하는 축원사설의 기법을 사용한 것이다.

민요에는 일하는 기쁨만이 아니라 생활상의 고통도 나타난다. 〈시집살이노래〉에는 시집살이하는 젊은 여성들의 고뇌에 찬 삶이 묘사되어 있다. 며느리를 가장 괴롭히는 것은 무엇보다도 먹을 것을 적게 주고 일은 많이 시키면서 인간적 대접을 하지 않는 것이다. 불같이 더운 여름날에 밭을 매라고 시키고 점심도 주지 않고 박대하는 것을 못 참은 며느리가 시집을 박차고 나와 중이 되었다는 〈시집살이노래〉의 사연은 이러한 며느리의 고통을 잘 말해 준다. 시집살이 노래로 불리는 〈진주낭군〉은 시집에서 고생스럽게 일만 하는 아내와 달리 남편은 구름같이 큰 말을 타고 호사하면서 기생첩과 놀아나는 모습을 묘사한다. 아내가 분을 못 참고 목을 매어 자결하고 나서야 남편이 후회한다는 내용이다. 과거 양반사회에서 여성의 인권이 무시되던 상황을 노래로 나타낸 것이다.

비기능요에서는 남녀 이별의 정한이 주조를 이룬다. 〈아리랑〉을 비롯해 남녀의 이별을 주제로 한 민요는 여성을 버리고 떠나가는 남성을 여성의 처지에서 원망하는 노래가 대부분이다. 또한 임을 잃고 홀로 사는 고독감을 노래한 것이 많다. 대부분의 노랫말이 여성 화자의 관점에서 지어졌다.

4. 무가

1) 무가의 특징과 분류

무가는 무속의식에서 무당이 부르는 노래를 말한다. 무당은 인간 세상의 여러 가지 우환과 병고를 신의 힘을 빌려 해결하려는 사람으로서 신과 인간 사이의 중재능력을 사회로부터 인정받은 존재다. 무가는 무당이 부르는 노래이지만, 무당은 인간의 마음을 신에게 전하기도 하고 신의 의지를 인간에 전하기도 하기 때문에 누가 하는 말이냐에 따라 신의 언어와 인간의 언어로 나뉜다. 신의 언어는 무당에게 신이 강림해서 하는 말로 '공수'를 말하고, 인간의 언어는 무가의 대부분인 '축원'을 말한다. 그 밖에 신과 인간이 어우러져 주고받는 노래와 대화 등이 있는데, 〈노랫가락〉이나 〈대감타령〉〈창부타령〉 그리고 굿놀이 무가가 그것이다. 이처럼 무가는 신을 상대로 한 언어라는 점에서 다른 구비시가인 민요나 판소리 등과 다른 특징이 있다.

무가는 주술적인 기능이 있는 노래다. 무가는 신을 오게 하는 청배請拜무가, 신을 되돌아가게 하는 환위還位 퇴송退送의 무가, 인간에게 복을 비는 초복招福과 재해를 막아달라는 방재防災 무가가 있다. 또한 신을 즐겁게 하기 위해 신을 찬양하는 찬신과 송덕의 무가도 있고 악귀를 구축하는 축귀逐鬼 무가도 있다. 어느 것이든 무가에는 실용적 목적을 달성하는 기능이 있으며, 이러한 기능은 무속제전에서 바로 효력을 발생한다고 믿는다. 즉 청배무가를 부르면 신이 하강하고, 신이 하강했다는 사실은 무당의 공수로써 증명된다. 기복祈福과 방재는 무의巫儀 현장에서는 확인되지 않으나 무의를 주재하는 사람은 반드시 실현된다고 믿는다. 이처럼 무가는 다른 구비문학과는 다른 주술적 기능이 있다는 특징이 있다.

무가는 전문적인 구연자의 노래이므로 다른 구비문학보다 복잡하고 세련되어 예술성이 풍부하다. 설화나 민요는 그 전승에 누구나 참여하며 특정한 집단에 국한되지 않는다. 그러나 무가는 선배 무당과 후배 무당 간에 사제관계를 맺고 오랜 기간의 훈련을 거쳐 스승의 보유 자료를 전수받으므로 일반 구비문학의 자료보다 양으로나 질로나 우수할 수밖에 없다. 특히 세습무는 그 계보가 몇십 대를 거슬러 올라가는 경우도 있을 만큼 오랜 전통 속에서 수많은 사람의 창의성이 집적되어 이루어진 것이기에 더욱 풍부하고 다양한 자료를 보유할 수 있었다. 무가의 전승은 신어머니와 신딸이라는 수양모녀 관계에서 이루어지는 것이 대부분이기는 하지만 굿판의 현장에서 여러 무당이 함께 무의를 할 때 자연히 교류되기도 한다. 따라서 무풍巫風이 같은 동일 지역의 무가는 유사점이 많을 수밖에 없다.

무가에는 주술적 기능과 더불어 오락적 기능이 있다. 신을 즐겁게 해야 신이 인간을 잘 도와준다는 생각에서 신을 기쁘게 하는 여러 가지 방법이 개발되었는데, 그 방법은 바로 인간을 즐겁게 하는 것에서 유추되었으므로 오락적 성격을 띠게 된 것이다. 무속의 신은 욕심도 많고 시기나 질투도 심하며 노여움을 잘 탄다. 그래서 신의 비위를 맞추기 위해 신을 찬양하고 환대하는 말과 인간으로서 잘못을 사죄하는 말이 많이 나타나고 음식을 풍성하게 차리고 복식을 화려하게 꾸미며 악기를 많이 동원해 질탕하게 음악을 연주하고 노래를 부르고 춤추는 행위를 하게 된 것이다. 이 같은 무속의 성격 때문에 무속의식인 굿은 음악·무용·연극 등의 예술성을 드러내게 되었고, 민속예술의 온상이 되었다.

한국의 무가 자료는 1920년대 이후에 본격적으로 수집되었다. 그러나《삼국유사》등 문헌에 수록된 건국신화는 본래 무속신화 자료라고 생각되며, 향가 〈처용가處容歌〉와 고려가요 〈처용가〉, 그리고 《시용향악보》에 수록된 〈나례가儺禮歌〉〈성황반城隍飯〉〈대왕반大王飯〉〈내당內堂〉〈잡처용雜處容〉〈대국大國〉〈삼성대왕三城大王〉〈별대왕別大王〉〈군마대왕軍馬大王〉등의 노래는 조선시대 이전의 한국 무가의 모습을 보여주는 자료다. 그 밖에 고소설 등에 인용된 〈점복사〉〈무당축원〉〈축귀문〉 등도 조선시대의 무가의 모습이 담긴 자료다. 그러나 무가를 학술자료로 수집하기 시작한 것은 1920년대 손진태에서 비롯되었으며, 최초의 무가집은 손진태가 1930년에 동경에서 간행한《조선신가유편朝鮮神歌遺編》이다. 그 후 일본인 학자 아카마스赤松智城와 아키바秋葉隆가 전국에서 전승되는 무가를 채록했고, 그 주요 자료가 1937년《한국무속의 연구(상)》로 간행되었다. 해방 이후에는 한국학을 전공하는 학자들이 전국 각 지역을 조사했는데, 임석재任晳宰·장주근張籌根·김태곤金泰坤·현용준 등이 제주도를 비롯한 남한의 무가는 물론 관북지방·관서지방 등 북한의 무가에 이르기까지 전국의 무가를 채록·정리·간행했다.[15]

무가를 문학적 측면에서 연구하기 위해서는 문학 갈래별 분류가 필요하다. 무가는 무당이 부르는 노래라는 뜻으로서 문학 갈래를 의식하고 붙여진 명칭은 아니다. 무가 속에는 신의 행적을 기술한 것도 있고 신과 인간의 대화도 있으며, 신을 찬양하는 말이 있는가 하면 인간의 소원을 신에게 비는 말도 들어 있다. 지금까지 무가

---

15 서대석,《무가문학의 세계》(서울: 집문당, 2011) 참조.

를 채록해 무가집을 간행한 학자들은 대체로 무가를 제의에서 구연한 그대로 굿거리 단위로 정리했다. 이러한 자료를 문학적 관점에서 연구하려면 갈래별로 분류할 필요가 있다. 무가를 문학의 갈래별로 나누면 서정무가·교술무가·서사무가·희곡무가로 분류된다. 대체로 신의 내력을 구술한 무가는 서사무가이고, 굿놀이에서 연행된 자료들은 희곡무가이며, 신을 찬양한 노래는 서정무가이고, 신에게 소원을 비는 축원은 교술무가다. 그러나 이러한 분류는 굿거리별로 채록된 자료를 다시 해체해서 정리해야 하는 번거로움이 뒤따른다. 하나의 굿거리에는 서정무가와 교술무가가 함께 구연되고 개중에는 서사무가나 희곡무가도 섞여 있기 때문이다. 따라서 무가의 갈래별 분류는 민속학적 관점이 아닌 문학적 관점에서 문학적 성격을 논의하기 위한 문학연구자의 분류임을 말해 둔다.

2) 서정무가

서정무가는 신이나 인간의 주관적 정감을 표현한 무가로서 주로 신과 인간이 서로 어울려 놀면서 부르는 분련체 노래들이 여기에 속한다. 〈노랫가락〉〈대감타령〉〈창부타령〉 등이 그것이다. 축원무가 속에도 서정성이 짙은 부분이 있으나 무가 전편이 서정무가로 구성되어 있는 것이 아니므로 이러한 무가들을 서정무가로 분류하기는 어렵다.

가. 노랫가락

〈노랫가락〉은 서울지역에서 행하는 가망·제석·산마누라·군웅·별상 등의 굿거리에서 부른다. 흔히 신이 하강하여 인간의 청원을 들어주기로 약속하고 그 약속을 굳게 다지기 위해서 신과 인간이 어울려서 춤추고 노래하며 즐겁게 노는 순서가 있는데, 여기에서 부르는 것이 〈노랫가락〉이다.

본향양산 오시는 길에 가야고로 다리놋소
가야고 열두줄에 어느줄마당 서게우서
줄아래 덩기덩 소리 논이라고

— 〈가망노랫가락〉(서울지역)

본향양산은 마을을 지켜주는 신이다. 이 신을 초청하려고 가야금을 연주하는 것을 신이 밟고 오는 다리를 놓는 것으로 표현했다. 가야금의 높고 낮은 소리를 내는 열두 개의 줄을 따라 신이 온다는 것이다. 이는 신이 가야금 소리를 들으면서 강림한다는 의미다. 이처럼 〈노랫가락〉은 신의 흥을 돋우기 위해 불린다.

〈노랫가락〉의 형태는 평시조의 형태와 매우 유사하다. 평시조 셋째 행의 마지막 음보만 생략하면 〈노랫가락〉의 형태가 되는데, 실제로 시조를 〈노랫가락〉의 곡조로 부르기도 했다. 이미 민요로 정착된 〈노랫가락〉이 그것이다. 이처럼 무가의 〈노랫가락〉은 사대부들이 개발한 평시조와 형태나 악곡 면에서 교섭관계가 있는 시가다.

나. 대감타령

〈닐리리야〉라고도 하는 〈대감타령〉은 대감거리에서 부르는 노래다. '얼씨구 절씨구 널널널널 닐리리야' 또는 '얼씨구나 절씨구 지화자 절씨구' 등의 후렴이 들어간다. 대감신을 청배해서 노는 놀이를 '대감놀이'라고 하는데, 대감놀이 전체는 굿놀이로서 여기에서 구연되는 무가는 희곡적 성격을 가진다. 그러나 대감거리에서 불리는 〈대감타령〉은 독립된 노래로서 서정시다.

> 얼씨구 좋다 절씨구 내 대감님에 거동을 봐라
> 한나래를 툭탁치면 일이나 만석이 쏟아지구
> 또한나래를 툭탁치면 억조나 만석이 쏟아진다.
> 밑에 노적은 싹시나구 우에 노적은 꽃이피구
> 부엉덕새 새끼를 친다.
>
> – 〈대감타령〉(서울지역)

다. 창부타령

창부는 광대의 신을 말한다. 옛날에는 광대가 줄광대·소릿광대·탈광대로 구분되어 있었다. 여러 사람이 모인 곳에서 줄을 타거나 재주를 넘는 묘기를 보이는 광대가 줄광대이고, 판소리를 하는 광대가 소릿광대이며, 가면을 쓰고 탈춤을 추는 광대가 탈광대다. 훗날에는 소릿광대만을 가리켜 창부라고 하였다. 〈창부타령〉은 서울, 경기 등 중부 지역에서 광대의 신을 모시고 노는 굿거리에서 부르는 노래다. 민요의 〈창부타령〉도 그 악곡과 가사가 무가의 〈창부타령〉과 유사하다. '얼씨구나 절씨구 지화자 절씨구'라는 후렴이 있고 한 연이 6~8행 정도 되는 분련체 시가다.

> 창부님네 좋은것은
> 평생에 좋은것은 닐리리로다 일생에 좋은 것은 덩기덩 덩덩
> 피리 깡깡이 어디다 두고 해금 가야금 엇다 됐냐
> 남창부는 장구를 치고 아이창부는 옥소를 불고

어른창부는 단소를 부니 어찌나 좋은지두 모르겠네

– 〈창부타령〉(경기도 여주군 홍천면)

〈창부타령〉역시 창부신의 흥을 돋우는 찬신讚神과 조흥助興의 기능이 있음을 알 수 있다.

3) 교술무가

(1) 교술무가의 기능별 검토

교술무가는 대체로 축원무가를 말하는데, 인간의 소원을 신에게 전달하는 기능을 가지고 있다. 굿에서 채록된 무가는 굿거리별로 정리되어 있어 기능별로 재정리할 필요가 있다. 무가는 제의적 기능을 중심으로 기복祈福무가·치병治病무가·망자천도亡者遷度·해원解冤무가로 나눌 수 있다. 이러한 무가는 대부분 축원으로 이루어진 교술무가다. 또한 교술무가는 언어의 지시기능을 중심으로 무당이 신에게 하는 언어인 청배·찬신·축원과 신이 인간에게 전하는 말인 공수로 나뉜다.

가. 청배

청배는 신을 굿하는 장소로 내림來臨하도록 하는 기능을 가진 무가를 말한다. 신의 내림을 청하는 방식은 세 가지가 있다. 신의 이름을 부르는 방법, 신이 오고 있는 모습을 묘사하는 방법, 그리고 신의 근본을 풀어내는 방법이다. 이 중에서 신의 근본을 푸는 것은 서사무가이므로 뒤에서 논의하기로 하겠다. 신의 이름을 부르는 방법을 예로 들면 다음과 같다.

어라하 대감 / 만신몸주 대신대감 / 사위삼당 제당대감 /

그연 상산대감 / 안산대감 / 밧산대감 / 내외산에 왕래대감 /

한우물 룡궁대감 / 섯우물 룡신대감 /

- 〈대감청배〉(서울지역)

다음은 신이 오는 과정을 묘사하는 예다.

남손임 치례보소 물결같은 외올망건 대모관자 달어쓰고 (…) 가마치
장 둘러보니 먹공단 가마휘장 둘러치고 가마얼기는 백방수 아주얼기
모초단 가마주렴은 은금전지로 물니엿고 가마꼭찌는 주홍칠하고 앞에
는 밀하님 뒤에는 딸하님 불나듯이 나오신이 오실때 어둠나라 침침나
라 산을 넘고 물을 건느시는구나

- 〈손굿〉(경기도 오산)

이와 같이 신이 오는 모습을 묘사하거나 서술하는 것을 '노정기
路程記'라고 하는데, 이에는 〈호구노정기〉〈손님노정기〉가 있다. 노정
기로 청배하는 신은 신의 본향이 외국으로 되어 있으며, 신이 오는
과정이 사람이 먼 길을 여행하는 것처럼 산을 넘고 강물을 건너서
이동하는 것으로 나타난다.

나. 공수

공수는 무녀에게 강림한 신이 무녀의 입을 통해 제주祭主에게 하
는 말이다. 공수는 신의 언어이기에 해라체의 반말이고, 신의 위엄
을 뽐내고 제주의 잘못을 꾸짖고 제해除害·초복·치병 등 제주를 도
와줄 것을 약속하는 내용으로 되어 있다.

허씨긔주야 이것이 무엇이냐 원숭이 입내냐 땟저고리 부적이냐 이
것만 도와주고 이것만 생겨주었느냐 먹는 것이 뉘것이며 쓰는 것이 뉘
것이냐 모다 우리 대감 수위에서 도와주신 것이 아니냐 허씨긔주야 네
이 정성을 위할제 힘도 많이 쓰고 애도 많이 썼으므로 우리 대감께서
소례를 대례로 질거라 받으시고 구진일 제치시고 먹고남고 쓰고남게
도와주시거든 우리 대감님 수위에서 도와주시는 줄 알어라

– 〈대감공수〉(서울지역)

공수는 상황에 따라서 그 내용이 달라진다. 신과 인간의 약속뿐
만 아니라 앞으로 닥칠 일을 예언하기도 하고 병의 치료방법이나
재액을 예방하는 방법을 구체적으로 제시하기도 한다.

다. 축원

축원은 굿을 행하는 상황에 따라 그 내용이 달라지기는 하나 격
식은 대체로 통일되어 있다. 서두에는 천지개벽에서부터 인간세상
의 역사가 개략적으로 서술되고, 무의를 하는 사람인 기주祈主의 생
년과 성씨, 무의를 행하는 시일과 장소, 그리고 무의를 하는 이유가
진술된다. 여기에 곁들여 기주의 정성 어린 무의 준비과정도 기술
된다. 그다음은 무의를 하는 목적에 따라 기복·치병·방재·망자천
도 등 축원의 내용이 달라진다.

(2) 교술무가의 주요 자료

교술무가 중에서 정해진 사설로 일정한 구조를 가지고 유형화되
어 전승되는 것이 있는데, 비교적 내용이 풍부하고 문학성이 높은
자료가 '성주축원'과 '망자축원'이다.

가. 성주축원

〈성주축원〉은 성주굿이나 안택女宅에서 창송되며, 〈성주굿〉〈황제풀이〉〈고사축원〉〈성주풀이〉 등으로도 불린다. 가옥과 가정을 관장하는 성주신에게 가족의 건강과 복된 삶을 기원하는 축원이다. 〈가옥축조사설〉〈농경사설〉〈자손산육사설〉의 순서로 전개된다.

〈가옥축조사설〉은 안동 제비원에 솔씨를 뿌려 그 소나무가 자라기를 기다려 베어다가 집을 지어 꾸미고 세간까지 갖추어놓는 과정을 묘사한다. 〈나무타령〉〈터다지기노래〉 등이 삽입되어 있다. 〈농경사설〉에서는 논을 만들고 볍씨를 뿌리고 모를 내어 매고 가꾸어 수확하는 농경의 전 과정이 서술된다. 〈볍씨타령〉〈두태타령〉〈소타령〉 등의 단위사설이 삽입되어 있다. 〈자손산육사설〉은 자손을 낳아 길러 공부를 가르쳐서 과거에 급제하고 가문이 번창하고 영화를 본다는 내용이다.

〈성주축원〉은 민요의 〈지신밟기요〉〈터다지기요〉〈논매기노래〉 등과 교섭관계가 있는데 무속가사라고 할 만큼 율격이 정제되고 표현이 세련되어 문학성이 높은 무가다.

나. 망자축원

〈망자축원〉은 죽은 사람의 혼령을 위무하는 진오귀굿·오구굿·씻김굿 등에서 부르는 무가로, 인생의 무상함과 혼령이 저승사자에게 이끌려 저승으로 인도되고 저승에서 이승의 삶에 대한 재판을 받는 과정을 묘사한다. 불교가사로 알려진 〈회심곡〉과 교섭관계가 있는 것으로 보이는데, 인간의 한평생 삶은 무상하니 이에 집착해 악업을 짓지 말라는 교훈을 담고 있다. 본디 무속에서는 현세적 삶에 모든 가치를 두고 있어 내세가 중시되지 않는다. 따라서 저승에서 이승의 삶을 평가한다는 내용은 불교의 영향을 받아 형성된 것으로 보인다. 민요의 〈상여소리〉 같은 장례의식요와 교섭관계를 가지고 있으며, 한국인의 생사관生死觀을 잘 반영하고 있다.

4) 서사무가

(1) 서사무가의 자료 개관

서사무가는 '본풀이'라고도 하는데, 무속신의 내력을 이야기하고 있다는 점에서 무속신화이고, 악기 반주에 맞춰 많은 사람에게 재미있는 이야기를 노래로 들려준다는 점에서는 무속서사시라고 할 수 있다. 서사무가는 고대에 형성되어 현재까지 전승된 한국의 문화유산으로서 오늘날에도 굿판에서 무당이 활발하게 가창한다. 지금까지 채록된 전국의 서사무가는 수백 편에 이르는데, 그중 주요 유형을 전승지역별로 정리하면 다음과 같다.

전국 전승 유형 : 〈제석본풀이〉〈바리공주〉〈칠성풀이〉
관북지방 : 〈창세가〉〈오기풀이〉〈셍굿〉〈안택굿〉〈혼쉬굿〉〈돈전풀이〉〈도랑선배청정각시의 노래〉〈짐가제굿〉〈숙연랑 앵연랑 신가〉
관서지방 : 〈삼태자풀이〉〈신선세턴님청배〉〈원구님청배〉〈성신굿〉
경기지역 : 〈성주본가〉〈바리공주〉〈제석본풀이〉〈시루말〉
동해안 지역 : 〈시준굿〉〈성주풀이〉〈바리데기〉〈심청〉〈계면굿〉〈손님굿〉
영남지방 : 〈시준굿〉〈성주풀이〉〈바리데기〉〈심청〉〈손님굿〉〈계면굿〉

호남지역 : 〈제석본풀이〉〈바리데기〉〈칠성풀이〉〈장자풀이〉

제주도 : 〈천지왕본풀이〉〈초공본풀이〉〈이공본풀이〉〈삼공본풀이〉〈세경본풀이〉〈원천강본풀이〉〈명진국생불할망본풀이〉〈신중도풀이〉〈차사본풀이〉〈칠성본풀이〉〈군웅본풀이〉〈문전본풀이〉〈영감본풀이〉〈서귀포본향당본풀이〉〈토산당본풀이〉

서사무가가 가장 많이 전승되는 지역은 제주도다. 제주도에는 마을마다 마을 수호신을 모신 본향당이 있고 〈당신본풀이〉라는 서사무가가 전승된다. 그래서 〈본향당본풀이〉는 자연부락의 숫자만큼 많지만 유사한 내용이 많고 신의 좌정경위만 간략히 설명한 예도 적지 않아서 신화의 요건을 갖춘 서사무가는 많지 않다. 또한 함경도의 〈셍굿〉에는 여러 가지 이야기 유형이 삽입되어 있는데, 이들 삽화들을 모두 독립된 신화라고 볼 것인지는 논란의 여지가 있다. 하나의 굿거리에서는 하나의 신을 제향하는 것이 원칙이고 신에게는 각기 직능이 있게 마련이다. 따라서 하나의 신에 대한 근본을 푸는 사연에 성격이 다른 여러 편의 신화가 함께 삽입된다는 것은 있을 수 없는 일이다. 그러므로 이러한 현상은 이야기를 구연하는 무당이 이러한 삽화들을 신화로 인식하지 않았으며, 서사무가를 듣는 인간 청중의 흥미를 끌기 위하여 신이한 이야기들을 삽입하였다고 볼 수 있다.

(2) 서사무가의 구연방식

굿에서 서사무가를 구연하는 형태는 대체로 구송창口誦唱과 연희창演戲唱 두 가지로 나뉜다. 구송창은 악기 반주를 해주는 조무助巫의 협조가 없이 주무主巫 혼자 앉아서 북이나 징을 치며 단조로운 가락으로 구송하는 형태로서 말과 창의 구분이 없다. 구송창의 형태는 서울지역에서 〈바리공주〉를 구연할 때나 독경무들이 〈당금애기〉를 구연할 때 나타난다. 한편 연희창은 주무가 서서 부채를 들고 조무의 악기 반주에 맞추어 무가 내용을 몸짓으로 표현하는 동작을 곁들여서 말과 노래를 번갈아가며 구연하는 형태를 말한다. 이러한 구연 형태는 동해안지역에서 연행하는 세습무들의 굿에서 볼 수 있는데, 별신굿에서 전승되는 〈당금애기〉 〈심청〉, 그리고 오구굿에서 불려지는 〈바리데기〉의 구연 형태가 이에 해당한다.

서사무가는 신을 청배하는 기능을 가지기 때문에 이를 구연하는 사제자의 자세는 신위를 모신 제단을 향하는 것이 원칙이다. 그런데 연희창을 하는 무당들은 신위를 등지고 관중을 향해 서사무가를 구연한다. 이는 서사무가가 신에게 하는 언어로서의 신화적 기능이 퇴색하고 인간의 흥미를 의식한 서사시로서의 문학적 기능이 강화되었음을 말해 준다. 구송창은 구송자가 관중을 등지고 신위를 향해 구송한다. 그런데 서울지역의 〈바리공주〉를 구송할 때 구송자는 신위와 관중을 양 측면에 두고 옆으로 앉아서 구송하기도 한다. 이 같은 구송자의 자세는 구송창에서부터 연희창으로 변모하는 과정을 보여주는 형태로서 주목된다. 서사무가의 구송자는 관중의 흥미를 의식하면서 구연기법을 점차 개발해 왔는데, 먼저 박자를 맞추는 악기를 조무한테 맡기고 일어서서 몸짓을 곁들여 구연하면서부터 여러 가지 변화가 나타났다. 서사무가 구연자의 몸짓은 관중에게 서사시의 내용을 더욱 잘 전달하기 위한 보조동작으로서 이야기 구연자들의 형용동작과도 상통한다.

다음으로 말과 창을 번갈아가며 구연하는 방법이 개발되었다. 변화가 적은 단조로운 가락을 반복하면 청중이 지루해한다. 이를 방지하기 위해서는 다양하고 변화가 많은 악조와 장단을 개발해야 하는데, 변화가 많은 악곡을 가창하려면 호흡도 가빠지고 힘도 들기 때문에 쉬는 시간이 필요하다. 그래서 가창할 부분을 설명하거나 장면이 전환될 경우 청중의 이해를 돕기 위해 이를 해설하는 말을 삽입함으로써 호흡을 조절할 수 있고 힘든 가창을 감당할 수 있게 되었다. 이처럼 말과 노래가 섞여 짜여지면서 서사무가는 판소리와 같은 구비서사시의 서술구조로 변모하게 되었다.

연희창으로 불리는 서사무가에는 대체로 재담이나 흥겨운 노래가 많이 삽입되어 있다. 그리고 재미있는 부분을 가창하기 전에는 대체로 무의를 주관하는 사람들에게 돈을 요구하는 것이 상례로 되어 있다. 만약 주최 측이나 관중 가운데 호응해 주는 사람이 아무도 없으면 재미있는 부분을 생략하고 넘어가기도 한다. 연희창의 구연기법은 판소리의 구연기법과 영향을 주고받으며 상승작용을 일으켜 한층 더 발전했다.

(3) 서사무가의 주요 유형

전국적으로 전승되는 서사무가인 〈바리공주〉〈제석본풀이〉만을 검토하기로 한다.

가. 바리공주

〈바리공주〉는 전국적으로 전승되는 무속신화로서 〈바리데기〉〈칠공주〉〈오구풀이〉 등 다른 명칭으로도 불린다. 〈바리공주〉가 구연되는 제전은 죽은 사람의 혼령을 저승으로 천도하기 위해 베풀어지는 사령제死靈祭 무의다. 무가의 내용은 지역에 따라 차이가 있으나 서울지역 전승본이 바리공주의 영웅적 행위와 신성 획득 과정을 인과적[因果的]으로 전개해 신화적 모습을 잘 보전하고 있는 반면, 함경도지역 전승본은 인과의 논리가 허물어지고 골계적 성격이 강화되면서 골계적 이야기로 변화된 모습을 보이고 있다.[16]

서울지역 전승본의 내용을 요약하면 다음과 같다.

옛날 어느 왕이 공주 일곱을 본다는 해에 왕비를 맞아들인 후 줄줄이 여섯 공주를 출산한다. 왕과 왕비는 왕자를 낳기 위해 온갖 치성을 드린 후 일곱째 아기를 잉태하였으나 낳고 보니 역시 공주였다. 대왕은 크게 노해서 일곱째 공주를 함에 넣어 강물에 띄워 버린다. 그러나 석가세존의 지시로 어느 촌가의 늙은 부부가 버려진 아기를 구출하여 양육한다. 바리공주가 15세 되었을 때 대왕마마가 병이 들었는데, 꿈에 청의동자가 나타나서 하늘이 아는 아기를 버린 죄로 승하하게 되었다며 살아나기 위해서는 버린 아기를 찾아내어 신선계의 약수를 구해 오게 하여 먹어야 된다고 한다. 이에 따라 바리공주를 찾으라는 왕명을 받은 한 대신의 충성된 노고로 바리공주는 부모를 만나게 된다. 바리공주는 만조백관[滿朝百官]과 여섯 언니가 거절한 구약의 길을 남복을 입고 혼자 떠나서 저승세계에 이르러 많은 원령을 천도하고 신선세계에 이르러 무장신선을 만나 약수값으로 나무하기 3년, 물긷기 3년, 불때기 3년, 도합 9년 동안 일을 해주고 무장신선과 결혼하여 아들 일곱을 낳아준 뒤 약수를 얻어가지고 남편, 아들과 함께 돌아온다. 이때 왕과 왕비는 이미 승하해서 장사를 지내려고 하는데 바리공주가 상여를 멈추게 하고 약수와 약꽃으로 부모를 회생시킨다. 왕은 살아나서 바리공주의 소원을 들어 만신의 왕이 되게 하고 무장신선은 망자가 가는 길에

---

16 서대석, 〈바리공주 연구〉, 《한국무가의 연구》(서울: 문학사상사, 1980), 199~254쪽.

노제를 받아먹게 하고 일곱 아들은 저승의 십대왕이 되게 한다.

〈바리공주〉는 부모의 잘못을 대신해서 자신의 삶을 희생하는 효녀로서 많은 사람의 심금을 울린 무속서사시다. 바리공주의 부친은 잘못을 두 번 저질렀다. 한 번은 칠공주를 본다는 해에 결혼을 한 것이고, 다음은 자신의 분노를 참지 못하고 갓 낳은 자식을 버린 것이다. 이러한 행위는 신이 내린 금제禁制를 위반한 것이었고, 그 결과 죽음의 징벌을 받은 것이다. 그러나 바리공주의 헌신적인 고행으로 왕과 왕비는 신의 징벌로부터 구출되어 새 삶을 되찾는다. 이러한 서사 전개에서 우리는 '금제의 선언—금제의 위반—위반에 대한 징벌—징벌로부터 구출' 유형의 구조를 발견할 수 있다. 이러한 유형의 신화는 대체로 가부장제사회의 남성중심 사상으로부터 벗어나려는 여성들의 잠재의식이 반영된 것이다.

나. 제석본풀이

〈제석본풀이〉는 전국에서 전승되는 무속신화로서 전승지역에 따라 〈성인노리푸념〉(강계), 〈삼태자풀이〉(평양), 〈셍굿〉(함흥), 〈당금애기〉(양평), 〈시준풀이〉(강릉), 〈제석풀이〉(청주), 〈초공본풀이〉(제주) 등 다양한 무가의 명칭이 있다. 그러나 문학적 측면으로 보면 이야기의 공통성이 있어 서사무가의 유형명칭 〈제석본풀이〉라고 한다.[17]

지금까지 〈제석본풀이〉는 전국에서 60여 편이 채록되었는데, 각 편의 공통된 내용을 요약하면 다음과 같다.

---

17 서대석, 〈제석본풀이 연구〉,《한국무가의 연구》(서울: 문학사상사, 1980), 19~198쪽.

옛날에 아름다운 딸아기를 둔 어느 한 명문의 가정이 있었는데 가족들은 불가피한 일로 집을 떠나고 딸아기만 남아 있게 된다. 이때 딸아기가 인물이 뛰어나다는 소문을 듣고 법술이 높은 스님이 찾아와 시주를 받으며 수작하고 사라진 후 딸아기는 잉태한다. 가족들이 돌아와 이 사실을 알고 딸아기를 쫓아내자 딸아기는 아들 삼 형제를 출산하고 스님을 찾아가서 부자상봉을 시킨다. 후일 딸아기는 삼신이 되고 아들들은 제석신이 된다.

이러한 내용은 전승지역에 따라 차이를 보이는데, 특히 남한강을 남북의 경계로 하고 소백산맥을 동서의 경계로 하여 한반도 동북지역 전승본과 서남지역 전승본, 그리고 제주도지역 전승본으로 나뉜다. 동북지역본들에서는 딸아기가 시주 온 스님과 별당에서 함께 자며 꿈속에서 구슬을 받고 잉태를 했고, 토굴 속에 갇힌 상태에서 아들 삼 형제를 낳았으며, 아들들이 자라서 아버지를 찾아달라고 조르자 스님을 찾아갔고, 스님은 친아들임을 확인하기 위해 여러 가지 시험을 부과한 뒤 아들로 인정한다는 내용이 들어 있다. 반면 서남지역본은 딸아기가 스님이 시주를 받고 가면서 집어준 쌀 세 톨을 삼키고 잉태를 했고, 집에서 내쫓긴 딸아기가 스님을 찾아가서 출산을 하며, 스님은 스님 노릇을 그만두고 딸아기와 살림을 시작하는 것으로 되어 있다. 한편 제주도본에는 과거를 보다가 스님의 자식이라는 이유로 낙방한 자지명아기씨의 아들들이 무당 노릇을 배워 무업을 시작한다는 내용이 있다. 이런 점에서 오늘날 이 무가의 신화적 기능이나 의미는 전승지역에 따라 조금씩 차이가 있을 것으로 보인다.

그러나 〈제석본풀이〉의 본디 모습은 무속의 생산신 신화로서 한국의 고대 건국신화와 같은 성격을 가지는 천부지모형天父地母型 신화였으리라고 본다. 〈제석본풀이〉가 구연되는 무의는 '재수굿' '별신굿' 등으로 불리는 기복제 무의로서 그 기원은 '영고迎鼓' '무천舞天' '동맹東盟' 등의 한국 고대 제천의식과 같은 촌락공동체의 제전이며, 동시에 인간의 출산과 농경의 풍요를 기원하는 생산신에 대한 제전이다. 남주인공은 승려로 되어 있으나 승려의 신분으로는 금기사항인 여성과의 인연을 맺고 자식을 출산한다. 이러한 남주인공의 신분과 어울리지 않는 행위는 본래 천신이었던 존재가 불교가 전래된 이후 신분만 승려로 바뀌었기 때문에 나타났을 것이다. 여주인공인 당금애기는 그 이름이 '마을의 신' 또는 '골짜기의 신'이라는 의미다.[18] 이렇게 볼 때 〈제석본풀이〉는 본디 천신계의 남성과 지신계의 여성이 결합하여 새로운 생산신을 출산하는 신화로서 〈단군신화〉나 〈주몽신화〉 등 고대 건국신화와 같은 뿌리에서 형성되었으나 그 전승과정에서 불교의 영향을 받아 변모된 무속신화라고 할 수 있다.

5) 희곡무가

(1) 희곡무가의 자료

'무극' 또는 '굿놀이'를 채록한 무가를 희곡무가라고 하는데, 주요 자료는 경기·서울지역에 〈소놀이굿〉 〈장님놀이〉 〈사자놀이〉 〈어둥이놀이〉, 동해안 지역에 〈도리강관원놀이〉 〈거리굿〉 〈중잡이놀이〉 〈범굿〉, 황해도 지역에 〈사또놀이〉 〈사냥굿〉 〈도산말명 방아찜굿〉, 제주도에 〈세경놀이〉 〈영감놀이〉 〈전상놀이〉 등이 있다.

18 서대석, 〈제석본풀이 연구〉, 《한국무가의 연구》(서울: 문학사상사, 1980), 19~198쪽.

굿은 신이 내린 무당이 신의 행세를 하는 의식이므로 굿 전체가 연극적 성격을 띤다. 특히 신을 청배한 이후에 신이 되어 공수를 주는 무녀와 기주가 대화하는 부분이나 신과 인간이 함께 화동하여 노래로 화답하는 유흥 대목은 하나의 연극으로 볼 수 있고, 여기에서 불리는 무가는 희곡적 성격을 갖는다. 그러나 연극은 인간이 인간을 상대로 하는 꾸며진 행위이므로 제전에서 행하는 모든 종교적 행위를 연극이라고 하기는 어렵다. 이런 점에서 어느 상황에서나 일정한 대화와 행위를 보여주는 굿놀이의 자료만을 희곡무가로 다루기로 한다.

(2) 굿놀이의 연극적 특징

굿놀이는 굿청이 바로 무대이고, 굿하는 현장이 작중의 배경과 일치하는 경우가 많다. 그래서 별도의 무대장치를 하지 않으며, 등장인물 분장도 관중이 식별할 정도의 특색만 나타내는 데 그친다. 극의 진행은 주무와 반주무伴奏巫의 대화로 전개하는 방식과 둘 이상의 인물이 등장해서 배역을 분담하여 대화와 행위로 진행하는 경우가 있다. 그러나 극적 갈등이 지속적으로 전개되면서 고조되고 해결되는 경우는 드물고, 대체로 주무가 혼자 이야기를 엮어나가며 중요 부분만을 행위로 보여주는 방식으로 진행된다. 반주무는 주무가 배역을 바꾸어가며 극을 진행하는 동안 주무의 상대가 되어 대화를 나누기도 하고 노래할 때는 장단을 쳐주기도 한다.

희곡무가에서는 장면의 전환이 주무의 설명에 따라 관념적으로 이루어지며 작중의 시간과 공간의 변화 역시 관념적으로 처리된다. 하나의 굿마당이 노 젓는 행위를 하면 바다가 되고, 밥짓는 행위를 하면 부엌이 되며, 밭 매는 행위를 하면 밭고랑이 되기도 한다. 또한 장단에 맞추어 몇 걸음을 걸음으로써 집에서 장터로 이동한 것을 표현하고, 굿마당을 몇 바퀴 도는 것으로 시골에서 서울로 이동한 것을 나타내기도 한다. 또한 극중의 공간은 굿을 하는 실제 공간으로 열려 있어서 극중 인물이 굿판의 관중과 대화를 나누기도 한다.

희곡무가의 제재는 한반도의 농촌이나 어촌에서 살고 있는 사람들의 일상생활을 재현하는 것이 대부분이다. 밥 짓고 아기를 낳는 여성의 일상생활, 거름 주고 밭 매고 수확하는 농사일, 배 타고 그물질이나 잠수질로 물고기를 잡는 일 등이 주요 소재다. 따라서 관중은 자신들의 모습을 굿 현장에서 재발견하며 무당이 실감나게 잘하는가 못하는가를 심사하는 마음으로 관람한다.

그러나 일상생활을 단순하게 묘사하는 게 아니라 생활 속에 감추어진 슬픔과 즐거움을 드러내주며 남에게 보이기 부끄러운 부분을 특히 과장해서 골계적으로 표현한다. 부부의 성생활 모습이나 출산 장면, 그리고 존경받는 어른을 희롱하는 모습 등이 그것이다. 특히 관료세계의 비리나 횡포를 골계적으로 표현하는 내용이 많다. 이는 관료들에게 시달린 서민들이 관료세계를 풍자하는 굿을 보면서 평소에 축적된 울분을 해소하는 효과가 있다.

희곡무가에 등장하는 수많은 귀신은 억울하게 죽어간 서민대중의 다양한 모습이다. 무속에서는 이들의 한이 산 사람이 하는 일을 방해하는 원인이라고 해석한다. 그래서 이들의 한을 풀어주는 것이 복된 미래를 보장하는 길이라고 생각하고 여러 가지 놀이를 통해 귀신을 먹이고 즐겁게 놀게 하는 것이다.

5. 판소리

1) 판소리의 장르적 특성

판소리는 직업적인 소리꾼이 관중들 앞에서 고수의 북장단에 맞추어 긴 이야기를 말과 창을 번갈아가며 구연하는 한국의 전통 구비서사시다. 판소리는 '판'과 '소리'의 합성어로서, '판'은 장면이나 무대 또는 여러 사람이 모인 곳이라는 뜻도 있으나 '판을 짠다'는 말에서 유래한 것이다. 다시 말해 판소리는 판을 짜서 부르는 소리를 말하는데, 판을 짠다는 것은 사설과 악조 장단을 배합해서 작품을 구성한다는 의미도 되고, 소리를 하는 명창과 이를 구경하는 관중이 어울리는 소리판을 짠다는 의미로도 확대될 수 있다. 이는 창자와 고수, 그리고 관중이 호흡을 맞추는 것 역시 하나의 판짜기로서 사설과 악조 장단을 결합하는 판짜기가 판소리의 작품을 만드는 작품 내적 판짜기라면, 공연현장에서 배우와 관중을 중심으로 한 연극으로서의 판짜기는 작품 외적 판짜기라고 할 수 있다.

그러면 작품 내적 판짜기인 판소리의 사설과 악조 장단은 어떤 원리로 배합되는가? 판소리 사설은 서사문학으로서 주인공의 처지나 상황이 변하는 과정을 기술한 것이며, 이에 따라 청중들의 정서적 반응도 변화한다. 즉 주인공이 잘되어가는 과정을 들으면 즐거운 심리상태가 될 것이고, 반대로 주인공이 고통에 처하거나 실패하고 좌절하면 슬퍼하거나 분노할 것이다. 악조나 장단 역시 슬픈 가락과 즐거운 가락이 있고 느린 장단과 빠른 장단이 있어서 이들의 결합방식에 따라 경쾌한 느낌을 주기도 하고 장중한 느낌을 주기도 한다. 이처럼 사설의 의미에 부합하는 악조 장단을 배합하는 것이 바로 판소리의 일차적 판짜기라고 할 수 있다. 예를 들어 춘향과 이도령이 처음 만나 사랑놀이를 하는 〈춘향가〉의 '사랑가' 부분은 화락한 분위기를 나타내는 평조와 중모리나 중중모리의 보통 빠르기 장단이 결합되고, 주인공의 고생을 서술하는 '심청이 밥 비는 대목'이나 '옥중 춘향 대목'은 슬픈 느낌을 주는 계면조와 느린 장단인 진양조와 결합하며, 이몽룡이 암행어사로 출두해 춘향을 살려내는 장면은 힘찬 느낌을 주는 우조와 매우 빠른 장단인 자진모리나 휘모리가 결합하는 것이다.

작품 외적 판짜기는 고수의 추임새와 관중의 추임새에 맞추어 서사적 내용에 맞는 너름새를 곁들여 연행하는 행위 전반에 판을 짜는 것인데, 대체로 공연현장의 분위기에 맞추어 즉석에서 이루어진다. 판소리 공연에는 추임새를 발하는 마디나 너름새를 곁들이는 대목이 미리 정해져 있어야 하지만 현장 분위기에 맞추어 조금씩 바뀌고, 이에 따라 명창이 임기응변으로 즉흥적 입담을 삽입할 수 있다. 또한 청중의 추임새는 소리마디를 잘 골라야 하고 명창의 너름새는 작품의 서사적 국면과 자연스럽게 어울려야 한다.

이러한 원리는 가곡창의 경우에도 적용될 수 있는 가사와 악곡이 결합하는 보편적인 원리로서, 판소리만의 특성은 아니라고 할 수도 있다. 그러나 판소리의 사설은 매우 길고 다양해 사설과 악조 장단을 배합하고 고수와 청중의 호흡을 맞추는 것이 간단하지 않다. 명창으로 알려진 인물은 바로 이러한 판짜기를 잘하고 이를 잘 구현한 인물이다. 그래서 명창이 되려면 작품의 문학적 이해와 이에 바탕을 둔 음악적 표현은 물론 연행자로서의 자질이 동시에 요구되었다. 조선 말기에 판소리 이론가로 알려진 신재효申在孝는 〈광대가〉에서 명창의 조건으로 인물치레·사설치레·득음·너름새, 이 네 가지를 들고 있다. 인물치레는 외모를 단정하게 꾸미는 것으로서, 여러 사람 앞에 나서기 때문에 첫째로 요구되는 배우의 조건이기는 하나 다분히 선천적인 요소라는 점에서 크게 중시되지는 않았다. 사설치레는 작품의 문학적 요소이고, 득음은 구연자의 음악적 자질이며, 너름새는 연극적 기교를 말한다. 판소리는 청중을 상대로 한 공연 서사시로서 문학과 음악과 연극이 합쳐진 종합예술이다. 그런데 판소리의 판짜기 원리는 사설을 중심으로 이루어지므로 사설이 주가 되고 악조와 장단 같은 음악적 요소나 추임새나 너름새 같은 연희적 요소는 종적인 요소라고 본다.

2) 판소리의 가창방식

판소리는 여러 사람을 상대로 명창 한 명과 고수 한 명이 협동해서 긴 이야기를 노래로 부르는 예술이다. 판소리를 부르는 공간을 소리판이라고 한다. 소리판은 개인 집 마당이나 고을 관아 또는 궁중의 정원 등 여러 사람이 모일 수 있는 곳이면 어디에서나 벌어졌다. 소리판에서 고수가 북을 안고 앉아서 북을 치며 '얼씨구' '좋다' 등의 추임새를 넣으면, 광대는 부채를 들고 서서 '아니리'라는 말과 창을 번갈아가며 '너름새' 또는 '발림'이라는 몸짓을 곁들여 판소리를 구연한다.

추임새에는 고수가 하는 추임새와 관중의 추임새가 있다. 관중의 추임새는 판소리를 들으며 일어나는 감흥을 자연스럽게 발하는 감탄사로서, 광대의 소리가 잘 전달되고 흥미가 있다는 청중의 적극적인 반응이다. 그러나 고수의 추임새는 광대의 구연의욕을 북돋기 위한 형식적인 탄성으로서 소리의 공백을 메워주기도 하고 장단으로 치는 박을 대신하기도 한다. 그러나 어느 추임새이거나 소리 마디 사이에 들어가야 하며, 만약 한창 소리하는 중간에 추임새를 넣으면 오히려 방해가 된다.

너름새는 광대가 하는 보조동작으로서 자기가 부르고 있는 사설이 나타내는 장면을 동작으로 묘사함으로써 관중의 이해를 돕는 구실을 한다. 너름새가 연극배우의 연극행위와 다른 것은 사설은 사설대로 가창하면서 그 느낌을 표현하는 보조동작이라는 점이다. 다시 말해 심청이 바다에 빠져 죽는 장면을 부를 때 너름새는 손수건으로 눈물을 닦으며 우는 형용을 하는데, 이는 바다에 뛰어드는 행위와는 다른 것이다. 그러나 너름새는 사설이 지향하는 분위기나 의미를 사실적으로 또는 합리적으로 표현해야 한다.

판소리를 부르기 전에 광대는 먼저 목을 푼다고 하며 〈단가〉를 부른다. 〈단가〉는 서사 양식의 긴 이야기가 아닌 서정양식이나 교술양식의 짤막한 시가인데, 이를 먼저 부름으로써 광대 자신의 건강상태를 점검하고 고수와 호흡을 조절하며 청중의 분위기나 수준을 포착한다. 청중의 수준은 청중의 추임새를 들으면 안다고 한다. 추임새가 터져야 될 마디에서 일시에 터지면 판소리를 잘 아는 청중이 모인 것이고, 추임새가 산발적으로 아무 데서나 터지든가 전혀 터지지 않고 조용하든가 잡담이 있으면 판소리를 잘 모르는 사람들이 모였거나 소리가 청중에게 잘 전달되지 않음을 말해 준다. 청중의 호응이 없거나 분위기가 산만하면 광대는 의욕을 상실하고 무성의하게 부르게 되며, 청중의 수준이 높아 추임새가 터져야 할 마디에서 제대로 터지면서 흥을 돋우면 광대 역시 긴장하여 열심히 부르게 된다. 또한 청중의 성격에 따라 즉흥적으로 가미되는 재담의 종류도 달라진다. 조선시대에는 양반들이 모인 자리냐, 아니면 평민들이 모인 자리냐에 따라 삽입되는 재담이 많은 차이를 보였다. 그러나 오늘날에는 판소리가 방송국에서 전파를 타고 온 국민을 상대로 하기에 이 같은 청중에 따른 변이를 찾기 어렵다.

3) 판소리의 형성과 전개

판소리 작품이 전하는 가장 오래된 자료는 1754년에 유진한柳振漢이 쓴 만화본晩華本《춘향가》다. 그러나 판소리는 호남지역의 무속을 배경으로 해서 생겨난 예술로, 한국의 무속서사시인 서사무가의 서술원리와 구연방식을 빌려다가 흥미 있는 설화 자료를 각색해서 무속제전이 아닌 세속의 시정市井에서 시정인을 상대로 노래하면서 시작되었다. 호남지역의 세습무 가운데 여무女巫를 '미지', 남무男巫를 '산이'라고 하는 집단이 있었는데, 이 집단에서는 여무가 굿을 담당하고 남무는 여무를 도와 여러 가지 잡일을 했으며 소득의 분배도 여무 중심으로 이루어졌다고 한다. 그런데 남무가 굿에 참여하고 그 몫으로 돈을 받는 경우란 신의 노정기路程記 등과 같은 노래를 할 때뿐이었는데, 노래를 잘하는 남무는 힘든 일을 하지 않고도 높은 대우를 받았다고 한다. 따라서 신분이 무당으로 세습되는 이들은 남자로 태어나면 노래를 잘하는 것이 잘살 수 있는 길이라고 생각해 노래공부를 열심히 했다. 이런 과정에서 이들 세습무 집안에서 창우倡優들이 많이 나왔고, 창우집단에서 판소리 명창이 많이 배출되었다.

이러한 호남지역의 무속적 특징은 무속인들이 조선 후기 사회변화에 적응해 가면서 판소리의 발생을 자극했다. 조선왕조가 건국되고 사대부들이 정사를 맡으면서 국초부터 지속적으로 무속을 탄압하는 정책을 써왔다. 그리하여 마을마다 열리던 주민 공동행사인 마을굿이 제사 형태로 바뀌어 무당이 참여하지 않고 동제洞祭가 행해지는 곳이 늘어났다. 세습무들은 질병을 치료하는 굿보다는 풍농이나 풍어를 기원하는 마을의 정기적 굿을 맡아 하면서 생계를 유지해 왔는데 마을굿이 줄어들면서 생계를 위협받게 되었다. 또한 조선 후기에 이르면서 무속의 사회적 신임은 점차 퇴색하고 상업이 발달하면서 시장을 중심으로 하는 상행위가 활발해지고 예능이 상품으로 인정되어 줄타기·땅재주 등의 곡예, 춤과 함께 소리도 여러 사람의 구경거리로 부상했다. 이에 따라 세습무가 출신 명창들이 무속이라는 제전적 속박을 떨쳐버리고 소리판으로 나서게 된 것이다. 그리고 이들의 소리가 많은 사람에게 환영을 받자 점차 직업 전문인으로서 명창이 등장하게 되었고, 양반들의 환영을 받으면서 급기야 중앙으로 진출하여 전국으로 확산되기에 이르렀다.

대체로 판소리의 초기는 숙종·영조 연간으로, 전라도 일대를 중심으로 시정에서 불리던 시기다. 만화본《춘향가》를 쓴 유진한은 충청도에 살던 양반인데 전라도 지역을 여행하다가 광대의 판소리를 구경한 뒤 이 작품을 지었다고 했다.[19] 이런 점에서 18세기 중엽에는 판소리가 이미 시정에서 널리 불리고 있었음을 알 수 있다. 그 뒤 판소리는 급격히 전국으로 확산되어 정조 연간에 이르러서는 중앙으로 진출해 상인·한량 등 서울의 중인 부호층의 애호를 받았는데, 이 시기에는 우춘대禹春大·하한담河漢潭·최선달崔先達 등의 초기 명창이 활동하였다. 특히 중인의 직품을 가지고 있거나 상인의 신분으로 있으면서 경제적으로 여유로웠던 서울의 중간층이 판소리를

19 김동욱,《춘향전 연구》(서울: 연세대학교출판부, 1965), 165~66쪽.

애호했다. 그 후 권삼득權三得·송흥록宋興祿·염계달廉季達·모흥갑牟興甲·고수관高壽寬·신만엽申萬葉·황해천黃海天·방만춘方萬春 등 이른바 전前 팔명창이 활약하던 순조시대에 이른다. 이 시기는 판소리의 융성기로서 양반들의 사랑을 받으면서 전국으로 확산되었고, 작품도 〈춘향가〉〈심청가〉〈흥보가〉〈수궁가〉〈적벽가〉 등 많은 창본이 나타났다. 그 후 헌종대와 철종대를 지나 고종대에 이르면 집권자인 대원군이 판소리를 좋아해서 많은 명창이 배출되었다. 이 시기가 판소리의 전성기인 후後 팔명창 시대다. 박유전朴裕全·박만순朴萬順·이날치李捺致·김세종金世宗·정창업丁昌業·송우룡宋雨龍·정춘풍鄭春風·장자백張子伯 등이 이 시기의 대표적인 명창이다. 오늘날 판소리 자료는 대부분 이 시기의 산물이다. 이때에는 판소리의 이론가이며 후원자인 신재효가 활동한 시기이기도 하다.

신재효는 그때까지 전승된 〈춘향가〉〈심청가〉〈박타령〉〈토별가〉〈적벽가〉〈변강쇠가〉 등 판소리 여섯 마당의 사설을 정리했으며, 잘못 쓰인 문자를 바로잡고 비합리적인 부분과 비속한 표현을 합리적이고 전아典雅한 표현으로 고쳤다. 이러한 신재효의 판소리 사설 정리작업의 공과功過를 두고 찬반 양론이 맞서 있다. 찬양하는 학자들은 신재효가 판소리의 문학성을 높이는 방향으로 사설을 다듬었다는 것이고,[20] 부정적인 평가를 하는 학자들은 판소리의 생명인 평민의 생기 넘치는 언어를 양반 취향으로 바꿈으로써 발랄성과 생동감을 거세했다는 것이다.[21] 그러나 신재효가 양반 취향 일변도로 개작한 것은 아니다. 신재효의 개작 사설은 나름대로 광대와 청중의 환

20 강한영, 〈신재효의 판소리사설 연구〉,《신재효판소리 전집》(서울: 연세대 인문과학연구소, 1969).
21 김흥규, 〈신재효 개작 춘향가의 판소리사적 위치〉,《한국학보》10(서울: 일지사, 1978).

영을 받은 덕분에 후대로 계승될 수 있었을 것이다. 따라서 공로는 공로내로, 잘못은 잘못대로 각기 인정하는 것이 신재효에 대한 올바른 평가가 되리라고 본다.

고종대를 지나 일제강점기에 이르자 판소리는 위축되어 확대해 가던 작품의 종류가 줄어들고 연행 기회도 적어진다. 서울의 극장에서 창극화되어 연극으로 공연되는 등 구연형태에도 변화가 나타났다. 또한 전통 판소리는 신파극·연극·영화 등 현대 공연물에 밀려 점차 쇠퇴해 갔다. 현재까지 악곡과 사설이 완전하게 전승되는 자료는 〈춘향가〉〈흥보가〉〈심청가〉〈수궁가〉〈적벽가〉 등 다섯 마당이다.

4) 판소리의 작품세계

판소리 작품세계의 특징을 극명하게 보여주는 예가 〈적벽가〉다. 〈적벽가〉는 중국소설 《삼국지연의三國志演義》 중 적벽대전赤壁大戰 부분을 각색한 것인데, 《삼국지연의》와 〈적벽가〉가 어떻게 같고 다른가를 검토하면 바로 판소리에서 추구하는 주제의식이나 미학적 특징을 알아낼 수 있다. 〈적벽가〉에는 《삼국지연의》에 없는 삽화와 가요가 삽입되어 있는데, 이들이 삽입되어 이루어진 〈적벽가〉는 《삼국지연의》와는 전혀 다른 의미를 드러내고 있다. 주요한 삽입 가요는 〈병사자탄사설〉〈병사점고사설〉〈새타령〉〈장승타령〉 등이다. 그 중에서도 판소리의 미학적 특징을 극명하게 드러내주는 것이 바로 〈병사자탄사설〉이다. 〈병사자탄사설〉은 조조의 병사들이 적벽대전을 앞두고 술에 취해 자신들의 기구한 운명을 한탄하는 내용이다. 첫 번째 등장한 병사가 부모를 그리워하는 사설을 하면 다음 병사가 자식을 그리워하는 사설을 늘어놓고, 다시 다음 병사가 등장해 나이 서른이 되도록 남의 집 머슴살이로 고생하다가 아름답고 착한 처녀를 만나 혼례를 이룬 첫날밤에 신부와 동침도 하기 전에 군졸에게 끌려나와서 지금까지 소식 한 번 전하지 못한 사연을 내어놓는다. 이러한 〈병사자탄사설〉은 《삼국지연의》에 전혀 등장하지 않는 내용으로서 판소리의 세계가 서민들의 의식을 대변하고 있음을 말해 준다. 《삼국지연의》는 국가의 흥망과 영웅호걸의 국가창업 과정을 그린 장편소설이다. 조조는 위나라를 건국한 영웅이자 군주로서 《삼국지연의》의 주요 인물이다. 적벽대전 때 조조는 100만의 병사를 거느리고 손권의 오나라를 공격했다. 이처럼 영웅의 창업전쟁을 다룬 서사문학에서는 병사 개인의 서러운 사연은 서술할 틈이 없다. 병사들 개인의 존재는 몇천, 몇만, 또는 몇십만이라는 병력의 규모를 나타내는 말 속에 함몰되어 있을 뿐이다. 그런데 〈적벽가〉에서는 바로 몇만 분의 1로 함몰된 병사의 존재를 개별적으로 부상시켜 조조와 대등한 비중으로 그들의 사연을 만들어내고 있는 것이다. 바로 이런 면이 판소리가 조조와 같은 지배층의 삶을 다룬 문학이 아니고 병졸과 같은 서민들의 애환을 다룬 문학임을 말해 준다.

판소리 작품으로 가장 널리 불리던 〈춘향가〉는 전라도 남원을 배경으로 퇴기 월매의 딸 춘향의 사랑과 결연을 이야기한 것이다. 춘향은 기생의 딸로 태어나 사회로부터 독자적인 인격체로 대우받지 못하고 기생 취급을 당하곤 했다. 그러나 춘향은 사대부가의 처자와 같은 자존심과 자신의 배우자는 자기가 결정한다는 주체적인 사고를 가진 인물이었다. 그래서 이도령에게도 혼약한 뒤 허신하고, 변학도의 수청을 완강히 거절하였다. 이 같은 춘향의 행위는 주체적이고 자율적인 성숙한 서민 여성의 모습을 보여준 것으로 해석된다. 〈춘향가〉에 등장하는 이도령은 문벌이 좋은 양반의 신분으로 설정되어 있으나, 인물의 성격은 소탈하고 장난기가 많은 서민적 인물로 형상화되어 있다. 또한 적대적 인물인 변학도를 풍류남아로 설명하고 있으나, 실제 형상화된 인물은 인정도 없고 풍류도 모르면서 권력의 횡포만 일삼는 표독한 관료로 되어 있다. 이러한 등장인물의 성격은 초기 판소리의 향유층이 서민이었기에 긍정적 인물은 서민에게 친숙한 인간형으로, 부정적 인물은 서민이 증오하는 인물형으로 형상화한 데서 비롯된 것이다.

〈흥보가〉는 가난하지만 착하고 정직한 인물인 흥부가 제비의 도움으로 부자가 된다는 이야기다. 작품에서 흥부는 양반 행세를 하려고 애쓰는 인물로 나타날 뿐 실제 신분은 가난한 품팔이꾼으로 설정되어 있다. 흥부의 양반 행세는 궁핍한 사람에게 어울리지 않는 의식으로서 반어적 의미를 가진다. 흥부의 상대역 놀부는 욕심 많은 인물로서 부를 축적하고, 그 부를 지키기 위해 수단과 방법을 가리지 않는 인물로 설정되어 있다. 〈흥보가〉는 가진 자와 없는 자의 대립을 통해 인간의 기본적 생존문제를 다룬 작품이다. 굶주림 앞에서 예의나 염치가 얼마나 거추장스러운 삶의 방해물인가를 보여주고, 궁핍한 삶과 풍요로운 삶을 대비해 보여줌으로써 삶의 조건으로서 물질적 부가 얼마나 절실한 것인가를 말해 준다.

〈심청가〉의 주인공 심청 역시 자신의 생존조차 해결하지 못하는 가난한 맹인을 아버지로 둔 서민의 딸로 나타난다. 심청의 근본이 양반으로 설정되어 있는 것은 나중에 중국의 왕후가 되는 인물이기에 신분의 변화를 용인하지 않던 조선시대의 사회관행을 의식한 설정일 뿐이다. 〈심청가〉는 삶의 결핍요소로서 육체적 불구를 문제 삼은 작품이다. 눈먼 사람의 고통과 염원, 그리고 부모와 자식 사이의 베풂과 보상의 문제가 심봉사와 심청의 부녀 이야기를 통해 제기되고 있다. 심청은 아버지의 눈을 고치기 위해 장사하는 사람에게 해신海神의 제물로 팔려간다. 심청은 젊고 아름답고 총명한 인물이며, 심봉사는 눈이 안 보이는 늙고 무능한 인물이다. 부모에 대한 효를 모르면 심청의 죽음은 쓸모 있는 인물이 허황된 부처의 신통력을 믿는 무능한 인물 때문에 희생됨을 의미한다. 심청의 희생행위는 부모에 대한 자식의 효를 절대적 가치로 인정하던 조선시대 유교적 윤리의 산물이다. 그러나 심청은 죽지 않고 살아나서 영귀榮貴하게 된다. 심청의 희생과 이에 대한 보상은 고통 속에서 어려운 삶을 살고 있는 서민들의 꿈이 투영된 것이다. 이처럼 판소리는 조선 후기 서민의 일상적 삶의 세계를 통해 서민의 슬픔과 기쁨, 그리고 현실적 고통과 낭만적인 이상을 담아내고 있다.

6. 민속극

1) 한국 민속극의 자료 개관

민속극은 민간에서 행위로 전승되는 연극으로서 무극巫劇·가면극假面劇·인형극人形劇, 세 가지가 있다. 본디 한국에는 전통적으로 창작극이 없었다. 창작극은 극작가가 쓴 각본을 가지고 배우가 배역을 맡아 연습해서 공연하는 연극을 말하는데, 개화기 이전까지 한국에는 극본을 짓거나 각색하는 극작가가 없었다. 그 이유는 작품을 짓는 일은 글을 잘 아는 유식한 사람이 하는 일로서, 그 유식한 사람이란 한문을 잘하는 사대부들이 대부분이었다. 그런데 배우는 대개 천민인 데다 무식하였고, 관중도 한문 대사를 알아듣지 못했으므로 한문 극본은 쓸모가 없었다. 또한 사대부 문인이 한글로 극본을 쓸 수도 있었지만 한글로 놀이를 위한 글을 짓는다는 것은 사대부 사회에서 용인되지 않았다. 따라서 민간에서 세시풍속으로 전승되거나 떠돌이 연예인들이 마을로 다니며 연행하던 자료나 무속 굿판에서 연행되던 자료가 현재까지 전해져서 학자들이 채록해 소개한 것이 한국 전통연극의 전부였으며, 이들 자료는 모두 민속극이었다. 20세기에 들어와서 원각사 같은 극장이 세워지고 신극운동이 전개되면서 판소리를 각색한 창극과 소설 등을 각색한 신파극 따위가 공연되었다. 그러나 이러한 연극은 한국의 전통극을 계승한 것이 아니라 서구의 영향을 받은 것이었다.

한국의 무극은 굿에서 연행되는 굿놀이를 말하며, 인형극은 남사당이라는 유랑 연예집단이 연행하던 〈박첨지극〉을 말하고, 가면극은 각 지역에서 행해지던 탈놀이를 말한다. 한국의 가면극은 가면을 쓴 배우가 등장하여 춤과 노래를 섞어 독자적으로 의미 있는 사연을 표현하는 예술로서 가면의 조형예술성과 춤사위의 무용예술성이 높이 평가될 뿐만 아니라, 골계적 대사가 풍부하고 극적 갈등이 완벽하여 본격 연극으로 인정받아 많은 연구가 이루어졌다. 특히 황해도 봉산에서 전승되던 〈봉산탈춤〉과 경기도 양주에서 연행되던 〈양주별산대놀이〉, 그리고 경남 통영의 〈오광대놀이〉 등이 대표적인 한국의 가면극으로서 예술성을 높이 평가받은 작품들이다.

2) 가면극의 기원

가면극의 기원은 가면극이라는 한국의 민속극 양식이 어떻게 시작되었는가 하는 극 양식 전체의 기원을 묻는 문제와, 여러 지역의 가면극에 들어 있는 각 과정의 내용이 언제 어디에서 어떻게 극중 내용으로 자리잡게 되었는가 하는 구체적인 소재 원천과 극으로의 수용과정을 밝히는 문제로 나뉜다. 이 중에서 가면극의 각 과장의 기원을 별도로 논의한 연구보다는 극 전체의 양식이 어떻게 시작되었는가 하는 문제에 학계의 논의는 집중되었다.

〈양주별산대놀이〉와 〈봉산탈춤〉을 중심으로 고려시대부터 궁중에서 행하던 나례(儺禮)에서 시작되었다는 주장도 제기되었고,[22] 백제인 미마지(味摩之)가 오(吳)나라에서 배워다가 일본에 전했다는 기악(伎樂)에서 기원되었다는 학설도 제기되었다.[23] 그러나 나례의 행사에서는 가면극을 행했다는 기록이 발견되지 않고, 나례에서 공연된 〈처용무〉와 현재 각 지역에서 전승되는 가면극과는 춤사위·음악·가면 등에서 현격한 차이를 보이고 있다는 점에서 '나례 기원설'은 부정되었다. 또한 기악은 종교극이면서 대사가 없는 데 비해 가면극은 세속적 풍자극이고 대사가 있다는 점에서 기악과 가면극은 다른 성격의 극이라는 것이 인식되어 '기악 기원설'도 설득력을 잃었다.

가면극의 기원에 관한 가장 설득력 있는 학설은 농악굿 기원설이다. 이 학설을 주장한 조동일에 따르면,[24] 가면극은 농촌의 마을공동체 제전인 마을굿에서 시작되었다. 마을굿에는 농악대의 '잡색놀이'라고 하는 탈놀이가 있으며, 가면극의 대사 가운데는 마을 수호신으로서 남신과 여신의 역할이 나타난 예가 있다. 또한 가면극에서

---

22 김재철, 『조선연극사』(조선어문학회, 1933).

23 이혜구, 「산대극과 기악」, 『한국음악연구』(국민음악연구사, 1957).

24 조동일, 〈가면극의 희극적 갈등〉, 《국문학 연구》 5(서울: 서울대학교 국문학연구회, 1968).

남녀 결합과 아이의 출산은 농경의 풍요를 기원하는 제의적 요소로 볼 수 있다. 이런 점에서 한국의 가면극은 농촌의 마을굿에서 형성된 것임이 확실시된다.

〈하회별신굿〉은 마을굿의 일부로 행해지는 가면극인데, 이러한 가면극은 전국 도처에 산재해 있다. 그러다가 조선 후기에 이르러서 평민의 예능이 장시場市의 발전과 때를 같이하여 도시로 진출했고, 가면극도 농촌의 제전에서 분리되어 도시 가면극으로 발전했다. 도시 가면극이 발달한 지역은 경남의 낙동강 유역, 서울 주변과 서울에서 평양으로 가는 길목, 황해도 해안지역 등인데, 이들 지역은 상업이 발달해서 시장이 형성된 곳이고, 상인과 이속배吏屬輩들이 중심세력으로 부상한 지역이었다. 이런 점에서 볼 때, 마을굿에서 형성된 가면극은 도시로 진출하여 일반 사람의 구경거리인 연극예술로 발전했다고 할 수 있다.

각 지역에서 전승되는 가면극의 공통된 과장은 영노과장·미얄과장·노장과장·양반과장이다. 영노과장은 영노 또는 이시미라는 무서운 동물이 사람을 잡아먹는 모습과 이 동물을 물리치는 내용을 보여주는 것으로서 자연적 재해에 맞서서 싸우는 원시사회 인간의 모습을 담고 있다. 미얄과장에서는 영감과 미얄, 돌모리집의 갈등으로 한 남성과 두 여성 사이의 삼각관계를 보여주는데, 늙은 여성이 젊은 여성에게 패배하고 영감은 젊은 여성과 결합해 아기를 출산한다는 내용을 담고 있다. 이는 영감과 미얄이 생산을 맡은 남신과 여신이라는 점으로 보아 풍요와 다산을 기원하던 생산신 제전에서 유래했을 것이다. 노장과장은 불교가 전래된 이후 불승의 권위가 확립된 고려시대 이후에, 그리고 양반과장은 양반계층이 사회의 상층 신분으로 자리잡은 조선시대에 형성되었을 것이다.

3) 민속극의 공연 방식

가면극은 1년에 한 번씩 이른 봄부터 여름 사이 가장 큰 명절에 공연한다. 한반도 남부지역에서는 음력 정월 보름날에, 서울 이북지역에서는 오월 단오에 공연하는 것이 보통이다. 그러나 마을굿과 관련되어 공연하는 가면극은 마을에 따라 다르다. 가면극을 연기하는 배우는 마을 사람 중에서 연기수업을 받은 숙달된 사람이며, 도시 가면극의 경우에는 전문적인 연희자가 있으나 연희만을 직업으로 해 생계를 꾸려가지는 않는다. 그러나 인형극의 경우는 남사당패라는 직업적 연희집단이 공연을 하며 인형을 놀리는 산받이는 숙련된 중견 재인으로서 전문인이다.

공연장소는 관중이 많이 모여 관람하기 편리한 곳이면 어디든 좋다. 무대를 따로 가설하지 않고 마당 한가운데서 공연을 하는데, 다만 가면을 바꾸어 쓰고 옷을 갈아입는 '개복청改服廳'이라는 가건물을 공연장소 귀퉁이에 설치해 놓는다. 관중석과 무대는 특별한 구분이 없이 평면으로 되어 있는데, 봉산탈춤의 경우는 공연무대보다 높게 다락을 만들기도 한다. 다락은 관람 도중 관중에게 음식을 팔기 편리하도록 만든 관람석이다. 인형극의 무대는 인형을 놀리는 사람의 몸이 가려질 만한 크기의 책상을 흰 천으로 덮어 가려놓는 것이 전부다. 따라서 관중은 인형극 무대 뒤로 가서는 안 된다. 거기에서는 사람이 숨어 손으로 인형을 조작하는 것이 보이기 때문이다.

무대 한구석에서는 악사들이 반주를 하며, 연주자가 이 반주에 맞추어 춤을 춘다. 또한 배우와 악사들이 대화를 나누기도 한다. 배우의 대사는 고정되어 있으나 즉흥적인 부연 창작도 가능하다. 특히 극중인물이 관중을 대화 상대로 끌어들이기도 하는데, 이때 상황에 따라 대화의 내용이 달라진다.

공연시간은 해가 지면 시작해서 밤중이나 새벽까지 계속한다. 밤에 횃불을 밝히고 공연을 하는데, 횃불은 조명과 같은 효과를 내고 불빛이 비치는 각도에 따라 가면의 모습을 다채롭게 하는 구실을 한다. 인형극의 경우는 남사당패들이 유랑을 하다가 마을로 들어가는 고갯마루에 사당패의 깃발을 세운다. 마을 안에서 이를 보고 마을의 농기를 세워 들어와서 공연하라는 허락이 떨어지면 마을로 들어가서 농악놀이·줄타기·재주넘기 등 다른 예능과 함께 공연을 한다. 만약 마을에서 아무런 반응을 보이지 않으면 다른 마을로 이동할 수밖에 없다.

가면은 나무·종이·바가지 등의 재료를 이용해 손으로 만들며, 그 명칭은 양반·노장·목중·영감·할미·소무·미얄·초랭이·이매·말뚝이·취바리·영노 등 다양하다. 연희자들은 가면을 쓰는 것으로 분장이 이루어지며 고개를 숙이고 드는 각도에 따라 가면의 인상이 달라지는 점에 착안해 등장인물의 표정 변화를 연기한다. 하나의 극은 대체로 여러 과장으로 구성되어 있는데, 각 과장은 거의 독립적이어서 한 과장이 끝나면 가면을 바꾸어 쓰고 다른 배역으로 등장하기도 한다.

4) 가면극의 주요 과장과 의미

가면극은 각 지역에서 여러 종류가 전승된다. 해서지방의 〈봉산탈춤〉〈강령탈춤〉, 서울 근교의 〈양주별산대놀이〉〈송파산대〉, 경남 통영의 〈오광대놀이〉와 수영水營의 〈들놀음〉 등이다. 그러나 각 과장은 대체로 공통되는 내용이 많은데, 극적 갈등을 보여주는 주요 과장은 노장과장·양반과장·미얄과장·영노과장 등이다. 이들의 내용을 〈봉산탈춤〉을 중심으로 요약하고 다른 가면극과 비교한 후 그 의미를 검토하겠다.

〈봉산탈춤〉에서 노장과장은 제4과장이다. 제1과장은 사상좌춤으로, 상좌 넷이 등장해 영산회상곡·도드리곡·타령곡 등에 맞추어 대사 없이 춤을 춘다. 제2과장은 팔목중춤인데, 목중 여덟이 차례로 등장해 간단한 대사를 나누고 춤추다가 퇴장하는 과장으로서 극적 갈등을 대사를 통해 제시하지는 않는다. 제3과장은 사당춤인데, 사당이 거사에게 업혀서 등장해 거사와 함께 '놀량사거리'를 합창하며 노는 것으로서 의미 있는 대사가 나타나지 않는다.

제4과장에서 비로소 극적 구성을 갖춘 대사와 행위가 제시된다. 목중들이 노장의 육환장을 어깨에 메고 노장을 끌고 등장해 노장을 살펴보고 와서는 날이 흐렸다느니 숯짐을 벗어놓았다느니 대망이가 나왔다느니 하면서 딴전을 피우다가 한 목중이 비로소 노장님이라고 말한다. 노장이 쓰러지면 목중들은 노장이 죽었으니 재나 올리자고 하며 사라진다. 다음에 소무가 등장해 춤을 춘다. 노장은 소무의 춤을 보고 회생하여 소무에게 자기의 염주를 걸어주고 함께 어울려 신나게 춤을 춘다. 이때 신 장수가 등장하고, 노장은 신 장수를 불러다가 신을 사서 소무에게 준다. 신 장수가 신을 꺼낼 때 보퉁이에서 원숭이가 튀어나와 신 장수와 성행위의 몸짓을 하고 다시 소무 뒤에 가서 같은 행위를 한다. 원숭이는 신값 대신 노장의 편지를 갖다가 신 장수에게 보이고 사라진다. 신 장수가 퇴장하자 취바리가 등장하여 소무를 보더니 소무를 차지하려고 작정하고 노장과 대결한다. 처음에는 취바리가 노장에게 얻어맞고 물러나나 끝내 노

장을 물리치고 소무를 차지한다. 소무는 취바리의 아이를 낳아 '마당'이라고 이름 짓고 천자문을 가르친다.

〈양주별산대놀이〉에서도 노장과장에서 소무 한 여자를 사이에 두고 노장과 취바리가 대결해 취바리가 소무를 차지하고 소무는 취바리의 아이를 출산한다는 내용을 보여준다. 그러나 남부지역의 가면극에서는 노장과장이 나타나지 않고 그 대신 미얄과장에 해당하는 할미과장에서 영감이 본처인 늙은 할미를 버리고 젊은 첩을 맞이하며, 젊은 첩이 아이를 출산하는 내용을 보여준다. 이러한 남녀의 갈등과 결합, 그리고 아이의 출산은 농경의 풍요를 기원했던 제전적 요소로서 생산신 신화의 성격과 상통한다. 즉 늙고 힘없는 노장이 패퇴하고 젊고 힘센 취바리가 소무와 결합한다는 극의 내용은 생산력이 강한 남신과 여신의 결합을 통해 풍요를 기원하는 제의적 모습이 그대로 극의 과장으로 전이된 것으로 해석할 수 있다.[25] 남신과 여신의 결합을 주제로 한 과장은 본디 미얄과장이다. 노장과장은 불교가 전래된 뒤로 생산신의 성격이 천신天神에서 부처나 승려로 바뀌면서 형성된 것이다. 한편 남부지역 가면극에서 보여주는 영감과 젊은 첩의 결합과 아이의 출산은 남신과 여신의 결합이라는 점에서는 같지만 생산의 주체가 여성이라는 점에서 차이를 보인다. 남성이 늙은 여성을 버리고 젊은 여성을 선택한다는 것은 여성이 생산을 주도한다는 사고의 반영이기 때문이다.

양반과장은 〈봉산탈춤〉의 여섯 번째 과장으로서 제5과장 '사자춤' 다음에 이어진다. 양반과장에서는 양반인 이생원네 삼 형제가 등장해서 하인인 말뚝이에게 조롱당하는 모습을 보여준다. 말뚝이

---

25 조동일,《탈춤의 역사와 원리》(서울: 홍성사, 1979) 참조.

는 양반과 대화를 하면서 욕부터 해놓고 양반들이 채근하면 말을 바꾸어 둘러대는 방식으로 양반을 놀린다. 〈양주별산대놀이〉에서는 샌님과 말뚝이가 등장하여 말뚝이가 양반을 조롱하다가 벌을 받으나 뇌물을 주어 혈장歇杖하도록 하는 등 양반의 비리를 폭로하기도 한다. 남부지역 가면극에서도 양반들이 등장하여 하인에게 망신당하는 내용을 보여준다. 이처럼 양반과장은 지배층이 평민한테 풍자당하는 내용으로, 피지배층인 평민이 가면극을 만들고 향유했음을 말해 준다. 양반의 허위와 가식, 그리고 삶에 도움이 안 되는 어려운 문자를 쓰는 관행과 거드름을 피우는 행위 등을 평민의 관점에서 풍자하는 것이다.

미얄과장은 〈봉산탈춤〉의 마지막 과장으로, 미얄이 난리통에 헤어진 영감을 찾아 헤매다가 서로 만나 정회를 나누는 것으로 시작된다. 그러나 영감에게는 이미 '돌머리집'이라는 젊은 첩이 있어 첩과 미얄은 싸움을 하게 되고 영감의 재산을 나누는 지경에 이르는데, 영감이 돌머리집 편을 들자 미얄은 분을 못 이기어 죽고 남강노인이 등장하여 무당을 불러 미얄의 넋을 위로하는 굿을 해주는 것으로 전개된다. 미얄과장은 노장과장과 달리 한 남성과 두 여성이 벌이는 삼각관계에서 젊은 여성이 승리한다는 내용이다. 이 과장은 본래 생산신인 지모신地母神의 생산력을 갱신하는 신화적 내용을 극으로 전이한 부분이다. 미얄은 동해안 별신굿에 등장하는 골매기 할머니와 같은 여성신이면서 생산신이다. 그러나 늙어서 생산력이 감퇴하자 젊은 여성과 다투다가 패해 죽게 된다. 미얄의 죽음은 새로운 생산신을 맞이하기 위한 낡은 생산신의 죽음을 의미하며, 1년을 주기로 지모신의 갱신이 이루어지던 농경사회의 생산신 제전에서 유래한 것이다.

이처럼 가면극의 주요 내용은 농촌사회의 생산신에 대한 제전에서 극으로 전이된 것이고, 평민의 관점에서 양반을 풍자한 내용을 담고 있다. 각 과장은 대체로 독립되어 있고 극적 갈등은 대사보다는 춤을 통해 더욱 역동적으로 표출된다. 그러나 모든 갈등은 과장별로 모두 해소되고 새로운 삶의 출발로 마무리된다. 이처럼 가면극의 각 과장은 형성시기나 드러내려는 의미가 일치하지 않는다. 그러나 가면극은 전통 계급사회에서 피지배층이면서 일차 생산직에 종사했던 평민층의 억압된 심리를 해소하고 활력을 불어넣는 기능을 가졌던 것으로 해석할 수 있다.

7. 구비문학에 반영된 향유층의 의식세계

한국의 구비문학 유산은 매우 풍부하다. 구비문학이 풍부하다는 것은 그만큼 한민족의 역사가 오래되었으며, 농업이나 어업 등 일차 생산활동에 종사하는 공동체적 삶의 현장이 많다는 의미일 것이다. 이런 점에서 한국의 구비문학은 민족문학의 성격과 아울러 민중문학의 성격을 가진다.

구비문학은 지식층의 문학이 아니다. 조선시대까지는 국가의 공용문자로 한자를 사용했다. 한문학이 지식계층의 문학이라면 구비문학은 한자를 배우지 못한 서민대중의 문학이다. 한자로부터 소외된 대다수 국민은 농업이나 어업 등 일차 생산활동에 종사하면서 구비문학으로 자신의 문학적 욕구를 충족했다. 그래서 민요나 설화에는 먹고 입고 사는 일상적 삶을 중시하는 내용이 많이 나타난다.

농사는 식품이나 의류를 생산하는 노동이다. 〈모심기노래〉나 〈논매기노래〉처럼 일하는 현장에서 부르는 노동요에서는 일의 보람과 재미가 함께 나타나고, 장례의식에서 부르는 〈상여소리〉는 맛있는 음식을 먹지 못하고 비단옷을 입지 못한 한을 노래한다. 부녀들이 길쌈을 하면서 불렀다는 〈시집살이노래〉에는 시부모나 시누이 등에게 들볶이면서 고통스럽게 사는 며느리의 삶이 담겨 있다. 또한 많은 민요가 음식·의복·주거 등 먹고 입고 사는 일상생활의 모습을 제재로 삼고 있다.

민담의 주인공은 흔히 게으르면서 밥을 많이 먹는다고 아버지에게 쫓겨나는 인물이다. 그러나 그는 우연히 행운을 만나 돈을 벌고 아름다운 여인과 결혼도 해서 집으로 돌아온다. 〈게으른 아들의 새끼 서발〉〈구복여행〉 등의 유형이 여기에 해당하는데, 이러한 이야기의 주제는 치부와 결혼으로 요약된다. 부富는 삶의 질을 높이는 물질적 수단이며, 결혼은 자손을 두어 생명을 이어간다는 점에서 삶의 양을 확장하는 방법이다. 결국 구비문학을 향유한 민중들은 좋은 집에서 잘 먹고 잘 입고 대대로 오래 사는 삶을 추구했다고 할 수 있다.

그러나 판소리나 가면극 또는 무당의 굿놀이처럼 전문 연예인이 전승하는 구비문학에서는 먹고 입고 사는 일상생활보다 양반의 횡포에 대한 비판과 풍자가 많이 나타난다. 체면치레에 힘쓰는 양반의 점잖은 체모를 비웃고, 실제 생활에 별로 도움이 되지 못하는 양반들의 허위와 가식을 조롱하기도 한다. 동해안의 〈거리굿〉에서는 사대부들이 가장 중시하는 관례冠禮를 희화戱化하여 연행하고, 사대부들의 출세관문인 과거제도 역시 서민적 시각에서 골계적으로 풍자한다. 가면극의 양반과장에서는 말뚝이라는 하인이 양반 삼 형제를 조롱한다. 특히 말뚝이가 양반에게 퍼붓는 욕설은 관중은 모두 알고 있으나 양반 자신은 모르고 있다는 점에서 관중과 배우가 한 편이 되어 양반계급을 농락하는 것이라 할 수 있다.

구비문학에는 현세중심적 사고가 두드러지게 나타난다. 구비문학의 담당층은 대체로 무속신앙과 친숙한 사람들이다. 무속은 내세보다 현세의 복된 삶을 추구하는 신앙으로서, 특히 오늘날의 무속신앙은 가족의 안녕과 번영을 기원하는 기복신앙적 성격이 강하다. 그래서 구비문학에는 현세에 좋은 집에서 넉넉하게 살려는 욕구가 강하게 나타나 있다. 현세적 삶을 중시하는 사고는 삶의 현실이 힘들고 고통스러운 만큼 더 한층 강렬했던 것으로 해석할 수 있다. 굶주리고 헐벗으면서 부패한 관료에게 부당하게 빼앗기고 들볶이는 생활을 했던 사람들은 그만큼 절실하게 풍족한 생활과 인격적 대우를 갈망했을 것이다. 그래서 배부르게 먹고 편히 살 수 있는 삶을 위해 온갖 노력을 기울였다고 생각한다.

한편 현실에서의 고통을 도피하는 수단으로 도선적道仙的 신비주의에 빠져들기도 했다. 한국 설화에서 큰 비중을 차지하는 명풍설화나 명복설화 그리고 이인담 작품의 대부분은 비현실적인 도선적 신비주의로 채색되어 있다. 한 국가의 흥망 여부가 풍수론에 따른 도읍지의 선정에 달려 있다든지, 한 가정의 번영과 쇠락이 집터를 어디에 어떻게 잡느냐로 결정된다는 이야기에서 그러한 측면을 엿볼 수 있다. 고려 국조의 이야기들을 비롯해서 조선 건국설화, 그리고 도선·박상의·남사고南師古 등이 등장하는 수많은 명풍설화에서도 역시 이러한 모습을 찾을 수 있다.

판소리 작품에서도 도선적 신비주의는 큰 비중을 차지한다. 〈심청가〉에서 인당수에 빠지기 전까지 심청의 삶은 매우 현실적으로 형상화되어 있다. 그러나 심청이 인당수에 빠진 이후 중국의 왕후가 되어 심봉사와 재회하기까지의 과정은 비현실적인 도선적 신비주의로 채색되어 있다. 심청의 용궁생활은 물론이고 왕후가 되는 과정 역시 심청의 인간적 노력은 배제된 채 옥황상제나 용왕 등 도교적 신들의 도움으로 진행된다. 〈흥보가〉에서도 흥부의 가난한 삶의 모습은 현실적이지만 흥부가 가난을 극복하고 부자가 되는 과정은 비현실적인 신비주의의 산물이다. 흥부는 자신의 능력으로 가난을 해결하지 못하고 제비왕의 도움을 받아 부자가 된다. 여기서도 초월적 존재에 의존하는 서민의 의식을 찾을 수 있다.

이처럼 고통스러운 현실의 묘사는 현실에서의 서민의 삶을 형상화하고, 부귀를 얻고 출세하는 과정은 신의 힘에 의존하는 비현실적 타개의 성격을 보여준다. 그러나 신이라고 해서 누구나 도와주는 것이 아니라 고통 속에서도 착한 마음을 잃지 않는 인물만을 도와준다. 여기에서 우리는 서민의 소박한 삶의 자세, 어려운 여건에서도 착한 심성을 잃지 않고 견디면 언젠가는 반드시 행복한 삶이 도래한다는 낙천적이고 희망적인 사고를 발견할 수 있다. 인간을 존중하고 신뢰하는 이러한 사고는 심은 대로 거두고 노력한 만큼 수확하는 농경을 주로 하는 서민의 생활 속에서 싹튼 것이라고 본다.

■ 참고문헌

김동욱,《춘향전 연구》, 서울: 연세대학교출판부, 1965.

박경수, 서대석,〈한국 민요, 무가유형 분류집〉,《한국구비문학대계》별책부록 (3), 성남: 한국정신문화연구원, 1992.

서대석,《한국 신화의 연구》, 집문당, 2001.

_____,《무가문학의 세계》, 서울: 집문당, 2011.

성기열,《한일민담의 비교연구》, 서울: 일조각, 1979.

손진태,《조선민족설화의 연구》, 서울: 을유문화사, 1947.

장덕순 외,《구비문학 개설》, 서울: 일조각, 1971.

조동일,《탈춤의 역사와 원리》, 서울: 홍성사, 1979.

조동일 외,〈한국설화유형 분류집〉,《한국구비문학대계》별책부록(1), 성남: 한국정신문화연구원, 1989.

조희웅,《한국설화의 유형적 연구》, 서울: 한국연구원, 1983.

한국정신문화연구원,《한국구비문학대계》전82권, 성남: 한국정신문화연구원, 1980~1988.

3부 · 한문학

이혜순

1. 서론

한문학이란 우리나라의 문사들이 한자를 매체로 쓴 문학작품을 총괄해 부르는 것이다. 한자를 사용하는 문학활동은 현재에도 일부 문사들에 의해 이루어지고 있으나, 여기에서는 일단 시대적으로 한자로 작품을 산출한 삼국시대부터 공용어로서의 한자의 위치가 실제로 한글로 넘어간 1919년 상해 임시정부가 설치된 시기까지를 대상으로 한다. 한문학은 대체로 우리나라에서 지어진 것이 주가 되나, 일제 강점 이후 해외 망명생활 중 저술된 작품들도 포함한다.

한자가 우리 한반도에 전래된 시기는 확실하지 않으나 대체로 삼국 정립 이전이었을 것으로 보인다. 기자동래설箕子東來說은 믿기 어렵지만, 중국 내 정치판도의 변화에 따른 지식인들의 이주는 빈번했을 것이며, 이와 함께 한자도 전래되었을 것이다. 우리나라가 한자 유입 이전에 이미 고유문자가 있어 사용되었는지는 확실하지 않다. 그러나 한문화권漢文化圈 내의 국제관계 속에 들어간 삼국시대부터 한자의 사용이 본격화된 것은 한자가 바로 이 국제사회에의 진입을 가능하게 한 요인임을 말해 준다.

그렇기 때문에 한자의 사용은 한문화권 내의 어느 나라에 종속되는 것을 의미하지 않을 뿐 아니라 오히려 우리의 국가적·문화적 역량과 위치를 보여주는 역할을 담당했음에 주목해야 한다. 삼국시대에는 국사를 기록하고 영토를 확장시킨 국가의 위엄을 알리는 데 한자의 공용적 역할이 두드러졌으며, 한문화권 내에 정치적 대립이 끝나고 신라·발해·당唐·일본 간에 사신의 교류가 활발해지면서 한자는 공식적인 필요에서뿐만 아니라 사사로운 자리에서 시를 창화唱和하는 필수적인 도구가 되었고, 이를 통해 신라·발해의 문인들은 문화적 역량을 과시하면서 문명세계에 함께 속한 긍지를 갖게 되었다.

더욱 중요한 것은 이 한문학 작품들이 어떤 면에서는 국문학 작품보다 우리 민족의 삶과 체험을 한층 절실히 표현했다는 점이다. 이것은 한글 창제 이전은 물론이고, 그 이후에도 시·소설·교술 등의 갈래를 통해 시대상황을 예리하게 재현하고, 비판하고, 미래를 향한 새로운 비전을 제시한 데서 드러난다. 더욱이 한문학은 공동문어共同 文語를 사용했으면서도 중국 또는 일본 한문학과 다른 독자적인 민족문화적 특성을 지속적으로 보여주고 있다는 점을 중시할 필요가 있다. 서거정徐居正이 《동문선東文選》 서문에서 언급한 것처럼 한문학은 중국의 역대 문학과 어깨를 나란히 하는 독창성을 갖고 있는 것이다.

그런데 한문학은 발생 초기부터 상층의 문학으로 자리잡음으로써 우리 고유 문학을 기층基層으로 몰아넣는 역기능을 했다는 비판을 받기도 했다. 그러나 세밀히 살펴보면 이 두 문학은 상호 유리되어 독자적으로 전개한 것이 아니라 때로 상충하고 때로 서로 밀접한 관계를 맺으면서 문학사를 형성했다. 사대부들이 민요를 받아들여 하층의 정서를 표출하거나 한시와 국문시가 양 방면의 창작을 겸하기도 했고, 심한 경우에는 한문학의 규범을 무시하고 고유 문학과의 접합을 시도하기도 했다. 한문학에 대한 올바른 인식 없이 고유 문학을 상정할 수 없고, 반대로 고유 문학을 무시하고 한문학에 대한 진정한 이해에 도달할 수 없는 이유가 바로 여기에 있다.

한문학의 갈래는 대략 어떤 일이나 사물에 대하여 논하는 글, 정치적인 글, 시문의 저작 배경이나 의도, 그 밖의 어떤 사건에 대한 개인적인 견해를 나타낸 글, 의례에 필요한 글, 사람의 일생을 서술하고 평가하는 글, 다른 사람에게 주는 글, 타인 또는 자신을 경계하는 글, 운문학 등으로 정리할 수 있다. 서거정은 《동문선》을 편찬하면서 문장을 48종으로 분류하여 중세 한문학의 갈래체계를 수립했다. 이처럼 한문학에는 정치문서나 의례적인 갈래가 큰 비중을 차지하고 있으나, 이들은 공식적인 기능을 갖고 있으면서도 표현기교가 문학적 형상화에 가깝고 미의식 또한 범상하지 않으며, 동시에 각 시대의 보편적인 문풍과 무관하지 않다는 점을 간과해서는 안 될 것이다. 한문학에서는 교술 갈래가 큰 역할을 하고 희곡 갈래는 나타나지 않았다.

중세의 한문학은 《동문선》의 갈래체계로 규범이 확립되었으나, 이후 소설·몽유록夢遊錄·야담野談 등 새로운 경험을 표현하는 유형들이 나타남으로써 중세에서 근대로 넘어가는 이행기 한문학의 시대에 따른 변모를 보여준다. 이 시기에 오면 기記 작품처럼 개성적이면서 자세한 관찰을 요구하는 글, 전傳 작품처럼 허구가 개입되어 서사가 확대될 수 있는 글이 많이 나타나기 때문에, 그 이전과는 달리 정치적이거나 의례적인 글들에 대한 후대의 문학적 관심은 그다지 나타나지 않는다.

한문학의 자료는 대체로 개인의 저술집이나 시문선집이 중심이 되므로 양적으로 상당할 뿐 아니라 아직도 미발굴되거나 연구되지 않은 문집이 많아, 앞으로 규명해야 할 작자와 작품들이 상존해 있다. 그간 한문학 연구는 시·소설뿐만 아니라 전·기문·논설·제문·애사哀辭 등과 같은 전통 산문, 도·불교 관련 기도문과 같은 의례적인 문장, 산수 유람을 적은 유기遊記에 이르기까지 광범위하게 이루어졌다. 연구 주제도 작자, 시문학 작품과 함께 경학·우정론·독서론·문학지리·지역 한문학 등으로 확대되었다. 최근에는 과거 한·중·일 삼국 간에 있었던 문화적 교류에 관한 기록들을 새로이 발굴하고 이들을 동아시아적 시각에서 접근하는 연구성과가 풍성하게 산출되고 있다.

여기에서는 일단 시와 산문을 중심으로 이들을 사적으로 고찰한다. 시는 편의상 서정한시와 서사한시로 나누어 서술하고, 산문에서는 가전·몽유록·여행록·비평 등 비교적 연구가 많이 이루어진 몇 갈래만을 대상으로 한다. 한문학은 본질적으로 한문에 익숙한 남성 지식인들의 전유물이었으나 여성들 중에도 시와 산문으로 자신의 문학적 역량을 발휘한 작자들이 있어 이를 독립 항목으로 기술한다. 동시에 한문학은 고전문학이므로 현대문학이 시작되는 개화기에 지속적으로 나타난 한문학 역시 별도의 항목을 설정해 다룬다.

2. 한시의 시대별 전개와 특성

1) 서정한시

(1) 삼국, 통일신라기

현존하는 가장 오래된 작품으로 고구려 을지문덕이 수나라 장군 우중문于仲文에게 준 시, 신라 진덕여왕의 〈태평송太平頌〉,《삼국유사》

에 실려 있는 불교적이거나 주술적인 시들을 거론할 수 있다. 이로 보면 이 시기의 한시는 종교·정치·외교 등 공식적 기능에 더욱 기울어진 것으로 보인다.

개인의 서정을 표출한 한시는 신라가 삼국을 통일한 7세기 말엽 이후에 나타난 것으로 보이는데, 현존하는 자료로는《왕오천축국전往五天竺國傳》에 남아 있는 혜초慧超의 시들, 김지장金地藏이 당의 구화산에 머무를 때 쓴 시와 같이 모두 8세기에 당에 유학한 승려들이 외국에서 지은 것이다. 그 밖의 작품들 역시 9, 10세기 도당했던 문인들이 지었거나, 적어도 당과 밀접한 교섭하에 이루어졌다는 특징을 보여준다.

신라는 신분제가 엄격한 골품제 사회였기 때문에 아찬阿湌의 벼슬까지밖에는 가능하지 않았던 육두품六頭品 지식인들이 탈출구로 선택한 곳이 당나라였다. 이들은 당시 당에서 주변 국가를 무마하기 위해 설치했던 빈공과賓貢科에 합격해서 그들의 문학적 재능을 발휘했다. 당나라가 멸망할 때까지 빈공과 합격자는 58인이었고, 오대五代 기간 중 또 32인이 있었다는 기록으로 보아 빈공과에 대한 그들의 관심은 지대했던 것으로 보인다. 그러나 빈공과 합격자는 당의 합격자와는 구분되어 같은 열에 낄 수 없었으며, 제수받은 관직도 보잘것없는 것이거나 그것마저 없이 그대로 귀국시키는 경우도 있어, 정치적으로 큰 의미를 갖는 것은 아니었다. 따라서 빈공과의 의의는 문화교류의 차원에서 이해되어야 한다.

이처럼 당에 유학한 문인들이 한 시대의 문학을 주도했다는 것은 그 시기의 문학이 그들이 수학하면서 접한 당의 문풍과 무관하지 않다는 것으로, 최치원崔致遠·최광유崔匡裕·최승우崔承祐·박인범朴仁範 등 현재 작품이 남아 있는 빈공과 급제자들이 당시 유미적인 만당

晩唐풍을 익힌 것으로 보고, 따라서 신라 말기의 문학은 만당풍이 성행한 것으로 간주하는 것이 일반적인 견해다. 그러나 실제로 그들의 시는 이국에서 느끼는 외로움, 과거 급제를 위한 고통, 빈곤, 당의 현실에 대한 인식, 귀국 후 신라에서 받은 소외감 등 그들이 처했던 현실문제를 평이한 시어로 절실하게 형상화하고 있어 조탁과 윤색, 미려한 시구가 특색인 만당시와는 상당한 거리감을 느끼게 한다.

당나라에 유학한 문인들 중에는 신라뿐 아니라 발해 사람들도 상당수 있었다. 당시 빈공과 응시자 중 신라인에게 팽팽한 대결의식을 가진 유일한 문인들이 발해 문사들이었기 때문에 그들의 작품 수준 또한 상당했을 것으로 보인다. 그러나 현존하는 발해인의 작품은 일본과 중국 측 문헌에 실려 있는 단편적인 자료뿐이어서 신라와 발해라는 남북국 간의 문풍의 차이를 구분하기가 쉽지 않다.

(2) 고려 전기

고려의 문학은 통일신라 때 이룩한 수준 높은 한문학 전통 위에서 출발했고, 더욱이 제4대 광종 때부터 과거제도가 시행됨에 따라 고려시대 전반에 걸쳐 한문학은 크게 발전한다. 과거가 시행된 초기에는 시부송詩賦頌과 시무책時務策이 시험과목으로 부과되었으나 점차 시부송 위주로 바뀌었고, 분야도 창작 위주의 제술업製述業, 경서 내용을 시험하는 명경明經, 의사·율사 등을 뽑는 잡과雜科 가운데 후대로 갈수록 제술 위주로 선비를 뽑았기 때문에 과거제도의 설치는 고려의 한시 발전에 큰 몫을 한 셈이다.

그러나 광종에게 과거제도 시행을 건의하고 처음 3회 동안 지공거知貢擧를 맡아 급제자를 뽑은 귀화한인歸化漢人인 쌍기雙冀는 당시의 시풍을 화미한 방향으로 나아가게 한 중요한 역할을 한다. 그는 유미적인 문풍으로 이름난 후주後周의 문인으로, "오직 가볍고 화려한 문학을 중시하여 큰 폐단을 남겼다."는 후대의 비판을 받고 있다. 쌍기 이외에 열한 번의 지공거를 맡았던 왕융王融 역시 귀화한인일 가능성이 크다.

한시의 발전과 그 문풍 형성에 과거제도가 큰 역할을 하기는 했지만 부와 귀를 독점하는 문벌들이 과거를 거의 장악하면서, 무신의 난으로 귀족들이 무너지기까지 고려 전기의 한시는 이 귀족문화와 밀접한 관련을 가진다. 문종대부터 왕성하게 저작된 응제시應製詩 역시 이러한 귀족문화의 중요한 요소 가운데 하나인데, 이 작품들이 임금에 대한 미화로 이루어졌을 것임은 쉽게 추측할 수 있다.

이러한 유미적인 시들의 특성은 감각적인 시어와 이미지다. 정지상鄭知常의 이별의 노래 〈송인送人〉은 뒷날 천 년의 절조絶調라고 호평을 받은 작품이다. 정지상은 한미한 가문 출신으로 문벌에 속하지 않았으면서도 시재詩才로 이러한 귀족문화에 동참했던 문사다.

雨歇長堤草色多,　　비 갠 긴 둑에는 풀빛이 다채로운데
送君南浦動悲歌.　　그대를 남포에서 보내며 슬픈 노래를 부르네.
大同江水何時盡,　　대동강 물은 어느 때에나 다하려나.
別淚年年添綠波.　　이별의 눈물이 해마다 푸른 물결에 더하네.

여기서 시의의 중심은 이별이고, 강·눈물·비로 단절의 슬픔을 묘사하고 있다. 그런데도 시가 우울하지 않고 느낌이 산뜻한 것은 바로 기구起句가 형상화한 자연에 대한 시각적 이미지 때문이다. 긴 둑 위의 풀이 비 온 다음의 청신함으로 그 생명력을 강하게 드러내 보임으로써 이별의 슬픔이 역설적으로 더욱 깊게 표출된다. 여기에 다多 자를 풀의 색깔에 귀입시켜 풀의 풍성하면서도 여리고 진한 다양한 색감을 형상화함으로써 이 시를 성공적으로 이끈 느낌이다.

승구承句에서는 기구에서 보여준 풍성한 자연을 자신들의 처지에 대비시켜 이러한 아름다운 자연에서 헤어져야 하는 인간적인 비극, 이별의 정한을 묘사한다. 여기서 남포는 사랑하는 두 사람을 분리시키는 구체적인 장소이지만 동시에 재회의 장소이기도 하다. 그러므로 이곳은 이별하는 사람뿐만이 아니라 다시 찾아오는 사람을 기다리며 기뻐하는 이들도 있는 공간이라는 이중성이 이제 막 이별하는 사람들에게 대비적으로 더 큰 슬픔을 안겨줄 것이다.

전구轉句와 결구結句의 강물과 눈물은 인간세계 어디서나 존재하는 이별의 모습을 보여줌으로써 이별을 개인적인 차원에 국한시키지 않고 좀 더 인간 보편적인 사회적인 의미로 환원시켰고, 동시에 그대君와 시적 화자의 단순하지 않은 긴 이별과 끊임없이 이어지는 그리움을 표출하고 있다. 강이 지니는 단절의 의미가 다한다는 좀 과장된 시어와 다할 수 있겠는가 하는 반의적인 묘사로 긴장의 평형이 유지된다. 이 시는 하평성下平聲 가歌 운에서 다多·가歌를, 이와 통용되는 과戈 운에서 파波 운목을 뽑아 압운했는데, 일반적으로 가 운의 시가 단장端莊한 정조를 보인다는 점에서 이 시가 이별을 주제로 하면서도 감정의 절제가 잘 이루어졌음을 알 수 있다.

시 가운데 남포, 대동강이란 지명은 이 시가 서경을 배경으로 저작된 것임을 보여주고, 이 작품이 〈서경별곡〉과 같은 전통 위에 있음을 보여준다. 이렇게 정지상이 우리 향토의 정서를 아름답게 표현한 점에서, 같은 시기 문학이 경전을 모범으로 하는 귀족적인 규범을 수립하려던 김부식金富軾과 차이가 있는바, 문학사에서는 이 양자를 국풍國風과 화풍華風의 대립으로 보기도 한다.

이러한 점은 고려 전기의 시가 유미적일 뿐만 아니라 감계鑑戒적이고 도덕적인 소박한 시풍을 지닌 작품들도 있어 이원적인 경향을 드러내고 있음을 의미한다. 감계적인 경향은 성종 때 최승로崔承老의 시에서부터 최충崔冲·최약崔瀹·김부식 등의 작품으로 이어지는데, 김부식의 시에서 보여주는 감계성은 그가 받아들인 유학과 관계 있는 것으로, 여기서 귀족문화와 연관된 고려문학의 또 다른 문화적 기저를 알 수 있다. 그러나 김부식의 경우도 감계성이 시적 구조 속에 용해되지 못했다는 점에서 아직 유학사상이 작품의 세계관적 바탕을 이루는 데까지는 나아가지 못한 것으로 보인다.

이것은 불교의 경우도 마찬가지로, 그 시기 대부분의 시적 배경이 불사佛事라는 사실은 바로 절이 그들의 정신적 지주였음을 보여주고, 동시에 고려 귀족사회를 지탱하고 있었던 주 기반이 불교문화였음을 반영한다. 그러나 이들이 대상으로 한 불사는 현실과 유리되어 있거나 세속과 결탁된 양극적인 모습을 보이고, 시인들 역시 그곳에 안주하고 싶은 원망보다 현실과의 유대를 주목함으로써 오히려 고려 전기 시인들의 현실 지향적 정신을 보여준다.

(3) 무신의 난, 고려 후기

무신의 난은 새로운 문학담당층을 출현시킴으로써 이러한 귀족문화의 형식주의적이고 특권적인 특질을 어느 정도 극복하는 전기가 된다. 그러나 문인 벼슬아치들을 남김없이 없애버렸다는 기록으로 추측되는 완전한 극복과 이에 따른 변화가 일어난 것은 아니다. 실제로 무신의 난 이후 과거를 관장한 사람들이나 장원 급제한 사람들 중에는 무신의 난 이전의 대표적 문벌인 최충·김부식·윤관尹瓘

崔·박인량朴寅亮·최유청崔惟淸·이자연李子淵 가문의 후손들이 상당수를 차지한다.

문신귀족들이 축출되거나 어려움을 겪는 동안 그들을 대신해서 새로이 중앙 정계에 발을 디딘 중소 지주층 출신의 이른바 신흥 사대부류는 이들 문벌들과는 다른 시각과 의식을 가진 것으로 보인다. 무신집권기의 대표적 시인이었던 이규보李奎報는 동명왕 영웅서사시를 써서 민족사에 대한 새로운 인식을 보여주었고, 농민의 참상을 그린 농민시를 써서 과거 문벌귀족이 전혀 관심을 보이지 않았던 부패한 관리에 대한 비판과 수탈에 시달리는 하층민의 고통에 관심을 보였다.

무신의 난은 종교적인 판도에도 영향을 끼치는데, 과거 귀족과 결탁해 세력을 키운 교종이 약화되고 그동안 겨우 명맥을 유지하던 선종이 흥왕한다. 선승은 불립문자不立文字를 내세우면서도 어록語錄이나 게偈 등을 통해 제자들을 교훈했다. 이들 게송은 불교시라는 명칭으로 문학사에서 중시되고 있으며, 한시의 엄격한 규범을 무시한 구어체여서, 한시가 우리 고유의 언어습관과 어우러지면서 자국화하는 계기를 만들었다.

무신집권기가 끝나고 원의 지배하에 놓이게 되면서 그들을 배경으로 한 권문세족의 발호가 시작되는데, 신흥 사대부는 정치적으로 권문세족과 대립하면서 아래로는 일반 백성들의 고통에 관심을 기울인다. 그들 중 이제현李齊賢은 많은 영사시詠史詩를 남겨 찬탈왕조를 비판하고 절의자節義者에 대한 남다른 애정을 보임으로써 고려왕권의 지속을 최우선으로 하는 그의 역사인식을 보여주었고, 안축安軸·이곡李穀·윤여형尹汝衡 등은 민중의 참상에 깊은 관심을 기울인 시들을 썼다.

이제현의 〈소악부小樂府〉 11수는 당시 민간에서 불리던 노래를 7언 절구로 한시화한 것으로, 사대부들이 일반 백성의 정서에 가까이 다가가려 한 점이 주목된다. 이처럼 한문학과 고유 문학이 서로 가까워지면서 한국 한시가 중국 한시와 달리 우리의 민족문학으로서 의의를 갖고 그 독자적 특성이 더욱 강화되는 계기를 형성한다. 이 시인들은 대부분 원나라에 왕래하면서 이족異族의 침입으로 황폐해진 조국에 대한 갈등과 애정을 확인한다. 이색李穡의 〈부벽루浮碧樓〉는 정지상의 〈송인〉처럼 서경을 배경으로 읊었으면서도, 천여 년 전 고구려 동명성왕이 기린말을 타고 승천한 사실을 상기시키면서 바로 고려가 하늘이 세운 나라임을 강조해, 전기 귀족과는 다른 신흥 사대부들의 자주적 역사인식과 웅혼한 기상을 보여준다.

이들 신흥 사대부의 정신적 지주는 고려 전기부터 지속되어 온 유학정신의 바탕 위에서 원으로부터 받아들인 이학理學이지만, 당시에는 아직 성리性理에 대한 깊은 논의는 없었고, 따라서 그들의 시에서는 성리학적 사유가 시적 구조로 형상화되어 나타나지는 못했다. 오히려 그들은 선승禪僧과 밀접한 교유를 가지면서 선적 취향을 가진 시를 다수 산출했다.

(4) 조선 전기

고려 말기 사대부들은 그들이 받아들인 성리학의 이념과 의리에 따라 현실인식·국가관·처세관 등에서 고려에 절의를 지키려는 사람들과 새 나라의 혁명에 참여하려는 사람들, 두 갈래로 나뉜다. 혁명을 주도하고 조선조의 건설에 일익을 담당한 정도전鄭道傳·권근權近·변계량卞季良 등과 고려조에 절개를 바친 길재吉再와 그의 후계로 볼 수 있는 김종직金宗直 등이 그들이다. 전자는 조선조 문학을 주도

하는 훈구파勳舊派 또는 관각문인館閣文人으로 불리고, 후자는 사림파
士林派 또는 처사문인處士文人으로 지칭되면서 조선 전기 문학의 두 중
요 담당층이 된다.[1]

조선 전기는 신유학을 국시로 삼고 철저하게 실천하려 한 시대이
기 때문에 불교·도교와 같은 이단에 대한 시비, 엄격한 신분질서,
세조의 왕위 찬탈이나 사화 등에 의해 체제에서 소외된 사람들이
많았고, 이들이 벌인 문학활동은 지식인 사회에서 큰 관심의 대상
이 되었다. 특히 방외인方外人이라 불리는 이들의 존재를 당대인들도
인식하고 있었다는 점은 주목할 만하다.[2] 관학파의 경우 국가 건립
초기 정도전이 재도지문載道之文을 강조하기도 했으나, 은둔지사가
세상에 나와 태평성치를 장식하는 문장을 지어야 한다고 한 권근의
주장에서 암시되듯이, 그들의 문학관은 시의 장식적 기교를 중시하
는 사장파詞章派로 흐르고 16세기로 넘어오면서 이들 사장파들은 더
욱 세련되고 격조는 높으나 현실문제와는 이완된 시를 배출한다.

한편 연산군시대 사화를 거쳐 재야에 머물며 학문에 전념하던 사
림들이 정계에 다시 진출하기 시작한 16세기의 사림파 문학에는 성
리학의 정신과 사유가 그대로 반영되어 나타난다. 이러한 점은 성
리학적 이념 가운데 특히 외물인식을 통해 한층 명확히 드러나고
있거니와, 사림파 문인들은 외물을 인식하는 데서 자신과 외물 사
이에 전혀 어떤 것도 개입됨이 없는 경지를 추구한다. 외물과 내아

---

1 그러나 관각문인의 시문이라고 해서 모두 공식적인 문학활동에 의한 것만을 지칭하지
   는 않으며 역사기록, 일반 사장(詞章)에 이르기까지 넓은 의미의 당시대 문학을 총괄하
   는 것으로 본다. 또한 문학사에서 일반적으로 지칭하는 사림파는 환계에 나간 관각사림
   이 아닌 훈신, 척신 계열과 대립하는 재야사림을 대상으로 한다.
2 윤주필, 〈조선 전기 방외인문학에 관한 당대인의 인식 연구〉, 박사논문(성남: 한국정신
   문화연구원, 1990). 이 논문은 방외인문학을 조선 전기의 문학현상으로 다루고 있다.

의 어울림에서 인욕人慾이 배제된 이 같은 경지를 무아지경無我之境이라 하는데, 그들이 자연을 대상으로 읊은 시를 분석해 보면 그 특성이 잘 나타난다.

眼垂簾箔耳關門　　　눈에는 발을 드리우고 귀에는 문을 닫았으나
松籟溪聲亦做喧　　　솔바람 시내 소리는 역시 떠들썩하네
到得忘吾能物物　　　나를 잊고 물을 물대로 보는 경지에 이르니
靈臺隨處自淸溫　　　마음이 곳에 따라 절로 맑고 따뜻하네

— 서경덕, 〈무제〉

아름다운 자연을 만나는 기쁨은 자연을 아는 데서만 생기는 것이 아니고 나를 잊고 자연과 화합하는 경지에서 더욱 뚜렷해진다. 기구에서 우리가 자아를 버린다는 것은 눈을 감고 귀를 막아버리는 것처럼 감각의 차단으로 가능한 것이 아님을 말해 준다. 이것은 승구에서 구체화된다. 승구의 솔바람 소리, 시냇물 소리로 대표되는 외물은 눈, 귀로는 막을 수 없는 것들이다. 눈, 귀로 표상되는 자연은 외형미이지 자연의 본모습은 아니라는 점이 분명해진다.

전구에서는 자연의 본모습이란 감각에 의해 인지되는 것과 또 다른 차원의 것으로 나를 잊을 때, 즉 마음을 비우고 모든 감각에 의해 나타나는 감정과 욕념에서 자유로운 망오忘吾의 경지에 이를 때 체득할 수 있는 것임을 보여준다. 물物을 물로서 본다는 것은 나와 물이 하나가 된 상태이고, 자연을 노래하는 즐거움은 바로 그러한 자연과 자아가 하나를 이루는 물아일체를 실현하는 데 있다. 물아일체가 시의 이상적인 경지라고 하는 것은 조선 전기 시문학의 지배적인 미의식이었다.

결구는 물아일체의 구체적 형상화로, 나를 잊고 물을 물로서 볼 때 자연이 가진 본체가 인식되고 나의 마음과 자연이 하나가 될 수 있다는 것이다. 즉 물이 곳에 따라 맑고 따뜻하듯이 나도 맑고 따뜻하게 되는바, 서경덕徐敬德에게 이렇게 물아일체가 가능한 것은 자연과 인간 모두가 하나의 기氣로 이루어졌기 때문으로, 이러한 시각은 자연이 바로 도의이고 이 도의는 세상에 의해 그 본질이 변화될 수 없는 것이므로, 이것을 바로 인간의 심성이 추구해야 할 것으로 본 이황과는 차이가 있다.[3]

관학파 문학과 사림파 문학은 각각 문학의 장식적 기능과 효용적 기능을 중시한다는 차이를 보여주면서도, 그들이 체제 안에 거하는 상층인들로서 문학을 재도지문으로 보는 근본적인 입장에는 차이가 없다. 방외인의 경우는 담당층의 신분이나 사상, 체제 또는 당대의 일반적인 문풍에 이르기까지 전자와는 많은 차이를 보여주고 있다. 어무적魚無迹처럼 신분이 천인에 속하는 사람, 김시습金時習처럼 기존 체제에 반항적인 인물, 정희량鄭希良 같은 도가적 인물, 남성중심 사회에서 황진이黃眞伊 같은 여류들, 송풍宋風 일변도의 문학계에 당풍唐風을 들고 나온 삼당시인三唐詩人들 같은 인물들이 방외인에 속한다.

당대 사회에 비판적이었던 방외인들은 문학에서도 새로운 유형과 형식을 시도하는 특성을 보인다. 소설·몽유록이 그 현저한 예이

---

3 조동일, 《한국문학사상사 시론》(서울: 지식산업사, 1982) 제3판, 146~47쪽. 이황의 경우는 "나 밖에 있는 자연이 그 자체로서 아름답다는 것은 아니며 자연과 나의 만남에서 아름다움이나 즐거움이 나타나게 된다는 것이다. 자연과 나의 만남에 의해서 하나인 이(理)가 드러나는 상태가 즐거운 것이다. 그리고 하나인 이(理)가 도의에 의한 질서를 이루는 데 근본이 되고 세상의 어지러운 시비를 가릴 수 있다는 데 대한 가치 부여"라고 저자는 규정하고 있다.

겠지만 시에서도 어무적의 〈유민탄流民歎〉, 정희량의 〈혼돈주가混沌酒歌〉처럼 규범이 엄격한 제언齊言의 근체시近體詩보다는 형식이 비교적 자유로운 잡언雜言의 악부체樂府體를 사용한다든가, 한 작품에서 같은 시어의 반복이라는 금기를 깨뜨리면서 그들이 겪는 심적 소외와 갈등을 부각시키고 있다.

(5) 조선 후기

조선 후기에는 정치·경제·사회적 변모와 함께 한문학에서도 상당히 큰 변화가 많았던 시기였다. 임진왜란을 겪으면서 허균許筠·권필權韠·이수광李睟光 등이 보여준 날카로운 현실 비판, 서류庶類·여성 등 소외층의 작품을 포함한 우리 고유 문학에 대한 관심, 도가·불가 등 폭넓은 사상적 편력은 관념적이던 한시가 현실생활에 밀착된 시들로 변모되는 데 크게 기여한 것으로 보인다.

그러나 이러한 변모와 함께 한문학 4대가의 등장은 바로 전대 관인문학의 전통을 이은 것으로, 이러한 복고적 기풍은 계속해서 권력을 장악하려는 집권층의 정치적 의도의 일환으로 강화되었다. 그러나 18세기에 가서는 정통 한문학의 수준을 유지하면서도 새로운 문학적 기풍과 타협하는 유연성을 보이기도 한다.

조선 후기에 나타난 변모는 대략 다음 몇 가지로 요약할 수 있다. 첫째 작자층의 범계급적 확대로 인한 귀족문화적 특징의 붕괴, 둘째 민족적 자기인식의 출현으로 한시의 중화중심 세계관과 규범의 몰락, 셋째 대상과 묘사에서 현실성의 제고 등이다. 먼저 작자층의 하향 내지는 증대로, 거의 사대부 계층에 국한되었던 한시의 작자층이 조선 후기에는 중인 계층까지 확대되었다. 이들은 일반적으로 폭넓게 위항인·여항인 등으로 불리는데, 위항委巷 또는 여항閭巷이란 일반 백성이 사는 누추한 거리를 의미하는 것으로, 이 계층에는 서리·아전·서얼·역관 등 실무층과 예능 종사인 등이 망라된다. 그들은 시사詩社를 결성하여 집단을 이루었고, 자신들의 작품을 모은 시집을 발간했으며, 시회詩會를 개최하기도 했다.

이들의 활동을 후원한 당대 사대부들은 한결같이 위항문학의 의의를 적극적으로 인정했고, 위항인들 스스로도 통치자와 일반 백성의 중간자적 위치에서 사회에 대한 통찰력이나 역사에 대한 안목으로 당대 현실에 대한 인식과 의식을 나타냄으로써 중인문학의 의의를 확인시켰다. 그러나 이들은 자신의 지식과 능력에도 불구하고 한정된 위치 안에서 불우하게 지내는 소외감 때문에 오히려 상층 지향의 의식을 보이기도 했다. 그들 문학작품에서 사대부 계층의 문학과 크게 다르지 않은 측면이 많은 것도 여기에 기인한다. 위항인 중에서 주목받은 사람들은 사신들이 청이나 일본에 갈 때 제술관·서기·자제군관子弟軍官 등으로 동행했던 서얼 출신 문사와 역관들이다. 그들은 활동무대가 국제적이어서 외국의 문물이나 문사들을 다른 사람보다 먼저 접촉함으로써 사상적으로나 문화적으로 선진적인 입장에 있었다. 이들은 사행 중 가졌던 국경을 초월한 외국 문인과의 교류나 이국의 경치와 문물을 시로 썼으며, 이를 통해 깊은 자아성찰을 보여주기도 했다.

둘째, 조선 후기는 또한 민족적 각성이 상당히 강하게 엿보인 시기였다. 이러한 현상은 여러 방면에서 감지된다. 하나는 우리나라 역사에 대한 재인식인데, 조선 후기에 쏟아져나온 영사악부詠史樂府는 그 주제가 과거 우리나라의 역사·인물·설화·제도·사건이 망라되었다. 근체시 형식의 영사시 역시 풍성하게 저작되었는데, 이들 시에는 역사적 전적지·유적지를 지나면서 느낀 시인의 민족적 자부심이나 회한이 잘 나타나 있다. 민족적 각성은 한시 작성에서 중국의 전범을 무시하고 우리에게 알맞은 형식과 내용을 가진 '조선시'를 창조하려 한 데서 분명하게 드러난다. 다산茶山 정약용丁若鏞의 〈노인일쾌사老人一快事〉란 시는 바로 이러한 조선시의 의미와 의의를 밝힌 한 편의 선언문이기도 하다.

老人一快事,	늙은 사람 한 가지 즐거운 일은
縱筆寫狂詞,	붓 가는 대로 마음껏 써버리는 일
競病不必拘,	운자나 성률에 얽매일 필요 없고
推敲不必遲,	고치고 다듬느라 시간 지체할 필요 없네.
興到卽運意,	흥이 나면 당장에 뜻을 살리고
意到卽寫之.	뜻이 되면 당장에 글로 옮긴다.
我是朝鮮人,	나는 본래 조선 사람
甘作朝鮮詩.	조선시 즐겨 쓰리.
卿當用卿法,	그대들은 그대들 법 따르면 되지
迂哉議者誰.	이러쿵저러쿵 말 많은 자 누구인가.
區區格與律,	까다롭고 번거로운 격률을
遠人何得知.	먼 곳의 우리가 어떻게 알 수 있나.
凌凌李攀龍,	염치없고 뻔뻔스런 이반룡은
嘲我爲東夷.	동쪽의 오랑캐라 우리를 조롱했고
袁尤槌雪樓,	원매, 우동이 설루를 쳤어도
海內無異辭.	중국 땅에는 두말하는 사람 없었네.
背有挾彈子,	뒤에서 탄자를 끼고 있는데
奚暇枯蟬窺.	어느 여가에 마른 매미 허물만 엿보랴.
我慕山石句,	산석 같은 시편을 사모하려 해도

恐受女郎嗤.　　여랑시란 비웃음 살까 두려우니

焉能飾棲愴,　　구슬픈 말로써 꾸미고 치장하여

辛苦斷腸爲.　　애간장 끓는 시를 어찌 쓰리요.

梨橘各殊味,　　배와 귤은 그 맛이 각각 다른 것

嗜好唯其宜.　　맛 따라 저 좋은 것 고르는 건데.

　1~2행에서 "종필사광사"가 함유한 의미는 심각하다. 노인의 한 가지 즐거운 일이 어째서 붓 가는 대로 마음놓고 쓰는 것일까. 그것은 그가 늙을 때까지 여러 가지 규범에 얽매여 붓 가는 대로 마음놓고 한번 써보지 못했음을 암시하는데, 더욱 중요한 것은 나이 들어서 젊은 날의 그 구속이 얼마나 무의미한 것이었나에 대한 깨달음이다.

　3~6행까지는 그토록 그에게 큰 멍에가 되었던 규범들을 나열한다. 한시를 쓰는 데 소용되는 각운·격률 같은 엄격한 중국적인 규범, 이것이 바로 시인에게 시의 창작을 즐겁지 않게 만든 요인들로, 이러한 것에서 벗어났을 때 그의 조선시 선언이 가능해진다.

　7~8행에서는 무엇보다 "나는 조선 사람"이라는 조선시를 써야 하는 배경을 직접적으로 강조하고 있다. 이는 조선인이 한시를 쓴다는 것이 비非조선인의 생활을 하는 것과 같다는 것을 암시한다. 그의 조선시 선언은 다시 말해 조선인 선언인 것이다.

　9~10행에서는 경卿, 즉 "그대"라는 존경의 이인칭을 등장시켜 조선과 중국의 변별성을 부각시키고, "먼 곳에 있는 우리遠人"라는 공간개념을 도입해 두 나라 사이의 객관적 거리감을 형성한다. 한걸음 더 나아가 다산은 "번거롭다區區" "우활하다迂闊"와 같은 시어로 중국에서 맹종하는 규범 자체를 경시하고 동시에 여기에 매달리는

중국 자체를 폄하한다.

13~20행에서 다산은 이러한 쓸데없는 규범에 대한 공격이 속 좁은 민족주의나 자기변명에서 나온 것이 아님을 중국 측 문단의 이론과 실제 모방의 예를 통해 보여준다. 과거 규범의 맹종을 비판한 중국 측 이론으로는 복고주의자들인 명대의 전칠자前七子와 후칠자後七子를 공격한 원매袁枚와 우동尤侗의 성령설을 들고 있고, 모방의 실상을 드러내는 본보기로는 한유韓愈의 〈산석山石〉을 모의한 송나라 진관秦觀의 시 〈춘우春雨〉가 원시에 비해 여랑시女郎詩일 뿐이라고 말한 중국 명대 구우瞿佑의 〈귀전시화歸田詩話〉의 내용을 인용하고 있다. 말하자면 그들이 준수하는 규범이 완전한 것이 아니라는 점과 맹목적인 모방이 얼마나 허망한 것인가를 중국의 예를 들어 제시함으로써 그의 조선시 선언은 더욱 보편성을 획득한다.

다산은 마지막 4행에서 남의 것을 본받는 것은 무병신음無病呻吟의 어리석음을 범하는 것과 같은 것으로 간주한다. 시란 자기의 환경과 취향에 따라 자연스럽게 우러나야 한다는 주장으로, 그의 조선시는 표면적으로는 중국적 규범으로부터의 해방을 선언한 것이지만 실제로는 자유로운 사고와 의식에 대한 일체의 현실적 제약으로부터의 해방을 의미하는 것임을 명확히 보여준다.

다산은 다른 시에서 우리 고유의 언어로 춘궁기를 의미하는 보릿고개를 맥령麥嶺(보리+고개), 북동풍을 뜻하는 높새바람을 고조풍高鳥風(높은+새+바람)으로 쓰는 등 한자의 우리식 차용, 우리 속담의 사용 등을 통해 실제 조선시의 창작을 시도했다. 이들 시는 비록 한자를 매체로 했지만 우리만이 이해할 수 있는 작품으로 변형시켰을 뿐 아니라, 사용한 어휘들이 시 속에서 그 한자어가 지닌 원의의 심상이 복합되어 자의적이고 미묘한 의미작용을 하고 있다는 점이 주목된다. 이렇게 한자의 음이나 뜻을 차용해서 쓰는 것은 김삿갓 같은 몰락양반들에 의해 극대화된다.

조선시에 대한 시도는 민요나 시조, 그리고 당시 사회현실의 제재적 수용에서도 보여진다. 이것은 사대부들이 하층 정서를 수용했다는 측면에서뿐만 아니라 한문학이 조선 고유의 정서를 받아들임으로써 고유 문학에의 동화가 촉진되었다는 점에서 그 의미가 심대하다. 한역漢譯 시조라든가 기속악부紀俗樂府의 의의가 바로 여기에 있다. 특히 다산의 〈탐진촌요耽津村謠〉〈농가農歌〉〈어가漁歌〉에는 하층민이 겪는 고통, 상층의 부패, 정치의 문란 등이 한자어의 차용 등을 통해 적나라하게 묘사되어 '조선 한시'의 면모를 보여준다. 이러한 시들은 형식상 장편화와 서사화가 두드러지고 획일적인 제언시齊言詩에서 탈피해 운격이나 평측이 자유롭게 사용되고 있다는 점에서도 관심을 끈다.

셋째, 조선 후기 시의 대상과 묘사에서 사실성이 두드러진 점도 중요한 변모 가운데 하나다. 이는 특히 연암燕岩 박지원朴趾源을 중심으로 이덕무李德懋·박제가朴齊家·유득공柳得恭 등 실학자 문인의 시에서 잘 나타나는데, 그들은 대상에 대한 관념적 이해에서 벗어나 세밀한 관찰을 통해 실상을 핍진逼眞하게 묘사했다. 이덕무가 지붕 위의 붉게 물든 담쟁이 덩굴, 길쭉한 완두 꼬투리, 꺼칠한 옥수수통, 겨울 준비로 낡은 벽에 걸려 있는 시래기 등으로 농촌의 겨울풍경을 묘사한 것이 그 한 예이거니와, 그들의 시가 회화적 특색을 드러내는 경향이 많은 것도 이러한 사실성에 힘입은 바 크다.

2) 서사한시

동아시아권 한문학의 전범이 되고 있는 중국문학에서는 국가를 창건한 영웅들의 서사시를 거의 짓지 않은 데 비해 우리나라 한문학에서는 서사시가 문학사의 중요한 전통을 형성하고 있다. 이것은 고유 문학에 산문화 경향이 강하게 나타난 조선 후기 한시에서 영사악부시처럼 역사적 인물이나 사건의 장편 서사화가 많이 이루어진 점에서 잘 드러나고 있다. 반면 중국의 경우 이러한 중국의 서사적인 악부시 역시 적극적으로 저작되지 못했다.

현존하는 한국 최초의 서사시인 이규보의 〈동명왕편東明王篇〉은 무신의 난 이후 고조된 민족의식의 표현으로 간주된다. 고려 전기의 귀족들을 타도하고 일어난 무신의 난은 살상을 자행하고 많은 문화유산을 파괴하는 부정적 역할을 했으나, 한편으로 우리나라를 초토화시킨 몽고의 침입에 대항해 조그만 섬 강화도에서 30년간 굴복을 거부함으로써 백성들에게 민족의식을 고취시켰다. 이규보의 〈동명왕편〉은 바로 이러한 시기에 저작된 것으로, 우리나라를 세운 민족적 영웅을 노래함으로써 민족사에 대한 재인식과 당시 점증하던 민족의식을 더욱 북돋우려 한 의지가 엿보인다. 그러나 작자의 의지가 외세와의 항쟁에서 기인된 것만은 아니고 흔들리는 부패한 고려왕실에 대한 경계심에서도 연유한다는 점을 간과해서는 안 될 것이다.

이 작품은 우리 문학사에서 현존하는 최초의 서사시이기도 한바, 총 282행의 오언고시五言古詩로 쓰여졌다. 시 앞에 서序를 두어 이 시의 저작의도를 명시했다. 시서詩序의 가장 중요한 핵심은 동명왕이 환상이 아니고 성인이며 귀신이 아니고 신神으로, 하늘이 내신 분이므로 우리나라는 바로 하늘이 세우신 나라라는 것이다. 이규보가

이 시를 통해 무엇보다 나타내고 싶었던 것도 바로 이러한 민족적 자긍심과 긍지, 그리고 확신으로 보인다.

이 시의 내용은 앞부분의 중국 성인에 대한 간단한 묘사(1~24행)와 마지막에 작자의 저작동기(251~82행)의 요약을 제외하면, 천제의 아들 해모수의 하강과 유화의 결연(25~124행), 주몽의 탄생·시련·국가 창업(125~246행), 유리의 성장과 왕위 계승(247~50행)을 그린다. 이처럼 〈동명왕편〉은 해모수·주몽·유리의 영웅 삼대를 묘사했지만, 이 중에 유리에 관한 부분은 총 4행뿐이어서 삼대 가운데 이규보의 관심이 해모수와 주몽에게 놓여 있음을 알 수 있다. 해모수와 주몽의 묘사는 각각 100행, 122행으로 이 시는 〈동명왕편〉이라는 제목에 비해 두 사람이 거의 비슷한 분량으로 쓰여졌다. 이것은 중심 영웅 주몽의 서사에 해모수가 차지하는 비중이 상당하다는 것을 암시한다. 이규보는 이미 시서에서 우리나라는 성인이 세우신 나라라는 확신을 기록했는데, 그의 이러한 확신은 시 말미에서 "신이하도다 신이하도다"라는 감격으로 이어진다. 이러한 그의 감격은 오로지 아버지인 천자 해모수의 거룩하고 위대한 배경하에서 가능할 수 있었던 것이다.[4]

---

4 구체적으로 주몽의 비상한 능력이나 업적은 모두 어려울 때마다 나타나는 하늘의 도움에 기인된 바 크다. 물론 주몽의 타고난 능력, 즉 활을 잘 쏘는 것, 친구를 얻고 신하를 잘 다루는 것 등도 그의 건국과정에서 중요한 역할을 했지만 작품을 세독하면 이러한 것은 독자들이 그에 대한 환상을 확대하는 데 기여하거나, 그가 성공하는 데 밑받침이 되기는 했어도 결정적 역할을 한 것은 아니다. 적군의 추격에서 벗어나 강을 건넌 것, 홍수를 내려 이웃 나라를 멸망시킨 것, 농사를 지을 수 있는 땅의 선택, 그리고 국가의 건국을 상징하는 궁성의 축조가 모두 천손(天孫)·제손(帝孫)의 신분 덕분에 가능했고, 그래서 그는 말미에서도 죽지 않고 '승천'한다. 이러한 사실들은 당시 주변국의 침략이나 부패한 국가에 시달리는 고려 사람들에게 건국 시조가 받은 하늘의 가호를 자신들도 받을 수 있을 것이라는 용기와 자존심을 불어넣었을 것이다.

작품 처음 24행은 중국의 성인들에 대한 이야기로 시작된다. 이처럼 우리 영웅의 등장 앞에 중국의 것을 두었다는 것은 어떻게 보면 중국을 우위에 두는 존화주의적 사고처럼 보이기도 한다. 실제로 이것을 이소사대以小事大의 한 전형으로 보는 학자도 많다. 이규보가 그린 성인은 삼황三皇과 오제五帝인데, 삼황에 대해서는 주로 머리가 많다는 체모의 기이함을, 오제에 관해서는 탄생의 신비와 비범한 사건들을 간단히 다루었다. 그러면서 아주 먼 옛날에는 성스러운 일들이 많았으나 후대에는 점점 인심이 야박해지고 기이한 사적도 잘 나타나지 않는다고 한탄하며 끝나고 곧이어 해모수가 등장한다.

그렇기 때문에 이들 후의 해모수·주몽의 등장은 이미 성인의 전통이 끊어진 중국의 맥을 우리가 이을 뿐 아니라, 이들이 오히려 중국의 성인들보다 뛰어나다는 점을 강력히 암시한다. 먼저 해모수의 등장 시기가 구체적으로 나타난다. 한漢 신작神雀 3년은 기원전 59년 한나라 선제宣帝 시대로, 이렇게 시기를 명시한 것은 천상 인물의 하강, 그리고 수신水神의 딸 유화와의 결혼, 특히 아들 주몽의 탄생과 고구려 건국으로 이어지는 일련의 사건들을 신화적 차원에서 보지 말고 실제 역사적 안목에서 보라는 작자의 의도를 보여준다.

뒤이어 해모수의 출신배경과 그의 위엄이 묘사된다. 해모수에 관한 부분 중에 "아침 저녁 하늘을 마음대로 오르내리는 일, 옛날부터 본 적이 없네.朝夕恣昇降, 從古所未覩."의 '옛날古'은 바로 앞에서 제시한 중국의 성인에게서도 없었던 비범한 일임을 보여준다.

다음에는 유화가 등장하여 천신과 수신 가문의 결합이 이루어지고, 이와 함께 결혼의 정당한 인지를 위한 해모수와 유화의 아버지 화백의 쟁투가 벌어진다. 결투에서 해모수의 승리는 당연한 것이지만, 우리가 승자이 전통을 이은 후예라고 강조한 것은 의미심장하다. 잉어보다는 수달피, 사슴보다는 늑대, 꿩보다는 매 같은 귀엽고 평화롭지만 실패하는 쪽보다 사나운 상대가 되어서라도 승리해야 한다는 의미도 함축되어 있다. 양자의 대결에서 변신 모티프가 주를 이루면서 물고기·뭍 짐승·나는 새 모두가 시도되어 물·땅·하늘을 아울러 장악하는 해모수의 위엄이 강조된다.

계속하여 버림받은 유화의 수난이 묘사되는데, 유화가 겪는 고통은 신체적 훼손에서부터 유배·구속까지 다양한 형태로 나타난다. 해모수와 만난 이후부터는 해모수와의 결합, 부모의 허락, 강제 이별 등 유화의 결연과 수난이 부각되면서 오히려 유화의 일대기 형태로 전개된다. 유화의 고행은 그녀가 해모수와는 달리 극기의 인물임을 말해 주거니와, 해모수가 위엄과 도전, 결단력과 힘의 상징이라면 유화는 인내와 사려 깊은 자애의 상징으로 묘사된다.

125행부터 주몽의 탄생과 성장 과정이 서술된다. 주몽의 탄생과 성장은 앞의 해모수와 달리 고난과 신이함의 양면을 갖음으로써 그의 출생이 부계와 모계 간의 균형적 탄생임을 말해 준다. 그러나 더욱 감동을 주는 부분은 다른 곳에 가 큰 뜻을 펴고 싶어도 "어머니 계시니 이별이 진실로 쉽지 않구나." 하고 좌절하는 주몽의 인간적인 모습과 "너는 행여 나 때문에 염려하지 마라. 나 또한 항상 마음이 아팠다."고 말하면서 아들의 장래를 위해 자신의 고통을 기꺼이 감당하려는 유화의 강한 모성애 묘사 장면이다.

결국 주몽은 어머니와 이별하고 어진 세 친구와 함께 길을 떠나 국가를 창건한다. 앞에는 강물, 뒤에는 추격병이라는 극한상황에서 나 기득권을 내세우는 송양왕松讓王 때문에 어려움을 겪지만, 하늘·자신의 재능·신하들의 도움으로 승리를 쟁취하는바, 동명왕 서사시는 주인공이 바로 이러한 시련을 극복하고 승리했다는 데서 민족적 자부심과 용기를 준다. 정복을 위한 주몽의 집념은 냉혹해서 이웃 나라에서 고각高角을 몰래 가져오기도 하고 고라니를 거꾸로 매달고 저주하기도 하는데, 이러한 행동은 해모수에게서 받은 결단력과 투쟁의지의 면모라 한다면, 농사를 잊지 않는 그의 배려는 사려 깊은 어머니에게서 물려받은 것이다.

다음 아들 유리에 관한 내용은 단지 4행으로 짧게 요약되고 있는데, 이는 이규보의 관심이 국가 창건에 있음을 말해 준다. 그러나 짧기는 해도 신성과 인내 위에 왕권 계승이 이루어졌음은 명백한 것으로, 하늘에서 부여받은 신성 못지않게 인내의 저력을 중시한 점은 마지막 32행에서 다시 요약된 그의 저작동기에서도 드러난다. 나라의 창건은 물론 성聖에 기초했지만 이를 이어가는 데는 인내하는 정신이 필요한 것이다. 구체적으로 관대함과 어짊, 예와 의로 집약한 인간적인 덕목 역시 유화─주몽─유리에서부터 근원된 것이다. "영원히 자손에게 전해 오래오래 나라를 다스려갈 것이다."라는 끝막음은, 이 서사시가 전제한 민족사 재인식이 몽고의 침입이라는 외세에의 저항의지를 북돋우기 위해서일 뿐만 아니라, 내부에서부터 썩어가던 고려의 왕실을 경계하는 데에도 목적이 있음을 말해 준다.

이 시는 현존하는 최초의 서사시이면서 후대 문학의 모태가 되고 있다는 의의를 간과할 수 없다. 주몽의 일생은 탄생─기아─양육자─시련과 투쟁─승리의 구조를 보여주며, 이것은 후대 영웅소설의 기본 구조가 되었다. 또한 유화의 수난은 고소설의 여성 수난의 원형이 되었으며, 해모수─주몽─유리로 이어지는 삼대의 골격은 후에 가문소설이 주로 취하는 삼대 구조에 그대로 반영된다.

중세가 건국영웅 서사시의 시대라고 한다면 임진왜란을 겪으면서 영웅서사시는 범인의 서사시로 바뀐다. 물론 《해동악부海東樂府》 같은 영사악부에도 과거의 역사적인 영웅들, 황창랑·김유신·박제상 같은 인물을 노래한 작품이 많다. 그러나 이들 악부시들은 역사적 인물들의 일생을 작품 전반에서 서사적으로 제시하지만, 후반에서 작자의 정서를 강하게 표출함으로써 서사시로 성립되기 어려운 점이 있다.

이 시기에 출현한 서사시들은 대체로 하층백성과 여성을 주인공으로 그리고 있으며, 전쟁 또는 탐관오리의 학정에 의한 백성들의 참상을 묘사한 것과 남녀의 사랑이나 여인의 비극적 생애를 그린 것으로 크게 분류할 수 있다. 백성의 고통을 그린 서사시는 임진왜란 중 홀로 된 과부를 그린 허균의 〈노객부원老客婦怨〉이 있다. 이 작품은 난중에 한 이름 없는 여인이 직면했던 참담한 상황을 통해 임진왜란 당시 우리 백성들이 겪은 고통을 대변해서 보여주었다. 왜적에게 서울이 함락되자 병든 시어머니, 남편 그리고 아들과 피란길에 나섰다가 시어머니와 남편은 왜군에게 살해되고, 아이는 빼앗기며, 자신 홀로 남의 객점에서 더부살이하면서 노역에 시달린다. 후에 아들이 잘살고 있다는 소식을 들었으나 나는 이렇게 시들고 아이는 장성했으니 어찌 알아보겠느냐고 안타까이 체념하면서 "아아 어느 시대라 난리가 없을 수 있으리요마는 저처럼 원통함을 품은 사람은 없을 겁니다."라고 절규한다. 이 시는 작자가 객점에서 만난 어떤 할머니의 신세한탄을 담담하게 그렸지만, 이를 통해 미약한 백성의 가슴 아픈 이야기를 전면에 내세워 난리에 적절히 대비하지 못한 조정에 대한 비판을 시도한 것이다.

남녀의 사랑을 묘사한 것으로는 《삼국사기》에 실린 이광사李匡師

의 〈파경합破鏡合〉이 있다. 가실과 설씨녀의 일을 그린 이 작품은 총 228행으로, 3인칭 객관적 시점을 사용하여 내용이 완전히 서사적으로 재구성되고 확장되었다.《삼국사기》설씨녀 열전은 설씨녀 아버지 대신 변방에 간 가실이 기한이 지나도 돌아오지 않으므로 아버지가 딸을 다른 사람에게 시집보내려 했으나, 딸이 이를 거부하고 도망하려다 뜻을 이루지 못해 안타까워할 때 가실이 돌아왔다는 간단한 줄거리다.

그러나 이 시는 가실과 설씨녀의 결혼 첫날밤 과거를 회상하는 형식으로 재구성된다. 서사도 아버지가 주선한 결혼 대상이 구체적으로 마을 남쪽 석장자의 셋째아들로 시문과 무예, 인물이 뛰어나고 가계가 풍요하며 시어머니 될 분의 성품이 화평하여 혼사를 결정하는 것으로 전개된다. 그러나 설씨녀가 아버지에게 결혼 주선이 떳떳하지 못함을 당당한 논리로 말씀드리고, 결국 아버지가 이에 굴복하는 것으로 확장되었다.

이 작품에서 딸 측의 신의에 대한 적극적인 강조와 승리는 고전적인 전통 위에 있는 것이기도 하지만, 궁극적으로 여성이 수동적인 위치에서 능동적으로 자기 주장을 펴는 위치로 변모된 데에는 그 시대적 의미가 상당히 채색된 느낌을 받는다. 또한 신의의 고귀함을 더욱 부각시켜 감동적으로 그린 것은 신의보다 물질에 더 경도되는 당시의 세태를 경계하는 작자 이광사의 뜻이 포함되어 있을 것이다.

이들 서사시가 하층 여인의 비극을 표출시켜 형상화했다는 점에서 그들의 고통에 관심을 갖는 당시 사대부의 변모하는 의식을 엿볼 수 있는데, 여기에는 무엇보다 하층 여인들이 사대부 가문의 여인들과 같은 열절을 보여준 데 대한 감동이 크게 작용했을 것이다.

그렇기 때문에 이들 서사시에 나타난 여인들의 개가 거부를 순수하게 그들의 자의식의 강화로 보기 어렵고, 동시에 이러한 시를 통해 사대부들이 하층 여인들의 절의정신을 단순히 찬미한 것으로 보기도 어렵다. 어떤 의미에서 이들 서사시에는 여성의 주체적 자각의 성장이라는 긍정적인 측면과, 이와는 상반되게 여성의 정절정신을 하층의 여성들에게까지 더욱 강화시키려는 중세 회귀적 의도도 있을 것이다.

여인의 비극적 생애를 그린 서사시 중에 정약용의 〈도강고가부사道康賈家婦詞〉 360행은 위의 시와는 조금 차이가 있다. 이 작품은 이욕利慾에 눈이 어두운 아버지에 속아 늙고 포악한 소경에게 시집가게 된 한 아름다운 18세 처녀의 비극적인 이야기를 그린 것이다. 주인공은 자신보다 나이 많은 전처 자식들과 남편의 학대를 견디다 못해 친정에 돌아와 "다시는 여자의 도리 돌보지 않으렵니다."라고 절규한다. 그러나 어머니의 간곡한 말씀을 듣고 시가로 돌아가고, 결국 며칠 뒤 다시 집을 나와 중이 되며, 이 사실을 알게 된 소경이 거짓으로 소장을 올려 관가로 끌려간다.

살기 어려울 때 여자가 중이 되는 것은 많은 작품에서 나타난다. 그러나 여자의 도리는 상관하지 않겠다면서 시집을 몰래 떠나 스스로 중이 되는 소경 아내의 행동에서 그의 강한 자의식이 엿보이고, 그렇기 때문에 어머니의 개가 권유에 귀를 막고 "차마 들을 수 없군요."라고 거부하는 것은 사대부 여인들의 열절에 대한 지향과는 차이가 있다.

그것은 시인이 이 시의 핵심을 여인의 열절보다 오히려 혈족 사이에서도 나타나고 있는 도덕관의 타락에 귀결시키고 있는 점에서도 보여진다. 이 작품에서 단순히 청자 또는 방관자의 입장을 취하고 있는 시인은 구경꾼들의 웅성거림을 통해서 간접적으로 그의 시각을 전달하는데, 그들의 비판은 이욕에 눈이 어두운 아버지에게 집중되어 있다.

骨肉忍相詐 　아비와 자식 간에 서로 속이다니
錢糧是何物 　돈이다 곡식이다 이게 다 무어기에
利欲令智昏 　이욕이 사람의 슬기를 어둡게 하여
恩愛乃能割 　온정 사랑 모두 끊을 수 있단 말인가

이처럼 이 시는 다른 범인 서사시와는 달리 하찮은 집안의 여자인데도 개가를 거부한다는 점을 강조하지 않고, 대신 사건의 핵심을 인륜도덕의 타락이라는 사회적 문제로 끌고 간 점이 특이하다.

그 밖에 김려金鑢의 작으로 알려진 〈고시위장원경처심씨작古詩爲張遠卿妻沈氏作〉은 완본이 전하지는 않으나 주목되는 작품이다. 양반 신분인 파총이 길 가는 도중에 백정의 집에 들어가 대접을 받으면서 그 집 딸 방주를 며느리로 삼겠다는 청을 하는 내용이다. 신분을 내세워 이를 받아들이지 않는 방주의 아버지에게 파총은 서슴없이 "천하가 모두 동포인데, 겸양이 너무 지나치네요.四海皆同胞, 謙讓太過當." 라고 말하는 등 작자의 신분 타파 의지가 엿보인다. 그러나 작품의 서사 부분에 "세상 사람에게 부탁하니, 내가 괴롭게 우는 처지를 생각해 주오. 여자로 태어나 탕자의 처 될 바에 얼어 죽는 것이 나으리."라는 구절은 파총의 아들과 방주의 결합이 비련으로 끝날 것임을 암시하고 있어, 이것 역시 여성 비극 서사시 계열에 속하는 작품으로 보인다.

조선 후기 범인, 특히 여성 서사시는 오언고시 형태가 압도적으로 많고 장시라는 점이 특색이다. 〈향랑요香娘謠〉 140행, 〈단천절부端川節婦〉 200행, 〈파경합〉 228행, 〈도강고가부사〉 360행, 〈보은금報恩錦〉 제3수 264행, 〈고시위장원경처심씨작〉은 720행이다. 이것은 당시 산문화 추세 또는 소설문학의 성행 등과 관계가 있을 것으로 추측되는데, 서사 한시의 내용이 당시 소설과 여러 측면에서 궤적을 함께하는 점이 상당히 보이기 때문이다. 그러나 또 한편 서사시의 내용이 하층 백성을 주인공으로 하여 신분의 붕괴·도덕관의 상실·여성 수난·비극적 결말 등을 생생하게 묘사하는 등, 소설에 비해 사실성에 한층 근접했다는 점에서 그 의의가 크다.

3. 산문의 유형별 양상

1) 정통 산문

《동문선》이 분류한 48종의 문장 갈래는 글의 목적과 용도에 따라 일정한 대상에게 쓴 문장과, 정해진 대상 없이 작자 개인적인 의도로 쓴 것, 그리고 특정한 행사에 쓰이는 문장 등이 주종을 이룬다. 일정한 대상에게 쓴 문장에는 임금이 신하에게 주는 글과 신하가 임금에게 올리는 글로 나눌 수 있는데, 전자의 경우도 임금을 대신하여 신하가 작성하는 것이 대부분이다. 그 밖에 관리 상호간이나 백성들에게 주는 공적·사적인 글이 있다.

특정한 행사에 쓰이는 글은 본래 시가 중심이지만, 그 글의 저작 배경이나 시서에 해당하는 부분이 있어 산문에서도 취급될 수 있다. 그 나머지가 작자 개인적인 의도에 따라 지은 것인데, 대체로 어떤 사건의 경과나 자신 또는 타인의 시문이나 저서에 대한 느낌을 기록하는 문장, 어떤 주장에 대해 시비를 가리고 원의와 이치를 따지거나 변백辨白하는 문장, 인물의 전기 등이 있다.

이 갈래들은 서거정이 중세 산문의 규범 유형으로 제시한 것이지만, 서거정 당시만 해도 《금오신화金鰲新話》 같은 소설이 나와 이미 그가 분류한 48종으로는 포괄하기 어려웠고, 조선 후기에는 소설·야담 같은 허구문학이나 여행록 같은 기행문이 많이 나타나 《동문선》의 유형을 거의 완전히 벗어났다. 삼국·통일신라의 정통 산문으로는 광개토대왕 비문과 신이한 승려의 전, 주의奏議에 속하는 설총薛聰의 〈풍왕서諷王書〉(일명 〈화왕계花王戒〉)가 있고, 고려 전기에는 외교적인 표문表文이 주목된다. 무신집권기 이후부터는 문집이 남아 있어 문인들 대부분이 여러 갈래의 산문을 남겼으나, 특히 임춘林椿(고려 의종과 명종 무렵)과 이규보의 서신은 당시 문학론을 알 수 있는 귀중한 자료다. 그 밖에 전과 기가 관심을 모았는데, 기 작품 가운데 특히 고려 때부터 조선 초기의 '누정기樓亭記'는 도문일치道文一致의 문학적 이상을 구체적으로 실천하고 있어, 조선 전기의 문학경향을 잘 반영하고 있는 것으로 파악된다.[5]

여기서는 다양한 문장 갈래 가운데 대표적인 것으로 전·몽유록·소설·여행록·비평 등을 간단히 논한다.

2) 전

임춘, 이규보 등에 의해 고려 중기에 처음 나타난 가전假傳은 원래

---

5 김은미, 〈조선 초기의 누정기 연구〉, 박사학위 청구논문(서울: 이화여대, 1991).

사마천司馬遷이 《사기史記》 열전을 창시함으로써 시작된 전의 일종이다. 고려 중기에 이러한 가전이 나타난 것은 이미 전통적으로 〈조신전調信傳〉《고승전高僧傳》《삼국사기》 열전 등 사람의 일생을 서술하는 문학 갈래와, 〈화왕계〉 같은 의인문학의 형태가 축적되고 있었고, 덧붙여 한유의 〈모영전毛穎傳〉을 위시해서 당·송의 가전이 당시 문사들에게 많이 읽힌 데 기인한다.

무신의 난 시기에 지어진 〈국순전麴醇傳〉〈공방전孔方傳〉 등이 사물과 동물을 의인화한 데 비해, 고려 후기에 나온 〈죽부인전竹夫人傳〉은 인간의 덕목을 의인화했다. 조선 초기에 나온 〈저생전楮生傳〉은 종이로 문인을 형상화해서 이를 통해 문인의 임무를 서술했는데, 가전이 주로 도덕적이고 규범적인 인간상의 확립을 중심으로 하던 것으로부터 그들의 임무로 관심을 전환시킨 점이 특징이다.

이러한 변모는 인간의 성정 문제를 깊이 천착하던 조선시대에 와서 인간의 심성을 의인화하는 임제林悌의 〈수성지愁城誌〉가 등장한 데서 더욱 분명히 나타나고 있거니와, 이로써 가전이 작자의 위상 변화나 시대정신의 변모와 병행함을 보여준다. 그러나 한편으로 〈주장군전朱將軍傳〉처럼 희화적이고 골계적인 작품이 나온 것은 가전이 보여주는 지나친 감계성에 대한 반발일 수도 있다. 가전은 본래 단편적인 중국의 고사를 한데 엮어놓은, 문인들의 희화적이고 골계적인 희필戱筆과 관계 있기 때문이다.

가전은 삽화적 구조로 이루어져 있지만 삽화 사이에 인과관계는 없다. 삽화는 모두 중국역사에 나타난 인물들의 고사로, 소재와 관련된, 그러나 서로 전혀 관계 없는 역대 인물들의 고사를 한데 엮어 주인공의 행적을 형성함으로써, 이러한 사물이 인간에게 미치는 공과功過를 한 인물의 입전 형태로 설명하고, 이를 통해 인간이 추구해야 할 도덕적 진실성, 규범적 인간상의 확립을 시도한다.

작품 말미에는 논찬論贊이 있어 객관적으로 묘사된 앞의 행적 부분과는 달리 서술자의 개입이 분명히 드러난다. 여기서 서술자는 사관史官 신분으로 입전인물의 가치를 평가한다. 전이란 어디까지나 실재 인물의 사실을 기록한 것이므로, 가전의 경우 이 논찬은 허구의 개입으로 초래했을 진실성의 약화를 사관의 객관적인 공적 논평으로 보상하려는 서술자의 의도가 숨어 있는 것으로 풀이된다.[6]

《동문선》에 따르면 이외에도 탁전托傳·가전家傳 등도 보이는데, 탁전은 보통 자신을 다른 사람처럼 가탁假托하여 쓰는 것이다. 고려 후기의 탁전으로 이규보의 〈백운거사전白雲居士傳〉과 최해崔瀣의 〈예산은자전猊山隱者傳〉이 있다. 이들은 무신의 난 이후 지방의 중소 지주층에서 새로이 중앙 정계로 진출한 신흥 사류士類 또는 사대부들이 자신들의 정체성을 확보하기 위해 쓴 것으로 간주된다.

고려 말에는 탁전 대신 한 가문이나 개인의 사적인 전기를 의미하는 가전이 다수 저술된다. 이색·이숭인李崇仁·정도전·권근 등 성리학을 받아들인 이들은 충·열·효의 인물들을 다룸으로써 신유학 이념을 고취시켰다. 이들 작품에서 충·효·열 등의 덕목을 강조한 것은 신흥 사대부가 이러한 전기를 통해서 자기들의 가치규범을 널리 고취하려는 의도로 보인다. 조선 전기에는 훈구와 사림, 방외인 세 계열의 형성에 따라 청렴한 하위직 관리의 전, 절의를 지킨 이들의 전, 사화를 당한 이들의 전, 도가인물의 전, 열녀전 등이 있다. 전은 당대 역사적 사건과 사상적 변화를 밀접하게 반영하면서 입전인물들이 자신이 속한 세계의 부정적 특질을 비판하거나, 반대로 자

---

6 성기옥, 〈전의 장르론적 검토〉, 《울산어문논집》(울산: 울산대학 국문과, 1984) 참조.

신들의 행위에 대한 명분을 확립하고 옹호하는 데 이용되고 있음을 보여준다.[7]

그러나 '기록서사 양식이면서 인물중심 기술인 전'이 성황을 이룬 것은 조선 후기에 들어와서다. 역관·예능인·유협游俠 등 중인층 또는 일반 서민이 주로 입전되어 고려 말·조선 전기의 입전 대상과 유사하다. 그러나 입전 목적이 지배계급으로서 하층민들에게 가치규범을 주입해서 통치를 용이하려는 데 있었던 고려 말·조선 전기의 전과 달리, 조선 후기의 것은 이들 중인으로부터 상층 인물에게서 찾기 어려운 새로운 덕목을 발견하고, 이를 부각시키기 위해 저술한 것이다. 이처럼 이들 전 작품은 신분으로 제한할 수 없는 인간의 본질을 드러낸다는 점에서 큰 의미를 지닌다.

조선 후기의 전은 그 고유 영역을 지키기보다 인접 갈래와 결합함으로써 조금씩 그 성격이 변질되면서 전의 소설화, 전의 역사화, 전의 야담화가 일어난다. 위에서 기술한 바와 같이 전의 가장 큰 특징은 입전인물을 통해서 작자의 도덕적 의지나 규범적 인간상을 제시하는 데 있다. 인과적 상관성이 약한 몇 개의 삽화가 하나로 엮일 수 있었던 것은 바로 이러한 작자의 도덕적 의지나 이념 덕분이다. 그러나 조선 후기에 들어와 전대의 규범적 가치가 동요하면서 전의 주제적 입지도 흔들리게 된 것이다. 이러한 전의 소설화는 허균·박지원·이옥李鈺의 전에서 볼 수 있다.

---

7 박희병, 《한국고전인물전 연구》(서울: 한길사, 1992), 16~80쪽.

3) 몽유록

몽유록은 조선시대 지식층 작자들이 꿈을 빌려 자신의 심회나 현실을 비판하거나, 이상세계를 설정해서 그의 지향의식을 묘사하는 허구적 서사문학의 일종이다. 몽유록 화자들은 몽유 사실을 실제 체험인 것처럼 기술하고 있으나, 이것은 꿈을 의탁하여 사건을 서술하는 허구적인 가탁의 양식으로 인식된다.

서사 양식 중에 꿈을 모티프로 한 서사를 몽유 양식으로 지칭한다면, 허구적인 몽유 양식에는 몽유록 외에 〈조신전〉〈남염부주지南炎浮洲志〉 같은 전기소설傳奇小說,《구운몽九雲夢》 같은 몽자류夢字類 소설 등이 있다. 몽유록은 인생의 한 단면을 그린다는 점에서 《구운몽》 같은 몽자류 소설과 다를 뿐 아니라, 꿈에서 깨어난 후에도 꿈꾸기 전과는 다른 인생에 대한 새롭게 변화된 시각을 보여주지 않는다는 점에서 전기소설과도 차이가 있다.

몽유록에서 가장 관심을 끄는 것은 현실비판 지향의 작품들이다. 세조찬위世祖纂位, 임진왜란 등 역사적 사건을 체험하면서 풀 수 없었던 억울한 일들을 꿈속에서 논의하는 것이다. 〈원생몽유록元生夢遊錄〉에서는 단종과 사육신이, 〈강도몽유록江都夢遊錄〉에서는 강화도가 청나라 군사들에 의해 함락되면서 목숨을 잃게 된 14명의 부녀자가, 〈달천몽유록達川夢遊錄〉에서는 충주 달천에서 왜병과 싸우다 죽은 이름 없는 군사들이 등장해서 자신들의 억울함을 토로한다. 작자는 이를 통해 세조와 그를 따르던 무리들, 세조정권의 정통성, 강화도의 함락과 국가를 위해 절의를 지키지 못한 조정의 신하들, 패전 장수 신립申砬·원균元均 등을 날카롭게 비판한다.

몽유록 중에는 위와는 달리 꿈속에서 이상을 추구하는 작품도 적지 않다. 이것은 꿈이 갖는 '이상실현'의 기능과 관련 있는 것으로, 현실비판의 몽유록이 작자의 공적인 비분이나 원한을 서술한다면, 이상실현 몽유록은 작자가 처한 현실의 개인적인 좌절을 묘사한 것이다. 〈대관재몽유록人觀齊夢遊錄〉의 주인공은 꿈에 문장왕국에 들어가 왕의 인정을 받고 온갖 부귀영화를 누리다가 꿈에서 깨어나 현실로 돌아오는데, 그의 몽유는 오히려 꿈을 깬 후 현실에 대한 좌절감을 더욱 증폭시킬 뿐이다. 이와 달리 〈안빙몽유록安憑夢遊錄〉은 이상세계에 들어가보나 거기에도 문제가 있는 것을 보고 현실을 다시 깨닫는 내용으로, 꿈을 통해 자아의 변모가 엿보이기는 하지만, 환몽구조幻夢構造를 가진 작품들에서 주인공이 꿈에서 깨어난 후 인생에 대해 초탈한 시각을 갖게 되는 것과는 차이가 있다.

서술자·몽유자의 역할은 몽중 사건의 참여자이기도 하고 방관자이기도 하지만, 서술자의 역할과 작품의 함의가 어떤 상관성이 있는 것 같지는 않다. 현실비판형 작품 중에도 두 가지 유형이 모두 존재하고, 이상세계를 그린 작품에도 마찬가지다. 두 유형 모두 현실에 만족하지 못한 인물들이 묘사되는데, 대체로 참여자형이 현실에 불만과 좌절을 더욱 많이 느낀다. 그렇기 때문에 참여자형의 작품이 현실비판이나 이상세계에의 동경을 좀 더 강하게 나타내지만 그들이 의도하는 바를 객관화·보편화하는 데는 방관자형의 소설만 못하다. 〈원생몽유록〉이나 〈대관재몽유록〉보다 〈강도몽유록〉이나 〈달천몽유록〉이 독자에게 한층 설득력 있게 다가오는 것은 이 때문이다.

현실비판적인 몽유록은 임진왜란 이후에 다수 지어졌다. 조선 전기 세조의 찬위·사화 등 사류들이 번번이 화를 당하면서 축적된 울분이 임진왜란 이후 지배층의 무능과 허위를 체험하면서 작품으로 표출되었는데, 이때 새로운 문학양식으로 등장한 것이 몽유록이다. 이러한 현상은 구한말 또는 일제 강점 이후에 한글로 된 몽유록계 작품들이 출현하는 데서도 나타나거니와, 이를 통해 이 갈래가 지니는 대사회적·역사적 함의가 드러난다.

4) 소설

그동안 한국문학사에서는 한문소설의 시작을 《금오신화》로 보면서 이를 초기소설 또는 '전기소설'이라고 불렀다. 전기소설은 문사들이 화려한 변체에 가까운 문언으로 남녀의 이합離合이나 신이한 이야기를 저술한 작품들을 가리킨다. 그러나 몇몇 학자가 전기소설의 시작을 《금오신화》 이전의 서사전통에서 찾으려는 시도를 활발하게 벌이고 있어, 과거 《금오신화》를 구우가 지은 《전등신화剪燈新話》와의 관련하에 보던 시각에 재고를 요한다.

《금오신화》에는 〈만복사저포기萬福寺樗蒲記〉〈이생규장전李生窺墻傳〉〈취유부벽정기醉遊浮碧亭記〉〈남염부주지南炎浮洲志〉〈용궁부연록龍宮赴宴錄〉 등 다섯 편의 전기소설이 수록되어 있다. 〈이생규장전〉은 재자가인才子佳人의 만남과 사별, 생사를 초월한 만남, 그리고 영원한 이별의 이야기다. 이 작품의 두 주인공 이생과 최랑은 담장을 사이에 두고 우연히 시를 주고받다가 서로 만나 정을 통한다.

두 사람은 함께 며칠을 즐겁게 보내나 이생이 부모의 염려를 걱정하고 최랑이 이를 옳게 여겨 두 사람은 이별하기에 이른다. 주인공들의 행동 저변에 깔려 있는 윤리의식은 김시습 작품 전반에 공통적으로 나타나고 있다. 두 사람은 남녀의 본능을 우위에 두었지만 그것은 언제나 기존 도덕관과 아름답게 조화되고 있다.

그러나 그들의 결합이 자신들의 결정에 의해 이루어졌다는 점에서 그들이 부딪쳐야 할 세계와의 대결 또한 치열할 것으로 보인다. 먼저 여인이 대결해야 할 일차적 대상은 부모였으나, 그 부모는 도덕적 명분이 딸의 목숨보다 우위에 있을 수 없다는 점에서 딸의 뜻을 따른다. 이것은 결국 부모가 "남녀가 서로 사랑을 느낌은 인간의 정리로서 중대한 일"이라는 딸의 주장을 받아들인 것을 의미하는 것으로, 말하자면 인간의 감정이 명분화된 윤리보다 우위에 있음을 인정한 것이다.

최랑의 부모는 딸을 받아들이기는 했으나, 이생을 사위로 맞이하기 위해서는 대결해야 할 세계가 또 있었다. 양가가 문벌에서는 별차이가 없으나 최씨의 딸을 데려오기에는 이생의 집이 매우 가난했던 것으로 보인다. 오직 딸을 살리려는 부모의 사랑이 이러한 사회적 신분의 편차도 무시할 수 있게 한 것으로, 이렇게 명분이나 신분 등을 현실에서 극복될 수 있는 요인들로 바라본 작자의 시각이 주목된다.

두 사람의 행복에 분기점이 되는 것은 홍건적의 난이었다. 주목되는 것은 이들의 행복을 막으려는 세계의 횡포로 인간의 탐욕에 의해 일어나는 전쟁을 설정했다는 것, 전쟁 중에서도 외국의 침략을 들었다는 것이다. 홍건적의 난은 어떤 한 개인의 불행을 넘어서 고려를 멸망으로 끌고 간 전쟁이라는 점에서, 한 부부의 불행을 야기한 요인으로 설정한 이면에 그의 민족의식이 상당히 작용하고 있었으리라는 점 또한 무시할 수 없다.

홍건적의 난을 기점으로 작품의 후반을 전반과 구분할 때 가장 변모된 인물은 이생이다. 이생은 본래 담장 안의 처녀를 엿본 세속적인 인물로, 최 여인과 사랑을 나누게 되었으면서도 최랑을 처음

대면하자마자 두 사람의 관계가 부모에게 누설되어 꾸지람 들을 것을 두려워하는 시를 읊어 최랑의 비난을 받기도 한 사람이었고, 또한 대과人科에 합격하여 높은 벼슬에 오른 것을 보면 영달에도 큰 뜻이 있었다.

그러나 죽은 최씨를 만난 이후에는 모든 인간사를 완전히 잊고 친척과 빈객賓客의 길흉사에도 문을 닫고 밖에 나가지 않는, 인간세계의 명분이나 영달에 무심한 인물로 변모한다. 따라서 그들의 생활은 시부모-자식의 수직관계와 이웃-친척의 수평관계가 총합되는 사회적 인간관계 속에서 이루어지지 않고, 사회와 인간으로부터 단절된 오직 둘만의 좌표 없는 생활을 영위한다. 이생이 전반부와 달라지지 않은 것이 있다면 오직 부모에 대한 지극한 정성이다. 이러한 부자윤리를 중시하는 점은 작품 전반에 걸쳐 일관성 있게 나타난다.

그들의 행복한 생활은 곧 영원한 이별로 이어진다. 여인이 떠나고 이생은 몇 달 후 병사하는데, 작자는 이 작품에서 죽음이 피할 수 없고 어길 수 없으며 공정한 것임을 강조한다. 김시습은 〈생사설生死說〉에서 기氣가 모이면 태어나서 사람이 되고 기가 흩어지면 죽어서 귀신이 되는데, 이때 기는 천지로 복귀한다고 주장했다. 결국 죽음이란 무無라는 의미로, 그는 죽음의 엄숙함을 부각시키면서 이를 미화하지 않았다. 이러한 작자의 현실주의적 태도는 〈만복사저포기〉에서 죽음과의 대결을 불교로써 해결해 보려 했으나 실패한 데서도 드러난다.

그렇기 때문에 이생과 최랑은 고립무원한 가운데 자력으로 세상과 대항했으며, 최랑이 떠난 후 이생은 산속으로 은거하거나 종교에 의탁하지 않으면서 자기의 행복을 부당하게 앗아간 세계와 정면

으로 대결하다 병들어 죽은 것으로 보인다. 따라서 이생은 표면적
으로는 세계의 횡포에 패배한 것으로 보이지만, 그들의 절의가 세
상 사람들과의 인정과 찬탄을 받음으로써 실질적인 승리를 거두었
다고 볼 수 있다.

《금오신화》다섯 편 가운데 〈이생규장전〉처럼 남녀의 이합을 다
룬 것으로 〈만복사저포기〉와 〈취유부벽정기〉가 있다. 전자는 남자
주인공이 직접 유계幽界의 여인을 만나는 것으로 되어 있고, 후자에
는 남녀 간의 성애가 나타나지 않는다. 세 편 모두 주로 시의 창화
唱和를 통해 남녀 간의 애정 표출이 이루어진다. 이처럼 전기소설은
아름다운 문장과 함께 문사들의 시문 과시의 대상이 됨으로써 고소
설과 다른 전기소설의 특성을 이루고 있다.

〈남염부주지〉와 〈용궁부연록〉에서는 자아와 세계의 갈등보다는
자아의 이념이나 현실비판을 일방적으로 전달하거나 이상세계를
설정함으로써 서사의 영역을 넘어 교술 갈래에 가깝게 다가갔다.
이와 같이 단순히 남녀의 이합을 다루던 전기소설이《금오신화》에
이르러서는 이념을 표출하거나 현실을 비판하는 교술 갈래로까지
영역 확대가 시도되었으며, 자아와 세계와의 대결이 심각해지면서
비극성이 심화되었다.

《금오신화》이후의 전기소설은 주로 남녀의 이합을 다루는 것으
로 거의 단일화되었고, 전기소설과 구별되는 몽유록이라는 새로운
서사 갈래가 탄생함으로써《금오신화》에서 시도된 교술적인 내용
은 더 이상 이어지지 않았다. 이들 전기소설의 문장은 이전의 작품
들이 엄정한 대구와 화려한 문체로 이루어졌던 것과는 달리 비교적
소박한 고문으로의 변화를 보여준다. 그러나 신이하고 기이한 이야
기를 전한다는 작자의 저술의도가 엿보이고 있어, 바로 이 점이 전

기소설의 일관된 전통을 형성한다.

이들 작품이 보여주는 또 하나의 공통점은 사건의 전개가 역사적 사실과 밀착되어 있다는 점이다. 권필의 〈주생전周生傳〉, 조위한趙緯韓의 〈최척전崔陟傳〉, 작자 불명의 〈위경천전韋敬天傳〉은 임진왜란과 병자호란을 배경으로 하고 있다. 특히 〈최척전〉은 임진왜란으로 인한 가족의 이산·포로생활·만주족의 발흥과 요동 정벌, 조선 장수 강홍립의 출전 등 사건이 역사적 사실과 밀착되면서 전쟁에 따른 일반 백성들의 어려움을 실감나게 묘사하고 있다. 이 소설들은 〈이생규장전〉과 달리 유계 인물이 출현해서 현실계의 인물과 정을 나누는[交歡] 장면이 없고, 대신 살아 있는 남녀 간의 애정이 플롯을 주도하고 있다.

그 후 전기소설은 사실성이 고조되는 새로운 시대에 맞게 신이성을 배제하면서 한문으로 된 전傳과의 결합으로 살길을 찾은 것으로 나타난다. 이옥의 〈심생전沈生傳〉에서 암시되듯이 이 시기에 주도적 역할을 한 것은 전의 소설화다. 전의 소설화는 아래에서 서술할 한문단편의 성행과도 상관성이 있는 것으로 보이는데, 고려 때부터 지속적인 전통을 보여준 전은 조선 후기 하층 또는 중인층, 그리고 일사逸士들의 인물전이 성행하면서, 그들의 행적을 항간에 유포된 내용들에 많은 근거를 둠으로써 야담집 소재 한문단편과 그 내용을 함께하게 된다. 이렇게 조선 후기에는 전·소설·야담의 혼재, 그리고 상호 영향 때문에 그 갈래 구분이 미묘한 경우가 많다.

조선 후기를 여는 소설로는 전과 소설 양 방면에서 모두 취급되는 허균의 〈장생전蔣生傳〉〈손곡산인전蓀谷山人傳〉〈엄처사전嚴處士傳〉〈장산인전張山人傳〉〈남궁선생전南宮先生傳〉을 들 수 있다. 소설사에서는 일사소설逸士小說이란 명칭으로 불리고 있다. 이들 주인공에게는 남다른 점이 있어 세계와 화합하지 못하는데, 작자는 이들과 세계의 갈등을 효과적인 구조를 통해서 흥미 있게 형상화시켰다. 그러나 작품 말미에 붙은 외사씨왈外史氏曰, 허자왈許子曰은 입전인물들의 행동에 허구성이 개입함으로써 전기적 진실성이 약화되는 것을 막기 위해 작자 허균이 설치한 허구의 사실화 장치로 볼 수 있고, 이러한 점에서 이 작품은 본질적으로 전의 전통 속에서 지어진 것이라 볼 수 있다.

박지원과 이옥의 작품 역시 전·소설·한문단편과 모두 관계 있는 것들이다. 박지원의 작품은 모두 9편으로, 〈열하일기熱河日記〉에 수록된 〈허생전許生傳〉〈호질虎叱〉이외의 7편은 모두 《연암집燕巖集》의 〈방경각외전放璚閣外傳〉에 실려 있어 그 작품들을 주인공들의 실제 전기로 보여주려 한 작자의 입전의식을 엿볼 수 있다. 동시에 '외전外傳'이라는 명칭에는 한문단편이나 소설에 귀속시킬 수 있는 작자의 허구화 의도 역시 숨어 있음을 알 수 있다.

이들 작품의 주인공인 행수 같은 천인과 역관·무관 출신의 이야기꾼, 신선이 되려고 세상을 회피한 인물들은 신분이 낮으면서도 사대부층이 본받을 만한 덕성이나 장점을 지닌 사람들인 반면, 양반사회의 주인공들은 그들의 학문·정책·생활·우도友道를 가식과 허위·술수에 의존하고 있어, 부조리한 현실의 실상과 이면이 적나라하게 드러난다.

이옥의 소설은 연암의 작품들에 비해 더욱 다양한 인물군과 사건을 다룬다. 이것은 작품의 수효가 훨씬 많은 데 기인하기도 하지만, 무엇보다 작자가 당대 구전되는 설화에 적극적인 관심을 가졌기 때문으로 보여진다. 그래서 그의 작품에는 호랑이나 귀신 이야기, 여항에서 일어나는 사소한 일들부터 당시 야박하게 변해 가는 인심과 세태가 부목한浮穆漢·장님·거지·사기꾼·여성 등을 통해 흥미롭게 묘사되었다. 그중 〈심생전〉은 중인 처녀와 사대부 남자의 비극적인 사랑을 그린 것이고, 〈유광억전柳光億傳〉은 과시科詩를 팔아 생계를 꾸리다가 관가의 조사를 받게 되자 자살한 유광억에 관한 이야기다. 전자에서 인간의 본성을 가로막는 신분문제를 거론하고 있다면, 후자에는 과거의 시제試題가 유출되는 것도 큰일이지만, 이면에는 이렇게 돈으로 답안지를 사서 합격한 자들에게 맡겨진 국가의 운명에 대한 염려와 비판이 함축되어 있다.

위의 작품들과는 달리 조선 후기에는 한문단편 또는 야담계 단편소설 등으로 불리는 일군의 작품들이 출현했다. 여기에는 사대부들의 일상생활에서 일어난 자질구레한 일화, 여항에 구전된 황당무계한 전설과 민담, 한시를 둘러싸고 일어난 사건이나 생각을 적은 일종의 시화, 유가 이념을 드러내기 위해 작성된 교술들부터 당대 현실을 심각한 문제의식에 입각해 형상화한 소설에 이르기까지 여러 종류의 갈래가 포함되어 있다. 이 작품들이 보여주는 다양한 성격에도 불구하고 일괄해서 야담이라는 모호한 개념으로 부르거나, 한문단편이라 하여 이들 내용이 갖고 있는 소설적 특성을 드러내기도 한다.

이들은 체험자의 자기 진술이기도 하지만, 무엇보다 당시 야담은 여항에서 거듭 구연되는 과정을 거치면서 조선 후기의 사회·경제적 현실은 물론 급격히 변모한 당대인의 가치관·신분의식·정신적 풍토까지도 사실적으로 반영한다는 점에서 주목을 받았다. 19세기에는 《청구야담靑邱野談》《계서야담溪西野談》《동야휘집東野彙輯》이 한꺼번에 나왔는데, 이 시기에 들어오면 야담계 작품은 양적으로나 질적으로 상당한 수준에 도달한다.

야담은 서사문학사적으로 보아 초기 양태인 설화에서 발전된 단편으로 간주된다. 따라서 야담은 서민층의 생활감정과 사회, 인간 개개인의 문제를 그대로 진술하게 표현해서 소설로 발전하는 과정에 있는 것이기는 하나, 설화적인 성격도 갖고 있다는 점을 소홀히 할 수 없다. 그동안에는 야담집의 전반적 성격이 어떤 것인가 하는 문제보다 야담집에 실려 있는 작품들 중 소설적인 것이 어떤 성격을 갖고 있느냐가 주된 관심의 대상이 되었기 때문에, 야담체·서사체의 다양한 성격 중 어느 한 면만이 과장될 위험이 있었던 것이다. 실제로 조선 후기 야담집에 실려 있는 단형 서사 갈래를 전설·민담·소담·사대부와 평민의 일화·야사·야담계 단편소설 등으로 나누어 볼 수 있어 이들 야담을 한문 단편소설 일변도로 보기는 어렵다.

야담계 단편소설은 전대의 열전계와 전기소설계로 분류할 수 있다. 후자가 사대부의 필요성에 따라 사대부에 의해 사대주의적 세계관에 대응되어 성립된 데 비해, 전자는 애초 당대 하층민의 필요성에 따라 민중들에 의해 그들 자신의 세계관에 대응되어 발생·발달한 소설적 이야기들이 특정 작자의 손을 거쳐 기록으로 옮겨진 것으로 본다. 그러나 야담계 작품도 후기로 갈수록 작품의 내용과 서술시각이 유형화되면서 그 위치가 위축된다.

5) 여행록

조선 후기에는 피란·유람·유배 등에서 비롯한 국문·한문으로 된 기행문 외에 해외 체험을 기록한 여행록들이 많이 저작되어 새로운 세계에 대한 경이와 인식을 불러일으켰다. 청과 일본에 보내는 대규모 사절단에 참여한 문사들이 여행지에서 얻은 문견과 이에 대한 새로운 인식은 조선 후기 변모하는 시대정신에 중요한 몫을 담당한 것으로 보인다.

이들 여행록은 청의 경우 '연행록燕行錄' '연행일기燕行日記'라는 명칭으로, 일본의 경우는 '해사일기海槎日記' '동사록東槎錄' 등의 명칭으로 불린다. 청의 연행록 가운데는 김창업金昌業의 〈연행일기燕行日記〉, 홍대용洪大容의 〈연기燕記〉, 박지원의 〈열하일기〉, 김경선金景善의 〈연원직지燕轅直指〉가, 일본의 사행록使行錄으로는 남용익南龍翼의 〈부상록扶桑錄〉, 신유한申維翰의 〈해유록海遊錄〉 그리고 조엄趙曮의 〈해사일기〉 등이 유명하다. 저자는 사신들 중 정사·부사·서장관·제술관·역관·자제군관 등으로 다양하며 대체로 일기의 형태로 기술되었고, 중간에 시·일화·새로운 정보 등이 포함되어 있다.

연행록의 백미로 일컬어지는 〈열하일기〉는 박지원이 1780년 5월 25일 청의 고종 70세 축하식에 참석차 떠나는 정사 박명원朴明源의 자제군관으로 북경과 열하를 여행하고, 10월 27일 서울에 도착하기까지 약 5개월 동안의 체험을 적은 것이다. 이 책에서 저자는 단순히 여행기로 불릴 수 없는, 시대에 대한 자신의 심오한 시각과 인식을 보여주고 있다.

〈열하일기〉의 편제는 총 26편으로 구성되며, 각 편은 또 수많은 내부 작품을 포함하고 있다. 사행록의 일반 형식과 달리 〈열하일기〉는 여행의 경위를 날짜별로 기록하면서, 동시에 중요한 사항들은 기記·록錄·필담 등의 형식으로 독립시켜 편 중간 또는 편 말에 배치하는 형식으로 구성되었다. 특히 이 책은 일기라는 제명이 붙어 있지만, 이 책에서 일기형식으로 서술된 부분은 26편 중 〈도강록渡江錄〉에서 〈환연도중록還燕途中錄〉까지 7편이다. 일기를 사신이 압록강을 건너는 〈도강록〉부터 시작한 것이나 또 연경에서 서울로 돌아오는 과정의 일기가 없는 것도 일반 사행록과 다른 점이다. 북경과 열하 체류 과정은 더욱 다양한 형식을 사용하여 기록하고 있다. 북경 체류 중에 중국 사대부들과 교제하고 필담한 내용, 각종 명소를 관광한 내용 등을 각 주제별로 통합하여 시화·잡록·소초小抄의 형식으로 정리했다. 이러한 형식을 통해서 박지원은 그의 학문·종교·예술·사상관·현실인식·문명비판·역사적 안목을 총체적으로 보여주고 있다.

〈열하일기〉는 압록강을 건너는 서두 부분부터 물을 건너는 크고 작은 어려움을 지속적으로 묘사한 것으로 보아 강이 단순하지 않은 의미를 함축하고 있는 것으로 보인다. 그렇기 때문에 연암이 자신의 여행록을 〈도강록〉으로 시작한 것은 암시하는 바가 매우 크다. 당시 장마를 맞아 물살이 거세었고 혼탁한 물결이 하늘에 닿았던 압록강의 장관은 새로이 일어나는 청을 상징하기도 했다. 그는 강을 건너 책문柵門을 바라보면서 그 번화함에 처음에는 "한풀 꺾이어" 돌아가고 싶다는 생각까지 들지만, 이것이 시기심에 기인하는 것임을 반성한다. 이러한 의식의 배경에는 그가 생각하는 민족사상의 개념이 당시 사대부의 옹졸하고 편견에 사로잡힌 것과 다른 점이 있음을 말해 준다. 중국에 사행한 조선인들이 청의 뛰어난 예의·풍속·문물을 경멸하고, 청의 조정에서 읍하는 것조차 부끄러워하는 것, 청의 문장을 무시하는 것, 청에서 벼슬하는 사람들을 난신적자亂臣賊子처럼 대하는 것 등을 비판한 데서도 알 수 있는 바와 같이 연암의 대청관은 청을 인정하는 데서 출발한다.

먼저 주목되는 것은 연암의 문명의식이다. 연암은 중국 제일의 장관이 기와 조각과 더러운 흙에 있다고 말하고 있거니와, 그가 중국에서 탐색한 것은 겉으로 드러난 물질의 번영이 아니라 오히려 이를 가능하게 한 배후의 힘이었고, 궁극적으로 이를 우리의 생활에 어떻게 연결할 수 있는지를 보려 했다. 강을 건너면서부터 벽돌·기와·온돌·굴뚝 등에 보인 관심은 바로 하찮고 보잘것없는 물건 하나라도 낙후된 조선의 생산력과 생활수준의 향상을 위해 철저히 활용해야 한다는 이용후생利用厚生의 정신에서 나온 것이다. 압록강을 건넌 지 사흘 후 잠시 들른 주점에서 물건들이 체계적으로 정돈되어 있고, 청결하고 품위 있는 모습을 보면서 "이러한 연후에야 비로소 이용利用이 있을 수 있겠다. 이용이 있은 연후에야 후생厚生이 될 것이요, 후생이 된 연후에야 정덕正德이 될 것이다. 대체 이용이 되지 않고서는 후생할 수 있는 이는 드물지니, 생활이 이미 제각기 넉넉하지 못하다면, 어찌 그 마음을 바로 지닐 수 있으리오."라는 유명한 구절을 썼다.

이용·후생·정덕은 전통적인 유학정신이지만 연암이 새삼스럽게 강조하는 것은 그 순서다. 정덕·이용·후생은 본래 서경에 나오는 구절이다. 우임금이 순임금에게 덕으로 다스려야 선정이 되고, 정치는 백성을 기르는 데 있다고 하면서 덕을 바르게 하고正德 쓰임을 편리하게 하고利用 삶을 윤택하게 하는厚生 일에 조화를 이루어야 한다고 아뢴다. 이 세 가지는 선정으로 가는 기본 단계이지만 중요한 것은 정덕이 이용보다, 이용이 후생보다 우선한다는 것이다. 연암은 이러한 유가의 보편적인 정치이념을 뒤집은 것이다. 이 점은 그가 북경에 들어가 과거 공리적 인물로 폄하되었던 역사적 인물들을 재평가한 데서 더 잘 드러난다.

연암은 압록강을 건너 심양·산해관 등을 거치면서 청나라의 번성함에 감탄을 연발했다. 그러나 북경에 도착한 뒤에는 그것들이 아무것도 아니었음을 깨닫는다. 그만큼 북경은 그에게 상상 이상의 장관이었다. 연암은 이러한 번영이 요임금, 순임금의 정치에서 나온 것이 아니라 오히려 가장 포악한 임금, 가혹한 관리로 평가받는 걸桀·주紂·진시황秦始皇·몽염蒙恬·상앙商鞅 같은 이들의 이익만을 추구하는 공리적인 기여 때문이라는 생각을 갖게 된다. "궁궐을 옥과 구슬로 꾸민 자는 이른바 걸·주가 아니었으며, 산을 허물어 골을 메우고 만리의 장성을 쌓은 자는 이른바 몽염이 아니었으며, 천하에 곧은 도로를 닦은 자는 이른바 진시황이 아니었으며, 천하의 일이 법이 아니고는 아니 된다 해서 드디어 나무를 옮겨보기도 하고 쓰레기를 버리는 것까지 간섭하여 그 제도를 통일시킨 자는 이른바 상앙이 아니었던가."라는 깨달음이다. 이들의 역량과 재주는 충분히 천지를 움직일 만한 인물로 후세에 말할 수 없는 이익을 끼쳤으나 그들 자신은 오히려 어리석은 사람, 포악한 사람이라는 비판을 두고두고 받게 되었다는 것이다.

실제로 걸왕과 주왕은 보통 포악하고 무도한 사람을 일컫는 비유로 쓰일 정도로 백성들에게 형벌을 엄중하게 하여 불에 달군 쇠로 단근질을 함부로 하고, 세금을 과도하게 부과하면서도 자신은 주지육림 속에서 밤이 새도록 술을 마시고 살았던 왕들이었다. 이 두 임금은 각기 사랑하는 여인을 위해 아름다운 건축을 짓느라 백성들에게 노역을 가중시킨 이들로, 하나라와 은나라는 이들 때문에 멸망했다. 만리장성 역시 백성들의 목숨과 바꾸며 이룩된 건축물이다. 사마천은 몽염이 장성을 위해 산을 끊고 골짜기를 메꾸어 곧은 길을 만들었는데, 백성들을 "고생시키면서도 그것을 가벼이 여겼다"고 비난했다. 진시황의 아방궁은 그 건축 규모가 어마어마해서 이를 위해 백성들이 노역에 시달리고 국고를 고갈시켰다. 상앙은 변법을 시행하여 여러 가지 개혁을 시도했으나 법제도의 과도한 시행으로 자신까지도 법망에 걸렸던 인물로, 역사적으로 매우 각박한 사람이라는 평가를 받았다.

그러나 만리장성이 세계적인 관광지로 현대 중국의 경제에 큰 도움을 주고 있는 것처럼 후대 사람들이 이들이 이룩한 건축물과 제도의 덕을 보고 있는 것이다. 북경의 장관 역시 결국 그들에게서 나온 것인데, 정작 이러한 것들을 만든 이들은 포악한 군주와 인물로 폄하되고, 반면 아무것도 남기지 않은 요임금·순임금은 성왕으로 추앙받고 있는 데 대해 연암을 의문을 제기한다. 역사적으로 이미 그 포폄(襃貶)이 나뉘어 있는 이들에 대한 연암의 이러한 재평가에는 그의 실용적 사고가 밑받침되어 있는 것이다. 걸·주·몽염·진시황·상앙이 이룩한 것은 공리적인 것으로 연암이 말한 '이용'에 가깝고, 요임금·순임금의 정치는 '정덕'에 목표가 있다. 백성이 쓰임을 편리하게 하는 이용 없이는 가난하게 살 수밖에 없고, 헐벗고 굶주린 백성에게 덕을 바르게 하는 도덕 위주의 정치를 한다면 아무리 요순과 같은 성왕이라도 실패하고 말 것이다.

연암은 오늘날의 중국이 걸·주·진시황 등이 이룩한 공리의 효과를 톡톡히 누리면서도 그들을 '어리석은 남자'[愚人]라 일컫는 것을 진정으로 탄식하는 것이다. 그렇다면 도덕성에 대한 연암의 진정성은 무엇인가. 연암은 진심으로 도덕성이 기술을 발전시켜 삶을 윤택하게 하는 재능보다 하위에 있다는 것일까. 그는 참으로 수많은 무고한 백성들을 죽음과 형벌, 노역과 고통 속에 몰아넣었던 걸·주·진시황의 행위를 후대 수많은 사람의 생활기반이 되고 나라를 빛내는 문명을 이룩했다는 점에서 정당화하는 것인가.

연암의 역사적 인물에 대한 재평가는 반유자적 사유에 근거한 것처럼 보이지만 실제로는 그 정신을 잇는 것이다. 공자와 맹자의 말들을 살펴보면 재능이 백성에게 이로운 일을 했을 때에는 그것을

덕으로 간주했다. 관중管仲은 부국강병의 논리로 제나라를 강성하게
한 사람이지만 공자는 그 덕분에 백성이 편안하게 살고 문명을 누
리게 한 점에서 그를 어질다고仁 했다. 맹자는 일상을 영위할 수 있
는 생업恒産이 있어야 늘 착한 마음恒心을 유지할 수 있다고 했다.
먼저 노인들만이라도 주리거나 헐벗지 않게 한 후에 예의와 염치를
가르쳐야 사람들이 도덕적이 될 수 있다는 것이다. 재와 덕은 상호
대립적인 것이 아니라 재능은 덕의 바탕이고 덕은 재주를 통솔하는
것이다.

분명히 연암은 만리장성이나 아방궁 자체에 관심을 둔 것이 아니
었다. 오히려 그는 겉으로 드러난 번영 이면에 그것을 가능하게 한
배후의 동력을 찾고자 했다. 그가 주목한 것은 중국인의 일상에서
나타나는 아름다움으로, 그는 사치와 문명, 검소와 빈궁을 구분하지
못하면서 도덕성만을 운위하는 조선 사대부들의 의식을 비판했다.
인간이 도달해야 할 궁극적인 목표가 덕이고 항심인 것은 틀림없는
사실이지만, 이를 실제로 구현할 수 있는 것은 바로 이용후생이라
는 점을 강조한 것이다. 조선이 경도되어 있는 어떤 지고한 정신적
인 가치도 실제의 삶을 외면하고서는 무의미하다는 것이 그의 문명
관이다.

연암은 〈열하일기〉에서 《역경易經》의 우언寓言과 《춘추春秋》의 외전
外傳에 대해 언급하고 있다. 연암에 따르면 《역경》은 미묘하고 《춘
추》는 드러내었으니, 미묘함이란 주로 진리를 논한 것으로서 그것
이 흘러서는 우언이 되고, 드러냄이란 주로 사건을 기록하는 것으
로 그것이 변해서 외전이 된다는 것이다.[8] 《열하일기》는 있는 사실

8 경학에서 그 의리에 의거해 본문의 의미를 전문적으로 풀어낸 것을 내전(內傳)이라 하

을 그대로 드러내기보다 많은 것을 이면에 함축하고 있는데, 〈열하일기〉를 한 편의 우언으로 볼 수 있는 이유가 여기에 있다. 〈도강록〉 중 끝없이 펼쳐진 요동의 광야를 처음 본 감격을 기술하면서, 연암은 이곳이야말로 통곡하기 좋은 장소로 묘사한 구절 같은 것이 그 좋은 예다.

〈연원직지〉의 저자 김경선은 〈열하일기〉를 입전체로 보는데, 실제로 〈열하일기〉는 연암이 여행 도상에서 마주친 수많은 인간과 그들의 삶을 생생하게 형상화한 일종의 열전이기도 하다. 이러한 점에서 보면 〈열하일기〉는 사서의 외전이기도 하거니와 진실을 찾아 시대의 문제를 직시하려 한 고뇌에 찬 지식인이 그려낸 살아 있는 인간 드라마인 것이다. 진정한 여행록은 이렇게 새로운 것들과의 만남을 통해 획득한 자기성찰의 기록으로 〈열하일기〉는 바로 여행록의 진면목을 보여주는 대표적인 작품이다.

〈열하일기〉가 한 조선 지식인이 청을 체험하면서의 성찰과 깨달음을 적은 기록이라면 일본 체험을 기술한 조선통신 사행록에는 조선 사신들이 일본에 남긴 문화적 자원이 많다는 점이 드러난다. 임진왜란 이후 덕천막부가 정권을 잡으면서 조선에 강화를 위한 사신 파견을 요청했고, 조선에서는 이에 응해 1607년부터 1811년까지 총 열두 차례의 통신사절을 보냈다. 양국 정부의 목적이나 의중은 달랐으나 두 나라가 우호관계를 유지해야 한다는 점에서는 일치했다. 초기에는 포로 쇄환刷還, 막부의 관백 승계나 후계자 탄생 축하

고, 각종 사실이나 자료를 광범위하게 인용하여 풀어낸 것을 외전(外傳)이라 한다. 중국의 고대 역사서 춘추 삼전에서 좌전은 내전, 공양·곡량은 외전이라 한다. 외사의 또 다른 의미는 정사에서 누락된 인물들의 전기나 일화를 수합하여 쓴 기록이다. 《삼국유사》 《유림외사》《역옹패설》 같은 책의 유사·외사·패설 등과 유사한 의미를 지닌다.

등의 공식 명목이 있었으나 차츰 문화사행으로 변모되어 갔다. 우리 사신들은 시문을 통해 그들의 문화적 욕구를 채워주는 것이 침략적이고 무력을 좋아하는 일본인의 기질을 교화시켜 평화를 유지할 수 있는 한 가지 방식이 될 수 있다고 믿었다. 이러한 의미에서 조선통신사들은 인문학 사절단이었다.

조선 사신들이 일본에 갔을 때 일본 문사들과 일반인들이 전국에서 몰려와 조선통신사들에게 시문·그림·글씨, 그리고 자신들과 필담 등을 요구하면서 문화열풍을 일으켰다. 제9차 사행(1719)의 제술관이었던 신유한은 《해유록》에 일본인의 시문 요청과 이 때문에 감내해야 했던 어려움을 세밀하게 기록했다. 시를 요청하는 사람이 모여들기 시작한 것은 그가 남도에 머무를 때부터다. 이때부터 멀고 가까운 곳으로부터 시를 요청하는 사람이 몰려들어 시를 청하는 종이가 책상 위에 가득 쌓였는데, 써주고 나면 다시 모여들어 책상 위의 종이가 줄어들지 않았다는 것이다. 큰 도회지로 갈수록 시를 요청하는 사람들이 더 극성스러워서, 대판에서는 때로 닭이 울도록 자지 못했을 뿐 아니라 입에 넣었던 밥까지 토할 지경이었다고 술회했다.

강호에서 되돌아오는 길에는 그의 시를 요청하는 사람이 더욱 많아서 도중에 가마를 멈추고 시를 지어주기도 했고, 또 한 곳에 도착하면 또 한떼가 이르러서 눈을 붙이지 못하고 밤을 새워 시를 써주어야 해서 신유한은 어쩔 수 없이 날마다 사신보다 먼저 출발하여 기다리는 자들의 요구를 충족시켜야 했다고 한다. 현재 일본에 귀중한 문화재로 보존되고 있는 조선 사신들의 유묵遺墨들은 이렇게 일본에게는 문화적 시혜자인 조선통신사의 역할과 위상을 잘 보여준다.

연행사들과 마찬가지로 조선 사신들은 일본인들과 한문으로 많은 필담을 나누었는데, 필담은 문사들뿐만 아니라 역관들이나 의관들 사이에서도 상당히 깊이 있게 이루어졌다. 이 필담집들은 대부분 일본에서 간행되어 산재해 있던 것이 최근 활발하게 정리되기 시작하면서 조선통신사행이 갖는 의의가 새롭게 규명되고 있다. 시대에 따라 또는 참여자들의 배경에 따라 필담은 역사·세계지리·경학·언어·문학 등 다양한 분야에 걸쳐 이루어졌지만, 필담에서 가장 주목되는 것은 일본의 실용정신이었다. 당시 일본은 물산이 풍부했고, 배·수차·건물의 제작이 정밀하고 뛰어나서 사신들 중에는 이것들을 그려서 갖고 온 사람들도 있었다. 필담 중 일본인이 조선 사신에게 물어본 질문에도 실제 삶에서 사용되는 것들에 관한 것이 많았다. 그러나 조선 사신들의 이에 대한 답변은 불충분했을뿐더러 귀국 후 이에 대한 성찰 역시 깊지 못했다는 점은 조선통신사행의 한계로 지적될 수 있다.

6) 비평

문학의 이론이나 작품에 대한 비평의식은 일찍부터 있었을 것으로 생각되나, 어느 정도 체계 있는 문학론이 수립되고 이를 모은 시화집이 나타난 것은 무신의 난 이후다. 시화집으로 총칭되는 이 갈래에는 문학, 특히 시에 관한 논의 외에 잡문·고증·단편적인 일사유문逸事遺文 등이 있고, 시에 관한 것도 시론·시평·시화 등이 혼재되어 있다. 그러나 이 시기에 문학의 가치, 시와 시인의 기능 등에 대한 구체적 접근이 시도되었다는 점은 주목할 만하다.

선두주자가 이인로李仁老인데, 그는《파한집破閑集》에서 "천하의 일

가운데 빈부귀천으로 고하를 삼지 않는 것은 오직 문장뿐"이라고 해서 문학의 독자적 가치를 인정했다. 뒤이어 이규보는 작시 문제보다는 시의 본질에 더 많은 관심을 나타냈는데, 자신의 시 창작이 흥興에 의해 주도되었음을 암시하면서, 시란 의意를 위주로 하므로 뜻을 세우는 것이 제일 어렵고, 말을 엮는 것은 그다음으로, 뜻은 기氣를 위주로 하지만 기는 하늘에서 부여받는 것으로 본다. 최자崔滋도 시에서 기·골骨·의·격格을 으뜸으로 삼고 있으나, 성률聲律과 시어詩語 역시 비평 기준으로 중시한 것은 그가 언어에도 관심이 많았다는 사실을 보여준다.

이들 문학론에는 당시 문단의 병폐에 대한 경계가 깔려 있어 문학 옹호의 정신이 시화집 출현의 배경이 되고 있음을 알 수 있다. 무신의 난 시기를 살았던 이인로·이규보·최자의 논의에는 문학을 장식적인 출세의 도구로 사용하면서 시가 지어지기보다는 시를 짓는 작업으로 간주한 전대 귀족문화에 대한 반발과 경계가 암시되어 있다.[9] 그러나 인위적인 기교를 용납한 이인로와 천부적 특질을 주장한 이규보의 시작론의 차이는 귀족과 신흥 사류라는 출신배경의 상이함과 무관하지 않다.

조선 전기의 비평은 정도전의 "문은 도를 싣는 그릇"이라는 문이재도론文以載道論 위에서 출발했다. 이것은 사장을 중시하는 종래 문인의 문학관에서 벗어나 도덕을 중시하는 유자의 문학관으로 전환하여, 문학작품을 작자 개인과의 관계로서만 파악하지 않고 사회적 상관 속에서 그 효용적 기능을 주목하기 시작했음을 말해 준다.

정도전의 문이재도론은 조선 전기의 보편적인 문학관으로 훈구

9 전형대 외,《한국고전시학사》(서울: 홍성사, 1979), 101쪽.

파나 사림파 모두 주장하던 것이었으나, 전자에게 재도는 경전에 바탕을 두고 치자의 덕을 드러내며 백성을 교화하는 것을 의미하고, 후자에게는 문인이나 대상에 대한 성정의 교화를 의미한다. 성현成俔은 "들어앉아서는 흥취에 따라 생각을 펴면서 세월을 보내고, 세상에 나아가서는 아송雅頌을 지어서 정사를 도와야 하는 것"이라고 한 데 비해, 사림의 거두 이황은 선비가 목표해야 할 바가 유학의 술업임을 분명히 했다.

조선 중기에 활동한 허균·이수광은 다음 두 가지 측면에서 중시된다. 하나는 시 창작에서 자득自得을 주장하여 우리 시학이 가진 독자성을 부각시켰다는 것이다. 조선 전기 주자학적 문인들이 지나치게 도에만 집착해 문학의 독자성과 심미성을 고려한 고려의 시학을 위축시킨 것에 대해, 허균·이수광은 문학의 자율성을 다시 회복하려는 움직임을 보여주었다.

다른 하나는 이들의 피지배계층 시인에 대한 관심과 정당한 평가다. 도사·승려·천인·소실·기생의 작품에 대한 언급은 조선 전기의 방외인문학과 후기 위항문학을 이어주는 정신적 기반으로서 평가받을 수 있을 것이다. 이러한 서민정신과 관련해 주목되는 것은 허균이 속어·상어의 사용을 인정했다는 점이다. 그는 이것들의 사용이 문학을 답습이나 표절에서 구원할 수 있는 길로 생각했던 것으로 보인다.

조선 후기의 문학관은 그 시대의 문학적 특성처럼 전기로부터의 지속과 변모가 이루어져 한편으로는 관각에 의해 전기의 재도문학관이 이어졌고, 다른 한편으로는 허균 등이 시작한 정情의 문학, 하층의 문학에 대한 관심이 눈에 띈다. "문은 도를 담는 그릇이다. 문은 말단이고 도는 근본이다." 등은 주로 관각문인들의 기본적인 문학관이기는 했지만, 이와 함께 중인들의 문학을 인정하는 논리로서 천기론 天機論을 주장하는 등 조선 전기의 문학론과는 차이가 있다. 실제로 조선 후기 다양한 문학에 관한 논의 가운데 가장 큰 관심을 끄는 것은 중인층의 문학활동과 관련되어 나타난 천기론이다. 천기론은 일반적으로 성리학적 성정론·재도론에 대한 반발로서 중인문학을 옹호하는 자기주장의 원리로 원용되어, 작자의 인격적 평등성을 주장하는 이론적 근거가 되거나 인위적인 수식이나 조탁을 반대하고 자기의 진솔한 감정·천성·순수성의 표출을 강조하는 표현론적 이론으로 발전했다.[10]

천기론과 함께 조선 후기에 새로이 문단의 관심을 끈 것은 김정희 金正喜가 제기한 성령론 性靈論이다. 김정희는 시를 논하는 글에서 시에 여러 가지 미적 범주가 있음을 인정하고, 시인은 어떤 범주에 속하든 자기의 성령에 따라 자유로이 지을 것이며 어느 한 가지에 집착해서는 안 된다고 했다. 마찬가지로 시를 평하는 자도 그 시인의 성정을 논해야 할 것이고, 제 자신의 기호에 따라 특정한 시풍만을 칭찬하거나 폄하해서는 안 된다는 것이다. 그의 성령론은 결과적으로 전통적 규율로부터 시인을 해방시킨 것으로 평가될 수 있다.[11]

조선 후기, 또 하나 주목되는 것은 문체에 관한 논의다. 신라 말·고려 전기에는 변려문 駢儷文이 주조를 이루었다. 그러나 고려 전기에도 김황원 金黃元·김부식 등 고문을 숭상한 자가 있었고, 이 경우 고문은 변문에 대칭된 문체 개념을 의미한 것이다. 이와 달리 이제현 이후 이곡·이색·정몽주 鄭夢周·정도전·권근 등이 서로 이어 나와 도

10 윤재민, 〈홍세태의 문학사상〉, 《韓國文學思想史》(서울: 계명문화사, 1991), 510~18쪽.
11 이우성, 〈김추사 및 중인층의 성령론〉, 《한국한문학 연구》, 제5집(1980), 138쪽.

학을 제창하면서 강조된 고문은 문도합일 文道合一 된 산문, 즉 내용 면에서 경전을 전범으로 하고 표현 면에서는 일체의 인위적 수식을 배제한 문장이다.

이러한 고문에 대한 본격적 논의는 조선시대에 이르러 나타나는데, 조선 후기에는 정통 고문과 당시 박지원과 같은 진보적 작자들에 의한 패관체 稗官體의 대결이 있었고, 이것은 끝내 정조 正祖의 문체반정 文體反正으로 이어졌다. 정조가 문제로 삼은 것은 이러한 표현이 가져올 전통적인 사상의 동요로, 그의 문체반정에는 정통 유학의 진작과 문풍의 쇄신을 통해 세상의 기풍을 바로잡아야 한다는 의미가 들어가 있는 것으로 보인다. 고문론은 문체반정 이후 홍석주 洪奭周·김매순 金邁淳·김윤식 金允植 등에 의해서 지속적으로 논의되었는데, 이들의 논의가 중시되는 것은 고문론이 단순히 복고주의적인 문장론이 아니라 당시 시대정신과 긴밀하게 연관되어 있기 때문이다. 문과 도의 관계에 관한 논의로 요약되는 고문 논쟁은 결국 개화관의 대립으로 나타난다.[12]

4. 여성 한문학의 세계

여성 한문학 중 한시 작품은 진덕여왕의 이름으로 당 나라 태종에게 보낸 〈태평송 太平頌〉을 그 출발로 하지만 진정한 작자는 16세기에서 17세기로 넘어가는 시기에 한국문학사 내지는 한국 여성문학사에 이름을 날린 세 여성 작자인 사대부 가문의 허난설헌 許蘭雪軒,

---

12 정민, 《조선 후기 고문론 연구》(서울: 아세아문화사, 1989), 251~52쪽.

서얼 출신의 소실인 이옥봉李玉峯, 기녀인 이매창李梅窓이다. 이들은 신분은 각기 다르지만 작품에서 자의식이 강조되고 있다는 점에서는 큰 차이가 없다. 다음은 부안의 명기 매창이 자신의 박명함을 한탄하며 지은 시 〈자한박명自恨薄命〉이다.

舉世好竿我操瑟　온 세상 낚시질 좋아하나 나는 거문고를 고르니
此日方知行路難　오늘에야 비로소 세상살이 어려움을 알겠네
刖足三慙猶未遇　세 번 부끄러워라 두 발 잘리고도 때를 못 만난 것
還將璞玉泣荊山　또다시 옥돌을 안고서 형산에서 흐느끼네

　매창은 이름이 이향금李香今이고, 매창은 그의 호다. 같은 시대 문명을 날리던 허균·유희경劉希慶 등과 교유했다고 한다. 그래서일까 그는 자의식이 대단했다. 보통 스스로 자기의 박명함을 한탄한다는 제목의 시들은 대개 남편이나 임으로부터 버림받은 여인의 넋두리를 그린다. 그러나 매창의 이 시는 아주 다르다. 그는 첫 구에서부터 자신이 낚싯대를 물에 넣고 뜻이 공명에 있었던 강태공 같은 사람이 아님을 내세운다. 강태공의 낚시는 뜻이 물고기 잡는 데에 있지 않고 오히려 자신이 낚시가 되어 선택되기를 바라는 공명 추구의 은유로 이해된다. 이와 상반되게 거문고를 뜯는 것은 세상에 무심했던 자들의 고상한 뜻을 표상한다. 따라서 매창은 자신이 거문고를 뜯으며 세상을 한가로이 지내는 뜻이 높은 선비와 같은 차원의 사람임을 자부하면서 그의 세상살이가 어렵고 힘든 것은 이와 같이 세상과 뜻이 다르기 때문임을 암시한다.
　매창은 자신이 겪는 어려움을 화씨와 동일시한다. 춘추시대 초나라 사람인 변화卞和는 옥돌을 얻어 여왕厲王에게 바쳤으나 옥공이 이

를 옥이 아닌 돌이라고 감정하자 발을 자르는 형벌[刖足]을 받는다. 왕이 죽은 후 화씨가 옥을 안고 울면서 "내가 발을 잘린 것이 슬퍼서 우는 것이 아니고 값진 옥을 돌이라 하고, 곧은 선비를 속이는 자라 부르니 이를 슬퍼하는 바입니다."라고 했다. 무왕武王이 왕위에 오르자 또다시 옥돌을 바쳤는데, 감정 결과 또 돌이라 하므로 이번에는 그의 하나 남은 발마저 잘린다. 두 발을 잘린 후에야 화씨는 이를 옥으로 알아주는 사람을 만나 드디어 세상에 둘도 없는 '화씨의 옥'이라는 명예를 얻는다. 그러나 두 번의 부끄러움 후에 자신을 알아준 이를 만났던 화씨와 달리 매창은 여전히 부끄러운 신세로 옥돌을 안고서 형산에서 울고 있는 것이다. 승구의 "세 번 부끄러워라 慙"는 바로 이를 말한다. 이 시는 매창의 자의식이 얼마나 강한가를 보여준다. 여기서 매창을 알아주지 않는 사람이 그가 마음 속에 그리고 있는 어떤 임일 수도 있으나 그는 임과의 관계를 남녀 간의 연정이 아닌 군신 간 또는 뜻있는 벗 사이의 '지기知己'라는 관점에서 접근하고 있는 것이다.

이러한 여성의 자의식은 17세기에 들어와 더욱 강화된다. 시를 남긴 이들로는 사대부 부인으로 김호연재金浩然齋·서영수합徐令壽閤·김삼의당金三宜堂·남정일헌南貞一軒 등이 있고, 기녀나 소실 중에는 18세기 전반에서 중반까지의 활동이 보이는 김운초金雲楚와 박죽서朴竹西, 이들보다 조금 뒤에 살았던 강지재당姜只在堂 등이 유명하다. 호연재는 자신을 속과 겉에 숨긴 것이 하나도 없고, 흘러가는 구름과 흐르는 물에 뜻이 있는 군자라 자처하면서 "세속의 무리와 합하지 않으니 도리어 세상 사람들이 그르다 하네自傷"라고 마음 아파한다. 운초는 사절정四絶亭에 올라가 쓴 시에서 이 정자가 산·바람·물·달의 아름다움 때문에 사절정이라 불렸으나 여기에 절세의 미인인 자신을 합쳐 이름을 오절정이라 해야 한다는 시를 남겼다. 여성의 미는 산이나 바람, 물의 대자연과 함께 어깨를 나누는 대상이지 남성의 놀이도구는 아니라는 의미가 엿보인다.

여성 문사들의 이러한 자의식은 단지 자기 개인에 관한 것만이 아니라 여성들 전체의 능력에 대한 확신으로, 그리고 여성들의 영역으로 한정지어진 구속에 대한 과감한 탈피로 확장된다. 17세기 여성지성사를 연 인물이라 할 만한 김호연재는 일종의 부훈서婦訓書로 볼 수 있는 〈자경편自警編〉을 남겼다. 자신을 경계하는 글이지만 실제로는 부부생활에서 문제를 일으키는 남성에 대한 숨겨진 질책을 담고 있다. 호연재는 무엇보다 남편이 여성의 행불행의 중심축이 되는 것을 거부했다. 그는 여성의 덕이나 행실에 상관없이 남편이 자신의 호불호에 따라 여성을 함부로 평가하는 독단이나 무모함을 날카롭게 지적하면서 여성(아내)의 행불행이 남편에게 좌우되고 있는 점을 비판한다.

여기서 더 나아가 호연재는 남편의 사랑이나 소외가 여성 자신의 심성이나 행실에까지 영향을 끼치고 있다는 점을 경고한다. 남편에게 버림받은 여인의 경우 악한 과실이 없으나 남편이 싫어하며 박대하면 상심해서 해이해지기 때문에 도리어 잘못된 행동을 하게 되고, 반대로 사랑받는 여인의 경우 자신의 악함을 반성하기는커녕 오히려 사랑을 믿고 거리낌없이 행동하여 스스로 깊은 죄에 빠지면서도 깨닫지 못한다는 것이다. 그는 "진실로 남편의 은의와 득실에만 매달려 여자의 맑은 표준을 이그러지게 하고 손상되게 한다면 그 또한 부끄럽지 않겠는가."라고 했다. 여성은 자신의 행복이나 올바른 행동을 추구하는 데서 독자적으로 자존적인 존재가 되어야 함을 역설한 것이다.

여성이 독자적인 자존적 존재라는 점을 가장 강력하게 주장한 여성 문사는 아마도 임윤지당任允摯堂과 강정일당姜靜一堂일 것이다. 그들은 여성이나 남성을 단지 남녀의 관계에서가 아닌 동일한 '인간'으로서 접근한다. 임윤지당은 그의 〈이기심성설理氣心性說〉에서 기의 근본은 고요하고 한결같은 것[湛一]으로, 이것이 곧 천지의 호연한 기상[浩然之氣]이며 우주에 충만해 있다고 파악한다. 중요한 것은 성인에서부터 범인에 이르기까지 누구나 이 고요하고 한결같은 근본을 얻지 않은 사람이 없으니 서로 다를 수가 없다는 것이다. 윤지당은 우리들도 성인의 본성을 가지고 있으니 공자의 수제자인 안자顔子가 배운 바를 어찌 나라고 배우지 못하겠느냐고 반문하면서 "노력하는 자는 이와 같이 될 수 있다. 순임금은 어떤 사람이며 나는 어떤 사람인가"를 외쳤다.

강정일당은 남편에게 건네준 짧은 편지[尺牘]에서 "성현도 장부이고 나도 장부"라고 하면서 남편에게 날로 그 덕을 새롭게 하기를 간청했다. 그러나 성인과 범인은 본래 차이가 없다는 것을 기氣의 측면에서 접근한 윤지당과 달리 강정일당은 예禮의 측면에서 접근한다. 일신의 사사로운 욕망이라는 것은 내 마음에는 좋으나 천리에는 맞지 않은 것이고, 예라는 것은 천리에 꼭 맞는 것이니, 반드시 무엇이 예이며 무엇이 예가 아닌가를 먼저 분명히 한 후 용감하게 개인적인 사사로움을 끊고 한결같이 천리를 좇으면 도에 이를 수 있다고 남편을 권면한다.

19세기 중반 가장 주목을 받는 여성 지성은 김금원金錦園이다. 그는 14세에 남장을 하고 호서와 관동을 거쳐 한양을 유람하고, 결혼 후에 다시 남편의 임지인 의주에 갔다가 2년 후 근무를 끝내고 서울 용산으로 돌아와 살게 된다. 그때 그의 나이가 34세였다.《호동서낙기《湖東西洛記》는 바로 그가 집을 떠난 14세부터 34세까지의 유람과 견문, 그리고 다른 여성 문사들과 즐겼던 용산에서의 시작詩作 활동 등 20여 년간의 다채로운 삶의 궤적을 담은 글이다.

금원은 어진 자는 산을 좋아하고[仁者樂山], 지혜로운 자는 물을 좋아한다는[知者樂水] 말이 남성만을 대상으로 한 것이지만 그는 이 의미를 여성에게도 적용될 수 있다고 본다. 따라서 금원이 여행을 떠나게 된 것은 산수가 인간에게 주는 힘과 도의 여성적 실천인 것이다. 그는 집 밖으로 나가 여행할 수 있는 근거로 여성도 그렇게 할 수 있다는 점을 내세운다. 만약 여자로 태어났다고 해서 문밖에 나가 그 총명과 식견을 넓히지 못하고 오직 집 안에서 술과 음식 만드는 일만을 의논하는 것이 옳다고 한다면 끝내 보잘것없는 사람으로 삶을 마치게 되는 것이니 "어찌 슬프지 않겠는가"라고 그는 자문한다. 여성도 산을 좋아하는 인자일 수도, 물을 좋아하는 지자일 수도 있다는 주장이다.

또한 금원은 과거 문왕·무왕과 공자·맹자의 어머니들이 모두 성덕이 있고, 또 성자를 낳아 이름이 만세에 드러난 것은 사실이지만 이들만을 예외적인 존재로만 볼 수는 없고, 이와 같이 뛰어난 사람이 드물기는 하지만, 그렇다고 우리 여자 가운데 아주 없는 것은 아니라고 생각한다. 이 말은 금원 자신도 문밖을 체험함으로써 그들 뛰어난 인물들 가운데에 편입될 수 있다는 자신감을 보여주는 것이다. 금원은 용산에 머물던 당시 그곳 삼호정에서 운초·경산·죽서·경춘과 함께 자주 시를 읊고 낭독하는 시회詩會를 갖고 즐겼다. 학계에서는 이들 다섯 여성 시인들의 모임을 삼호정시단三湖亭詩壇 또는 조선 최초의 여성들의 문학동인 활동으로 보기도 한다.

자의식 외에 또 한 가지 특징은 여성 지성들의 저작이 자신들의 삶에 기반하고 있다는 것이다. 이러한 특성은 '실사구시' '이용후생' 등으로 정의되는 기존 실학의 개념과도 차이를 보여준다. 여성의 경우 실사란 단지 실제로 보고 듣는 견문을 넘어 구체적으로 만들어보고 생산해 본 일이기 때문이다. 이사주당李師朱堂은 무엇보다 이론과 실제가 합치되지 않은 기존 태교 논의의 잘못을 잘 알고 있었던 것으로 보인다. 과거의 태교 논의는 언제나《열녀전》에 나오는 여성이나《소학》의 내용을 실천적인 모범으로 삼음으로써 태교의 주체도 대상도 책임도 모두 여성에게 있었다.

이사주당이 쓴《태교신기胎教新記》는 이러한 거대한 전통적인 규범에 맞서 그 허점을 추출하고 모자라는 점을 보충한 것이다. 무엇보다 이 책의 내용이 설득력을 갖는 것은 그가 서문에서 밝혔듯이 자신이 직접 아이들을 임신하여 생육한 체험을 기록하여 저술한 것이라는 점 때문이다. 이사주당은 태교를 위한 환경 조성은 임부의 의지만으로 될 수 있는 일은 아니어서 특히 아버지의 역할이 크며, 이와 함께 임부가 정서적으로 안정을 취할 수 있도록 집안 식구들의 주의가 필요하다고 주장한다.《태교신기》의 의의는 임신과 출산을 여성에게 부여된 짐이 아니라 오히려 여성들만이 소유한 자산이며 힘으로 전환하면서, 이를 여성들만의 책임과 의무로 귀속시켰던 과거의 답습된 옳지 않은 지식들을 교정하고 새로운 의미들을 창출하고 제시하기 시작했다는 데에 있다.

거의 같은 시기에 이빙허각李憑虛閣은 일상의 삶에서 요구되는 실용과 양생養生의 정신을 보여주는 실학서《규합총서閨閤叢書》를 완성했다. 그는 이 책의 서문에서 집 안에서 밥 짓고 반찬 만드는 틈틈이 사랑방에 나가서 남편이 소장한 책들을 읽어보고 그중 사람의 일상생활에 절실히 요구되는 내용들의 요점과 이에 대한 자신의 관점을 적었다고 밝혔다. 그러나 《규합총서》는 기존 문헌에서 뽑은 자료로만 이루어진 것은 아니고, 실제 그 내용들을 보면 대부분이 저자 자신이 내당에서, 부엌에서, 또는 들에서 몸소 일하면서 찾아낸 것들이 중심을 이루고 있다.

그는 특히 이 책의 핵심이 건강에 주의하고 집안을 다스리는 중요한 법에 있다고 하면서 이것이 "진실로 일상생활에서 없어서는 안 될 것이요 부녀자가 마땅히 연구할 바"라고 자부했다. 이러한 자부는 바로 여성으로서의 자기 경험의 존중을 의미하는 것으로 볼 수 있거니와, 이러한 점에서 이 책의 의의는 그 성과가 모두 저자 자신이 만들어보고 실험해 본 경험에 기반한 것이라는 데에 있다.

《규합총서》는 술과 음식, 바느질과 길쌈, 가축과 밭일, 의료, 주택 관리의 다섯 장으로 이루어졌다. 이들은 전통사회에서 여성의 책임과 의무가 얼마나 소소하고 번잡하며, 무겁고 힘든 노동인가를 보여준다. 그럼에도 이빙허각은 소소하고 번잡하며 힘든 일상의 내용들을 규범화·체계화함으로서 고급 생활과학으로 전환시키고, 그것이 함축한 윤리적 의미를 강조하며, 더 나아가 이를 커다란 지적 자원으로 재생산한 것이다. 결과적으로 일생 짊어져야 할 짐일 수밖에 없는 이렇게 무겁고 힘든 일상을 영위하는 여성을 고급 생활과학의 수행자로 높이고 있다. 말하자면 음식을 하고 바느질을 하는 데에도 원리나 윤리, 그리고 철학이 있다는 점을 보여주면서 이것이 소소한, 날마다 되풀이 수행하는 일상이면서도 사실은 전문가적 지식과 안목이 필요한 분야임을 강조한 것이다.

《규합총서》의 의의는 무엇보다 저자의 실험정신에 있다. 빙허각은 실험해 보았으나 안 되는 것과, 실험해 보지 못한 것, 섣불리 실험해 보아서는 안 되는 것들을 구분해서 '실험'을 중시했다. 이처럼 실제 실험을 통한 자기 경험의 중시는 국내외를 막론하고 기존 문헌에 들어 있는 오류를 찾아내고, 관념적인 서술에 대한 자세하고 구체적인 보완을 가능하게 했다. 이 점은 염색이나 백화주와 같은 술 제조과정의 설명에서 확연히 드러난다. 그의 이용후생은 보고 듣고 생각한 것보다 직접 만들어보고, 비교해 보고, 효용을 확인해 본 것이라는 점에서 인간 개인의 생명과 삶에 좀 더 직결된 것으로 판단할 수 있다.

그러나 빙허각의 이러한 성취를 여성실학으로 부를 수 있는 가장 중요한 이유는 구체적인 살림살이를 내세우면서 이를 통해 인간이 지켜야 할 윤리·도덕에 대한 가르침을 구체화시켰기 때문이다. 음식을 통해 사대부들의 마음가짐과 근검절약을 언급한 것이나 술을 기록하면서 수기修己의 문제를 거론한 것이 그러하다. 비단 옷감을 다루면서 뜨거운 물에서 살기 위해 구르는 누에를 상기시킨 데에서 보이는 것처럼 빙허각은 자연을 인간의 이로움과 해됨으로 나누고 그 일용화를 위해 노력하고 있으면서도 자연 역시 하나의 소중한 생명체임을 인식하는 것이 바로 어짊仁이라고 말하고 있는 것이다.

이로 보면 이사주당, 이빙허각 같은 여성 지성의 담론이 보여주는 강점은 경험에 기반한 것이라는 점으로, 이러한 여성 경험의 자원화는 바로 조선 후기 여성지성사의 성취이기도 하다.[13]

13 이혜순, 《조선조 후기 여성 지성사》(서울 : 이화여대출판부, 2007), 50~111쪽: 148~304쪽.

5. 개화기 한문학

한문학사의 마지막 단계인 이 시기 한문학 작자들은 외세에 대해 의구심을 보이면서 주로 중세적 질서 내에 안주하려 했던 유학자들로서, 변모하는 국제정세, 몰려오는 제국주의 열강 앞에서 흔들리는 나라의 운명을 걱정하는 한시문을 많이 저술했다. 한문학에서 이 시기를 우국문학 憂國文學 시대로 총칭하기도 하는 이유가 여기에 있다.

그러나 이 시기의 한문학이 그렇게 단순한 것은 아니다. 개화기의 한문학은 다른 서사 갈래가 국한문 또는 한글을 선호했기 때문에 시가 중심이 되었는데, 이들 중에는 조선 후기에 싹트기 시작한 우리 역사와 민속에 대한 관심, 현실비판 정신을 계승한 작품들도 많다. 이유원李裕元의 〈가오악부嘉梧樂府〉는 〈대악碓樂〉〈정과정鄭瓜亭〉 등 역대의 가악을 노래한 《해동악부》의 100수, 속악가사 16수를 포함하여 지난날과 당시의 민간가요를 정리한 것이다. 문호개방에 적극적인 입장을 취한 박규수朴珪壽는 조선왕조의 역사 중 전범이 될 만한 것을 선택해 〈풍소여향風騷餘響〉 110수를 지었고, 〈강양죽지사江陽竹枝詞〉 13수에서는 경상도 합천의 역사·풍속·인물들을 다루었다. 이건창李建昌의 〈전가추석田家秋夕〉〈협촌기사峽村記事〉 등 백성들의 다양한 삶의 현장에서 드러나는 풍속이나 그들의 고통을 그린 시들은 다산에게서 정점을 이룬 사회시에 연결된다.

한편 이와 달리 이 시기 한시인 중에는 서구나 근대사상에 더욱 적극적인 태도를 취한 사람도 있다. 김태준金台俊에 의해서 황현黃玹, 김택영金澤榮과 함께 이 시기 한시 삼가로 불리기도 한 강위姜瑋는 김정희·김옥균金玉均 등의 영향을 받아, 그리고 청과 일본을 몇 차례

방문하면서 사상적 방황을 크게 겪는다. 그러나 그 밖의 문사들은 외세에 대해 방어적이었고 극도의 경계심을 품고 있었는데, 그것은 안으로는 민란의 빈번한 발생, 밖으로는 두 차례의 양요洋擾, 운양호사건과 강화도조약에 의한 개항, 그리고 우리나라를 노리는 구미 열강들의 다툼 속에서 위기감을 느꼈기 때문이다.

이러한 그들의 위기의식은 당시 이충무공이나 그가 만든 거북선에 관한 시가 다수 출현한 데서도 엿볼 수 있다. 그 시기 지식인들은 시를 통해 침략자 일본을 격퇴한 이순신 장군에 대한 경모를 표현하거나, 과거 임진왜란을 회고하게 하는 역사적 격전지를 지날 때의 통한을 묘사함으로써 일본인들에 대한 미움을 나타냈다. 이건창·황현·이남규李南珪·김윤식도 모두 같은 소재의 시를 남겼는데, 이 작품들이 단순히 과거의 인물이나 사건에 대한 회고의 정을 읊은 것이 아니라는 점은 분명하다. 매천 황현은 개항된 지 8년 후에 〈이충무공귀선가李忠武公龜船歌〉를 지어, 개항을 호랑이가 양의 나라에 들어온 것으로 비유하고 이순신 장군 같은 인물의 출현을 갈망하고 있다.

天狗蝕月滄溟竭,　천구성이 달을 갉아먹어 바닷물이 마르는데

罡風萬里扶桑折.　만리 먼 길에 강한 바람 부니 일본이 변을 일으켰네.

主屹雄關已倒地,　웅대한 주흘관도 이미 함락되고

舟師十萬仍豕突.　병사 십만이 이내 멧돼지처럼 돌진해 오네.

元家老將一肉袋,　원균은 늙었으니 하나의 고기 포대일 뿐

孤甲棲島蚍蜉絶.　외로운 군사 섬에 의지하니 개미만한 구원군도 끊겼네.

封疆重寄無爾我,　국토를 지키는 무거운 책임 너와 내가 없고

葦杭詎可奏視越.　한 배로 어서 가야지 어찌 가히 진나라가 월나라를

보듯 무심할 수 있으리.

左水營南門大開, 좌수영 남문이 크게 열리니
淵淵伐鼓龜船出. 북소리 둥둥 거북선이 나왔네.
似龜非龜船非船, 거북이는 거북이가 아니고 배는 배가 아닌 것과 같으니
板屋穹然碾鯨沫. 철지붕 하늘로 솟아 고래 파도 돌리네.
四足環轉爲車輪, 네 발은 다시 굴러 수레바퀴 된 것 같고
兩肋鱗張作槍穴. 양쪽 옆 비늘이 솟아 창 구멍을 만들더라.
二十四棹波底舞, 스물네 개의 노는 파도 밑에 춤을 추고
棹夫坐臥陽侯窟. 노 젓는 이들 파도 속에 앉았다 누웠다 하였네.

鼻射黑烟眼抹丹, 코에선 검은 연기 눈에선 붉은 포말
伸如遊龍縮如鼈. 펴면 노는 용이요, 움츠리면 자라 같다.
蠻子喁喁哭且愁, 왜놈들 우우 울고 또 근심하고
露梁閑山漲紅血. 노량 한산에는 붉은 피가 널렸더라.
赤壁少年逢時幸, 적벽의 소년은 때를 다행하게 만났고
采石書生誇膽決. 채석강 서생이 담의 굳셈을 자랑하네.
熟能橫海經百戰, 누가 능히 바다 질러 백전을 겪으면서
截鯨斬鰐鋩不缺. 고래 끊고 악어 베어도 칼날은 이지러지지 않을 거나.

二百年來地毯綻, 이백 년 지나며 나라가 열리더니
輪舶東行焰韜日. 화륜선이 동으로 와 불꽃이 해를 가렸네.
燹平震土虎入羊, 고요한 양의 나라에 호랑이가 쳐들어와
火氣掀天殺機發. 화기가 하늘을 찔러 살기가 발했어라.
九原可作忠武公, 지하에 계신 충무공을 모셔올 수만 있다면

囊底恢奇應有術. 가슴속에 반드시 신묘한 전술 있으리니.

創智制勝如龜船, 거북선처럼 이기는 지혜 다시금 짜내시면

倭人乞死洋人滅. 왜놈들은 목숨을 빌고 양놈들은 꺼져 가리라.

이 시를 통하여 매천이 왜와 양인 모두에 대한 적대감정을 감지할 수 있거니와 개항이 결국 외세가 개입하는 통로가 된 것으로 파악하는 그의 시각이 분명하게 드러나고 있다. 여기서 이순신에게 기대하는 것은 단지 일본의 침략을 물리친 장수로서의 역할이 아니다. 그는 모든 외세에 대한 승리의 상징인 것이다.

이 시에서 첫 수는 임진왜란 때 일본군이 밀어닥치고 우리나라가 방비를 제대로 하지 못해 부산부터 조령 관문까지, 그리고 원균의 수군까지 연패하는 모습을 그리면서 나라를 지키는 책임은 너와 내가 없다는 구절을 통해 국가의 방어가 개인의 감정이나 위치, 국가가 해준 대우에 상관없이 우선적으로 와야 함을 암시한다. 여기서 지난날의 패배가 몇 사람의 패전의 탓이 아님을 시사하는 그의 역사인식이 엿보이고 이 점이 바로 충무공 이순신의 자세였음을 보여준다.

제2수는 거북선의 모습이다. 귀선龜船이란 이름은 거북 모습의 배란 뜻일 것이다. 그러나 거북은 땅에서 엉금엉금 기어가는, 속도는 느리나 영성이 있고 장수하는 동물이다. 매천은 거북선의 형체를 말하면서 귀선이란 이름과는 다른 배의 실상을 들고 나간다. 이 배는 이름과는 달리 수중에서 빠르게 달리는 배이므로, 사실 거북 같으면서도 거북이 아닌, 배 같으면서도 배가 아닌 그 특이함에 묘미가 있다는 것이다. 위에는 철판을 씌우고 밑에는 바퀴가 달렸으며 옆으로는 총구멍이 있는 모습을 그려서 거북선의 대강을 묘사했다.

제3수는 거북선을 앞세운 이순신 장군의 승리다. "코로는 검은 연기 내뿜고 두 눈에 불을 켰는데, 펼치면 용이 놀듯 움츠리면 자라가 오므리듯"이란 묘사는 거북선의 위용과 신기를 보여주는 것이다. 이러한 무기를 만들어 싸움에 나선 이순신은 동풍의 행운이 있었기에 적벽대전에서 승리한 삼국시대 오나라의 주유周瑜나, 유자답지 않은 담력으로 금나라와의 채석강 싸움을 승리로 이끈 남송의 우윤문虞允文과는 다르다. 이순신은 인간의 지혜와 기술을 동원해서 승리한 것이다. 작자는 외세와 일본의 침략 앞에 필요한 것이 바로 이러한 인간의 힘으로 인간의 지혜를 짜낸 기술인 점을 강조한 것으로 보인다.

제4수는 시인이 현실로 돌아와 현재의 기점에서 거북선과 이순신을 바라본다. 여기서 200년 전은 임진왜란을 지칭하고, 화륜선이 동으로 왔다는 것은 1860~70년대에 겪은 양요를 상기한 것으로 보인다. 서세의 동점을 양 떼 마을에 뛰어든 호랑이로 비유하여 침략자로 단정하는 이면에는 이를 임진왜란과 동일시하는 시각이 엿보인다. 이것은 시가 "왜놈들은 목숨을 빌고 양놈들은 꺼져 가리라."로 끝맺는 데서도 명약하다. 더욱이 시인은 이러한 침략을 가능케 한 가공스러운 화기로 장비한 저들의 무력을 증오하는데, 그것은 시인이 단순히 옛날 사건을 회상한 데 그치는 것이 아니라 그 뒤로 계속 증대되는 서세의 침투에 위기의식을 갖고 있음을 말해 준다.

이 시에서 가장 중요한 시어는 창지제승創智制勝으로, 그 시기 가장 필요한 것은 거북선이 아니라 바로 거북선을 만든 지혜였다. 이순신 장군 서거 후 200년 만에 서양에서 포성을 울리며 화륜선이 우리나라를 향해 오고 있다는 묘사는 우리 역사에는 서구보다 200년 앞서 지혜를 사용한 인물이 있었다는 사실을 새삼 깨닫게 한다. 서구와 일본의 무력 앞에 속수무책인 우리 민족에게 용기를 고취할 수 있는 유일한 길은 우리 민족의 저력을 재확인하는 일인 것이다.

이 시에서 우리는 매천의 일본에 대한 인식이 여전히 침략자이자 적대적인 존재로 남아 있다는 점을 볼 수 있다. 우리 측의 상징물로는 거북·용·자라·양 같은 동양 본래의 선량하고 성실한 동물들을, 일본 측의 상징물로는 악어·고래·호랑이를 사용한 것은 임진왜란 이후 일본에 사행했던 사신들의 시에 보편적으로 나타나고 있거니와, 이러한 묘사는 일본의 침략이 노골화된 1905년 이후 우언시의 형태로 지속된다. 1908년《대한협회회보》에 수록된 〈맹호행猛虎行〉 같은 시가 한 예로, 길거리에 나타나 포효하는 호랑이의 모습을 통해 침략자 일제의 이미지를 형상화하고 있다.

개화기로 설정된 기간 중에 일어난 중요한 역사적 사건 중에는 1894년의 동학혁명·청일전쟁 등이 있다. 이남규는 일본이 동학을 구실로 군대를 서울에 진주한 것의 부당함을 역설한 〈논비요급왜병입도소論匪擾及倭兵入都疏〉를 올렸고, 계속하여 〈청절왜소請絶倭疏〉에서 일본이 겉으로는 조선을 자주독립국이라고 내세우면서 실은 속으로 협박한다고 경고하면서, 그들의 자주독립 운운은 임진왜란 때 명에 들어갈 길을 빌려달라 한 풍신수길의 꾀와 같은 것이라고 공격했다. 그의 시 〈삼전도탄三田渡嘆〉은 청과 일본이 우리나라에서 싸우는 것을 보면서 외세를 업고 국내문제를 해결하려 했던 위정자의 처사가 얼마나 위험한가를 보여준다.

그러나 위기의 원인은 외세보다도 외세에 영합하는 내부의 사람들에게 있음을 깊이 자각하고 이를 고민하는 시 역시 적지 않다. 나라 멸망의 원인을 일본에게 붙어 모리하는 상인들이나, 일본과 조약을 맺은 당시 관리들에게 돌린 시들이 그러하다. 이건창의 〈한구

편韓狗篇〉은 옛 주인을 잊지 못해 밤마다 그를 찾아오다 지쳐 죽은 의리 있는 개를 다룬 작품이다. 작자는 시 말미에 "높은 자리 두터운 녹을 받는 신하들 / 부귀영화 누리고 편히 지내며 / 이적에게 먹히기를 달갑게 여기고 / 나라 팔기 조금도 어려워 않네. / 역적들 숨고 달아나고 / 조정이 바야흐로 어지러운데 / 어찌하면 이런 의구를 얻어 / 우리 임금께 바칠 수 있을까."라는 탄식으로 시대적 고민을 드러낸다.

한편 이러한 난국에 지나간 역사의 발자취를 찾아 이른바 보사補史 작업을 하거나 우리 고유 민속을 환기시키는 작업을 한 지식인들이 있었던 것이 관심을 끈다. 그중 황현이 대표적인데, 그는 민간에서 일어난 이름 없는 의병·향리·기녀·승려 같은 다수의 비역사적 인물에 주의를 기울였고, 〈상원잡영上元雜詠〉 같은 우리나라 고유 풍속에 관심을 보여줌으로써 민족정신을 환기시키고자 했다. 보사적인 태도는《당의통략黨議通略》을 저술한 이건창이나 망명지에서《한사경韓史綮》《한국역대소사韓國歷代小史》《신고려사新高麗史》등의 사서를 편찬한 김택영 등에게서도 볼 수 있다.[14]

개화기 한시에는《대한매일신보大韓每日新報》《만세보萬歲報》《대한민보大韓民報》같은 신문, 잡지의 사조란詞藻欄에 게재된 유명·무명인들의 작품들과 해외에서 저술된 망명인들의 작품들이 상당수에 달하는데, 이들 중에는 특히 삼구시三句詩·집구시集句詩·층시層詩·잡언시雜言詩 등 변체 한시가 많다.[15] 이 변체시는 조선 후기부터 일어난 조선

14 이혜순, 〈개화기 한시에 나타난 일본·일본인〉,《인문과학논집》제61집 제1호(서울: 이화여대, 1992); 〈대한제국의 문학 III: 修堂, 梅泉, 滄江의 憂國漢詩를 중심으로〉,《대한제국연구》IV(서울: 이화여대, 1986).

15 이규호, 〈개화기 한시의 양식적 변모에 대한 연구〉, 박사논문(서울: 서울대), 47~65쪽.

시의 전통 위에서 근대에 이르러 국문학과 적극적인 결합이 일어나면서 한시가 형식적 파탄을 일으킨 것으로 볼 수 있고, 결국 한문학이 종언을 고하면서 고유 문학이 우리 문학의 유일한 위치를 차지하게 된 것이다.

6. 결론

지금까지 논의한 바와 같이 한문학은 한문화권 공동문어였던 한문을 매체로 주로 상층에 의해 이루어진 이른바 귀족문학이었지만 시, 산문 등 어느 영역을 막론하고 한국인의 보편적인 사상·정서를 다루었다. 한시 또는 한문에서 드러나는 향토성, 하층 백성에 대한 관심, 국가적·사회적 현실과 시대정신의 투영은 한문학이 국문학일 수밖에 없는 가장 큰 요인이다. 이러한 한문학의 독자성에 대한 인식은 과거 문사들 자신에 의해서 나타나고 있었다는 점을 유의할 필요가 있다.

한문학에서 보여지는 큰 특성의 하나는 민족주의적·현실주의적 사고다. 물론 한문학은 상류 지식인 중심이어서 하층의 일반적 정서가 드러나기는 어려웠으나, 한문학은 특히 국난의 시기, 정치적으로 불안하고 사회가 어지러울 때 그 진가를 발휘했다. 신라 말, 고려 무신의 난, 원나라 지배 시기인 고려 후기, 조선 후기, 대한제국 시기의 한문학이 보여준 민족적 자부심·우국정신·현실비판 의지는 고유 문학 홀로는 감당할 수 없었던 부분이었다.

이와 관련해 한문학이 고유 문학을 기층으로 몰아넣었는가, 더 나아가 고유 문학의 성장을 억제했는가에 대하여 재고할 필요가 있다. 한문학이 독점적 위치를 차지하던 고려 전기를 지나 후기에는 고려가요를 수용하는 노력이 〈소악부〉로 나타났고, 동시에 시조·가사 같은 고유 문학 갈래가 나타나면서 조선 전기에는 동일한 문학 담당층에 의해 한문학과 고유 문학 작품이 함께 저작되었다. 조선 후기에는 두 가지 모두에서 작자신분의 하향이 이루어졌을 뿐 아니라 한문학의 고유 문학에의 동화가 급속도로, 그리고 대규모로 이루어졌다. 이로 보면 한국문학사는 한문학·고유 문학의 이중구조로 이루어졌으면서도 사실상 이 두 문학이 상호 경쟁·보완하는 과정에서 한문학은 오히려 고유 문학에 자생력과 포용력을 키워준 것으로 보인다.

한문학 연구에서 가장 큰 문제점은 자료의 수집과 정리다. 삼국·통일신라·발해·고려 전기까지는 개인문집이 거의 남아 있지 않아서 문학사를 엮어나가는 데 어려움이 많다. 최근 중국과 일본에 남아 있는 자료를 통해 발해문사를 정리하고, 고려가 창건된 후 정치 외교문서·역사기록·종교 의례문 등을 동원해서 고려 전기 한문학사의 정립을 시도한 것 등은 자료의 부족으로 생기는 문학사적 공백기를 메워보려는 노력의 일환이다. 고려 후기부터 조선 후기까지는 한문학 작품이 《동문선》 등의 몇 선집 이외에는 주로 개인문집에 의거하는바, 아직도 개인 소장 작품이 미발굴되거나 본격적인 연구가 행해지지 않은 작품들이 많다.

그동안의 한문학 연구는 작자 연구에 치중되어 있었고, 사회비판적인 작품에 특히 주의를 기울였다. 따라서 시에서도 시의(詩意)에 의해 작품의 우열이 평가되었으며, 결과적으로 형상화 측면은 소홀히 다루어진 셈이다. 그러나 실제로 상당한 양의 수준 높은 한시가 관념적·탈사회적인 반면 투철한 현실인식을 보여주는 시 가운데에는 시격이 거칠고 조잡한 경우가 많다. 한시는 규범이 엄격한 갈래여서 그 규범이 시의에 직간접으로 끼치는 영향이 적지 않은데도 이에 대한 고찰이 충분하지 못했다.

최근 한문학은 과거 서구적인 문학의 관점에 맞는 시와 소설에 대한 과도한 편중에서 벗어나 제문·비문·서신·표문 등에 관해서도 연구가 이루어지고 있거니와, 이들 유형도 그 내함하는 형식적 특성에 대한 고찰과 함께 연구 대상 작품의 확대가 필요해 보인다. 확실히 한문학 작품 중에는 공용성을 띤 교술적인 것들이 많은데, 이들은 서구적인 관점에서의 '문학' 개념과는 차이가 있다. 이러한 점에서 한문학은 문학이면서 인문학이고, 동시에 사회과학적 문장을 모두 포괄하는 고전문학의 한 유형이다. 그러나 이들 역시 미의식을 함축하면서 문학적으로 형상화된 문장들이어서 지금의 공문서라든가, 기타 인문학적 또는 사회과학적 글과는 성격이 다르다.

한문학은 고유 문학과 함께 국문학을 형성하는 양대 축이고, 전술한 바와 같이 이들은 상호 경쟁하면서도 각기 영향을 주고받으며 동화되어 발전했다. 따라서 앞으로는 한문학과 고유 문학을 이원적으로 고찰하기보다는 이 두 문학이 서로 얽혀 이루어진 하나의 국문학이라는 총체적인 입장에서 다루는 노력을 경주해야 할 것이다.

■ 참고문헌

자료편

김시습,《금오신화》

김호연재,〈자경편〉, 송창준 역,《浩然齋遺稿》, 향지문화사, 1995

박지원,《연암집》

서거정 외 편,《동문선》

신유한,《해유록》

임형택 편,《이조시대 서사시》

이규보,《동국이상국집》

이빙허각,《규합총서》

이사주당,《태교신기》

이옥,《이언집》

이인로,《파한집》

이황,《퇴계전서》

임윤지당,《윤지당유고》

정약용,《여유당전서》

최자,《보한집補閑集》

최치원,《계원필경桂苑筆耕》

《한문악부·사 자료집》, 서울: 계명문화사, 1988.

허미자 편,《조선조여류시문전집》2, 태학사, 1997.

홍만종 편,《시화총림詩話總林》

홍세태,《해동유주海東遺珠》

황현,《매천집》

연구저서편

김명호,《열하일기 연구》, 서울: 창작과비평사, 1990.

김태준,《한국한문학사》, 김태준전집, 영인본, 서울: 보고사, 1990.

박희병,《한국고전인물전 연구》, 서울: 한길사, 1992.

유종국,《몽유록소설연구》, 서울: 아세아문화사, 1987.

이가원,《한국한문학사》, 서울: 보성문화사, 1986(초판, 서울: 민중서관, 1961).

이혜순,《조선조후기여성지성사》, 서울: 이대출판부, 2007.

조동일,《한국문학사상사 시론》, 서울: 지식산업사, 1978.

_____,《한국문학통사》1~4, 서울: 지식산업사, 1982~86.

《한국문학사상사: 일정 송민호 박사 고희기념논총》, 서울: 계명문화사, 1991.

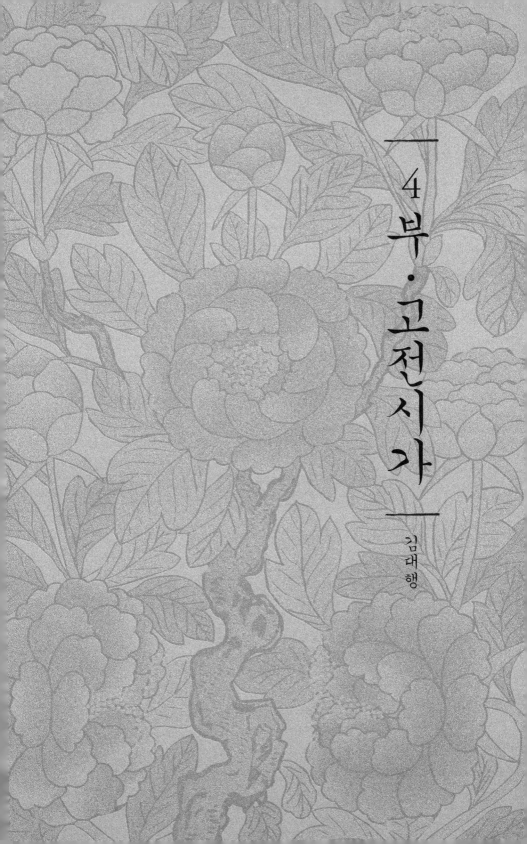

4부·고전시가

김대행

1. 서론

'고전시가'란 상고시대로부터 19세기까지 한국어로 노래했던 노랫말을 통틀어 가리키는 용어다. 노랫말처럼 짧은 형식이되 글로 쓴 문학작품은 '시詩'라 하고, 노래로 불리는 노랫말은 '가歌' 또는 '가요歌謠'라고 하는 것이 보통이다. 그러나 상고시대로부터 19세기까지 한국어로 된 노랫말이면서 문자로 기록된 것을 가리켜 말할 때는 특별하게 '시가詩歌'라고 해왔다. 이는 오늘날처럼 읽기 위주의 시와는 달리 고전시가가 음악과 결부되었던 노랫말로서 문학과 음악의 두 요소를 함축함을 뜻한다.

어느 민족의 문학사나 그 시작은 문자가 아닌 말로 이루어졌다. 한국의 고전시가도 그 시작의 시기가 정확하게 언제인가는 알기 어렵지만, 처음에는 노래로만 가창歌唱되었을 것이 분명하다. 그러다가 점차 후대로 내려오면서 노래하는 방식에서 읊는[詠, 誦] 방식으로 바뀌었고, 근대에 들어와서는 아예 눈으로 읽기[讀]만 하는 양식으로까지 변모하였다.

노랫말을 표기하는 방식도 시가의 기록과 전승에 커다란 영향을 끼침은 물론이다. 여기서 나아가 오늘날 고전시가를 이해하는 데도 많은 영향을 준다. 예컨대 고전시가 가운데 상고시가라고 일컫는 노래 3편이 불리고 기록된 상황을 생각해 보자. 노래는 우리말로 했을 것이 분명하지만, 이를 표기할 문자가 없었기에 한자로 기록된 것만 전한다. 그러니 그 경위며 노랫말의 뜻만 대강 짐작할 따름이지 구체적인 실상은 알기 어려워 많은 부분이 추측에 의존한다.

신라시대에는 다행스럽게도 향찰鄕札이라는 표기방식을 독자적으로 고안하여 우리말을 표기하였으므로 오늘날 그 시가의 모습을 좀 더 구체적으로 알 수 있다. 그런데 한자의 음音과 뜻[訓]을 적절하게 이용하여 우리말을 표기했던 방식인 향찰은 지금까지 전해 내려오는 자료만 가지고는 그 전모를 알기가 쉽지 않다. 따라서 향찰 표기로 전해지는 향가를 해독하기란 지금도 어려운 문제다. 그렇더라도 신라시대의 우리말 노래 모습을 어느 만큼은 되살릴 수 있기에 매우 큰 행운을 누리고 있는 셈이다.

고려시대에 우리말로 노래를 표기할 방법은 한문으로 번역하는 것 말고는 없었다. 그러나 훈민정음이 창제되고 나서 고려 때 노래로 그때까지 전해지는 노랫말을 이런저런 목적으로 기록하였다. 그런 내용을 전하는 문헌이 바로 《악학궤범樂學軌範》《시용향악보時用鄕樂譜》《악장가사樂章歌詞》 같은 것들이다. 시간이 많이 흐른 뒤의 기록이므로 고려 때의 노랫말이 그대로 기록되었다고는 말하기 어렵더라도 이 정도 모습이나마 볼 수 있게 되어 다행하다.

훈민정음의 창제는 고전시가에 엄청난 영향을 끼친 역사적 대사건이다. 우리 고유의 독창적인 글자이면서, 그것도 세상에서 가장 쓰기 쉽고 편리한 표음문자인 한글의 창제는 노랫말을 우리말 그대로의 실상을 살려 기록하게 해주었다. 나아가 더 많은 노랫말을 창작하는 데까지 나아가게 만들었다. 조선시대 초기에 〈용비어천가〉를 비롯하여 악장이라 불리는 많은 노랫말이 창작될 수 있었던 바탕이 바로 훈민정음의 창제라 할 수 있다. 그런가 하면 한글의 창제로 다양한 시가 양식이 창안되었던 것도 중요하다. 조선시대에 시조·가사·악장 등의 양식이 활발하게 창작되고 전승되었으며 널리 향유될 수 있었던 동력도 바로 한글의 창제에서 비롯되었다.

소리글자인 한글 덕분에 우리 시가의 율격적 특징을 쉽사리 이해할 수 있게 된 것도 중요하다. 아직까지 전해 내려오는 한시와 우리 고전시가의 말 짜임새를 살피면 그 차이점이 바로 드러난다. 한시는 글자의 수효를 엄격하게 지켜 말을 배열해야만 시로서의 형식적 자격을 갖출 수 있다. 여기에 비하면 한글로 표기된 우리말 노랫말은 엄격한 글자 수의 규칙이 정해져 있는 것을 보기가 어려운 것이 특징이다.

이처럼 한국 고전시가의 율격적 짜임은 매우 느슨해 보인다. 그러나 느슨함 속에 일종의 질서가 깃들어 있어 정형적인 가지런함이 이내 느껴지기도 한다. 이 점을 우리말의 특징과 한글이라는 글자의 표기와 관련하여 단계적으로 살피겠다.

한국어는 3~4자(음절)로 된 말이 한 마디를 이루는 것이 보편적인 현상이다. 국어사전을 보면 금방 알 수 있듯이 2음절로 된 단어가 60~70퍼센트에 이를 정도로 많다. 이 말들이 실생활에서 사용될 때는 그 2음절 단어에 조사가 붙거나 어미가 활용됨으로써 생활에서 주고받는 말은 3~4자(음절)로 된 어절로 덩어리를 이루게 마련이다. 이 3~4음절로 된 한 어절은 노랫말의 '마디'로서 율격적 단위의 구실을 한다.

물론 '나는∨간다'처럼 두 음절로 된 말의 마디도 실제 언어생활에서는 얼마든지 실현될 수 있다. 그러나 대체로 3~4음절로 된 말의 마디가 대다수인 맥락적 환경에서는 2음절의 발음 길이를 3~4음절의 그것만큼 길게 소리내거나, 주변의 2음절짜리 말 둘을 한데 모아 한 마디로 만드는 것이 보통이다. 예를 들어보자. '소치는 아이놈은 상기 아니 일었느냐'에서 셋째 덩이가 될 자리의 '상기∨아니'는 2음절로 된 두 마디의 말이지만 주위의 딴 노랫말과 균형을 맞추고자 '상기⌒아니'처럼 하나의 마디로 묶어 발음한다.

이러한 3~4음절의 말마디는 둘씩 짝을 이루어 실질적으로 소통할 뜻을 가진 말의 한 덩이가 된다. 예를 들어 '동창이'라는 말은 분명 그 나름의 뜻을 지니고 있기는 하다. 그러나 이 말만으로는 말이 표현하고자 하는 내용이 완성 또는 실현되었다고 생각하기 어렵다. 그런데 뒤에 '밝았느냐'가 와서 짝을 이루어 '동창이∨밝았느냐' 하면 구체적으로 뜻을 지니는 특징이 있다. 또 다른 예로 '강호에'라는 말은 불완전하여 안정감이 없게 느껴지지만 '강호에∨병이 깊어'라고 표현하면 전할 말의 단위로서 안정감을 지니게 된다.

이처럼 3~4음절로 된 어절을 율격의 단위가 되는 '마디'[1]라고 하고, 두 마디가 짝을 이루는 것을 가리켜 '두 마디 대응'이라고 표현할 수 있는데, 짝을 이룬 두 마디를 달리 가리키는 용어가 구(句)다. 구는 다시 구와 구가 둘씩 짝을 이룸으로써 형식과 의미의 안정감을 구현하면서 노랫말로서의 질서를 지니게 된다. 한국의 고전시가는 이러한 두 마디 대응, 즉 구가 어떤 방식으로 짜이는가에 따라 그 양식의 특징이 결정된다. 예를 들어 시조는 두 개의 두 마디 대응, 즉 두 구가 모여 한 장(章)을 이루며, 장이 초·중·종 셋이 모임으로써

---

1 '마디'라는 용어가 널리 사용되는 보편적인 용어라고는 하기는 어렵다. 전에는 영어의 foot를 번역한 '음보(音步)'라는 용어가 많이 사용되기도 하였다. 그러나 영시에서 말하는 foot는 소리의 강약이 조합을 이루는 규칙에 따라 여러 가지로 종류를 나누는 단위다. 따라서 의미의 단위성이 중시되는 한국어 노랫말의 율격 단위를 가리키는 용어로는 적절하지 못한 약점이 있다. 또 달리 '토막'이라고 하는 경우도 보인다.

완성되는 양식이라 할 수 있다. 반면에 가사는 두 마디 대응의 연첩 連疊에 이어 두 구의 대응이 연첩되는, 즉 구의 수효에 제한을 가하지 않는 점이 그 형식상의 특징이라고 할 수 있다.

시가는 형식에 못지않게 노래한 내용이 무엇인가에 따라 양식의 특징이 드러나기도 한다. 일반적으로 시가로 노래할 수 있는 내용은 세 가지 종류로 나누어 생각할 수 있다. 드러내기, 풀이하기, 타이르기가 바로 그것이다. 꼭 들어맞지는 않더라도 흔히 쓰는 문학 양식의 용어로 바꾸면 서정·서사·교술과 비슷하게 대응한다. 이 밖에 문학 양식으로 보아 시늉하기, 즉 희곡 양식도 생각할 수 있겠지만 시가와는 관계가 있어 보이지 않는다.

드러내기, 풀이하기, 타이르기의 세 가지 내용은 각기 어떤 시가 양식의 특징이라고 하기보다는 어떤 양식의 시가도 세 가지 내용을 두루 노래할 수 있음을 뜻하며, 실상 또한 그러하다. 상고시대의 시가 세 편만 놓고 보더라도 〈구지가龜旨歌〉는 타이르기이고, 〈공무도하가公無渡河歌〉와 〈황조가黃鳥歌〉는 드러내기에 해당한다. 시조도 마찬가지다. "잘 가노라 닫지 말며 못 가노라 쉬지 마라……" 하며 시작하는 시조는 타이르기의 예이고, 이에 반해 '한산섬 달 밝은 밤에 수루에 혼자 앉아……'로 시작하는 시조는 드러내기의 예라 할 수 있다. 그런가 하면 풀이하기를 내용으로 하는 시조는 매우 드물어 찾아보기 어렵다는 점이 시조의 특성이라면, 가사는 풀이하기가 주를 이룬다는 특징이 있다.

지금까지 고전시가를 보는 데 중요해 보이는 요소를 형식과 내용 두 방향으로 살폈다. 이제 이런 관점에서 시대순으로 고전시가를 살피되, 시대별로 양식에 따라 구분하여 서술하기로 한다. 설명과 이해를 돕기 위해 되도록 작품의 예도 들 것이다. 그 양식을 대표한다고 할 수 있는 노랫말 하나 이상의 예를 보여 양식 이해의 자료로 삼음으로써 구체적 모습까지도 살필 수 있도록 하겠다.

고전시가의 노랫말이나 양식의 성격을 이해하려면 구비문학을 이해할 때와 같은 시각을 지닐 필요가 있다는 점도 중요하다. 고전시가의 노랫말을 두고 기록에 따라 조금씩 차이가 난다든지, 지은이가 여기저기에 달리 적혀 있다든지, 비슷비슷해 보이는 노랫말이 많다든지 하는 논의가 많은 것이 특징이다.

이는 구비 전승이 원천적으로 지닐 수밖에 없는 특징이라 할 수 있다. 입으로 전하는 과정에서 생기게 마련인 변이 또는 부정확성이 그 원인이다. 또 기록에 따라 노래 제목만 보이고 노랫말은 전하지 않는 작품이 상당수에 달한다든가, 지은이를 끝내 알 수 없는 작품이 많다는 점도 고전시가와 구비문학이 같은 성격임을 말해 준다. 따라서 문헌기록의 정확성만 지나치게 파고들면 고전시가의 본질을 놓칠 염려가 없지 않음에 유념해야 한다.

2. 상고시가

삼국시대 이전의 노래로서 오늘날 그 내용을 알 수 있는 것은 세 편뿐인데, 그나마 한자로 짤막하게 뜻만을 전하고 있어서 그 본디의 모습을 구체적으로 알기는 어렵다. 그런 데다가 이 시기의 노래가 특별한 양식으로 형성되었으리라고는 생각하기 어렵기 때문에 시대를 가리키는 말을 앞에 얹어 그냥 '상고'시대의 시가라고 부른다.

그러나 비록 노래의 내용이 짧고 양식적인 특성이 두드러지지 않더라도 그 노래가 불린 내력이 함께 전해져 그 성격을 짐작할 수 있다는 점에서, 그리고 이 시기의 노래로 이 세 편 말고는 더는 전하는 작품이 없다는 점에서 시가의 역사에서는 소중하게 여긴다.

〈구지가〉는 《삼국유사》의 〈가락국기駕洛國記〉에 기록되어 있는데, 거북에게 머리를 내놓으라고 위협한 짤막한 노래다. 〈가락국기〉에 따르면, 여러 사람이 땅을 구르면서 거북에게 머리를 내놓으라고 위협하는 이 노래를 불렀더니 가락국의 시조가 태어났다고 한다.

그런데 〈구지가〉는 노랫말의 짜임이나 노래를 불러서 무엇인가를 이루어내는 경위가 《삼국유사》의 〈수로부인首露夫人〉에 나오는 〈해가海歌〉와 매우 흡사하다. 이를 근거로 〈구지가〉의 성격에 대해 여러 가지 해석이 가능하다.

노래의 성격은 여러 방향으로 생각할 수 있다. 위협적인 노래를 해서 문제를 해결하거나 소원을 이루었으므로 주술적인 노래로 볼 수도 있고, 거북의 머리 모양이 남성의 성기와 흡사하다는 점과 이 노래를 매개로 사람이 태어났다는 점을 연관시켜 해석하면 출산 기원의 노래로 볼 수도 있다. 그런가 하면 본디 노동요였던 것이 나중에 설화 속에 끼워진 것이라는 추정도 가능하며, 동요와 흡사한 놀이의 노래로 볼 여지도 있다.

〈공무도하가〉는 중국의 문헌에 기록되어 전해진 것이다.[2] 조선의

---

2 중국 진(晉)나라 시대(3~4세기경)에 최표(崔豹)라는 사람이 중국 여러 지역의 노래를 모아 펴낸 《고금주(古今注)》라는 책에 실린 것을 조선시대의 학자들이 보고 기록함으로써 알려진 노래다. 그래서 중국 노래 아닌가 하는 의문이 제기되기도 하지만, '조선'은 곧 '고조선'일 수 있고, 중국 직례성(直隸省)에 조선인들이 독자적인 문화를 이루며 모여 살던 지역이 있었다는 것을 근거로 하여 한국의 문학으로 본다. 여기서 한 걸음 더 나아가 중국 쪽에 이런 노래가 전해지고 기록된 것은 우리 노래가 그만큼 널리 전파되어 있었던 증거라고 보기도 한다.

한 뱃사공이 이른 아침에 배를 손질하다가 머리칼이 하얗게 센 미치광이가 병을 끼고 물에 들어가는 것을 보게 되었다. 그 미치광이는 뒤따라온 아내가 말려도 듣지 않고 물에 빠져 죽었다. 그러자 그 아내도 "물을 건너지 마오."라는 내용의 슬픈 노래를 부르고는 물에 빠져 죽었다. 뱃사공은 그가 본 광경을 자기 아내에게 들려주었고, 아내는 이 사연을 노래로 불렀으며, 이 노래를 다시 이웃 여자에게 들려주어 세상에 전하게 되었다고 한다. 중국 쪽에서는 그 노래를 공후라는 악기에 맞추어 불렀다고 해서 〈공후인空篌引〉이라고 하였다.

기록에 전하는 노랫말은 다음과 같다.

公無渡河	그대여, 저 물 건너지 마오.
公竟渡河	그대 기어이 저 물 건너다가
墮河而死	물에 빠져서 죽고 말면
當奈公何	나는 어찌 하라고, 그대여.

이 노랫말은 담고 있는 사연이 특이해서 사람들이 관심을 갖게 되었다. 병을 끼고 물에 들어갔다는 점으로 보아 머리가 하얀 미치광이는 무당이 되려다가 성공하지 못한 사람일 수도 있고, 무당의 권능이 떨어져서 죽음에 이른 사람으로 볼 수도 있으며, 술에 취한 주신酒神으로 해석하기도 한다. 또 미치광이의 행색과 그의 아내가 슬프게 울며 노래했다는 점에 초점을 맞추면 삶의 곤궁함이 죽음에 이르게 한 것으로 보아 당시 민중의 고달팠던 생활상을 반영한 노래로 볼 수도 있다. 또 그 경위야 어떻든지 간에 불가항력적인 죽음 앞에서 애끓는 정서를 드러낸 이별의 노래로 보아, 그러한 정서가

고려시대의 〈가시리〉 등의 노래로 이어지고 있을 정도로 전통적임에 주목하기도 한다.

〈황조가〉는 《삼국사기》에 그 유래와 노랫말이 전한다. 고구려 제2대 왕인 유리왕에게는 두 아내가 있었는데 서로 싸워 한漢나라 여자인 아내가 달아나버렸다. 왕이 뒤쫓아갔으나 돌아오지 않아 홀로 돌아오는 길에 마침 정답게 나는 꾀꼬리 한 쌍을 보고는 외로움에 북받쳐 "꾀꼬리는 정다운데 나만 홀로 외롭구나." 하고 노래를 불렀다는 것이다.

이 노래의 성격에 대한 해석 또한 여러 가지다. 외로움을 노래한 서정시로 볼 수 있는가 하면, 임금으로서의 정치적인 어려움을 상징적으로 노래한 것으로 보기도 한다. 또는 본디 사랑하는 사람을 구하는 노래였는데 이것이 나중에 유리왕 이야기에 삽입된 것으로 해석하기도 하고, 수렵사회에서 농경사회로 옮겨가는 과정에서 생겨날 수 있는 변화를 함축하는 노래로 규정하기도 한다.

이처럼 각기 다양한 해석을 낳는 상고시대의 노래 세 편이 지니는 공통점은, 모두 노래로 전해지다가 나중에 기록으로 남게 되었다는 점이다. 그럴 정도로 이 노래들이 오래 전해진 데는 그럴 만한 이유가 있었을 것이고, 그 이유를 의식적인 노래로서의 가치 때문이라고 생각한다면 이 노래들은 주술 또는 제의 중심의 생활상을 반영한다고 볼 수 있다. 그런가 하면 〈구지가〉는 노동이나 놀이에 노래가 수반되었다는 점을 알게 해주는 반면에, 〈공무도하가〉와 〈황조가〉는 인간 본연의 정서를 드러내고 있어서 이 시기에 벌써 시가의 기능과 성격이 다양하게 분화되었다고 볼 가능성도 있다.

3. 향가

상고시대를 거쳐 삼국시대에 들어서면서 세 나라가 각기 다른 성격의 노래를 지녔던 것으로 추정된다. 그러나 신라의 향가는 일부나마 기록되어 전해지는 데 반해 고구려와 백제의 노래는 제목만 전해질 뿐이고 노랫말은 알 수 없다.

고구려 노래로는 〈내원성來遠城〉〈연양延陽〉〈명주溟州〉 등의 제목만이 노래가 생긴 내력과 함께 기록되어 전한다. 백제 노래로는 〈선운산禪雲山〉〈무등산無等山〉〈방등산方等山〉〈지리산智異山〉〈정읍井邑〉 등 다섯 편의 제목과 내력만 전해진다. 이상의 고구려와 백제의 노래는 공통적으로 지명을 제목으로 삼고 있다. 이로 미루어보건대 아마도 지역적 특색과 관련된 향토적인 음악과 결합된 노래가 대부분이었을 것으로 추정된다.

향가鄕歌는 신라시대에 생겨나 고려 때까지 이어진 노래로 현재까지 전해지는 것은 모두 25수인데, 이 중 14수는 《삼국유사》, 11수는 《균여전均如傳》에 실려 있다. 《삼국유사》에 실린 14수는 형식과 내용, 지은이가 다양한 데 비해 《균여전》에 실린 11수는 균여대사均如大師 한 사람이 지은 〈보현십원가普賢十願歌〉라는 연작시 한 편으로 되어 있음이 다르다. 그 내용도 종교적 노래의 서곡임을 알리는 〈예경제불가禮敬諸佛歌〉에서 시작하여 모든 내용을 마무리하는 〈총결무진가總結無盡歌〉로 끝맺는데, 각각의 노래는 열 줄씩으로 되어 있다.

향가라는 명칭은 '우리 노래'라는 뜻으로 짐작되는데, 달리 '사뇌가詞腦歌'라고 한 기록도 있어 후자가 더 적절하다는 견해도 있다. 이 경우, '사뇌'라는 말은 '새내東川', 즉 신라를 가리키는 것으로 본다. 그런가 하면 열 줄짜리 향가 작품과 관련해서만 사뇌가라고 하였으므로, 향가 중에서도 그런 형식의 노래만을 사뇌가라 해야 한다는 주장도 있어 어느 한 가지로 정하기 어렵다.

앞에서도 말했듯이 25수의 향가는 모두 향찰로 표기되어 있는데, 그렇다고 해서 향가가 애당초 향찰로 창작된 시문학이라고 하기는 어렵다. 그보다는 노래가 먼저이고 그것을 표기하는 데 향찰이라는 표기방식을 사용한 것으로 이해하는 것이 옳다. 향가 가운데 민요적 성격이 강한 작품들이 더러 있을뿐더러,《삼국유사》가 고려 때인 13세기에 기록된 점, 또 노래를 짓고 부른 과정 등을 아울러 생각하면 향가는 구비전승이 먼저이고 향찰 기록은 나중에 이루어진 것임을 알 수 있다.

향가의 작자는 매우 다양하다.《균여전》의 균여는 물론 승려이지만,《삼국유사》에 전하는 14수의 작자 가운데는 월명사月明師와 충담사忠談師 같은 불교 승려가 있는가 하면, 견우노옹牽牛老翁처럼 이름이 알려지지 않은 이도 있고 신충信忠이나 영재永才, 융천사融天師처럼 정치와 관계가 밀접한 상층신분의 사람도 있으며, 희명希明이나 광덕廣德처럼 불교적 믿음이 깊은 신도도 있고, 서동薯童처럼 백제의 왕족도 있다. 또한 〈풍요風謠〉처럼 작자를 한 사람으로 특정할 수 없는 경우도 있다.

향가의 내용도 매우 다양하다. 물론 신라시대는 불교의 시대였으므로 불교와 관련된 내용이 많은 것은 당연하다 할 수 있다. 그러나 불교적인 내용이라 하더라도 기원을 담은 〈도천수관음가禱千手觀音歌〉 같은 것이 있는가 하면, 〈도솔가兜率歌〉처럼 산화공덕散花功德과 관계된 것이 있다. 또 죽은 누이를 위해 재齋를 올리며 그리워하는 서정적인 것이 있으며, 극락세계에 가고자 하는 수도의 염원을 노래한 〈원왕생가願往生歌〉 같은 것도 있다. 따라서 불교적 내용을 담고 있다

하더라도 그 성격을 일률적으로 말하기는 어렵다.

또 〈모죽지랑가慕竹旨郎歌〉나 〈찬기파랑가讚耆婆郎歌〉처럼 수준 높은 서정가요가 있는가 하면, 〈서동요薯童謠〉 같은 동요, 〈풍요〉 같은 노동요 등 내용이 매우 다양하다. 이처럼 다양한 내용을 한마디로 압축할 수 있는 단어로 '바람願'을 생각할 수 있다. 《삼국유사》 향가 14수의 제목만 보더라도 기림讚·빎禱·바침獻·그림慕·제지냄祭·원망함怨 등 마음속으로 바라는 바와 관련이 깊다.

이렇듯이 향가가 '바람', 다시 말해 인간의 보편적 욕망의 세계와 관계가 깊음을 단적으로 보여주는 것이 《균여전》의 향가 제목이라 할 수 있다. 11수의 내용을 압축하는 제목이 바로 '열 가지 바람十願'을 뜻하는 〈보현십원가普賢十願歌〉라는 데서도 그 점이 잘 드러난다.

향가의 형식은 행의 수효에 따라 넉 줄짜리, 여덟 줄짜리, 열 줄짜리의 세 가지로 나눈다. 〈서동요〉〈풍요〉〈헌화가獻花歌〉〈도솔가〉는 넉 줄짜리이며, 〈처용가處容歌〉〈모죽지랑가〉는 여덟 줄짜리이고, 〈혜성가彗星歌〉〈찬기파랑가〉〈안민가安民歌〉〈원가怨歌〉〈우적가遇賊歌〉〈제망매가祭亡妹歌〉〈원왕생가〉〈도천수관음가〉, 그리고 〈보현십원가〉 11수는 모두 열 줄짜리다.

이 중 가장 단순한 형태가 넉 줄짜리인데, 그 형식이 단순한 것처럼 내용도 매우 단순한 것이 특징이다. 〈서동요〉는 선화공주善花公主와 결혼하기 위해 아이들에게 노래하게 해서 소문을 퍼뜨릴 목적으로 지은 것이므로 동요의 성격이 분명하며, 〈풍요〉는 흙을 나르면서 불렀다는 짧은 노동요이고, 〈도솔가〉는 산화공덕을 바치면서 불렀다는 단순한 형태의 의식요다. 넉 줄짜리 향가 중 〈헌화가〉는 서정적인 요소를 지니고 있기는 하나, 그 노래의 배경이 뒤이어 기록된

〈해가海歌〉와 관련되므로 무가巫歌로 보기도 한다.

여덟 줄짜리는 넉 줄에 다시 넉 줄을 더한 짜임으로 되어 있다. 〈모죽지랑가〉는 화랑을 찬양하고 추모한 노래이며, 〈처용가〉는 고려 〈처용가〉와의 관계로 미루어보건대 무가적 성격을 지닌 노래임을 짐작할 수 있다. 현재까지 전해지는 작품의 수효가 많지 않다는 점과 두 작품의 성격이 서정과 무속으로 판이하다는 점을 아울러 추정하여 여덟 줄 형식은 넉 줄 형식과 열 줄 형식의 과도기적 양식으로 보기도 한다.

열 줄짜리는 형식면에서 여덟 줄짜리에 두 줄이 추가되었다는 정도의 차이가 있지만, 시적인 성격은 그저 두 줄이 덧붙여진 차이를 훨씬 넘어설 정도로 판이하다. 특히 덧붙여진 두 줄의 첫머리에 '아아阿耶, 阿邪, 阿邪也' 등의 감탄사를 두어 노랫말이 정서적으로 강화하거나 또 다른 차원으로 전환한다. 그럼으로써 내용은 풍요로워지고 형식은 잘 짜인 느낌을 준다.

그 한 예로 〈찬기파랑가〉를 보기로 하자.

咽嗚爾處米	흐느끼며 바라보매,
露曉邪隱月羅理	이슬 밝힌 달이
白雲音逐于浮去隱安支下	흰 구름 따라 떠간 언저리에,
沙是八陵隱汀理也中	모래 가른 물가에,
耆郎矣兒史是史藪邪	耆郎의 모습이올시 수풀이여!
逸烏川理叱磧惡希	逸烏내 자갈벌에서
郎也持以支如賜烏隱	郎이 지니시던
心未際叱肹逐內良齊	마음의 갓을 좇고 있노라.
阿耶 栢史叱枝次高支好	아아! 잣나무 가지가 높아

雪是毛冬乃乎尸花判也   눈이라도 덮지 못할 고깔이여!

　충담사가 지은 두 편의 향가 가운데 하나인 이 노래는 기파랑이
라는 화랑을 추모하는 내용이다. 이 노래의 정서적 발단은 기파랑
이 지금 곁에 없다는 아쉬움에서 비롯하는데, 기파랑을 하늘에 뜬
달 또는 물가의 수풀이라고 하면서 자신은 자갈벌에서 기파랑이 지
녔던 마음의 끝을 좇는 것으로 설정하고 있다. 첫째~다섯째 줄에서
는 달의 광명과 정결함, 그리고 물가 수풀의 정정함과 우뚝함을 통
하여 기리는 대상의 고결함과 드높은 기상을 노래하였다. 그리고
이어지는 여섯째~여덟째 줄에서는 하잘것없고 산만하여 근심이 많
음을 연상케 하는 자갈벌에 자신이 서 있는 것으로 나타내었다. 이
렇게 기림의 대상인 기파랑의 고결한 모습에 하잘것없는 자기 모습
을 대비시킴으로써 대상을 한껏 높이는 찬미의 솜씨가 빼어나다.
　그런가 하면 마지막 아홉째~열째 줄에서 '아아'라는 감탄사로 정
서적 고양과 전환을 이루면서 노래 전체를 총괄한다. 드높은 잣가
지 같은 존재여서 눈이라도 덮지 못할 화랑이 바로 기파랑이라는
확신을 표현했다. 먼저 천상적인 숭고함을 노래하고, 지상적 번뇌를
드러낸 다음, 마지막에 그 둘을 한데 아우름으로써 인간적 숭고함
을 기리는 짜임이다.
　열 줄짜리 향가의 시상은 대체로 첫째~넷째 줄, 다섯째~여덟째
줄, 아홉째~열째 줄의 세 부분으로 나뉘는 것이 일반적이다. 전체
세 부분 중 첫째와 둘째 두 부분은 같은 내용을 달리 말하거나 생각
의 흐름이 퍼져나감을 보이고, 셋째 부분인 마지막 두 줄에서 정서
적 고양과 전환을 이루는 게 특징이다. 이는 노래하는 자신과 대상
이 하나가 되는 정서적 상태여서 노래하는 마음과 노래의 형식이

조화를 이루었음을 뜻한다. 이렇듯이 향가는 정서적 감동을 추구하는 노래라 할 수 있고, 그 점이 형식과 잘 조화를 이룬 양식이라 할 수 있다.

경덕왕이 충담사를 만나 "내 들으니 스님이 지은 〈찬기파랑사뇌가〉는 그 뜻이 매우 높다고 하던데, 과연 그러한가?" 하고 물은 것은 이 노래가 정신적 고결성을 기린 것임을 지칭한 말이거나, 아니면 널리 불릴 정도로 좋은 노래였음을 뜻하는 말로 짐작된다. 이런 기록에서도 향가가 보편적 감동을 지향했음이 드러난다.

이상과 같은 여러 가지 사실로 미루어 향가의 형식과 기능 사이에도 관계가 긴밀했음을 짐작할 수 있다. 넉 줄짜리의 향가는 형태의 단순함이 말해 주듯 민요 또는 의식과 관계되는 소박한 양식이었을 것이고, 이렇듯 단순한 형태 둘이 모여 여덟 줄짜리 향가가 생겼으며, 거기에 다시 두 줄을 덧보태 열 줄짜리가 됨으로써 완결성이 더 강화되었을 것으로 짐작된다. 특히 아홉째 줄의 첫머리에 '아으' 등의 감탄사를 사용함으로써 노래의 뜻을 집약하고 강조할 때 흔히 쓰는 표현방식이 향가에도 나타남을 주목할 필요가 있다. 이는 향가가 개인적 서정이라는 특수성보다 다중의 공감, 다시 말해 유행가적 감동이라는 보편성을 추구한 양식이었으리라는 추정을 견고하게 뒷받침한다.

그런데 〈보현십원가〉 11수는 감탄사에 해당하는 부분을 색다르게 표현한 점이 특이하다. '아아[阿耶]'라고 감탄한 것도 없지는 않다. 그러나 색다르게 구의 성격을 설명한 것으로 보이는 '뗀 구절[隔句]' '떨어진 구절[落句]' '뒤 구절[後句]' '뒷말[後言]' 등으로 표기된 것이 있는가 하면, '탄왈[歎曰]' '성상인[城上人]' '타심[打心]' '병음[病吟]' 등으로 표기되기도 하여 이채롭다. 특히 '타심' 등은 그 뜻을 나타내는 말 또는

노래할 때의 연희방식을 가리키는 것으로 볼 수도 있겠으나 섣부르게 단정하기는 어렵다.[3]

〈보현십원가〉와 관련해《균여전》에 기록된 '3구6명三句六名'이라는 말도 많은 관심을 끌었다. 앞뒤의 문맥으로 보아 분명 향가의 형식을 가리키는 것으로 보이지만 '명名'의 뜻을 알 수 없어 갖가지 추측이 있었는데, 아직도 여전히 모호하다. 〈보현십원가〉가 모두 열 줄짜리의 사뇌가인 점과 관련지어 전체가 세 부분으로 나뉘고 그것이 다시 여섯 부분으로 나뉜다는 뜻일 것으로 보는 견해가 그럴듯해 보이기는 하지만 논의의 여지가 많다.

향가의 형식에 따른 성격이 이처럼 서로 달랐다는 점과 관련해서 더 주목할 만한 기록들도 있다. 향가에 관련되는 것으로 사뇌가·사내思內·시뇌詩腦·덕사내德思內·석남사내石南思內·차사사뇌격嗟辭詞腦格 등의 용어가 여기저기 보인다. 이 말들에 대해 더 이상 자세한 기록이 없어서 그 구체적인 뜻은 알 수 없지만 향가의 하위 구분으로 사용된 말이었으리라고 짐작하는 것은 어렵지 않다. 그렇다면 지금 우리가 볼 수 있는 것은 향가의 극히 일부분일 뿐이고 실제로는 훨씬 다양한 향가가 있었다는 추정이 가능하다. 열 줄짜리 향가만을 가리켜 사뇌가라고 해야 한다는 견해가 있는 것도 그 때문이다.

---

3 《균여전》에서 이 노래들을 기록한 부분에 '노래로 세상을 교화함[歌行化世]'이라는 제목을 쓴 점에 주목하여 생각의 단서를 보낼 수도 있겠다. 균여대사가 〈보현십원가〉를 지은 목적은《삼국유사》가 말한 것과 같이 '귀신을 감동시키기'보다도 세상을 감화시키기 위함이라는 데 주목한다. 노래를 하되 그 노래를 하는 사람의 마음부터 다스리도록 하는 연행 효과까지 고려했다는 뜻도 된다. 그렇다면 이들 감탄사는 다름 아닌 노래하는 사람 자신의 마음을 움직이게 만들기 위한 장치, 즉 공감을 위한 표현으로 이해할 수 있다. 그렇게 생각한다면 '타심(打心)'은 '가슴을 치며'로 '병음(病吟)'은 '앓듯이' 등으로 풀어볼 수도 있겠다.

〈원가怨歌〉는 "뒷구가 사라졌다後句亡."는 기록에 근거하여 열 줄짜리로 보지만 실제로는 여덟 줄만 전해지는 작품이다. 신의를 지키지 않은 임금을 두고 처음 넉 줄에서 옛 맹세를 회고한 다음에 뒤의 넉 줄에서 자신의 고난을 간절하게 표현하였다. 이로 보건대 열 줄짜리 향가의 짜임과 같은 내용 전개여서 본디 열 줄짜리였으리라는 추정이 설득력을 갖는다. 이 노래를 적은 종이를 잣나무에 붙여놓았더니 잣나무가 말라 죽었다든가, 그의 마음을 헤아린 임금이 그를 다시 불러 신의를 지켰다든가 하는 기록은 노래의 주술적 효능을 강조하고자 한 데서 나온 것으로 보아도 무방할 것이다. 오히려 그런 주술적 효과보다는 마음의 갈등을 선명하게 드러내어 심리적 흐름을 공감하게 만드는 표현이 더욱 돋보이는 노래라 할 수 있다.

〈제망매가〉는 세상을 떠난 누이를 그리면서 부른 노래다. 그런데 이 노래에 관한 기록은 "이 노래를 부르자 문득 바람이 일어 제단의 종이돈을 서쪽으로 날렸다."고 하였다. 일종의 주술적 기능의 효과를 말한 것이다. 그렇기는 해도 이 노래의 내용이 마음속에 담긴 정서의 표출이라는 점에서 노래의 감화력은 높아진다.

그 표현을 살펴본다. 삶과 죽음이 함께 있는 현세에서 한마디 말도 나누지 못하고 누이가 세상을 떠나자, 이에 대한 고통을 첫 부분에 그렸다. 이어 인생의 덧없음을 떨어지는 나뭇잎에 견주어 노래하고는, 끄트머리 아홉째~열째 줄에서 그 고뇌의 극한을 감탄사를 곁들여 드높이고는 그 고통을 종교적 발원을 통해 해소하고자 한다. 마음에 이는 갈등과 그것을 방어하는 과정을 드러내기 방식으로 노래했기에 그 마음의 흐름이 감동적으로 전해진다.

이 밖에 혜성이 출현하자 노래로 그것을 물리쳤다는 〈혜성가〉는 주술적인 사고방식과 함께 화랑의 기상과 책임 또는 능력을 보여주는 노래이고, 〈원왕생가〉는 불교적 신앙심을, 〈도천수관음가〉는 부처님 앞에 나아가 자식의 눈을 뜨게 해달라고 기원하는 노래다. 〈우적가〉는 60명이나 되는 도적을 만나 노래를 불러 도리어 도적들을 개심시켰다는 노래다. 열 줄짜리 향가는 이처럼 내용이 다양하여 향가 가운데 가장 높은 수준에 이른 양식이라는 점을 입증해 준다.

그러나 열 줄짜리 향가가 언제 형성되었는가를 분명하게 말하기는 어렵다. 다만 맨 처음 작품인 〈혜성가〉가 지어진 시기를 근거로 6세기경으로 추측할 수 있다. 그 후 열 줄짜리 향가는 균여의 〈보현십원가〉 11수가 지어진 10세기까지 활발하게 지어졌던 것으로 볼 수 있으며, 《균여전》이 편찬된 것은 11세기이므로 이때까지도 향가는 두루 불리고 읽혔음을 알 수 있다.

그런가 하면, 고려 때 예종睿宗이 지은 〈도이장가悼二將歌〉와 정서鄭敍의 〈정과정鄭瓜亭〉 두 노래는 향가의 형태를 조금씩 지니고 있어 특이하다. 이를 근거로 추정한다면 열 줄짜리 향가는 6세기부터 12세기까지 7세기 동안에 발전과 변모를 보이다가 사라졌음을 알 수 있다.

그러나 12세기에는 이미 향가의 잔영만이 남아 있을 정도로 그 양식성이 희미해졌다는 점, 그리고 신라 전성기에 보였던 향가의 다양성이 사라지고 10세기의 〈보현십원가〉처럼 불교적인 노래에만 한정되었다는 점 등으로 미루어 향가는 신라시대의 노래 양식이라고 하는 게 옳다.

또한 그토록 활발하게 창작되고 깊은 감동을 이끌어냈던 신라시대의 향가가 쇠퇴하게 된 까닭을 추정하기도 쉽지 않다. 향가의 주요 작자층이었던 화랑이 사회적으로 쇠잔해 버린 점, 불교가 민중으로부터 귀족들의 것으로 옮아가게 된 사정, 구비전승물로서 누구나 노래하여 두루 향유할 수 있었던 향가 양식이 귀족이나 승려 등 일부 특수계층의 전유물처럼 인식되면서 그 향유층이 제한되었던 점, 그리고 한문학의 발달과 더불어 문자행위로서의 문학이 중시된 점 등을 이 시기의 흐름으로 생각할 수 있다. 따라서 이런 변화들이 두루 함께 작용함으로써 향가는 잔영만 남기면서 쇠퇴한 것으로 추측할 수 있다.

4. 고려가요

1) 속요

고려시대에 들어와 향가는 뚜렷하게 퇴조하는 양상을 보이지만 향가를 대신할 만한 새로운 시가 양식이 곧바로 나타나지는 않았다. 외형적으로 양식면에서 공통성을 보인 노래들의 모습도 보이지 않는다. 그러기에 고려 때 노래로 추정되면서 양식상의 공통성을 찾아보기 어려운 우리말 노래를 통틀어서 속요俗謠라고 부른다.

'속요'라는 말은 달리 말해 민속가요, 즉 민요를 뜻한다. 이는 고려시대의 노래들이 제각각 다른 형식으로 되어 있어서 고려 노래에만 나타나는 공통점을 찾기 어렵고, 민요에서나 볼 수 있는 여러 모습을 지니고 있기에 그렇게 묶어 붙인 이름이기도 하다. 이와는 달리 고려 후기인 13세기경에 모습을 나타낸 경기체가는 그 나름의 독자적인 형식적 공통성을 지니고 있으므로 그것만을 따로 구분짓고, 경기체가가 아닌 나머지 고려시대 노래를 뭉뚱그려 '속요' '고려

속요' 또는 '여요麗謠'라고도 하였다.

그런데 속요라 불리는 노래가 다 민요라고 말하기는 어렵다. 우선 속요를 전해 주는 문헌인 《악학궤범》 《시용향악보》 《악장가사》 등의 악서樂書들이 조선 초기의 궁중음악과 밀접하게 관련된 기록들이라는 점으로 보더라도 그렇다. 따라서 속요를 오히려 궁중음악이라고 해야 옳다는 견해도 있다. 이런 이유로 속요라는 명칭이 부적절함을 지적하면서 대신에 '장가長歌' '별곡別曲' 등으로 부르기도 한다. 형식이 같고 길이가 긴 장을 거듭한다는 특징을 드러내고자 '장가'로 부르거나, 노래 제목에 '○○별곡'이라 한 것이 많아서 이러한 공통점을 양식의 이름으로 붙인 것이다. 하지만 이들 또한 전체 노래의 속성을 다 아우르기에 적절한 명칭이라 하기도 어렵다. 이런저런 이유로 고전시가 연구 초창기에 명명했던 여러 이름 가운데 속요라는 이름이 지금껏 널리 쓰이고 있다.

이렇듯이 노래의 명칭이 논란거리가 된 까닭은 이 노래들이 각기 매우 다양한 형식과 내용을 지니고 있기 때문이다. 다시 말해 고려시대의 우리말 노래들을 두루 아우를 수 있을 정도의 공통점을 찾기가 어렵다는 것이다. 굳이 공통점을 찾는다면 다음과 같다.

고려속요 전체에 두루 드러나는 공통성으로 독특한 여음 또는 후렴구가 달려 있음을 들 수 있다. 〈정읍사井邑詞〉의 "어긔야 어강됴리 아으 다롱디리", 〈동동動動〉의 "아으 動動다리", 〈서경별곡西京別曲〉의 "아즐가"와 "위두어렁셩 두어렁셩 다링디리", 〈쌍화점雙花店〉의 "더러둥셩 다리러디러 다리러디러 다로러거디러 다로러", 〈청산별곡靑山別曲〉의 "얄리얄리얄랑셩 얄라리얄라", 〈가시리〉의 "나는"과 "위 증즐가 太平盛大", 〈사모곡思母曲〉의 "위 덩더둥셩", 〈이상곡履霜曲〉의 "나는" 등이 그 예다.

이들 여음은 현재 전해지는 〈아리랑〉계열의 노래에서 볼 수 있는 여음인 "아리아리스리스리 아라리요"나 "아리아리랑 스리스리랑 아라리가 났네", 〈어랑타령〉에 나오는 "어랑어랑 어허랑", 노동요에서 볼 수 있는 "어야두리 더럼마아" 등과 소리의 짜임이 매우 흡사하다. 이로 미루어보아 음악에 맞추어 흥을 돋우면서 한 편의 노래로서 형식적 동질성을 갖추기 위한 장치였을 것으로 짐작할 수 있다.

그런가 하면 〈정읍사〉의 "아으", 〈처용가處容歌〉와 〈정과정鄭瓜亭〉의 "아으"와 "아소 님하", 〈사모곡〉의 "위 덩더둥셩"과 "아소", 〈이상곡〉의 "아소 님하" 등 감탄사로 보이는 표현이 많은 점도 눈에 띈다. 그러나 이와 같은 감탄 표현이 일부 노래에 들어 있다고 해서 이를 속요 전체의 형식상 특성이라고 하기도 또 어렵다. 따라서 이런 감탄 표현은 여러 사람이 함께 향유하는 보편적인 노랫말에서 노래의 정감을 높이기 위해 흔히 사용하는 것과 같은 성격이라고 봄이 타당할 것이다.

지금까지 살핀 정도의 유사성도 속요 전체에 걸쳐 나타나는 동질성이라고 하기는 또 어렵다. 따라서 고려시대의 노래를 일률적으로 규정하기보다는 그 형식에서 볼 수 있는 특성에 따라 몇 가지 유형으로 나누어 살피는 것이 바람직하다.

노랫말이 어떻게 짜여 한 편을 이루고 있는가 하는 면에서 살피면, 속요의 짜임 형식은 크게 두 가지로 나뉜다. 하나는 작품 전체가 하나의 연으로 된 단련체單聯體로, 〈정읍사〉〈정과정〉〈사모곡〉〈상저가相杵歌〉〈유구곡維鳩曲〉 등이 이에 속한다. 다른 하나는 분련체分聯體 또는 연장체聯章體라고 하여 여러 연이 이어지는 형식인데, 속요의 나머지 대부분의 노래가 여기에 속한다.

분련체 노래들은 한 연을 노래하는 악곡에 맞추어 거듭되는 연들을 되풀이하는 형식이다. 따라서 얼마든지 길어질 수 있다. 현재 전해지는 작품들의 연 수효는 다양하다. 〈서경별곡〉이 14연으로 가장 길고, 〈동동〉이 그다음으로 13연, 〈정석가鄭石歌〉는 10연, 〈청산별곡〉은 8연, 〈만전춘滿殿春〉은 6연, 〈쌍화점〉과 〈가시리〉가 4연으로 되어 있다. 속요를 가리켜 달리 장가長歌라고 부른 까닭이 이처럼 노래의 길이가 길기 때문이다.

속요의 내용은 남녀 간의 애정에 관한 것이 많고, 그 정서를 대담하게 거리낌이 없이 드러낸다는 점을 고려시대 노래 전반의 특징으로 지적하기도 한다. 물론 일부가 그런 성향을 보이기도 하고, 또 조선 초기의 속요 가운데 여러 작품이 '남녀 간의 쾌락을 노래한 것[男女相悅之詞]'이라는 지적을 받고 어떤 것은 노랫말을 고치기까지 했다. 그렇다고 해서 애정 표현의 대담성이 속요 전체의 속성이라고 말하기는 어렵다.

오히려 속요의 내용은 노래마다 다 달라 보일 정도로 다양하다. 〈처용가〉처럼 무가 계통의 노래가 있는가 하면, 〈사모곡〉이나 〈상저가〉처럼 부모에 대한 애정을 노래한 것도 있고, 〈유구곡〉처럼 노래 자체의 즐거움을 추구한 것도 있어 그 내용의 속성을 일률적으로 말하기 어렵다. 더구나 현재 기록에 남아 전하는 작품들이 궁중음악에 한정되어 있어 고려시대의 노래 전체를 대표할 수 없다는 점도 중요하게 고려할 필요가 있다. 이런 점을 감안한다면 속요의 성격을 애정 일변도라고 규정하는 데는 더욱 무리가 있다.

또 비록 남녀 간의 애정을 노래한 것이 많다고 할지라도 속요가 '서로 즐기는[相悅]', 곧 육체적 쾌락을 추구했다고 보는 것은 적절하지 못하다. 물론 〈쌍화점〉처럼 남녀 간의 쾌락을 노래한 것이 없지는 않지만, 대부분은 애정을 노래하되 변치 않는 사랑과 지속적인 그리움을 말한, 다시 말해 쾌락보다는 정감을 노래한 것이 주된 경향이다.

〈가시리〉〈서경별곡〉〈청산별곡〉〈정석가〉〈동동〉〈만전춘〉〈이상곡〉 등 대부분의 작품이 그러하며, 〈정과정〉처럼 임금에게 자신의 억울함과 변함없는 사랑을 호소하는 노래조차도 그 표현은 사랑하는 임에게 드리는 하소연으로 되어 있다. 여기에다가 남녀 간의 사랑이 인간적 정서의 가장 핵심이라는 보편성도 고려할 필요가 있다. 이렇게 본다면 고려속요는 오히려 사람이 가질 수 있는 정감을 가장 꾸밈없이 표현함으로써 공감적 감동을 자아냈다고 할 수 있겠다.

〈서경별곡〉은 이러한 내용적 특성을 잘 드러내고 있다.

西京이 아즐가
西京이 셔울히마르는(서경이 서울이지마는,)
위 두어렁셩 두어렁셩 다링디리

닷곤 딕 아즐가
닷곤 딕 소셩경 고외마른(닦은 데 소성경 사랑하지마는,)
위 두어렁셩 두어렁셩 다링디리

여히므론 아즐가
여히므론 질삼뵈 브리시고(이별보다는 길삼베 버리고,)
위 두어렁셩 두어렁셩 다링디리
괴시란딕 아즐가

괴시란ᄃᆡ 우러곰 좃니노이다(사랑하실진대 울면서 좇나이다.)
위 두어령셩 두어령셩 다링디리

구스리 아즐가
구스리 바회예 디신ᄃᆞᆯ(구슬이 바위에 떨어진들)
위 두어령셩 두어령셩 다링디리

긴히ᄯᆞᆫ 아즐가
긴히ᄯᆞᆫ 그츠리잇가(끈이야 끊기리이까?)
위 두어령셩 두어령셩 다링디리

즈믄 ᄒᆡ를 아즐가
즈믄 ᄒᆡ를 외오곰 녀신ᄃᆞᆯ(천 년을 외로이 지낸들)
위 두어령셩 두어령셩 다링디리

信잇ᄃᆞᆫ 아즐가
信잇ᄃᆞᆫ 그츠리잇가 나난(믿음이야 끊기리이까?)
위 두어령셩 두어령셩 다링디리

大同江 아즐가
大同江 너븐디 몰라셔(대동강 넓은 줄 몰라서.)
위 두어령셩 두어령셩 다링디리

ᄇᆡ 내여 아즐가
ᄇᆡ 내여 노ᄒᆞᆫ다 샤공아(배 내어놓느냐? 사공아!)

위 두어렁셩 두어렁셩 다링디리

네 가시 아즐가

네 가시 럼난디 몰라셔(네 처가 바람난 줄 몰라서.)

위 두어렁셩 두어렁셩 다링디리

널 빈예 아즐가

널 빈예 연즌다 샤공아(갈 배에 싣느냐? 사공아!)

위 두어렁셩 두어렁셩 다링디리

大同江 아즐가

大同江 건너편 고즐여(대동강 건너편 꽃을)

위 두어렁셩 두어렁셩 다링디리

빈 타 들면 아즐가

빈 타 들면 것고리이다 나는(배 타 건너면 꺾으리이다.)

위 두어렁셩 두어렁셩 다링디리

이 노래는 똑같이 되풀이하는 말과 여음이 삽입되어 앞뒤의 노랫말과 경계를 지으면서 이어지는 점이나 그 길이가 아주 길다는 점에서 고려속요 형식의 전형을 보여준다. 그러나 그보다도 더 주목되는 것이 정감의 흐름이다. 이 노래의 문제 상황은 이별이고, 이별은 함께 있고자 하는 욕구와 갈등을 일으킨다. 그래서 이 노래는 갈등의 노래다.

그런데 이별은 현실이고 욕구는 본능이어서 해결의 기미가 보이지 않는다. 그래서 한편으로는 '천년이 가도 변치 않는 믿음'을 내세움으로써 자기위안을 삼아보기도 한다. 그러나 그 또한 되지 않을 일이라서 엉뚱하게 임을 실어가는 뱃사공을 탓함으로써 마음속의 갈등을 남에게 전가한다. 문제를 현실적으로 해결하기보다는 심리적으로 해결하려 하는 것이다. 이처럼 고려속요는 사랑을 노래하더라도 갈등을 해소하고자 하는 마음의 미묘한 흐름을 보여주는 것이 큰 특징이다.

한편, 이 노래 가운데 "구슬이 바위에 떨어진들 끈이야 끊기리이까? 천년을 외로이 지낸들 믿음이야 끊기리이까?"라는 뜻의 노랫말은 〈정석가〉에도 그대로 들어 있어 주목된다. 이는 두 노래에 공통으로 넣어 노래할 정도로 당시 사람들 입에 회자한 노랫말, 그러니까 일종의 유행어였음을 뜻한다. 그런가 하면 이제현의 〈소악부〉에도 한역되어 기록되어 있다. 이 모든 사실에 비추어볼 때 속요는 당대에 모든 사람이 즐겨 불렀던 노래였음이 분명하다.

이처럼 노래끼리의 형식과 내용상의 유사성을 중심으로 속요의 성격은 여러 가지로 나뉜다. 하나는 민요적 속성을 그대로 보여주는 것으로서 〈상저가〉〈사모곡〉〈가시리〉 등인데, 이들은 비록 궁중 음악에 맞추어 노래했다 하더라도 노랫말에 민요적인 특징이 담겨 있다. 다음으로는 본디 민요였을 것으로 짐작되기는 하지만 궁중 연희의 악곡에 맞추기 위하여 노랫말이 바뀐 것으로 짐작되는 〈쌍화점〉〈만전춘〉〈청산별곡〉 유를 들 수 있다. 그리고 〈처용가〉로 대표되는 무가 계통의 노래가 있는가 하면, 〈정과정〉처럼 개인 창작가요도 있어서 그 성격이 매우 다양하다.

고려시대에 노래된 속요는 조선 초기까지도 궁중에서 연행되었음을 문헌기록으로 알 수 있다. 그렇지만 지금까지 살핀 바와 같이 그 성격을 하나로 규정할 수 없을 만큼 다양해서 노래의 양식적인 정형성은 지니지 못했다고 할 수밖에 없다. 그래서 지배이념이 달라진 조선시대에 들어와 궁중을 중심으로 그 내용을 두고 시비가 벌어지기도 한다. 이처럼 문화적 환경이 변한 새 사회에 들어와 속요는 자취만 남기고 시조에 자리를 물려주고 만다.

2) 경기체가

경기체가는 13세기 초에 〈한림별곡翰林別曲〉을 시작으로 모습을 나타내어 조선시대까지 그 명맥이 유지되었던 시가 양식이다. 선비들이 짓고 즐긴 노래였기에 대체로 학문과 관련된 사물이나 자연경치 등을 가리키는 한자어 단어들을 주욱 열거한 다음에 "위 경 긔 엇더하니잇고" 등의 표현을 후렴으로 되풀이하는 것이 형식상의 특성이다. 경기체가라는 명칭도 이 노래에 "경景 긔 엇더하니잇고" 또는 "경기하여景幾何如"라는 구절이 후렴처럼 되풀이되므로 이를 줄여서 노래 양식의 이름으로 삼은 것이다.

한림翰林의 여러 선비[諸儒]가 지은 〈한림별곡〉은 모두 여덟 연으로 되어 있는데, 학문·서책에 관한 노래에서 시작하여 여러 종류의 음악과 술을 나열한 다음에 그네 타는 즐거움까지 노래하는 다양성을 보여준다. 다음은 〈한림별곡〉의 첫째 연과 마지막 여덟째 연이다.

元淳文 仁老詩 公老四六
李正言 陳翰林 雙韻走筆
沖基對策 光鈞經義 良鏡詩賦
위 試場ㅅ景 긔 엇더ᄒ니잇고

琴學士의 玉笋門生 琴學士의 玉笋門生

위 날조차 몇 부니잇고

유원순의 문장, 이인로의 시, 이공로의 사륙문

이규보, 진화 두 사람 운자에 맞춰 붓 휘갈기기

유충기의 대책문, 민광균의 경전 풀이, 김양경의 시부

위, 시험 보는 자리의 광경 그 어떠하겠나이까

금의의 기라성 같은 문하생들, 금의의 기라성 같은 문하생들

위, 나까지 합하여 몇 분이겠나이까

唐唐唐 唐楸子 皂莢남긔

紅실로 紅글위 미요이다

혀고시라 밀오시라 鄭少年하

위 내 가논 딕 눔 갈셰라

削玉纖纖 雙手ㅅ길혜 削玉纖纖 雙手ㅅ길혜

위 携手同遊ㅅ景 긔 엇더ᄒ니잇고

당당당 당호두나무 쥐엄나무에

붉은 실로 붉은 그네 매오이다

당기오시라 밀으오시라 정소년이시여

위, 내 가는 데 남 갈까 보다

옥 깎은 듯 보드라운 두 손길에, 옥 깎은 듯 보드라운 두 손길에

위, 손잡고 함께 노는 광경 그 어떠하겠나이까

마지막인 여덟째 연에서는 우리말 표현이 상당수 등장하여 표현의 유연성을 보이고 있다. 그러나 이것은 오로지 〈한림별곡〉의 바로이 연에서나 볼 수 있는 현상일 따름이고, 〈한림별곡〉의 나머지 연

은 물론이고 여타의 경기체가 노랫말에서 찾아보기 어렵다.

대부분의 경기체가는 〈한림별곡〉이 보여주는 정도의 우리말 표현과는 견줄 수 없을 만큼 한자 표현이 주를 이룬다. '위爲 순찰巡察 경景 기幾 여하如何-안축安軸'(〈죽계별곡竹溪別曲〉)에서 보는 것과 같은 한문식 표현이 경기체가의 전형이라 할 수 있다. 이와 같은 고려시대 경기체가로 안축의 〈관동별곡關東別曲〉과 〈죽계별곡〉이 있는데, 주로 이름난 경치를 나열함으로써 이를 통하여 신흥 사대부의 호탕한 기상과 자부심을 드러내고자 하였다.

경기체가의 성격이 이와 같았으므로 조선시대에 들어와서도 경기체가는 사대부들에 의해 더러 창작되기도 하고 가창되기도 하는 등 명맥을 유지할 수 있었다. 특히 조선 초기에는 개국을 찬양하고 나라의 기상을 드높이는 경기체가가 창작되기도 하였다.[4] 그런가 하면 국가와는 관계가 없지만 선비들의 삶을 표방할 만하다며 노래한 〈오륜가五倫歌〉〈독락팔곡獨樂八曲〉 등이 조선시대에 들어와 지어진 경기체가 작품이다.

이후 경기체가는 창작보다는 선비들이 애창곡 삼아 노래하며 즐기는 양식으로 명맥을 유지하다가 조선 후기로 넘어가서는 완전히 자취를 감춘 것으로 보인다. 또 우리말 노래라고 하기에는 어울리지 않게 한자말 중심으로 표현되어 선비 이외의 사람들에게는 친근감을 주기 어려웠으므로 그것을 즐기는 계층도 제한적일 수밖에 없었다. 더구나 한자어 단어를 주욱 늘어놓은 다음 끄트머리에 덧붙인 "경景 긔 엇더하니잇고" 정도의 우리말 후렴구로는 자연스럽게 마음 드러내기와 어울리기가 어려웠을 것이다.

---

4 이러한 사정은 다음에 이어지는 '5. 조선 시가 1) 악장'에서 확인할 수 있다.

16세기에 이황(李滉)은 이런 경기체가를 가리켜 "건방지고 방탕하다[矜豪放蕩]"며 비판하였다. 그러나 이런 비판이 아니더라도 한자 투성이의 표현이 실제 언어생활에 어울리지 않았고, 노래로서의 자연스러움과도 거리가 멀었을 테니 소멸의 길로 들어서는 것은 당연한 결과였다 할 것이다.

5. 조선시대 시가

1) 악장

악장(樂章)이란 본디 중국에서 국가적 행사에 사용하던 공적인 음악의 노랫말을 가리키는 말이었다. 그러나 한국의 고전시가에서 말하는 악장은 조선 초기에 궁중의 행사나 연회에서 연주되는 음악에 맞추어 노래했던 시가들을 가리킨다. 조선시대의 악장 역시 중국에서와 마찬가지로 궁중에서 사용된 것이기에 개국의 호방한 기상을 드러내면서 왕조의 무궁한 번영을 기원하고 축복하는 노래가 주를 이루었다. 아울러 왕조 개국의 필연성과 정당성을 강조하면서 발전을 기원하는 이념성과 교훈성 또한 지녔다.

악장의 기능과 내용상의 지향은 이렇듯이 분명하지만 여기 속하는 노래들이 양식적 동질성을 갖추었다고 하기는 어렵다. 송축(頌祝)과 기원을 내용으로 하는 점은 같으면서도 여러 종류의 상이한 음악에 얹어 노래했고, 또 그 쓰임도 달랐으므로 형식상으로도 같을 수 없었다. 이렇게 보면 악장이라는 양식 명칭은 새 왕조의 송축과 기원이라는 기능과 내용상의 동질성을 묶어 붙인 이름이라 할 수 있다. 다시 말해 악장은 대체로 궁중음악으로 한정지어 가리킨 이름이다.

악장의 다양함을 살피면, 먼저 노랫말의 표기가 한자시로 된 것이 있는가 하면 〈납씨가 納氏歌〉〈정동방곡 靖東方曲〉〈문덕곡 文德曲〉처럼 한시에 토를 단 것이 있다. 〈상대별곡 霜臺別曲〉이나 〈화산별곡 華山別曲〉처럼 경기체가 형식으로 된 것이 있는가 하면, 이와는 달리 〈신도가 新都歌〉처럼 우리말 노래에 "아으 다롱디리"라는 속요의 여음을 되풀이한 것도 있다. 또 한시에 토를 다는 식의 노래들이 비교적 짧은 형식이라면 〈용비어천가 龍飛御天歌〉나 〈월인천강지곡 月印千江之曲〉처럼 연장체로 매우 길게 이어지는 것도 있다. 이처럼 악장 노랫말에 형식적 공통점은 없었다.

공통점은 내용에서 볼 수 있다. 〈납씨가〉는 태조가 일찍이 원나라 잔당인 나하추 納哈出의 침공을 물리친 공적을, 〈정동방곡〉은 태조의 위화도 회군을 노래하여 동방을 편안하게 한 일이라고 찬양했다. 그런가 하면, 〈문덕곡〉은 앞으로 베풀어나가야 할 정치적인 도리를 제시했다. 이와 달리 새로운 도읍을 찬양한 〈신도가〉는 전에 양주 고을이던 곳에 세운 새 도읍의 경개 景槪가 빼어나다는 것과 성왕이 성대를 일으켰으니 만민이 함께 즐겨 누릴 것이라며 칭송한 노래다. 이상은 모두 정도전 鄭道傳이 지은 노래들로 개국공신인 그가 새 왕조에 거는 기대를 담음과 동시에 그 뜻을 전달해서 사람들을 기쁘게 하고, 또 그 같은 이념을 갖게 하는 교훈적 목적을 지니고 있기도 하다.

변계량 卞季良의 〈화산별곡〉은 중국의 역사적 사실들을 인용해서 태조를 찬양한 8장 형식의 노래이고, 권근 權近의 〈상대별곡〉은 사헌부의 당당한 기상과 그 하는 일들을 중심으로 태조 창업의 위업을 기리고 국가의 번성을 기원한 5장 형식의 노래다. 이들은 모두 노랫말이 경기체가 형식으로 되어 있다. 그러면서도 궁중에서 연행되는 악장으로서의 구실이 중요했고, 또 그 기능과 노랫말이 뜻하는 바가 분명히 악장이기에 《악장가사》라는 책에 실렸을 것으로 추측된다.

이들 작품에 비하면 〈용비어천가〉는 좀 색다른 데가 있다. 정인지鄭麟趾·권제權踶·안지安止 세 사람의 신하를 시켜 짓도록 하여 훈민정음을 반포하기 한 해 전인 세종 27년(1445)에 완성한 노랫말이다. 이 노래를 짓기 위해 전국에 영을 내려 태조의 사적을 조사해 올리도록 했을 정도로 국가적 사업으로 진행했으며, 이렇게 조사한 내용을 무려 125장에 걸쳐 실은 매우 긴 장편의 노랫말이다.

이 노래는 제1장에서 "동쪽의 여섯 용이 날아오르시어 일마다 하늘이 복을 내리시고 옛 성인이 함께하시니"라고 시작하는데, 태조 이성계의 고조할아버지인 목조穆祖에서부터 태조와 태종에 이르는 여섯 조상이 이룬 일이 곧 용이 하늘로 날아올라 천하를 다스린 것임을 강조하였다. 이 노래의 제목이 뜻하는 바와 노래를 통해 이루고자 하는 목적을 분명히 함으로써 내용의 방향을 밝힌 것이다. 이어 제2장을 본다.

불휘 기픈 남ᄀᆞᆫ ᄇᆞᄅᆞ매 아니 뮐ᄊᆡ 곶 됴코 여름 하ᄂᆞ니
ᄉᆡ미 기픈 므른 ᄀᆞ마래 아니 그츨ᄊᆡ 내히 이러 바ᄅᆞ래 가ᄂᆞ니
뿌리가 깊은 나무는 바람에 아니 흔들리어 꽃이 좋고 열매가 많으니,
근원이 깊은 물은 가뭄에 아니 말라 내를 이루어 바다로 가느니.

이렇듯이 왕업의 근원이 깊고 튼튼함을 표방하였다. 그다음에 이

어지는 제3장에서 제109장까지는 중국의 고사와 왕족 여섯 조상의
위업을 서로 대응시킴으로써 중국과 조선이 대등함을 내세워 조선
왕조의 개국은 하늘이 명한 정당한 것이라고 강조하였다.

　제110장에서 마지막 제125장까지는 후대의 임금들에게 당부하
는 내용을 실어 노래의 결론으로 삼았다. 제125장은 다음과 같이 마
무리된다.

　　千世 우희 미리 定ᄒ샨 漢水北에 累仁開國ᄒ샤 卜年이 ᄀᆞ업스시니
　　聖神이 니ᅀᅳ샤도 敬天勤民ᄒ샤ᅀᅡ 더욱 구드시리이다
　　님금하 아ᄅᆞ쇼셔 洛水예 山行 가 이셔 하나빌 미드니잇가
　　천세 전에 미리 정하신 한강 북쪽에 어짊을 쌓아 나라를 세워 기약이 한
　　이 없으시니,
　　성신이 이어 가시더라도 하늘과 땅을 섬겨야 더욱 굳건하시오리다.
　　임금이시여, 아옵소서! 낙수에 사냥 가 있어 할아버지를 믿으오리까?

　이 마무리가 보여주듯이 옛날 중국 하夏나라의 고사를 들어 임금
에게 경계와 당부를 하였다. 왕이 사냥을 좋아하여 사냥 나간 지 백
날이 넘어도 돌아오지 않아 쫓겨난 고사를 거울 삼아 임금으로서의
도리를 다하여 나라를 다스려나가기를 당부한 것이다. 이 노랫말을
음악으로 연행할 때의 음악을 가리켜서 여민락與民樂이라고 하며, 궁
중행사를 비롯한 여러 자리에서 연행되었다. 고전시가는 읽기 위한
것이 아니라 노래하기 위한 노랫말이었음이 여기서도 확인된다.

　이 노래는 15세기 당시의 우리말이 지닌 아름다움과 묘미를 마음
껏 느끼게 해주는 표현의 솜씨가 돋보인다. 나아가 한글을 창제하
여 반포도 하기 전에 그 문자를 사용하여 이토록 막힘없이 유창하

게 표현한 솜씨 역시 놀라운 수준임을 볼 수 있다. 이런 점에서 오늘날의 안목으로 보더라도 빼어나다는 느낌을 줄 정도로 문학적인 우수성도 지니고 있는 노래라는 점이 인정된다.

〈월인천강지곡〉은 〈용비어천가〉와 거의 비슷한 시기에 지은 것으로 보이는데, 세종의 소헌왕후가 세상을 떠나자 그 아들 수양대군에게 한글로 〈석보상절釋譜詳節〉을 짓게 하고 그것을 바탕으로 해서 세종이 직접 이 노래를 지었다고 한다. 따라서 석가의 일대기를 노래로 지은 것이므로 다른 악장 작품들처럼 왕업의 찬양이나 기원을 노래하는 악장의 일반적 지향과는 달리 종교적인 노래라 할 수 있다. 하지만 비록 왕실이나 임금에 대한 찬양은 아니더라도 불교 찬가라는 점에서 보면 찬가로서의 성격은 동일하다. 더구나 그 형식이며 표현이 〈용비어천가〉와 매우 흡사하다는 점에서 악장에 포함시키는 것이 일반적이다.

이상에서 살핀 악장 양식은 왕실과 국가를 찬양하고 그 번영을 기원하는 데 그 목적과 효용이 있었다. 따라서 국가의 기틀이 점차 확립되어 안정됨과 동시에 신흥국가의 참신한 기운이 사라지자 그 필요성과 의의도 점차 감소되었을 것으로 추측된다. 그러기에 조선 초기 이후에는 새로운 악장이 더 이상 창작되지 않았다. 악장으로 이루고자 했던 찬양이나 기원이 왕실이나 국가보다는 개인에게 더 중요한 것으로 생각하는 쪽으로 삶이 변화해 감에 따라 〈강호사시가江湖四時歌〉에서 보는 것처럼 시가 내용의 주된 방향도 임금님 은혜에 대한 감사로 바뀐다.

2) 시조

시조는 조선시대 500년 동안 집중적으로 창작·가창되었던 노래 양식이다. 더구나 시조는 현재까지도 계속 창작되고 있다. 그래서 조선시대 시조를 가리켜 '고시조'라 하여 근대 이후의 시조와 구별하기도 하지만, 고시조와 근현대 시조는 서로 형식이 다른 게 아니라 노래로 부르는가 아닌가만 다를 따름이다. 따라서 시조의 형식은 가창과 밀접한 관계를 가지므로 시조를 이해하는 가장 핵심 요소라 할 수 있다.

시조의 형식은 전체가 초·중·종장의 3장으로 되어 있는데, 각 장은 3~4자 정도로 된 네 개의 어절 덩어리로 구성된다. 이 말 덩어리를 '마디'라 함은 이미 살핀 바 있다. 따라서 대체로 시조의 한 장은 15자 안팎이며, 작품 한 편은 45자 안팎이다. 하지만 이렇게 글자 수를 엄격하게 제한하는 규칙은 없었기 때문에 글자 수가 자유로운 것이 시조의 형식적인 특징이라 할 수 있다. 다만, 종장의 첫째 마디는 반드시 3음절로, 종장의 둘째 마디는 대체로 5음절이 넘도록 표현하는 것이 형식적 특징이다. 또 시조의 형식을 설명할 때, 두 개의 마디가 대응해야 뜻을 가진 말로 안정되므로 이를 '구句'라 하고, 시조의 이런 특징을 드러내고자 시조의 형식을 3장6구라 한다.

이상의 형식적 전형은 '평시조'를 가리킨 것이고, 그 변형이라 할 수 있는 '사설시조'는 형식에 조금 차이가 있다. 사설시조도 전체가 초·중·종 3장으로 되어 있는 것은 같으나, 종장의 첫째 마디가 3자로 고정되는 것을 제외하고는 어느 장의 어느 마디든 또 어느 구든 얼마든지 길어질 수 있다. 또한 길이에 제한이 없는 것처럼 따로 정해진 제약도 없어서 작품에 따라 그 길이가 매우 다양하다는 점이 사설시조의 형식적 특징이다.

　시조라는 명칭은 '시절가조時節歌調'에서 나온 것이며, '시절가'란 '요즘의 노래'라는 뜻으로 여기에 곡조를 뜻하는 '조調'가 붙은 것이다. 그런가 하면, '옛 가락' 또는 '본디의 가락'이라는 뜻을 가진 '고조古調'에 상대되는 개념을 지녔다고 해서 '때'를 나타내는 한자 '시時'가 군이 사용된 것으로 보인다. 시조를 가리켜 '단가短歌'[5]라고도 하는데, 이는 노래의 길이가 짧은 데서 연유한 명칭이다. 다만 판소리의 허두가虛頭歌를 가리켜서도 단가라고 부르는 까닭에 혼란의 우려가 없지도 않으므로 시조의 명칭으로는 별로 사용하지 않는다.

　시조의 명칭이 이처럼 '가락' 또는 '노래'와 연관이 깊은 것은 시조가 노래로 향유되었던 사정과 관계가 깊다. 오늘날 우리가 시조라고 부르는 것은 예전에 '가곡歌曲'이라고 부르던 음악의 노랫말이었으며, 똑같은 노랫말을 얹어 가곡을 단순화한 음악인 '시조時調'로 노래하였다. 이것은 오늘날에도 그대로 전해지는 음악적 관습이다.

　이처럼 시조는 노래를 위해 지어진 노랫말이었고, 그러기에 '시조'라는 말도 본디는 음악의 명칭이었다. 그러다가 근대, 즉 20세기로 넘어오면서 음악에서 쓰던 명칭을 그대로 문학 양식의 이름으로 사용해 오늘에 이르게 된 것이다. 시조를 다시 나눈 평시조와 사설시조라는 명칭도 실은 시조 음악의 종류를 가리키는 '평시조·엇시조·엮음시조·사설시조……' 등의 구분에서 빌려다 쓴 것인데, 그것이 그대로 문학용어로 굳어진 것이다. 그러나 하나의 제목 아래 여러 수의 시조가 이어지는 '연시조連時調'는 음악에 이런 명칭이 없는 것으로 보아 순전히 문학적으로 명명된 것이라 할 수 있다.

5　가사를 '장가(長歌)'라고 하는 것과 서로 대를 이루는 명칭이다.

시조의 발생은 다시 두 가지 방향으로 나누어 생각할 수 있다. 하나는 '시조가 언제 생겨났는가' 하는 것이고, 또 하나는 '시조는 무엇에서 또는 어떻게 해서 생겨났는가' 하는 것이다.

시조의 발생 시기가 정확하게 언제라고 딱 잘라 말하기는 어렵다. 모든 문화적 현상이 대체로 그러하듯이 문학의 양식도 어느 날 일시에 창안되어 사용되는 것은 아니기 때문이다. 다만, 고려 말에 생존했던 사람들이 지었다는 시조작품이 기록으로 남아 전해지는 것으로 미루어볼 때, 그러한 창작이 가능하려면 그 기반은 그 이전에 이루어졌을 것이라는 추론이 가능하다. 그래서 시조는 고려 중엽에 태동했을 것이라고도 한다. 이는 시조라는 새로운 갈래가 고려 중엽 이후에 생겨났기에 고려 말에는 신흥 사대부들이 시조 양식으로 노래를 널리 지을 수 있었으리라고 추정한 결과다.

다음으로, 시조가 어디서 또는 어떻게 해서 생겨났는가 하는 물음에 대해서도 분명하게 답하기는 어렵다. 이를 위해서 그 당대 또는 전대의 문학 양식에서 형식적 연원을 찾는 것이 일반적이다.

그 한 방향은 중국문화이면서 동시에 우리나라에서도 익숙했던 한시로부터 영향을 받았으리라고 보는 것이다. 한시 중에도 특히 절구絶句 형식이 짧막한 형태를 갖고 있어 시조와 흡사하며, 실제로 한시를 시조로 바꿔놓은 것도 상당수 있음을 들어 시조 발생의 모태가 되었으리라고 추정한다. 그런가 하면, 향가를 설명하는 '3구6명'이라는 말이 뜻하는 바가 시조의 3장6구라는 형식적 특성과 일맥상통한다고 봄으로써 향가에 연원을 두어 시조가 발생한 것으로 추정하기도 한다. 반면에 시조가 지니고 있는 단형성에 주목해 두 줄 형식의 짧은 민요에 한 줄의 노랫말이 더 붙어서 석 줄 양식의 시조 형식이 이루어진 것으로 보기도 한다.

이런 견해들은 그럴듯함에 못지않게 들어맞지 않는 구석도 있어서 그 어느 것도 완전한 발생론이라고 단정하기는 어렵다. 한시 기원설은 한시가 4단 구조인 데 반해 시조는 3단 구조라는 차이를 적절히 설명하지 못한다. 또 향가 기원설은 '3구6명'의 실체도 분명하지 않거니와, 열 줄짜리 향가가 지닌 노랫말의 실상과 시조의 짜임이 잘 맞아떨어지지 않는다는 약점이 있다.

민요 기원설도 불완전하기는 마찬가지다. 민요는 두 줄인데 시조는 석 줄이므로 민요 양식에 한 줄이 더 붙게 되는 과정은 더 설명이 필요하다. 그리고 또 민요는 하층의 것인 데 반해 시조는 상층의 향유물이라는 음악 향유계층의 차이를 설명하지 못한다는 것도 약점이다. 이렇듯 시조의 연원이 무엇인가는 아직도 확연하게 밝혀졌다고 하기 어렵다.

고시조 노랫말은 음악문헌이라 할 수 있는 가집歌集에 주로 수록되었지만, 이 밖에도 야담기록·개인문집·고악보 등에 다양하게 기록되어 전한다. 가집은 18세기에 들어서야 활발하게 나타났는데, 그 대표적인 것으로 김천택金天澤이 펴낸《청구영언靑丘永言》이 가장 먼저 나왔고, 이어 김수장金壽長이 펴낸《해동가요海東歌謠》, 안민영安玟英과 박효관朴孝寬이 펴낸《가곡원류歌曲源流》등이 나왔다. 이들은 모두 음악을 전문으로 하는 중인 신분으로, 이들을 가리켜 가객이라고도 한다. 이 문헌들은 모두 가곡이라는 음악의 노랫말을 곡조별로 나누어 기록한 것인데, 이것들을 옮기고 베껴 적거나 그 비슷하게 펴낸 것이 여러 이본으로 전해지고, 더러는 이들 문헌과 관계없이 독자적으로 노랫말을 기록한 것도 있다. 이러한 문헌들의 중요한 특징은 다음과 같다.

첫째, 문헌마다 노랫말의 기록이 일치하지 않는다는 점이다. 같은

《청구영언》이라 하더라도 이본에 따라 동일한 노랫말의 일부가 다르기도 하고, 다르게 표기된 것도 있다. 그래서 어떤 작품이건 그것을 기록한 여러 이본에 완전히 똑같이 기록된 노랫말을 찾아보기가 어렵다.

둘째, 문헌에 따라 한 노래의 작자를 각기 다르게 표기하기도 했고, 작자의 성을 달리 적어놓은 것까지도 있다. 그런가 하면 이름의 한 글자를 달리 적기도 하고, 아예 작자의 이름을 밝히지 않은 경우도 있어 작자를 확정하기 어렵게 만드는 경우가 없지 않다. 자료로 전해지는 문헌의 이러한 상황은 시조가 노래로 향유되고, 따라서 구전口傳되어 온 사정과 깊은 연관이 있다. 그러므로 시조가 노래로 불리고 구전되었던 사정은 시조의 성격을 이해하는 데 중요한 단서가 되기도 한다.

비슷비슷한 노랫말을 가진 작품 또는 비슷한 투로 된 작품이 많은 까닭은 구전하기 쉽도록 하기 위해서인 것으로 보인다. 또 교훈이나 명분을 드러내는 데 치중하는 경향을 보이는 것은 여러 사람이 노래를 공유하는 데 따른 사회적 제약과 관계가 깊다. 작품의 내용이 좀스럽고 외설스러운 경우에 작자 이름을 밝히지 않은 것이 많은 점도 시조의 이렇듯이 다수와 공유하게 마련인 공공성과 관련이 깊은 것으로 보인다.

기록에 나타난 시조 작자는 학자나 무인 등을 비롯해 상류층이 대부분이다. 가집이 아닌 개인문집에 작품을 남긴 경우도 문집을 지닐 만한 학식이나 신분을 갖춘 사람들임은 물론이다. 이 밖에 기녀들의 작품이 상당수이며, 조선 후기로 오면 음악을 전문으로 하는 가객들이 작자로 많이 등장한다.

작자의 분포가 이러하다는 것은 시조가 신분상 상층의 문학이었음을 뜻한다. 기녀나 가객들은 상층에 속한다고 하기 어렵지만, 그들이 시조를 노래한 것은 상층의 의식이나 생활에 봉사하거나, 스스로 그런 의식이나 생활에 동화되고자 했던 결과로 이해할 수 있다. 이는 시조를 노래하는 음악이 하층민의 민속악과는 다른 정악이었다는 점, 또 기녀나 가객들이 종사한 일 자체가 상층의 생활과 공존하는 관계에서 이루어진 점으로도 충분히 입증된다.

이로 미루어볼 때, 작자를 밝혀 적지 않은 작품을 두고 '무명씨작無名氏作'이라고 한 것은 오해의 소지가 없지 않다. '무명씨'라는 말은 '이름이 없는 사람'을 뜻하기도 하는데, 이를 왕후장상이나 명문거족 또는 현관명사顯官名士에 상대되는 사람쯤으로 짐작해 서민계층을 뜻하는 것으로 볼 우려가 있다. 그러나 그렇게 되면 시조가 하층민의 장르이기도 했다는 말도 되는데, 이는 음악의 분류나 그 향유계층 또는 향유방식으로 볼 때 실상에 부합하기 어렵다.

다만, 조선 후기로 일컬어지는 18, 19세기로 오면서 신분의 이동과 계층의 변화가 심하게 일어난 사회·역사적 추이와 마찬가지로 음악문화에도 여러 가지 변화가 생기면서 다양한 계층이 시조를 공유한 것은 사실이다. 시조작품 가운데 민속악인 잡가류에서 보이는 노랫말들이 끼어드는가 하면, 판소리의 단가 노랫말이 그대로 시조집에 실리기도 하고, 심지어는 민요에서나 볼 수 있는 노랫말까지 나타나는 것은 문화적으로 변동이 심했던 시대적 변화상을 알 수 있게 한다. 그러나 이는 어디까지나 조선 후기 사회에서 나타난 작자층의 변모다.

시조의 주제가 전개되는 양상은 당대의 정치·사회적 상황과 밀접하게 연관된다. 이것은 시조가 상층의 문학이었던 점과 부합한다. 고려가 멸망하고 조선이 건국된 15세기 전반기는 정치적 격변기였다. 그러므로 그 사회의 상층에 속하는 사람들의 삶에 불어닥친 충격도 대단히 컸을 것임을 추측하기 어렵지 않다. 시조가 상층의 장르였기에 정치적 격변에 대처하는 태도가 작품에 반영되는 것은 지극히 자연스러운 일이었다.

이러한 사회 변화를 반영하듯이 시조는 대체로 두 가지 주제로 대별되어 나타난다. 하나는 이방원李芳遠의 〈하여가何如歌〉가 표방하는 바와 같이 새로운 사회에 적응하면서 새 삶에 동참하기를 촉구하는 태도다. 맹사성孟思誠의 〈강호사시가〉가 보여주듯이 "역군은亦君恩이샷다"로 작품을 끝맺음으로써 임금의 은혜를 찬양한다든가, 김종서金宗瑞·남이南怡 등 무인의 시조가 보여주듯이 새로운 국가에 충성을 다짐하는 것이 그 예라 할 수 있다. 그리고 다른 하나는 길재吉再·이색李穡·이존오李存吾·원천석元天錫·이조년李兆年 등의 작품으로 대표되는 '몰락한 고려왕조에 대한 회고'의 태도다. 이러한 두 가지의 방향은 격변하는 사회에 대처하는 지식인의 두 태도를 보여준다는 점에서 매우 흥미롭다.

이어서 벌어진 단종의 유폐와 세조의 왕위찬탈이라는 사건은 정치적 변란이었다. 사육신死六臣 사건은 새로운 국가의 지표였던 유교적 덕목의 표방과 정치적 권력과의 충돌에서 빚어진 갈등이었으며, 이 시기는 성삼문成三問·이개李塏 등의 시조에서 볼 수 있듯이 죽음 앞에서도 굽히지 않는 절의가 강조되었다.

이런 정치적 사건을 거치면서 왕조가 정치적으로 안정되고 조선왕조가 표방했던 유교적 경건성이 생활태도로 정착됨에 따라 시조의 작자였던 상류층의 의식은 이념지향적 경향을 강하게 보인다. 인간된 도리를 윤리적 생활로 구체화하려는 유교적 생활태도와 표방, 그리고 자연과의 조화라는 동양적 전통을 강조한 것이다.

이 시기의 사대부들은 새로운 왕조가 흥성하는 기운에 동참한 사람들이 대부분이어서 그들의 작품에서 내보이는 자연과의 조화에는 넉넉함이 깃들어 있었다. 황희黃喜의 〈전원사시가田園四時歌〉가 평화롭고 넉넉한 가을의 전원풍경을 그리고 있는 것이나, 이현보李賢輔가 〈귀전록歸田錄〉 등의 작품에서 어부의 즐거움에 비길 만한 한가로운 전원생활을 그린 데서 조화의 넉넉함이 두드러지게 나타난다.

이러한 넉넉한 태도는 그 후 자연에 몰입하되 자신의 좌절을 자연과의 친화로 치환하려는 갈등해소 방식으로서의 시조가 보여주는 은일隱逸과는 대조적이다. 그러나 그 어떤 경우에도 공통적으로 궁극적인 이상은 대립이나 갈등보다는 조화를 추구하려는 태도를 바탕으로 하고 있으며, 이는 자연을 노래한 시조의 변치 않는 전통이었다.

자신이 어떤 위치에 있거나 당시 사회가 표방하는 윤리적 인간으로서 떳떳해야 한다는 의식의 표현은 16수로 된 주세붕周世鵬의 〈오륜가五倫歌〉에서 두드러지게 나타난다. 이 시조는 윤리적 덕목에 맞추어 생활할 것을 설득하고 권면하는 내용이다. 그 뒤로 이러한 내용을 주제로 한 시조들이 지속적으로 나타났는데, 이는 사대부라는 상류층이 시조 작자의 주류를 이루었던 점과 관계가 깊다. 즉 이러한 일종의 교육적 태도는 백성을 가르치는 수단으로 노래를 선택하는 실용적 발상에서 나온 것이기도 하다.

이렇듯이 설득 또는 가르침을 목적으로 하는 시조는 이후에도 계속 창작되어 정철鄭澈의 〈훈민가訓民歌〉 16수, 고응척高應陟의 〈대학곡大學曲〉 28수, 박선장朴善長의 〈오륜가〉 8수, 박인로朴仁老의 〈오륜가〉 25수 등 주로 연시조로 면면하게 맥을 잇는다.

이러한 설득과 교훈이 전면에 강조되는 시조와는 달리 이념 지향과 조화의 태도를 시적으로 변용해 잘 드러낸 시조가 이황의 〈도산십이곡陶山十二曲〉이다. 이 중 〈전육곡前六曲〉은 '언지言志'라 하여 삶의 태도와 관련된 노래들이고, 〈후육곡後六曲〉은 '언학言學'이라 하여 배움을 강조한 노래들이다. 모두 12수로 된 이 시조는 자연에 뜻을 두고 거기서 학문을 배운다는 취지를 담았는데, 하나로 묶일 만한 동질성을 갖기도 하지만, 각각이 독립된 작품이기도 하다. 다음은 배움을 강조한 〈후육곡〉의 다섯째 시조다.

> 靑山는 엇뎨ᄒ야 萬古애 프르르며
> 流水는 엇뎨ᄒ야 晝夜애 긋디 아니는고
> 우리도 그치디 마라 萬古常靑 호리라
> 청산은 어찌하여 만고에 푸르르며
> 흐르는 물은 어찌하여 밤낮으로 그침이 없는가?
> 우리도 그치지 말아 영원히 푸르리라.

푸른 산은 언제나 변함없이 푸르고, 흐르는 물은 영원히 쉬지 않고 흐르는 것과 같은 자연의 이법을 본받아 우리의 심성도 꾸준히 갈고닦아 한결같아야 한다는 것을 권면한 노래다. 그런데도 지시나 명령의 어조가 아닌 자연스런 말투로 표현하고 있어 타이름을 듣는다는 거부감이 전혀 느껴지지 않는다.

학문을 하는 사람으로서 노래를 통해 배움을 깊이 한다고 생각하고 시조를 창작한 것은 동양의 예악禮樂사상에서 비롯된 일이며, 이때의 음악은 격동과 흥분의 음악이 아니라 심성을 가라앉혀 맑게 하는 것이다. 그러기에 이황의 시조는 마음을 정돈하는 노래라 할 수 있고, 전달의 목적과 정감의 표현을 적절히 조화시킨 데 시적 묘미가 있어 시조작품의 백미로 꼽힌다.

이와 비슷한 유형이라 할 수 있는 이이의 〈고산구곡가高山九曲歌〉는 주희朱熹의 〈무이구곡武夷九曲〉을 본받아 춘하추동의 계절 변화를 통해 나타나는 자연의 아름다움에 몰입해 인성을 닦고 배움을 더하는 태도를 드러냈다. 또 권호문權好文의 〈한거십팔곡閑居十八曲〉도 자연에 은거하는 것을 노래하였다. 그러나 이황이나 이이의 작품과는 달리 갈등이 있는 자신의 심경을 드러낸 점이 특이하다.

이후 여러 사람의 작품에서 흔히 볼 수 있는 것처럼 갈등을 해소하기 위해 강호에 숨음을 내세우는 은일시조가 보이기 시작한다. 이처럼 자연에 물러가 자신의 심성을 가다듬으며 자연과의 조화를 추구하는 것을 내세워 노래하는 시조를 가리켜 '강호시조江湖時調'라고 한다. 이러한 유형의 시조는 매우 많은데, 이념적 가치의 상징으로 강호를 제시하거나 현실적 좌절감에 대한 대리만족으로 강호를 내세우거나 하는 두 가지 경향과 관련이 깊다.

황진이로 대표되는 기녀들의 시조는 정서를 곡진하게 드러냈다는 점에서 괄목할 만하다.

冬至쏠 기나긴 밤을 한 허리를 버혀내여
春風 니블 아래 서리서리 너헛다가
어론님 오신 날 밤이어드란 구뷔구뷔 펴리라
동짓달 기나긴 밤을 한 허리를 베어내어
봄바람 이불 아래 서리서리 넣었다가
사랑하는 님 오신 날 밤일랑 구비구비 펴리라

겨울의 기나긴 밤에 오지 않는 임을 기다리는 안타까운 마음을

'한 허리를 베어낸다.'고 표현한 데서부터 말을 매끄럽게 다루는 솜씨가 느껴진다. 그러고는 그리던 임을 만나 사랑을 나눌 이불 속을 '봄바람'이라고 넌지시 비침으로써 은근히 돌려대어 간절한 그리움과 기대를 절실하게 드러내고 있다. 이렇듯이 기녀들의 시조는 사대부들의 그것과는 달리 전달하거나 설득해서 목적을 이루기보다는 자신의 정서를 드러냄으로써 표현의 즐거움을 누리는 서정적 경향이 강하다. 시조라면 대체로 교훈적이고 이념적인 내용이 많은 가운데 이런 시조에서는 정감 어린 서정성이 돋보인다.

서정성이 두드러지는 기녀들의 작품으로는 전라도 부안 기생인 이계랑李桂娘, 평양 기생 매화梅花·명옥明玉 등의 작품을 들 수 있다. 정감의 표현이 두드러지는 이런 노래가 가능했던 것은 기녀들의 사랑이 현실적으로 지속적일 수 없었던 사회적 조건과도 관계가 깊을 것으로 짐작된다.

16세기 말을 경계로 두 차례의 병란을 겪으면서 사회적 삶의 모습은 급변하고 그에 따라서 시조의 내용이나 표현도 크게 변하지만, 전대부터 지속되어 온 상류층의 태도는 여전히 유지되어 교훈적인 주제나 은일적인 삶을 시조로 표방하는 경향도 그대로 지속된다. 그러나 〈산중신곡山中新曲〉과 〈오우가五友歌〉 등 75수나 되는 시조를 남긴 윤선도尹善道는 은일적 삶과 교훈적 태도를 미묘하게 조화시켜 표현한 점에서 단연 돋보인다. 물·돌·솔·대·달의 다섯 벗을 노래한 〈오우가〉 중 물을 노래한 시조를 보자.

구룸비치 조타 ᄒ나 검기를 ᄌ로 ᄒ다
ᄇ람소리 ᄆᆰ다 ᄒ나 그칠 적이 하노매라
조코도 그츨 뉘 업기는 믈뿐인가 ᄒ노라

구름빛이 깨끗다 하나 검기를 자주 한다

바람소리 맑다 하나 그칠 적이 많아라

깨끗고도 그칠 새 없기는 물뿐인가 하노라

한자어가 하나도 섞이지 않은 순우리말만을 사용하여 물의 깨끗하고 한결같음을 노래하고 있다. 인간도 물처럼 맑고 깨끗하면서 꾸준한 심성을 가져야 한다는 뜻을 시사하면서도 억지스럽게 '하라/마라' 강요한다고 느껴지지 않는다는 점에 이 시조의 빼어남이 있다. 또한 노래하는 대상에서 발견하는 정신적인 고결함이 시의 표현에서 풍겨나는 점도 이 시조의 격조라 할 수 있다.

이렇듯이 경건함을 지향하는 이념적 태도가 조선 전기 시조의 경향을 이어받고 있기는 하지만 17세기 이후의 시조가 보여주는 주된 특징은 여러 측면에서 전기 시조가 지닌 성격과는 다른 다양한 변화가 나타난다는 점이다.

우선, 사대부들의 시조에서부터 변화가 나타난다. 일찍이 체험하지 못한 전쟁을 겪으면서 우국의 충정을 토로하는 시조가 새로이 등장했는가 하면, 전에는 별다른 관심을 보이지 않았던 일상생활에 관심을 보이면서 그것을 새로운 시각으로 바라보는 태도를 노래한 시조도 나타난다.

이덕일李德一이 왜적과 싸우다가 물러난 다음에 지은 28수의 〈우국가憂國歌〉, 김상헌金尙憲이 청나라로 끌려가면서 노래한 "가노라 三角山아……"등의 시조에서 보이는 우국 주제는 전자에 해당한다. 반면에 김광욱金光煜의 〈율리유곡栗里遺曲〉 17수는 사대부의 체모를 버리고 곤궁한 삶의 모습을 드러냄으로써 새로운 변모를 보였다. 또한 위백규魏伯珪는 〈농가구장農歌九章〉에서 순우리말 표현으로 농민들의 궁핍한 삶을 있는 그대로 묘사하기도 하였다. 이는 우아함과 격조를 강조하던 시조의 주된 경향에서 벗어난 것으로 일상적 삶과 언어에 대한 관심이라는 새로운 시각을 보여주는 예라 할 수 있다.

19세기에 458수의 시조를 남긴 이세보李世輔는 사대부 시조의 전통을 완전히 혁신했다는 점에서 주목된다. 우선 작품의 양이 누구보다도 많다. 내용 또한 기녀들과 가까이한 것을 노래한 애정의 표현, 귀양살이의 쓰라림 토로, 삼정三政의 문란으로 가혹한 수탈에 시달리는 농민들의 괴로움과 관원들의 횡포를 폭로하는 등 대담한 변화를 보인 것도 전에 볼 수 없었던 새로운 경향이다. 다음 시조가 그런 폭로의 한 예다.

> 져 빅셩의 거동 보쇼 지고 싯고 드러와셔
> 한 셤 쌀를 밧치랴면 두 셤 쌀리 부독이라
> 약간 농스 지엿슨들 그 무엇슬 먹즈 ᄒ리
>
> 저 백성의 거동 보소 지고 싣고 들어와서
> 한 섬 쌀을 바치려면 두 섬 쌀이 부족이라
> 약간 농사 지었은들 그 무엇을 먹자 하리

이처럼 현실의 고발에 주저가 없는 표현은 사대부의 시조에서 일찍이 볼 수 없었던 것이다. 이런 시조를 짓게 된 동기는 작자 자신의 처지가 어려웠던 데에도 있었을 것이다. 그러나 그보다는 관념적이고 이념적인 태도의 표방만으로는 더 이상 지탱하기 어려울 정도로 힘겨운 삶의 현실과 그 체험을 드러내는 것이 중요하다고 생각하게 되었음을 보여준다. 그리고 이러한 깨달음에 이르게 된 변화의 원인은 조선 후기 사회가 사회적 이념보다 삶의 실상을 중시하는 쪽으로 급격하게 변화한 데서 찾을 수 있다.

　조선 후기 시조의 또 다른 변화는 작자층이 다양해진 점이다. 기녀들의 시조 창작은 이미 있었던 일이지만 사랑을 노래하되 직설적이고 본능적인 내용과 표현을 주저하지 않은 것이 전과 달라진 특징이다. 그런가 하면 전문 가객들이 대거 창작에 참여한 것도 눈에 띈다. 김천택·김수장·안민영·박효관 등이 가집을 편찬하고 시조음악의 정비에 힘쓰면서 많은 작품을 창작한다. 이러한 가객들의 활동은 그 아류를 낳았을 것이고, 그 결과 시조 양식이 잡가나 민요를 넘나들면서 갈래 간의 뒤섞임을 보이는 한 원인이 되었으리라 짐작할 수 있다.

　조선 후기의 시조에서 나타나는 가장 커다란 변화는 사설시조가 왕성하게 창작된 점이다. 그것도 희화적인 내용이나 남녀 간의 음담패설이라 할 만한 내용을 드러내놓고 표현했다. 그러면서도 교훈적인 주제를 앞세우는 〈오륜가〉나 〈도덕가道德歌〉 등은 여전히 주조를 이루었다. 사설시조라고 해서 꼭 해학적이고 좀스러운 것만을 노래한 것이 아니라 교훈적이고 이념 지향적인 주제도 상당수라는 점은 문화의 양면성을 보여주는 예로 주목할 만하다.

　또 16세기 이전의 것으로 보이는 사설시조 작품이 적지 않다는 점은 사설시조의 발생시기가 언제인가 하는 문제와 아울러 해학적인 태도가 사설시조만의 특징인가 하는 문제를 생각하게 만든다. 다만 평시조와 대조를 이루는 양식으로서 사설시조가 지닌 형식적 특성은 파격의 자유로움이라 할 수 있다. 그런 파격적 자유가 후기 시조의 해학성과 쉽사리 결합할 수 있었기 때문에 조선 후기에 들어 그런 주제의 창작과 향유가 두드러졌을 것으로 짐작된다.

　조선 후기에 나타난 이러한 변화는 19세기에 이르러 신분 계층의 혼란과 아울러 음악의 전문화·상품화 현상으로까지 나아가게 되었다. 그 결과 갈래 간의 넘나듦이 활발해지고, 그에 따른 결과로 시조의 주제도 매우 다양한 변이를 보이게 되었다. 그렇기는 해도 이미 그전 16세기에 고응척의 작품 가운데 여섯 작품이 사설시조의 형태를 취하고 있는 점과 백수회白受繪·김충선金忠善 등의 작품에서 그런 유형을 발견할 수 있다는 점도 의미심장해 보인다. 사설시조가 이 시기에 비로소 시작된 것이 아니라 그 전에도 이미 그런 요소를 함축하고 있었을 것이라고 추정할 수 있는 단서가 되기 때문이다.

이로 미루어보아 사설시조는 꽤 오랜 역사를 지니고 있다고 할 수 있으나 희화적이고 노골적으로 성문제를 표현하거나 거리낌 없이 감정을 토로한 것은 분명 조선 후기의 특징임을 알 수 있다.

閣氏네 더위들 사시오

일은 더위 느즌 더위 여러 히포 묵은 더위 오류월 伏더위에 情에 님 만나이셔 둘 불근 平牀 우희 츤츤 감겨 누엇다가 무음 일 ᄒ엿던디 五臟이 煩熱ᄒ여 구슬쏨 들니면셔 헐덕이ᄂ 그 더위와 冬至ᄃᆞᆯ 긴긴 밤의 고은 님 품의 들어 ᄃᆞᆺᄒᆞᆫ 아름목과 둑거온 니블 속에 두 몸이 혼 몸 되야 그리져리 ᄒᆞ니 手足이 답답ᄒᆞ고 목굼기 타올 적의 웃목의 츤 슉늉을 벌덕벌덕 켜ᄂ 더위 閣氏네 사려거든 所見대로 사시옵소

쟝ᄉᆞ야 네 더위 여럿 듕에 님 만난 두 더위ᄂ 뉘 아니 됴화ᄒᆞ리 ᄂᆞᆷ의게 ᄑᆞ디 말고 브디 내게 ᄑᆞᆯ시소

각씨네! 더위들 사시오.

이른 더위, 늦은 더위, 여러 해 묵은 더위, 오뉴월 복더위에 정든 님 만나서 달 밝은 평상 위에 친친 감겨 누웠다가, 무슨 일을 하였던지 오장이 활활 타서 구슬땀 흘리면서 헐떡이는 그 더위와, 동짓달 긴긴 밤에 고운 님 품에

들어 따스한 아랫목 두꺼운 이불 속에 두 몸이 한 몸 되어 그리저리 하니, 수족이 답답하고 목구멍이 탈 적에 윗목에 찬 숭늉을 벌떡벌떡 켜는 더위. 각씨네, 사려거든 소견대로 사시오.

　장사야! 네 더위 여럿 중에 님 만난 두 더위는 뉘 아니 좋아하리. 남에게 팔지 말고 부디 내게 파시소.

　성행위를 대담하게 화제로 삼으면서 그것을 웃음과 함께 떠올리게 만드는 장난스런 어조로 표현하는 당당함, 자질구레한 여러 가지를 죽 늘어놓음으로써 느끼게 하는 말의 재미, 그 위에 그러한 본능적 행위의 수용에 주저함이 없는 대담성 등이 망라되어 있다. 이런 태도나 어조, 그리고 표현방식은 전기 사대부 시조나 대부분의 평시조에서는 일찍이 볼 수 없었던 것이다.

　그런데 이 작품이 신헌조申獻朝의 《봉래악부蓬萊樂府》에 전한다는 점이 무척 흥미롭다. 신헌조는 18세기 후반에 양주 목사와 강원도 관찰사까지 지낸 사람이다. 《봉래악부》에는 이 작품을 비롯해 25수의 작품이 전하며 이 가운데 사설시조가 절반이 넘는다. 신헌조의 신분과 이 작품의 파격적인 내용이 서로 어울리지 않는다는 생각도 가능해서 이를 두고 논란이 일기도 하였다. 원래는 그의 작품이 아니었을 것이나 누군가가 집어넣었을 것이라는 견해가 있는가 하면 그의 작품이 분명하다는 견해도 있다.

　이 중 어느 쪽이 옳은가를 분간하는 것보다 더 중요한 문제가 있다. 사설시조의 작자 문제를 두고 이렇듯이 엇갈리는 견해가 나오는 원인이 핵심이다. 사설시조의 창작에 사대부를 비롯한 상류층들도 폭넓게 참여했다고 보느냐, 아니면 사설시조 가운데서도 특히 성애를 노골적으로 표현하거나 말장난이나 희작戱作적인 표현을 주로 할 수 있는 정도의 사설시조 작자는 하층민이라고 단정해 버리느냐 하는 데서 이 양식에 대한 이해는 크게 달라진다.

사설시조를 17, 18세기에 성립된 하층민의 갈래로 보는 것이 학계의 보편적인 경향이지만, 상류층도 두루 참여해서 형성된 갈래라고 보는 견해도 있다. 후자의 견해는 16세기에 이미 사설시조 작품이 지어졌다는 점, 사대부들도 음담패설을 멀리하지 않았음을 말해 주는 여러 사실 등을 근거로 삼는다. 즉 외설적인 내용을 노래하지만 노래한 자신의 모습은 드러내지 않거나, 사설시조의 잡스러움을 즐기지만 동류집단 내에서만 노래한다는 은밀성과 익명성 때문에 이름을 밝히지 않은 것뿐이라고 주장한다. 이를 둘러싼 논란은 아직도 계속되고 있다.

시조의 문학사적인 가치로 가장 두드러진 것은 민족문화적 주체성의 측면이다. 한문문화가 모든 문화의 중심에 자리잡고 있던 당시에 우리말로 노래하는 독창적 시가 형식이 창안되었다는 것은 민족문화의 독자성에 대한 철저한 인식이 있었음을 보여준다. 시조가 순우리말로 되어 있다는 사실은, 중국의 음악과 우리 음악은 본질적으로 다르며 그렇기에 그 노랫말도 철저히 우리말이어야 한다는 자각을 바탕에 깔고 있다. 이것은 언문소설이 오랫동안 금기시되었던 사정과는 달리 문학적으로 매우 성숙한 의식을 보여준다는 점에서 중요하다.

시조는 그것이 우리만의 독자적 양식이라는 사실에 그치지 않고 그 양식이 우아하면서도 표현상으로도 함축적인 간결성까지 지녔다는 점에서 민족문화적 가치가 한층 높아진다. 45자 안팎의 짧막한 시형이 높은 함축성을 지니면서도 오히려 의지와 정서를 표현하는 데 부족함이 없다는 점에서 그 시형이 지닌 간결성과 함께 문학적 우수성이 돋보인다. 특히 기·승·전·결의 4단계 구조가 주조를 이루는 한문문화가 지배하고 있었던 문화적 상황에서 초·중·종장으로 압축되는 3단계 구조를 창안해 문화적 독창성을 이루어냈다는 점도 중요한 의의를 갖는다. 세계의 어느 문학사를 보더라도 그 예가 드물 정도로 짧은 노래 양식이며, 그러면서도 충분한 서술성과 완결성을 지녔다는 점에서 시적인 우수성은 강조된다.

　이러한 형식면에서의 우수성은 시조 양식이 교훈·서정·서사의 모든 주제를 소화하기에 무리가 없었던 점과 관련해서도 거듭 주목된다. 또한 시조는 가사 갈래와 쌍벽을 이루면서 발전하였는데, 가사가 상대적으로 긴 이야기의 '풀어놓기'를 지향했다면, 시조는 감동을 짧게 '압축하기'에 중점을 두는 양식이었다. 시조가 이처럼 '압축하기'를 지향했기에 사설시조라는 길어진 형태조차도 산문처럼 말이 늘어지지 않고 노래로서의 간결성과 함축성을 지닐 수 있었다. 이 점에서 시조라는 양식은 견고성과 역동성을 갖추었다고 할 수 있다. 이처럼 중요한 문학사적 의의를 지닌 고시조 작품은 현재 총 5,500여 수[6]가 전해진다.

3) 가사

　가사歌辭는 두 마디씩 짝을 이루는 율문의 구조만 갖추면 무슨 내용이든 담을 수 있는 노래 양식이며, 길이에 제한이 없었으므로 '장가長歌'라고도 했다. 형식적 요건이 이처럼 단순하기 때문에 노래를

6　이는 2014년에 간행된 《고시조대전》(김흥규 외, 고려대 민족문화연구원)에 수록된 바를 근거로 한 숫자이므로 이 방면으로는 가장 최근의 통계 자료라 할 수 있다.

짓고 읊고 듣는 향유층도 매우 다양할 수 있었으며, 이 점이 가사의 내용을 다채롭게 하는 또 다른 요인이 되기도 했다.

가사는 대부분 우리말로 표기되었는데, 예외적으로 신득청申得淸의 〈역대전리가歷代轉理歌〉나 나옹화상懶翁和尙의 〈승원가僧元歌〉처럼 한자 표기를 주로 하고 어미나 조사만을 향찰 표기로 한 것도 있다. 그러나 이는 초기의 몇 작품에 국한된 현상일 뿐 가사는 대체로 우리말 표현으로 이루어진 양식이라는 특징이 있다.

노래의 제목에 〈○○별곡〉이라고 한 것이 많아 고려 때의 속요나 경기체가의 제목과 유사성을 보이는데, 가창을 하던 고려 때의 관행으로 미루어보아 가사도 처음에는 노래하는 방식으로 출발했으리라는 짐작이 가능하다.

그러나 가사를 어떤 음악에 맞추어 가창했는지는 알려지지 않는다. 다만 전편을 다양한 선율에 따라 연행하기보다는 단순한 구조의 짧은 곡조에 맞추어 노래하는 방식을 되풀이하지 않았을까 추정할 수 있다.[7] 그러나 이와는 달리 일찍부터 가사의 향유방식을 가리켜 '읊음[誦]'이라는 표현 등을 많이 쓴 것으로 보아 단순한 되풀이 방식의 가창 관행조차도 그다지 오래도록 지속되지는 못했던 것 같다.

따라서 가사작품을 읽는 주된 방법은 선율적인 노래와 달리 흥얼거리는 단조로운 어조로 낭송했을 것으로 보인다. 오늘날까지도 학습이나 암기를 위해 한문을 낭송할 때 이런 방식으로 이루어지고 있으며, 일부 종교의 각종 낭송도 이런 방식과 어느 정도 관련이 있

---

7 초기 가사로 알려진 몇 작품의 마지막 구절이 시조의 종장이 보여주는 노랫말의 짜임새와 같은 점도 이런 추정을 뒷받침하는 요소다. "아모타 백년행락이 이만한달 어떠하리"(〈상춘곡〉), "명월이 천산만락의 아니 비쵠 대 업다"(〈관동별곡〉) 등에서 그런 예를 볼 수 있다.

을 것으로 본다. 이런 몇 가지 점에서 본다면 고전시가 가운데서 음악과 일찍부터 분리되어 향유되었던 유일한 양식이 바로 가사라 할 수 있다.

한편 이와는 달리 12가사라고 부르는 〈백구사白鷗詞〉〈춘면곡春眠曲〉 등은 애초에 형성되었을 때부터 오늘날에 전승되기까지 모두 가창하는 노래다. 또한 판소리 허두가 중에 가사와 유사한 노래말로 된 것이 있는데, 이들은 현재에도 가창되고 있어 음악적 양식이었음이 분명하다. 따라서 이런 것들을 '가창가사歌唱歌辭'라 하고 나머지는 '음영가사吟詠歌辭'라 해서 향유방식에 따라 구분하기도 한다.

가사작품은 내용이 매우 다양하고, 무엇이든지 제한 없이 다 노래할 수 있었다. 문학의 근본적 두 기능이라 할 수 있는 표현과 전달의 두 측면에서 보더라도, 표현 목적의 측면에서는 정서·사실·신념 등에 관계없이 가사의 내용이 되었으며, 전달 목적의 측면에서는 알리기 위한 전달과 설득하기 위한 전달의 어떤 것이나 다 다루었다고 할 수 있다. 예컨대 〈서왕가西往歌〉는 종교적인 이념을 표현한 것이고, 〈상춘곡賞春曲〉은 봄을 맞는 정서를 표현한 것이며, 많은 기행가사들은 주로 사실을 알리기 위한 전달이고, 〈사미인곡思美人曲〉은 정서 표현을 통해 설득하기 위한 전달에 주된 목적이 있는 노래다.

가사가 언제 어떻게 해서 생겨났는가에 대해 답하는 데는 여러 가지 해결되지 못한 문제가 있다. 우선 최초의 작품이 나옹화상의 〈서왕가〉와 정극인丁克仁의 〈상춘곡〉 가운데 어느 것인가 하는 문제부터 확정하기가 쉽지 않다. 전자는 14세기 노래라 할 수 있고 후자는 15세기에 지어진 것이므로 시기적으로도 상당히 차이가 난다. 더구나 두 노래 그 어느 쪽도 다 당대의 작품이라고 하기에는 의심스러운 부분이 있어 실제 창작시기를 확정하기 곤란하다. 그러나 〈서왕가〉가 최초의 작품임을 인정한다고 하더라도 그에 이어지는 고려시대 가사가 드물다는 점으로 볼 때, 가사가 조선시대에 들어와 활발하게 향유되었다는 점만은 의문의 여지가 없다.

가사 양식이 어떻게 해서 생겨났는가 하는 데도 이론이 많다. 길이가 길뿐더러 경치를 노래한 〈상춘곡〉으로 그 노래 양식이 비롯된 점으로 보건대, 경기체가가 갖추었던 연의 구분이 사라지고 길이가 길다는 요소만 유지되면서 가사가 되었다는 설, 초기 가사의 마지막 구절이 시조의 종장 형식과 유사한 점으로 보아 시조가 장형화하여 가사가 되었다는 설, 길이와 내용의 연속성으로 볼 때 악장의 장 구분이 없어지면서 이루어졌다는 설, 장편 한시에 토를 달아 읽은 데서 가사가 시작되었다는 설, 최초의 가사작품이 불교가사로 시작된 점으로 미루어 〈산화가散花歌〉와 같이 긴 길이를 가진 불교노래가 모태가 되었다는 설, 오늘날에도 구비 전승되는 〈베틀가〉 등의 긴 민요의 형식이 기반이 되었으리라는 설 등이 그것이다.

이 모든 견해는 어느 면에서는 그럴듯하지만 그중 어느 것도 완벽한 설명이 되지는 못하는 약점을 가지고 있다. 따라서 삶의 방식이 다양화하면서 짧은 형식의 시조가 지닌 약점을 보완해 줄 긴 형식의 노래가 필요해진 문학적 환경의 변화를 가사 양식 형성의 주된 요인으로 꼽는 것이 옳아 보인다. 이런 시대적 삶의 요구에 가사 이전 또는 당대의 여러 가지 긴 노래 양식이 지닌 장형화의 요소들이 두루 작용하여 가사 양식이 생겨났다고 봄이 타당할 것이다.

문학적 환경이라는 점에서 보건대, 간결하고 잘 짜인 노래 양식으로 시조가 있었지만, 그것으로는 다 표현할 길이 없을 만큼 삶의 체험이나 내용이 복잡해지자 그런 것들을 두루 표현할 수 있는 길고 느슨한 양식이 필요했을 것이다. 고려 때 이미 있었던 긴 형식의 경기체가를 그대로 사용할 수도 있었겠지만, 그것은 양식으로서의 정형성이 워낙 독특한 데다 한문투로 된 노래여서 부적절했을 것이다. 그런가 하면 삶의 이모저모를 다양하게 풀어 드러내는 데도 적절하지 못해 전대의 양식인 경기체가 형식을 이어받아 쓰기가 쉽지 않았을 것으로 짐작된다.

또 조선시대에 와서는 긴 형식의 악장이 있었으나 이는 왕실을 찬양하거나 왕실의 번영을 기원하는 것으로 제재가 한정되고, 궁중음악이라는 한계 또한 명백했으므로 대중적으로 널리 통용되기는 어려웠을 것이다. 그래서 일상어와 비슷한 표현의 말 두 마디씩을 짝만 지어 표현하면 되면서 외형적으로는 조금 느슨한 양식의 가사가 등장했으며, 그런 느슨한 형식 덕분에 내용의 자유로움까지 지닐 수가 있었을 것이다. 가사만이 유일하게 음악과 분리되었다는 사실이 양식적인 자유로움을 입증해 주는 단서가 될 수 있고, 가사 작품의 역사적 변모가 매우 다양하게 전개되었다는 사실도 양식적 자유로움과 관계가 깊다고 하겠다.

가사의 역사적 단계는 크게 15세기에서 16세기까지를 조선 전기 가사, 17세기에서 19세기 전반까지를 조선 후기 가사, 그리고 19세기 후반을 개화기 가사로 구분하는데, 이 중 고전시가에 속하는 것은 조선 전·후기의 가사다.

전기의 가사로서 최초의 작품이 〈서왕가〉 아니면 〈상춘곡〉인 것은 가사 양식이 역사적으로 전개되어 나간 두 개의 방향을 상징적으로 보여준다. 〈서왕가〉는 불교적인 교리에 입각해 삶을 누리라는 설득을 담고 있다. 이에 반하여 〈상춘곡〉은 자연 속에 묻혀 사는 자신의 처지를 즐거움으로 표현하는 작품이다. 전자가 청자 또는 독자에게 전달해서 영향을 끼치고자 하는 의도에 기반을 둔 것이라면, 후자는 자신의 생각을 드러내어 펼쳐 보이는 데 중점을 둔 것이다. 가사는 대체로 이러한 두 가지 의도에 기반을 두고 전개되었다.

전기의 가사 중 전달과 설득의 성격을 강하게 드러내는 것은 종교 또는 이념적인 삶을 강조하는 작품들이다.

불교적인 삶을 강조한 것으로는 나옹화상의 〈승원가〉와 휴정(休靜)이 지었다는 〈회심곡(回心曲)〉을 들 수 있는데, 이 중 〈회심곡〉은 대단히 널리 유통된 것은 분명하지만 과연 휴정이 지었는지는 단언하기 어렵다.

도학적인 삶을 살도록 설득한 것으로는 〈퇴계가(退溪歌)〉〈금보가(琴譜歌)〉〈상저가〉〈효우가(孝友歌)〉 등이 있는데, 이 작품들의 작자가 이황이라고도 하지만 이에 대해 이견도 많다. 이 밖에 이이(李珥)의 작품으로 전해지는 〈낙빈가(樂貧歌)〉〈자경별곡(自警別曲)〉 등이 있으며, 조식(曺植)의 작품으로 알려진 〈권의지로사(勸義指路辭)〉가 있다. 이들은 한결같이 도학으로 심성을 닦아 바른 생활을 할 것을 권면하는 내용이다.

표현하는 즐거움 자체를 드러내는 작품은 표현하는 태도의 차이에 따라 정서를 표현한 '드러내기'의 노래와 사실을 표현한 '풀이하기'의 노래로 나눌 수 있다. 자신의 삶을 표현하되 그 삶에 서리어 있는 갈등을 사실 그대로 드러내는 경우가 있는가 하면, 그러한 갈등조차도 신념으로 무마함으로써 삶의 괴로움까지도 흥취로 바꾸어놓는 경우가 있다. 무오사화 등의 정치적 사건에 연루되어 유배당한 괴로움을 노래한 조위(曺偉)의 〈만분가(萬憤歌)〉는 전자의 예로서 최초의 유배가사 작품으로 일컬어진다. 그런가 하면 이인형(李仁亨)의 〈매창월가(梅窓月歌)〉, 이서(李緖)의 〈낙지가(樂志歌)〉 등은 괴로운 생활체험을 흥취나 신념으로 치환하여 풀이함으로써 갈등을 해소한 작품이다.

생활의 괴로움과 욕망의 좌절을 흥취나 신념으로 바꾸어 노래하는 경향은 조선 전기 가사작품이 대체로 사대부들에 의해 지어졌던 사실과 관계가 깊다. 초야에 묻혀 있으면서도 현실정치에 진출하기를 소망했던 당대 사대부들은 정치적 갈등으로 인한 희생을 맛보아야 했고, 그러한 좌절감을 노래로 드러내기보다 자신들의 신념인 도학적 생활태도로 억누름으로써 해소할 수 있었다. 그 구체적인 모습으로 안빈낙도安貧樂道를 표방하기도 하고, 시골에 묻혀 사는 소외감 대신 세상으로부터 멀리 떨어져 고고한 삶을 누리는 기쁨으로 바꾸어 내세우기도 하였다. 이런 이중적인 심리상태가 '강호가사江湖歌辭'라는 유형을 형성했다고 볼 수도 있다.

그러한 강호의 삶을 표방하는 경향은 송순宋純의 〈면앙정가俛仰亭歌〉, 허강許橿의 〈서호별곡西湖別曲〉 등 전기 가사의 주된 흐름을 이루었다. 강호에 묻혀 지내는 삶을 미화하기 위해 자연의 아름다움을 강조하게 되고, 그 자연과 일체감을 맛보는 조화를 궁극적인 아름다움으로 내세우는 경향이 대세를 이루었다. 이는 동양적인 자연친화의 오랜 전통과도 관련이 깊어서 새로운 풍물에 접할 때에도 그 아름다움과 거기서 느끼는 일체감을 강조하게 되었다. 그 전형적인 예가 평안도의 명승지를 돌아보고 그 아름다움을 노래한 백광홍白光弘의 〈관서별곡關西別曲〉이다. 관념적인 한자투가 많아 말은 조금 생경하나 정철鄭澈의 〈관동별곡關東別曲〉과 비슷한 구절이 있어서 그 영향관계가 흥미를 끌기도 한다.

이처럼 조선 전기 가사의 주된 경향을 집약적으로 보여주면서 문학적으로도 빼어난 수준에 이른 작자가 정철이다. 그의 〈사미인곡思美人曲〉과 〈속미인곡續美人曲〉은 현실에서의 소외를 노래하되, 그 상황을 임과 이별한 고독한 여인으로 바꾸어놓음으로써 정서적 함축성과 현실적 암시성을 극대화하는 효과를 거두었다. 그런가 하면 그의 〈성산별곡星山別曲〉은 산림에 묻혀 지내는 고결한 삶을 노래함으로써 갈등을 자연친화로 해소하면서 고결한 삶을 추구하는 신념을 보여주었다.

정철의 작품 가운데 〈관동별곡〉은 금강산과 동해안을 기행한 체험을 노래한 것인데, 그 형상을 드러냄이 절묘하고 표현이 신기하다 해서 가장 빼어난 가사작품이라고 일컫는다. 더구나 이 작품은 단순히 자연을 묘사하는 데 그치지 않고 아름다운 경치와 마주하면서 생겨나는 인간의 심리상태를 잘 드러낸 점에서도 문학적 가치가 높다.

圓通골 ᄀᆞᄂᆞᆫ 길로 獅子峰 ᄎᆞ자가니
그 알퍼 너러바회 火龍쇠 되여셰라
千年 老龍이 구비구비 서려 이셔
晝夜에 흘녀 내여 滄海예 니어시니
風雲을 언제 어더 三日雨ᄅᆞᆯ 디련ᄂᆞᆫ다
陰崖예 이온 풀을 다 살와 내여ᄉᆞ라
원통골 가는 길로 사자봉 찾아가니
그 앞에 너럭바위 화룡소가 되었구나!
천 년 된 늙은 용이 구비구비 서려 있어
밤낮으로 흘러내려 바다로 이었으니
비구름 언제 얻어 사흘 비를 내렸는가?
그늘진 벼랑에 시든 풀을 다 살려내었구나

금강산 사자봉의 바위와 폭포를 한눈에 들어오는 경치처럼 막힘
없이 언어로 구사하는 솜씨가 빼어나다. 그런가 하면, 그 경치를 보
면서 '시든 풀을 살려내는' 데 눈이 머무는 것은 경치를 보되 그저
경치로만 보지 않고, 벼슬아치인 목민관의 눈으로 자연을 보고 있
음을 뜻한다.

그러나 동해로 나아가 일렁이는 바다를 보면서는 작중 화자가 대
상을 보는 관점이 목민관이나 도학자의 그것이 아니라 인간 본연의
본능적인 것으로 일변한다. 바다로 향하면서 벌써 "명사鳴沙길 익은
말이 취선醉仙을 빗기 실어"라 해서 자신을 술에 취한 사람으로 묘사
한 것부터가 그러하거니와, 동해바다를 보면서는 관점이 일렁이는
바다처럼 넘실거린다.

> 王程이 有限ᄒ고 風景이 못 슬믜니
> 幽懷도 하도 할샤 客愁도 둘 듸 업다
> 仙槎를 씌워 내여 斗牛로 向ᄒ살가
> 仙人을 ᄎᄌ려 丹穴의 머므살가
> 일정이 유한하고 풍경이 끝없이 좋으니
> 회포도 많고 많아 나그네 수심 둘 데 없다.
> 뗏목을 띄워내어 북두성으로 향할까?
> 신선을 찾으러 신선 노던 데 머무를까?

산을 구경하는 동안 보여주었던 목민관으로서의 근엄함과 애민
愛民하는 관점은 어디론가 사라지고 좋은 경치에 취해서 마냥 머물
거나 책무를 벗어나고픈 본능적인 인간의 모습을 적나라하게 내보
인다. 두 모습이 너무 달라 일관성이 부족하다고도 할 수 있고, 어

찌 보면 모순된다고까지 할 수도 있다. 그렇지만 한 인간이 지닌 이러한 이중적인 심리상태는 누구에게나 공통된다는 점에서 이 노래는 인간의 본성을 재확인하는 것과 같은 감동을 주기에 충분하다. 바로 이 점에 이 작품의 문학적 가치가 있으며, 가사작품 가운데 백미로 꼽힌다. 또한 정철은 한 명의 가사 작자에 그치지 않는다. 그가 지은 네 편의 가사작품은 조선 전기 가사의 여러 경향을 압축적으로 보여주며, 탁월한 문학성이 입증되었다.

임진왜란을 경계로 17세기부터 시작되는 후기 가사 시대에 오면 작자층의 확대, 제재의 변화, 표현방식의 다양화, 대상을 보는 시각의 다변화 등 몇 가지 특징적인 변화가 생긴다.

사대부로 제한되었던 가사의 작자층이 부녀자와 평민으로 확대됨으로써 다양한 관심사를 가사작품으로 표현하게 되었고, 또 작품을 바라보는 시각이 작자들의 삶의 차이만큼 달라졌다. 더구나 임진왜란과 병자호란이라는 큰 전쟁을 두 차례나 겪으면서 언어가 급격하게 변화했고, 그것이 가사작품에도 그대로 나타난다. 이 시기의 가사에는 정중하고 고아한 표현부터 그전에는 일상적이고 노골적이어서 문학언어로 성립될 수 없었던 표현까지 등장한다. 이러한 현상은 사물을 경건한 태도로 바라보고 형상화하던 데서 웃음을 유발하기 위해 사물을 바라봄으로써 풍자적이고 희화적인 작품이 창작되는 경향까지 초래한다.

그렇다고 해서 조선 전기에 주류를 이루었던 가사의 진지하고 경건한 경향이 아주 사라진 것은 아니었다. 그 한 예로 설득을 목표로 하는 전달 의도가 극대화된 종교가사를 들 수 있다.

불교가사로는 세속의 욕망에 물들지 말고 불교를 삶의 근거로 삼아 마음을 닦으라는 내용의 〈회심곡〉을 뿌리로 하는 〈속회심곡〉

〈특별회심곡〉 〈별회심곡〉 등이 새로이 지어진다. 또 이와는 달리 〈권선곡勸善曲〉 〈귀산곡歸山曲〉 등 불법의 이치를 지표로 삶의 태도를 가다듬도록 권면하는 가사도 다수 창작된다.

또 18세기에 들어서면 새로이 전래된 천주교를 전하고자 하는 천주교가사도 상당수 출현한다. 이벽李檗의 〈천주공경가天主恭敬歌〉, 정약전丁若銓의 〈십계명가十誡命歌〉 등이 그것이다. 그리고 시기적으로는 좀 뒤이지만, 19세기 후반에 동학이 성립되면서 최제우崔濟愚의 〈용담유사龍潭遺詞〉를 비롯한 동학가사도 나타난다.

전달 목적의 가사로서 전기 가사를 계승한 작품도 볼 수 있다. 허전許傳의 〈고공가雇工歌〉와 그에 화답하는 내용으로 되어 있는 이원익李元翼의 〈고공답주인가雇工答主人歌〉는 나라를 위해 신하된 사람들이 해야 할 일을 머슴의 도리로, 그리고 임금이 해야 할 일을 주인의 도리로 설파했다는 점에서 전기 가사를 계승한 예로 들 수 있다. 다만, 직설적으로 표현하는 대신 머슴과 주인으로 빗대어 표현한 것은 전기 가사와 달라진 점이다.

전기 가사와 동일한 경향을 지닌 가사로는 강호에서 은일의 삶을 표방한 차천로車天輅의 〈강촌별곡江村別曲〉, 조우인曺友仁의 〈매호별곡梅湖別曲〉, 남도진南道振의 〈낙은별곡樂隱別曲〉 등이 있다. 이 중 조우인은 정철의 〈성산별곡〉을 본받아 〈매호별곡〉을, 〈사미인곡〉을 본받아 〈자도사自悼詞〉를, 그리고 〈관동별곡〉을 본받아 〈속관동별곡〉을 지을 정도로 전대의 기풍을 계승하는 가사를 지었다.

체험을 표현하는 유형의 가사도 계승된 측면이 있다. 사신으로 일본에 다녀온 체험을 노래한 김인겸金仁謙의 〈일동장유가日東壯遊歌〉와 역시 사행使行으로 중국에 다녀온 체험을 노래한 홍순학洪淳學의 〈연행가燕行歌〉 등은 외국의 실상과 새로운 문물에 접한 느낌을 노래하고 있다.

이들 가사는 사실의 표현이라는 점에서는 가사의 풀이하기 전통을 이어받았다고 할 수 있다. 그러나 그 표현은 체험의 구체성을 중시하는 변화를 보인다. 전기 가사가 체험을 관념화하거나 신념으로 치환하는 경향이 있었다면, 이 가사들은 사실을 구체적으로 묘사함으로써 정확한 사실 전달에 중점을 두었다는 점이 다르다. 이는 단순한 심정의 표현을 넘어서서 기록의 기능까지 겨냥한 새로운 변모였다.

체험의 구체성을 중시하는 후기 가사는 그 당시의 현실적 문제를 가사로 표현하는 새로운 경향을 낳기도 했다. 전쟁의 비참한 체험을 노래한 최현崔睍의 〈용사음龍蛇吟〉, 백수회의 〈재일본장가在日本長歌〉, 강복중姜復中의 〈위군위친통곡가爲君爲親痛哭歌〉 등은 임금에 대한 충성을 바탕에 깔고 있다는 점에서는 앞선 시대와 다를 바 없지만, 임진왜란과 병자호란을 겪으면서 나라와 백성의 어려움을 사실적으로 드러낸 점은 후기 가사의 특징을 보여준다.

후기 가사의 이러한 변모와 전기 가사의 전통 사이에 놓여 있는 작자가 박인로다. 그가 지은 〈선상탄船上歎〉과 〈태평사太平詞〉는 임진왜란 때 수군으로 참전해 그 체험을 바탕으로 기록했다는 점에서 전에 보지 못한 득특한 예라 할 수 있다. 그 뒤로 지은 〈누항사陋巷詞〉는 궁핍한 자신의 삶을 구체적으로 드러낸 점에서 특이하다. 한편 자신의 생활을 노래한 〈사제곡莎堤曲〉과 〈독락당獨樂堂〉은 생활의 갈등을 도학적 신념으로 바꾸어 해소하는 전기 가사의 전통을 보여준다. 이러한 점에서 박인로는 가사문학의 역사에서 과도기적 현상을 보여주는 의미 있는 가사 작자라 할 수 있다.

후기 가사가 체험의 구체성을 중시하고 현실의 문제를 가사의 제재로 전면에 내세웠다는 사실은 이념적인 삶보다는 현실적인 삶에 더 눈을 주게 되었음을 말해 준다. 그러한 변화가 조선 전기와 후기의 사회를 구분해 주는 특징이기도 한데, 가사가 그러한 변화를 날카롭게 반영하고 있음이 흥미롭다. 이는 가사라는 양식이 본디 정형적 제약이 덜할뿐더러 내용에 무엇이든지 담을 수 있는 자유로움이 있기에 가능했던 것으로 보인다.

이러한 경향은 또한 한양의 풍물을 구체적으로 묘사한 한산거사閑山居士의 〈한양가漢陽歌〉나 정학유丁學游의 〈농가월령가農家月令歌〉 등의 풍속도에 가까운 작품을 낳기도 했다. 〈한양가〉는 서민의 관점에서 서울 거리의 모습이며 물건 그리고 놀이의 종류까지 자세히 묘사했고, 〈농가월령가〉는 다달이 농촌에서 할 일을 세세하게 노래하면서도 알맞은 율조를 얻어 표현 효과를 더하고 있다. 전자가 서울의 모습을 공간적으로 노래했다면, 후자는 농촌의 모습을 시간적으로 노래했다는 점에서도 서로 짝을 이루면서 대비되어 흥미롭다.

체험의 구체적 드러냄과 관련하여 주로 18세기 말에서 19세기 초반에 나타나는 탐관오리의 학정으로 인한 비리와 삶의 고난을 고발한 작품도 있다. 가혹한 군역軍役 때문에 실향민이 되어 떠도는 삶을 묘사한 〈갑민가甲民歌〉, 전라도의 탐관오리가 학정을 일삼으면서 호화로운 뱃놀이를 하는 것을 고발한 〈합강정가合江亭歌〉, 경상도 거창 지방에서 학정으로 인한 괴로움을 부녀자의 목소리로 노래한 〈거창가居昌歌〉, 전라도 정읍에서 민란이 일어났을 때 그 벼슬아치들의 학정을 고발했던 〈정읍민란시여항청요井邑民亂時閭巷聽謠〉 등이 그것이다.

이들이 현실을 폭로하되 고발적이고 격앙된 어조로 표현한 것이라면 이와는 반대로 조롱 섞인 희화적인 시각으로 세태를 꼬집는 가사도 나타났다. 물려받은 재산을 못난 짓으로 탕진하는가 하면 예의와 염치를 모르고 못된 짓을 하는 남자를 희화한 작자 미상의 〈우부가愚夫歌〉, 그리고 이에 짝을 이루어 돼먹지 못하고 용렬한 여자의 행실을 역시 희화적으로 표현해 꼬집은 〈용부가庸婦歌〉가 그 대표적인 작품이다. 이 가사들은 도덕적으로 옳은 일을 하라는 뜻을 담고 있다는 점에서는 전달과 설득을 목적으로 한 것이지만, 그것을 지시 또는 강제적 어조가 아닌 희화적인 방법으로 말함으로써 역설적인 표현의 미학을 강하게 드러냈다.

이처럼 웃음을 지향하는 경향은 후기 가사의 거의 모든 유형에 나타난 공통된 특질이라 할 수 있다. 도덕적 파탄을 비웃음으로써 신랄하게 비판하는 〈우부가〉류와 마찬가지로 갈등과 울분을 직접 표현하거나 신념으로 바꾸어 다스려 표현했던 유배가사조차도 그런 경향을 보여준다. 김진형金鎭衡의 〈북천가北遷歌〉처럼 구경거리나 흥밋거리 또는 기생과의 사랑을 가볍게 노래하는가 하면, 안조환安肇煥의 〈만언사萬言詞〉에서처럼 자신의 궁핍한 생활조차 웃음으로 표현하는 변화를 보여준다.

불교가사라 할 수 있는 유형에서도 불교 승려를 종교의 표상으로 보는 데서 벗어나 남녀 간의 사랑을 주고받는 대상으로 바꿔놓은 〈송여승가送女僧歌〉와 〈승답가僧答歌〉 그리고 〈재송여승가再送女僧歌〉와 〈여승재답가女僧再答歌〉가 나타난다. 더구나 인물이 못나서 시집을 못 가는 것을 노래한 〈노처녀가老處女歌〉에 이르면 이와 같은 웃음 유발의 경향이 극에 달한다. 또한 종교적 설득을 목표로 했기에 매우 경건한 〈회심곡〉조차도 〈관악산조 회심곡〉에 이르면 한갓 오락적인 우스개로 변하고 있어 조선 후기의 가사가 희화적 경향으로 과감하게 나아갔음을 보여준다.

이러한 경향은 애정가사로 불리는 〈과부가寡婦歌〉나 〈양신화답가良

辰和答歌〉 등이 육체적인 결합을 노골적으로 표현한 것과도 연관지어 생각할 수 있다. 〈상사별곡想思別曲〉이나 〈규수상사곡閨秀相思曲〉 등에서처럼 남녀 간의 사랑과 그리움에서 오는 갈등을 노골적으로 표현한 것이 후기 가사의 특징 가운데 하나인데, 우선 전기 가사에서는 볼 수 없었던 남녀 간의 문제를 표면화했다는 점에서는 도덕적 금기를 벗어던지고 인간의 본능을 추구했다고도 평가할 수 있다.

그러나 그 본능의 추구가 〈과부가〉나 〈양신화답가〉에 이르면 다분히 비정상적으로 추구된다는 점, 그리고 그 어조가 웃음을 추구하는 표현으로 변화한다는 점, 여기서 한 걸음 더 나아가 이러한 경향이 후기 가사의 거의 모든 유형에서 나타난 것까지를 모두 한데 합쳐 생각할 수도 있다. 결국 이는 웃음 그 자체를 추구하는 쪽으로 나아간 변화라 하겠는데, 그러한 변화는 상업문화에서 흔히 볼 수 있는 것과 같은 오락화의 성향에서 비롯된 것임을 짐작할 수 있다. 조선 후기의 문화현상이 이러한 오락적 성향을 두루 나타낸 점과 상업문화가 소설이나 시가, 가면극 등에서 두루 형성되고 강화된 점을 아울러 생각하면 이 같은 판단이 가능해진다.

그러한 상업적 오락 지향은 앞에서 말한 〈노처녀가〉에서 분명하게 확인할 수 있다. 〈노처녀가〉는 시집을 가야겠다는 본능의 절규라기보다 못생긴 여자를 두고 웃음을 유발하려는 말놀이의 경향이 단적으로 드러난 작품이다. 이 점은 〈노처녀가〉가 단편소설집이라 할 수 있는 《삼설기三說記》에 수록되고 또 〈꼭둑각시전〉이라는 소설로 개작되기도 한 점으로 미루어보면 더욱 분명해진다. 또한 성불구인 신랑을 설정하여 그가 첫날밤에 벌이는 어이없는 행동을 작위적으로 표현하여 웃음을 유도한 〈신가전申哥傳〉에 이르면 이러한 희화화가 인간 회복 등의 목표와는 무관하게 단지 오락적 목적을 위해 사용된 것임을 확인할 수 있다.

이러한 오락 지향의 가사가 중요한 경향을 이루고 있는 것과는 달리 여성들의 가사작품인 규방가사는 그 나름으로 독특하게 다양화한다. 전기 가사에서도 허초희許楚嬉의 〈규원가閨怨歌〉처럼 정서를 표현한 작품이 있었지만, 후기 가사에서는 〈화전가花煎歌〉라는 새로운 유형이 등장한다. 〈화전가〉는 봄에 진달래꽃이 피면 한 마을 여자들이 산을 찾아가 꽃으로 지짐을 해 먹으면서 하루를 즐기는 과정을 노래한 것이다. 이 시기에 매우 널리 유행했으므로 필사 또는 모작, 창작한 여러 이본이 전해진다.

이 밖에 〈계녀가戒女歌〉라는 작품이 주로 경상도 지방을 중심으로 널리 퍼졌는데, 이는 시집가는 딸에게 여자가 마땅히 할 일과 예의 범절을 조목조목 노래해 들려주는 것이다. 따라서 이를 꼭 여성들이 지었다고 단정하기는 어렵지만 그것을 지니고 읽은 사람이 여성이었다는 점에서 본다면 이 또한 규방가사라 할 수 있다. 그리고 그 내용과 표현이 경건하고 무게가 있는 점으로 미루어 전기 가사의 타이르기 유형을 이어받아 새로운 유형을 이룬 것이라 할 수 있다.

6. 결론

지금까지 살핀 고전시가에서 다음과 같은 점을 읽어내는 것이 중요해 보인다.

어느 분야의 역사 전개든지 대체로 단순에서 시작하여 복잡으로 나아가는 일반적 경향이 고전시가에서도 그대로 확인된다. 상고시대의 시가가 후대에 비해 많지 않다는 점은 기록의 빈곤과 아울러 삶의 모습도 그리 다채롭거나 다양하지 못했기 때문일 것으로 짐작할 수 있다. 그렇기는 해도 개인적 서정 드러내기와 아울러 타이르기를 지향하는 집단적 노래까지 두루 볼 수 있어 나름대로의 다양성을 갖추고 있음을 보았다.

향가는 통틀어도 겨우 25수이고, 〈보현십원가〉를 한 편의 연작 노래로 보면 15수라고 줄여 말할 수 있을 만큼 적은 수효만이 전해진다. 그러면서도 넉 줄, 여덟 줄, 열 줄짜리의 세 가지 형식의 특징을 두루 보여준다. 또한 그 내용도 드러내기, 풀이하기, 타이르기로 다양하다. 전해지는 작품의 수효에 관계 없이 풍요로운 문학세계를 지닌 양식이라고 할 수 있다.

고려시대는 양식의 특징을 꼭 집어 말하기 어려울 정도로 다채로운 노랫말을 보여주는 점이 특징이라 할 수 있다. 노랫말을 그대로 표기할 수 있는 수단이 없어 그리 된 것으로 볼 수도 있고, 고려사회가 역동적이라서 나타난 다양성의 흔적이라고 볼 수도 있다. 중요한 것은 그 노랫말들이 매우 섬세한 우리말 표현으로 되어 있으며 내용의 흐름이 매우 직정直情적으로 마음을 드러낸다는 점이다. 이를 가리켜 오래전부터 써온 말이 바로 '진솔眞率'이다.

조선시대에 들어와 시가가 매우 활발하게 창작되었다. 후기로 가면서 양식이 더욱 다양해지고 향유층이 확대되었으며, 그 결과 내용이 훨씬 풍부해졌으며 작품 수가 폭발적으로 증가했다. 대표적인 두 양식이 시조와 가사인데, 시조는 오늘날에도 음악과 별개로 창작이 이루어지는 데 반해 가사는 그 맥이 끊겼다는 차이가 있다. 그렇기는 하지만 조선시대는 근현대라는 새로운 변화를 이끌어낸 시기이기도 하다는 점에서 시가의 양식과 창작의 폭발적 증가가 현대문학의 중요한 자산이 되었음을 기억해야 한다.

고전시가의 형식이 전개되어 온 역사에서 볼 수 있는 핵심적 특징이 시적 자유로움이다. 우리말의 특징이 본디 그러하기도 하거니와 한시나 일본의 하이꾸[俳句] 또는 창가[唱歌]에서 보는 바와 같은 정형의 엄격성 같은 것은 한국의 고전시가와는 아무런 인연도 없었다. 3~4음절로 된 마디를 대응적으로 짝지음으로써 구를 이루고, 이 구가 다시 짝을 이루어 의미론적 안정을 갖추는 데서 양식적 규칙성을 감지할 정도의 느슨한 자유를 누린 것이 우리의 고전시가라 할 수 있다.

이러한 양식적 자유로움 또는 느슨한 여유는 시대가 바뀜에 따라 그 시대에 맞는 새로운 양식을 창출해 내는 기반이 되기도 하였다. 마치 '새 술은 새 부대에'라는 말을 실천이라도 하듯 새로 세운 왕조가 추구하고자 하는 이념 또는 지표에 맞도록 노래를 새롭게 양식화하였다. 고전시가의 느슨한 형식성이 이처럼 활발한 변형과 창조를 얼마든지 가능하게 해주었음을 확인할 수 있었다.

다음으로 고전시가의 노랫말이 지닌 중요한 특징이 직정적인 우리말 표현에 있음을 다시 한 번 더 강조해 두고자 한다. 오늘날의 현대시론에서는 이론적으로 시의 표현에서 형상성을 강조함으로써 전체적으로 주지적 경향으로 나아가기도 한다. 그래서 참신한 이미지의 창출을 강조하는 경향이 주를 이룬다. 문학을 지적인 대상으로 정립하고 설명하려 했던 분석주의의 시각도 이런 경향에 크게 영향을 끼쳤다.

그런데 이는 추상적 상념의 전달에는 감각적 형상의 차용이 효과적이라는 언어의 특성 때문에 생기는 수사적 장치일 따름이라는 점을 깨달아야 한다. 따라서 이를 언어 일반의 특징이라고는 할지언정 시 양식만의 고유한 문학적 특성이라고 하기는 어렵다.

상고시대의 시가에서 향가를 거쳐 고려시대의 속요와 조선시대의 시조 및 가사에 이르기까지 한국 고전시가 노랫말 표현의 주된 경향은 지적 조작과는 거리가 멀었다. 형상의 창조나 말의 참신한 변화보다 마음을 진솔하게 드러내는 직정적 표현이 주된 흐름이었다. 그 대표적인 것이 앞에서 보았던 〈서경별곡〉이고, 〈가시리〉 또한 마찬가지다. 그리고 어느 시대 어느 노랫말을 보더라도 우리말의 묘미를 십분 발휘한 표현을 통해 심금을 울리는 정감에 빠져들게 한다. 그러기에 고전시가는 개성의 문학이라기보다 여러 사람이 두루 공감할 수 있는 보편성의 문학이라는 본질에서 벗어나지 않을 때 제대로 이해할 수 있다.

　　이러한 고전시가의 특징을 두고 이미지가 결여된 서술에 그치고 있다는 식으로 혹평을 하는 사람도 없지 않았다. 또 어떤 문학연구자는 고전시가에서 역으로 개인적 독창성 또는 개별적 참신성을 발견하고자 애쓰기도 한다. 그러나 현대의 문학환경에서처럼 읽어 꼼꼼하게 해석하는 시라면 또 모를까, 귀로 듣는 노래로 전달되는 노랫말에서 독창성과 개성을 살피는 일이 얼마만큼이나 의의를 가질는지는 의문이다.

　　예를 들어, 김소월의 〈진달래꽃〉은 많은 사람이 오래 기억하는 데 반해 정지용의 〈유리창〉은 기억하는 사람이 별로 없는 까닭을 살펴보자. 정지용의 시를 이해하려면 그 형상화의 구조를 해독解讀하는 지적 노력이 필요하다. 그러나 김소월의 시는 그런 노력 없이도 직감적으로 가슴을 울린다. 이 점에서 김소월은 고려시대 〈가시리〉의 기반이 된 고전시가의 직정적 표현의 전통을 잇고 있다고도 할 수 있다.

　　이를 근거로 우리는 한국의 고전시가에 대해 이렇게 말할 수도 있겠다. 한국시가의 특징은 자유로움에서 시작되며, 그 자유로움이 자연스러운 표현과 이해, 다시 말해 가슴 떨리게 만드는 공감의 감동으로 이끈다. 이런 점에서 본다면 고전시가는 지적知的이기보다는 정적情的인 문학이다. 따라서 그에 대한 이해 또한 해석보다는 감동에 중점을 두어야 그 근원과 본질에 가까이 갈 수 있는 문학의 세계다.

설명해야 알게 되는 예술의 세계는 고답적인 느낌을 줄 수는 있을 것이다. 그러나 곧바로 가슴을 울리는 감동으로 이어지는 예술의 세계는 그만큼 친근한 삶의 세계라는 것이 고전시가를 마무리하기에 적절한 말이 아닐까 한다.

■ 참고문헌

자료편

김성배·박노춘·이상보·정익섭,《주해 가사문학 전집》, 서울: 집문당, 1961.

김흥규·이형대·이상원·김용찬·권순회·신경숙·박규홍 편저,《고시조대전》,
　　　　고려대학교 민족문화연구원, 2012.

박을수,《한국시조대사전》상·하, 서울: 아세아문화사, 1992.

심재완,《역대시조전서》, 서울: 세종문화사, 1972.

이상보,《한국불교가사 전집》, 서울: 집문당, 1980.

임형택,《옛노래, 옛사람들의 내면풍경》, 소명출판, 2005.

정재호·김흥규·전경욱,《주해 악부》, 서울: 고려대학교 민족문화연구소, 1992.

한국정신문화연구원,《가사문학대계: 1. 규방가사》, 성남, 1979.

_____,《가사문학대계: 2. 동학가사》, 성남, 1979.

연구저서편

간행위원회,《한국고전시가 작품론》, 서울: 집문당, 1992.

김대행,《시가시학 연구》, 서울: 이화여자대학교 출판부, 1991.

_____,《시조유형론》, 서울: 이화여자대학교 출판부, 1986.

김문기,《서민가사 연구》, 대구: 형설출판사, 1983.

김승찬,《한국상고문학론》, 서울: 새문사, 1987.

김학성,《국문학의 탐구》, 서울: 성균관대학교 출판부, 1982.

박노준,《고려가요의 연구》, 서울: 새문사, 1990.

_____,《신라가요의 연구》, 서울: 열화당, 1982.

_____,《향가여요 종횡론》, 서울: 보고사, 2014.

윤영옥,《고려시가의 연구》, 대구: 영남대학교 출판부, 1991.

정재호,《한국가사문학론》, 서울: 집문당, 1982.

조규익,《선초 악장문학 연구》, 서울: 숭실대학교 출판부, 1990.

최철,《향가의 본질과 시적 상상력》, 서울: 새문사, 1983.

5부 · 고전산문

박희병

1. 서론

이 책에서 '고전산문'이란 1894년 갑오경장 이전에 창작된 '국문소설' 및 '국문으로 쓰여진 교술산문'을 지칭한다. 고전산문 가운데에는 우수한 문학성을 보여주는 교술산문도 적지 않지만, 양적으로나 질적으로 특히 문제적인 것은 국문소설이라 할 수 있다. 따라서 한국 고전산문을 살피고자 할 경우, 국문소설을 중심으로 하면서 그에 곁들여 교술산문을 검토하는 것이 적절한 방식이다.

최초의 국문소설은 허균許筠이 창작한 《홍길동전洪吉童傳》으로 알려져있다. 사회개혁가이자 당대의 빼어난 지식인이었으며, 동시에 1급 문인이었던 허균은 17세기 초엽에 창작한 이 작품을 통해 사회 개혁에 대한 자신의 생각과 열정을 표현하고자 했다. 허균이 자신의 정치적 동지들과 함께 반란을 꾀했다는 죄명으로 처형됨에 따라 그가 쓴 모든 글과 함께 《홍길동전》은 금서禁書로 지목되어 공개적으로 유통될 수 없었다. 그럼에도 이 소설은 몰래 전해져 많은 사람들에게 읽혀왔으며, 현재 국문 고전소설 가운데서 불후의 명성을 얻고 있는 작품 가운데 하나다. 국문소설이 사회성을 뚜렷이 갖는 작품으로 출발했다는 사실은 한국소설의 전통과 관련해 주목할 만하다. 높은 사회적 관심은 고전소설에서는 물론이고, 오늘날 한국소설의 주요한 전통을 이루고 있다고 보이기 때문이다.

허균이 개척한 국문소설의 창작은, 허균보다 두 세대 뒤의 인물로서 역시 당대의 빼어난 지식인이자 자유분방한 사상가였던 김만중金萬重에게로 계승되었다. 김만중이 창작한 《사씨남정기謝氏南征記》와 《구운몽九雲夢》 두 작품 다 문학적 가치가 높지만, 특히 《구운몽》은 대단한 문제작으로 평가되고 있다. 《구운몽》은 김만중이 정치적인 이유로 선천에 유배 가 있던 시절, 늙은 어머니를 위해 창작한 것으로 알려져 있다. 이 작품은 당대에 이미 명성을 얻었던 것으로 보이며, 후대의 고전소설에 큰 영향을 끼쳤고, 지금까지도 불후의 명성을 누리고 있다. 《홍길동전》이 그 사회성으로 인해 주목된다면, 《구운몽》은 세속적 출세에 대한 인간의 그칠 줄 모르는 욕망을 보여주는 한편, 그러한 욕망의 헛됨을 말하고 있다는 점에서 주목된다.

《홍길동전》이나 《구운몽》은 모두 17세기에 창작된 소설이다. 따라서 17세기는 국문소설의 발흥기라고 말할 수 있다. 이 시기에 국문소설이 발흥할 수 있었던 요인을 몇 가지로 지적할 수 있는데, 첫째 오랜 한문소설 창작 경험의 축적, 둘째 국문의 광범위한 보급, 셋째 임진왜란 이후 서민의 자아 각성 및 새로운 문학환경의 조성, 넷째 여성 독자층의 형성 등이 그것이다. 국문소설은 이러한 몇 가지 요인이 복합적으로 작용하면서 성립되었기에, 한편으로 전대에 창작된 한문소설의 경험을 수용하면서도, 한문소설과는 질적으로 다른 면모를 가질 수밖에 없었다. 한문소설은 주로 사대부 남성이 독자였던 데 반해 새로 성립한 국문소설의 독자는 주로 여성층이었으므로, 국문소설은 이 여성 독자층을 크게 배려하지 않을 수 없었다. 그러므로 국문소설이 이전의 한문소설과 다른 면모를 갖게 됨은 필연적이었다. 이처럼 국문소설의 성립기에 여성 독자층이 큰 역할을 했다는 점은 강조되어야 마땅하나, 그렇다고 해서 이 시기에 국문소설의 남성 독자층이 전혀 존재하지 않았다고 생각한다면 잘못일 것이다. 가령《홍길동전》같은 작품은 그 내용으로 미루어보아 남성 독자를 염두에 두고 쓴 작품이 분명해 보인다. 서민층 남성이 주축이 되었을 국문소설의 남성 독자층은 국문소설의 발흥기인 17세기 이래 점차 증가했을 것으로 추정되며, 18세기 이후에는 더욱더 늘어났으리라 생각된다.

국문소설 발흥기의 주요한 소설작자인 허균이나 김만중은 모두 상층 사대부에 속한 인물이면서도 진보적 의식을 소유한 비판적 지식인이었다. 당시 사대부들이 정통문학으로 간주한 것은 한문으로 쓰여진 시와 산문이었다. 그것은 일찍이 중국에서 문학적 전범이 마련되어, 동아시아 문화권 전체에서 중세적 보편성을 두루 인정받으며 통용되고 있었다. 한문소설이든 국문소설이든, 무릇 소설이라는 것은 이들 정통문학에 끼일 수 없었으며, 특히 국문소설은 더욱 천시되고 폄하되었다. 이에 더해 소설은 풍속을 어지럽히고 인륜을 타락시킨다는 이유로 지배층의 비난을 받기 일쑤였다. 중세적 스콜라주의의 견지에서 인간의 본성과 욕망을 긍정하는 소설의 속성은 못마땅할 수밖에 없었고, 또 위험하게까지 비쳤던 것이다. 한국 고전소설의 대부분이 작자가 밝혀져 있지 않아 익명으로 되어 있는 것은 이러한 사정과 밀접히 관련된다. 이렇게 볼 때, 허균과 김만중이 국문소설을 창작했다는 것은 대단히 혁신적인 문학행위였다고 아니할 수 없다.

국문소설은 그 발흥기에는 사대부 지식인 작자의 역할이 두드러졌으나 시간이 흐르면서 작자층이 다양해지는 양상을 보이는데, '판소리계 소설'과 '가문소설家門小說'에서 그 점을 확인할 수 있다.

판소리계 소설이란, 광대들이 가창한 구비서사시인 '판소리'로부터 소설화된 일군의 작품들을 일컫는다. 판소리계 소설로는 《춘향전春香傳》《심청전深靑傳》《흥부전興夫傳》《토끼전》을 비롯한 여러 작품을 들 수 있는데, 이들 작품은 대부분 '근원설화 → 판소리 → 소설'이라는 공통된 설립과정을 보여준다. 판소리는 그 레퍼토리에 따라 성립시기가 다르지만, 가장 먼저 성립되었다고 여겨지는 〈춘향가春香歌〉가 대체로 17세기 후반 무렵이었음을 감안한다면, 판소리가 소설로 본격적으로 전환하는 시기는 18세기 이후에나 가능했을 것으로 짐작된다.

그 성립과정에서 짐작할 수 있듯, 판소리계 소설은 그 작자를 알수 없다. 그러나 판소리계 소설이 판소리 사설을 바탕으로 성립되었음을 고려한다면, 판소리 사설의 창작자인 광대나 광대의 창작활동을 도와준 광대 주변의 하층 부류들을 그 '근원적' 작자층으로 간주할 수 있다. 이렇게 본다면, 상층의 사대부가 개척한 국문소설은 판소리계 소설에 이르러 하층으로까지 작자층을 확대했다 할 수 있다.

판소리계 소설은 여타의 국문소설과 비교해 대단히 이질적이다. 대부분의 국문소설은 영웅이나 재자가인才子佳人이 주인공으로 등장해 스스로 초인적인 능력을 발휘하거나 도사의 도움으로 적대자를 물리침으로써 선과 질서를 회복하고 부귀를 누리는 것으로 종결된다. 선인과 악인은 명백히 구분되며, 주인공은 시종일관 도덕적 풍모를 갖춘 인물로 그려진다. 따라서 이상주의적 소설로서의 면모가 대단히 강하다고 할 수 있다. 그러나 판소리계 소설은 그렇지 않다. 판소리계 소설의 주인공들은 초인적 능력을 지닌 영웅이 아니라, 실제의 삶 속에 존재함 직한 인물들이다. 그들은 도덕적 인물로만 이상화되어 있지 않고, 자신의 욕망과 관련한 비속한 면모도 곧 잘 보여준다.

뿐만 아니라 판소리계 소설은 천편일률적으로 권선징악만을 표방하지 않고, 신분이 다른 남녀의 애정문제, 탐관오리 문제, 지배층의 횡포에 대한 하층민의 슬기로운 대응, 빈부문제 등 조선 후기 사회가 안고 있던 핵심적인 문제들을 취급하고 있다. 한편 여타의 국문소설이 문어체인 데 반해, 판소리계 소설은 구어체다. 판소리계 소설의 구어에서는 서민적 생기와 발랄함이 약여하게 느껴진다. 이처럼 판소리계 소설은 사실주의적 성격을 많이 갖고 있으며, 근대소설에 접근하는 면모를 보여준다.

18세기 이후 창작된 국문소설로서 또한 주목되는 것은 '가문소설'이다. 가문소설이란, 한 가문의 몇 대에 걸친 이야기나 몇몇 가문이 혼인을 통해 서로 얽히면서 파란을 빚는 이야기를 긴 편폭으로 펼쳐 보이는 소설을 지칭한다. 가문소설로 알려져 있는 작품은 수십 종이나 되며, 여타의 장편소설과는 달리 '대장편人長篇'의 규모를 보여주는 작품들이 대부분이다. 가령《명주보월빙明紬寶月聘》과《윤하정삼문취록尹河鄭三門聚錄》은 각각 100책과 105책 분량으로서 연작連作을 이루고 있으며,《완월회맹연玩月會盟宴》 같은 작품은 180책이나 되는 거질巨帙이다. 가문소설은 또한 연작이 많은 게 특징이다.

가문소설은 중세 유교사회의 '가문의식家門意識'과 대단히 밀접한 관련을 맺고 있다. 가문의식은 오래전부터 존재해 왔다 할 수 있으나, 특히 17세기 후반 이래 더욱 강화되어 온 것으로 알려져 있다. 그것은 여러 정치적·사회적·이념적 요인과 깊이 관련되어 있다. 즉, 정치적으로 이 시기 이래 몇몇 가문이 정권을 독차지하는 현상이 일반화되었고, 사회적으로 임진왜란과 병자호란을 거치면서 지배체제가 이완되거나 해체되는 양상을 보임에 따라, 사대부층에서는 가부장적 질서를 강화하고 옹호함으로써 지배체제를 유지하고자 했으며, 그러한 노력은 지배 이데올로기인 주자학의 교조화로 뒷받침되었다. 17세기 후반 이래의 이러한 사회적·정치적·이념적 현실이 사대부층의 가문의식을 강화시켰고, 이는 다시 가문소설이라는 새로운 형태의 소설을 낳았던 것이다. 거의 모든 가문소설이 가부장적 가문질서의 수립과 가문의 창달에 초점을 맞추고 있는 것도 이러한 성립배경과 무관하지 않다.

그 성립배경에서 짐작되듯 가문소설은 주로 상층 사대부 사회, 특히 거질의 작품을 읽고 즐길 만한 시간적·경제적 여유가 있던 상층 사대부 여성들에게 읽혔다. 여타의 국문소설과 마찬가지로 가문소설의 작자도 익명이 대부분이다.

17세기 이래의 조선 후기는 '소설의 시대'라고 할 수 있을 만큼 소설이 신흥 갈래로서 성행하고 발전한 시기다. 그러나 소설의 성행만큼 두드러진 문학현상은 아니지만, 이 시기에는 국문으로 된 교술산문도 발전했다. 교술산문의 발전 역시 국문 독자층의 요구에 따른 것이다. 국문으로 된 교술산문으로는, 청나라에 사신使臣 가서 견문한 것을 기록한 글(이를 '연행록燕行錄'이라 부른다), 유배의 경험을 기록한 글, 유람 기행문, 궁중의 비사秘事를 기록한 글 등이 있다. 이 가운데 특히 주목할 만한 것은 궁중의 비사를 기록한 글이다. 그런 작품으로는《계축일기癸丑日記》《인현왕후전仁顯王后傳》《한중록閑中錄》등을 들 수 있는데, 예사롭지 않은 상황을 절실하게 서술하고 있어 문학적 감동을 자아낸다.

이상으로, 국문으로 된 고전산문의 대체적 윤곽을 살펴보았다. 이제부터 그 대표적 작품을 소개하고 분석함으로써 논의를 구체화해 보기로 하자.

2. 국문소설의 형성과 발전

우리나라 한문소설은 이른 시기부터 창작되었다. 그리하여 15세기에 김시습金時習은 이미《금오신화》라는 단편집을 저술한 바 있다. 그러나 국문으로 소설이 창작된 것은 17세기 초엽 허균의《홍길동전》이 처음이다.

허균은 명문名門에서 태어나 뛰어난 글재주로 일찌감치 과거에 급제해 관직에 나아갔다. 그의 형제들은 모두 문인으로 높은 명성을 얻었으며, 특히 누이인 허난설헌許蘭雪軒은 여류시인으로 이름을 떨쳐, 그의 시집이 중국에서까지 간행되었다. 그러나 허균의 관직생활은 순탄하지 못했다. 이단異端을 숭상하고 예교禮敎에 어긋난 행동을 했다 해서 두 차례나 관직에서 쫓겨나야 했다. 이단을 숭상했다 함은 유교국가의 관리로서 불교를 좋아했던 것을 말하며, 예교에 어긋난 행동을 했다는 것은 모친의 장례를 치른 지 얼마 되지 않아 기생을 끼고 술과 노래를 즐긴 일을 말한다. 봉건예교를 중시한 조선사회에서 이런 일은 용납될 수 없었다.

불교를 신봉했다는 이유로 파직을 당하자 허균은 시를 지어 자신의 생각을 밝히기도 했다. 그 시에는, "나는 예교에 구속되지 않고, 오로지 나의 감정에 충실하겠다. 당신들은 당신들의 법대로 살아라. 나는 내 방식대로 살겠다."는 놀라운 구절이 포함되어 있다.[1]

또 허균이 모친상을 당한 지 얼마 되지 않아 기생을 끼고 놀았음을 세인世人들이 비난하자, 그는 "남녀의 정욕은 하늘이 준 것이요,

---

1 허균의 문집인《성소부부고(惺所覆瓿稿)》에 실려 있는 시, 〈관직에서 파직되었다는 소식을 듣고 짓다〉(원제는 〈문파관작(聞罷官作)〉) 참조. 이 시는 허균이 39살 때, 삼척부사에서 파직되자 지었다.

윤리도덕은 성인의 가르침이다. 하늘이 성인보다 높으니, 나는 하늘을 따를 것이며, 성인을 따르지 않겠다."[2]라면서, 자신이 도덕적 권위보다 인간 본연의 욕망을 소중히 여긴다는 뜻을 분명히 했다.

허균이 살았던 시대는 조선의 도학, 즉 성리학의 완성자인 이황李滉의 시대와 맞닿아 있다. 성리학은 인간의 욕망을 억누르고 예교, 즉 윤리규범에 따를 것을 주장해 왔다. 도덕적 권위로 인간의 본능과 자연스런 감정을 억압하려 했던 것이다. 허균이 거부한 것은 이와 같은 성리학적 권위였다. 그는 예교나 성인의 가르침에 따라 살지 않고, 자신의 감정과 본성에 따라 살겠음을 선언한 것이다. 이러한 선언은 이전에는 물론이고 당시 아무도 생각할 수 없던 것이었다. 그것은 대담하고 혁신적일 뿐 아니라, 당대에 결코 용납될 수 없는 '위험한' 생각이었다. 그러므로 당대인들이 그를 일컬어 "천지간天地間의 일괴물一怪物"[3]이라 한 것도 놀랄 일은 아니다.

말하자면 허균은 자신의 선배들이 16세기에 확립한 도학과는 다른 사상을 17세기 초두에 모색해 갔다고 할 수 있다. 인간의 개성을 긍정하고, 감정을 해방하며, 봉건도덕의 굴레로부터 인간의 본성을 회복하는 데 초점이 맞춰져 있던 그의 사상은 매우 선구적이어서, 당시는 물론이고 후대에도 내내 그는 이단으로 비난받아야 했다. 그러나 허균의 작품이 위대한 이유가 바로 이러한 '사상'에서 비롯되었다는 점을 분명히 인식할 필요가 있다.

문학가로서 허균의 면모를 살필 때 빠뜨려서는 안 될 또 다른 중요한 점은, 그가 평소 조선왕조의 인재등용 방식을 강도 높게 비판

2 허균과 동시대인인 이식(李植)이 저술한 《택당별집(澤堂別集)》의 권15에 실린 〈자식에게 보이려고 대필시키다〉(원제는 〈시아대필(示兒代筆)〉)에 나오는 말이다.
3 조선왕조의 관찬사서(官撰史書)인 《광해군일기(光海君日記)》에 보이는 말이다.

했다는 사실이다. 조선왕조는 엄격한 신분주의를 고수해, 비록 부친이 양반신분이라 할지라도 정실 자식한테만 과거에 응시해 관직에 나아갈 수 있는 자격을 부여했으며, 첩에게서 난 자식, 즉 서얼에게는 그러한 기회를 주지 않았다. 따라서 서얼 출신은 벼슬에 진출할 수 있는 길이 막혀 있었으며, 사회적으로 자기 능력을 발휘할 통로가 없었다. 서얼에 대한 이러한 차별은 심각한 사회문제가 되어 있었다. 허균은 〈인재를 버리는 데 대해 논함〉⁴이라는 글을 써서 인재등용 방식과 관련한 사회제도의 모순을 신랄하게 비판했다. 이 글에서 그는, 하늘은 사람의 신분과 귀천을 가리지 않고 재능을 내리는데 비천한 서얼 출신이라 해서 나라에서 그 재능을 취하지 않는다면 이는 하늘의 뜻을 저버리는 것이니 옳지 않다며, 서얼 출신의 사회적 진출을 가로막는 것은 자연법상 부당하다는 논지를 펴고 있다.

이처럼 허균은 스스로는 명문집안 출신이면서도 신분의 귀천을 따지는 당대 사회제도의 불합리한 점을 날카롭게 비판하면서 그 시정을 촉구했다. 사회·정치적으로 진보적 입장을 견지했던 것이다.

사실 허균의 스승은 당시 저명한 시인이었던 이달李達이라는 서얼 출신의 인물이었다. 이달은 자신의 신분 때문에 벼슬길에 진출하지 못했으며, 이 때문에 평생 시로써 자신의 불우를 달래야 했다. 허균은 자기 스승의 이런 처지를 무척 가슴 아파했으며, 그래서 그를 위해 전기傳記를 짓기도 했다. 허균은 비단 서얼 출신 인물을 스승으로 모셨을 뿐만 아니라 문학적 재능이 있는 서얼 신분의 여러 인물과 격의 없이 사귀었다. 〈인재를 버리는 데 대해 논함〉이라는 글은 이

---

4 원제는 〈귀재론(遺才論)〉인데, 허균의 문집인 《성소부부고》 권11에 실려 있다.

처럼 그가 생활에서 실천한 덕분에 쓰여질 수 있었다고 할 수 있다.

그런데 서얼문제에 대한 허균의 사회적 관심은 논문으로만 표출된 데 그치지 않고, 소설 《홍길동전》의 창작으로까지 이어졌다는 점에 주목할 필요가 있다. 이에 대해서는 조금 뒤에 다시 거론하기로 한다.

자유분방한 기질과 사상의 소유자로서, 봉건도덕의 속박에서 벗어나 인간의 참된 개성과 본성을 옹호하고 감정을 해방하고자 했던 허균의 면모는, 16세기 중국의 혁신적 사상가인 이지李贄와 상통하는 점이 많다. 또한 허균이 당대의 문인으로서는 드물게 소설을 적극적으로 받아들이고 직접 국문소설을 짓기까지 한 것 역시 이지가 당시 중국의 신흥문예인 《삼국지연의三國志演義》나 《수호전水滸傳》 등의 백화소설白話小說을 높이 평가한 것과 유사하다. 두 사람 모두 개성을 옹호하고 감정의 해방을 꾀하다 보니, 신흥문예인 소설의 가치를 적극적으로 인식하게 된 것이다. 한편 허균은 반역을 꾀하다 붙잡혀 처형되고, 이지는 유교반도儒敎反徒로 몰려 옥중에서 죽었는데, 두 사람은 시대의 반항아로서 비슷한 최후를 마쳤다고 할 수 있다. 동아시아 세계에서 봉건도덕의 굴레로부터 벗어나고자 하는 사상적·문예적 움직임은 16세기 말에서 17세기 초에 싹트기 시작했고, 그러한 움직임은 한국의 경우 허균을 통해, 중국의 경우 이지를 통해 나타났던 것이다.[5]

허균의 사상과 생애에 관해 대략 살펴보았으니, 이러한 지식을 바탕으로 《홍길동전》을 살펴보기로 한다. 우선 줄거리부터 본다.

---

5 임형택, 〈허균의 문예사상〉, 《한국문학사의 시각》(서울: 창작과비평사, 1984), 107쪽.

주인공 홍길동은 세종조 홍 판서의 둘째 아들이었다. 홍 판서에게는 두 아들이 있었는데, 큰아들 인형은 정실 소생이었고, 작은아들인 길동은 천비 춘섬의 소생이었다. 길동은 어려서부터 총명함이 보통 사람과 달라 홍 판서의 사랑을 받았다. 그러나 길동은 서얼 신분인지라, 호부호형呼父呼兄이 허용되지 않았다. 길동이 호부호형하면 그때마다 부형父兄은 꾸짖어 못하게 했다. 이 때문에 어린 길동은 마음에 큰 상처를 입고 괴로워했다. 다음은 길동이 자신의 아버지인 홍 판서에게 호부호형할 수 없는 자신의 처지를 하소연하는 장면이다.

마침 공公(홍 판서를 가리킴)이 또한 월색月色을 구경하다가 길동의 배회함을 보고 즉시 불러 문왈問曰: "네 무슨 흥이 있어 야심夜深토록 잠을 자지 아니하난다?" 길동이 공경恭敬 대왈對曰: "소인이 마침 월색을 사랑함이어니와 대개 하늘이 만물을 내시매 오직 사람이 귀하오나 소인에게 이르러는 귀하옴이 없사오니 어찌 사람이라 하오리잇가." 공이 그 말을 짐작하나 짐짓 책왈責曰: "네 무슨 말인고?" 길동이 재배再拜 고왈告曰: "소인이 평생 설운 바는 대감 정기精氣로 당당하온 남자 되었사오매 부생모육지은父生母育之恩이 깊사거늘 그 부친을 부친이라 못하옵고 그 형을 형이라 못하오니 어찌 사람이라 하오리잇가." 하고 눈물을 흘려 단삼單衫을 적시거늘 공이 청파聽罷에 비록 측은하나 만일 그 뜻을 위로하면 마음이 방자할까 저어 크게 꾸짖어 왈: "재상가宰相家 천비賤婢 소생所生이 비단 너뿐이 아니어든 네 어찌 방자함이 이 같으뇨? 차후 다시 이런 말이 있으면 안전眼前에 용납지 못하리라." 하니 길동이 감히 일언一言을 고告치 못하고 다만 복지유체伏地流涕뿐이라. 공이 명해 물러

가라 하거늘 길동이 침소로 돌아와 슬퍼함을 마지 아니하더라.[6]

이 일이 있은 후, 길동은 마음을 진정치 못하고 밤마다 잠을 이루지 못했다. 그러던 어느 날 어머니에게 찾아가 울며 말하기를, 천대를 받으며 사느니 차라리 집을 나가겠다고 했다.

그런데 홍 판서에게는 초란이라는 총애하는 첩이 있었다. 이 여인은 원래 기생이었는데, 성격이 교만방자해 평소 집안에 분란을 많이 일으키고 있었다. 초란에게는 아들이 없었다. 그녀는 춘섬의 아들 길동이 홍 판서의 귀여움을 받는 것을 보자, 이를 시기해 길동을 죽이려는 음모를 꾸몄다. 그리하여 자객을 사서 밤중에 길동의 방으로 보냈다. 길동은 평소에 익힌 도술로써 자객을 죽이고는, 홍 판서와 어머니께 이별을 고한 다음 집을 나온다.

길동은 정처 없이 떠돌던 중, 도적의 소굴을 발견하고는 도적들과 힘을 겨루어 그들의 괴수가 된다. 길동은 뭇 도적들과 더불어 무예를 익히고, 군법(軍法)을 정비했다. 그런 지 몇 달 만에 해인사의 재물을 탈취할 계교를 낸다. 해인사는 조선의 으뜸가는 사찰이었다. 길동은 나귀를 타고 종자 몇 명만을 데리고 해인사로 가서, 자기는 서울의 홍 판서 자제인데 글공부하러 왔노라고 했다. 그러고는 중들에게 쌀 20석을 주며 그것으로 음식을 장만해 같이 먹자고 했다. 길동은 여러 중과 음식을 같이 먹다가 일부러 모래를 입에 넣고 깨물었다. 그 소리가 워낙 큰지라 중들이 놀라 사죄했다. 길동은 일부러 크게 화를 내며, 중들이 음식을 이처럼 부정히 한 것은 자기를

6 경판본(京板本)《홍길동전》에서의 인용임. 표기법은 필자 임의로 현대어 표기법으로 바꾸었으며, 띄어쓰기와 구두점, 괄호 속의 한자도 필자가 부여한 것임. 이하의 인용도 모두 마찬가지임.

능멸해서라고 꾸짖었다. 그러고 나서 종자를 시켜 중들을 모두 결박하게 했다. 이에 휘하 수백 명의 도적이 들이닥쳐 절의 재물을 모두 탈취해 갔다. 한 중의 신고를 받고 인근 관아에서 수백 명의 관군이 출동했으나, 중으로 변장한 길동의 도적들이 달아난 방향을 거꾸로 알려 줌으로써 허탕을 치게 만들었다. 그래서 도적들은 손끝 하나 다치지 않고 해인사의 재물을 탈취할 수 있었다.

이후 길동은 자신의 무리를 '활빈당活貧黨'이라 이름하고 조선 팔도를 다니며 각 읍 수령 중 불의로 축재한 자의 재물을 탈취하고, 그것으로 가난한 백성을 구제하기도 했다. 일반 백성을 침범하는 일은 하지 않았다. 다음은 길동이 함경감영을 치기 전에 휘하 도적들에게 한 말이다

이제 함경감사 탐관오리로 준민고택浚民膏澤해 백성이 다 견디지 못하는지라, 우리 등이 그저 두지 못하리니, 그대 등은 나의 지휘대로 하라.[7]

길동의 무리들은 감영의 남문에 불을 질러 사람들의 관심을 그쪽으로 돌린 다음 창고를 털어 돈과 곡식, 무기를 탈취해 달아났다. 북문에는 "아무 날 돈과 곡식을 도적한 자는 활빈당 행수行首 홍길동이라."는 방을 걸었다. 함경감사는 군사를 동원해 길동을 잡으려 했으나 잡지 못했다. 길동은 축지법과 둔갑법을 써서 안전하게 소굴로 돌아왔다.

이렇게 해서 홍길동의 이름이 널리 알려지자, 길동은 자신을 보

---

7 경관본《홍길동전》.

호하기 위해 도술을 부려 자기와 똑같이 생긴 가짜 홍길동 일곱 명을 만들었다. 여덟 명의 홍길동은 각기 팔도 가운데 하나를 맡아 저마다 부하 수백 명씩을 거느리고, 호풍환우呼風喚雨의 술법을 행하면서 관아를 약탈하고 지방의 수령들이 서울로 올려보내는 봉물을 탈취했다. 이에 조선의 팔도 각 읍은 소란에 휩싸였다. 지방의 수령들은 자기들 힘으로는 어찌할 수 없음을 알고, 조정에 장계狀啓를 올려 포도청이 나서서 홍길동을 잡을 것을 건의했다. 장계는 팔도에서 모두 올라왔는데, 희한하게도 도적당한 날짜는 한날 한시였다.

이러한 보고를 접한 임금은 크게 놀라 좌우 포장捕將에게 당장 홍길동을 잡아들이라고 명령했다. 우포장 이흡은 자기가 체포하겠다고 했다. 그러나 이흡은 홍길동에게 유인되어 그의 소굴로 잡혀들어가 능욕을 당한다. 홍길동은 감히 높은 벼슬아치들만 이용할 수 있는 가마를 타고 서울의 대로를 왕래하기도 하고, 지방 탐관오리의 목을 베어 이 사실을 조정에 보고하기도 하는 등 거리낌없이 행동했다. 임금은 크게 근심하던 중 홍길동이 전임 이조판서의 서자요, 병조좌랑兵曹佐郎인 인형의 서제庶弟라는 사실을 알게 됐다. 그래서 홍길동의 아버지와 형을 잡아 가두게 했다. 인형은 임금께 부친의 병이 위중하니 풀어달라 하고, 그 대신 자기가 기필코 동생을 잡겠다고 했다. 임금은 그 말에 따라 부친을 석방하고, 인형에게 경상감사 벼슬을 내려 길동을 잡도록 했다. 인형은 경상감사에 부임하자마자 각 읍에 방을 붙여 길동에게 자수를 권유했다. 이에 길동이 자수해 서울로 압송되었다. 그런데 서울에는 전국에서 여덟 명의 홍길동이 잡혀 올라왔다. 이 여덟 명의 홍길동이 서로 자기가 진짜라 다투므로, 사람들은 그 진위를 몰라 당황했다. 이들 길동은 임금에게 "저는 본디 천비 소생이라, 그 아비를 아비라 못하옵고 그 형을 형이라 못하오니, 평생 한이 맺혀삽기로 집을 버리고 적당賊黨에 참여하오나, 백성은 추호 불범不犯하옵고, 각 읍 수령의 준민고택하는 재물을 탈취하였"을 뿐이라고 말하고는 일시에 쓰러져 초인草人으로 화했다.

이 일이 있고 난 이후 길동은 서울의 4대문에 방을 붙여, 자기는 무슨 수를 써도 잡지 못할 것이며, 다만 병조판서의 벼슬을 내리면 잡힐 것이라 했다. 그러한 굴욕적 제의를 나라에서 받아들일 수는 없었다. 임금은 계속 경상감사 인형더러 길동을 어서 잡아들이라고 재촉했다. 그러던 어느 날, 진짜 길동이 인형 앞에 나타나 자기를 서울로 압송하라고 했다. 그리하여 길동을 서울로 압송했는데, 서울에 도착하자 길동은 쇠줄로 결박한 몸을 풀고 호송하는 수레를 깨뜨리고는 하늘로 솟아올라 공중으로 사라졌다. 이 일로 인해 임금의 근심은 더욱 커졌다. 조정에서는 마침내 꾀를 내어, 길동의 제의대로 병조판서를 제수하되 길동이 임금께 사은謝恩하고 나올 때 도부수刀斧手들을 매복시켰다가 죽여버리기로 했다. 과연 길동은 병조판서를 제수받자 임금을 뵙고 사은했으나, 예상과는 달리 몸을 공중으로 솟구쳐 사라져버리는 바람에 죽일 수 없었다.

이후 길동은 자신의 무리들을 이끌고 해외의 율도국을 정복해 그 나라의 왕이 되었다.

이상의 줄거리를 갖는 《홍길동전》은 우리나라 전래의 신화와 전설에서 발견되는 '영웅의 일대기'와 상통하는 구조를 지니고 있다.[8]

---

8 조동일, 〈영웅의 일생, 그 문학사적 전개〉, 《동아문화》 10(서울: 서울대학교 동아문화연구소, 1971).

허균은 전래되던 서사문학의 구조를 수용해 이 작품을 창작한 것이다.

《홍길동전》이 창작된 이래 영웅의 일대기를 작품의 기본 구조로 삼는 국문소설이 많이 창작되었다. 이에는 《홍길동전》이 큰 영향을 끼친 것으로 보인다. 《홍길동전》을 비롯해 영웅의 일대기를 작품의 기본 구조로 삼는 이런 작품들은 '영웅소설'[9]이라고 불린다. 그러나 《홍길동전》과 후대의 영웅소설 간에는 중대한 차이가 발견된다. 즉 후대의 영웅소설은 주인공이 천상인天上人의 하강으로 태어나며 하늘과 관련을 맺는 도사의 도움을 받지만, 홍길동은 천상과 관련을 갖지 않으며 어떤 원조자의 도움도 받지 않고 스스로 현실을 헤쳐나가는 면모를 보여준다. 다시 말해, 후대의 영웅소설이 운명론적 전개를 보여주는 반면, 《홍길동전》은 주인공이 주체적으로 운명을 개척해 나간다는 점에서 본질적 차이가 있다. 사실 후대의 영웅소설들은 대체로 통속소설로서의 면모를 보이나, 《홍길동전》은 높은 문제의식과 예술성을 지니고 있다. 이는 작자 허균의 준열한 사회의식 및 창작역량과 관련된다.

《홍길동전》이 우리나라 전래신화에서 발견되는 영웅의 일대기를 작품구조로 수용했다고 해서 이 작품이 신화적 분위기로 채색되어 있으리라 생각한다면 그것은 잘못이다. 비록 《홍길동전》이 영웅의 일대기라는 전래하는 서사구조를 차용하고 있기는 하나, 그 주제와 문제의식은 철저히 당대의 역사적 현실에 기초해 있기 때문이다.

---

9 조동일, 〈영웅소설 작품구조의 시대적 성격〉, 《한국소설의 이론》(서울: 지식산업사, 1977). '영웅소설'은 대개 영웅적 무훈담(武勳譚)을 동반하는데, 이 점을 주목해 '군담소설(軍談小說)'이라 일컫기도 한다. 이에 대해서는 서대석, 《군담소설의 구조와 배경》(서울: 이화여대 출판부, 1985) 참조.

주인공 '홍길동'만 하더라도 역사에 등장하는 실제 인물이었다. 그는 15세기 말에 군도群盜의 괴수로 이름이 높았으며, 1500년에 체포되었다. 군도의 괴수로서 홍길동이 활동하던 15세기 말은 조선왕조의 통치모순이 심각해지면서 지배층과 농민 간의 갈등이 첨예화되던 시기였다. 관의 가렴주구苛斂誅求로 인해 농민들은 토지에서 대대적으로 이탈해 유망민화流亡民化했으며, 이들 중 일부는 다시 군도가 되었던 것이다. 즉 "모이면 도적이요, 흩어지면 백성聚則盜, 散則民"이라고《조선왕조실록朝鮮王朝實錄》의 한 사관이 말했듯이, 이들 군도는 곧 유망농민으로 구성되었던 것이다. 홍길동이 이끈 군도 역시 그러했을 것은 물론이다. 따라서《홍길동전》에는 16세기를 전후한 시기의 농민 저항이라는 역사적 현실이 반영되어 있다고 말할 수 있다.[10]

《홍길동전》은 '군도'를 통해 지배층과 농민의 대립을 반영하고 있을 뿐만 아니라, 당시 사회의 또 다른 모순이었던 적서차별嫡庶差別을 그 핵심 주제로 삼고 있다. 줄거리의 개관에서 알 수 있듯이, 주인공 홍길동은 적서차별에 반발하면서 군도와 결합한다. 즉 작품은 적서차별에 대한 반대와 농민 저항을 결합시켜 놓은 셈이다. 그러나 작품은 홍길동을 병조판서의 지위에 만족하고 조선을 떠나 율도국의 왕이 되는 인물로 만듦으로써, 작품이 애초에 제기한 두 가지 문제를 철저하게 추구하고 있지는 못하다. 이는 결국 작자 허균의 현실인식의 한계 및 사상적 한계에서 연유한다고 할 수 있다. 홍길동의 행위가 사실적으로 그려지지 못하고 환상적·신비적으로 그려지고 만 것도 작자의 낭만적·신비주의적 기질에서 비롯된 바 크다.

10 임형택, 〈홍길동전의 신고찰〉,《한국문학사의 시각》(서울: 창작과비평사, 1984).

또한《홍길동전》이 주장한 '인격의 실현'은 어디까지나 '서얼'들의 인격 실현이었지, 농민이나 노비를 포함한 민중의 인격 실현은 아니었다. 비록《홍길동전》이 농민의 처지에 관심을 보이고 있다고는 하나, 그 이상은 결코 아니었다. 이처럼 신분제도의 모순 일반에 대한 인식에는 이르지 못했고, 지배층 내의 문제인 적서차별의 모순만을 제한적으로 인식했을 뿐이라는 점이 허균의 인간관이 지니는 역사적 한계다.

그러나 이런 한계를 인정한다손 치더라도《홍길동전》이 보여준 심각한 주제의식과 그 사상예술적 성취는 높이 평가할 만하며, 우리나라 소설사의 새로운 경지를 열어 보인 것이라 할 수 있다.《홍길동전》에서 마련된 의적소설義賊小說의 전통은 20세기에 들어와 홍명희洪命熹의《임꺽정》이나 황석영黃晳暎의《장길산張吉山》으로 계승된다.

허균이《홍길동전》을 창작한 지 몇십 년이 지난 17세기 후반에 이르러, 당대의 유수한 문학가인 김만중은《구운몽》이라는 또 다른 명작을 창작했다.《홍길동전》과《구운몽》이 창작된 기간 사이에는 상당히 많은 국문소설이 창작되었을 것으로 보인다. 그러나《구운몽》의 창작으로 국문소설은 비로소 그 발전의 확고한 기반을 마련했다고 여겨진다. 그만큼《구운몽》은 국문소설 발달사에서 중요한 위치를 차지한다.

김만중은 유명한 귀족집안 출신으로서, 그의 형 김만기金萬基는 숙종肅宗의 장인이었다. 유복자로 태어난 김만중은 어머니에 대한 효성이 남달랐던 것으로 알려져 있다. 김만중의 문학을 이해하는 데 어머니의 존재는 대단히 중요하다.[11]《구운몽》만 하더라도 유배지

11 김만중의 '모성 콤플렉스'에 대한 정신분석학적 접근은 김병국, 〈구운몽 연구: 그 환상

에서 어머니를 위로하기 위해 창작한 것으로 알려져 있기 때문이다. 김만중의 어머니는 국문소설의 열렬한 독자였다.

　김만중은 17세기 후반에 여러 요직에 올랐으나 당시에 빈번했던 정쟁에 연루되어 몇 번이나 유배를 당했고, 끝내 유배지 남해도에서 생을 마감했다. 김만중은 현달한 사대부였지만, 여느 지배층 문인과는 사상이나 문학관이 크게 달랐다. 당시 지배층의 사대부 문인은 유교의 옛 성현들의 가르침을 교조적으로 따르는 게 보통이었으며, 때문에 그들이 창작한 시나 산문은 대체로 엄정하고 방정方正했다. 김만중 역시 기본적으로는 유자儒者였으나, 다른 사람과는 달리 유교만을 전신專信하면서 다른 사상에 대해 배타적 입장을 취하지는 않았다. 당시는 주자학이 이데올로기화하면서 이단에 대한 가혹한 사상탄압이 벌어지고 있었다. 그런 현실 속에서도 김만중이 여러 사상을 섭렵했다는 것, 특히 불교에 관한 폭넓은 독서를 했다는 것은 놀라운 일이 아닐 수 없다. 문학과 사상 전반을 다룬 에세이집이라 할 수 있는 김만중의《서포만필西浦漫筆》을 보면, 그가 불교에 얼마나 조예가 깊었던가를 잘 알 수 있다. 그는 불교의 존재론과 인식론을 통해 유교의 세계인식을 확충하거나 보완했다. 사상에 대한 이러한 개방적 자세는 동시대의 어떤 인물보다도 앞서간 김만중의 면모를 보여준다. 그러나《서포만필》은 이단적인 저서로 간주되어 당시 유학자들의 비난을 받은 것으로 보인다. 김만중은 사상에서만이 아니라 문학관에서도 대단히 혁신적인 관점을 보여준다. 그는 문학에서 남녀 간의 정이 차지하는 중요성과 진실성을 인식했으

구조의 심리적 고찰),《국문학 연구》6(서울: 서울대학교 대학원 국문학연구회, 1968) 이래 몇 차례 시도되었다.

며, 그러한 인식을 바탕으로 인간 내면의 성정을 자연스럽게 표출하는 방향에서 시를 창작했다. 또한 그는 국문으로 된 문학의 가치를 적극적으로 옹호했다. 그래서 사대부 지배층이 남의 나라 글인 한자를 빌려 지은 한시보다 일반 백성들이 우리말로 부르는 노래가 훨씬 더 진실되다고 했으며, 특히 정철이 국문으로 지은 《관동별곡》과 《사미인곡》을 극찬했다. 뿐만 아니라 당시 유학자들은 소설이 풍속과 인륜을 해치고 사람의 마음을 타락시킨다고 보아 일반적으로 배격했지만, 김만중은 소설의 가치를 옹호하는 논리를 펼쳤다. 그는 허구로서의 소설이 사람에게 주는 감동적인 효과를 깊이 깨닫고 있었다. 그가 《구운몽》이나 《사씨남정기》를 비롯해 여러 편의 국문소설을 창작한 이유도 바로 여기에 있다.

《구운몽》의 줄거리를 간단히 소개하면 다음과 같다.

선녀仙女 위부인魏夫人이 선도仙道를 얻어 상제上帝의 명을 받아 선동옥녀仙童玉女를 거느리고 형산衡山을 지키고 있었는데, 서역西域으로부터 육관대사六觀大師라는 노승이 와서 형산의 연화봉蓮花峰에 법당을 짓고 불법을 강설했다. 대사의 여러 제자 가운데 성진性眞이라는 자가 있었는데, 나이 겨우 스물에 불교경전을 환히 알았으며, 용모가 비범하고 총명함이 빼어났다. 대사는 그를 특별히 사랑해 장차 도를 전하고자 했다.

대사는 늘 제자를 모아놓고 설법했는데, 이때 동정용왕洞庭龍王이 백의노인白衣老人으로 변해 법석法席에 나타나 대사의 강론을 듣곤 했다. 이에 대사는 용왕에게 사례하기 위해 수제자 성진을 용궁으로 보냈다.

한편, 위부인은 8선녀를 보내어 대사에게 인사를 드리게 했다. 대사에게 인사를 드리고 돌아오던 8선녀는 마침 용궁에 갔다가 돌아오는 성진을 돌다리 위에서 만난다. 때는 마침 봄날이어서 8선녀는 춘흥이 도도했다. 성진이 길을 비켜달라고 하자, 8선녀는 성진더러 다른 길로 가라고 한다. 성진은 여인들이 필시 길값을 받으려는 심사라고 생각해, 복숭아꽃 한 가지를 꺾어 8선녀 앞에 던져 그 꽃이 여덟 개의 영롱한 구슬로 변하게 했다. 8선녀는 그것을 각각 한 개씩 받아 가졌다. 그러고는 성진을 돌아보고 웃더니, 즉시 몸을 솟구쳐 구름을 타고 하늘로 올라갔다.

법당에 돌아온 성진은 8선녀의 모습이 눈에 어른거려 마음을 진정할 수가 없었다. 또한 불도에 회의가 생기고, 세속의 부귀공명에 대한 욕망이 솟구쳤다. 그때 육관대사가 성진을 불렀다. 대사는 성진을 꾸짖으면서, 죄를 지었으니 여기에 더 머물러 있을 수 없다면서 지옥으로 보냈다. 지옥에는 낮에 만났던 8선녀도 끌려와 있었다. 아홉 사람은 염라대왕의 심판을 받아 인간세상에 각각 흩어져 태어나게 되었다.

성진은 수주현에 사는 양처사楊處士의 아들 양소유楊少游로 태어나고, 8선녀는 각각 화음현 진어사秦御史(어사는 벼슬 이름)의 딸 채봉, 낙양의 명기 계섬월, 하북의 명기 적경홍, 정사도鄭司徒(사도는 벼슬 이름)의 딸 정소저와 그녀의 시비侍婢 가춘운, 황제의 누이동생인 난양공주, 토번吐蕃의 자객 심요연, 용궁의 용녀 백능파로 태어난다. 양소유가 세상에 태어나자 원래 신선이었던 그의 아버지 양처사는 하늘로 돌아가고, 양소유는 편모 슬하에서 성장한다. 양소유는 이후 이들 여덟 여인을 차례차례 만나 사랑을 나누며, 그들을 모두 자신의 처첩으로 삼는다. 양소유는 또한 일찍이 벼슬길에 나서 온갖 부귀를 누린다. 작품은 양소유가 여덟 명의 여인과 애정을 나누고 부귀공명을 이루는 이 부분의 서술에 거의 대부분을 할애하고 있다. 양소유는 임금의 총애를 받으며 최고의 지위에까지 올랐다가, 나이 들어 벼슬을 그만두고 취미궁이라는 궁궐에서 여덟 여인과 함께 여생을 보낸다. 그러던 중 어느 가을날, 여덟 명의 여인과 함께 취미궁 서쪽의 높은 곳에 올라 지나간 역사의 자취를 회고하며 문득 비감에 사로잡힌다. 부귀를 누렸던 옛날의 제왕과 영웅들도 죽고 나면 그만, 그들이 노닐던 곳은 세월이 지나매 황무지와 잡초더미로 변하지 않았던가. 그러자 인생무상이 느껴지고 인간세상의 일이 일장춘몽처럼 여겨졌다. 이에 불도를 닦고자 하는 마음이 불현듯 일어났다. 바로 이때 한 노승이 양소유를 찾아온다. 그 노승과 문답하던 중 양소유는 돌연 꿈을 깨고 성진으로 돌아온다. 노승은 바로 육관대사였던 것이다.

인간세상의 꿈을 깨고 본래의 성진으로 돌아온 양소유는 자신의 잘못을 깨닫고 육관대사에게 가르침을 청한다. 8선녀 역시 대사를 찾아와 머리를 깎고 중이 되어 불법을 청한다. 이에 육관대사가 불도를 설법하니, 이들 9인은 마침내 본성을 깨닫고 도를 깨칠 수 있었다. 그러자 대사는 성진에게 의발衣鉢을 물려주고 표연히 서천西天으로 떠난다.

줄거리에서 알 수 있듯, 이 작품은 선계仙界와 현실계의 이중구성을 취하고 있다는 점이 주목된다. 이 작품은 '선계 → 현실계 → 선계'의 순환구조를 기본 구조로 삼고 있다. 주인공은 선계에서는 성진이나 현실계에서는 양소유다. 선계의 성진이 벌을 받아 인간세상에 양소유라는 인간으로 환생한 것이다. 이와 같은 환생은 불교의 윤회설과 인과보응설에 기초하고 있다. 윤회란, 중생이 불도를 깨쳐

해탈을 얻을 때까지 죽어서는 다시 나고 또다시 죽으며 생사를 끝없이 반복함을 일컫는다. 인과보응이란, 사람이 짓는 선악의 인업[業]에 따라 그 과보[果報]를 받는 것을 말한다. 평소의 행위에 따라 죽어서 천당에 태어날 수도 있고, 인간계에 태어날 수도 있으며, 축생[畜生]으로 태어날 수도 있고, 지옥에 태어날 수도 있다는 것이다. 성진은 선계에서 불도를 닦던 중 잠시 세속의 욕망에 마음을 뺏겼으므로 그로 인해 인간계에 환생하게 되었다.

뿐만 아니라 이 작품은 불교의 삼생연분설[三生緣分說]과도 관련을 맺고 있다. 삼생이란 전생[前生]·현생[現生]·내생[來生]을 말하는데, 부부는 이 삼생에 걸쳐 인연을 맺는다는 것이 곧 삼생연분설이다. 천상계에서 성진이 8선녀와 맺은 인연으로 인해 인간계에서 그들은 부부로 결합될 수 있었고, 다시 선계로 복귀해서는 스승과 제자의 관계가 되어 불도를 닦게 된다. 이 경우, 처음의 선계는 전생이 되고 인간계는 현생이 되며 복귀한 선계는 내생이 되는 셈이다.

《구운몽》에서 주목되는 또 다른 점은 이 작품이 꿈의 형식, 즉 환몽구조[幻夢構造]를 취하고 있다는 점이다.[12] 작품의 대부분을 점하고 있는 양소유의 일생은 실상 성진이 꾼 잠시의 꿈에 불과하다. 그런데 이와 같은 꿈의 형식은 우리나라 서사문학에서 오랜 연원을 갖고 있다. 고려 중엽에 일연[一然]이 저술한 《삼국유사》에 실려 있는 〈조신전[調信傳]〉을 비롯해, 김시습이 창작한 한문소설인 〈남염부주지[南炎浮洲志]〉나 〈용궁부연록[龍宮赴宴錄]〉, 그리고 꿈속에서 노닌 내용을 허구적으로 기록한 '몽유록'류의 작품들에서 그와 같은 형식이 발견

---

12 김병국, 앞의 글; 정규복, 〈구운몽의 환몽구조론〉, 이상택 외 편,《한국고전소설》(대구: 계명대학교 출판부, 1974). 최근의 연구로는 정길수,《구운몽 다시 읽기》(서울: 돌베개, 2010)의 제2부 '구운몽의 창작 원리'를 참조하라.

된다. 특히 〈조신전〉은 여러 가지 점에서 《구운몽》과 유사한 점이 많다. 승려가 주인공으로 등장한다는 점, 주인공이 아리따운 여인을 연모해 못 잊어 하던 중 마침 자신을 찾아온 그 여인과 부부가 되어 몇십 년을 함께 살았는데 깨어보니 꿈이더라는 점, 그 꿈에서 크게 깨달은 바가 있어 다시 불도에 정진하게 된다는 점 등이 그러하다. 다만 〈조신전〉은 한문으로 쓰여진 짧은 편폭의 작품이며, 《구운몽》에서처럼 선계와 인간계의 이중구조를 취하지는 않았다. 작자 김만중은 우리나라 서사문학의 한 전통으로 전해 내려오던 '꿈의 형식'을 수용해 《구운몽》을 창작했다 할 수 있다. 그러나 《구운몽》은 유사한 형식을 취하고 있는 종래의 작품들과 견줄 수 없을 정도로 내용이 다채롭고 풍부하며 흥미진진하다. 이는 불교적 인생관을 바탕으로 삶의 문제를 근원적으로 탐색하면서 상상력을 마음껏 펼쳐 보인 김만중의 문학적 역량 덕분에 가능했다고 생각된다.

그런데 《구운몽》은 중층적인 의미를 내포하고 있어, 그 주제가 무엇인가에 대해 논란이 있을 수 있다.[13]

우선 작품이 긍정하고 있는 것이 양소유의 삶인지, 아니면 성진의 삶인지가 문젯거리다. 작품의 최종적 귀결이 성진이 자신의 잘못을 뉘우치고 불도를 닦는 것으로 되어 있다는 점에 주목한다면, 작품이 성진의 삶을 긍정하고 있다고 할 만하다. 그러나 작자의 최종적 긍정이 '성진의 삶' 쪽으로 향해 있다 하더라도 '양소유의 삶'에 대한 작자의 관심 또한 지대한 것이라 아니할 수 없다. 작품은 양소유의 삶에 거의 대부분을 할애하고 있을 뿐만 아니라, 이 부분

---

13 《구운몽》의 주제를 둘러싼 논란의 양상에 대해선 조동일, 〈구운몽과 금강경(金剛經)의 거리〉, 《국문학 연구의 방향과 과제》(서울 : 새문사, 1983)에 잘 정리되어 있다.

의 서술을 흥미 있게 만들기 위해 큰 힘을 쏟고 있다. 가령 8선녀는 선계에 있을 때에는 아무런 개성을 갖지 못하지만, 인간계에서는 제 각각 개성을 지닌 여인으로 묘사된다. 이 여인들이 양소유와 벌이는 사랑은 대단히 실감나고 흥미진진하다. 이런 점을 염두에 둔다면, 성진의 삶에 대한 최종적 긍정과는 상관없이 애정과 부귀를 마음껏 누리는 양소유의 삶 역시 그것대로 긍정되고 있음을 알 수 있다.

《구운몽》이 만일 양소유의 삶만으로 이루어졌거나 성진의 삶만으로 이루어졌다면 그 문학성이 그토록 높지는 못할 것이다. 양소유의 삶은 비록 흥미진진하게 그려져 있다고는 하나, 세속적 욕망을 충족시켜 가는 이야기에 지나지 않는다. 따라서 작품이 양소유의 삶만으로 이루어졌다면 통속적 영웅소설의 수준과 크게 다를 게 없으며, 작품에서 심오한 내용이나 삶에 대한 진지한 성찰을 찾기는 어려울 것이다. 반대로 작품이 구도자 성진의 삶만으로 구성되었다면, 그 내용은 무미건조하고 아무런 기복이 없는 평면적인 것으로 되고 말아 문학적 흥미를 불러일으키기 어려웠으리라 생각된다. 이렇게 본다면,《구운몽》에서 양소유의 삶은 성진의 삶을 한층 절실하면서도 반성적 깊이를 갖는 것으로 만드는 역할을 하며, 성진의 삶은 양소유적 삶의 저 너머에서 '존재의 근원적 의미'를 추구함으로써 양소유적 삶이 한갓 통속적인 수준으로 떨어지지 않게 만드는 역할을 한다고 할 만하다. 그러므로《구운몽》의 절묘함은 이 두 가지 삶을 함께 포괄하고 있다는 점에서 찾을 수 있다. 그 두 가지 삶은 일견 대립적인 것으로 보이지만, 작품 내에서 함께 긍정되면서 서로 보완하는 역할을 하는 것이다.

이데올로기 비판적 견지에서 본다면,《구운몽》은 귀족적 이상주의를 잘 구현한 작품으로 간주할 수 있다. 즉 양소유의 삶을 통해서는 현세에서 애정과 부귀공명을 마음껏 누리기를 갈구하는 마음을, 성진의 삶을 통해서는 사후세계에서 영생永生을 누리고자 하는 소망을 표현했다고 해석할 수 있다. 이 작품이 성진의 삶을 긍정하고 있을 뿐만 아니라 양소유의 삶도 긍정하고 있다고 앞서 지적했지만, 일견 모순되는 이 두 가지 긍정이 가능할 수 있었던 것도 귀족적 이상주의와 관련해 해명될 수 있다.

조선시대의 독자들은《구운몽》이 지니는 중층적 의미 중 특히 양소유의 삶에서 깊은 흥미를 느꼈던 것으로 보인다. 양소유가 부귀를 성취해 가는 과정, 그리고 여덟 명의 여인과 벌이는 사랑은 사대부 집안의 여성 독자들은 물론이고 부귀를 갈망하는 사람들에게 깊은 인상을 남겼을 것이 틀림없다.

《구운몽》이 보여주는 선계와 현실계의 이중구조는 이후 우리나라 국문소설의 주요한 구성방법이 될 뿐 아니라, 그 미학적·세계관적 기저를 이룬다는 점을 특기해 둘 만하다. 천상적 존재와 지상적 존재, 성스러운 것과 세속적인 것은 이원적으로 분리되어 있지만, 동시에 이 양자 간에는 넘나듦이 존재한다. 천상적 질서 속에 있던 주인공은 죄를 지어 지상에 태어난다. 그러나 지상에서의 예정된 삶이 다하면 주인공은 원래의 천상적 질서 속으로 복귀한다. 천상적 질서와 지상적 질서 사이에 순환적 관계가 성립되는 것이다. 이상주의적 세계관의 표현이라 할 이러한 순환적 관계는《구운몽》에서 뚜렷한 모습을 드러낸 이래 우리나라 국문소설의 주요한 특성을 이루게 된다.[14]

---

14 고전소설의 이러한 특성은 성현경, 〈이조적강소설연구〉(서울대학교 박사논문, 1980)에 잘 해명되어 있다.

《구운몽》은 국문소설의 발달에 심대한 영향을 끼쳤다. 가령《옥루몽 玉樓夢》이나《옥련몽 玉蓮夢》같은 작품은《구운몽》에서 직접적 영향을 받아 성립되었다. 뿐만 아니라《구운몽》은 영웅소설이나 가문소설의 창작에도 적지 않은 영향을 끼친 것으로 보인다. 이처럼《구운몽》은 우리나라 고전소설 발달사에서 대단히 중요한 위치를 점한다. 이 작품은 심지어 중국에까지 전파되어 번안되기도 했다.

지금까지《홍길동전》과《구운몽》두 작품을 검토함으로써 국문소설의 형성 및 초기 발전과정을 살펴보았다. 국문소설의 초기 발전과정을 이해하기 위해서는 이 두 작품 외에도 김만중의 또 다른 소설인《사씨남정기》와 조성기 趙聖期의《창선감의록 彰善感義錄》을 중요하게 고려할 필요가 있다. 한 집안 내부에서 일어나는 처첩 간의 갈등을 중요한 문제로 다루고 있는 이 두 작품은 가문소설의 성립에 커다란 영향을 끼친 것으로 보인다.

3. 판소리계 소설

판소리계 소설은 조선 후기 서민예술의 정화 精華라 할 수 있는 판소리를 소설화한 것이다. 판소리계 소설로는《춘향전》《심청전》《흥부전》《토끼전》《옹고집전》《배비장전》을 비롯한 여러 작품이 있다. 판소리는 17세기 후반에서 18세기에 걸쳐 형성·발전되고 19세기에 전성기를 맞는데, 판소리계 소설은, 이른 것은 18세기 후반에 출현하지 않았을까 짐작되나 대부분은 19세기에 이르러 성립된 것으로 보인다.

판소리계 소설은 판소리를 소설로 쓴 것이기 때문에 판소리 사설의 문학적 특성이 거의 그대로 전이되어 있다. 따라서 그 문장은 율문체(律文體)이며 당대 서민층이 쓰던 생활어로 이루어져 있어, 작품이 매우 발랄하고 생동감에 차 있다. 구어체에 기초하고 있는 판소리계 소설의 언어는 문어체인 여타의 국문소설과 좋은 대조를 이룬다.

판소리계 소설은 그 소재나 주제가 일률적이지 않고 아주 다양하다. 하층여성과 귀족남성 간의 사랑을 다루기도 하고, 탐관오리의 횡포를 비판하기도 하며, 부모에 대한 헌신적인 사랑을 형상화하는가 하면, 지배층의 횡포에 대항하는 일반 민중의 지혜로운 모습을 우화적으로 그린 것도 있다. 뿐만 아니라 빈부의 모순을 다루거나, 부자의 인색함과 탐욕을 비판하거나, 지배층 인물의 위선적인 태도를 폭로한 것도 있다. 이처럼 판소리계 소설의 소재나 주제는 퍽 다양하지만 그 표현방식에서는 해학적이거나 풍자적이라는 공통점이 있다. 이와 같이 판소리계 소설의 소재나 주제, 표현방식에서는 조선 후기 서민층의 성장한 의식이 잘 확인된다. 판소리계 소설이 갖는 강한 현실주의적 성향도 이와 관련된다.

이처럼 언어·소재·주제·표현수법 등에서 판소리계 소설은 소설사에서 하나의 혁신을 이룩하면서 독자적인 계열을 형성하고 있다. 특히 귀족적인 성향의 소설이나 이상주의적 계열의 국문소설을 보완하고 극복하면서, 우리나라 고전소설을 근대소설에 접근시키는 데 크게 기여했다.

판소리 사설의 창시자가 알려져 있지 않은 것처럼 판소리계 소설의 작자 역시 모두 익명이다. 또한 판소리계 소설은 작품에 따라 많은 이본이 있으며, 이본에 따라 내용에서 상당히 큰 차이가 발견된다. 이는 가창자(歌唱者)에 따라 그 사설내용이 달라지기도 하고, 또 시간이 흐르면서 계속 새로운 내용이 풍부하게 첨가되기도 한 판소리

자체의 적층문학적積層文學的 성격과도 관련이 있다.

판소리계 소설 중 가장 애독되고 인기를 누려온 것은 《춘향전》이다. 이 작품은 이본만 해도 수십 종이나 되며,[15] 엄청난 양의 연구논문이 쏟아져나와 있다. 중국의 문학연구자들은 자기네의 고전인 《홍루몽紅樓夢》에 관한 연구를 '홍학紅學'이라 지칭하면서 연구에 열을 올리고 있는데, 우리 학계의 《춘향전》에 관한 연구는 가히 '춘학春學'이라 할 만하며 홍학의 열기에 뒤지지 않는다.

《춘향전》은 이본에 따라 세부적인 면에서는 차이를 보이고 있지만, 그 줄거리는 대체로 같다고 할 수 있다. 먼저 줄거리부터 간략히 소개한다.

숙종대왕 즉위 초에 서울의 이한림李翰林(한림은 벼슬 이름)이 남원부사로 제수되어 가족과 함께 남원으로 내려왔다. 이한림에게는 이몽룡이라는 아직 장가들지 않은 아들이 있었다. 춘삼월 어느 날 이몽룡은 방자를 데리고 남원의 절승絕勝으로 유명한 광한루에 올라 봄경치를 완상하고 있었는데, 건너편 시냇가 버드나무 숲에서 퇴기 월매의 딸 춘향이 시비 향단을 데리고 그네를 타며 놀고 있었다. 그네 타는 춘향을 발견한 이몽룡은 첫눈에 반해 방자를 시켜 춘향을 불러오게 해 만난다. 춘향도 이도령의 남자다운 모습에 첫눈에 반한다. 이몽룡은 춘향에게 사랑의 감정을 표현한다. 그러나 춘향은 현격한 신분 차이 때문에 선뜻 구애를 받아들이지 못한다. 춘향은 이몽룡이 일시적 기분으로 자기를 사랑했다가 나중에는 버릴까 봐

15 《춘향전》의 이본에 관해서는 김동욱, 《춘향전 연구》(서울: 연세대학교 출판부, 1965); 설성경, 《춘향전의 형성과 계통》(서울: 정음사, 1985) 등에서 자세한 정보를 얻을 수 있다.

걱정이 됐던 것이다. 이에 이몽룡은 춘향을 버리지 않겠다고 굳게 약속한다. 그러자 춘향은 자기 집을 가르쳐준다.

밤이 되자 이몽룡은 방자를 앞세우고 춘향의 집을 찾아간다. 그날 밤 이몽룡은 춘향과 잠자리를 같이한다. 이후 이몽룡은 날마다 춘향과 만나 사랑을 속삭인다.

그러던 어느 날, 이몽룡의 부친은 벼슬이 바뀌어 서울로 올라가게 되었다. 부친은 이몽룡에게 어머니와 함께 먼저 올라가라고 했다. 이몽룡은 어떻게든 춘향을 데리고 올라갔으면 했으나, 사정은 그것을 허락지 않았다. 아직 정식으로 결혼한 것도 아니요, 부모 몰래 관계를 맺은 미천한 여인을 데리고 간다는 것은 사대부 집안에선 있을 수 없는 일이었기 때문이다. 그래서 이도령은 눈물만 흘릴 뿐이었다. 이몽룡이 이러한 사정을 춘향에게 알리자, 춘향은 자신의 신세를 한탄하며 이별을 슬퍼한다.

이몽룡이 서울로 올라간 후, 남원에는 신임 사또 변학도가 부임해 왔다. 변학도는 성격이 혹독하고, 여색을 몹시 탐하는 사람이었다. 그는 남원에 내려오기 전에 이미 춘향의 미모를 들어 알고 있었다. 그는 부임하자 정사政事는 제쳐놓고, 관기官妓들 점고點考부터 시작했다. 그러나 춘향은 그 속에 들어 있지 않았다. 춘향은 퇴기의 딸로서 기생 신분이기는 했지만, 전임 사또 자제 이몽룡을 위해 수절하고 있었던 것이다. 변사또는 춘향을 잡아오게 한다.

변사또는 끌려온 춘향더러 수청을 강요한다. 그러나 춘향은 자기는 이몽룡을 위해 수절하고 있는 몸이라며, 한사코 수청을 거부한다. 화가 난 변사또는 부하들을 시켜 춘향에게 모진 태형을 가한다. 춘향은 한 대씩 맞을 때마다 변사또에게 항거하는 말을 한다. 이에 변사또는 춘향을 옥에 가둔다.

한편 서울로 올라간 이몽룡은 열심히 공부해 과거시험에 장원급제한 후, 민생을 살피고 탐관오리를 응징하는 벼슬인 암행어사가 되어 전라도로 내려온다. 거지로 변장한 이어사는 남원 근교에 이르러 변사또의 학정을 비난하고 춘향을 동정하는 농부들의 말을 듣게 된다. 이어사는 먼저 춘향의 집을 찾아가 춘향의 모친을 만난다. 그때 춘향모는 이몽룡이 한시 바삐 높은 벼슬에 올라 남원으로 내려와 옥에 갇힌 춘향을 살려주기만을 하늘에 빌고 있는 참이었다. 그런데 이몽룡이 거지 차림을 하고 나타나자, 이제 자기 딸은 살아날 길이 없다고 한탄한다. 이어사는 새벽에 옥중으로 가서 춘향을 만난다.

　　날이 밝자, 변사또의 생일잔치가 성대하게 벌어졌다. 인근 고을의 수령들이 다 모이고 풍악소리가 높았다. 이때 이어사는 거지 차림으로 잔치 자리에 끼어, 다음과 같은 시를 읊는다. "금동이의 아름다운 술은 일천 사람의 피요 / 옥소반의 아름다운 안주는 일만 백성의 기름이라 / 촛불 눈물 떨어질 때 백성 눈물 떨어지고 / 노랫소리 높은 곳에 원망소리 높더라." 이 시는 탐관오리인 변사또를 꾸짖고 백성들의 처지를 동정하는 내용이다. 조금 지나 이어사 휘하의 역졸들이 연회장에 나타나 '암행어사 출두'를 외쳤다. 생일연은 갑자기 아수라장으로 변하고, 변사또는 혼비백산해 어쩔 줄을 몰랐다. 이어사는 변사또를 파직시키고 옥중에 있던 춘향을 석방한다. 그후 이어사는 춘향을 서울로 데리고 가 아내로 삼는다.

　　이러한 줄거리에서 알 수 있듯, 《춘향전》은 춘향과 이몽룡이라는 두 청춘남녀의 사랑 이야기라고 할 수 있다. 그러나 《춘향전》은 연애담이면서도 연애담에 그치지 않는 심각한 주제의식을 내포하고 있다는 점에 주목할 필요가 있다. 즉《춘향전》은 연애담 속에 당대 사회의 주요한 모순과 사회역사적 동향을 잘 반영하고 있다.《춘향전》이 연애소설이면서 동시에 사회소설로서의 면모를 갖는 것은 이 때문이다.

엄격한 신분제 사회인 조선사회에서 천민인 기생과 귀족인 양반 사대부 자제는 정식 부부로 결합될 수 없었다. 춘향은 관(官)에 예속된 관기였다. 지방 관아에는 보통 수십 명의 관기가 있었으며, 그들은 관의 명부에 등재되어 있었다. 그들의 임무는 지방 수령을 위안하거나, 지방 수령의 명령에 따라 양반 사대부들을 접대하는 일이었다. 말하자면 국가가 소유한 공창(公娼)이었던 셈이다. 춘향은 관기였으면서도 스스로 관기이기를 거부하고, 자기 마음에 드는 한 남성을 택해 결혼하고자 하는 생각을 지닌 여성이다. 또 생각하는 데 그친 게 아니라 몸소 실천에 옮겼기에 춘향의 삶은 고난스러울 수밖에 없었다.

이몽룡에 대한 춘향의 사랑은, 춘향이 평소 지녔던 신분해방의 욕구와 자신의 인간적 감정을 충실히 좇은 결과로 이해된다. 그러므로 춘향의 사랑에는 이미 그 속에 현실 부정의 계기가 자리하고 있음을 간과해서는 안 된다. 춘향의 사랑이 순수하면 할수록, 그리하여 그녀가 자신의 인간적 감정과 욕구에 충실하면 할수록, 그것이 갖는 사회적 의미는 한층 더 기존 질서에 대한 부정, 현존하는 사회관계에 대한 도전이 될 수밖에 없다. 왜냐하면 춘향의 사랑은 자기 신분을 부정하는 것에 의해서만, 다시 말해 현실의 신분관계를 주어진 대로 인정하지 않는 것에 의해서만 비로소 성립될 수 있기 때문이다. 따라서 기생 신분이면서도 기생이기를 단호히 거부한 춘향의 행위는 가히 '인간해방'의 의미를 내포하고 있다고 볼 수 있다.[16] 《춘향전》이 단순한 사랑의 이야기일 수 없다는 사실은 변사또의 등장에서도 확인된다. 이 인물은 조선 후기 탐관오리의 전형에 해당한다. 변사또의 등장으로 《춘향전》은 바야흐로 '춘향―이몽룡―변사또'의 삼각관계를 형성한다. 이몽룡에 대한 춘향의 사랑이 내포하는 저항적 계기는 변학도라는 탐관오리와의 충돌을 통해 마침내 '현실화'된다. 따라서 이 부분에 이르러 《춘향전》의 의미는 한층 명료해진다. 기생이기를 거부하고 한 남성과의 사랑을 통해 단란한 가정을 꾸며 인간다운 삶을 이룩하기를 희구하던 춘향에게 변사또의 수청 강요는 자신의 인간적 요구를 짓밟는 것에 다름 아니었다. 그러기에 춘향이 변사또에게 필사적으로 저항한 것은 당연한 일이다.

그런데 주목할 것은, 춘향의 수청 거부가 필연적으로 변사또의 민중 수탈에 대한 비판, 그리고 봉건주의에 대한 반대로 발전된다는 사실이다. 바로 이 점에 《춘향전》이 당대 민중에게 사랑받은 이유가 있으며, 또 숱한 통속적 염정소설艷情小說과는 달리 조선 후기 민중의 정치적 입장을 반영하면서 당대 민중의 세계관의 정점에 도달할 수 있었던 비밀이 있다. 수청 강요에 대한 춘향의 항거는 자신의 평소 뜻과 그 현실적 실현인 이몽룡과의 사랑을 지키기 위해 불가피했다. 앞서 말했듯이, 이몽룡을 향한 춘향의 사랑에는 자신의 신분과 당시 신분관계에 대한 부정이 내포되어 있다. 춘향이 변학도의 수청 요구를 거부한 것은 바로 그 연장선상에 있다고 할 수 있다. 다시 말해, 춘향의 이몽룡을 향한 사랑과 변사또에 대한 항거는

---

16 이하의 논의는 박희병, 〈춘향전의 역사적 성격분석〉, 임형택·최원식 편, 《전환기의 동아시아문학》(서울: 창작과비평사, 1985)에 의거한다.

봉건적 신분질서, 봉건적 현실의 부정이라는 점에서 일관된 의미를 갖고 있다. 또한 춘향의 사랑과 항거는 상호 규정적이다. 즉 이몽룡을 향한 춘향의 사랑이 있었기에 변사또에게 항거할 수 있었으며, 반면 변사또에게 항거했기 때문에 춘향의 사랑은 그 현실적 의미를 더욱 명확히 할 수 있었다. 이렇게 본다면,《춘향전》은 작품 전체를 통해 봉건적 신분관계에 대한 반대, 인간평등의 요구를 줄기차게 제기한다고 할 수 있다.

또한 흥미로운 것은 춘향의 사랑이 애초에 내포하고 있던 저항의 계기가 뚜렷하게 현실화되는 곳인 변사또에의 항거 대목에 이르러, 당대 민중이 자신의 모습과 목소리를 일정하게 작품 속에 드러내게 된다는 사실이다. 예컨대 춘향이 태형을 당하는 것을 지켜보던 남원부민南原府民들이 모두 울먹였다든가, 농민들이 변사또를 지독한 민중 수탈자로 비판하면서 춘향의 주장이 전적으로 옳다고 지지했다든가, 또 주막집 영감이나 초동·농부들이 지배층에 대한 적대감을 노골적으로 표현하는 것 등이 그러하다. 당대 민중이 처음부터 춘향의 배후에 숨어 있었다는 사실은, 춘향과 봉건적 현실 간의 충돌이 첨예해지는 이 대목에 이르러 민중의 군상이 대거 등장해 춘향에게 아낌없는 지지를 보내고 봉건권력의 전횡을 거침없이 비판한다는 점에서 입증된다. 바로 이 점에서 인간평등을 제기한 춘향의 주장이 바로 당대 민중의 요구를 대변한 것임을 확인할 수 있다.

《춘향전》을 단순한 통속적 연애담과 구별짓는 계기 역시 바로 춘향이 변학도에게 항거하는 이 대목에서 마련된다.《춘향전》의 출발과 종결은 바로 이 부분에 의해 매개되면서 통일적인 미적美的 체계를 형성한다.《춘향전》이 단순한 풍속담에 머물지 않고, 그 앞과 뒤가 일관성 있게 연결되어 하나의 이념적 체계를 이루면서 당대 민중의 세계관이라고 할 만한 것을 표현하는 데까지 나아갈 수 있었던 것도 바로 이 대목이 존재함으로써 가능했다. 즉《춘향전》이 연애 이야기이면서도 단순히 연애 이야기에 머물지 않고 당대 민중의 요구와 사회정치적 입장을 미학적으로 표현한 사회소설로 도약할 수 있었던 것은, 이 대목이 고리 역할을 적절히 함으로써 가능했던 것이다.

한편 춘향과 이몽룡은 현실의 모든 장애를 극복하고 마침내 부부로 결합하지만, 그것이 결코 이몽룡의 일방적 시혜에 의해 주어진 것이 아니라는 점을 이해할 필요가 있다. 이몽룡 역시 현실의 장애에 맞서 춘향과의 사랑과 신의를 고수하고자 애썼지만, 춘향이 이몽룡과의 사랑과 신의를 지키기 위해 현실과 벌인 싸움은 이몽룡의 그것과는 비교할 수 없을 만큼 힘들고 처절한 것이었다. 그러므로 신분이 다른 이 두 청춘남녀가 현실의 장애를 극복하고 서로 부부로 결합할 수 있었던 것은 서로에 대한 깊은 애정과 신뢰의 소산이었다.

뿐만 아니라 더욱 주목되는 것은 춘향과의 만남, 춘향과의 사랑을 통해 이몽룡의 성격이 변화한다는 사실이다. 사실, 처음에 이몽룡이 춘향에게 접근할 때에는 귀족 자제로서의 유희적 감정이 다분히 개재해 있었음을 부정하기 어렵다. 그러나 야무지게 자신의 결의, 자신의 평소 뜻을 밝히는 춘향에게서 이몽룡은 여느 기생과는 다른 됨됨이를 발견하지 않을 수 없었다. 그 후 이몽룡은 춘향과 거듭 만나면서 자신이 처음에 지녔던 유희적 감정을 점차 청산하고 마침내 춘향에게서 순수하고 깊은 애정을 느끼며, 그 인간적 요구를 이해하고 그 인간성을 신뢰하는 데까지 나아갈 수 있었다. 처음에는 철없는 귀족의 망나니 자제처럼 행동하던 이몽룡이 나중에는 애민적인 인물로 변모하는 계기 역시 춘향과 사랑하는 과정에서 마련된다. 즉 이몽룡은 춘향에게 깊은 애정을 갖게 되면서 민중의 생활과 처지를 이해하는 인물로 변모할 수 있었다. 이는 이몽룡의 성격 변화가 춘향에게서 비롯된 것이라 할 수 있다. 작품 막바지에 이몽룡이 암행어사로 등장해 저 유명한 시 구절, "금동이의 아름다운 술은 일천 사람의 피요 / 옥소반의 아름다운 안주는 일만 백성의 기름이라"를 읊는 것도 그런 맥락에서 이해될 필요가 있다. 이때의 이몽룡은 이미 탕아는 아니며, 농민을 중심으로 하는 당대 민중의 분노와 고통을 자신의 분노와 고통으로 간주하고 있는 것이다.

이몽룡이 춘향과 최종적으로 결합하기 위해 극복해야 했던 현실적 역경은 춘향이 겪은 역경보다야 훨씬 덜 가혹했지만, 그렇다고 쉽게 헤쳐나갈 수 있는 일은 아니었다. 이몽룡은 자기가 소속된 양반 지배층 쪽에서의 계급적 편견은 물론, 춘향을 둘러싸고 있는 민중 쪽에서 제기한 배신에의 의혹과 오해도 헤쳐나가야 했다. 이 양자를 모두 극복함으로써만 이몽룡은 춘향과 최종적 결합을 이룰 수 있었다.

《춘향전》에는 봉건주의에 반대하면서 인간평등과 인간해방을 요구한, 18세기를 전후한 조선 후기 민중의 세계관과 정치적 이상이 반영되어 있다. 또한 《춘향전》은 단순히 세계관을 생경하게 직접 노출시키는 방식으로가 아니라, 어디까지나 미적 특수성의 매개 위에서 그것을 표현하고 있다. 그러므로 겉으로 볼 때 《춘향전》은 연애담이라는 형태의 미적 구성을 이룩하고 있을 뿐, 당대 민중의 세계관적 표현을 잘 드러내지 않는다. 바로 이 점에 생경한 사회소설이나 정치소설과 구별되는 《춘향전》의 예술적 탁월함이 있다. 《춘향전》은 전환기 민중의 세계관을 기계적으로 표현한 게 아니라 미학적으로 승화시켜 표현한 것이다. 다시 말해《춘향전》은 춘향—이몽룡—변사또 세 인물의 관계에 조응시켜 '결연 → 이별·항거 → 재회'라는 미적 체계를 형성하고, 이 미적 체계에다 당시 민중의 정치적 이상을 담아놓고 있다. 뿐만 아니라, 풍자나 비속함 등 작품 전체를 통해 두드러진 미적 태도나 미의식도 중세사회에서 근대사회로의 이행기에 해당하는 조선 후기 민중의 세계관과 잘 어울린다 할 만하다. 요컨대《춘향전》은 그 미적 체계나 미적 태도가 당대 민중의 세계관 및 정치적 이상과 서로 잘 어우러져 있다.《춘향전》은 이와 같이 미학과 정치학이 적절히 조화되고 결합됨으로써, 17세기에서 19세기에 걸친 조선 봉건사회 해체기에 민중이 이룩해 낸 문학적 업적 중 가장 탁월한 예술적 성취와 고도의 이념적 높이를 동시에 획득하면서 이 시기 문학사의 정점에 우뚝 설 수 있었다.

《춘향전》이 보여주는 계급을 초월한 두 남녀의 진실한 사랑은 비단 18~19세기의 독자에게만이 아니라, 오늘날 시민사회의 독자에게도 충분히 감동적이다.

《춘향전》이 주는 문학적 흥미의 원천은 또한 춘향의 형상에서도 찾을 수 있다.《춘향전》이 창조해 놓은 춘향의 모습은 대단히 다면적이다. 그녀는 정절을 강조하는 도덕적 여인인가 하면 대담한 성애를 보여주는 사랑스러운 여인이기도 하고, 다소곳하고 연약한 여인인가 하면 사회적 모순에 항거하는 강한 인간이기도 하다.[17] 춘향은 이 중의 어느 하나이지만 않고 그 모두다. 바로 이 점에서 독자들은 춘향을 살아 있는 인간으로 느끼면서 더욱 친근감을 갖게 되

---

17 춘향이 다소곳한 여인이지만 않고 대단히 적극적이며 성취동기가 강한 여성임은 이상택,〈춘향전 연구: 춘향의 성격분석을 중심으로〉,《한국고전소설의 탐구》(서울: 중앙출판인쇄, 1981)에서 자세히 거론했다.

는 게 아닌가 여겨진다.

4. 가문소설

조선 후기에는 한 가문의 여러 대에 걸친 파란만장한 이야기나 몇몇 가문이 결혼을 통해 서로 얽히면서 복잡한 관계를 형성하는 이야기를 주된 내용으로 삼는 소설군이 또 다른 한 계열을 이루면서 독자적으로 발전했다. 이런 유의 소설을 보통 '가문소설'이라고 부른다.[18] 본격적인 가문소설이 언제부터 창작되고 성행했는지는 분명하지 않다. 그러나 현전하는 가문소설 중 최장편이라 할 《완월회맹연》이 18세기 전반에 창작되었음을 고려한다면, 가문소설의 창작과 향수享受는 18세기 후반에서 19세기 전반의 시기에 더욱 확대된 것으로 보이며, 19세기 후반까지도 지속되었다.

가문소설은 그 작품분량이 대단히 방대하다. 가령, 《완월회맹연》은 180책이나 되며, 《임화정연林花鄭延》은 139책, 《명주보월빙》은 100책, 《윤하정삼문취록》은 105책이나 된다. 한 가문의 몇 대에 걸친 이야기를 펼쳐 보이거나, 몇몇 가문이 서로 복잡하게 얽히는 이야기를 다루므로 가문소설은 자연히 길어질 수밖에 없다. 가문소설의 독자층은 상층의 사대부 부녀나 궁중의 여인들이었다. 가문소설은 바로 이들의 요구에 따라 성립되고 발전해 간 소설 양식이다. 가문소설의 독자층인 상층 사대부 부녀나 궁중의 여인들은 물질적으

---

18 가문소설의 개념 규정 및 그 작품적 양상에 관한 개괄적 검토는 이수봉, 《가문소설 연구》(대구: 형설출판사, 1978)에서 처음 이루어졌다.

로 넉넉했으며 생활은 한가했다. 따라서 그들은 소일을 위해 흥미로운 읽을 거리가 필요했고, 이에 부응해 생겨난 가문소설은 되도록 길이가 길어야 했다.

가문소설이 처음 지어졌을 것으로 추정되는 18세기 초에는 이미 다른 종류의 국문소설들이 상당수 존재하고 있었다. 따라서 왜 상층 사대부 여성들이 이들 소설에서 소일거리를 찾지 않고 굳이 새로운 소설인 가문소설을 필요로 했을까 하는 의문이 생길 수 있다. 우선, 상층 사대부 여성들이 기존의 일부 소설에서도 소일거리를 찾았다는 점을 지적할 필요가 있다. 《구운몽》《사씨남정기》《창선감의록》같은 작품이 그런 것에 해당한다. 이런 작품은 격조가 높고 사대부적 교양과 이상을 잘 갖추고 있다. 그러나 이런 몇몇 작품을 제외한 대부분의 국문소설은 별로 그렇지 못했던 게 아닌가 추측된다. 즉 그 내용이나 표현이 비리鄙俚하거나, 고상하지 못하거나, 평민적 사고방식이나 생활감각이 투영되었거나 해서 상층 사대부 독자층의 취향에 잘 부합되지 않았던 게 아닌가 여겨진다. 뿐만 아니라 상층 사대부 여성독자들은 자신들의 생활처지와 관심에 따라 기존의 소설과는 달리, 또는 기존의 소설보다 훨씬 더 상층 가문과 궁궐을 중심으로 벌어지는 남녀의 결연 및 그를 통한 가세家勢의 확장과 부귀의 성취, 그리고 그에 수반되는 제반 갈등과 음모를 취급하는 소설을 희구하지 않았던가 생각해 볼 수 있다. 그럴 경우, 기존의 소설과 다른 새로운 소설의 출현이 불가피했다.

가문소설의 일반적 특성도 이와 관련해서 이해될 필요가 있다. 가문소설은 상층 사대부 여성독자의 취향과 요구를 반영해 다음과 같은 몇 가지 고유한 특성을 갖는다.

첫째, 주인공은 문벌을 자랑하는 상층 귀족 출신의 남녀다. 그리고 특정한 한 쌍의 남녀가 주인공이 되기보다는 여러 인물이 주인공으로 등장하는 경우가 대부분이다. 즉 남자 주인공과 여자 주인공이 다 같이 여럿이거나, 남자 주인공 한 명에 여자 주인공이 여럿 등장한다.

둘째, 가문소설의 궁극적 지향점은 가문의 무한한 번영과 가부장적 질서의 회복이다. 따라서 작품들은 대개 거미줄처럼 복잡하게 얽힌 혼인관계를 통해 가세를 확대해 나가는 과정과 가문 내 갈등을 극복함으로써 가문의 질서를 확립하고 화합을 달성하는 과정을 그리고 있다.

셋째, 가문소설은 그 전개과정에서 많은 종류의 갈등을 보여주지만, 그중 핵심은 다음의 세 가지 갈등이다. (1) 두 남녀의 결연을 가로막는 인물과 두 남녀 간의 갈등, (2) 남편의 사랑을 독점하기 위한 '처-처' 또는 '처-첩' 간의 갈등, (3) 계모와 전실 소생 자식 간의 갈등.

혼사장애婚事障碍로 일컬어지는 (1)은 대단히 다양한 양상으로 나타나며, 몇 가지 유형이 있는 것으로 보고되어 있다.[19] (2)는 일부다처제로 인해 야기되는 갈등이다. (3)에서 전실 소생 자식은 딸일 수도 있고 아들일 수도 있는데, 특히 문제가 되는 것은 아들이다. 계모와 전실 소생 아들 간의 갈등은 그 본질이 가장권家長權의 계승을 둘러싼 것이다. 따라서 대단히 격렬하면서도 지속적인 양상을 빚으며 전개된다. 자기가 낳은 아들에게 가장권을 계승하게 할 목적으로 전실 소생의 자식을 제거하고자 하며, 전실 소생의 자식이 결혼

---

19 이상택, 〈낙선재본소설 연구: 그 예비적 작업으로서의 혼사장애 주지(主旨)의 문제를 중심으로〉,《한국고전소설의 탐구》(서울: 중앙출판인쇄, 1981).

해 처자를 두게 되면 그 처자까지도 죽여 없애고자 부단히 기도[小題]한다. 이 과정에서 (1)이나 (2)의 갈등이 중첩적으로 얽히기도 한다. 가문소설에서는 애초에 제기된 이런 제반 갈등이 작품이 끝날 즈음 모두 해결되고, 가문은 안정과 질서를 되찾는다. 특히 주목할 것은 (3)의 갈등이 해결되는 방식이다. 그렇게 혹독하고 잔인하게 행동했던 계모는 전실 소생 자식 내외의 지극한 효성에 감동을 받아 마침내 자신의 잘못을 뉘우치고 착한 사람으로 바뀐다. 《완월회맹연》이나 《명주보월빙》에서 그러한 양상을 확인할 수 있다. 이러한 갈등 해결 방식은 현실의 실제 양상과는 사뭇 어긋나며, 대단히 관념적이고 이상화된 것이라 할 수 있다. 이를 통해 우리는 가문소설이 기본적으로 충효를 중심으로 하는 중세적 지배이념을 옹호하거나 그 회복을 꾀하고자 하는 지향을 지녔음을 확인할 수 있다. 요컨대, 가문소설은 작품상에 어떤 종류의 갈등이 주로 나타나는가 하는 점에서만이 아니라, 갈등이 어떤 방식으로 해결되는가 하는 점에서도 그 특성이 확인된다.

넷째, 가문소설에서는 가정과 왕실, 가정사와 국가사가 밀접히 관련되어 있다. 가령 가문 내 주인공의 주변 인물이 주인공을 음해하고자 황제에게 글을 올려 무고함으로써 그를 벼슬에서 내쫓아 유배를 가게 만들기도 하고, 가문 내의 못된 자들이 궁정의 간신과 결탁해 음모를 꾸미기도 한다. 한편, 남자 주인공은 황제의 명령으로 공주와 마음에도 없는 결혼을 하고, 이 때문에 그가 거느린 부인들 간에 갈등이 빚어지기도 한다. 남자 주인공을 비롯한 가문 내의 선인善人들은 대개 조정의 충신이게 마련인데, 역적이 반란을 일으키거나 변방에 외적이 쳐들어오는 등 왕실에 위기상황이 닥치면 그들은 장수로 출정한다. 이들이 전생에 나가 집을 비운 사이에 처첩 간의 갈등이나 계모와 며느리 간의 갈등은 더욱 심각해질 수 있다. 그러나 남자 주인공이 큰 공을 세우고 돌아와 높은 지위를 획득한 후, 가정문제도 잘 해결되고 가문은 부귀영화를 누린다.

다섯째, 가문소설은 대개 천상계와 지상계의 이중구조를 뚜렷이 보여주거나, 꼭 그렇지는 않더라도 천상계의 존재를 암시하고 있다.[20] 이는 《구운몽》에서 마련된 전통의 계승으로서, 귀족적 이상주의를 드러내는 것이라 할 수 있다.

가문소설의 이러한 몇 가지 특성은 가문소설이 형성되고 발전된 당시의 사회역사적 상황을 반영하는 측면이 있다. 즉, 가부장제와 일부다처제에 바탕을 둔 당대 상층 사대부 가문의 모순과 이상을 그려내는 한편, 가문의 결속과 확대를 통해 부귀를 유지하고자 한 당시 상층 사대부 가문의 의식과 동향을 반영하고 있다.

가문소설에 대한 이러한 이해를 바탕으로, 《완월회맹연》이라는 작품을 간략히 살펴보기로 한다. 이미 언급했듯이, 《완월회맹연》은 현전하는 가문소설 중 최대의 장편으로서 그 분량이 180책이나 된다. 따라서 여기서 그 줄거리를 자세히 제시하기는 어렵고, 특징적인 내용만을 개관하는 데 그친다.

정한은 조정에서 높은 벼슬을 지내다가 만년에는 태운산 아래에 살고 있었다. 그에게는 잠과 삼이라는 두 아들과 딸 하나가 있었다. 맏아들 잠에게는 딸 둘만 있을 뿐 아들은 없었다. 그래서 동생인 삼

---

20 가문소설이 보여주는 이러한 구조적 특징의 미학적 의미를 해명한 연구로는 이상택, 〈명주보월빙 연구: 그 구조와 존재론적 특징〉, 《한국고전소설의 탐구》(서울: 중앙출판인쇄, 1981)가 있다. 또 새로운 자료를 통해 이 논문을 보완한 글로는 이상택, 〈명주보월빙〉, 《한국고전소설 작품론》(서울: 집문당, 1990)이 있다.

의 큰아들인 인성을 양자로 삼았다. 삼은 3남 1녀를 두었다.

정한의 생일날, 가족들은 태운산 아래의 완월대玩月臺에서 잔치를 벌였다. 정한의 친구들과 제자들도 참석해 생일을 축하했다. 거기에는 정한이 가장 아끼는 두 제자 장헌과 이빈도 끼어 있었다. 잔치 자리에서 우연히 자식들의 혼사문제에 이야기가 미쳐, 정한의 손녀들과 조태사趙太師(태사는 최고 지위의 관직임)·장헌·이빈의 자녀들 간에 혼약이 이루어졌다. 그리하여 잠의 장녀는 조태사의 아들 세창과, 차녀는 이빈의 장남인 창린과, 양자인 인성은 이빈의 딸과, 삼의 차남 인광은 장헌의 딸과, 삼의 딸은 이빈의 차남 창현과 각각 정혼했다. 물론 당사자들은 대개 아직 소년·소녀들로서 서로 잘 알지도 못하는 사이였지만, 본인의 의사와는 관계없이 부모들의 뜻에 따라 이루어진 결정이었다. '완월대 연회에서의 굳은 약속'이라는 뜻인 '완월회맹연'이라는 작품 제목은 이에서 비롯한다. 이후 작품은 온갖 난관과 장애에도 불구하고 이 맹약에 따라 다섯 쌍의 남녀가 부부로 결합하는 과정을 자세히 그려놓고 있다.

그런데 정한의 생일연 이후 잠의 부인 양씨가 병들어 죽자, 잠은 소씨를 계실로 맞는다. 이후 소씨는 쌍둥이 아들인 인중과 인웅을 낳는다. 형인 인중은 마음이 간악했으나 동생인 인웅은 착했다. 소씨가 쌍둥이 아들을 낳고 나서부터는 양자인 인성을 없애고 자기 큰아들인 인중을 적자로 앉혀 정씨 가문의 종통宗統을 잇고자 하는 음모를 자기 여종들과 함께 꾸미기 시작했다. 이후 작품이 끝을 맺기 직전까지 인성을 죽이려는 소씨의 기도는 그칠 줄 모르고 몇 번이나 계속된다. 하수인을 시켜 납치해 살해하려고도 하고, 독살을 꾀하기도 하며, 자객을 사서 죽이려고도 했다. 그러나 인성은 그때마다 용케 위기를 모면한다. 소씨는 심지어 인성을 죽이려는 데 그치지 않고 인성의 처자까지도 해치고자 했다. 소씨가 이런 악행을 저지를 때마다 그녀의 둘째 자식인 인웅은 극구 만류하며 어머니의 마음을 돌리려 했지만 아무 소용이 없었다. 이와 달리 소씨의 큰아들인 인중은 인성 내외를 없애려는 소씨의 계교에 적극적으로 가담한다.

인성은 소씨의 음모를 잘 알고 있었지만 계모인 소씨를 원망하지 않았다. 인성의 아내인 이부인도 마찬가지였다. 소씨는 산후産後의 이부인을 때리고 발로 차서 기절시키기도 하고 독살하려고도 했으나, 이부인은 시어머니인 소씨의 실덕을 입 밖에 내지 않았으며 늘 시어머니께 순종했다.

소씨의 악행을 알게 된 소씨 가문에서는 가족회의를 열어, 간악한 소씨로 인해 정씨 가문의 앞길을 망칠 수 없다며 그녀를 불러들여 죽이려 했다. 이 사실을 안 인성과 인웅이 모친을 살려줄 것을 애원하매, 소씨의 부친인 소공蘇公은 그들의 지극한 효성에 감동해 딸을 용서해 준다.

한편 정잠과 그의 아들인 인성, 인웅 등은 모두 황제의 명령을 받아 변방의 외적을 쳐부수거나 변방의 난리를 평정하고 돌아와 높은 작위를 받는다. 이들이 변방에 나가 있는 동안에도 가문의 분란은 그치지 않았다. 부귀공명을 이룬 인성은 한소저와 양소저를 다시 부인으로 맞이해 제1부인인 이씨를 포함해 모두 세 명의 처를 두게 되었다. 한부인은 마음이 착해 이부인과 잘 지냈으나, 양부인은 질투가 심해 한부인과 이부인을 헐뜯고 시어머니 소씨와 결탁했다. 그리하여 계모와 며느리의 갈등에다 '처-처' 간의 갈등이 겹치게 되었다. 인웅 역시 두 처를 거느리게 된다.

작품은 끝부분에 이르러 간악한 소씨가 마침내 개과천선하고, 그녀의 소생인 인중도 잘못을 뉘우친 후 과거공부에 힘써 장원급제한다. 소씨와 인중의 개심에는 지극한 효성과 우애를 지닌 인성과 인웅의 감화가 있었다.

이후 정씨 가문은 물론이고, 자식들 간의 혼인으로 정씨 가문과 서로 친인척 관계에 있던 모든 가문은 자손이 번성하고 부귀를 누린다.

《완월회맹연》의 특징적 내용을 요약해 보았지만, 이러한 요약은 작품 줄거리의 중요한 일부만을 제시한 것에 불과하다. 수백 명의 인물이 등장하고 주요 인물만도 수십 명이나 되는 데서 알 수 있듯, 이 작품의 서사적 편폭은 이러한 요약으로는 도저히 드러낼 수 없을 정도로 호한浩瀚하다.[21]

더구나 위의 내용 요약은 정인성과 정인웅을 중심으로 한 것인데, 이 두 사람이 작품 전체를 통해 가장 비중 있는 인물이기는 하나 그렇다고 작품이 이들만을 주요하게 다루는 것은 아니다. 작품은 완월대의 잔치 자리에서 정혼한 다른 네 쌍의 남녀들에 대해서도 그 운명을 끝까지 추적해 보이고 있다. 이 점에서 '완월대 연회에서의 굳은 약속'이라는 뜻을 갖는 작품 제목은 이 작품의 커다란 전개방향을 잘 암시하고 있다고 할 만하다. 또한 작품은 비단 맹약盟約과 관련된 이들 남녀의 운명에 대해서만이 아니라, 그 주변 인물들의 삶과 운명에 대해서도 대단히 집요하게 탐구하고 있다. 가령 정인광의 장인인 장헌에 대한 서술에서 그 점을 잘 확인할 수 있다.

21 《완월회맹연》의 줄거리를 자세히 알고자 할 경우 김진세 교수의 다음 글들을 참조하라. 〈완월회맹연 연구(1)〉, 《관악어문연구》 2(서울: 서울대학교 국문학과, 1977); 〈완월회맹연 연구(2)〉, 《관악어문연구》 4(1979); 〈완월회맹연 연구(3)〉, 《관악어문연구》 5(1980).

《완월회맹연》에는 앞서 가문소설에서 일반적으로 확인된다고 지적한 세 가지 종류의 갈등이 모두 나타난다. 이 중 작품 전체를 통해 내내 지속되면서 가장 심각한 양상을 빚고 있는 갈등은 단연 계모와 전실 소생 자식 간의 갈등이다. 소씨와 정인성 간에 빚어지는 갈등이 그것인데, 이 갈등은 정씨 가문의 종통을 둘러싼 것이기에 대단히 격렬하고 험악한 양상을 보인다.

《완월회맹연》의 핵심 주제도 바로 이 가문의 종통을 둘러싼 갈등과 관련해 찾을 수 있다. 계모 소씨의 온갖 악행에도 불구하고 정인성은 자식으로서의 도리를 다하며 지극한 효성을 보여주는데, 결국 이러한 효성이 하늘을 감동시켜 간악한 계모를 개과천선케 하기에 이른다. 이를 통해 이 작품은 '지극한 효성'을 작품의 주제로 구현하는 것으로 보인다. 이러한 주제를 구현하기 위해 작품은 정인성 내외를 매우 이상적인 인물로 만들었다. 그들은 소씨가 자기들에게 어떤 악행을 저지르더라도 소씨를 원망하거나 미워하지 않는다. 부모를 원망하는 것은 자식으로서의 도리가 아니라고 여겼기 때문이다. 자식으로서의 도리를 지키는 것, 그것이 바로 '효'의 요체다. 유교의 성인인 공자는 일찍이 이렇게 말했다. "부모를 섬길 때, 괴로움이 있더라도 부모를 원망해서는 안 된다[勞而不怨]." 또한 유교의 또 다른 성인인 순임금은 자기를 죽이고자 한 부친을 원망하지 않았는데, 유교에서는 이를 '지효至孝'라고 칭송해 왔다. 《완월회맹연》이 그 주제로서 구현하고 있는 '효'는 이러한 유교의 전통적 교의敎義를 충실히 따른 것이다.

《완월회맹연》이 '효'와 함께 구현하는 또 다른 주제로는 '형제간의 우애'와 '왕실에 대한 충성'을 들 수 있다. 형제간의 우애는 인성·인중·인웅의 관계를 통해 잘 구현되고 있다. 인성과 인중, 인웅은 서로 이복형제 사이다. 이복형제 사이에 두터운 우애를 나누는 것은 예나 지금이나 그리 쉽지 않다. 그러나 인성과 인웅은 서로 돈독한 우애를 나누고 있다. 더욱 주목할 것은 악독한 짓을 일삼던 인중이 인성과 인웅의 지극한 형제애에 감동되어 마침내 이전의 잘못을 뉘우치고 훌륭한 인물로 바뀐다는 사실이다. 한편, 왕실에 대한 충성은 정잠·정인성·정인웅 등의 거듭된 출정과 입공立功을 통해 구현된다. 이들 정씨 가문의 인물들은 황제가 가장 신임하는 충신들로 그려진다.[22]

그러나 이러한 주제들의 기저에는 애정의 성취와 부귀공명의 획득 및 가문적 성세聲勢의 확대라는 욕망이 자리하고 있다는 사실을 간과해서는 안 된다.

《완월회맹연》이 구현하고 있는 이런 몇 가지 주제는 중세적 질서를 떠받치는 가장 핵심적인 이념에 해당한다. 여기서 우리는 두 가지 사실을 지적할 필요가 있다. 하나는 이 작품이 갖는 보수적 지향이고, 다른 하나는 현실 반영의 측면이다. 전자에 대해서는 더 이상 언급할 필요가 없을 것이다. 후자와 관련해서는 다음의 사실, 즉 작품이 보여주는 봉건적 가문 내부의 갈등이 굉장히 심각하다는 점, 그리고 그 갈등의 최종적인 해결은 그다지 현실성을 띠지 못하며 대단히 관념적인 방향에서 미봉적으로 이루어지고 있다는 점에 주목할 만하다. 이러한 점들은 조선 후기에 들어와 일부다처제와 가부장제에 토대를 둔 지배층의 봉건적 가족관계가 커다란 모순을 노정하게 된 현실을 반영하는 것으로 해석할 수 있다.

<hr>

22 《완월회맹연》의 주제에 대한 논의로는 김진세, 〈이조 후기 대하소설 연구: 완월회맹연의 경우〉, 《한국소설문학의 탐구》(서울: 일조각, 1978)가 있다. 또 《완월회맹연》 전반에 관한 연구로는 정병설, 《완월회맹연 연구》(태학사, 1998)를 참조하라.

《완월회맹연》의 작자에 대해서는 앞에서 먼저 언급했어야 마땅한데, 여기서 간단히 언급한다. 작자는 안겸제安兼濟의 어머니인 이씨 부인으로 추정된다. 이씨 부인은 높은 관직을 지낸 이언경李彥經의 딸로서, 이씨 부인의 아들인 안겸제 역시 벼슬이 높았다.[23] 문헌에 따르면, 그녀는 아들을 "궁중에 들여보내 자신의 명성을 넓히고자 해서"[24] 이 작품을 창작했다. 여기서 중요한 두 가지 사실이 확인된다. 하나는 가문소설이 상층 사대부가와 궁중을 배경으로 발전했다는 점이고, 다른 하나는 여성 작자의 출현이다. 가문소설이 상층 여성의 요구에 따라 성립되고 발전해 간 소설 양식임은 이미 지적한 대로이지만, 이제 상층 여성 독자층은 독자에 그치지 않고 직접 자기네 기호에 맞는 가문소설을 창작까지 했던 것이다.[25] 더구나 《완월회맹연》과 같은 거대한 소설을 여성 작자가 창작했다는 것은 18세기의 세계문학사에서 유례가 없는 일로서, 여성문학의 관점에서 특기할 만한 일이다.

5. 소설 이외의 산문문학

소설만큼 성행한 것은 아니라 할지라도, 조선 후기에는 한글로 쓰여진 교술산문 역시 상당수 창작되었다. 이런 작품 중 특히 주목

---

23 임형택, 〈17세기 규방소설의 성립과 창선감의록〉, 《동방학지》 57(서울: 연세대학교 국학연구원, 1988), 164쪽.
24 원문은 "欲流入宮禁,廣聲譽也"이다. 19세기 전기 저작인 조재삼(趙在三)의 《송남잡지(松南雜識)》에 나오는 말이다.
25 가문소설을 위시한 대장편소설의 작자층에 대한 논의로는 이상택, 〈조선조 대하소설의 작자층에 대한 연구〉, 《고전문학 연구》 3(서울: 한국고전문학연구회, 1986)이 있다.

할 만한 것으로는 《계축일기》《인현왕후전》《한중록》을 들 수 있다. 그런데 이 세 작품은 모두 궁중에서 일어난 비통한 사건의 전말을 기록한 것이라는 공통점을 지닌다. 《계축일기》는 광해군 5년인 1613년에 광해군이 부왕 선조宣祖의 비妃인 인목대비仁穆大妃와 대비의 아들 영창대군永昌大君에게 왕위찬탈의 혐의를 씌워 인목대비는 서궁西宮에 유폐하고 영창대군은 살해한 사건의 전말을 기록한 글이고, 《인현왕후전》은 숙종 15년인 1689년에 숙종비인 인현왕후仁顯王后가 후궁 장씨의 무고로 폐위되어 서인庶人이 되었다가 5년 후에 다시 복위된 사건의 전말을 서술한 글이며, 《한중록》은 사도세자의 비였던 홍씨洪氏가 쓴 글이다. 여기서는 《한중록》을 검토함으로써 조선 후기 교술산문의 한 면모를 살피고자 한다.

'한가할 때 쓴 글'이라는 뜻의 《한중록》은 일종의 자전적 회고록이라 할 수 있다. 《한중록》은 상호 연관성을 갖는 네 개의 독자적인 글로 이루어져 있으며, 이 네 개의 글은 각기 다른 시기에 집필되었다. 첫 번째 글은 1795년 작자가 환갑 때 쓰여졌고, 두 번째 글은 67세 때, 세 번째 글은 68세 때, 네 번째 글은 71세 때 쓰여졌다. 이 중 작자의 남편인 사도세자가 아버지인 영조와의 오랜 알력 끝에 마침내 뒤주에 갇혀 죽음을 맞는 사건의 전말을 기록한 글은 네 번째 글이다. 이 글은 《한중록》의 여러 글 가운데에서 내용이 가장 흥미로울 뿐 아니라 영조와 사도세자의 성격 묘사, 두 인물 간의 긴장과 알력에 대한 충실한 서술, 디테일의 재현, 사태의 원인과 경과에 대한 깊이 있는 서술 등에서 문학적 탁월함이 돋보인다. 따라서 《한중록》의 문학적 명성은 주로 이 글에 의해 보장된다고 말할 수 있다. 이런 점을 감안해 이 네 번째 글을 중심으로 논의를 전개하고, 그 명칭은 편의상 《한중록 4》라 하겠다.

앞서 말했듯, 《한중록 4》는 작자의 나이 71세 때인 1805년에 쓰여졌다. 작자의 나이 28세 때인 1762년에 사도세자의 참변이 일어났으므로, 사건이 일어난 지 43년 만의 일이다. 긴 세월이 흘렀지만 작자는 당시의 비극적 사건을 생생히 떠올리면서, 남편을 잃은 자신의 한스런 마음을 절절히 표현하고 있다. 작자는 글의 서두에, 막상 글을 쓰자니 새삼 마음이 놀라고 억장이 무너지는 듯해 글자 한 자 한 자마다 눈물이 흐른다고 했다. 후인들이 《한중록》을 '읍혈록泣血錄(피눈물을 흘리며 쓴 글이라는 뜻)'이라고 부르기도 하는 것은, 기록에 임하는 작자의 이러한 비통한 마음을 생각해서일 것이다. 작자의 이 같은 정서적 태도를 고려할 때 《한중록 4》는 한의 미학을 그 기저에 깔고 있다고 말할 수 있다. 《한중록 4》가 보여주는 한의 미학은 슬픔을 적나라하게 표현한 것뿐 아니라, 거꾸로 그 슬픔을 절제하고 내면화했다는 점에 그 특징이 있다.

《한중록》의 작자 홍씨는 10세 때인 1744년에 동갑내기인 사도세자의 빈嬪으로 책봉되었다. 부왕인 영조는 당시 51세로서 왕위에 오른 지 21년째였다. 법도 있는 사대부 집안의 현숙한 딸인 홍씨가 세자빈으로 간택되어 왕실에 들어오는 과정에 대해서는 《한중록》의 첫 번째 글에서 자세히 언급되고 있다. 《한중록 4》는 주로 영조와 사도세자 간에 야기된 갈등의 양상을 서술하고, 그러한 갈등이 어떻게 세자를 죽음에 이르게 했는가를 밝히는 데 초점을 맞추고 있다.

《한중록 4》에 따르면, 영조와 사도세자 간의 갈등은 영조가 자식인 사도세자에게 아버지로서의 자애가 부족했으며, 그 성격이 대단히 편벽되고 변덕스럽고 조급했던 데에 근본 원인이 있다. 사도세자는 성격이 느긋하고 행동이 좀 느린 편이어서, 조급한 성격의 아버지 마음에 들기 어려웠다. 《한중록 4》는 영조의 이상하고 결함 있는 성격을 여러 군데에서 묘사하고 있는데, 실례로 가령 다음과 같은 대목이 있다.

　말씀을 가리어 쓰오셔, 죽을 '사' 자死字 돌아갈 '귀' 자歸字를 다 휘諱하오시고, 차대次對나 밖에 나가오셔 일보시던 의대衣襨도 갈아입으오신 후 안에 들으시고, 불길한 말씀을 수작酬酢하시거나 들으오시면 드오실 제 양치질하오시고 이부耳部를 씻사오시고 먼저 사람을 부르셔 한마디라도 처음 말씀을 하신 후야 안으로 들으시고, 좋은 일과 좋지 아니한 일 하오실 제 출입하시는 문이 다르시고, 사랑하는 사람 집에 사랑치 아니하시는 사람이 있지 못하게 하오시고, 사랑하오시는 사람 다니는 길에 사랑치 아니하시는 사람이 다니지 못하게 하시니 (…)[26]

　말씀을 가리어 쓰셔서, 죽을 '사' 자나 돌아갈 '귀' 자를 모두 입에 올리지 않으시고, 신하들을 만나 정사를 의논할 때 입던 옷이나 기타 밖에 나가 일볼 때 입던 옷을 반드시 갈아입은 후에 집 안에 드시고, 불길한 말을 주고받거나 들으면 반드시 양치질하고 귀를 씻은 다음, 다른 사람을 불러 한마디라도 말을 해 그 사람에게 불길함을 전가한 뒤에야 집 안에 드시고, 좋은 일과 안 좋은 일을 할 때 출입하는 문이 각각 따로 있고, 자기가 사랑하는 사람 집에 사랑하지 않는 사람이 있지 못하게 하시고, 사랑하는 사람이 다니는 길을 사랑하지 않는 사람이 다니지 못하게 하시니 (…)

이 대목은 영조가 대단히 까다롭고 잘며 소심한 인물이었음을 말

---

26 이병기·김동욱 교주,《한듕록》(서울: 보성문화사, 1978), 123쪽에서 인용. 이하《한중록》의 인용은 모두 이 책에서 함. 아래의 현대어 풀이는 필자가 한 것임.

해 주고 있다. 뿐만 아니라 더욱 주목할 것은, 영조가 거의 병적이라고 해도 좋을 만큼 애증을 극단적으로 표현했다는 사실이다. 위의 인용문에서 영조가 사랑한 사람이란 예컨대 화평옹주 같은 인물이며, 사랑치 않은 사람이란 그의 또 다른 딸인 화협공주와 세자를 가리킨다. 다 같은 자식이었건만 영조는 특정 자식을 편애했던 것이다. 영조는 불길한 말을 듣고 나서 귀를 씻고서는 그 물을 자기가 미워하는 화협공주의 거처를 향해 버렸으며, 사형수를 심리하거나 죄인을 친히 다스린 날에는 세자를 불러 '한마디' 말을 나눔으로써 세자에게 불길함을 전가한 뒤에라야 비로소 자기 방으로 들어갔다. 그 '한마디' 말이란 늘 "밥 먹었느냐?"는 것이었다. 이 한마디를 듣기 위해 세자는 늦은 밤중에 부랴부랴 옷을 갖추어 입고 부왕의 부름에 응해 나서야 할 때도 있었다. 세자는 아버지의 그런 행동이 무엇을 뜻하는지 잘 알고 있었고, 때문에 마음에 깊은 상처를 받았다.

세자가 겨우 10세 안팎의 나이였을 때부터 영조는 남들 앞에서 세자 흉을 보면서 그를 무안하게 만들기 일쑤였고, 이 때문에 세자는 점점 더 부왕을 어렵고 두려운 사람으로만 여기게 되었다. 그리하여 부왕 앞에 감히 마주 앉지 못하고 마치 신하처럼 몸을 엎드려 뵙게 되었고, 다른 사람 앞에서는 말을 잘하다가도 부왕 앞에만 가면 몸이 굳어져 묻는 말에 제대로 대답조차 하지 못했다. 그때마다 부왕은 세자에게 핀잔을 주거나 꾸짖었다. 이런 일이 오래 거듭되면서 영조의 눈에는 세자가 못마땅하게만 비치고, 세자는 세자대로 점점 더 아버지가 두렵고 무섭기만 했다. 그러다 보니 자연히 세자가 부왕을 뵙는 일이 뜸해지고, 이는 두 사람 사이를 더욱 서먹서먹하게 만들었다. 세자는 원래 타고난 자질은 훌륭했으나, 부왕에게 미움을 받으면서부터는 학문을 멀리하고 각종 유희에 탐닉하게 되었다. 특히 활과 칼을 가지고 전쟁놀이를 하거나 말을 타거나 하면서 소일하는 일이 많았다. 부왕은 학문에는 힘쓰지 않고 이런 유희에만 탐닉하는 세자를 더욱더 미워하게 되었다.

부왕에게 사랑을 받지 못하고 늘 비아냥과 불호령만 듣던 세자는 11세경부터 노이로제 증상을 보이기 시작한다.[27] 이 증상은 시간이 흐를수록 점점 더 심해졌다. 그러나 영조는 세자가 이런 병을 앓고 있는지조차 몰랐다. 세자가 15세 때 영조는 세자에게 왕정을 대리하도록 조처를 취했다. 이는 왕위를 물려준 것은 아니고, 부왕의 감독하에 일정하게 왕정에 참여하는 것을 의미했다. 세자의 병은 이시기 이후 더욱 악화되어 갔다. 부왕의 들볶음과 심한 학대 때문이었다. 부왕은 세자가 왕정을 대리하는 동안 생긴 모든 좋지 않은 일을 세자가 부덕한 탓이라고 몰아붙였다. 신하가 상소를 해도 세자 탓이었으며, 심지어는 겨울이 유난히 추운 것, 가뭄 같은 천재지변이 드는 것도 모두 세자 때문에 일어난 것이라고 비난했다. 또 세자가 일을 이렇게 처리하면 영조는 저렇게 하지 않았다고 나무라고, 저렇게 처리하면 이번에는 거꾸로 이렇게 하지 않았다고 꾸짖었다. 뿐만 아니라 좋은 일에는 세자를 참석시키는 법이 없고, 사람을 신문하거나 처형하는 등 상서롭지 않은 일에만 세자를 참석시켰다. 영조에게는 여러 자식이 있었지만 모든 자식을 이처럼 학대한 것은 아니었다. 앞서 말했듯이 딸 중에는 그의 지극한 사랑을 받은 자도 있었다. 그러나 영조는 좋아하는 사람은 더할 나위 없이 좋아한 반면, 미워하는 사람은 그보다 더 미워할 수가 없었다. 호오好惡가 지나

---

27 《한중록》에 대한 정신분석학적 접근은 김용숙,《한중록 연구》(서울: 한국연구원, 1983)에서 이루어졌다.

치게 극단적이었던 것이다.

세자는 부왕의 꾸지람을 듣고 자살을 기도한 적도 두 번이나 있었다. 22세와 23세 때의 일이었다. 그리고 23세 이후에는 정신병이 몹시 악화되어 살인하는 일까지 있었다. 영조는 세자가 사람을 죽인 것을 알고, 이 일에 대해 질책하고자 세자를 불렀다. 당시 부자가 나눈 대화를 옮겨보면 다음과 같다.

> 세자 : 심화心火가 나면 견디지 못하여 사람을 죽이거나 닭짐승을 죽
> 이거나 하여야 마음이 낫노라.
> 영조 : 어찌하여 그러하니?
> 세자 : 마음이 상傷하여 그러하이다.
> 영조 : 어찌하여 상한다?
> 세자 : 사랑치 아니하시기 섧고, 꾸중하시기로 무서워, 화火(울화병을
> 말함)가 되어 그러하오이다.[28]

영조는 이때에야 비로소 세자가 자신으로 인해 심병心病을 앓고 있다는 사실을 알게 되었으며, 세자에게 처음으로 측은한 마음을 갖는다. 그래서 "내 이제는 그리 말리라."라고 말하게 되고, 다시 세자빈(즉 작자)을 불러 세자의 병에 대해 물어본다. 세자빈은, 세자가 어릴적부터 "자애를 입삽지 못하와 한 번 놀라고 두 번 놀라와 심병이 되어 그러하오이다."라면서 사랑을 베풀면 그렇지 않을 것이라고 대답한다. 이처럼 세자 내외는 세자의 병이 부왕에게 사랑을 받

---

28 《한중록》, 195쪽. 원문 중의 설명적 진술은 생략하고, 세자와 영조의 대화부분만을 뽑아
재구성했다.

지 못한 데서 연유한다는 사실을 잘 알고 있었다. 그러나 영조는 세자의 병이 이미 10여 년을 경과해 고질이 된 다음에야 비로소 그 사실을 알 수 있었다. 세자를 미워하는 편벽된 마음이 그의 눈을 어둡게 한 것이다.

사실 위의 대화가 오고 간 무렵, 영조와 세자는 서로에 대한 불신과 증오가 이미 너무 깊어져 도저히 수습할 수 없는 단계에 도달해 있었다. 그것은 아버지인 영조뿐만 아니라 자식인 세자도 마찬가지였다. 세자가 부왕에게 불려갔다 온 후, 세자빈이 부자간의 관계가 지금부터라도 혹 좋아지지 않을까 기대하는 눈치를 보이자, 세자는 세자빈더러 "아버지가 부러 그러하시는 말씀으로 믿을 것이 없으니, 필경은 내가 죽고 마느니."라고 말한다. 세자의 이 말을 통해 우리는 세자가 '부왕이 언젠가는 자기를 죽일 것'이라는 피해망상에 시달리고 있었음을 알 수 있다. 아버지에 대한 공포가 마침내 피해망상으로 발전한 것이다. 이러한 피해망상을 갖고 있었기에 세자는 자연히 자기방어적인 이상한 행동들을 하게 되고, 그러한 행위의 심리적 기저를 이해하지 못한 부왕으로서는 더욱 격노할 수밖에 없었다. 따라서 영조가 세자에 대해 측은한 마음을 보였다거나 이제 세자를 미워하지 않겠다고 한 것은 일시적 감정이었을 뿐, 세자를 미워하는 마음이 바뀔 수는 없었다. 작자는 시간이 흐를수록 어긋나기만 하는 이 부자의 관계를 '하늘이 그렇게 만든 것', 즉 인간의 힘으로는 피할 수도 제어할 수도 없는 운명으로 파악하고 있다. 이 운명은 끝내 부왕이 참혹한 방법으로 세자를 살해하는 비극적 상황을 연출한다.

영조가 세자를 뒤주에 가두어 굶어 죽게 하는 참변이 일어난 것은 1762년, 세자의 나이 28세 때였다. 당시 영조는 69세의 노인이었다. 세자에 대한 갖가지 좋지 않은 소문과, 세자를 해치려는 정파政派에서 올린 세자를 헐뜯는 글을 접한 영조는 격노한 나머지 세자에게 당장 자결할 것을 명령했으며, 그것이 여의치 않자 뜰에다 뒤주를 가져오게 해 세자에게 그 속에 들어가게 했다. 세자의 아들인 세손이 달려와, "제발 아버지를 살려달라"고 애원했지만 아무 소용이 없었다. 세자는 부왕의 명령을 거역하지 못해 스스로 뒤주 속에 들어갔으며, 찌는 무더위 속에서 8일 만에 굶어 죽었다.

지금까지 살펴본 것처럼, 《한중록 4》는 영조와 세자 간에 갈등이 싹트게 된 경위와 갈등이 점차 악화되어 간 과정, 그리고 마침내 아버지한테 자식이 참혹하게 살해되는 비극적 결말의 전과정을 대단히 사실적인 필치로 그려 보여준다. 사도세자의 비극은 영조의 성격적 결함에서 연유하는 바 크지만, 당쟁과 관련한 정치적 음모로 초래된 측면도 있다. 《한중록 4》는 훌륭한 치적治績을 남긴 것으로 알려져 있는 영조가 인간적 됨됨이는 보잘것없으며, 결함투성이의 인간이었음을 잘 보여주고 있다. 《한중록 4》는 비단 가려져 있는 역사적 사실 이면의 진실을 알려주고 있다는 점에서 흥미로울 뿐 아니라, 인물의 성격에 대한 뛰어난 묘사, 인물들이 빚어내는 갈등을 생생하게 재현했다는 점에서 문학적 성취 또한 뛰어나다. 이외에도 《한중록 4》는 유려하고 전아한 문체로 당대 궁중의 풍속을 잘 그리고 있어 궁정문학으로서의 의의 또한 적지 않으며, 작자의 비극적 체험에다 한의 정서를 내면화했다는 점에서 여성문학으로서의 독특한 가치를 발견할 수 있다.

6. 결론

이 글에서는 고전산문을 갑오경장 이전에 나온 국문소설과 국문 교술산문으로 한정한 다음, 그 특징적 양상을 몇몇 작품을 중심으로 살펴보았다. 이를 통해 이 글은 두 가지 목표를 달성하고자 했다. 하나는 우리나라 고전산문 중 대표적인 작품들의 면모와 의의를 깊이 있게 드러내 보여주는 일이고, 다른 하나는 우리나라 고전산문사의 전체적 흐름과 다양한 층위를 거시적으로 짚어주는 일이다.

고전산문, 특히 고전소설에 대한 학계의 연구성과는 대단히 많고 그 연구방법론은 다양하며, 연구 수준 또한 다른 어떤 분야보다도 높다. 이 글은 현재 우리 학계의 연구 수준을 최대한 반영하고자 노력했지만, 불가피하게 필자의 독자적 관점과 학문적 취향이 반영된 부분도 적지 않으리라 여긴다.

몇몇 대표적인 작품을 중심으로 논의를 전개한 이 글의 접근방법은 고전산문의 정수를 보여주는 데에는 유리하지만, 고전산문의 전모를 충분히 드러내 보이기에는 대단히 미흡하다는 문제점을 안고 있다. 그래서 혹 한국 고전산문이 앞에서 거론한 몇몇 작품밖에 없는 줄로 오해하거나, 한국 고전산문의 양이 그리 많지 않다고 앞질러 판단해 버릴지도 모르겠다. 만일 그렇게 생각한다면 큰 잘못이다. 실제 상황은 그와는 정반대이기 때문이다. 개론적 나열의 폐단을 피하고자 이 글에서는 극히 한정된 작품들의 이름만을 언급하는데 그쳤지만 실제로 한국 고전산문, 특히 고전소설은 작품 목록만 하더라도 한 권의 책으로 작성해야 할 정도로 분량이 많다. 그 속에는 의의 있는 작품들이 적지 않으며, 작품들이 보여주는 면모 역시 다양하다. 한국 고전산문은 이처럼 양이 방대하기 때문에 아직 채

연구되지 않은 작품도 없지 않고, 설사 초보적으로는 연구되었다 할지라도 더 깊은 연구를 기다리는 작품들이 허다하다.

앞에서 우리는 한국 고전산문의 중요한 성과에 해당하는 몇몇 작품을 집중적으로 살펴보았다. 《홍길동전》《구운몽》《춘향전》《완월회맹연》《한중록》이 그것이다.

《홍길동전》은 우리나라 최초의 국문소설이다. 이 작품은 종종 중국의 《수호전》과 비교된다. 두 작품은 의적소설이라는 점에서 비슷하다. 그러나 《홍길동전》은 《수호전》의 영향으로 창작된 것이 아니며, 국내적 창작연원을 갖고 있다. 농민문제와 서얼문제라는 16~17세기 조선의 사회적 모순이 이 작품의 창작을 추동했던 것이다. 《홍길동전》은 실제 인물인 홍길동의 이야기라는 점에서 역사소설로서의 성격도 없지 않다. 《홍길동전》에서 처음 마련된 의적소설 또는 역사소설 창작의 전통은 근현대문학으로 계승되어 한국 근현대소설의 주요한 특성을 이루게 된다. 그리하여 《임꺽정》이나 《장길산》 같은 기념비적 작품이 창작될 수 있었다. 《홍길동전》은 또한 이후의 고전소설에 많은 영향을 끼쳤다. 특히 영웅소설로 불리는 일군의 작품들은 《홍길동전》으로부터 큰 영향을 받았다.

《구운몽》은 선계와 현실계의 이중구성을 통해 작자의 불교적 인생관을 형상화하고 있을 뿐 아니라 당시 사대부의 귀족적 이상을 잘 표현했다. 《구운몽》의 창작으로 한국 고전소설은 심오한 깊이와 서사적 장대함을 획득할 수 있었으며, 《구운몽》은 중국에까지 전파되어 번안되기도 했다. 《구운몽》 역시 후대소설에 큰 영향을 주었다. 《옥루몽》이나 《옥련몽》은 《구운몽》에서 직접 영향을 받아 창작되었다. 이 밖에도 많은 고전소설, 특히 영웅소설이나 가문소설은 《구운몽》에게서 많은 암시를 받은 것으로 보인다.

《완월회맹연》은 무려 180책이나 되는 거작으로서 가문소설의 제반 특징을 잘 보여준다. 이 작품은 정씨 가문의 번성과 내부적 갈등을 3대에 걸쳐 도도하게 펼쳐 보이고 있다. 주요 등장인물만 하더라도 여러 명이며, 기타 수백 명의 인물이 사건을 다채롭게 엮어나간다. 《완월회맹연》 같은 거작은 고전소설 작자의 창작역량을 잘 보여준다. 18세기에 수립된 가문소설의 전통은 근현대소설의 가족사 소설로 그 명맥이 이어지고 있다고 생각된다. 가령 1930년대 리얼리즘 소설의 대표적 성과인 염상섭廉想涉의 《삼대 三代》나, 1970년대 이래 수십 년에 걸쳐 창작된 박경리朴景利의 《토지 土地》 3부작 같은 것은 문학사의 거시적 맥락에서 본다면 가문소설의 전통과 연관지어 생각해 볼 수 있다. 물론 가문소설은 상층 사대부 귀족의 관심과 이념을 표현한 이상주의 문학이고, 《삼대》나 《토지》는 시민계급에 기초한 근대 리얼리즘 소설로서 그 계급적·이념적 기반이 전혀 다르다는 점은 인정되나, 특정 가문의 인물들을 중심으로 가문 내부의 문제와 당대의 사회정치적 동향을 서로 연결시키면서 장대한 서사적 편폭을 펼쳐 보이고 있다는 점에서는 적어도 상통하는 바가 없지 않다. 또한 《완월회맹연》과 《토지》, 이 두 거작이 모두 여성 작자의 손으로 이룩되었다는 점도 흥미롭다. 《한중록》은 우리나라 교술산문 가운데서 백미에 해당되는 작품이다. 작자가 직접 겪은 왕실의 비극적 사건을 서술한 이 작품은 그 기저에 한의 미학을 깔고 있다. 《한중록》은 자전적 회고록이라 하겠는데, 이런 유의 문학은 이후 근대 전기문학傳記文學으로 이어진다고 할 수 있다.

고전소설은 당대의 1급 문인이자 비판적 지식인에 의해 새로운 갈래로서의 전범이 마련되고 그 가능성이 모색되었다. 《홍길동전》의 작자 허균, 《구운몽》과 《사씨남정기》의 작자 김만중, 《창선감의록》의 작자 조성기가 모두 그러하다. 이들은 모두 17세기의 인물이다. 그러나 시간이 흐르면서 작자층은 확대되어 서민층, 몰락 양반층, 나아가 여성까지 작자로 등장하는 변화를 보였다. 이들이 창작한 작품들은 거의 모두 익명이라는 특징을 보인다.

고전소설은 또한 그 소재·주제·지향에 따라 귀족적·이상주의적 계열의 작품군과 서민적·현실주의적 계열의 작품군으로 대별해 볼 수 있다. 전자의 예로는 가문소설을, 후자의 예로는 판소리계 소설을 들 수 있다. 그러나 모든 작품을 이 두 범주로 확연히 구분할 수 있는 것은 아니다.

고전소설은 17세기에는 필사본으로만 유통되었으나 18세기에는 필사본만이 아니라 방각본坊刻本이라는 새로운 형태의 책도 등장했다. 방각본이란, 상인이 판매를 위해 판각板刻해 간행한 책이다. 당시에는 아직 저작권 개념이 없었으므로, 상인들은 필사본으로 유통되는 소설 중 인기 있는 것이라면 어떤 작품이든지 간행할 수 있었다. 방각본으로 출판된 고전소설은 수십 종류나 되며 대부분 현전하고 있다. 방각본으로는 특히 경판京版과 완판完版이 유명한데, 경판은 서울에서 간행된 것을, 완판은 완주完州, 곧 지금의 전주에서 간행된 것을 가리킨다. 그런데 유의해야 할 점은 동일한 작품이라 할지라도 경판인가 완판인가에 따라 작품의 내용에 상당한 차이가 난다는 사실이다. 가령《춘향전》은 경판도 있고 완판도 있는데, 두 판본은 그 세부 내용과 문체가 상당히 다르다. 또한《춘향전》의 경우 완판만 하더라도 30장본이 있는가 하면 84장본이 있는 등, 판본에 따라 현저한 차이가 있다. 그런데《홍길동전》《구운몽》《춘향전》같은 작품은 방각본과 필사본이 함께 전해지지만,《완월회맹연》같은 가문소설은 방각본을 전혀 찾아볼 수 없으며 필사본뿐이다. 이는 가문소설이 워낙 분량이 많아 당시의 영세한 출판사정으로 볼 때 출판이 곤란했다는 점 말고도, 좀 더 주요하게는 가문소설이 상층의 귀족을 독자층으로 삼는 소설이었다는 데에 그 원인이 있다. 방각본으로 출판된 소설은 주로 도시의 서민층을 독자로 상정했던 것이다. 한편 가문소설은 방각본으로 출판되지는 못했지만, 이른바 세책가貰冊家(돈을 받고 소설책을 빌려주는 가게)를 통해 유통될 수 있었다.

지금까지 살펴본 것처럼, 고전산문은 17세기 이래 19세기에 이르기까지 다양하게 발전하면서 계속 새로운 지평을 열어왔다. 다시 말해 고전산문은 독자적 발전법칙에 따라 내부역량을 강화하면서 근대문학으로의 전환을 스스로 준비해 왔다고 할 수 있다. 하지만 우리나라가 일제의 식민지가 됨으로써 고전산문의 근대문학으로의 주체적 전환에는 커다란 차질과 우여곡절이 빚어졌다. 그러나 앞에서 언급했듯이, 고전산문의 주요한 전통과 성과들은 근현대의 뛰어난 작가들에 의해 창조적으로 계승되었다고 할 수 있다. 이들 작가들은 우리의 고전적 전통과 서구 근대문학의 기법을 결합시킴으로써 한국문학의 수준을 한 차원 높이면서 한국문학의 세계문학화에 크게 기여했다.

■ 참고문헌

자료편

구자균 교주,《춘향전》《한국고전문학 대계》 10, 서울: 민중서관, 1970.

김기동 편,《필사본 고전소설 전집》, 서울: 아세아문화사, 1977.

김동욱 편,《영인 고소설판각본 전집》, 서울: 나손서옥, 1975.

김만중,《서포만필西浦漫筆》, 홍인표 역, 서울: 일지사, 1987.

김병국 편,《구운몽》《국문학총서》 4, 서울: 시인사, 1984.

김병국 외 역,《서포연보西浦年譜》, 서울: 서울대학교 출판부, 1992.

김진세 교주,《완월회맹연》 1-12권, 서울: 서울대학교 출판부, 1987~94.

동국대 한국학연구소 편,《활자본 고전소설 전집》, 서울: 아세아문화사, 1976.

민제 교주,《춘향전》, 서울: 동화출판공사, 1976.

박성의 주석,《구운몽·사씨남정기》, 서울: 정음사, 1959.

이가원 교주,《구운몽》, 서울: 덕기출판사, 1955.

이병기·김동욱 교주,《한듕록》,《한국고전문학 전집》 6, 서울: 보성문화사,
        1978.

이화여자대학교 한국어문연구회,《한국고대소설 총서》, 1972.

인천대학 민족문화연구소 편,《구활자본舊活字本 고소설 전집》, 1983.

정병욱·이승욱 교주,《구운몽》,《한국고전문학 대계》 9, 서울: 민중서관, 1972.

조윤제 교주,《춘향전》, 서울: 을유문화사, 1957.

한국정신문화연구원,《한국고대소설 대계》, 1982.

《한글필사본 고소설자료총서》, 서울: 오성사, 1991.

허균,《성소부부고》, 민족문화추진회 역, 1967.

황패강·정진형 공편,《홍길동전》,《국문학총서》 3, 서울: 시인사, 1984.

연구저서편

김동욱,《춘향전 연구》, 서울: 연세대학교 출판부, 1965.

김병국,〈구운몽 연구: 그 환상구조의 심리적 고찰〉,《국문학 연구》, 서울: 서울
        대학교 대학원 국문학연구회, 1968.

김병국 외 편,《춘향전 어떻게 읽을 것인가》, 서울: 신영출판사, 1993.

김진세, 〈이조 후기 대하소설 연구: 완월회맹연의 경우〉, 《한국소설문학의 탐구》, 서울: 일조각, 1978.

박희병, 〈춘향전의 역사적 성격분석〉, 《전환기의 동아시아문학》, 임형택·최원식 편, 서울: 창작과비평사, 1985.

서대석, 《군담소설의 구조와 배경》, 서울: 이화여대 출판부, 1985.

성현경, 〈이조적강소설연구〉, 서울대학교 박사논문, 1980.

이상택, 《한국고전소설의 탐구》, 서울: 중앙출판인쇄, 1981.

_____, 〈조선조 대하소설의 작자층에 대한 연구〉, 《고전문학 연구》 3, 한국고전문학연구회, 1986.

이수봉, 《가문소설 연구》, 대구: 형설출판사, 1978.

임형택, 《한국문학사의 시각》, 서울: 창작과비평사, 1984.

_____, 〈17세기 규방소설의 성립과 창선감의록〉, 《동방학지》 57, 연세대학교 국학연구원, 1988.

정규복, 《구운몽 연구》, 서울: 고려대학교 출판부, 1974.

정길수, 《구운몽 다시 읽기》, 서울: 돌베개, 2010.

정병설, 《완월회맹연 연구》, 서울: 태학사, 1998.

조동일, 〈영웅의 일생, 그 문학사적 전개〉, 《동아문화》 10, 서울: 서울대학교 동아문화연구소, 1971.

_____, 《한국소설의 이론》, 서울: 지식산업사, 1977.

_____, 〈구운몽과 금강경의 거리〉, 《국문학 연구의 방향과 과제》, 서울: 새문사, 1983.

6부 · 근대시가

오세영

1. 근대시의 출발

한국문학사의 시대 설정에서 근대란 일반적으로 동학혁명과 갑오경장이 일어난 1894년 이후의 시기를 가리킨다. 그러므로 근대시 역시 시기적으로는 1894년 이후의 시를 의미한다.

근대시가 무엇인가 하는 질문에는 쉽게 대답하기 힘들다. 그러나 간단히 말하자면 반봉건 근대의식이 문학적으로 표현된 시가 아닐까 한다. '반봉건 근대의식'은 상식적으로 정치에서는 민중·민주·민족주의를, 세계관에서는 과학적 계몽주의를, 윤리관에서는 휴머니즘을, 그리고 삶의 양식에서는 개인주의와 자아의 발견을 지향하는 의식이다. 따라서 근대시란 이와 같은 이념의 추구가 형식이나 언어, 내용 등에 반영된 시라고 정의할 수 있을 것이다.

일단 근대시의 성격을 이렇게 규정해 놓고 본다면 한국 근대시는 비록 출발이 19세기 말, 완성이 20세기 초에 이루어졌다고 하더라도 그 연원은 18세기 전후의 시대에까지 거슬러 올라갈 수 있으리라는 것이 필자의 생각이다. 그 이유는 한국문학사에서 이와 같은 변화가 실질적으로는 18세기 사설시조에서부터 나타나기 시작했다고 보기 때문이다. 물론 이 시기의 사설시조에 반영된 근대의식은 동시대의 서구처럼 적극적이거나 보편적이지는 않았다. 그러나 당대 조선사회의 변화와 더불어 반봉건 근대의식의 싹은 이때 이미

한국문학에도 돋아나고 있었다. 따라서 이는 서구사조의 수입과 무관한 자생적인 변화였다고 말할 수 있다.

사설시조의 근대성은 다음과 같다. 첫째, 형식면에서 그전의 문학사에서는 찾아볼 수 없을 만큼 혁신적인 자유시형과 자유율을 지향했다. 사설시조는 무엇보다 조선의 전통적인 정형시, 즉 평시조에서 종장 첫구의 3.5조 음수율만은 폭넓게 변용시켰지만 이외의 시적 진술은 (내용의 전개가 의미적으로 삼분절되는 것을 제외할 경우) 그 어떤 규칙에도 구속받지 않는 시 형식을 갖고 있는데, 이는 근대 자유시의 중요한 특성이다. 둘째, 사설시조는 산문적 진술을 원용하고 언어를 민중적인 것으로 해방시켜 속어는 물론 비어·음담패설·생활어 등을 자유롭게 구사함으로써 귀족어·지식어·교양어로만 작품을 쓰던 전 시대의 언어규범을 무너뜨렸다. 셋째, 이념적인 측면에서 간접적이나마 시대 비판과 사회 고발, 억압된 인간성의 해방, 에로스의 방출을 통한 전근대적인 도덕성에 대한 도전, 새로운 사회·경제 현실에 대한 자각 등을 담고 있다. 넷째, 동시대의 삶을 사실주의적 관점에서 조명하고 이를 풍자·기롱하는 희극미를 보여주었다.[1]

그러나 한국문학의 이 같은 자생적 근대성은 19세기에 와서 정상적인 발전을 도모하기 어려워진다. 한국의 근대사에서 이른바 개화기라고도 불리는 이 시기에 이르러 서구열강, 그리고 일본 같은 신흥 아시아 제국주의 국가의 침략을 받기 때문이다. 다 아는 바와 같이 이후 한국은 여러 정치적 우여곡절 끝에 1910년, 일본 제국주의

---

1 이에 관한 자세한 논의는 오세영, 〈근대시와 현대시〉, 《20세기 한국시 연구》(서울: 세문사, 1989) 참조.

의 식민지로 전락하는 치욕을 당한다. 따라서 이 시기의 한국문학은 두 가지 도정을 걷지 않을 수 없었다. 하나는 일본을 매개로 해서 서구의 근대성을 기형적으로 받아들이거나 일본에 종속된 근대화로 나아가는 길이요, 다른 하나는 이에 대항해서 민족자주의 근대화를 확립하는 길이었다.

그러나 후자의 경우는 현실적으로 한국이 일본의 식민지로 전락해 버린 상황 아래 있었기 때문에 무엇보다 국권의 회복이 급선무일 수밖에 없었고, 그 결과 이 시기 한국문학이 민족주의나 마르크스주의에 토대를 둔 민족해방문학을 지향하게 되었던 것은 자연스러운 일이었다. 식민지 치하에 쓰여진 많은 계몽시·저항시·민족주의 시·민족문화 탐구의 시·마르크스주의 시 등은 이러한 맥락에서 이해되어야 한다. 한국의 근대시가 앞서 지적한 자유시형과 반봉건 근대의식 이외에 민족저항시라는 또 하나의 성격을 띠게 된 이유가 여기에 있다.

이처럼 자생적으로 근대화를 이룩할 수 있는 길이 차단당하자 한국의 근대시는 형성과정에서 서구 근대시의 영향을 받지 않을 수 없었다. 그 구체적인 예로서는 양악洋樂의 노래가사인 창가·찬송가·각급 학교의 교가, 그리고 번역 또는 번안 수입된 몇몇 서구 시 등을 들 수 있다. 그러나 비록 서구문화의 영향이 있었다 하더라도 이 시기 한국의 시는 서구의 근대문학을 단순히 이식한 것만은 아니었다. 앞서 살핀 것처럼 한국의 근대시는 이미 18세기에 시작된 우리의 근대시 운동이 토대가 되고 그 위에서 서구의 영향과 상호작용을 일으키는 방식으로 형성되었다.

따라서 우리의 근대시는 전통시가인 조선의 시조 및 가사 등이 18세기에 이르러 자유시를 지향하는 사설시조를 탄생시키고, 이어

개화기의 내외적인 자극과 영향 아래 여러 실험 시형을 탐구한 뒤 1910년대 중반에 완성된 것이라 할 수 있다.

2. 개화기의 시가

일반적으로 한국사에서 개화기란 (자생적인 근대화운동의 하나였던 동학혁명이 실패로 돌아간 후 충분한 대비 없이) 조선왕조가 외세의 강압에 못 이겨 문호를 개방한 1860년대로부터, 이로 인해 결과적으로 일본 제국주의자들에게 국권을 빼앗긴 1910년까지의 약 반세기를 일컫는 용어다. 이 시기의 중요한 정치적 사변으로는 병인양요(1866)·신미양요(1871)·병자수호조약(1876)·임오군란(1882)·한미통상조약(1882)·동학란(1894)·갑오경장(1894)·청일전쟁(1894)·러일전쟁(1904)·을사보호조약(1905)·한일합방(1910) 등이 있었다.

따라서 이 시기엔 우리의 시가문학도 큰 변화를 겪지 않을 수 없었다. 그 내용은 한마디로 우리의 전통시가가 여러 내외적인 요인에 힘입어 형식적인 측면에서나 내용적인 측면에서 근대 자유시를 완성시켰다는 말로 요약할 수 있다.

예컨대 시조(평시조)는 이 같은 과정을 거치면서 두 갈래로 분화되었다고 생각된다. 하나는 발생 이후 지금까지 정체성을 지키면서 독립된 장르를 구축해 온 길이요, 다른 하나는 18세기에 들어 사설시조로 해체되고 개화기의 여러 실험과정을 거치면서 오늘날의 자유시로 정착해 온 길이다. (이 후자의 변화에는 물론 앞서 언급한 것처럼 외국의 영향이라든지, 가사나 민요 같은 전통 장르간의 상호작용에도 힘입은 바 컸다.) 오늘날 창작되고 있는 현대시조는 전자, 자유시는 후자의 결과물이라 할 수 있다.

18세기에 이르러 정형성이 해체되기 시작한 우리의 전통시가가 근대 자유시를 이루는 과정은 대개 네 단계로 나누어 살펴볼 수 있다. 첫째 전통 장르 자체 내의 해체, 둘째 전통 장르 상호침투에 의한 해체, 셋째 외래적 요소의 영향과 새로운 율격의 실험, 넷째 반동反動적 시형의 등장과 그 극복 등이다.[2] 그런데 이 중 첫 단계는 18세기, 나머지 세 단계는 모두 개화기에 일어난 자유시 지향 운동들이라 할 수 있다.

첫 단계에서는 정형성이 엄격히 요구된 평시조의 일부가 분화되어 좀 더 자유롭고 산문적인 사설시조로 발전하고, 조선시대의 대표적인 시가 양식의 하나인 가사 또한 산문화 경향을 띠게 된다. 이 시기에 가사가 가창 대신 낭송되기 시작한 것도 그러한 변화의 한 증거라 할 수 있다.

둘째 단계에 오면 장르 자체 내에서 이루어지던 정형성의 해체가 다른 장르와 상호작용을 일으킴으로써 한층 심화된다.[3] 가령 민요와 가사, 가사와 시조, 시조와 민요, 가사와 언문풍월諺文風月 등이 상호침투되거나 혼합된 형식의 시가를 창작함으로써 예전에 없던 자유시적 요소를 확산시킨 것 등이다. 그 결과 전통시는 예전보다도 더 적극적으로 형식의 해체, 진술의 산문화, 연 구분 방식의 채택, 기계적 율격의 파괴 등을 지향하게 된다. 셋째 단계는 외래적인 요

---

2 이에 관해서는 오세영, 〈개화기 시의 재인식〉, 《20세기 한국시 연구》(서울: 새문사, 1989) 참조.
3 개화기의 시가 장르 상호침투에 관한 연구는 김영철, 《한국 개화기 시가의 장르 연구》(서울: 학연사, 1987) 참조.

소의 수용이다. 대표적인 예는 아마도 교가의 가사 창작, 찬송가와 서구 시의 번역이나 수입 등에서 영향을 받았을 것이다. 우리의 근대시는 이로부터 어법·표현방식 등 언어 측면과 이념·사상 등 의미 측면에서 현대적 감수성과 서구적 세계관을 수용하게 된다.

이와 같은 세 단계를 거쳐 우리의 자유시가 거의 완성에 도달하려 할 즈음 대두한 것이 마지막 네 번째 단계다. 이는 전통시가의 자유시 지향에 거부감을 가지고 있었던 일부 문학의 보수세력들이 새로운 정형시형을 탐구해 이를 막아보고자 했던 일종의 반동적 문학운동이라고 할 수 있다. 이의 결과로 창안된 과도기적 정형시형들이 다 아는 바와 같이 신체시·4행시·언문풍월 등이다.

그러나 시대적 감수성과 동떨어진 이 반동적 움직임은 결코 승리를 거둘 수 없었다. 이 넷째 단계를 극복하자 사설시조의 창작에서 비롯된 우리 전통시가의 정형성 해체와 자유시 지향 운동은 드디어 민족적인 공감을 얻는 데 성공한다.[4] 그 예로 석천(〈이별〉 1914)이나 김여제(〈산녀山女〉 1915) 같은 아마추어 시인들의 작품을 들 수 있다. 그리고 이 성공한 자유시형의 시들이 이제 전문 시인들을 통해 널리 일반인들에게 확산되기 시작한다. 1910년대 말의 김억·황석우·주요한 등의 시인들이 그 주역이다.

개화기에 쓰여진 시 양식으로는 민요·한시·시조·사설시조·개화기 가사·창가·신체시·4행시·언문풍월 등이 있다. 그러나 이 중에서 민요·한시·시조·사설시조 등은 전통 장르가 전승된 것이므로 개화기에 발생한 시 양식만을 별도로 열거한다면 개화기 가사·창

---

4 신체시의 반(反)자유시적 성격에 관해서는 오세영, 〈개화기 시의 재인식〉,《20세기 한국 시 연구》(서울: 새문사, 1989) 참조.

가·신체시·4행시·언문풍월 등을 들 수 있을 것이다.

개화기 가사란 문자 그대로 개화기에 쓰여진 가사를 가리킨다. 물론 그것은 '가사'라는 측면에서 그 형식상 조선시대의 전통 가사와 크게 다를 바 없다. 그런데도 우리가 그것을 굳이 '개화기 가사'로 명명해 전통 가사와 구분하는 이유는 개화기 가사에는 그 이전의 가사와 달리 개화기라는 한 시대의 의식이 특별하게 문학적으로 반영되어 있기 때문이다. 그것은 다음과 같다.

첫째, 형식적인 측면에서 개화기 가사는 전통 가사처럼 정형을 엄격히 고수하지 않고 약간의 자유스러움을 지향했다. 길이에 제한이 없다는 점, 전통 4.4조에 국한되지 않고 3.4조 또는 4.3조의 변이율도 구사한다는 점, 합가合歌나 후렴구 등을 삽입하고 연 구분도 생겼다는 점, 그 외 민요나 시조 등과 상호침투해 형태 및 율격에서 상당한 파격을 보여준다는 점 등이 그것이다.

둘째, 그 내용이나 이념적인 측면에서 개화기 가사는 조선시대 전통 가사와 달리 근대의식을 보여주었다. 자주독립과 문명개화를 역설한 것, 반외세·반봉건의식을 고취한 것, 현실비판과 풍자를 통해 사회를 개혁하고자 한 것, 애국 또는 우국의 충정을 노래한 것 등이다. 혹자가 개화기 가사를 '우국가사憂國歌辭' 또는 '한말우국경시(세)가韓末憂國警時(世)歌' 또는 '개화가사開化歌辭'라 부르는 것도 이 때문이다. 그러나 이 같은 명칭들은 개화기 가사가 지닌 다양한 주제 하나하나를 별개로 지칭한 것이므로 포괄적인 명칭이 될 수는 없다. 따라서 이 중 문명개화를 강조하는 주제의 가사는 개화가사로, 우국·애국 충정을 노래한 가사는 우국가사로, 척사위정과 충군을 기리는 가사는 충군가사 등으로 하위 구분하는 것이 바람직할 것이다.

이외에도 개화기 가사에 준하는 용어에 '사회등가사社會燈歌辭'와 '애국독립가류愛國獨立歌類' 등이 있다. 그러나 전자는《대한매일신보》의 논평란 '사회등'에 실린 익명의 가사를, 후자는 (대부분《독립신문》에 투고된 독자들의 가사가 그렇지만)〈애국가〉또는〈독립가〉등의 제목으로 발표된 가사를 일컫는 명칭이므로[5] 개화기에 창작된 전체 가사를 지칭하기에는 부적합한 용어다. 뿐만 아니라 작자의 성격에서도 어떤 일관성을 찾아볼 수 없다. 가령《대한매일신보》의 '사회등' 란에 익명으로 발표된 가사의 작자는 이 신문사의 기자나 논설위원으로 추정되며, 대체로 정치비판 및 현실고발이 주된 내용을 이루지만《독립신문》등의 애국독립가류는 애국 및 계몽을 주제로 해서 쓰여진 독자투고 가사들이다. 대표적인 애국독립가류의 개화가사로는 뎐경퇵의〈애국가〉(《독립신문》, 1898. 5. 19), 한명원의〈애국가〉(《독립신문》, 1896. 7. 4), 리용우의〈애국가〉(《독립신문》, 1896. 7. 7), 김종섭의〈애국가〉(《독립신문》, 1896. 9. 5) 등이 있다.

(1) 오늘날이하일何日인고   음력세수상원陰曆歲首上元이라
    만리벽공萬里碧空바라보니   천연天然할사저명월明月은
    두우간斗牛間에배회徘徊하고   장안만호長安萬戶살펴보니
    입춘대길황홀立春大吉恍惚하다   쌍명가절雙名佳節이아닌가
    방가종주放歌從酒하여보세

(2) 달도밝고봄도왔네   사회상社會上의지사志士들아

5 속칭 '사회등가사'와 '애국가류'에 관한 자세한 논의는 조남현,〈개화기 시가론〉,《한국 현대문학의 자계》(서울: 평민사, 1985) 참조.

상호시기相互猜忌하지말고 　　무도진경단합務圖進競團合하며

자만자족自滿自足하지말고 　　부식방침연구扶植方針硏究하여

일대단체一大團體되려거든 　　춘일春日같이화창和暢하고

망월望月같이원만圓滿하소

(3) 달도밝고봄도왔네 　　　　교육계敎育界의청년靑年들아

　　나태습관懶怠習慣다버리고 　　근자열심주공勤仔熱心做工하여

　　독립사상분발獨立思想奮發하여 　완전국민完全國民되려거든

　　의뢰성질依賴性質두지말고 　　춘일春日같이화창和暢하고

　　망월望月같이원만圓滿하소

　　　　　　　　　　　　　　　　　－〈춘화월원春和月圓〉《대한매일신보》, '사회등'

　사회등가사 한 편을 인용해 보았다. 사회의 각 계층과 구성원들, 즉 지사志士·교육자·부녀자·탐정貪政·공인들을 호명해 각성을 촉구하거나 훌륭한 국가건설의 역군이 되기를 독려하는 내용으로 개화기 가사의 일반적 주제인 애국계몽과 현실비판, 문명개화에 대한 소망이 잘 표현되어 있다. 형식상 이 시에서 특별히 주목되는 것은 연 구분이 되어 있고 후렴구와 매 연 첫머리에 민요 어구(예컨대 '달아 달아 밝은 달아')가 반복되고 있다는 점이다. 이는 우리의 전통 가사에는 없던 것으로 전통적인 가사와 민요가 상호침투되어 새로운 형식을 만들어가고 있는 하나의 예라고 하겠다.

　개화기 가사는 1890년대 들어 신문이나 잡지, 학회지, 교지에 독자투고 또는 (《대한매일신보》의 경우) 기자 집필 형식으로 발표되었다. 그러나 대부분은 전문 문인이나 시인의 작품이라고 말할 수 없으며 그 창작의도 역시 순문학적이라기보다는 사회운동이나 정

치운동의 영역에 머문 것이었다. 하지만 여기에 반영된 여러 근대 문학적 요소들, 즉 앞서 지적한 여러 형태적·이념적 요소가 한국 근대시의 형성에 중요한 밑바탕이 되었다는 것은 부정할 수 없다.

창가는 원래 음악의 명칭으로서 서양곡에 맞춰 부르는 이 시기의 새로운 노래를 가리키는 말이지만, 여기서 문학과 관련되는 부분은 그 노랫말이 전통적인 한국시의 정형 율격에서 벗어나 7.5조·8.5조·6.6조 등으로 새로운 율격, 새로운 시형을 탐색했다는 점이다. 최초의 창가로 알려져 있는 〈황제탄신 경축가〉는 당시 새문안교회 교인들이 고종황제의 생일을 경축하기 위해서 1896년 7월 25일에 지은 것으로, 합동찬송가 468장의 곡조로 불렸다. 이 창가의 노랫말은 대체로 3.3조의 음수율을 지키지만 부분적으로 많은 파격이 있어 보는 관점에 따라서는 미흡하나마 정형시형의 해체 현상을 보여준다고도 할 수 있다. 예컨대 1절과 2절의 끝부분은 2.3조이며 2절의 첫 시행은 3.3.2, 그리고 3.4의 음수율로 되어 있는 것 등이다. 이 시기의 중요한 창가 작자는 최남선·이광수 등이다. 최남선의 대표적인 창가로는 〈경부철도가〉가 있다.

창가는 부분적으로 전통시가에는 없는 새로운 음수율의 율격을 만들었다는 점에서 나름 의의를 지닌 시형이다. 그러나 아직도 고정 음수율에 집착한 나머지 자유시운동에는 크게 긍정적 영향을 주지 못했다. 필자로서는 오히려 자유시운동에 반동하는 시형이 아닐까 생각한다. 언문풍월과 4행시는 근대 자유시운동을 거부하고 한국시의 새로운 정형을 확립할 목적으로 1900~20년대의 일부 시인들에 의해 창작되었다. 언문풍월은 한시의 절구絕句 또는 율시律詩를 모방해 시의 한 행을 5자나 7자로 하고 한 연을 4행으로 하되 각 연

1, 2, 4행의 끝에 같은 운이 오도록 만든 시형이다.[6] 4행시 역시 이에 준하나 한 행의 길이를 5자 또는 7자로 제한하지 않고, 그 대신 4.4조 또는 6.5조 등 음수율을 지키도록 했다는 점에서 차이가 있다. 대표적인 언문풍월의 시집으로는 1917년 이종린·오상준 등이 편찬한 《언문풍월》이 있다. 한편 4행시는 주로 이광수가 실험했는데, 〈말 듣거라〉〈새아이〉〈내 소원〉 등의 작품이 있다.

이 중에서도 이 시기의 독특한 과도기적 장르는 신체시다. 이 시형은 일반적으로 장르 차원에서는 어떤 통일된 정형시적 규범을 지니고 있지 않지만 개별 작품의 경우에는 그만의 독특한 정형성을 지닌다는 점에서 그 특성을 찾을 수 있다. 예컨대 각 작품은 그 자체에만 해당하는 정형이 있어 첫째, 매 연을 구성하는 행수가 같을 것, 둘째, 모든 시행에 일관하는 공통의 음수율은 없지만 각 연에 대응하는(이를테면 1연의 1행과 2연의 1행과 3연의 1행, 그리고 1연의 2행과 2연의 2행, 3연의 2행 등) 행끼리 동일한 음수율을 밟을 것 등의 규범이 있었다. 그러한 의미에서 신체시 역시 이 시기 자유시운동에 대한 반동적인 시형이라고 평가할 수 있겠다. 공식적인 관점에서 최초의 신체시는 최남선이 창작한 〈해에게서 소년에게〉(1908)다. 그러나 이보다 앞서 1898년 이승만이 미국으로 망명길을 떠나면서 썼다고 알려진 〈고목가古木歌〉도 같은 형식을 취하고 있다.[7]

---

6 이에 관해서는 조동일, 《한국문학통사》(서울: 지식산업사, 1986), 286~291면 참조.
7 신체시에 관한 자세한 논의는 김학동, 〈신체시와 그 시단의 전개〉, 《한국 개화기시가 연구》(서울: 시문학사, 1981) 참조.

3. 1920년대의 시

1920년대란 3·1운동이 일어난 1919년부터 일제가 만주사변을 일으킨 1931년 전후까지를 말한다. 이 시기에는 거족적으로 일어난 3·1독립운동의 결과 일제가 무단통치에서 이른바 문화정치로 한국의 식민지 통치방식을 바꾸어 지배한 기간이다. 문화정치는 3·1운동을 경험한 일본 제국주의자들이 더 이상 한국을 무력으로 지배할 수는 없음을 자각하고 국내적으로는 진보적 지식인 및 사회주의 운동가들을 기만하고 대외적으로는 식민지 통치에 대한 국제여론을 무마시키는 한편, 통치방식으로는 문화적 세뇌를 통해 한민족을 일제와 동화시켜 그 존재를 지구상에서 영원히 말살하려 한 정치술책이다.

한국인들은 이러한 일제의 문화정치를 역이용하여 그 전보다 활발하게 문화·예술·교육운동을 일으킨다. 문학 관련 활동으로는 잡지·동인지·신문의 발간을 들 수 있다. 《백조》《폐허》 같은 동인지, 《조선문단朝鮮文壇》(1924), 《문예공론文藝公論》(1927) 같은 순문예지, 《개벽開闢》(1920) 같은 일반 교양지, 그리고 《동아일보東亞日報》(1920), 《조선일보朝鮮日報》(1920) 같은 신문의 창간이 그것이다.

3·1운동의 실패는 한국인들에게 일종의 허무의식과 좌절감을 안겨주었지만, 민족적 정체성을 확인시키는 계기로 작용했다. 그 결과 1920년대는 민족주의가 성숙했고 민중주의·민주주의의 기운 역시 팽배했다. 전보다 늘어난 일본 유학의 기회는 (물론 일본화된 것이기는 했지만) 근대 서구의 새로운 사조를 받아들이는 데 일정 부분 도움이 되었으며, 러시아에서 일어난 볼셰비키혁명의 영향과 일본 유학생들을 통한 마르크스주의의 유입은 한국에서도 공산주의운동

을 배태시켜 1920년에는 '노동공제회'가, 1925년에는 '조선공산당'이 창립된다. 1920년대의 주된 경향이던 유미주의 시·민요시·민족주의 시·마르크스주의 시·모더니즘 시 등은 그 같은 시대상황을 문학적으로 반영한 것이라 할 수 있다. 뿐만 아니라 이 시기에는 또한 자유시형이 완성되고 김억의 〈겨울의 황혼〉(1919. 1), 황석우의 〈봄〉(1919. 2), 주요한의 〈불놀이〉(1919. 2) 같은 최초의 근대시들이 발표되기도 했다.

1920년대 초의 시단은 동인지 활동이 주도했다. 대표적인 동인지로는 《창조創造》(1919, 김동인·주요한·전영택 등), 《폐허廢墟》(1920, 김억·남궁벽·황석우·염상섭·오상순 등), 《백조白潮》(1920, 홍사용·노자영·이상화·박영희·박종화 등), 《장미촌薔薇村》(1921, 황석우·변영로·노자영·박영희 등), 《영대靈臺》(1924, 김소월·주요한·김동인·김억·이광수 등) 등이 있다.

이 시기의 시들은 대체로 미학적으로는 유미주의를, 정서적으로는 퇴폐주의를, 이념적으로는 허무주의를 지향했다. 이러한 경향의 대두는 당시 김억이나 황석우 등이 소개한 프랑스 데카당 문학의 영향[8] 때문이라고도 하겠지만, 그보다 어떤 이상이나 가치를 추구할 수 없었던 식민지 치하 지식인들의 허무의식이 반영된 것이라 할 수 있다. 그 직접적인 계기는 거족적으로 일어났던 3·1독립운동의 실패에서 비롯된 민족적 좌절감이었다. 1920년대 시인들은 현실이 그만큼 비참하고 절망적이었기 때문에 현실과 생활로부터 도피해 꿈속을 노닐거나, 허무 속으로 침몰하거나, 감각적 관능의 세

---

8 프랑스 상징주의 시가 끼친 영향에 관하여는 한계전, 〈자유시론의 수용과 그 형성〉, 《한국현대시론 연구》(서울: 일지사, 1983) 참조.

계를 탐닉했다. 그들이 즐겨 노래했던 것은 밀실·꿈·병실·죽음·사랑·슬픔·눈물·어두운 동굴 따위였다.

이 경향의 작품들 가운데서 비교적 문학적 성취에 도달한 것은, 화자가 사랑하는 연인과 함께 고통스러운 현실을 버리고 영원한 안식을 누릴 수 있는 어떤 공간, 즉 '부활의 동굴'로 가고자 하는 이상화의 〈나의 침실로〉다. 이 시는 물론 시인이 이 지상에서는 도저히 가치 있는 삶을 영위할 수 없던 당대의 역사적 상황을 문학적으로 표현한 것이라 할 수 있다.[9] 비록 감정이 과잉 노출되고 진술이 사변적이라는 지적을 받기도 하지만, 이 시기에 이만큼 식민지 현실을 미학적으로 극복한 작품을 찾기란 쉽지 않다.

그러나 이상화는 언제까지나 미학적 공간에서 꿈꾸는 삶으로 만족할 수만은 없었다. 청춘적 감상이 가시고 삶에 대한 인식이 구체화되면서 그는 관념적 유미주의 세계로부터 탈피해 현실적인 문제들에 관심을 갖기 시작한다. 그 결과 쓰여진 것이 〈빼앗긴 들에도 봄은 오는가〉다.

우리 시사에서 불후의 저항시로 평가받는 이 작품은 빼앗긴 국토에 찾아오는 봄은 그 자체가 진정한 봄일 수 없다는 인식을 통해 이 지상에 실현되어야 할 정의는 과연 무엇인가를 감동적으로 절규하고 있다. 그러나 이 시가 거둔 성과는 투철한 현실인식 또는 사회저항성만이 아니다. 더욱 중요한 것은 미학적 성취였다.

이와 같은 현실 지향적인 시들은 (앞서 언급한 유미주의적 경향이 퇴조하면서) 1920년대 중반 이후부터 우리 시단에 다양한 모습으로

---

9 〈나의 침실로〉에 대한 분석은 오세영,〈어두운 빛의 미학〉,《현대문학》 통권 284호(1978. 8) 참조.

등장하기 시작한다. 몇몇 시인이 쓴 또 다른 저항시들과 민족주의시, 프롤레타리아 시 등이 대표적이다. 그러나 이들의 시작 태도는, 본질적으로 1920년대 초의 퇴폐적인 유미주의 경향에 반동해 현실을 직시하고 그것을 나름대로 극복하고자 했다는 점에서 지향하는 바가 같았지만 그 본질은 서로 달랐다.

민족주의 시는 다시 민요시파·민족서정시파·시조부흥시파 등으로 나뉜다. 민요시파는 시를 전통민요의 정서·율격·형태·시어 등에 바탕을 두고 쓰고자 했던 일련의 시인들을 지칭하는 용어인데, 김소월·김안서(김억)·홍사용·주요한·김동환 등이 이 범주에 든다. 민요시파를 비롯한 민족서정시파 및 시조부흥시파 등 민족주의 시인들은 일제의 식민지배로부터 독립해 주권을 회복하고 민족자존을 지켜야만 '조선혼朝鮮魂' 또는 '조선심朝鮮心'이라 불리는 민족혼 또는 국가정신을 되찾을 수 있다고 본 사람들이다.

그리하여 그들은 이 민족혼 또는 국가정신이 내재해 있는 민족의 정신유산으로 신화·전설·민담·민요·언어·역사·종교 따위를 들었고, 이를 문학적으로 형상화시켜 이미 쇠잔해진 민족혼을 부활시키자 했다. 이와 같은 생각은 19세기 독일 낭만주의와 이 시기의 민족주의자들(헤르더·피히테·헤겔 등)의 견해와 유사하다. 1920년대 한국의 민족주의 문학을 폭넓게 낭만주의라고 부르는 이유가 여기에 있다. 이러한 맥락에서 민요시파 시인들은 민요가 지닌 율격·형식·내용·정서·이념·언어·감수성 등을 토대로 시를 창작하고자 했는데, 우리는 이들의 시를 민중이 창작한 전래민요와 구분하기 위해서 '민요시'라고 부른다.[10]

---

10 이에 관한 자세한 논의는 오세영,《한국 낭만주의 시 연구》5판(서울: 일지사, 1986),

민요시파 시인들 가운데서도 뛰어난 시인은 (단지 민요시인으로 서만이 아니라 일반적인 서정시인으로서도) 한국의 근대시가 도달할 수 있는 최고의 경지를 보여준 김소월이다.《영대》동인으로 문단에 등장한 그는 초기에 〈초혼〉이나 〈무덤〉 등과 같은 작품을 써서 1920년대 초에 유행한 퇴폐적 허무주의 경향과 유사한 면을 보여주기도 했다. 그러나 이후 시에서 한국인의 민족적 정서와 당대의 국민감정을 전통적 가락과 결합시키는 데 성공한다. 그를 가리켜 우리가 국민시인 또는 민족시인 또는 민중시인으로 부르는 이유가 여기에 있다.

물론 김소월이 자신의 시에서 주로 다루는 내용은 사랑 또는 님의 상실이다. 그리고 그는 그 님 상실에서 오는 슬픔과 한의 정서, 허무의식 등을 한국인의 원형적 심상과 결합시켜 민족의 동질성을 확인함과 동시에 식민지 치하의 어두운 민족정서를 카타르시스해 주었다. 그러한 관점에서 그의 시에 나타난 님의 상실과 허무의식은 단지 개인적 삶에 국한된 문제라기보다 민족공동체적 의미를 띤 것이라고 말해야 옳을 것이다.

시집으로는 1925년에 간행된《진달래꽃》이 있고, 사후에 많은 유고작이 발견되었다. 대표작으로는 〈진달래꽃〉〈초혼〉〈산유화〉〈금잔디〉〈먼 후일〉〈개여울〉〈접동새〉〈예전엔 미처 몰랐어요〉 등이 있다. 그중에서도 국민적으로 애송되는 〈진달래꽃〉 한 편을 인용해 본다.

나 보기가 역겨워

10~160쪽 참조.

가실 때에는
말없이 고이 보내드리우리다

영변寧邊의 약산藥山
진달래꽃
아름 따다 가실 길에 뿌리오리다

가시는 걸음걸음
놓인 그 꽃을
사뿐히 즈려밟고 가시옵소서

나 보기가 역겨워
가실 때에는
죽어도 아니 눈물 흘리우리다

　　민요적 율격과 정서로 님에 대한 사랑과 그리움, 님의 상실에서 기인하는 좌절과 슬픔을 노래한 1920년대의 전형적인 민요시 가운데 하나다. 이 시는 사랑과 미움이라는, 님에 대한 상반하는 두 감정의 갈등을 고백한 작품이라고 말할 수 있다. 왜냐하면 이 시에 형상화된 좌절과 슬픔은 님에 대한 화자의 원망과 미움에서 비롯되었기 때문이다. 그러나 또한 화자는 (떠나가는 님에게 진달래꽃을 한아름 꺾어 뿌려주는 모습에서 볼 수 있듯) 그 모순된 감정의 갈등을 님에게 결코 공개적으로 표출하지 않는다. 오히려 그 슬픔과 좌절을 자신의 것으로 수용하고 새기면서 이를 조화시켜 스스로 거듭나는 극기의 모습을 보여준다. 그러한 관점에서 〈진달래꽃〉의 미학은 상반하는 두 감정의 갈등이 조화를 이루는 데 있다고 할 수 있다. 그런데 이 시에 표출된 한과 슬픔의 정서는 물론 시인 개인의 것만은 아니다. 그것은 고려속요 〈가시리〉에서 유추해 볼 수 있는 것처럼 한편으로는 우리 민족의 원형적 정서에 닿아 있고, 다른 한편으로는 식민지 삶을 살아가는 당대 한국의 국민정서를 반영한 것이기도 하다.[11] 우리는 이 같은 화자의 삶의 태도에서 가장 한국적인 한의 아름다움을 발견할 수 있다.

김안서는 김소월의 스승으로 소월에게 여러 모로 큰 영향을 끼쳤지만 그 자신의 시작은 (형식에 지나치게 집착한 결과) 별로 성공을 거두지 못한 시인이다. 그러나 1910년대 중반부터 《태서문예신보泰西文藝新報》 등에 자유시에 준하는 작품들을 발표했으며, 특히 프랑스 데카당 문학을 우리 문단에 소개하여 한국 근대시 전개에 큰 업적을 남긴 시인이기도 하다. 그는 초창기에는 퇴폐적인 경향의 작품들을 썼으나 곧 민요시에 관심을 기울이고 이를 그 나름으로 정형화시킨 이른바 '격조시格調詩' 창작 운동에 몰두한다. 대표적인 시집으로 《해파리의 노래》 《안서시집》 등이 있다.

주요한은 1910년대 말, 처음으로 근대적인 자유시형의 시 〈불놀이〉 등을 창작해서 문단의 주목을 받았으며, 후에 민요적인 가락을 향토적인 감정에 결합시킨 시들을 많이 썼다. 시집으로 《아름다운 새벽》 《봉사꽃》 등이 있다.

김동환은 《금성金星》 3호에 〈적성을 손가락질하며〉 등을 발표하면서 문단에 등장한 시인이다. 초기에는 남성적인 감성으로 북국의 정서를 형상화하거나 프롤레타리아 시적 경향에 가까운 작품들

---

11 앞의 책, 329~53쪽 참조.

을 썼지만, 1920년대 중반 이후에는 향토적인 삶을 민요적인 율격에 담아 노래했다. 민요풍에 기반을 둔 그의 시들은 밝고 건강한 정서와 낙관적인 현실인식을 보여준다. 그러나 무엇보다도 그의 문학 창작에서 우리의 주목을 끄는 것은 〈국경의 밤〉〈승천하는 청춘〉 등 우리 근대시사에서 최초로 이야기체 시를 썼다는 점이다. 이 중에서 〈국경의 밤〉은 두만강 국경 근처에 사는 한 시골 청년의 불행한 사랑을 그린 것인데, 그 배경으로 일제 식민지 상황이 그려져 있기는 하나 일부 비평가들이 이야기하는 것처럼 그것으로 이를 서사시라 규정하기는 어렵다. 단순히 이야기를 시로 썼다고 해서 서사시가 될 수는 없기 때문이다. 따라서 장르적 관점으로 이들 이야기체 시는 말하자면 일종의 발라드풍에 가까운 서술시라고 해야 옳다. 서정시집으로 《해당화》 등이 있다.

이에 비해서 한용운·양주동·변영로 등은 민족적 서정시파로 불릴 수 있는데, 그들이 자유시의 형식으로 민족적 서정이나 이념을 형상화했기 때문이다. 양주동은 1920년대 초에 문단에 등장해서 〈조선의 맥박〉〈나는 이 나라 사람의 자손이외다〉 등 민족의식을 고취하는 작품과 기타 서정시들을 남겼다. 시집으로 《조선의 맥박》이 있다.

변영로는 1922년 《동명東明》에 〈날이 샙니다〉를 발표하면서 등단한 시인이다. 대표작으로는 〈봄비〉〈논개〉 등이, 시집으로는 1924년에 간행된 《조선의 마음》이 있다. 〈논개〉는 임진왜란 당시 구국을 위해 몸을 바친 의녀義女 논개를 노래함으로써 간접적으로 민족의식을 고취한 찬가 형식의 작품이다. 잘 다듬어진 언어, 선명한 이미지, 낭독에 적합한 율격 등이 결합된 이 시는 1920년대를 대표하는 수작 가운데 하나라 할 수 있다.

같은 맥락에 서 있기는 하나 불교적 상상력을 토대로 해서 삶의 존재론적 문제와 사회적 문제를 변증법적으로 조화시킨 한용운은 이 중에서도 특별한 존재다. 그는 〈논개의 애인이 되어 그의 묘에〉 〈당신을 보았습니다〉 같은 몇 편의 일제 저항시들도 썼으나 주로 불교적 세계관에 토대를 두고 삶과 현실에 대한 구도^{求道}적인 시들을 많이 썼다. 불교 승려이자 일제와 맞서 싸운 독립운동가였던 까닭에 그의 시에는 민족의 아픔과 고통이 때로는 불교적 상상력으로, 때로는 직설적으로 반영되어 있다.

 식민지 치하의 서정시인들, 즉 김소월·이상화·변영로·양주동·신석정·윤동주 등이 일반적으로 그랬듯이 한용운의 시 역시 '님의 상실'과 그로 인해 빚어진 슬픔을 내용으로 담고 있다. 그러한 관점에서 한용운의 시 세계는 한마디로 '님과의 이별과 재회의 기다림'이라고 요약할 수 있을 것이다. 그러나 다른 서정시인들과 달리 한용운은 님과의 이별에서 오는 슬픔을 슬픔 그 자체로, 또는 허무의식으로 받아들이지만은 않는다. 그는 님과의 재회를 확신할 뿐만 아니라 이에서 더 나아가 비록 님이 부재한 현실의 시공간이라 할지라도 그 님은 실존하고 있으며 님과 더불어 역사한다는 강한 신념을 가졌다. 그리하여 그는 이러한 신념으로 비극적 현실을 새로운 희망의 자리로 바꾸어놓고자 했다. 그의 이와 같은 역설적 세계 인식, 즉 절망적인 현실의 희망적 초극은 본래 현상계와 본체계는 따로 있는 것이 아니라 현상계가 본체계이며 본체계가 곧 현상계라는, 색즉시공 공즉시색^{色卽是空 空卽是色}이라는 불교 존재론에 의해 가능했다.

 님은 갔습니다. 아아, 사랑하는 나의 님은 갔습니다.

푸른 산빛을 깨치고 단풍나무 숲을 향하여 난 작은 길을 걸어서 차마 떨치고 갔습니다.

황금의 꽃같이 굳고 빛나던 옛 맹서는 차디찬 티끌이 되어서 한숨의 미풍에 날아갔습니다.

날카로운 첫 키스의 추억은 나의 운명의 지침을 돌려놓고 뒷걸음쳐서 사라졌습니다.

나는 향기로운 님의 말소리에 귀먹고 꽃다운 님의 얼굴에 눈멀었습니다.

사랑도 사람의 일이라 만날 때 미리 떠날 것을 염려하고 경계하지 아니한 것은 아니지만 이별은 뜻밖의 일이 되고 놀란 가슴은 새로운 슬픔에 터집니다.

그러나 이별을 쓸데없는 눈물의 원천을 만들고 마는 것은 스스로 사랑을 깨치는 것인 줄 아는 까닭에 걷잡을 수 없는 슬픔의 힘을 옮겨서 새 희망의 정수박이에 들이부었습니다.

우리는 만날 때에 떠날 것을 염려하는 것과 같이 떠날 때에 다시 만날 것을 믿습니다.

아아, 님은 갔지마는 나는 님을 보내지 아니했습니다.

제 곡조를 못 이기는 사랑의 노래는 님의 침묵을 휩싸고 돕니다.

그의 대표작의 하나인 〈님의 침묵〉을 인용해 보았다. 시인은 "만날 때에 떠날 것을 염려하는 것과 같이 떠날 때에 다시 만날 것을 믿"으며 동시에 "님은 갔지마는 나는 님을 보내지 아니"했다는 진술을 통해 앞에서 지적한 바와 같이 님의 재회에 대한 믿음과 부재 속에서도 님이 실재한다는 확신을 고백하고 있다.

이상 살펴본 것처럼 그의 모든 시는 형식상 연인에게 바치는 사랑의 헌시다. 그러나 다른 1920년대 시의 '님'이 그런 것처럼 이 시에서의 님도 단순히 이성애적 대상만은 아니다. 그의 시가 추구한 님은 이성애적 사랑과 불교적 구도, 그리고 사회적 상상력이 변증법적으로 결합된 존재라고 할 수 있기 때문이다. 그의 님을 때로 조국이라고도 하고 부처라고도 하고 또 연인이라고도 하는 이유가 여기에 있다. 한용운은 당대의 전문 시단과는 특별한 교류 없이 소외되어 홀로 작품을 썼다. 따라서 이전에 두세 편의 시를 발표하기는 했지만 1926년에 펴낸 시집 《님의 침묵》이 그의 유일한 시집이자 등단 시집이다.

민요시파, 민족서정시파와 더불어 이 시기의 민족주의 시에는 조선의 시조를 현대시로 부흥시켜 이를 통해 민족혼을 일구고자 하는 몇몇 시인이 등장했다. 최남선·이광수·정인보·이병기·이은상·조운 등이 그들이다. 이들은 단지 시 형식에서뿐만 아니라 그 소재나 이념, 정서 등에서도 민족적인 것들을 탐구했는데, 가령 국토를 예찬한다든가, 민족의 원형적 상징을 시화한다든가, 민족문화를 찬미한다든가 하는 것이 주된 내용을 이루었다.[12]

최남선은 일찍이(1908) 최초의 종합 교양지 《소년少年》을 발간하고 그 창간호에 최초의 신체시라고 일컬어지는 〈해에게서 소년에게〉를 발표했다. 그는 1910년대에 주로 신체시와 창가를 창작하다가 후에 '국민문학론'을 제창하면서 시조부흥운동을 주도했다. 대표적인 창가로는 〈경부철도가〉, 대표적인 시조로는 〈백팔번뇌〉 등이 있다.

---

12 이에 관한 자세한 논의는 김용직, 〈국민문학파의 평가〉, 《한국근대문학의 사적 이해》(서울: 삼영사, 1977); 오세영, 〈20년대 한국민족주의문학 연구〉, 《20세기 한국시 연구》(서울: 새문사, 1989) 참조.

이광수 역시 1910년대에 신체시와 4행시, 자유시를 창작하다가 1920년대 후반에 들어 〈옛 친구〉〈새해맞이〉 등의 시조를 창작했다.

그러나 이 시기의 가장 뛰어난 시조 시인들은 앞서 언급한 정인보·이병기·이은상·조운 등일 것이다. 이은상은 국토와 자연을 예찬하는 시를, 이병기는 인생론적 자연시를, 정인보는 민족정신의 뿌리를 탐구하는 시를, 조운은 생활에서 일깨운 삶의 진실을 시로 썼다. 정인보의 대표작으로는 〈자모사慈母思〉〈조춘早春〉 등, 이병기의 대표작으로는 (1930년대의 작품이기는 하지만) 〈난초〉〈내리는 비〉〈봄〉〈낭이꽃〉 등이 있으며, 이은상의 대표작으로는 〈금강귀로金剛歸路〉〈가고파〉 등이 있다.

1920년대 초 시단의 퇴폐적인 조류에 대해 민족주의 시들과 함께 이념적으로 현실에 맞서려 했던 또 다른 시인들의 그룹으로 이른바 '경향파'로 불리는 일파가 있다. 프롤레타리아 시·계급주의 시·무산계급의 시 등의 명칭으로도 불린 이 유파는 1922년 '염군사焰群社'라는 공산주의 예술단체가 만들어지면서 공식적인 활동을 시작했지만, 한층 조직적·행동적으로 전개된 것은 《백조》 동인의 멤버로서 퇴폐주의 문학활동에 참여했던 박영희·김기진 등이 공산주의 문학운동에 뛰어들어 1925년 '조선프롤레타리아예술가동맹KAPF'을 결성하고 난 뒤부터의 일이다.

프롤레타리아 시 운동은 이후 활발하게 전개되어 한때 한국 시단을 풍미했으나, 1934년 태평양전쟁(이른바 '대동아전쟁')을 일으킨 일제가 내부 단속을 위해 사상검색을 강화하고 이를 빌미로 공산주의 운동을 탄압하자 지하로 잠적했다. 그리하여 카프는 1934년 공식적으로 해체되고 이 단체의 주동자들인 박영희·김기진·임화 등이 사상 전향을 선언함으로써 프롤레타리아 시 운동은 우리 문단에서 한때 사라진 듯이 보였다. 그러나 표면적으로는 카프가 해체되었지만 (1941년에서부터 1945년 사이의 일제 암흑기를 제외하고) 새로운 세대들이 이 운동의 배턴을 이어받아 1948년 대한민국 정부가 수립될 때까지 때로는 공개적으로, 때로는 지하에서 꾸준히 지속되었다. 이후 프롤레타리아 시인들은 정부수립과 한국전쟁을 거치면서 대부분 월북하거나 사상 전향을 했지만 그중 월북한 시인들은 대체로 북한 당국에게 숙청당하는 비운을 맞는다.

프롤레타리아 시는 조선의 독립은 오로지 프롤레타리아의 조직된 힘으로만 이룰 수 있다는 인식 아래 주로 당대의 사회현실을 계급투쟁의 관점에서 폭로·비판하거나 무산계급의 혁명의식을 고취하고자 했다. 한때 심훈·이상화·김동환 같은 시인들도 이 부류에 가담한 적이 있으나, 대표적인 프롤레타리아 시인은 임화·박세영·이찬·안함광·박팔양 등이다.[13]

특히 임화는 시 창작뿐만 아니라 마르크스주의 비평과 그 문학이론의 탐구에서도 한국 프롤레타리아 문학운동의 견인차 역할을 했다. 〈우리 오빠와 화로〉〈네거리의 순이〉 등은 그 대표적인 작품이라 할 수 있다. 임화는 1920년대 중반, 한때 다다이즘에 심취했으나 1920년대 후반 카프의 간부로 활동하기 시작하면서 (특히 동경 유학에서 돌아온 소설가 김남천, 평론가 안막 등과 함께 이른바 제3전선파의 한 그룹에 참여하면서) 가장 적극적인 프롤레타리아 시운동을 전개했다.

〈우리 오빠와 화로〉는 노동운동으로 감옥에 간 오빠를 그리면서

---

13 프롤레타리아 시의 전개에 관해서는 김용직, 〈신경향파의 대두와 그 활동양상〉 및 〈프로예맹의 발족과 그들의 활동양상〉, 《한국근대시사》(서울: 학연사, 1986) 참조.

계급투쟁의 의욕을 불태우는 누이의 이야기를 독백체로 서술한 작품인데, 후에 이와 같은 형식을 김기진 등 프롤레타리아 비평가들이 이른바 '단편 서사시'[14]라고 명명함으로써 프롤레타리아 시의 한 전형으로 정착하게 되었다. 그러나 일반적으로 프롤레타리아 시들은 계급투쟁의 경직성과 이데올로기의 도식성, 형식과 내용의 획일성, 내용 우월주의 등으로부터 탈피하지 못함으로써 문학적 성취에 다다른 것이 거의 없다. 임화의 경우도 〈우리 오빠와 화로〉나 〈네거리의 순이〉 같은 프롤레타리아 시보다는 오히려 〈우산 받은 요꼬하마 부두〉 같은 서정시들이 문학적으로 더 평가받을 수 있는 작품들이다.

1920년대 한국시의 일반적인 경향으로부터 벗어난 몇몇 예외적인 시인들로는 이외에도 이장희·김석송·오상순·김동명과 같은 시인을 들 수 있다. 이장희는 1925년 문예동인지 《금성》 3호에 〈무대〉〈봄은 고양이로다〉 등을 발표하면서 시단에 등장했는데 사물과 풍경을 감각적이고 지적인 정서로 간결히 묘사하는 데 특출했다.

김석송은 휘트먼의 영향을 받은 1920년대 시인이다. 1920년대 초 〈햇빛 못 보는 사람들〉〈무산자의 절규〉 등을 발표하는 한편으로 〈민주문예소론〉 같은 시론을 통해 휘트먼을 소개하면서 '민중 또는 민주주의를 위한 시'를 주창하기도 했다.

오상순은 《폐허》 창간호에 〈힘의 숭배〉〈화化의 정精〉 등을 발표하면서 시단에 등장했다. 그의 초기 시는 당시 《폐허》의 일반적 경향이 그랬던 것처럼 퇴폐적인 것이었으나, 이후에는 관념의 세계를

---

14 '서사시'라는 편견을 유발케 하는 이 용어는 서구 문학이론에 일천한 김기진이 임의로 작명한 것인바, 그 속뜻은 '짧은 이야기체 시'라는 것으로 문학적 개념으로는 시 가운데서도 담시(譚詩), 즉 발라드(ballad)에 해당하는 시의 하위 장르를 가리키는 말이다.

명상적이면서도 허무주의적인 시심으로 노래했다. 대표작으로 〈방랑의 마음〉이 있다.

김동명 역시 1920년대 초 《개벽》 등에 〈당신이 만약 내게 문을 열어주시면〉 등을 발표하면서 등단했다. 초기에는 유미주의적인 경향을 추구했지만 후에 인생을 서정적으로 노래하거나 일제하에서 겪는 민족적 비애를 읊은 시들을 썼다. 1930년대 작품들이지만 〈파초〉 〈내 마음은〉 등이 그 대표작들이다.

4. 1930년대의 시

우리 시사에서 1930년대란 일제가 민주사변을 일으킨 1931년부터 태평양전쟁을 도발한 1941년까지의 기간을 말한다. 그러나 필자는 이 글에서 편의상 일제가 패망한 1945년까지로 좀 더 확장시켜 사용하고자 한다. 이 시기의 중요한 특징은 일제가 1920년대의 문화정치란 미명의 식민통치 방식을 버리고 조선을 완전하게 일본화하기 위해서 이른바 내선일체内鮮一體와 황국신민화 정책을 공개적으로 강행한 것이라고 말할 수 있다.

한편 1930년대는 또한 일제가 한국을 그들이 주도한 이른바 '대동아전쟁'의 후방기지 및 병참기지화해서 상상을 절하는 물적·인적 수탈을 감행한 시기이기도 했다. 그 결과 당대 한국인들의 생활은 말할 수 없을 만큼 궁핍해졌고 사상과 표현의 자유는 극도로 억압되었다. 이뿐만이 아니었다. 문단에서는 일제의 강요에 의해 각종 어용문학 단체가 조직되어 한국인의 전쟁 동원과 내선일체 운동에 앞장서기도 했다. 이러한 상황은 시간이 흐름에 따라 점점 더 악화되어 1930년대 말에 이르러서는 한국어 사용의 전면 금지와 한국인의 성과 이름을 일본식으로 고치는(창씨개명) 만행으로까지 치닫는다. 따라서 이후 한국의 시는 해방될 때까지 강요된 일제 어용시와 숨어서 쓴 일부 서정시 및 지하의 저항시들만으로 문학사의 명맥을 간신히 유지할 수 있었다.

시대가 이처럼 파시즘의 폭력에 휩쓸리자 한국의 시도 당대의 상황을 어떤 형식으로든 반영하지 않을 수 없었다. 무엇보다 강화된 사상 검속과 검열제도로 인해 현실비판적인 시 또는 (민족주의 시든 프롤레타리아 시든) 일제에 대항하는 이념적인 시들의 창작이 어려워졌다는 사실이다. 공산주의 운동도 만주사변 이후 전면 금지되어 같은 해에 카프 1차 검거가 있었고 1934년 2차 검거, 그리고 1935년에는 카프가 해체되기에 이른다. 카프의 주동자인 박영희와 김기진, 임화 등이 사상 전향을 선언한 것은 대체로 1934년 전후의 일이다. 따라서 1930년대의 시는 일반적으로 순수문학적인 시들이 주된 경향을 이룰 수밖에 없었다.

물론 이러한 시단의 변화에는 문학 자체의 요인도 적지 않았다. 그것은 이 시대에 이르러 1920년대의 이념시, 특히 프롤레타리아 시에 대한 비판적 성찰이 제기되었다는 점, 일본 유학생을 통해 서구의 현대사조가 유입되고 이 새로운 세대의 시인들이 프롤레타리아 시 등이 지닌 정치주의와 이념주의에서 벗어나 순문학적 태도를 지향했다는 점 등으로 설명될 수 있다. 아울러 이 시기에 일본 유학의 기회가 증대함에 따라 당대의 한국문학이 (1920년대와 달리) 서구 문학사조와 동시적으로 만날 수 있는 환경이 조성되었다. 예컨대 1930년대의 대표적인 모더니스트들, 즉 정지용·김기림, 평론가 최재서 등이 그러한 상황에 있었다.

1920년내 말에 시작된 이 같은 분위기는 한국의 시단에서도 새로운 바람을 불게 해 1930년대의 시는 대체로 정치주의나 이념주의를 떠나서 순수시·모더니즘 시·인간 탐구의 시·자연 탐구의 시 등을 지향하게 된다. 우선 이 중에서 순수시파는 시가 더 이상 이데올로기의 수단으로 이용되는 것에 반대하면서 시의 예술성을 회복하려 했다. 주로 《시문학詩文學》(1930), 《문예일간文藝日刊》(1931), 《문학文學》(1934), 《시원詩苑》(1935) 등 문예지를 통해 작품을 발표한 박용철·김영랑·이하윤·김상용 등과 같은 시인들이 그들이다. 순수시파는 모더니즘 시나 생명파 또는 청록파靑鹿派처럼 문학의 자율성을 옹호했지만 다음과 같은 특성으로 인해 그들과 구분된 다른 하나의 경향으로 묶일 수 있다.

첫째, 순수서정을 노래했다는 점이다. 이들의 서정은 투명하고 자연발생적이었다. 그들은 어떤 특정한 감정, 예컨대 한·비애·허무 등의 감정에 편향성을 띠지 않는다. 그것은 모더니즘류의 도시적 감상주의나 생명파류의 본능적 몸부림의 감정이나 청록파류의 자연에 대한 향수의 감정과는 질이 다르다. 둘째, 지적인 요소가 최대한 배제되어 있다. 주제면에서 볼 때 순수시파의 시는 모더니즘류의 문명 비판이나 내면 성찰, 생명파류의 생의 근원적 고뇌, 청록파류의 객관적 자연 인식과 같은 형이상학적 지평이 없다. 다만 서정이 환기해 주는 본원적 감정을 전달할 뿐이다. 셋째, 표현이 여성적이다. 언어가 부드럽고 섬세하며 곱다. 이는 모더니즘 시의 남성적 터치나 생명파의 이른바 '직정直情언어'[15](본능 그 자체의 직접 호소)와 견주어보면 한층 확연해진다. 넷째, 1930년대의 다른 유파의 시들

---

15 서정주, 〈고대 그리스적 육체성〉, 《서정주 전집》 5권(서울: 일지사, 1972).

처럼 시의 언어에 높은 가치를 부여함으로써 언어의 감각성을 추구하는 데 남다른 노력을 기울였으며, 어휘 조사에서는 문명어와 도시어를 되도록 배제했다. 달리 말해 참신한 감각성을 추구하면서도 소재 선택이나 어휘 구사는 전통적인 것을 지향하고 있었다. 기타 비지성적 유미주의적인 태도, 주정주의 등도 이들의 특징으로 지적될 수 있다.

박용철은 《시문학》《문예월간》 등의 문예지를 주재하고 나름의 시론으로 순수시파의 시 운동을 이끌어간 시인이다. 그는 《시문학》 창간호에 〈떠나가는 배〉〈비 내리는 날〉 등의 작품을 발표하면서 시 작활동을 했는데, 〈떠나가는 배〉〈싸늘한 이마〉〈밤열차에 그대를 보내고〉 등이 대표작이다. 그의 시는 일상생활에서 부딪치는 인생론적 감흥을 감상적으로 노래했다. 그러나 절제되지 못한 언어, 감정의 과잉 노출 등으로 작품이 자신의 시론에 미치지 못한 것도 사실이다.

《시문학》 그룹을 중심으로 한 순수시파의 대표적인 시인은 정작 김영랑이다. 그 역시 《시문학》 창간호에 〈동백잎에 빛나는 마음〉 〈언덕에 바로 누워〉 등의 작품을 발표하면서 등단하여 〈모란이 피기까지는〉〈돌담에 소색이는 햇발〉〈제야〉〈끝없이 강물이 흐르네〉처럼 주옥같은 서정시를 많이 남겼다. 시집으로는 《영랑시집》(1936) 등이 있다. 김영랑은 언어의 아름다움을 조율하는 데 남다른 재능을 보여준 시인이다. 그의 시의 음악성은 1920년대 민요시와 맥이 닿아 있으나 그것을 남도적인 가락과 접목시켜 한층 창조적으로 변용시켰다. 특히 전라도 방언을 적절하게 차용함으로써 한국시의 언어 조사에 새로운 가능성을 열어주었다. 가령 "돌담에 소색이는 햇발같이/풀 아래 우슴짓는 샘물같이/내 마음 고요히 고흔 봄길 우에/오날 하로 하날을 우러르고 싶다"(〈돌담에 소색이는 햇발〉)와 같은 언어표현에서 우리는 이와 같은 특징들을 쉽게 발견할 수 있다.

신석정은 1924년《조선일보》신춘문예에 〈기우는 해〉를 발표하면서 등단했다. 그 역시 순수시파로 묶일 수는 있으나 김영랑에 비해 낭만성이 훨씬 짙으며 언어의 호흡이 길고 유장하다는 점에서 또 다른 개성을 지닌 시인이다.《촛불》(1939),《슬픈 목가》(1947) 같은 시집들이 있다. 〈그 먼 나라를 알으십니까〉〈임께서 부르시면〉〈푸른 침실〉〈슬픈 구도構圖〉〈작은 짐승〉 등이 대표작이다. 신석정의 시는 식민지 치하의 많은 훌륭한 서정시인들의 시 세계에서 발견할 수 있는바, 님 또는 고향과 같은 높은 가치의 상실의식을 모티프로 쓰여졌다. 그러나 그가 지향하는 것은 전원적인 삶이다. 시대가 어둡고 비참한 까닭에 현실을 떠나 이상화된 어떤 목가적 세계에서 살기를 꿈꾸며 그것을 가장 아름답고 평화로운 공간으로 묘사한 것이다. 그러한 의미에서 신석정은 목가시인 또는 전원시인이라고도 부를 만하다. "어머니/당신은 그 먼 나라를 알으십니까?/오월 하늘에 비둘기 멀리 날고/오늘처럼 촐촐히 비가 나리면 꿩소리도 유난히 한가롭게 들리리다."(〈그 먼 나라를 알으십니까〉)와 같은 진술에서 표명한 '그 먼 나라'를 향한 동경이 바로 그것이다.

김상용은 1930년《동아일보》에 〈춘원春苑〉 등의 시조를, 1932《이화梨花》에 〈실제失題〉 등의 민요시를 발표하면서 시작활동을 시작한 시인이다. 습작기에는 주로 시조와 민요시를, 초기에는 인생에 대한 관조와 이에서 비롯된 허무의식을, 후기에는 전원적인 삶과 망향의식을 시로 형상화했다. 대표작으로 〈남으로 창을 내겠소〉〈서글픈 꿈〉〈고적孤寂〉 등이 있다.

한국에서 아방가르드와 모더니즘 시는 1927년 김니콜라이가 〈윤

전기와 4층집〉(《조선문단》 1927. 1), 임화가 〈지구와 박테리아〉(《조선문단》 1927. 1), 1926년 정지용이 〈파충류 동물〉(《학조》 1호, 1926. 6)처럼 다다이즘에 가까운 작품과 함께 〈까페 프란스〉(《학조》 1호, 1926. 6)처럼 이미지즘에 가까운 시를 같은 지면에 발표하면서부터 시작된다.[16] 그러므로 한국의 모더니즘은 엄밀히 말해 1920년대에 시작된 문학사조라 할 수 있다. 그런데도 시사에서 이를 1930년대 사조로 취급하는 것은 이 시기에 들어 이상과 같은 더욱 적극적인 아방가르드 시인들이 등장하여 문학운동을 활발히 벌였기 때문이다.

이 시기 현대사조의 유파는 대개 네 가지 경향으로 분류할 수 있다. 첫째, 다다이즘 경향이다. 앞서 열거한 김니콜라이·임화·김화산·정지용과 이상의 일부 시들이 여기에 포함된다. 이들은 이 경향의 시들을 잠깐 실험하다가 시 창작을 포기하거나 다른 경향으로 시작태도를 바꾸었으므로 한국시사에서 다다이즘은 별 성과 없이 끝나버렸다.

둘째, 초현실주의 경향이다. 이상과 1934년에 간행된 동인지《삼사문학》의 동인들인 이시우·신백수·정현웅 등이 (문학적 성취 면에서는 미미하지만) 여기에 속한다. 이들은 인간의 잠재의식에 떠오르는 내면 풍경을 '자동기술' 또는 그들의 용어를 빌려 '절연絶緣'[17]의 기법으로 시에 표출하고자 했다.

---

16 이에 관한 자세한 논의는 박인기,《한국현대시의 모더니즘 연구》(서울: 단국대학교 출판부, 1988) 참조.

17 Michel Carrouges, André Breton and Basic Concepts of Surrealism, *Maura Prendergast* (trans.), S. N. D.(Albana: Albana Univ. Press, 1974), 68쪽. 카루주의 이른바 disintergration에 가까운 개념이 아닌가 한다.

셋째, 구체적으로는 이미지즘 경향이다. 정지용·김광균·장만영 등이 이 범주에 든다. 영미의 이미지즘과 동일하지는 않았지만 이들은 시를 이미지의 조탁으로 형상화하고 모든 의미적 요소는 최대한 감각화하고자 했다. 정지용·김광균의 회화시들이 대표적이다.

넷째, 주지주의 경향인데 김기림·오장환 등이 여기에 속한다. 그들은 지적인 감수성으로 문명사 의식을 시에 형상화하고자 했다.

그러나 엄밀히 말하자면 이 네 가지 경향 중 앞의 두 가지, 즉 다다이즘과 초현실주의는 유럽 아방가르드에, 뒤의 두 가지, 즉 이미지즘과 주지주의는 영미의 모더니즘에 속하는 것들이다. 이 시기를 대표할 수 있는 두 시인은 전자의 경우 이상이며 후자의 경우는 정지용이다.

정지용은 1926년 《학조》 1호에 〈까페 프란스〉 〈파충류 동물〉 〈슬픈 인상화〉 등을 발표하면서 시단에 등장했다. 이 중 〈파충류 동물〉 〈슬픈 인상화〉는 그의 시의 주류에서 벗어난 예외적인 것으로 다다이즘 계열에 서는 작품들이다. 소외된 도시적 삶을 문명사적인 관점에서 묘사한 이들 시는 대화의 인용, 부호 사용, 활자의 크기 조절, 시행의 회화적 배열, 상충하는 이미지들의 제시 등 다다이즘의 특성을 보여준다. 〈까페 프란스〉는 정지용이 일반적으로 추구했던 이미지즘적 경향의 시라 할 수 있다.

그러나 우리는 또한 같은 지면에 발표된 그의 다른 시들, 예컨대 〈산에 색시 들녘 사내〉 〈다알리아〉 같은 시들의 경향을 주목하지 않으면 안 된다. 왜냐하면 이들 시는 순수한 서정시 또는 향토적 정감을 노래한 민요풍의 시들이기 때문이다. 따라서 정지용은 애초부터 이미지즘적인 경향과 민요풍의 서정적 경향 두 가지 유형의 시들을 썼다고 말할 수 있다. 그 전자의 대표작으로는 〈까페 프란스〉 〈유리창 1, 2〉〈바다 1, 2〉〈호면湖面〉〈귀로〉 등이 있으며 후자의 대표작으로는 〈향수〉〈고향〉〈압천鴨川〉 등이 있다.

1930년대 중반에 들어 정지용은 이 분열된 서구지향적 감각과 전통 지향적 정서를 사상성으로 통합하고자 시도했다. 가톨릭시즘을 시화한 신앙시 〈갈리레아 바다〉〈나무〉〈불사조〉〈또 하나의 태양〉 등의 창작이 그 예다. 그러나 이 작업이 실패하자 1930년대 후반, 결국 동양적 사유의 세계로 돌아간다. 〈백록담白鹿潭〉〈장수산長壽山〉〈비로봉毘盧峰〉〈옥류동玉流洞〉〈인동차忍冬茶〉 등은 그 결과로 쓰여진 작품들이다. 이들 시는 자연 속에서 도가적 허정虛靜의 세계를 탐구하는 정지용의 고고한 정신적 높이를 보여주고 있다.

그럼에도 불구하고 우리 시사에서 주목되는 정지용의 문학적 의의는 참신한 감각적 이미지와 지적인 언어를 성공적으로 구사한 그의 모더니스트로서의 활동이다. 한국의 근대시는 정지용에 이르러 비로소 문명적인 소재와 서구적 감수성을 우리 시의 미학으로 정착시켰다고 말할 수 있다. 〈바다 2〉는 그 대표적인 예다.

바다는 뿔뿔이
달아나려고 했다.

푸른 도마뱀떼같이
재재발랐다.

꼬리가 이루
잡히지 않았다.

흰 발톱에 찢긴
珊瑚보다 붉고 슬픈 이야기!

가까스로 몰아다붙이고
변죽을 둘러 손질하여 물기를 씻었다.

이 엘쓴 海圖에
손을 씻고 떼었다.

찰찰 넘치도록
돌돌 구르도록

휘동그라니
地球는 蓮잎인 양 오므라들고 — 펴고 —

절제된 언어, 지적인 사물 인식, 감각적인 이미지 구사, 객관적인 태도 등에서 이미지즘의 경향을 다분히 드러낸 이 작품은 1935년 《시원》 12호에 발표되었다. 정지용은 《정지용시집》(1935), 《백록담》 (1941) 두 권의 시집을 남겼다.

이상은 시와 소설을 동시에 썼던 시인이자 작자다. 그의 시작활 동은 1931년 《조선과 건축》에 〈이상한 가역반응可逆反應〉 〈파편의 경 치景致〉 등을 발표하면서 시작된다. 그러나 그가 특히 시단의 주목 을 받게 된 것은 그의 대표작이라고 할 〈오감도烏瞰圖〉를 1934년 7월 24일부터 8월 8일까지 《조선중앙일보朝鮮中央日報》에 연재하면서부터 다. 그의 시 세계는 초현실주의적 경향과 다다이즘적 경향이 혼합되어 있고 그것도 매우 난해해서 한마디로 규정하기는 어렵다. 그러나 〈오감도 시 제4호〉〈오감도 시 제5호〉〈선에 관한 각서〉〈출판법〉〈진단〉 등은 다다이즘 계열에, 〈오감도 시 제10호〉〈오감도 시 제11호〉〈신경질적으로 비만한 삼각형〉〈흥행물천사興行物天使〉〈골편骨片에 관한 무제無題〉 등은 초현실주의 경향의 작품들로 보아야 한다.

이상의 시들은 현대인의 분열된 자아를 때로는 잠재의식의 표출로, 때로는 자유연상의 기법으로 묘사해 보여준다. 시적 진술 역시 비약·단절·병치의 방법으로 전개되어 일상적 논리를 초월했다. 숫자·기호·도안 등의 도입과 공적인 문서나 과학의 법칙 등 비非시적 산문의 차용도 한 특성이다. 그러한 관점에서 이상의 시는 한마디로 현대 산업사회에서 물화되어 가는 인간의 정신현상을 내면에 투시한 것이라고 말할 수 있다.

　　때문은빨래조각이한뭉텅이공중空中으로날아떨어진다그것은흰비둘기의떼다이손바닥만한한조각의하늘저편에전쟁戰爭이끝나고평화平和가왔다는선전宣傳이다한무더기의비둘기떼가깃에묻은때를씻는다이손바닥만한하늘이편에방망이로흰비둘기의떼를때려죽이는불결不潔한전쟁戰爭이시작始作된다공기空氣에숯검정이가지저분하게묻으면흰비둘기의떼는또한번이손바닥만한하늘저편으로날아간다.

　　　　　　　　　　　　　　　　　　　　　　　　－〈오감도 시 제12호〉

인용한 시는 현대인의 불안심리를 자유연상의 방법으로 묘사한 작품이다. 현대란 가식과 위선이 지배하는, 종말 없는 전쟁의 시대라는 것이 아마도 이 시가 이야기하고 싶은 메시지일 것이다.

김광균은 동인지 《자오선子午線》에 시들을 발표하면서 문단에 등장했다. 시집으로 《와사등瓦斯燈》(1939), 《기항지寄港地》(1947) 등이 있으며, 대표작으로는 〈설야〉〈외인촌〉〈오후의 구도〉〈가로수〉 등이 있다. 그는 풍경을 회화적으로 묘사하는 데 특출한 재능을 보인 시인이다. 가령 〈외인촌〉의 "하이얀 모색暮色 속에 피어 있는/산협촌의 고독한 그림 속에서/파―란 역등을 단 마차가 한 대 잠기어가고/바다를 향한 산마루길에/우두커니 서 있는 전신주 위엔/지나가던 구름이 하나 새빨간 노을에 젖어 있었다."같은 시행을 예로 들 수 있을 것이다. 그의 시를 회화시繪畵詩라고 부르는 이유가 여기에 있다. 김광균 또한 한국의 근대시사에서 공감각적 이미지를 가장 아름답게 구사한 시인 가운데 하나라는 점에서 주목된다. 그의 시는 비록 감상성을 충분히 절제하지는 못했지만 도시적 서정을 아름다운 회화적 이미지로 형상화했다는 점에서 모더니즘 범주에 포함시켜도 될 것이다.

장만영은 1932년 《동광東光》에 〈봄의 노래〉를 발표하면서 등단한 시인이다. 그 역시 감각적인 이미지들을 구사한 시를 많이 썼는데, 대표작으로 〈달, 포도, 잎사귀〉〈비〉〈바다로 가는 여인〉〈향수〉 등을 들 수 있다. 시집으로 《양》(1937)을 남겼다. 장만영은 비록 지적이고 시각적인 이미지의 시들을 쓰기는 했지만 시적 소재는 대부분 도시적이라기보다는 전원적인 데 있었으며, 내용 역시 생활의 소묘에 가까웠다.

오장환은 1933년 《조선문학》에 〈목욕간〉을 발표하면서 시작 활동에 들어섰다. 그는 초기에 반反전통주의를 표방하면서 도시문명을 소재로 조금은 감상적·퇴폐적인 시들을 선보였으나, 이후에는 전통 서정시 창작으로 복귀하고, 나중에는 현실

비판적인 메시지를 전달하는 시들을 썼다. 문명사 의식을 탐구한 시들은 《성벽城壁》(1937)에, 서정성을 형상화시킨 시들은 《헌사獻辭》(1939)에, 현실비판 의식을 표출한 시들은 《병든 서울》(1946)에 수록되어 있다. 〈라스트 트레인〉〈매음부〉〈해수海獸〉〈해항도海港圖〉 등은 문명사 의식을 토대로 한 모더니즘 계열의 작품으로서, 현대 산업사회에서 소외된 인간성을 도시문명을 통해 고발했다. 대표작으로 〈라스트 트레인〉〈전설〉 등이 있다.

김기림은 1931년 《신동아新東亞》에 〈고대苦待〉〈날개만 돋히면〉 등을 발표하면서 등단한 주지주의 계열의 시인이자 모더니즘 시론가詩論家였다. 시집으로는 《기상도氣象圖》(1936), 《태양의 풍속》(1939), 《바다와 나비》(1946), 《새노래》(1948) 등이 있다. 이 중에서 특히 주목되는 것은 엘리엇의 〈황무지〉에서 영향을 받아 쓰여진 《기상도》인데, 이는 한 편의 장시를 시집으로 묶은 것이기도 하다. 그는 이 작품에서 현대문명의 위기를 태풍이 몰아치는 '기상도'로 상징화했다. 따라서 이 시의 '기상도'는 한마디로 1930년대의 세계정치 또는 사회현상을 은유한 것이라 할 수 있다. 그리하여 그는 엘리엇이 20세기 문명사의 종말의식을 '황무지'가 지닌 죽음과 재생의 신화구조로 파악했듯이, 그것을 태풍이 휩쓸고 지나간 폐허의 상징구조에서 발견하고자 했다. 파괴는 새로운 창조의 모태이기 때문이다.

간단히 말해서 서구 모더니즘이나 아방가르드는 모두 문명사의 종말의식을 시로 표현한 예술사조다. 당연히 그 주된 내용은 문명비판과 새로운 문명사의 건설을 위한 이념 탐구라고 할 수 있다. 그렇다 하더라도 이 같은 서구 현대사조의 이념은 적어도 이 시기의 한국의 현실과는 맞지 않는 것이었다. 예컨대 당대의 한국은 문명사의 종말을 운위할 만큼 자본주의 산업화가 심화되지도 않았을뿐더러 이들 사조의 정신적 맥이라고 할 서구의 기독교적 전통과는 거의 무관한 불교 또는 유교 문화권에 속한 나라였다. 따라서 서구적 사유를 피상적으로 모방하는 차원의 1930년대 한국 아방가르드나 모더니즘은 (그 기법상의 새로운 발견과 후대에 끼친 여러 형태의 영향에도 불구하고) 사실상 당대에는 실패할 수밖에 없는 운명을 애초부터 안고 있었다.

1930년대 한국시사에서는 모더니즘이나 아방가르드 운동에 반동하는 움직임도 나타났다. '생의 구경적_{究竟的} 본질'을 탐구한다는 기치를 내걸고 등장한 '생명파' 시인들이 그들이다. 1936년 동인지 《시인부락_{詩人部落}》을 중심으로 결집된 서정주·김동리·유치환·신석초·김달진·함형수 등을 들 수 있다. 이들은 시에서 직정적인 생의 목소리를 가식 없는 언어로 담고자 했다. 그런 까닭에 그들의 세계관에는 니체나 쇼펜하우어류의 일종의 생철학적 관점이 있었다.

서정주는 1936년 《동아일보》 신춘문예에 〈벽〉이 당선됨으로써 문단에 등장해 《시인부락》 동인으로 시단활동을 한 시인이다. 그는 긴 시작생애를 통해 수많은 작품과 다양한 시 세계를 보여주었다. 그러나 여기서 1930년대의 경향에만 국한하여 이야기하자면, 보들레르적인 화사한 감각으로 인간 내면의 고뇌와 본능의 몸부림을 아름답게 형상화한 시를 썼다고 할 수 있다. 그의 시에서는 악이나 추함까지도 하나의 미학으로 정립된다. "해와 하늘빛이 문둥이는 서러워//보리밭에 달 뜨면/애기 하나 먹고//꽃처럼 붉은 울음 밤새 울었다"(〈문둥이〉) 같은 시에서 볼 수 있는 세계가 그러하다. 이 시기의 작품들은 1941년에 간행된 그의 첫 시집 《화사집_{花蛇集}》에 수록되어 있다. 이 시집에 실린 〈화사〉〈봄〉〈자화상〉〈웅계_{雄鷄}〉〈부활〉같은 작품들은 한국시사에서 빼놓을 수 없는 명작들이다.

유치환 역시 생의 본질을 탐구했다는 점에서 서정주와 같이 생명파에 속한다. 그러나 그가 관심을 가졌던 것은 본능이나 감정의 영역이 아니라 의지와 사유의 문제였다. 그의 시는 운명과 대결하는 인간의 의지와 이를 초극하려는 실존정신을 잘 형상화해 보여준다. 그러한 관점에서 그의 시는 선이 굵고 남성적이며, 언어표현 역시 사변적인 요소가 많다. 우리는 그의 이와 같은 특성을 〈생명의 서〉의 "그 열렬한 고독 가운데/옷자락을 나부끼고 호올로 서면/운명처럼 반드시 '나'와 대면하게 될지니/하여 '나'란 나의 생명이란/그 원시의 본연한 자태를 다시 배우지 못하거든/차라리 나는 어느 사구砂丘에 회한悔恨 없는 백골을 쪼이리라" 같은 시행에서 찾아볼 수 있다.

신석초는 한계상황에 갇혀 있는 생의 본능과 그것을 초월하려는 인간의 정신적 몸부림을 감각적인 이미지로 묘사해 낸 시인이다. 대표작으로 연작시 〈바라춤〉이 있다.

이외에 이 시기의 중요한 시인으로 김현승·김광섭·노천명·이용악·백석 등이 있다. 김현승은 1934년 《동아일보》에 〈쓸쓸한 겨울저녁이 올 때 당신들은〉을 발표하면서 문단에 등장했다. 시집으로 《김현승시초》(1957), 《옹호자의 노래》(1963) 등이 있다. 그는 초기에 서정적인 시들을 창작했으나 후기에 들어 지적이면서도 사변적인 언어로 존재의 실재성을 탐구하는 시를 많이 썼다. 그가 집중적으로 관심을 기울였던 문제는 고독이었으며, 그의 시적 개성은 단단한 구조에 명증한 이미지를 구사하는 데 있었다.

김광섭은 1935년부터 《시원》 등에 작품을 발표하면서 문단에 등장했다. 시집으로 《동경》(1937), 《마음》(1949), 《성북동 비둘기》

(1969) 등이 있다. 대표작은 〈꿈〉〈동경〉〈명상〉 등이다. 이 시기의 그의 시는 삶에 대한 성찰과 인생론적 자기고백이 주조를 이루었으며, 해방 이후에 잠시 붓을 놓았다가 만년에 이르러 생활과 사회에 관심을 보인 작품들을 썼다.

한국의 근대 여류시가 그에 이르러 비로소 확고한 문학적 토대를 구축했다는 평가를 받는 노천명은 1932년 《신동아》에 〈밤의 찬미〉를 발표하면서 시단에 등장했다. 시집으로 《산호림》(1938), 《별을 쳐다보며》(1953) 등이 있다. 노천명의 시는 잘 다듬어진 서정을 향토적인 소재로 형상화했는데, 〈사슴〉〈고향〉〈장날〉〈길〉 같은 대표작에서는 이 차원 넘어서 인생론적 성찰에까지 다다른다. 〈사슴〉은 물을 마시던 사슴이 수면에 어린 자신의 모습을 들여다보면서 잃어버린 자아를 되찾는다는 내용을 담고 있다. 일상적 자아와 본래적 자아의 소외된 거리에서 기인하는 존재론적 슬픔이 미학적으로 잘 그려져 있다.

이용악은 1935년 《신인문학》에 〈패배자의 소원〉을 발표하면서 시단에 등장했다. 《분수령》(1937), 《낡은 집》(1938), 《오랑캐 꽃》(1947) 등의 시집이 있으며 대표작으로 〈오랑캐 꽃〉〈전라도 가시내〉〈국경〉이 있다. 이용악은 식민지 치하에서 뿌리 뽑힌 향토민의 삶을 통해 짓밟히면서도 잡초처럼 일어서는 민중의 생명력을 노래하고자 했다.

백석은 1930년대의 시인들 가운데서 특이한 존재다. 1935년 8월 31일 《조선일보》에 〈정주성定州城〉을 발표하면서 문단활동을 시작한 그는 몇 편의 이미지즘적 작품을 남기기도 했으나 대체로 평안도 지방의 향토적인 생활과 민속을 객관적이고 사실적으로 그린 시를 많이 썼다. 여기에는 물론 식민지적 상황에서 유랑하는 민중의 삶도 주요한 주제가 된다. 백석은 단지 소재에 국한하지 않고 그 정서·언어·감수성 등에서도 향토적인 것을 형상화하려고 노력했는데, 이로써 한국의 근대시는 '향토시'라는 장르의 성립이 가능해졌다. 시집으로 《사슴》(1936)이, 대표작으로 〈가즈랑 집〉〈여우난 곬〉〈광원曠原〉〈청시青柿〉가 있다.

한국어의 공적 사용이 전면 금지된 1941년 이후부터 해방까지는 우리 근대시사에서 암흑기로 불리는 시기다. 이 기간에는 일본의 국시에 순응하는 일부 어용시들과 일본어로 쓰인 시들만이 발표될 수 있었고 한국어 시는 창작이 일절 금지되었다.[18] 다만 은둔해서 시를 쓴 몇몇 시인이 민족문학의 맥을 계승했는데 윤동주·허민 등과 박목월·박두진·조지훈 등 청록파 시인들이 그들이다.

윤동주는 1936년을 전후해 《카톨릭 소년》에 동시 〈고향집〉〈병아리〉 등을 발표하면서 작품활동을 시작했다. 그러나 정작 그가 시인으로 알려진 것은 그의 사후에 발견된 유고시를 모아 1948년 《하늘과 바람과 별과 시》라는 제목으로 시집이 간행되면서였다. 윤동주는 일본 유학 중 독립운동을 한 혐의로 1941년 일경에 체포되어 후쿠오카 형무소에서 옥사했다. 그가 정말 독립운동을 했는가의 여부는 아직 사실로 밝혀진 바 없지만 그의 시에는 식민지 지식인으로서 삶에 대한 성찰과 고통받는 동족에 대한 지식인의 속죄양 의식이 고백되어 있다. 〈서시序詩〉〈별 헤는 밤〉〈쉽게 씌여진 시〉〈십자가〉〈또 다른 태양〉 등이 대표작이다.

식민지시대의 한국에는 이상화·심훈·이육사·한용운 같은 위대

---

18 이에 대해서는 오세영, 〈암흑기의 국민시〉, 《20세기 한국시 연구》(서울: 새문사, 1989) 참조.

한 저항시인들이 있었다. 〈빼앗긴 들에도 봄은 오는가〉(이상화), 〈그 날이 오면〉(심훈), 〈당신을 보았습니다〉(한용운) 같은 작품들이 이를 대표한다. 〈그날이 오면〉에서 시인은 일제의 압제로부터 해방이 되 는 "그날이 오면" 환희에 가득 차 자신의 뱃가죽을 벗겨서 북을 만 들어 종로 네거리에서 치고 다니겠다고 노래했고, 〈당신을 보았습 니다〉에서는 역사책에서 식민지 지배라는 치욕의 한 페이지를 잉크 로 지워버리겠다며 결의를 다졌다. 〈빼앗긴 들에도 봄은 오는가〉에 대해서는 앞에서 언급한 바와 같다.

1920년대의 김소월도 비록 그의 일반적 시 세계와 거리가 멀기는 하지만 〈바라건대는 우리에게 우리의 보습 대일 땅이 있었더면〉 같 은 시에서 일제에 대한 강한 저항의식을 보여주었다.

1926년 《문예운동文藝運動》에 〈전시前詩〉를 발표하면서 시단에 등 단한(비록 실제 문학활동을 시작한 것은 1930년 이후였지만) 이육 사는 중국에서 독립운동을 하다가 일경에 체포되어 북경의 감옥에 서 옥사한 시인이다. 그의 〈꽃〉 〈절정〉 〈광야〉 〈청포도〉 등은 문학적 성취 면에서도 값진 것이지만, 식민지 한국인의 삶을 내적으로 형 상화해 잠자는 민족의식을 일깨웠다는 점에서 특히 주목되는 작품 들이다.

5. 광복과 한국전쟁 시기

해방 이후 1940년대 후반은 새로운 민족국가 수립을 위한 과도 기였다. 한마디로 제2차 세계대전이 끝남에 따라 미국과 소련 두 강 대국이 한반도에 진주해 각각 자신들의 체제인 자유민주주의 국가와 인민민주주의, 즉 공산주의 국가를 세우기 위해 서로 대결한 시기라고 말할 수 있다. 미·소의 대결은 국내의 정치지도자들과 지식인들은 물론 전체 민중을 좌우 이데올로기라는 이념투쟁의 소용돌이로 몰아넣어 한반도는 유사 이래 경험하기 힘든 혼란에 빠져들었다. 그리고 이러한 상황은 1948년 한반도가 북위 38도선을 경계로 분단되어 남북에 국체가 서로 다른 두 개의 국가가 수립될 때까지 계속되었다.

따라서 시인들 역시 자의건 타의건 자신의 정치적 입장을 선택하지 않을 수 없었고, 그 결과 시단은 이념적으로 양분되는 상황을 노정하게 되었다. 우리는 그것을 문단활동과 시 창작이라는 두 가지 측면에서 살펴볼 수 있다. 해방이 되자 맨 처음 자신들의 이념적 입장을 선언하면서 문학의 정치도구화를 주장했던 문인들은 구 카프 계와 이들의 노선에 새로 가담한 문인들이었다. 그들은 1945년 8월 '조선문학건설본부'라는 문인단체를 만들었는데, 그후 우여곡절 끝에 공산당의 지령을 받아 '조선문학가동맹'으로 재편되었다. 이를 주도한 문인은 임화·김남천·이원조 등이었으며, 여기에 참여한 시인들은 박세영·권환·박아지·김기림·오장환·이용악·조운·노천명·설정식·정지용 등이었다. 이들은 남한에 대한민국 정부가 들어서면서, 그리고 이후 발발한 한국전쟁 기간 중 대부분 월북했거나 납북되었거나 전향했다. 그러나 월북 문인의 대부분은 오래지 않아 북에서 숙청을 당하는 운명에 처해진다.

좌익 계열 시인들의 이와 같은 움직임을 비판적으로 대하던 민족문학 계열의 문인들은 1945년 9월 '조선문화건설중앙협의회', 1946년 3월 '조선문필가협회', 1946년 4월 '조선청년문학가협회' 등을 결성해서 이에 대항하고자 했다. 이 중 가장 적극적으로 대처했던 민족문학 단체는 순수 문인들로만 구성된 '조선청년문학가협회'인데 명예회장은 박종화, 회장은 김동리였고, 시인으로는 유치환·김달진·박두진·조지훈·서정주·박목월·이한직 등이, 소설가로는 황순원·계용묵·최태응 등이, 평론가로는 조연현·곽종원·한흑구 등이 참여하였다.[19]

해방이 되자 많은 시인들은 그 감격을 노래하거나 자신들의 정치적 이념을 피력하는 시들을 발표했다. 이 시기의 시적 경향을 대변한 것이 조선문화건설중앙협의회가 펴낸 사화집 《해방기념시집》(1945)과 조선문학가동맹이 펴낸 사화집 《연간조선시집》(1947)에 수록된 시편들이다. 전자는 민족진영의 문학단체에서 만든 사화집이었지만 당시 좌익 계열로 분류된 시인들의 작품도 다수 실었다. 그러나 이때까지만 해도 이들은 아직 이데올로기적인 관심을 시에 반영하지는 않았다. 대체로 해방의 감격과 새 국가 건설에 대한 희망 그리고 애국애족의 감정 등을 찬가 또는 헌사의 형식으로 읊었을 뿐이다. 여기에는 정지용·이하윤·조지훈·이병기·정인보·이용악·김기림·김광균·김광섭·오장환·윤곤강·양주동·김달진 등이 참여했다.

반면 《연간조선시집》의 작품들은 이를 펴낸 단체의 성격을 그대로 드러내 인민민주주의 국가 건설을 위한 조선민중의 투쟁을 고취했다. 권환·김광균·김기림·김용호·노천명·임화·박아지·설정식·오장환·윤곤강·유진오·이용악·이흡·조운·박세영·이찬 등이 작품을 실었다. 한편 '해방 기념 13인집'인 《햇불》(1946)은 권환·김용

19 이에 관한 자세한 논의는 권영민, 《해방 직후의 민족문학운동 연구》(서울: 서울대학교 출판부, 1986) 참조.

호·박세영·박아지·송완순·윤곤강·이주홍·이찬·이흡·조벽암 등
이 펴낸 사화집인데, 그 시적 경향은 《연간조선시집》과 별다르지
않다.

조금 다른 경향이기는 하지만 이 시기에는 우리가 주목해야 할
문학사의 또 하나의 흐름이 있었다. 한국 전통 정형시라 할 시조가
1910년대의 이광수·최남선, 그리고 1920년대의 이은상·이병기·정
인보·조운 등에 의해서 현대시조로 거듭나게 되었다는 사실은 앞
에서 잠깐 언급한 바 있지만, 이렇게 근대화와 더불어 새롭게 출발
한 우리 시조의 맥이 이 시기에 이르러 다음과 같은 시인들에 의해
서 계승 발전되었다는 사실이다. 1939년에 《문장》에 〈달밤〉으로 추
천을 받은 후 《이호우 시조집》을 펴낸 이호우와 1940년 〈봉선화〉를
들고 같은 잡지에 등단해 시집 《초적草笛》《이단異端의 시》 등을 펴낸
김상옥, 그리고 1946년에 〈낙화落花〉로 《죽순竹筍》을 통해 등단해 시
집 《청저집靑苧集》을 펴낸 이영도 같은 시인들이다.

그리하여 한국의 현대시조는 1960, 70년대의 이태극·장순하·최
승범·김제현·이근배·이상범·정완영·조오현·이지엽 같은 시인들
에 의해서 민족시형으로서 확고히 뿌리를 내리고, 1980년대 이후에
는 화려한 꽃을 피운다. 정완영은 자연 속에서의 삶을 언어미학적
으로 승화시켰으며, 이근배는 인생론적 진실을 탐구했고, 조오현은
우리 문학사 최초로 시조를 불가佛家의 문학으로 끌어올려 '선시조禪
時調'라 부를 만한 장르를 새롭게 개척하였다.

해방 이후부터 1950년 한국전쟁이 발발하기까지 4~5년 동안에
우리 시단은 대체로 네 가지 경향의 시들이 쓰여졌다.

첫째, 정치주의 시들의 창작이다. 그것은 앞에서 살펴본 《해방기
념시집》이나 《연간조선시집》, 그리고 《횃불》 등의 사화집이 보여

준 바와 같다. 이 중에서도 특히 자신들을 인민민주주의 국가 건설의 선전·선동가로 자처했던 시인들의 경우가 한층 격렬했다. 임화·박아지·박세영·이찬·이흡·권환·조벽암 등이 그러했지만, 해방 후이 노선을 선택한 새로운 그룹, 즉 이용악·오장환·설정식 같은 시인들의 활동도 괄목할 만했다. 오정환의 〈병든 서울〉(1946), 박아지의 〈심화心火〉(1946), 설정식의 〈종鍾〉(1947), 〈포도葡萄〉(1948), 〈제신諸神의 분노〉(1948) 등은 이 시기를 대표하는 시집들이다.

　이용악의 〈나라에 일 있을 때〉 〈월계는 피어〉 〈거리에서〉 〈빗발속에서〉 같은 일련의 작품도 이 계열에 속한다. 이들은 주로 '미 제국주의'에 대한 비판, 당대 남한사회의 부조리와 부정의 고발, 북한 인민민주주의 찬양, 민중의 계급의식 고취, 혁명동지에 대한 사랑 등을 내용으로 담았다. 이 중에서도 특히 주목되는 시인이 설정식이다. 그는 1932년 《동광東光》에 〈거리에서 들려주는 노래〉를 발표하면서 시단에 등장했지만 실제로는 해방 후부터 작품활동을 한 시인인데, 그의 〈내 이제 무엇을 근심하리오〉는 북의 수령을 예찬한 작품이며, 〈신문은 커졌다〉는 남한의 자본주의 사회를 비판한 작품, 〈헌사獻詞〉는 공산주의자로서의 자신의 결의를, 〈조사弔辭〉는 '미 제국주의'에 항거할 것을 다짐한 작품이다.

　둘째, 자연의 의미를 탐구한 일련의 자연시인들이 등장했다. 우리 문학사에서 청록파라고 불리는 시인들이 그들이다. 1930년대말, 1940년대 초에 걸쳐 《문장》의 추천으로 문단에 등단한 박목월·조지훈·박두진 세 시인은 해방이 되자마자 일제 암흑기에 쓴 시들을 묶어 1946년 《청록집》이라는 사화집을 간행했는데, 이는 자연을 객관적으로 인식한 새로운 유형의 자연 서정시를 개척한 시집이다. 이들의 자연시들은 자신들을 《문장》을 통해 추천해 준 정지용의 1940년대적 문학정신, 즉 시집《백록담》의 도가적 자연의 세계를 각자 자기 나름으로 변용한 것이라고 말할 수 있다.《청록집》에 수록된 시들은 대체로 해방 이전 1940년대 전기에 쓰여진 것들이지만 세 시인은 해방 이후에도 당분간 같은 시의 세계를 추구하면서 동시대의 시에 많은 영향을 끼쳤다.

1940년대 후반에 자연시들이 등장하고 또 그것이 시단의 큰 공감을 획득할 수 있었던 것은 현실사회의 타락과 정치적 갈등에서 오는 불안 그리고 문학의 정치주의에 대한 혐오감 때문이었다. 그리하여 그들은 현실적인 삶의 문제를 떠나서 자연에 귀의했던 것이다. 박목월은 객관적인 태도로 자연을 서경적으로 바라보았고, 박두진은 자연을 통해 생명의 율동을 확인했으며, 조지훈은 자연 속에서 도가적인 무위의 삶을 발견했다. 박목월의〈나그네〉〈청노루〉〈길처럼〉, 박두진의〈도봉〉〈별〉〈설악부〉, 조지훈의〈낙화〉〈산방山房〉〈완화삼玩花衫〉 등은 우리 시사에 뚜렷한 위치를 확보한 자연탐구 작품들이다.[20]

셋째, 1948년 남한에 대한민국 정부가 들어서고 문학상의 정치주의 열풍이 어느 정도 진정되자 조향·박인환·김수영·김규동 등 새로운 젊은 모더니스트들이 나타났다. 이 중에서 조향은 해방 이전에 등단했으나 광복 이후부터 실질적인 시작활동을 한 시인이며, 나머지는 1940년대 말에 등장한 신인들이다. 이들은 박인환·김수영 등이 1948년에 모더니즘을 표방한 사화집《새로운 도시와 시민들의 합창》을 내자 이를 구심점으로 결집해 1950년대의 모더니즘

---

20 청록파 시의 자연에 관한 연구는 이승원,〈청록파 시의 자연표상〉,《근대시의 내면구조》(서울: 새문사, 1988) 참조.

운동을 예비한다.

넷째, 다양한 개성의 젊은 서정시인들이 등장했다. 김춘수·조병화·김윤성·정한모·구상·김종길·홍윤숙·김종문 등이 그들이다. 그들은 각기 다른 시적 소재를 다루었으나 인생과 생활을 서정적으로 인식하고자 했다는 점에서 앞의 경향과는 다른 시적 태도에 서 있었다.

1950년 6월 25일 북한의 무력 침략으로 일어난 한국전쟁은 1953년 휴전으로 일단 끝났다. 그러나 여기서 파생된 문제들은 이후의 한국 현대사에 결정적인 영향을 주게 된다. 한국의 1950년대는 한마디로 전쟁의 시대였다고 말할 수 있다. 그 결과 이 시기에 남북 분단은 고착되었으며 냉전 이데올로기는 사회 전반을 지배하게 되었다. 물론 그에 비례해서 사상과 언론의 자유도 제한되었다. 한편 전쟁의 폐허로 인한 경제적 궁핍과 인명의 살상, 여기에다 설상가상으로 국민을 옥죄던 자유당 정권의 독재는 인간성의 상실, 천민자본주의의 발호를 가져와 우리 사회에는 전국민적인 현실 비관주의가 팽배했다. 한국전쟁은 또한 미국과 서유럽의 한국에 대한 영향력을 증대시켜 전통적 가치의 붕괴와 서구사조의 급속한 유입을 초래했다. 따라서 한국의 1950년대 시는 직접적이든 간접적이든 이러한 국내외적 현상을 반영하지 않을 수 없었다.

1950년대의 시는 대체로 다섯 가지의 경향을 추구했다.

첫째, 전쟁시의 창작이다.[21] 여기에는 전쟁 수행을 위한 선전·선동 시, 고발 및 다큐멘터리 시, 전쟁 서정시와 내면화된 전쟁시 등

---

21 이에 관한 자세한 논의는 오세영, 〈6·25와 한국전쟁시 연구〉, 《한국문화》(1992. 12) 통권 13호(서울: 서울대학교 한국문화연구소) 참조.

이 포함된다. 유치환의《보병과 더불어》(1951), 조지훈의《역사 앞에서》(1959), 전봉건의《꿈속의 뼈》(1980), 조영암의《시산屍山을 넘고 혈해血海를 건너》(1951), 이영순의《연희고지》(1951), 장호강의《총검부銃劍賦》(1952) 등이 대표적인 시집들이다. 유치환·조지훈·조영암 등은 직접 종군했으며, 장호강·이영순 등은 장교로 일선에서 국군의 지휘를 맡았으며, 전봉건은 사병으로 참전하다가 부상을 입고 제대하였으므로 이들은 모두 전쟁을 현장에서 체험한 시인들이기도 했다.

선전·선동 시는 전쟁영웅이나 국가에 대한 찬가나 격시檄詩, 기원시, 전의를 다짐하는 결의시, 전사자를 애도하는 애도시 등의 형식으로 쓰여졌는데, 모윤숙의〈국군은 죽어서 말한다〉, 유치환의〈전우에게〉, 조지훈의〈이기고 돌아오라〉등이 대표적인 작품이다. 조지훈의《역사 앞에서》는 대체로 전쟁 고발 및 다큐멘터리 시가, 유치환의《보병과 더불어》는 전쟁 서정시가 주류를 이루었고, 전봉건의《꿈속의 뼈》는 전쟁이 인간정신에 어떤 상흔으로 남아 있는가 하는 문제를 다루었다. 그러한 의미에서 전봉건은 전쟁으로 인해 분열된 인간의 내면의식을 모더니즘적 수법으로 묘사해 보여준 시인이다. 한편 구상은 연작시〈초토의 시〉를 써서 전쟁의 후방에서 겪는 삶의 비극을 고발했다. 박봉우는 직접적인 전쟁 체험시를 쓰지는 않았으나 그의《휴전선》(1956)은 전쟁으로 인한 민족분단의 아픔을 노래한 최초의 시집이라는 점에서 주목된다.

둘째, 아방가르드 및 모더니즘 시가 활발하게 쓰여졌다. 1950년대는 한국 근대시사에서 제2기 아방가르드 및 모더니즘의 시대라 불릴 만큼 이 운동이 넓게 확산된 시대였다. 그런데도 1950년대의 모더니즘은 본질적으로 1930년대에서 크게 벗어나지 못했다. 다만 초현실주의적 경향이 좀 더 확산되었다는 것, 1930년대의 모더니즘이 소수의 엘리트들에 의해 실험된 반면 1950년대의 모더니즘은 문단의 보편적인 사조로 정착되었다는 것, 그 기법이나 방법론이 모더니즘과 관련이 없는 전통 서정시에서조차 자연스럽게 차용되기 시작했다는 것 등의 차이점은 있다.

1950년대 아방가르드 및 모더니즘이 하나의 운동으로 전개되기 시작한 것은 1940년대의 사화집 《새로운 도시와 시민들의 합창》을 구심점으로 해서 모였던 시인들이 1951년 전후에 동인지 없는 동인 '후반기後半紀'를 결성한 뒤부터였다. '후반기' 동인으로 참여했던 시인들로는 박인환·김규동·조향·김경린 등이, 이념적으로 이들과 동조한 시인들로는 김수영·전봉건 등이, 그리고 이외에도 송욱·전영경·성찬경·신동문·신동집·김광림·김종삼·김구용 등 1950년대에 등장한 많은 젊은 시인들이 이 경향에 서 있었다. 이 중 김구용·전봉건·조향·성찬경은 초현실주의적 경향이 짙었고, 김광림·김종삼은 이미지즘적 경향이 짙었으며, 박인환·송욱·김수영·신동문·신동집은 주지주의적 경향이 짙었다.

박인환은 전쟁의 폐허에서 역사의 배리背理를 보고 이를 짙은 도시적 우수와 허무감으로 노래했는데, 이는 한국 근대시에서 도시적 서정의 한 유형을 확립했다고 평가할 수 있다. 시집으로 《박인환 시선집》이, 대표작으로는 〈목마와 숙녀〉〈행복〉 등이 있다.

김수영은 처음 모더니즘에 심취해서 시작을 활발히 하다가 4·19혁명을 거치면서 현실에 관심을 갖는 생활 시를 주로 썼다. 그는 시론의 발표에도 적극적이어서 이른바 '참여문학'을 주장하는 많은 문학적 논설을 개진했으나 실제 그의 작품은 참여문학과 거리가 멀었다. 그의 시가 우리 근대시사에서 주목을 받을 수 있었던 것은 파격적으로 시에 산문성을 도입했다는 점, 비속한 일상어를 대담하게 구사했다는 점, 사실적 묘사를 추구했다는 점 때문이다. 그러나 바로 이러한 특성 때문에 그의 문학적 성과가 문단의 기대에 미치지 못했던 것도 사실이다. 대표적인 시집으로 시선집《거대한 뿌리》, 대표작으로 〈폭포〉〈풀〉 등이 있다.

김종삼은 문학적 댄디스트다. 서구 취향의 이그조티시즘exoticism과 예술애호 취미를 감각적으로 결합시킨 그의 시는 분위기만큼은 모더니스트적 화사함이 엿보였으나 내용면에서는 별다른 호소력을 지니지 못하였다. 대표적인 시집으로《북 치는 소년》, 대표작으로 〈시인학교〉〈민간인〉 등이 있다.

김광림은 간결한 언어와 명징한 심상으로 도시적 서정을 형상화했다. 그러나 만년에 들어서면서 산업사회의 물화된 삶을 지적으로 풍자하는 시들을 많이 썼다. 대표적인 시집으로《상심하는 접목接木》이 있다.

셋째, 전통을 탐구하려는 시적 경향이 대두했다. 이는 외래사조의 유입, 전쟁으로 인한 민족적 정체성의 훼손 등에 대한 반작용으로 일어난 것이라 할 수 있다. 그러나 당대 서구에서 논의되던 주지주의의 '전통론'이 이 시기에 영향을 준 것도 간과할 수 없는 사실이다. 이 경향에 속하는 시인들로는 서정주·박재삼·이동주·박희진 등이 있다.

서정주는 1930년대 후반에 등단해서 첫 시집《화사집》을 낼 때까지만 해도 서구적 감수성으로 일반적인 생의 고뇌 같은 것을 탐구한 시인이었다. 그러나 두 번째 시집《귀촉도歸蜀途》(1946)에서부터 한국적인 세계관과 전통적인 삶에 관심을 갖기 시작한다. 가령 우리는 이 시집의 제목으로도 차용된 시 〈귀촉도〉에서 그와 같은 사유

를 쉽게 접할 수 있다. 이 시는 '귀촉도' 설화에서 모티프를 구한 한
국인의 생사관을 연인의 죽음이라는 이야기로 환치해서 형상화했
다. 이러한 그의 시적 변모는 세 번째 시집《서정주 시선》(1955)에서
훨씬 심화되고, 네 번째 시집《신라초 新羅抄》(1960)에 이르면 더욱 본
격화된다.

　그는 한국적인 가치와 미학 그리고 세계관을 찬란한 문화를 누
렸던 한국의 고대국가 '신라'에서 발견해, 이를 '신라정신'이라 명
명하여 시로 형상화하고자 했다.《신라초》의 저술은 그러한 결과의
하나다. 이후 서정주는 이 신라정신을 신화·전설·민속적 삶, 나아
가 일상적 한국인의 상상력에서 폭넓게 찾는 노력을 게을리하지 않
았다.

　《서정주 시선》에 수록된 다음 인용 시는 그가 서구적 감각으로
부터 전통적인 세계로 이행하는 과정을 엿보게 해주는 작품 중 하
나다.

　　　한송이의 국화꽃을 피우기 위해
　　　봄부터 솥작새는
　　　그렇게 울었나 보다

　　　한송이의 국화꽃을 피우기 위해
　　　천둥은 먹구름 속에서
　　　또 그렇게 울었나 보다

　　　그립고 아쉬움에 가슴조이던
　　　머언 먼 젊음의 뒤안길에서

이제는 돌아와 거울 앞에 선

내 누님같이 생긴 꽃이여

노오란 네 꽃닢이 필라고

간밤엔 무서리가 저리 내리고

내게는 잠도 오지 않었나 보다

– 〈국화 옆에서〉

　기승전결의 형식과 한국 운문의 전통적 율격인 12음절 3마디를
잘 살린 이 작품에서 시인은 국화가 한 송이 꽃으로 피기까지의 일
생을 내용으로 다루고 있다. 국화는 봄에 새싹이 돋아서 여름에 자
라 늦가을에 꽃을 피운다. 따라서 봄에 듣는 소쩍새의 슬픈 사연, 여
름에 만나는 천둥과 먹구름의 수난을 경험하지 않을 수 없다. 그러
나 시점을 바꾼다면 국화의 이러한 일생은 또한 누나의 일생이기도
할 것이다. 왜냐하면 이 시에서 '국화꽃'은 '누나'의 객관적 상관물
이자 은유이므로 시인이 노래하는 대상이 비록 '국화꽃'이라 하더
라도 내면적으로는 '먼 젊음의 뒤안길에서 이제는 돌아와 거울 앞
에 선 누나'가 틀림없기 때문이다.

　그렇다면 이렇듯 국화꽃과 누나의 일생이 같다는 인식을 통해 시
인이 깨달은 바는 무엇일까. 그것은 '거울 앞에 선 누나'라는 상징에
서 간접적으로 제시된 '생의 성숙'이라는 진실일 것이다. 이 지상의
모든 존재는 비극적 체험 없이 생의 성숙을 도모할 수 없다. 시인
은 젊은 날의 슬픔과 고통, 그리고 덧없었던 환희로부터 돌아와 거
울 앞에서 자신을 비춰보는 누나의 모습을 통해 존재의 이 같은 성
숙을 발견했던 것이다. 이외에도 우리는 이 시에서 율격·소재·정서

등에 내면화된 전통지향성과 체관諦觀 또는 달관達觀에 가까운 인생론적 주제에 주목하는 것도 중요하다.

박재삼은 후기에 와서 자연을 소재로 삶의 무상성을 노래했지만 이 시기에는 여성적인 정조로 한의 세계를 형상화했다. 한국의 고전소설《춘향전》의 여러 에피소드를 서정시로 쓴 〈춘향이 마음〉이 대표적이다. 이동주 역시 토속적인 소재로 한국적 정서를 탐구한 시인이다. 〈혼야婚夜〉 같은 작품을 그 예로 들 수 있다.

넷째, 자연시의 경향이다. 그러나 엄밀히 말하자면, 이 시기의 자연의 시는 '자연시' 그 자체라기보다 '자연친화적인 시'라고 표현하는 것이 더 옳을 듯하다. 정지용이나 조지훈처럼 도가풍의 자연도, 박목월의 초기 시처럼 서경적인 자연도 아닌 대부분 자연과 더불어 생활하는 삶을 시로 쓰거나, 자연에 빗대어 인생을 이야기하는 시를 쓴 것들이기 때문이다. 1950년대의 박목월은 첫 시집《산도화山桃花》(1955)에서부터 이러한 변화를 보여주며 두 번째 시집《난蘭, 기타》에서는 완전한 생활시의 창작으로 나아간다. 이후 박목월이 존재의 시 또는 존재 탐구의 시를 쓰면서 생활과 자연을 버린 것은 네 번째 시집《경상도의 가랑잎》(1968)에서부터인데, 작고로 인해 1970년대에 연재하다가 미완으로 남은 연작시 〈사력질砂礫質〉은 한국의 근대시에서 존재를 탐구하는 시로서의 절정을 보여준 작품들이다. "이승 아니믄 저승으로 떠나는 뱃머리에서/나의 목소리도 바람에 날려서//뭐라카노 뭐라카노/썩어서 동아밧줄은 삭아내리는데//하직을 말자/인연은 갈밭을 건너는 바람······"과 같은 시행에서 보듯 〈이별가離別歌〉는 한계상황 앞에 드러난 존재의 허무의식을 노래한다. 만년에 그는 이 존재의 허무를 종교적인 세계, 즉 기독교 신에 의해서 극복하고자 했는데, 시집《무순無順》과《크고 부드러운 손》은 이러한 정신세계를 형상화한 시집이라 할 수 있다. 한편 그 형상화적 측면에서 박목월의 시는 장인의식에 의해 잘 다듬어진 언어의 세공과 독특한 율조로 구현시킨 음악성으로 인해 한국 근대 서정시의 커다란 봉우리를 이루었다고 평가된다.

박두진은 1950년대에 들어 점차 현실과 삶에 눈을 돌리기 시작하더니 4·19혁명을 거친 뒤에는 시작의 방향을 민족주의적 이념의 추구로 전환했다. 따라서 그의 시에는 박애주의적 이상에 대한 동경과 어두운 현실에 대한 비판이 격정적으로 표출되어 있다. 〈해〉 〈도봉道峰〉 같은 작품은 그의 초기 자연시를 대표하는 것들이며,《야생대野生代》는 후기 시를 대표하는 시집이다.

조지훈은 초기에 도가적인 자연과 한국적 전통을 회고하는 정서를 추구하다가 1950년대에 들어 사회현실에 관심을 가진 시들을 잠시 썼고, 1960년대에 들어서는 거의 시작에서 손을 뗀 시인이다.

그 외의 자연시인으로 박성룡·김윤성 등이 있다. 박성룡의 〈과목果木〉은 이 시기의 널리 알려진 자연시 작품들 가운데 하나다.

다섯째, 인생 및 생활의 서정시들이다. 이들 시의 작자는 특별히 어떤 경향성을 들고 나오지는 않았으나 삶의 여러 국면과 거기서 연유하는 희로애락의 감정들을 서정적으로 인식하고자 했다. 구상·조병화·정한모·김종길·김남조·홍윤숙·이형기·문덕수 등이 이에 속한다.

구상은 초기에 사회고발적인 측면에 관심을 두었으나 만년에 들어 종교적 명상을 통해 삶을 초월하고자 하는 시들을 썼다. 그런 까닭에 그의 시는 감각적이거나 이미지 중심이라기보다는 관념적이라는 특징이 있다.

조병화는 첫 시집《버리고 싶은 유산》을 상재上梓한 이래 30여 권의 시집을 간행함으로써 한국시사에서 가장 많은 시집을 가진 시인의 하나로 기록된다. 초기에 그는 모더니스트적인 감성으로 생활의 서정을 형상화했으나 점차 방향을 바꾸어 나중에는 인생론적인 진실을 추구하는 시들을 썼다. 그의 시는 폭넓은 소재로 다양한 삶을 그려냈을 뿐만 아니라 표현이 진솔하다는 특징을 지닌다. 그의 시가 많은 독자층을 확보하고 있는 이유의 하나도 아마 여기에 있을 것이다. 〈쓸개포도의 비가〉 같은 연작시들은 삶을 철학적으로 사유하고자 한 그의 노력을 엿볼 수 있는 작품이다.

정한모는 초기에 한국전쟁의 상흔을 생활의 잔영 속에서 발견하고 이를 휴머니즘으로 극복하고자 했다. 그러나 곧 생의 본질적인 문제들을 탐구하기 시작했고 만년에 들어서는 삶의 원초적 순수성을 복원하려고 노력했는데, 이 지점에서 그가 발견한 것이 '어머니'와 '아가'의 심상이다. 대표적인 시집으로 《아가의 방》이 있다.

이형기는 우리 시사에서 가장 어린 나이(18세)로 등단한 시인인 만큼 애초부터 재기발랄했다. 초기의 시는 투명하고 아름다운 서정을 절제 있는 언어로 형상화하는 데 초점을 두었다. 그러나 점차로 모더니스트적인 기법을 도입해 서정을 지적으로 세련시키는 데 성공하더니 만년에는 사물에 대한 날카로운 통찰력을 토대로 존재론적 진실을 추구하는 시들을 썼다. 대표적인 시집으로 《심야의 일기예보》가 있다.

문덕수는 초기에 자연의 내면적 의미를 탐구하는 시들을 썼다. 그러고 나서 점차 사물 전반으로 관심을 확대하더니 마침내 문명비판적인 데까지 나아갔다. 이러한 변화에도 불구하고 그에겐 한 가지 일관된 특징이 있었는데, 시적 대상이 무엇이든 항상 물활론적物活論的 관점에서 이 세계에 접근한다는 사실이다. 그의 시에 등장하는 모든 사물은 살아 있는 생명체들로 시인의 영적 세계와 교감을 갖는다. 대표적인 시집으로《새벽바다》가 있다.

박남수는 등단 초기에는 향토적 삶의 아름다움을 묘사하는 시들을 썼으나 1950년대에 들어서부터는 사물의 실재성을 탐구하는 방향으로 전환했다.

6. 4·19혁명과 1960년대

1960년대는 중요한 두 번의 정치적 변혁이 있었던 시대다. 그 하나는 1960년대에 일어난 4·19혁명이요, 다른 하나는 바로 이듬해에 일어난 5·16군사정변이다. 전자가 오랜 기간의 자유당 독재를 무너뜨려서 민주주의를 실현시키고자 하는 시민혁명이라면 후자는 이에 반동해서 군부 주도의 독재로 회귀코자 하는 쿠데타였다. 그러나 (이미 4·19혁명으로 표현된 바 있는) 민주주의에 대한 한국 민중의 성숙한 의식은 군부의 억압으로 쉽게 말살할 수 있는 것이 아니었다.

한국 민중의 이 성숙된 정치참여 의식은 시에도 그대로 반영되어 1960년대 시에는 그 전대에서는 찾아볼 수 없었던 문학의 현실 참여라는 새로운 경향이 대두되었으며, 다른 한편으로는 문학의 자율성을 옹호하면서 정치적인 문제로부터 자유롭고자 하는 경향도 형성되었다. 참여문학 계열에서는 이를 순수문학이라고 호칭했으나, 엄밀한 의미에서는 목적문학의 획일주의를 거부한 순문학이라고 보는 견해가 옳다. 1960년대에 등장한 새로운 세대들의 경우,《신춘시新春詩》동인들은 대체로 전자의 입장에,《현대시現代詩》동인들은 후자의 입장에 서 있었다.

1) 순수시 계열

포괄적으로 이른바 '순수시'라고 불리는 것에는 여러 경향이 있었다. 첫째 전통적 서정시를 쓰는 그룹, 둘째 동양사상을 탐구하는 그룹, 셋째 아방가르드나 모더니즘을 지향하는 그룹, 넷째 인생론적 진실을 모색하는 그룹 등이다.

이 시기 순수시 경향 가운데 전통적 서정시를 쓴 시인들로는 박용래·허영자·이근배·임보·이가림·강인한·박정만 등이 있다.

박용래는 서정적 차원에서 자연을 인간의 의미로 해석했는데, 간결하고 투명한 이미지의 구사가 특징이다. 허영자 역시 완결된 구조와 잘 다듬어진 언어로 여성적인 정서를 형상화했다. 특히 그의 시는 리듬감각이 뛰어나다. 이근배는 죽음이나 사랑과 같은 삶의 근원적 정서를 형상화해 내는 데, 이가림은 모더니즘에서 훈련받은 언어를 토대로 서정을 지적으로 형상화하는 데 성공했다.

동양사상을 탐구한 시인으로는 박제천 등이 있다. 그는 시에서 노장사상을 탐구하려 했으므로 결과적으로 관념성이 강한 시들을 썼다.

인생론적 의미를 탐구한 시인으로는 정진규·박이도·이탄·강우식·김종해·문효치 등이 있다.

2) 참여시 계열

참여시 경향에 소속될 수 있는 시인으로는 신동엽·고은·신경림

등과《신춘시》동인들인 이성부·조태일·최하림 등이 있다. 문학을 통해서 현실정치나 사회를 변혁하고자 했던 이들의 활동은 1970년대에 들어 민중시라는 이름으로 더욱 활발하게 전개하였다.

1960년대에 특히 주목되는 시인은 신동엽이다. 그는 1959년《조선일보》신춘문예에 장시〈이야기하는 쟁기꾼의 대지〉가 당선되어 등단한 이후〈껍데기는 가라〉〈산에 언덕에〉〈누가 하늘을 보았다 하는가〉등의 작품과 이야기체 시〈아사녀〉(1963),〈금강鑑江〉(1967) 등을 써서 문단의 주목을 받았다. 그중에서도 과거의 소재를 가지고 현재를, 역사적 진실을 통해서 현실이 지향해야 할 좌표를 언급한〈금강〉은 민중성에서나 문학성에서나 모두 성공한 작품으로 평가받는다. 이 작품에는 민중의 아픈 삶과 함께 민중이 아니고서는 실현할 수 없는 삶의 이상이 제시되어 있다.

한국 근대시에서〈금강〉같은 이야기체 시는 자주 쓰여왔다. 김동환의〈국경의 밤〉(1925)은 아마도 그 최초의 작품이라고 할 것이다. 그 외 같은 시인의〈승천하는 청춘〉, 김억의〈먼동이 틀 제〉, 김용호의〈남해찬가〉, 그리고 1970~80년대에 발표된 김지하의〈대설人設〉, 고은의〈자장가〉등도 모두 이 계열에 드는 작품들이다.

3) 아방가르드 및 모더니즘 계열

이 시기에 아방가르드와 모더니즘을 추구했던 시인들로는《현대시》동인들인 김영태·이유경·이승훈·이수익·박의상·오탁번·마종하·이건청·오세영 등이 있다. 이 중 이유경·이승훈·박의상·이건청·오세영 등은 비교적 아방가르드 경향에, 정진규·이수익·오탁번·마종하 등은 모더니즘 경향에 가까웠다. 정진규·김종해를 제외한 이들《현대시》동인들은 각자 현대인의 분열된 자아를 시로써 형상화하고자 했는데, 그들 자신은 이를 '내면의식의 탐구'라 불렀다. 특히 이승훈·박의상의 시가 그런 성격이 강했으며, 그들은 이 그룹의 다른 시인들과 달리 세월이 지나도 (비록 정도에서 조금 온건해졌다고 하나) 이 같은 특징에서 큰 변화를 보이지 않았다.

이승훈은 산업사회의 전도된 인간성을 내면독백 형식으로 표출했다. 그의 문학사적 맥락은 그가 항용 주장했듯 이상의 정신세계에 닿아 있다.《환상의 다리》는 그의 대표적인 시집이다. 이 시집에서 그는 더 이상 통합된 사유가 불가능해진 현대인의 자아를 비정적으로 그려 보여준다.

이건청 역시 현대인의 도시적 삶을 묘사하는 데 관심을 가졌다. 그러나 그는 내면독백의 형식을 빌리지 않고 구체적인 상징 또는 우화로써 제시하고자 했다. 시집《하이에나》의 〈하이에나〉가 바로 그것이다.

이수익은 초기에 서구적 감성으로 도시적 서정을 노래했으나 점차 사물의 인식에서 얻어진 의미를 탐구하고자 했다. 그러나 그가 발견한 것은 철학적 사유라기보다 미학적 진실이다. 그러한 관점에서 그는 새로운 세대의 유미주의자라 할 수 있다. 대표적 시집으로《단순한 기쁨》이 있다.

오세영은 초기에 모더니즘에 심취해 산업사회의 분열된 자아를 내면풍경으로 보여주고자 했으나 점차 태도를 바꾸어 1970, 80년대에 들어서는 삶의 존재론적 진실을 탐구하는 방향으로 나아갔다. 그가 추구하는 것은 아방가르드 또는 모더니즘적 기법으로 전통을 형상화해 내는 것과 서정과 이념을 조화롭게 결합시키는 일이었다. 그의 아방가르드적 성격을 대표하는 시집으로는《반란하는 빛》이,

존재론적 진실을 탐구한 대표 시집으로는 《사랑의 저쪽》이 있다.

《현대시》 동인은 아니었지만, 황동규·정현종·오규원·홍신선 등도 이 경향에 묶일 수 있는 시인들이다.

황동규는 1950년대 말에 등단해서 초기에는 연가풍의 서정시들을 썼으나 10년의 공백기를 거친 1970년대부터 주지주의 계열의 모더니티를 활발하게 추구했다. 《어떤 개인 날》은 그의 초기적 성격을, 《풍장》은 1970년대 이후의 변모를 잘 보여준 시집이다. 그는 이 시집에서 산업사회의 분열된 인간을 풍자적으로 묘사하는 데 성공했다.

정현종은 초기에 위트와 지적인 풍자로 산업사회의 소외된 삶을 묘사했다. 그러나 1980년에 들어 차츰 인생론적 진실을 탐구하는 방향으로 선회하면서 화해롭게 사는 공동체의 이상에 대해 노래했다. 대표적 시집으로 《나는 별 아저씨》가 있다.

1960년대 아방가르드를 논의할 때 가장 주목받는 시인은 김춘수와 김구용이다. 김춘수는 1948년 《죽순》에 〈온실溫室〉을 발표하면서 문단에 등단해 같은 해 첫 시집 《구름과 장미》를 내면서 문단의 주목을 받기 시작했다. 그러나 초기에 전통적인 서정시를, 그다음엔 존재론적인 시를 쓰던 그가 아방가르드 경향으로 선회한 것은 1960년대에 들어 연작시 〈타령조打令調〉를 발표하기 시작하면서부터의 일이다. 그리하여 그는 한국시사에서 잠재의식의 내면풍경을 회화적으로 묘사해 보여주는 독특한 자신의 시 세계를 구축한다. 1970년대 말에 벌써 절필하지만 김구용 역시 이 시기에 선적 직관과 무의식의 세계를 접합시켜 무의미에 가까운 삶의 내면풍경을 해체해 보여주었다. 그의 난해 시들은 김춘수의 시들과 함께 1970, 80년대에 들어서면서 과격한 아방가르드나 포스트모던한 젊은 시인들에게 큰 영향을 끼친다.《시》《삼곡》같은 시집들이 있다.

7. 권위주의 정치하의 1970, 80년대

우리 시사에서 1970, 80년대라 함은 1972년에서 1992년까지의 약 20년을 말한다. 한마디로 박정희 정권의 유신독재와 전두환 신군부의 군사정권이라는 두 권위주의 권력이 통치했던 기간이라 할 수 있다. 다음에 언급할 것이지만 이 시기는 1990년 동구 사회주의 국가들이 붕괴되고 국내적으로 민주주의가 회복되어 김영삼 문민 정부가 들어서면서 끝난다.

이 시기의 주요한 정치적 사변으로는 박정희의 10월유신 선포 (1972), 김대중피납사건(1973), 대통령 긴급조치 1, 2, 3, 4호 발동 (1974), 동아일보 자유언론실천 선언(1974), 민주회복국민회의 발족 (윤보선 등 71명, 1974), 자유실천문인협회 발족(1974), YH사건,[22] 중 앙정보부장 김재규에 의한 박정희 대통령 시해와 유신정권의 몰락 (1979), 전두환 등 신군부에 의해 자행된 12·12사태 발발(1979), 광 주민주화운동(1980), 경찰의 물고문에 의한 서울대생 박종철 군 사 망(1987), 대통령 직선제를 골격으로 한 6·29선언(1987), KAL기 폭 파사건(1989), 동구권 사회주의 붕괴(1990), 14대 대통령에 김영삼 이 당선하여 문민정부 수립 등이 있었다.

특히 이 시기 문학과 관련해서 일어난 중요한 사건의 하나는

---

22 1979년 6월 YH무역회사 여공들이 부당노동에 항의하여 파업을 일으킨 사건. 항의시위 중 여공 1명이 절명하여 후에 부마사태(1979. 10)를 촉발시키고 박정희 유신정권이 붕 괴되는 단초를 열었다.

1987년 (공보부와 결합된 형식이어서 비록 독립 부서는 아니더라도) 정부부처에 건국 이후 최초로 문화부(공식 명칭은 문화공보부)가 설립되었다는 점이다. 이는 그동안 정치·경제의 발전에만 매진해 왔던 한국의 국민의식이 이제 비로소 문화예술 분야에도 관심을 가지게 되었다는 반증이라 할 수 있다. 이에 부응하여 초대문화부 장관으로 임명된 정한모[23]는 첫 사업의 하나로 그동안 정부의 통제 아래 우리 학계나 문화계에서 그 존재의 인정이 금기시되어 왔던 월북·납북·재북[24] 문인들의 신원伸寃을 풀어, 이후 그들 문학작품의 출판·독서·연구·논의 등이 자유로워졌다.

이상의 제 사변을 통해 알 수 있는 것처럼 이 시기 우리 사회는 적어도 두 가지의 커다란 조건이 지배하고 있었다. 그 하나는, 비록 1970년대가 박정희의 유신통치,[25] 1980년대가 전두환 신군부의 독재[26]라는 서로 다른 정권 아래 있기는 했지만 양자 모두 권위주의 정권이 지배했던 시대라는 점이요, 다른 하나는 경제적으로 한국의

---

23 시인이자 서울대 교수.

24 재북문인(在北文人). 주거지나 고향이 원래 북한이었으므로 남북으로 분단되면서 자연스럽게 북에 남게 된 문인. 가령 시인 백석 같은 경우가 대표적이다.

25 유신정권은 1972년 10월 17일 박정희가 대통령 특별선언으로 국회해산, 전국 비상계엄을 실시하고 이른바 '10월유신'을 선포하면서 시작되어 1979년 10월 26일 박정희가 김재규 중앙정보부장에 의해 암살당하고 그해 12월 12일 전두환으로 대표되는 신군부세력이 쿠데타를 감행하면서 끝나게 된다.

26 전두환의 신군부 독재시대는 공식적으로 그들이 쿠데타를 감행한 1979년 12월 12일에서부터 전두환이 1987년 6월 29일 대통령 직선제 개헌, 김대중 사면 복권, 구속자 석방 등을 내용으로 한 이른바 '6·29 선언'을 공표하면서 형식상 끝나게 된다. 그러나 그 실질적인 종식은 신군부의 실질적 계승자인 노태우가 대통령직을 마치고 14대 대통령으로 김영삼이 청와대에 입성한 1992년으로 12월로 보아야 할 것이다. 그러한 관점에서 1972년부터 1992년까지의 20년은 한마디로 권위주의 정치 시대라고 규정할 수 있다. 문학사에서 1970, 80년대를 한 시기로 묶어 살펴보는 것도 이 때문이다.

자본주의가 성숙단계에 이르러 서구의 산업사회가 부딪히는 문제들이 한국사회에도 점차 노정되기 시작했다는 점이다. 예컨대 인간 소외와 물신적 가치관, 생태환경의 파괴, 노사 및 빈부 갈등 등이다. 이 같은 1970, 80년대의 정치·사회상황은 1987년 6월항쟁으로 민중이 독재정권을 무너뜨리고 민주정부를 수립하기까지 점점 악화되고 있었다.

이와 같은 현상들은 시에도 그대로 반영되어 1970, 80년대의 한국시는 첫째 투쟁적인 민중시, 둘째 노동해방 시, 셋째 전통 서정시, 넷째 실험적인 전위시(서구 포스트모더니즘에 가까운 시)들의 창작으로 분화되는 양상을 띤다. 그중에서도 특히 주목할 만한 현상은 민중문학운동에서 노동시가 쓰여졌다는 점과 시의 전통적 또는 정통적 규범이 파괴되어 시 창작이 거의 무분별에 가까울 만큼 혼란에 빠지게 되었다는 점이다.

그중에서도 일제강점기인 1920년대 말에 잠깐 등장했던 노동시가 이 시기에 들어 다시 쓰여진 것은 한국 자본주의의 성숙에 따른 가진 자와 가지지 못한 자의 계급적 갈등이 자연스럽게 문학에서 표현된 결과요, 규범이 파괴된 시가 유행한 것은 기성 문화 또는 제도권 문화에 대한 민중문학의 우상파괴 작업과 포스트모더니즘 형식의 해체 운동이 맞물린 결과라 할 수 있다.

1) 서정시 계열

1970년대의 유안진·이기철·나태주·송수권·임영조·조정권·김형영·김영석·김여정·김종철·최동호·김수복·한광구·이명수·이성선·이준관·박정만·문정희·신달자, 그리고 1980년대에 등장한 서정윤·이승하·장석남·박주택·황학주·이사라·한영옥·황인숙·박상천·이상호·문인수·김백겸 등은 새로운 서정의 깃발을 들고 시단에 등장한 젊은 시인들이다. 이 중에서 임영조·조정권·김형영·김영석·김여정·김종철·최동호·김수복·한광구·이명수·이승하·문인수 등이 사물을 통해 존재의미나 인생론적 진실을 탐구했다면, 이기철·이성선·나태주·송수권·이준관·박정만 등은 향토적 세계 속에서 한국적 아름다움과 서정을 시화했다.

유안진은 눈에 보이지 않는 어떤 절대적인 분, 즉 당신에 대한 일종의 헌시를 많이 썼다. 따라서 여기에는 당연히 이원적 대립이라 할 어떤 시적 구조가 전제되지 않을 수 없다. 하나는 시의 화자요, 다른 하나는 물론 '당신'이라 불리는 어떤 막연한 존재다. 그리하여 시인은 이 같은 구도 아래서 어떤 고통과 죄의식에 몸부림치며 끊임없이 '당신'을 호명하지만 당신으로 불리는 그는 결코 모습을 드러내지 않는다. 그러한 관점에서 유안진의 시는 이 불가능성에서 기인하는 시인의 절망의식을 형상화한 것들이라 할 수 있다. 그렇다면 그분은 누구일까. 시의 본문에 '신'이라는 어휘가 자주 등장하고 다섯 번째 시집의 제명이《그리스도 옛 애인》인 것을 보면 그 실마리는 이미 어느 정도 풀려 있지 않을까 싶다.

이 시기의 이기철은 도시적인 것이든 자연적인 것이든, 풍경을 인상화적으로 소묘하는 데 탁월한 재능을 보여주었다. 대상이 되는 풍경은 마치 화가가 자신의 액자에 담으려 할 때의 그것과 다를 바 없는 완결되고도 전경화된 풍경이다. 앞서 살펴본바, 그의 스승 김춘수가 이 같은 기법을 흔히 내면의 무의식을 대상으로 삼아 묘사했던 것과 달리 이기철은 의식적·통합적으로 구체적인 외적 대상을 묘사했다는 점에서 구분된다. 〈청산행〉〈보리〉 같은 작품을 예로 들 수 있다.

나태주는 향토적 풍경을 섬세하게 묘사하면서 그곳에서 문명과 격리되어 살고 있는 사람들의 순박하고도 아름다운 삶의 정서를 진솔하게 형상화한다. 그 정서의 핵심에는 어떤 영원한 것에 대한 관념적인 그리움, 그래서 한편으로는 사춘기적 사랑의 감정 같은 것이 깔려 있는데, 그것은 아마도 그의 탈속주의脫俗主義에서 기인하는 것일지도 모른다. 〈대숲 아래서〉〈상강霜降〉 같은 작품이 대표적이다.

송수권은 향토적인 자연을 소재로 해서 인생론적 문제들을 아름답게 형상화한 작품들을 썼다. 대표적인 시집으로 《산문에 기대어》가 있다.[27]

임영조 역시 사물을 인식론적으로 투시해서 존재론적 진실을 탐구하고자 했다. 그러나 그의 시는 조정권의 시보다 더 미학적이고 서정적이다. 대표적인 시집으로 《바람이 남긴 은유》가 있다.

조정권은 처음에는 모더니즘 경향에 심취하더니 후에 존재론적 시를 썼고, 최근에는 순수하고 투명한 정신의 어떤 절정을 동양적 달관으로 표현하고자 한다. 대표적인 시집으로 《산정묘지》가 있다.

최동호는 사물이나 풍경에 자신의 내면의식을 전이시켜 현실에서는 잃어버린 자아의 본질적 원형을 복원하고자 한다. 그러나 그 복원이 결코 일상적 차원으로까지는 진입할 수 없는 까닭에 그의 시에는 항상 우수의 그림자가 드리워 있다. 〈풀이 마르는 소리〉〈황사바람〉이 그 대표적인 예다.

---

27 1970년대 시에 관한 자세한 논의는 최동호, 〈70년대 시와 서정성의 전개방향〉, 《현대시의 정신사》(서울: 열음사, 1985) 참조.

이성선은 자연의 관찰자다. 꽃이나 나무 같은 사물은 물론 산이나 들, 강 같은 풍경을 마치 현미경을 통해 들여다보듯 하나하나 감식하면서 그들의 내면에 일고 있는 현상들을 직관적으로 묘사하고자 한다. 따라서 그가 바라본 대상으로서의 자연은 감각적이고 외면적인 것이라기보다 해체되고 숨겨진 것이다. 그 같은 노력 끝에 두 번째 시집 《하늘문을 열면》을 거치면서 마침내 발견한 것이 자연의 신성성, 즉 절대적 섭리다. 대표적인 작품으로 〈비밀〉〈새〉가 있다.

박정만은 토속적 정서에 기초하여 생명의 파토스적 몸부림을 감각적으로 묘사해 보여주었다. 일찍이 프로이트가 지적한 바처럼 생명의 무의식적 심층에 리비도와 타나토스가 있다면, 박정만 역시 죽음과 사랑 같은 근원적 감정의 갈등에서 자신의 시를 발견한다. 그의 이와 같은 시 세계는 서정주의 〈화사집〉이 보여주는 것과 일면 유사하다.

문정희는 대체로 두 가지 경향의 시를 썼다. 하나는 일상생활에서 느끼는 단상을 서정적으로 형상화하는 시요, 다른 하나는 여성의 잠재적 감수성을 일깨우는 시다. 전자는 간접적이기는 하나 당대 부조리한 현실에 대한 자아의 막연한 방위기제를 드러낸 것이라 할 수 있고, 후자는 일종의 여성성의 탐구라 할 수 있다. 이 중에서도 후자는 문정희 문학의 정체성으로 확립되어 후에 페미니즘 시라 부를 수 있는 경향의 시작으로 나아간다. 〈흐름에 대하여〉 같은 시가 전자를 대표한다면, 〈황진이의 노래〉〈검은 이브〉 같은 시들은 후자에 속한다.

신달자는 첫 시집 《봉헌 문자》에서 일상 삶의 행복이 주는 여성적 아름다움을 잘 정제된 언어로 형상화했다. 그렇다면 이 '여성으로서의 일상 삶의 행복'에서 중심이 되는 것은 무엇일까. 말할 것도 없이 가정이다. 그러므로 이 시기 신달자의 시에 자주 등장하는 키워드는 아버지, 어머니, 그리고 '그분', 딸 등 그가 사랑하는 가정의 일원들이다. 신달자는 '가정'이라는 한 상징적 생명공동체를 통해 삶이 지향해야 할 이상을 언급하고자 했던 것이다. 대표작으로 〈가계부〉 〈새벽 산책〉 등이 있다.

이승하는 인간에 대한 관찰자다. 그의 시는 이 지상에서 삶을 누리고 있는 다양한 인간의 문제적 모습을 스케치하는 데 집중한다. 그러나 그 대부분은 사회적 인간이 아닌 존재론적 인간이며, 비록 상처를 받았거나 병적 상태에 있다 하더라도 삶의 의욕이 가득한 인물들이라는 점에서 민중시인들이 탐구하는 그것과 다르다. 그러므로 시인이 관심을 갖는 것은 '삶의 의욕', 즉 생의 본능이란 무엇인가 하는 문제라 할 수 있다. 대표작으로 〈시험관 아기들〉 〈막걸리〉 등이 있다.

장석남의 초기 시가 지향하는 세계는 이 시기의 대표작 〈새떼들에게로의 망명〉에 암시적으로 제시되어 있다. 한마디로 화자는 '새떼에' 편승하여 어딘가로 '망명'하고 싶다는 것이다. 새떼는 어디로 날아가는가. 그는 하늘로 날아가며 동시에 자신의 고향으로 회귀한다. 그런데 하늘은 자연의 궁극적인 공간이요 고향 역시 (향토성을 띠고 있다는 점에서) 자연의 일부인 까닭에 하늘과 고향으로 회귀하고자 하는 장석남의 바람은 달리 말해 생의 원초적 공간으로서의 자연에 회귀하고 싶은 자신의 욕망을 표현한 것이라고도 할 수 있다. 그러나 현실적으로 시인의 그 같은 욕망은 실현 불가능하다. 그의 시가 허물어지는 자아, 스스로 소멸하는 자아의 심상들을 즐겨 형상화하는 이유가 여기에 있다.

박주택의 시는 전체적으로 자연을 탐구한다. 그러나 그의 시의 화자는 자연과 더불어 사는 산촌 사람이나 토속적 삶을 영위하는 향토민이 아니라 자연 밖에서 살면서 자연을 꿈꾸는 도시인이다. 따라서 이 시에 형상화된 자연은 (시인 자신은 그것을 기억의 자연스러운 기록이라고 말하지만[28]) 일종의 환상적 자연 또는 미학적 자연이라고 말할 수 있다. 시인은 삶이 속되고 부조리하기 때문에 이처럼 동화적 환상의 자연에 몰두하는 것이다. 그것 또한 그의 시집 제목이 암시하는 '꿈의 이동건축'일지도 모른다. 대표작으로 〈구름〉 〈우리들 세상의 성城〉이 있다.

황인숙의 시는 대부분 자폐적 환상의 유희를 기록한 것들이다. 어떤 이유에서인지 모르나 화자는 현실과 격리된, 또는 현실 적응에 실패하여 스스로 자신의 내면으로 칩거해 버린 자다. 그리하여 그는 자기만의 공간에서 홀로 죽음을 상상해 보거나, 윤회를 꿈꾸거나, 그 자신이 바람이나 나무, 꽃과 같은 자연의 한 사물이 되는 관념적 유희를 즐긴다. 〈나는 고양이로 태어나리라〉〈안개비 속에서〉 같은 작품들이 그 예다.

이상호의 시들은 직접적이건 간접적이건 자연 속에서 발견한 인생론적 진실의 기록물들이다. 그리하여 비록 문명에서 취재한 대상을 묘사하더라도 그의 시의 결미에서는 꼭 자연에 관한 이야기나 자연의 등장으로 마무리된다. 잘 정리된 시상, 절제된 언어, 감각적인 표현이 교과서적인 주지적 서정시의 한 유형을 보여준다. 〈구르는 돌〉〈서울에서〉 같은 작품들이 그 예다.

김백겸은 1990년대 이후 포스트모더니즘 계열의 작품을 활발히

28 시집 《꿈의 이동건축》 중 〈자서(自序)〉.

썼으나, 이 시기에는 일상 삶에서 느끼는 애환의 정서들을 진솔하게 고백하는 데 관심을 두었다.

2) 민중시 계열

1960년대의 참여시를 계승한 시인들은 이 시기에 이르러 리얼리즘에 입각한 새로운 이론 정립과 함께 유신독재정권에 대항해서 한층 격렬한 투쟁의 시, 즉 '민중시' 운동을 전개하였다. 이 운동의 주도자는 1950년대에 등장한 고은·신경림, 그리고 1960년대에 등장한 이성부·조태일·최하림·강은교 등이었고, 1970년대의 김지하·김명수·이동순·김광규·김명인·고정희·이시영·정희성·정호승 등과 1980년대의 도종환·김용택·안도현·양애경·고형렬·공광규·정일근·이은봉·이재무·고재종·곽재구·최두석·윤재철·김사인·하종오·김준태·임동확·박세현·이상국 등이 새롭게 참여하였다.

고은의 초기 시는 생활에서 얻은 일상의 소재들을 지적 서정으로 형상화한 것들이 대부분이었다. 그러나 시간이 흐르면서 점차 삶의 현실적인 문제들을 탐구하는 방향으로 전환하더니 특히 4·19혁명을 체험한 뒤에는 민중의 삶에 관심을 갖는다. 이후 그는 유신체제와 제5공화국 기간에 몇 차례의 옥고를 무릅쓰면서도 적극적으로 현실정치를 비판한 시들을 썼다. 장시 〈불귀〉〈먼길〉 등과 〈화살〉〈조국의 별〉 등의 시, 그리고 시집 《전원일기》는 이런 경향을 대표하는 작품들이다. 그러나 그 뒤 한국의 정치상황이 6·29항쟁으로 민주화를 이루자 그의 시 역시 변모하여 최근에는 화엄사상을 토대로 해서 민중의 이상을 노래하는 시들을 쓰고 있다. 그러나 그의 문학을 대표할 수 있는 것은 그의 초기작이라 할 《피안감성彼岸感性》

(1960)에 수록된 작품들이 아닐까 한다.

신경림 역시 민중의 삶에 애정을 갖고 그들의 한과 슬픔을 형상화하려고 노력했다. 그는 특히 산업화 과정에서 피폐해진 농촌현실을 직시하고 여기서 파생된 문제들에 깊이 고뇌했다. 그 결과 쓰여진 것이 연작시 〈농무農舞〉다.

이성부는 민중시 가운데서도 정치성보다 문학성이 짙은 시를 쓴 시인들 가운데 하나다. 그는 여타의 민중시인들처럼 자신의 주장이나 이념을 직접적으로 토로하지 않고 그것을 항상 문학적 상상력으로 굴절시켜 시를 썼다. 민중의 상징으로 제시된 '벼'에 대해 쓴 작품 〈벼〉가 그 대표작의 하나일 것이다. 시집으로 《전야前夜》 등이 있다.

김지하는 1960년대 말에 등단해 민중의 삶과 한을 노래했다. 그러나 박정희 군사독재가 가혹해지자 분연히 일어나 행동과 문학으로 이에 항거하여 당대의 지배세력을 비판한 담시譚詩 〈오적〉을 썼다. 그는 이 사건으로 장기간의 옥고를 치렀으나 이에 굴하지 않고 한국의 민주화운동에 문학적으로 크게 기여했다. 한편 그의 〈대설大說〉[29]은 한국의 전통 서사문학의 하나인 '판소리'의 형식과 율격을 빌려 쓴 현대판 이야기체 시다.

이 시기의 강은교는 직접적으로 현실을 비판하지는 않았으나 여성주의적 감성에 입각한 따뜻하고도 평화로운 삶의 안식을 꿈꾸는 시들을 썼다. 그것은 역설적으로 당대 사회가 그만큼 억압되고 고통스럽다는 것의 반증이기도 하다. 이 시기의 대표작으로 〈우리가

---

29 김지하가 실험적으로 쓴 일종의 판소리체 운문 내러티브. '대설(大說)'은 그가 소설(小說)의 대칭적인 의미로 사용하여 사적으로 만들어낸 장르 명칭이다.

물이 되어〉가 있다.

정호승은 등단 직후 《슬픔이 기쁨에게》 등의 시집에서 민중시 계열의 사회비판적인 시들을 많이 썼다. 그러나 그 역시 구체적인 정치현실을 폭로·비판하기보다는 소외된 약자들의 삶에 연민을 표현하는 방식을 택했다. 그가 즐겨 사용했던 기법은 알레고리였으며 대표적인 것이 이 무렵 연작시로 발표한 〈맹인부부 가수의 노래〉의 '맹인'이다. 그러나 그는 이후 곧 대중적 정서에 호소하는 일종의 인생론적 대중시의 창작에 몰두한다.

고정희는 억압된 시대와 고통스러운 현실 속에서 좌절과 절망의 나날을 보내는 소시민의 일상을 절규하였다. 그의 시에서 특별히 주목을 끄는 것은 성서의 내용을 패러디하거나 성서의 인물을 알레고리화시켜 현실을 간접적으로 비판하는 방식이다.[30] 대표적인 것이 〈이 시대의 아벨〉에 등장하는 '아벨'이 아닌가 한다.

정희성은 부조리하고 모순된 현실 속에서도 올바르고 착하게 살고자 하는 사람들이 겪는 생활의 아픔과 고달픔을 서정적으로 그려냈다. 그 같은 인간형은 그의 시에서 '아이들'과 '농부'로 형상화된다. 그의 대표작이라 할 〈답청〉이나 〈저문강에 삽을 씻고〉에 등장하는 인물들이 그들이다.

전체적으로 민중시 계열의 작품을 쓰기는 했으나 도종환 시의 밑바탕을 이루고 있는 것은 서정적 감수성이다. 그러므로 그의 민중시들은 무엇보다 그리움과 사랑 같은 인간 내면의 근원적 감정에 호소한다. 이와 같은 그의 시심詩心이 때로는 민중시와 아무 관계 없는 연시 《접시꽃 당신》 같은 시집을 산출케 했는지도 모른다. 《접

---

30 그것은 아마도 그의 성장교육과 관련이 있을 것이다.

시꽃 당신》은 한국시사에서 유례없이 베스트셀러가 된 시집이기도
하다.

'민중'이라는 용어는 사회학적으로나 문학적으로나 확실하게 정
의되어 있지 않아 사실 김용택의 시들을 민중시라 부르기가 좀 애
매하다. 그러나 상식적으로 민중시를, 현실의 모순을 고발·비판하
고 새로운 사회 건설을 목적으로 해서 쓰여지는 시라고 일단 정의
해 둔다면 김용택의 시는 이 같은 개념의 민중시와는 거리가 멀다.
그러나 '민중'의 범주를 좀 더 넓혀서 토속적 또는 향토적 삶을 영
위하는 사람들까지 포함할 경우 김용택 역시 이 범주에 들어갈 수
있을지 모른다. 김용택은 지금은 이미 사라졌거나 사라져가는 한국
향토민의 아름다운 공동체를 서정적으로 그리는 데 일가를 이룬 시
인이다. 물론 그 공동체는 구체적으로 그의 고향이자 평생 주거지
인 섬진강 상류의 한 농촌 마을로 상징된다. 그러한 의미에서 그는
민중시인이라기보다는 오히려 서정시인이며, 그의 시는 (민속적民俗
的 삶을 시로 형상화했다는 뜻에서) 민중시라기보다는 일종의 민속
시에 해당한다고 할 수 있다. 그런데도 문단에서 그를 민중시인이
라 부르는 이유 가운데 하나는 그의 문단적 배경, 즉 등단·발표 지
면·인맥·인간관계와 관련이 있을지도 모른다.

공광규는 자본주의 사회의 부정적인 측면과 이로 인해 소외된 약
자들의 일상을 날카롭게 풍자하는 시들을 썼다. 그리하여 그는 현
실을 일반적이고도 관념적으로 언급하는 대부분의 민중시와 달리
항상 구체적이고도 감각적인 시선으로 현실을 바라보았다. 그가 지
닌 장점의 하나는 아마도 사물에 대한 이 신선한 관찰력일 것이다.

이 시기 정일근의 시 주제는 사랑과 안식이 가득한 삶, 올바르고
건강한 사회를 향한 동경이었다. 따라서 그는 그렇지 못한 당대 현

실을 그의 일상적 체험을 바탕으로 해서 절실하게 묘사한다. 그 체험의 장은 분단 현실, 야학과 교육 현장, 그의 생활공간이었던 마산 지역의 어두운 삶의 그늘 등이었다.

이재무 역시 민중시인 계열에 드는 시인 가운데 하나다. 그러나 엄밀히 말하자면 이 시기의 그는 현실을 어느 정도 비판적으로 바라보기는 했으나 전체적인 관점에서 (김용택과 마찬가지로) 향토적 삶을 정감 있게 묘사한 서정시인이라 봄이 옳다. 물론 그의 시들 가운데는 분단 현실을 고발하거나(〈반공 일일 연속극을 보며〉), 이산 가족의 슬픔을 이야기하거나 (〈억새풀〉), 부당한 공권력을 고발하거나 (〈돼지〉), 현실의 모순을 풍자한(〈예비군 훈련장에서〉) 시도 적지는 않다.

고재종은 농촌의 현실과 농민으로서의 삶의 고달픔을 진솔하게 그리는 시들을 썼다. 그러한 맥락에서 그는 신경림의 《농무》나 고은의 《전원일기》에서 문학적 세계를 이어받은 시인이라 할 수 있다. 그러나 우리 시사에서 '농민시'라 부를 수 있는 시들의 창작은 이미 1920년대에 시도된 적이 있으므로 이들의 시는 1920년대 잠깐 등장했던 이 같은 시의 계보를 1980년대에 와서 다시 계승한 것이기도 하다.

이시영은 도시와 농촌, 출향出鄕과 상경上京 사이에 자리한 삶의 갈등과 긴장을 사회적 시선으로 관찰하여 당대 모순을 탐구하는 시들을 썼다. 그리하여 그의 시에는 서울이라는 비정의 공간 속에서 겪는 약자들의 고통스러운 모습들이 스케치되어 있다.

안도현은 어둡고 추운 현실에 살면서도 건강하고 아름다운 삶의 이상을 꿈꾸는 젊은이의 순수한 열정과 그들이 실현할 공동체에 대한 사랑을 고백한다. 그것은 그가 다른 민중시인들과 달리 좌절과 허무의 늪에 빠지기보다 삶에 대한 긍정적인 믿음의 끈을 포기하지 않는 인생관에서 왔을 것이다. 전교조 해직교사로서, 학교에 두고 온 학생들과 현장교육에 대한 성찰을 보여준 시편들에서는 그의 따뜻한 휴머니즘을 엿볼 수 있다.

김명인의 민중시 계열의 시들은 초기 시집에 수록된 〈동두천〉과 〈머나먼 곳 스와니〉 연작시들이 대표한다. 그는 이들 시를 통해 산업사회에서 주변부로 밀려난 사회적 약자들의 비참하고도 슬픈 유랑의 삶을 비정적 감수성으로 그려내고 있다. 그러한 관점에서 '동두천'이나 '스와니'는 비록 국내외적으로 다른 지역이기는 하지만 모두 삶의 소외지역을 알레고리화한 지명이기도 하다.

김사인의 민중시는 시대의 폭력 앞에서 상처받고 버려진 이웃들을 연민의 감정으로 감싸안은 시들이 주조를 이룬다. 현실을 직접 비판하기보다 이에 맞서 투쟁하지 못한 자신의 내면적 갈등이 진솔하게 고백되어 있다. 그는 이 같은 내면적 갈등이 자신의 심약하고 우유부단한 성격에서 기인함을 고백하기도 했다.

민중시 계열에서 가장 전투적, 또는 가장 직접적으로 사회현실을 비판한 시인을 들라면 김남주를 꼽을 수 있을 것이다. 그는 이 시대 민중시인들 가운데 격렬하게 반외세(반미)·반독재·반자본주의 기치를 내걸고 투쟁적 저항시들을 썼다. 이는 스스로 선언한 것처럼 자신이 시인이라기보다는 전사戰士라는 의식에서 나온 것이다. 그는 이른바 '남민전 사건'(1980)에 연루되어 15년의 선고를 받고 13년 동안 복역한 뒤 석방되었으나 그의 그 같은 행적은 시 창작과 실제 행동에서 임종 시까지 변함이 없었다. 그런 까닭에 그의 시들은 우리에게 때로는 섬찟하고, 때로는 혐오스럽고, 때로는 잔인할 정도의 감수성으로 다가오기도 한다.

한편 이 시기에는 '노동시'라 불릴 수 있는 시적 경향이 등장하기도 했다. 이는 앞서 언급한 김사인과 조정환 등이 《노동해방문학》(1989)을 창간하고 이 잡지를 통해서 후에 이 계열을 대표하는 박노해의 작품들을 적극 소개함으로써 크게 진작되었다. 문학사적으로는 이 역시 일제 강점기인 1920년대 우리 시단에서 잠깐 나타났다가 사라진 프롤레타리아 시의 한 유형이지만 1970, 80년대 한국사회의 시대적 상황과 맞물려 다시 변용·부활한 것이라 할 수 있다.

노동시는 일반적인 민중시와 다음과 같은 점에서 구별된다. 일반 민중시가 주로 반독재 민주항쟁이라는 보편적 정치 명제에 집중한 데 대하여 노동시는 노동계급의 해방이라는 구체적·궁극적 목적을 지닌다. 그 결과 그들은 쉽게 마르크스주의의 프롤레타리아 혁명론을 한국적 현실에 굴절시켜 북한의 주체사상과 결합시킬 수 있었다. 그것은 한편으로 이 시기의 대학 운동권에서 이른바 '주사파'(북한 김일성 주체사상의 신봉자)의 등장과 깊은 관계를 맺고 있었음도 사실이다. 그 결과 이 그룹에 속한 시인들 가운데서는 스스로 자신을 자생적 공산주의자라고 공언하는 사람까지도 생겨나기 시작했다. 이 그룹의 시인으로는 박노해·백무산·김해화·박영근 등이 있었다.

이 그룹을 대표하는 박노해의 이념적 정체성은 그의 필명 '박노해'가 '박해받는 노동자의 해방'이라는 언술의 이니셜이라는 점에서도 상징적으로 드러난다. 그는 이 필명으로 문단에 등단한 후 수년 동안 신분을 드러내지 않아 당시 '얼굴 없는 시인'이라는 이미지로써 자신을 신비화하기도 했다. 어떻든 등단 1년 만에 출간한 박노해의 첫 시집 《노동의 새벽》(1984)은 그가 섬유·화학·금속·건설 현장의 실제 노동자로서 체험했던 이야기들을 여과 없이 직핍하게 그려내어 당대의 비참한 노동현실과 은폐되었던 산업화 과정의 민낯을 우리 사회에 여지없이 폭로해 주었다.

한편 이 시집은 백만 부가 넘게 팔려 서정윤의 《홀로서기》, 도종환의 《접시꽃 당신》, 수녀시인 이해인의 여러 시집과 더불어 이 시기 베스트셀러의 목록에 오르기도 했다. 그러나 그 상당부분은 민중·노동운동권에서 의식화의 교재로 사용했기 때문이라 할 수 있다. 그리하여 많은 독자들은 그의 시에서 다른 시들에게서는 접할 수 없는, 이 사회에 대한 일종의 분노·연민·경악·전율 같은 것을 느꼈으나, 그것은 문학적 성취에서 오는 것이라기보다 소재 자체에서 오는 것이라 할 수 있다. 박노해 자신도 후에 스스로를 시인이라기보다 계급투쟁의 전사라고 공언한 바 있다.

우리 노동자 계급은 나에게 한 사람의 노동자 시인이라기보다는 좀 더 철저한 조직 운동가로 서달라고 요구했다. 당시에 나는 철저한 노동운동가가 되기에 부족했다. 나에게는 아직도 극복해야 할 '시적 요소'가 남아 있었으며 1인칭이 남아 있었으며 계급적 직관에 의존하는 '추상'과 '감성'이 과학적 사고를 가로막고 있었던 것이다.[31]

실제 건설, 섬유, 화학, 금속, 운수 등 노동현장에서 겪은 경험을 시로 쓴 박노해는 본명이 박기평인데 이 필명은 '박해받는 노동자의 해방'이라는 말을 줄인 것이라고 한다. 그는 1989년 백태웅 등과 이른바 '사노맹(사회주의노동자동맹)'을 결성해서 1991년 수사당국에 체포되어 옥고를 치렀고, 법정에서도 당당히 자신이 자생적인

---

31 박노해, 〈이 땅의 자식으로 태어나서〉, 《신동아》 1990년 12월.

사회주의혁명의 전위임을 밝혔다. 그러나 2008년 12월 '민주화운동
보상심의위원회'가 사노맹 사건을 민주화운동의 일환으로 인정함
에 따라 그 신원이 복권되었다.

　1974년 현대중공업에 입사한 백무산도 박노해처럼 현장노동자의
자격으로 시단에 등단한 시인이다. 그도 노동계급의 해방이라는 목
적을 위해서 시를 투쟁의 도구로 삼아 문학활동을 했는데, 그의 시
를 대표한 시집《동트는 미포만의 새벽을 딛고》는 그 자신이 근무
한 바 있는 울산현대중공업의 대파업투쟁(1988년 말부터 1989년 초)
의 전말을 장시 형식으로 기술한 것이다. 그 외에도 그는 시를 통해
노동계급의 해방을 위한 투쟁의식을 고취하고 이 땅을 억압하고 있
는 자본의 폭력성을 고발하고자 하였다.

3) 아방가르드 및 포스트모더니즘 계열

　한편 산업화에 따른 인간소외와 물신적 가치관의 팽배는 젊은 시
인들이 아방가르드 또는 모더니즘적 세계에 몰두하도록 만들었다.
그리하여 그들은 왜곡된 당대의 삶을 분열된 자아의 몸부림으로 또
는 지적인 자기성찰로 표현하게 된다. 1970년대에 등장한 노향림·
이세룡·김용범·김승희·장석주·조창환·이윤택, 그리고 1980년대
에 등장한 김혜순·박남철·이성복·황지우·장정일·기형도·송재
학·김영승·송찬호·김경미 같은 시인들이 그들이다. 이 중 노향림·
이세룡·김승희·이윤택·장석주 등이 모더니즘 경향성을 띠었다면,
조창환·김용범·김혜순·박남철·이성복·황지우·장정일·기형도·송
재학·김영승·송찬호·김경미 등은 후에 포스트모더니즘 경향으로
논의된 아방가르드 경향성을 띠고 있었다.

(1) 모더니즘 경향

노향림의 시는 언어로 그려진 한 폭의 그림이다. 그러한 의미에서 그는 한편으로 1930년대 김광균의 회화적 시풍을, 다른 한편으로는 김춘수의 내면 묘사 기법을 계승하여 그것을 나름의 개성으로 심화시킨 시인이라 할 수 있다. 그러나 감정을 절제하고 대상을 객관적으로 투시했다는 점에서는 김광균과, 대상을 해체하지 않고 통합된 시각으로 바라보았다는 점에서는 김춘수와 구분된다. 노향림 시의 회화성은 김광균이 그러했듯이 묘사의 압축성이 부족하고 대상을 파노라마적 시점으로 보고 있어 비록 이미지즘 감각성에 토대를 두었다 하더라도 본격 이미지즘 시로 볼 수는 없다. 다만 그를 모더니즘 계열의 시인으로 분류하는 것은 그가 지닌 이미지즘풍의 감각적인 언어와 도시문명에 대한 미학적 의식 때문이다. 〈역사驛舍〉〈개인 날〉 같은 작품이 그 예다.

이세룡의 시들은 주로 산업사회의 그늘에서 시들어가는 인간성과 그 원인을 제공한 자본의 폭력을 미학적으로 비판하고 있다. 여기서 미학적 비판이라 함은 동시대의 민중시인들이 취한 행동적·사회적인 의미의 저항과 달리 어디까지나 문학성이라는 울타리 안에서 미학적으로 승화시켰다는 것을 뜻한다. 그 미학적 저항의 실천방법은 바로 풍자와 위트다. 세 번째 시집의 제명인《채플린의 마을》이 바로 그것을 암시해 주는데, 다 아는 바와 같이 채플린은 현대사회의 모순을 가장 날카롭게 희극적으로 폭로한 연기자인 까닭이다. 〈미션〉〈올 댓 재즈〉 같은 작품들이 있다. 1990년대 이후 그는 거의 절필하다시피 했다.

김승희는 등단할 때부터 화사한 서구적 감수성과 회화미학적 감식안을 보여준 시인이다. 그리하여 그는 점성술, 그리스 로마의 신화, 중세의 전설, 가톨릭시즘 등과 같은 것들을 한 가지로 용해시켜 우주적 주술呪術의 환상세계를 꿈꾸었다. 그리하여 화자는 때에 따라 숲속의 요정이나, 서구 신화 속의 주인공 또는 서구 예술의 빙의자憑依者가 되어 우주의 비의秘意를 탐구하고 있다. 〈이카루스의 잠〉 〈수렵의 요정은 가다〉 등이 그 예다.

장석주 시의 특징은 객관적 시점에서 자신의 내면풍경을 시각적으로 묘사한다는 데 있다. 가령 〈잠시 눕는 풀〉은 김수영의 〈풀〉을 패러디한 작품으로 보이는데, 김수영이 '풀'을 메시지 전달 중심의 관점에서 의미를 탐구했다면 장석주는 그것을 자신의 내면에서 해체된 이미지들의 영상으로 그려 보여준다. 그러한 관점에서 이 시기의 장석주는 김춘수나 1960년대 《현대시》 동인의 시 세계와 그 맥이 닿아 있다고 해야 할 것이다. 그의 첫 시집 《햇빛사냥》은 한마디로 실존적 한계성에 직면한 인간의 본질을 무의식에서 해명하고자 했다.

이윤택은 도무지 행위의 진지함이나 사고의 합리성을 견뎌내지 못하는 시인이다. 왜냐하면 그는 이성적 사유나 심오한 명상으로는 이 세계의 본질을 결코 해명할 수 없을뿐더러 존재의 유한성을 벗어날 수 없다는 것도 잘 알고 있기 때문이다. 따라서 그에게 세계나 우주는 탐구의 대상이 아니라 유희의 대상이다. 그는 주저하지 않고 이 세계 또는 우주를 하나의 커다란 장난감으로 농락하는, 신나는 유희를 즐긴다. 그것은 아마도 실존주의자들이 언급한 일종의 희극적 태도라 부를 수도 있는 의식의 자기극복 양식일 것이다. 〈상처를 찾아〉 〈죽음〉 같은 작품들이 있다. 1990년대 이후부터 이윤택이 드라마 연출 쪽으로 관심을 돌려 문학을 절필한 삶을 살게 된 것은 아쉬운 일이다.

(2) 아방가르드 및 포스트모더니즘 경향

조창환은 사물을 언어의 추상화로 그리고자 한다. 그러한 의미에서 조창환 역시 김춘수나 1960년대《현대시》동인들의 시 세계로부터 자유롭지 못하다. 조창환의 시들은 시적 진술에 의미의 유기적인 통합이 없다. 각 진술들은 서로 단절된 별개의 이미지들을 나열해 보여줄 뿐이다. 그러므로 독자들은 마치 화랑에서 추상화를 감상하듯 이 나열된 이미지군에서 오는 인상을 자신의 주관적 느낌으로 섭렵할 수밖에 없다. 만일 이 각각 단절된 이미지군들에 질서가 있다면 다만 상호조응하는 어떤 연상만이 있을 뿐이다. 대표작으로 〈빈집을 지키며〉 〈편지〉 등이 있다.

김용범의 시 역시 언어미학을 추구하고 있다. 그런 면에서 그의 시는 노향림의 시와 유사한 측면이 있고, 또 그런 까닭에 드문드문 내면 풍경의 회화적 제시 같은 김춘수의 영향이 엿보인다. 그러나 김용범의 언어가 그려 보여주는 것은 노향림처럼 객관적인 사물이나 풍경 같은 것이 아니라 그 자신이 바로 행위의 주체로 살아 있는 일상생활 자체다. 즉 김용범은 자신이 체험한 일상 삶의 한 국면을 선택해 그것을 해체된 감각으로 그려 보여준다. 대표작으로 〈사랑 연습〉 〈반문(反問)〉 연작시 등이 있다.

김혜순과 송재학은 대상을 해체하여 그 파편 또는 구성자들을 순간적 인상의 이미지들로 묘사하는 시들을 써서 나름으로 일가를 이루었다. 그 결과 그들의 시는 언뜻 보면 난해한 언어의 추상화 같은 것이 되어버려 결과적으로 김춘수의 후기 시들이 확장된 듯한 느낌을 주기도 한다. 물론 그들이 (이 세대의 다른 시인들이 그러했던 것처럼) 김춘수의 이른바 '무의미의 시'에서 영향을 받은 것은 사실이지만, 그의 단순한 계승자만은 아니다. 김춘수가 자신의 해체된 내면의식을 표출하는 방식으로 시를 썼다면, 김혜순과 송재학은 대상 자체를 해체하여 그것을 내보이는 방식으로 시를 썼기 때문이다. 따라서 김춘수가 일종의 몽유병자에 가깝다면, 그들은 인상주의자에 가깝다.

김혜순은 이미지즘 시인 에즈라 파운드Ezra Pound가 이미지를 한 '순간의 지적·정서적 복합체'라고 한 것을 한 차원 심화시키는 방법론으로 계발하고자 한다. 그 심화의 방법은 그 한'순간'의 인상을 단순한 묘사 차원이 아니라 그 인상의 해체까지 진입해 구성자들을 현미경적으로 고찰하는 것을 뜻한다. 따라서 김혜순 시작의 출발은 방법론상으로는 기본적으로 이미지즘과 유사하다.

송재학의 시들은 김혜순의 시와 큰 차이가 없다. 그 역시 김혜순처럼 한순간에 드러난 대상의 인상을 해체하는 방식으로 시를 쓰고 있기 때문이다. 다만 김혜순이 존재 너머에 있는 현상을 있는 그대로 보여주려고 한 반면 송재학은 시인 자신의 관점을 어느 정도 암시하고자 했다는 점에서 다르다. 그 관점이란 일종의 세계관을 의미하는 것일 수도 있는데, 한마디로 이 세계가 드러낸 우수나 절망에 대한 인식이라 할 수 있다.

이성복은 1970, 80년대에 들어 처음으로 과격한 아방가르드 계열의 작품을 창작한 시인이다. 그가 등장한 이후 우리의 젊은 시단에는 황지우·박남철·장정일 같은 시인들이 하나의 계보를 이루었고, 1990년대 이후 황병승·박상순·이수명 등은 이른바 포스트모더니즘 시라는 하나의 경향을 만든다. 그러한 의미에서 이들 그룹은 멀리로는 1930년대의 이상, 가깝게는 전 세대인《현대시》동인이나 황동규·정현종 등의 초기 시, 그리고 1960년대의 김춘수의 시들에 그 뿌리를 두었다고 할 수 있다. 이성복의 시들은 우리가 일상에서 만나거나 그 안에서 주거하는 이 세계가 사실은 가식과 위선임을 잘 아는 까닭에 현상을 너머 그 밑바닥을 투시해 보고자 한다. 그 투시의 방법이 대상의 부정과 해체 또는 파괴이며, 그 결과 삶이란 본질적으로 무의미·우연·혼돈 이상의 아무것도 아니라는 일종의 허무주의를 발견한다. 이는 부조리하고 폭력적인 현실에 실천적 행동으로 맞설 수 없는 지식인의 자폐적 사회 대응방식이거나 미학적 수음행위와 다름없다. 그의 등단 작품 〈정든 유곽에서〉가 그렇지만 그의 시 도처에 퇴폐적 성애性愛의 모티프가 자주 등장하는 것도 이 때문이다.

황지우와 박남철 역시 극단적 아방가르드 형식의 사회 공격적인 시들을 쓴, 이 시기의 대표적인 시인이다. 여기에는 두 가지 주목할 만한 특징이 있다. 하나는 우리 시사에서 이상 이후 가장 격렬한 전위시들을 실험했다는 것이요, 다른 하나는 이 시기의 다른 포스트모더니즘 경향의 시인들과 달리 시를 통해서 삶의 모순을 폭로 또는 풍자했다는 점이다. 그러한 의미에서 이들은 현실 또는 사회를 미학적으로 공격한 이 시기의 몇 안 되는 포스트모더니즘 시인이라고 할 수 있다.

그러나 이 양자는 물론 다르다. 첫째, 박남철의 시가 기성 윤리관이나 가치관 같은 상부구조의 전복에 관심을 두었다면 황지우의 시는 정치나 경제현실 같은 하부구조, 즉 토대의 전복에 관심을 두었기 때문이다. 우리가 황지우를 한편으로는 포스트모던한 아방가르드 시인으로 규정하면서도 다른 한편으로는 이른바 민중시인의 일원으로 다루는 이유도 여기에 있다. 둘째, 박남철의 시들은 소재적인 요소가 강한 반면 황지우의 시는 좀 더 상상력에 의존해 내용을 전개한다. 셋째, 시적 진술에서 박남철의 시가 자기독백 형식을 선호하는 반면 황지우의 시는 객관적 태도의 묘사 형식을 취한다. 이는 박남철의 시가 비대상적인 데 반해 황지우의 시는 상대적으로 대상적이라는 뜻이기도 하다. 박남철의 〈주기도문〉〈무서운 계시〉, 황지우의 〈그대의 표정 앞에〉〈에서·묘지·안개꽃·5월·시외버스·하얀〉 등이 대표적인 예다.

장정일과 김영승도 이 계열에 드는 시인이다. 이들 역시 시라는 양식적 틀을 모두 깨버리고 자유분방한 글쓰기를 시도한다. 시와 산문의 경계를 무너뜨린 그들의 시는 마치 수필의 한 토막 또는 기도문 또는 낙서 또는 광고 전단지의 문안 또는 일기 또는 보고서 또는 반성문의 한 대목 같은 느낌을 준다. 그들은 기성의 관습적 시의 규범이 형식과 표현의 진지성, 고급한 사유, 아름답고 완결된 미학, 윤리적 건강성 등에 있다는 것에 구역을 느껴 의식적으로 천박하고, 속되고, 혐오스럽고, 반도덕적인 세계를 지향했다. 장정일은 희극적인 시점으로 사물과 세계를 전도시켰으며, 김영승은 풍자·아이러니·자기부정 같은 방법을 통해 삶의 허위성을 폭로코자 하였다. 특히 김영승은 시 창작에서 사디즘 또는 마조히즘 같은 정신병리학적 의식을 많이 원용했다는 점에서 그 나름의 독특한 개성을 지녔다.

이성복·황지우·박남철보다는 온건한 방법을 택하고 있지만, 송찬호·기형도·김경미 같은 이들도 이 부류에 속하는 시인이다.

송찬호는 등단 초기에 부조리하고 폭력적인 당대의 삶을 냉소적인 혐오의 미학으로 폭로하는 시들을 썼다. 〈문 앞에서〉 같은 시가 그 예다. 그러나 곧 자폐적 내면의식으로 돌아와 그 안에 칩거하면서 환상의 유희를 즐긴다. 그것은 현실적으로 사회적 문제들과 맞서 투쟁할 수 없는 무력한 지식인의 자아보호 방위기제라 할 수 있다. 그러므로 그의 시에는 지식인으로서 현실을 도피했다는 죄의식이 반영되어 있다. 대표작으로 〈족쇄의 길〉〈문 앞에서〉 등이 있다.

기형도는 젊은 시인의 개성을 보여주었으나, 이보다는 젊은 나이에 불행히 요절했다는 문학 외적 이유에서 대중언론과 문단의 주목을 받은 시인이다. 그의 시의 특징은 크게 두 가지로 요약할 수 있다. 하나는 대체로 특정한 또는 문제적인 상황을 묘사한다는 점이다. 다른 하나는 그것을 (일반적인 서정시들처럼 단순히 감각적·서정적으로 형상화하지 않고) 해체한다는 점이다. 따라서 그의 시에는 항상 인물이 등장하며, 제3자적 시점의 기술이 근간을 이룬다. 이는 소설이나 드라마 장르의 원리에 준하는 것으로 간단히 말해 시작 태도만큼은 시의 산문화 지향이라 할 수 있는데, 이런 태도는 물론 이전 민중시의 등장과 함께 우리 시단에서 보편적으로 원용되어 왔던 시쓰기 방식이기도 하다. 그러나 그가 이 시기 주목받았던 것은 그의 제3자적 시점의 상황 기술이 내면의식의 해체라는 렌즈를 통해 재구성되기 때문이다. 기형도를 아방가르드 계열의 시인으로 분류하는 이유도 여기에 있다. 대표작으로 〈진눈깨비〉〈위험한 가계家系·1969〉 등이 있다.

김경미는 사물이건 풍경이건 상황이건 대상을 서정적으로 관찰하여 한순간이 주는 의미를 지적으로 포착하는 시를 쓰거나, 자신의 내면에 투영된 외적 세계를 내성적으로 관찰하여 자아와 세계의 완전한 합일의 가능성을 탐색하는 시를 썼다. 애증의 갈등에서 벗어날 수 없는 인간적 한계성이란 자아와 세계 사이의 갈등에서 비롯하는 것이라고 생각하기 때문이다. 대표작으로 〈방문록〉〈나는야 세컨드〉 등이 있다.

8. 권위주의 정치의 청산과 1990년대

1980년대를 지배했던 신군부의 권위주의 통치는 앞서 지적한 것처럼 민중의 강력한 민주화 투쟁에 직면하여 1987년 전두환 정권의 이른바 '6·29 선언'으로 퇴락의 조짐을 보이기 시작했다. 그리고 나서 1992년 14대 대통령 선거에서 민자당 후보 김영삼이 당선하자 명실공히 종말을 고하게 된다. 우리 근대사에서 처음으로 민주주의의 꽃이 피기 시작한 것이다. 우리가 1992년을 의미 있는 한 시기로 구획할 수 있는 것도 이 때문이다. 그러한 의미에서 1990년대란 정확히 1992년 이후의 시기를 가리키는 용어라 할 수 있다.

이 시기의 중요한 국제적 사변으로는 1990년 공산주의 국가 소비에트 러시아 붕괴와 이에 따른 동구 공산국가들의 마르크스주의 포기가 있었고, 국내적 사건으로는 35년 만에 세계노동절(메이데이)의 부활(1993), 1980년 광주민주화항쟁의 법적 공인(1993), 최초의 유엔 평화유지군 파견(상록수부대의 소말리아 파견, 1993), 전교조 해직교사의 복직(1993), 금융실명거래 및 비밀 보장에 관한 대통령 긴급재정경제명령(1993), WTO 가입 비준안 통과(1994), 34년 만에 지방자치제 선거 부활(1995), 군사반란의 수괴로 지목된 전두환·노태우 등 전 대통령 법정기소(1995) 등이 있다.

이 같은 일련의 사건에서 살펴볼 수 있는바, 1992년 이후의 시기는 그전과 달리 우리 사회에 큰 변혁을 안겨주었다. 무엇보다 정치적으로 민주주의가 정착되었다. 더 이상 군부독재가 불가능해진 것이다. 사회적으로도 시민의식이 고양되었다. 그것은 민주화 혁명을 성공시킨 민중항쟁과 각종 시민단체NGO의 성장으로 설명된다. 경제적으로는 제3기 자본주의, 즉 다국적 자본주의 단계로 진입하고 노동현장에서 합법적으로 보장된 노동운동이 유례없이 활성화되었다. 그 외 대외적으로 민족주의가 쇠퇴하면서 세계주의가 확산되기 시작한 것도 중요한 변화라면 변화다. 이에 따라 인류 보편적 가치를 지향하는 국민의식이 어느 정도 성숙하고 국제교류가 활발해졌다. 이 시기 우리 사회에서 인권·생태환경·공해·여성문제 등이 큰 이슈로 등장한 것은 이 같은 변화에서 비롯된 것이라 할 수 있다.

문학 역시 여기서 예외일 수 없었다. 그리하여 이 시기 우리 문단에선 어느 시대나 보편화되어 있는 서정시 경향의 창작은 물론이지만, 다음과 같은 몇 가지 중요한 조류를 대두시켰다. 첫째, 서구 포스트모더니즘이 활발하게 논의되었다. 둘째, 생태환경 문학의 중요성이 부각되었다. 셋째, 페미니즘, 즉 여성주의 문학이 제창되었다. 넷째, 자본주의 체제를 비판적으로 고발한 1980년대의 이른바 '현실주의'가 여전히 계승되고 있었다.

한편 이 시기에 새롭게 등장한 세대들이 그들의 시 창작에서 보여준 두 가지 지배적 기법 역시 위에서 지적한 한국사회에서 일어난 일련의 변화가 문학적으로 반영된 것이라 할 수 있다. 첫째, 서사성(이야기체적 요소)의 도입이 일반화된 것, 둘째, 해체된 의식 또는 무의식을 탐구하는 시들이 범람한 것 등이다. 원래 시의 본질은 산문과 달리 일인칭 자기독백체의 언어이자 대상에 대한 순간적·존재론적 인식에 있는 까닭에 이 같은 현상의 대두는 분명 관습적이고도 정통적인 시 창작과는 거리가 먼 이 시기만의 특징들이라 할 수 있다. 그럼에도 불구하고 당시 우리 시단에서 이러한 유형의 시 쓰기가 크게 유행하기 시작한 것은 다음과 같은 이유들 때문일 것이다.

시 창작에서 서사성의 도입은 한마디로 1970, 80년대를 풍미했던 이른바 현실주의 시, 즉 민중시 기법의 계승이자 그 영향이라 할 수 있다. 왜냐하면 민중시란 당대 현실의 고발 또는 비판에 목적을 두는 일종의 정치 또는 사회 시를 일컫는 명칭이고, 이때 '사회'란 인간과 인간의 관계를 뜻하는 말이므로 거기에는 필연적으로 인물이 등장하는 이야기가 수반될 수밖에 없기 때문이다. 즉 모든 민중시는 본질적으로 인간과 인간의 관계에서 빚어지는 이야기, 그러니까 크든 작든 인간이 주인공이 된 사회적 사건 또는 에피소드를 내용으로 담을 수밖에 없는 것이다.

그런데 우리 사회에 민주주의가 정착된 1990년대에 들어서자 이제 문학 창작에서는 더 이상 반독재투쟁이나 민주주의 회복과 같은 거시 담론이 설 자리를 잃게 된다. 그리하여 1970, 80년대의 민중시는 이제 그 창작의 기본 틀에서 이념성이 사라진 단순한 이야기만 남아, 그것이 이야기체 시 또는 서사성이 도입된 시라는 독특한 시의 유형을 만들어내는 것이다.[32] 1990년대에 유행했던 이야기체 시가 대부분 시인 자신의 소시민적 일상을 이야기 형식으로 스케치하거나 사적 에피소드를 객관적 태도로 기술하는 형식을 취하게 된 것도 이 때문이다.

한편 해체된 의식 또는 무의식을 탐구하는 시들의 범람은 이 시기에 이르러 비로소 한국경제가 서구와 어깨를 나란히 하게 된 제3기 자본주의, 즉 다국적 자본주의의 문화현상과 이 무렵 젊은 지식인들의 의식에서 성숙된 세계주의가 맞물려 나타난 현상이라 할 수 있다. 이 시기 서구, 특히 미국의 문화예술계와 학계에서는 이미 포

---

32 그래서 이야기체 시를 산문성이 도입된 시 또는 시의 본질과는 거리가 먼 시라 하는 것이다. 원래 인물이 등장하여 하나의 사건 또는 이야기를 서술하는 형식의 문학은 소설이기 때문이다.

스트모더니즘론이 활발하게 논의되고 있었기 때문이다.[33]

따라서 이 시기 우리 시단의 지배적 시 창작 유파를 간단히 정리하자면 대체로 1)서정시 경향, 2)아방가르드 및 포스트모더니즘 경향, 3) 민중시 경향, 4) 생태시, 5)여성주의 시들의 창작이 주를 이루었다고 말할 수 있다.

1) 서정시 경향

넓은 의미에서 서정시란 아리스토텔레스가 그의 《시학》에서 고대 그리스 문학을 세 가지 양식(서정시·서사시·극시)으로 나누었을 때의 그 한 유형을 말한다. 그리고 그것이 근대에 들어 '시'로 정착된 것은 다 아는 바와 같다. 따라서 오늘의 시가 어떤 유형이든 본질적 또는 원칙적으로 서정성에 토대를 두고 있다는 사실은 부정할 수 없다. 그러나 시의 하위 양식에는 여러 유형이 있고 그 중 오늘의 시를 대표하는 '서정단시', 즉 좁은 의미의 서정시에도 여러 파격적·실험적인 유형들이 대두하고 있는 까닭에 여기서 말하는 '서정적 경향'은 다른 파격적·실험적 유형의 서정단시와는 달리 좀 더 관습적인 서정시의 틀을 지향하고, 더불어 좀 더 서정성을 강조하는 이 좁은 의미의 서정시, 즉 서정단시의 특징을 일컫는 말이다.

이 같은 장르 분류 개념으로 볼 때 이 시기에 논의된 민중시나 모더니즘 시, 아방가르드 시, 그리고 이 시기의 포스트모더니즘 시, 생

---

33 하부구조로서 다국적 자본주의 경제와 의식이 해체된 문학 창작, 즉 이른바 포스트모더니즘적 문학 창작의 상호관계에 관해서는 오세영, 《문학이란 무엇인가》(서정시학, 2013) 중 〈근대와 현대 그리고 탈현대〉〈모더니즘, 아방가르드, 포스트모더니즘〉〈포스트모더니즘〉 참조.

태주의 시, 여성주의 시들 역시 본질적으로는 대상을 주관하여 감정적으로 세계를 인식한다는 점에서 모두 서정시의 범주에 드는 것이 사실이다. 그런데도 우리가 이들을 심정적으로 서정시 계열이라고 부르는 시들과 구분하려는 것은 그 하위 범주가 그들의 서정적 경향이 전통적 서정단시보다 약화되어 있거나 좀 더 실험적(포스트모더니즘 시·아방가르드 시) 또는 이념 전달적(민중시·생태시·여성주의 시 등) 특성을 드러내고 있기 때문이다.

이 시기에 등장한 서정적 유형의 작품들은 종전의 서정시들과는 다른 면모를 보였다. 시적 대상이 현실사회에 좀 더 밀착되어 있다는 점, 대체로 모더니즘 기법에 어느 정도 세뇌되어 있다는 점, 사적 경험과 소시민의식이 투영되어 있다는 점, 가능한 주관을 절제하면서 묘사적 태도를 지향한다는 점 등이 그것이다. 이 경향의 시인들로는 손택수·박형준·문태준·박현수·허혜정·나희덕·정끝별·서정춘·김영남·이영식·전윤호·이정록·이윤학·장철문·김중식·유홍준·문정영·우대식·최창균·김선태·고영민·최서림·배한봉·고두현·배용제·고영·길상호·이인원·이선영·이화은·박라연·김선호·이병률 등이 있다.

서정춘은 일찍이 1968년《신아일보新亞日報》신춘문예를 통해 등단했지만 오랜 기간을 거의 절필하면서 지내다가 1990년대 후반, 직장에서 은퇴한 이후 활발하게 작품활동을 재개한 시인이다. 그의 시를 1960년대가 아니라 1990년대 시인들과 함께 다루는 이유가 여기에 있다. 그의 첫 시집《죽편》에 수록된 시들은 앞으로 그가 나아갈 방향을 예시한 것으로, 이후의 시작은 사물에 대한 순간적 통찰을 신선한 감각적 이미지로 형상화하는 것에서 큰 변화가 없었다. 극도로 정제된 언어, 돌출한 상상력, 성동격서聲東擊西의 어법 등이 특징이다.

손택수는 인간이 아닌 사물들의 세계 속에서 인간성을 발견한다. 그에 따르면 자연이건 사물이건 무기물이건 유기물이건 그 안에는 본질적으로 일상의 인간들은 모르고 지나친 그 사물들만의 어떤 생이 영위되고 있는데, 그 역시 인간의 삶과 마찬가지라는 것이다. 그러한 의미에서 이 사물들의 내적 세계는 또 하나의 숨겨진 인간들의 세상이라 할 수 있다. 그리고 시는 그것을 들여다보는 일종의 의인법적 존재양식이 된다. 시인이란 바로 그 의인법을 해석해 내는 몽상가인 것이다.

박형준은 일상성을 벗어나 세계의 본질로 들어가는 문을 열고자 한다. 그러나 그것은 이성적 인식이나 사물에 대한 분석적 이해로서는 불가능한 일이다. 따라서 그는 세계와 감성적으로 부딪쳐 그 벽을 깨고자 한다. 그때 그가 본 일상 건너의 현상이 과연 진실인가 아닌가는 별개의 문제다. 다만 그 같은 방식으로 대면한 사물들의 면면을 ('나'로 제시된 화자 자신까지도 객관화시켜) 제3자 시점으로 기술할 따름이다. 그러므로 그의 모든 시에는 이 행위에 참여하거나 이를 관찰하는 인물들이 등장하게 마련이어서 만일 '감성적 인식'이라는 방법이 배제될 경우 그의 시는 단지 산문의 한 토막에 지나지 않게 된다. 실제로 우리가 그의 시에서 산문적 서사성을 발견하게 되는 것도 이 때문이다. 대표작으로 〈가구의 힘〉〈일요일〉 등이 있다.

대상의 벽을 깨고 그 본질을 들여다보려 한다는 점에서는 문태준 역시 박형준과 다르지 않다. 그러나 시의 대상은 박형준처럼 어떤 상황이나 풍경이 아니라 사물이며 그런 까닭에 그의 시에는 제3 인물의 관여나 서사성의 도입이 없다. 박형준과 달리 그만큼 서정시의 정통 규범을 지키고 있는 것이다. 문태준은 또한 시인의 내면의 식을 주로 대상, 즉 자연에 전이시켜 간접적으로 자신의 메시지를 전달하는 데 뛰어난 재능을 지닌 시인이다. 따라서 그의 시에는 남달리 우리가 이른바 '객관적 상관물'이라고 부르는 기법이 자주 구사된다. 간결하고 깔끔한 어법, 적당한 비약과 전복을 구사하는 상상력, 숨은 우리말의 맛깔스러운 구사 등도 그의 시가 지닌 장점 가운데 하나다. 대표작으로 〈가재미〉〈한 마리 멧새〉 등이 있다.

유홍준의 시적 관심은 사물이나 자연이 아니라, 사회적 측면에서 바라본 인간의 문제다. 그는 한 인간이 처해 있는 극적 상황을 포착해서 일상 삶 저 건너에 있으리라 여겨지는 어떤 진실을 탐구코자 한다. 이렇듯 인간의 문제를 하나의 상황을 전제로 들어 이야기하는 형식은 원래 드라마 장르의 본질에 가까우므로, 유홍준의 시는 서정성에 드라마적 요소를 가미한 것이라고도 할 수 있다. 그가 즐겨 구사하는 기법은 전복과 아이러니다. 그는 인간 상황의 이 같은 해석을 통해서 삶이란 원래 그 자체가 하나의 아이러니라는 사실을 이야기하려는 것이다. 유홍준은 노동자로서의 그의 실제 경력과 노동현장을 고발한 몇편의 시들로 인해 흔히 노동시인 또는 민중시인으로 분류되기도 한다. 그러나 전체 시의 흐름을 볼 때, 그는 민중시인이라기보다 순수 서정시인이라 해야 할 것이다.

박현수는 등단 무렵 (설령 그것이 사회적인 것에서 오는 것이라 하더라도) 삶의 고단함과 외로움을 외적으로 카타르시스하기보다 오히려 내적으로 화해 또는 승화시키는 방식의 존재론적 자기정화를 지향한다. 예컨대 초기 시의 보편적 주제가 된 사랑이나 자아 비우기 등이 그것이다. 그러나 두 번째 시집 이후부터 그는 사물을 은유적으로 해석하거나 감각적으로 묘사하는 시들을 쓰고 있다. 대표작으로 〈세한도〉 〈달빛〉 등이 있다.

　일반적으로 서정시에는 시인의 내면의식을 드러내 보이는 방식, 대상에 대한 감정적 인식을 묘사하는 방식, 자신의 내면을 객관적 상관물에 전이시키는 방식 등이 있을 수 있다. 그러나 나희덕은 이 도저도 아닌 제3의 방식을 취한다. '과연 나란 무엇인가'를 알기 위해 객관적 태도로 자신을 들여다보는 것이다. 예컨대 그가 일상에 오염되지 않은 눈으로 자신을 들여다보면 나는 "얼어붙은 호수의 수면"(〈천장호에서〉)이기도 하고, "사과 한 알"(〈사과 한 알〉)이기도 하고, "갈색 암말"(〈벗어 놓은 스타킹〉)이기도 하다. 그러한 의미에서 나희덕의 시는 한마디로 자아 성찰과 탐색의 기록물이라 할 수 있다. 물론 이 '기록'이라는 용어는 다분히 이성적 객관주의라는 뉘앙스를 지니고 있어 오해를 살 만한 어휘이지만 (비록 자아에 대한 현상학적 탐구까지 나아가는 것은 아니라 하더라도) 가능한 한 자신의 내면을 객관적으로 들여다보려는 태도를 뜻하는 단어로 사용될 수 있다면 나희덕 시의 특징을 일컫기에 크게 부적절한 단어는 아닐 것이다.

　정끝별이 추구하는 것은 어떤 영원성의 실체다. 그러나 물론 우리의 현실에서는 이 세계에 존재하는 그 어떤 것도 영원하지 않다. 유기체건 무기물이건 이 지상의 모든 것은 순간의 존재, 언제인가는 시들고 낡고 녹슬고 마침내 사라지는 존재이기 때문이다. 사실은 시인이 젊은 날 믿었던 사랑조차도 그렇다. 그런데도 이 같은 사실을 망각한 채 현상으로 만족하며 살아가는 우리의 일상에 대해 정끝별은 환멸과 구토를 느낀다. 그가 시에서 일종의 희극적 허무주의에 빠지거나 환상 속의 유희에 자신을 내맡긴 이유가 여기에 있다. 〈녹나무 아래〉 〈십일월〉 등의 연작시들이 보여주는 세계가 특히 그러하다.

길상호에게 (자연의 산물이든 문명의 소산이든) 사물들은 자신의 삶을 일깨워 성찰케 해주는 일종의 기호다. 그것은 내면으로 통하는 문의 열쇠이기도 하고, 과거를 현존으로 되돌리는 타임머신이기도 하며, 자신의 존재성이 육화되어 있는 실체 그 자체이기도 하다. 그래서 길상호 시의 출발은 어떤 작품이나 특정한 사물에 대한 묘사가 중심을 이룬다. 잘 정리된 언술, 완결된 상상력, 산만하지 않고 절제된 감정표현이 한데 어울어진 단아한 시풍이 그의 시의 장점이라고 하겠다. 대표작으로 〈고목을 흔드는 새〉 〈구멍에 들다〉가 있다.

전윤호의 초기 시는 대체로 서로 대립된 두 세계를 묘사해 보여준다. 하나는 유년시절의 기억에 연관된 고향[34]의 풍경이며 다른 하나는 서울 변두리의 비참한 삶이다. 〈천국의 예감〉 〈도굴범〉 연작시 같은 것들이 묘사한 세계가 대표적이다. 시인은 시에서 고향의 풍경을 꿈꾸는 이상향으로, 서울 변두리 삶을 중세 농노의 처지로 제시하고 있는데, 이 모두 자본주의 사회의 모순된 사회구조를 알레고리화한 것이다. 그리하여 그는 역사학도답게 이 모순의 극복을 위해 프랑스혁명과 같은 사회변혁의 환상에 빠지지만 결국 길들여진 소시민으로 전락해 버릴 수밖에 없는 지식인의 무력감 또는 자괴감을 고백한다. 세 번째 시집 이후의 시들이 보여주는 시 세계가 특히 그러하다.

이인원은 사물의 존재론적 의미를 날카롭게 통찰한 시편들을 썼다. 아름다우면서도 감정에 휘둘리지 않고, 감각적이면서도 메시지가 살아 숨쉬며, 남성적 터치에도 불구하고 여성적 감수성이 잘 살

---

34 시에서는 강원도 정선의 도원읍으로 제시된다.

아 있는 그의 시는 1990년대 여성시가 도달할 수 있는 미학의 한 경지를 보여주었다고 해도 과언이 아니다. 우리는 그의 시에서 여성이 아니면 쉽게 접할 수 없는 일상적 소재들이 그의 신선한 상상력의 불꽃에 점화되어 새롭게 재창조되는 의미의 주술을 경험할 수 있을 것이다. 대표작으로 〈마늘〉〈고무장갑〉 등이 있다.

김영남은 사물에 빗대 인간의 본질을 탐구하는 시들을 썼다. 여기서 인간이란 육체와 정신의 조화로운 복합체를 말하며, 육체를 대변하는 것이 성, 정신을 대변하는 것이 영혼이다. 그리하여 그는 대부분의 시를 성과 연관된 몸의 실체와 영혼과 관련된 성속의 갈등을 탐구하는 데 바친다. 그러한 의미에서 김영남의 시들은 자연이나 사물을 대상으로 하는 일반 서정시와 달리 크든 작든 인간의 이야기를 내용으로 담는다고 할 수 있다. 그의 시에서 산문적 재미를 느낄 수 있는 이유가 여기에 있다. 대표작으로 〈밑에 관하여〉〈모두가 들국화 시인이 되게 하라〉 등이 있다.

이정록의 시에는 시대적 고뇌라든가 사회의식이라든가 문명비판이나 자연탐구 같은 큰 주제, 말하자면 큰 담론이 없다. 그렇다고 해서 도시의 빈민층이나 소시민의 삶과 같은 도시 취향의 정서나 향토민의 생활을 그린 것도 아니다. 그러니까 그는 그 중간, 즉 '시민'이라면 좀 어설프고 '향토민'이라면 지나친 표현이 될 수 있는 지방 소읍의 일상적 주민생활(아마도 그의 고향 충청도 홍성일지도 모른다)과 그 배경이 되는 풍물들을 따뜻한 시선으로 바라본다. 거기에는 너무 일반화되어 있어 이제는 도시민에게 아무 흥밋거리가 될 수 없는, 한국 기층민들의 아옹다옹한 삶의 한 컷이 영화의 한 장면처럼 묘사되어 있다.

박라연은 대도시 서울로 상징되는 산업사회의 비정한 토양에 삶의 뿌리를 내리고자 하는 소시민의 갈망을 아름답게 그린다. 그의 등단작이자 첫 시집의 제명으로 사용된 〈서울 사는 평강공주〉의 화자가 바로 그러한 여성이다. 서울에 사는 소시민(어쩌면 서울로 이주한 시골 여자일지도 모른다)이 평강공주가 되는 꿈을 꾸는 것이다. 그의 다른 시들 중에 〈행복〉이라는 제명의 작품이 있는데, 시인은 그 행복을 언 땅에 뿌리를 내려 봄에 화사한 꽃들을 피우는 나무에 비유하고 있다. 그의 시에 향토의 추억과 현실로서의 서울, 그리고 유달리 나무·꽃·뿌리의 상징들이 등장하는 이유가 여기에 있다. 착하기 살기 위해서 스스로를 억압하는 시인 자신의 삶의 본능은 시에서 항상 어떤 죄의식으로 제시되기도 한다.

우대식의 시는 쓸쓸함에 대한 기록이다. 그 쓸쓸함의 근원이 어디에 있는지는 모른다. 그것은 실존적인 문제에서 오는 것일 수도 있고, 삶의 문제에서 오는 것일 수도 있고, 인간관계에서 오는 문제일 수도 있다. 다행이라면 그 쓸쓸함이 '고독'이라는 이음동의어와 뉘앙스가 다르다는 것이다. 그리해서 그의 시는 천상 철학적 의미의 존재 탐구와 같은 무거운 사유로부터 자유로운, 아름다운 여성적 서정성을 획득한다. 그의 시적 자아는 비유컨대 그의 시(살쾡이의 눈))에서도 고백되어 있듯 "생의 저 밖을 헤매는/겨울나무"다. 우대식은 쓸쓸한 이 시대의 낭만적 방랑자인 것이다. 대표작으로 〈구나행〉〈우주로 가는 당나귀〉 등이 있다.

이윤학은 더 이상 산업사회의 질서에 도전할 수 없는 지식인의 무기력하고 의욕을 상실한 삶의 일상을 반성적으로 묘사한 시편들을 썼다. 그의 시에는 구더기·달팽이·노가리·개구리 등 많은 하급 생물들이 등장하는데, 이 동물들은 이 시대에 길들여진 소시민들의 상징이자 자신의 자화상이기도 하다. 이후 그의 시는 (물론 시대적 변화도 있었지만) 사회에 대한 지식인의 책무라는 의식의 굴레를 벗어버리고 자연친화적인 서정시의 세계를 지향한다.

김중식은 1990년, 신선한 개성을 보이며 등단했으나 첫 시집《황금빛 모서리》를 상재한 이후 거의 시작에서 손을 뗀 까닭에 다시 앞날의 시작에 기대를 걸게 하는 젊은 시인이다. 그의 시는 일반 서정시에 비해 사회의식이 더 강하고 (일반적으로 포스트모더니즘 경향이 그러한 것처럼) 더불어 얼마간 의식 해체 현상을 보여주기는 하지만 전체적으로 볼 때 아방가르드 경향성을 띤 서정시로 보는 것이 옳다. 어떻든 그는 자신의 시에서 1980년대의 사회상황과 그 시대의 지배논리에 적응할 수 없는 지식인으로서의 무력감을 자학적 태도로 토로하고 있다. 그는 때로 그것을 직접적인 서술에 의존하지만 종종 중력을 거부할 수 없는 새, 또는 이탈을 꿈꾸는 성좌의 궤도 같은 이미지들을 통해 시적 형상성을 획득한다. 대표작으로 〈차라리 어둠을 다오〉〈일탈자〉 같은 시들이 있다.

비록 사회적 이슈에 대해서 무관심하다 하지만 권혁웅 역시 김중식과 마찬가지로 아방가르드 경향성을 띤 서정시들을 썼다. 그는 인상주의적 화풍으로 도시적 삶의 일상을 스케치한다. 따라서 그의 시에는 어떤 구체적인 메시지가 없다. 의식적으로 현란하게 열거한 여러 이미지와 에피소드를 동원하여 주제의식을 흐리면서 당대의 시류적 삶 또는 유행의 모형들을 섬세하게 관찰하여 그것을 기록 또는 보고하는 형식을 취할 뿐이다. 재담이라고 할까 요설이라고 할까, 어쨌든 전통 서정시에서는 비교적 금기시하는 언어의 방만한 유희가 권혁웅 나름의 개성을 만들어주고 있다. 대표작으로 〈올가미〉〈우울한 일요일〉 등이 있다.

이병률은 끊임없이 자신을 둘러싼 상황과 대화를 시도하지만 그 진정성에는 결코 도달할 수 없는 언어의 한계성을 고백한다. 일상에 길들여진 이 지상의 삶은 더 이상 진실에 귀를 열지 않기 때문이다. 그런 까닭에 그의 시에 배경으로 깔린 연민과 비애의 정서는 모든 것이 잠들어 있는 세상에서 홀로 깨어 있어야만 하는 자의 존재론적 고독에서 오는 것이라 할 수 있다.

이 시기의 최창균은 자신이 직접 소를 치는 농부로서 농촌의 삶을 서정적으로 묘사하는 시들을 썼다. 그의 시에 자주 등장하는 소는 시지프스적 운명의 고통을 상징하는 동물로 자신의 체험적 이야기를 형상화한 것들이다. 그 외에도 그는 흙에 뿌리를 내린 나무와 풀 같은 자연생명들의 건강한 아름다움을 묘사해 보여주었다.

2) 포스트모더니즘 경향

모더니즘과 아방가르드는 서로 대립관계에 있는 문예사조다. 모더니즘은 이성중심주의와 고전주의적 세계관을 계승해 이 세계를 하나의 구조체構造体, 즉 의미 있는 실체로 보는 데 반하여 아방가르드는 그와 반대로 비이성주의와 낭만적 세계관을 계승해 이 세계를 우연과 해체된 의미로 보기 때문이다. 그 발생 역시 모더니즘은 영미, 아방가르드는 유럽대륙의 사회경제사적 토대 위에서 가능하였다. 한편 포스트모더니즘은 1910~20년대 유럽에서 유행한 아방가르드가 1970년대 미국에서 그 사회의 특수한 자본주의 삶의 양식을 반영하면서 재생한 문예사조다. 그런 관점에서 포스트모더니즘은 곧 아방가르드의 계승자이자 미국화된 아방가르드라 할 수 있다.

한국의 경우 아방가르드나 모더니즘이 일찍 1920년대에 등장해서 1960, 70년대까지 많은 영향을 끼쳤다는 것은 앞에서 지적했다.

그러나 포스트모더니즘 경향은 한국에서 이보다 훨씬 뒤인 1980년대 말 1990년대 초에 논의되기 시작한다. 포스트모더니즘은 그 발원지인 미국에서도 1970년대 이후의 문예사조이고, 그것이 발생한 배경인 후기자본주의(다국적 자본주의)의 성립 또한 한국에서는 미국과 달리 1980, 90년대에 들어와서의 일이기 때문이다.

포스트모더니즘이 등장하자 7, 80년 동안 우리 시에 깊이 영향을 끼쳤던 한국의 아방가르드와 모더니즘은 큰 변화를 겪지 않을 수 없었다. 그동안 자신의 역할을 충분히 수행한 모더니즘은 문학사 속으로 사라지고 아방가르드 또한 (서구에서의 전개과정이 그렇듯이) 그 후속타로 등장한 포스트모더니즘에 자연스럽게 흡수되어 버리기 때문이다. 그래서 1990년대 이후부터 한국 문단에서는 공적으로 모더니즘이나 아방가르드를 논의하지 않는 것이 일반화되었다.

이 시기에 문제가 된 포스트모더니즘 경향은 원래 그 원산지에서 그러한 것과 같이 1990년대 우리 시에서도 다음과 같은 특징을 드러냈다. 주체의 해체 또는 소멸, 무의미 또는 허무주의 지향, 정신분열적 의식, 언어·형식·장르의 해체, 꿈·비전·황홀경 같은 환상세계의 추구, 미학적 대중주의와 유희, 전통과의 단절과 우연 및 새로움에의 집착, 자기반영으로서의 문학적 특성, 혼성모방과 패러디의 보편적 활용 등이다.

이 시기 포스트모더니즘의 평가에 대해서는 다음과 같은 유성호의 견해가 보편적이지 않을까 싶다.

'메타시'의 경향도 '해체'의 연장선상에서 나타났다. 이는 시쓰기(글쓰기)에 대한 자기 질문적 성찰을 보이는 경향이었다. 시의 존재의의에 대한 전위적 도전으로 그 몫을 한 이 경향은 박상배나 이승훈 등에 의해 집요하게 천착되었는데 문학적 성취나 공감으로 확산되지 않은 듯하고 뚜렷한 에피고낸들을 얻지 못했다. 이처럼 전통적인 의미의 서정시가 아니라 현대적 감각을 드러내는 데 가장 효율적인 언어의 전략으로 대두했던 포스트모더니즘의 시쓰기 경향들은 강력한 결집을 이룬 운동으로는 일회성으로 끝나버렸지만 시인 개개인의 방법론적 변용을 거쳐 매우 깊이 있는 개별화를 이룬 점에서 창조적 글쓰기에 일정 부분 공헌했다고 할 수 있다.[35]

1990년대 한국의 포스트모더니즘 경향은 다시 두 가지 유형으로 나누어 살펴보는 것이 바람직하다. 하나는 좀 더 과격한 실험을 통해 무의미의 세계를 지향하는 그룹이며, 다른 하나는 나름으로 의미의 세계만큼은 어느 정도 지키고자 한 그룹이다. 후자는 어느 정도 아방가르드 편향성에 기울어진 그룹이라고도 말할 수 있다.

전자에 속하는 시인으로는 김요일·김백겸·황병승·박상순·김언희·이수명·조말선·성기완·함기석·이원·박찬일·이경림·최정례·채호기·조연호·이재훈·안현미·김참 등이 있으며, 후자에 속하는 시인들로는 함민복·김경주·김선우·조용미·김기택·김태동·정재학·이장욱·함성호·변종태·윤의섭 등이 있다.

황병승은 의미론적으로 논리가 완전히 파괴된 진술, 그러니까 정신분열적인 진술들을 무작위적으로 나열하여 어떤 느낌이나 암시 같은 것을 통해 자신의 시작 의도를 표출하고자 한다. 그러므로 그의 시에는 디노테이션(지시적 의미)이 전적으로 배제되어 각기 단절된 파편적 이미지들과 그로부터 비롯된 미지의 어떤 코노테이션(함

---

35 유성호, 〈탈냉전의 시기(1991-2000)〉, 오세영 외, 《한국현대시사》(민음사, 2007)

축적 의미)만이 단편적·고립적으로 의도된 분위기를 연출할 뿐이다. 그 결과 그의 시는, 시의 파괴만이 아닌 언어의 파괴, 동시에 무의식을 넘어서 의식 자체의 파괴를 지향한다고 말할 수 있다. 그의 시에서 제목이 중요한 이유 또한 여기에 있다. 독자들은 그 제목이 시사해 주는 것으로부터 무언가 의미의 실마리를 암시받을 수 있기 때문이다. 따라서 우리가 그것을 만일 시라 부를 수 있다면 시인이 그것을 시라고 주장한다는 것과, 긍정적이든 부정적이든 산문언어의 논리에서 벗어나 있다는 것, 그리고 비록 통합된 감수성을 보여주지는 못했다 하더라도 일정 부분 코노테이션의 의미를 내비치고 있다는 것 정도일 것이다.

박상순·김언희·이수명 등도 정도의 차이가 있지만 모두 이 경향에 속하는 시들을 썼다. 김언희는 이 같은 방식으로 욕망의 문제를 적나라하게 보여주어 성적 주체로서의 '몸'을 부상시켰으며,[36] 박상순은 진술이 좀 더 정제되고 이미지가 한층 투명해지기는 했지만 우연·모순·자가당착의 언어를 통해서 일상을 뒤집어 (그가 보기에 이면의 실상이라 할) 삶의 무의미, 무논리, 또는 무필연성을 폭로하였으며, 이수명 역시 인간의 의식에 구속되지 않은, 그러니까 인간의 인식영역으로부터 해방된 사물 그 자체의 독자적 존재 가능성을 타진하고 그것을 탐구하고자 하였다. 그 결과 도달한 것은 초현실주의의 그림들이 보여주는 환영 또는 시뮬라크르simulacre 세계다.

함기석은 주체와 객체 또는 주관과 객관이라는 인식의 이원법을 부정한다. 그에겐 오히려 객체가 주체로, 또는 객관이 주관으로 뒤집힌 세계가 참다운 일상이기 때문이다. 그리하여 그는 사소하고도

---

36 유성호, 앞의 글.

친숙한 일상의 에피소드를 빌려 거기서 객체의 눈으로 본 현대인의 삶과 객체, 그 자체가 지닌 자율적 존재방식을 관찰하고 보고하는 것이다.

이경림은 억압된 자아의 자폐적 환상을 막말의 언어·산문의 언어·비속의 언어를 가리지 않고, 말하자면 자유분방한 언어로 스케치한다. 금기로 인해 그가 현실에서는 해소할 수 없는 그 욕망은 꿈 또는 관념적 유희의 세계에서나 실현 가능하다. 따라서 그가 시를 통해 묻는 것은 자아를 억압시키는 이 시대의 금기에 관해서이다.

박찬일은 등단 무렵 이 세계의 본질 탐구에 천착하였다. 물론 이때 그가 원용한 방식은 인식의 논리를 전복시켜 이 세상을 뒤집어 보는 일이었고, 이는 기본적으로 의미와 신념에 대한 믿음을 전제한 것이었다. 가령 첫 시집《화장실에서 욕하는자들》에 수록된〈갈릴레오〉, 두 번째 시집의《나비를 보는 고통》에 수록된〈마음의 보고서〉 연작시들이 대표적인 예다. 그러므로 이때까지 그는 의미의 시를 지향했다고도 볼 수 있다. 그러나 이후 점차 반시反詩 또는 해체시의 경향으로 기울기 시작하더니 2000년대 후반, 특히《하나님과 함께 고릴라와 함께 삼손과 데릴라와 함께 나타샤와 함께》등의 시집을 상재하면서부터는 무의미 또는 해체시적 경향에 적극 참여한다. 이후 그의 시들은 앞서 언급한 이 경향의 시들의 일반적 특성에 돌발적이고 충동적인 발화, 선문답 형식의 대화, 정신분열적 독백 같은 것들이 추가되었다.

김요일은 산업사회에서 물화된 인간의 삶에 언어적으로 반항하는 시들을 썼는데, 그에게 반항의 언어란 현실을 직접 폭로하거나 비판하는 메시지 전달의 언어가 아니라 언어 그 자체의 문법과 논리를 파괴하는 언어, 그러니까 언어의 틀을 벗어난 언어다. 왜냐하면 언어는 사유 그 자체이므로 그 시대의 언어는 곧 그 시대의 지배사유가 되기 때문이다. 그리하여 그는 언어의 통사론적 질서, 기호론적 약속체계, 의미론적 대립구조 등을 깡그리 무시한 탈언어의 언어로 시작에 임했다. 특히《붉은 기호등》에서는 과격하고도 비상식적인 차원의 타이포그래픽을 구사해서 독자들의 주목을 끈다.

앞서 언급한 바와 같이 김백겸은 이미 1980년대 초반에 등단한 시인이다. 그러므로 단순히 등단시기로만 분류할 경우 1980년대 시인이라고도 할 수 있다. 그러나 그는 등단 이후 거의 시작에서 손을 뗐다가 1990년대, 그것도 후반기에 들어 활동을 재개했다는 점에서 1990년대 시인으로 분류하는 것이 자연스럽다고 할 것이다. 무엇보다도 근래의 그의 시적 경향이 그러하다. 김백겸은 등단 전후의 시들과 1990년대의 시들만 해도 일상의 사물들과 그가 대면한 에피소드들을 서정적 감수성으로 형상화한 시들을 썼다. 그러나 2000년대 후반에 이르면 그 시기의 젊은 시인들과 함께 과격한 해체시운동의 한 축을 받든다. 이 같은 경향의 시들은《비밀 정원》이나《기호의 고고학》같은 시집에서 집중되는데, 그는 시 창작에서 고고학·자연과학·신화학 같은 세계에서 상상력을 빌려와 이를 청결용 세제洗劑로 활용, 산업사회에 오염된 인간의 때를 씻고 참다운 본성을 복원하고자 한다.

이원은 인간에서 물질 또는 기계로 주체가 바뀐 현대라는 전자電子 ·IT사막에서 참다운 공간, 생의 본질적 공간이란 무엇인가 하는 화두에 골몰한다. 윤의섭은 죽음의 문제에 천착해서 비정상이 정상으로, 일탈이 비일탈로, 그로테스크한 것이 유니버셜한 일상으로 되어버린 현대인의 삶의 권태 또는 무관심을 고발한다. 이장욱은 '실

제와 환상에 한발 떠 있는 듯한 환상적 분위기를 연출하는'[37] 시들을
썼다.

초기 시 가운데서 〈테레민을 위한 하나의 시놉시스〉 〈재가 된 절〉
〈정신현상학에 부쳐 휠더린이 헤겔에게 보내는 마지막 편지〉 〈장콕
토〉 〈펜옵티콘〉 〈어그야 또는 파롤〉 같은 일부 과격한 실험작품을
제외한다면 김경주는 전체적으로 볼 때 아방가르드 경향을 띤 서정
시 계열의 시인에 속한다. 적어도 황병승이나 박상순 또는 김언희
나 이수명 등이 지향한 무의미 시들과 달리 그는 시에서 의미를 배
제하지 않는 것이다. 김경주는 한마디로 상상력의 고문자拷問者다.
그것은 그의 상상력이 보편성이나 논리성을 벗어나 의식의 궁극적
한계에 다다를 수 있는 치열성을 보여준다는 의미다. 그러한 관점
에서 그의 시들은 상상력과 환상의 경계지대를 배회하는 정신의 기
록이라고도 할 수 있다.

김선우는 남다르게 강한 자의식 때문에 이 세상과 궁극적으로 화
해하지 못하고 스스로 소외된 삶을 선택할 수밖에 없는 지식인의
허무주의를 고백하는 시들을 썼다. 따라서 그에게 세상은 항상 거
리를 지닌 타자로 서 있다. 그것은 주객일체의 구현이라 할 사랑에
대해서조차 마찬가지다. 그의 많은 여성성의 시들이 다른 일반적
여성성의 시들과 달리 쓸쓸함과 삭막함의 정서로부터 자유스럽지
못한 이유가 여기에 있다. 한마디로 그의 시들은 강한 자의식의 거
울에 반영된 일상의 허상들이다. 대표작으로 〈내꺼〉 〈그림자의 키
를 재다〉 등이 있다.

조용미는 의미와 무의미의 경계를 배회하는 시인이다. 그러므로

---

37 오형엽, 첫 시집 《내 잠 속의 모래산》의 해설.

어떤 메시지나 주제의식을 기대하는 독자들에게 그의 시는 항상 난해해 보인다. 그러나 그 같은 기대를 접고 시를 하나의 사물, 그러니까 있는 그대로 편안하게 대할 경우 한 폭의 반추상화로 다가선다. '사물의 무의식'이라 부를 만한 세계를 탐구하고 있는 그의 시의 중요한 특징 때문이다. 그에 따르면 인간에게 무의식이 있듯 사물들의 세계에도 무의식이 있다. 시인은 사물의 표피를 열고 들어가 그 내면에 들끓고 있는 이 무의식을 들여다보는 것이다. 대표작으로 〈붉은 검〉 〈달과 베롱나무〉 등이 있다.

김기택의 시는 사회적·인생론적 진실 같은 것에는 관심이 없다. 다만 사물을 개성 있게 묘사하는 것으로 만족할 뿐이다. 물론 누구든 사물을 묘사하는 데는 대상을 선택하고 바라보는 관점이 필수적이고, 이때 그 선택과 관점이란 시인의 어떤 정신적 지향에 따를 수밖에 없을 것이므로 넓은 의미에서 그의 시에 메시지가 전혀 없다고 말할 수는 없겠지만, 어쨌든 그의 사물 묘사에는 주제의식이 가능한 배제되어 있다. 그러나 묘사 그 자체는 물론 시가 아니다. 왜냐하면 문학을 포함해서 모든 글쓰기는 기본적으로 묘사를 기술한 형식으로 차용하고 있기 때문이다. 그리하여 그는 이와 같은 일반론에서 벗어나기 위해 나름의 독특한 묘사방식을 택한다. 대상을 의도적으로 왜곡하거나 부분적으로 해체하여 거기서 얻은 인상을 자유롭게 다른 사물로 연장 또는 확장하는 것이다. 〈목을 조르는 스타킹의 애원〉 〈탁상시계〉 등의 작품이 그러하다.

함민복은 도시 변두리로 밀려난 뿌리 뽑힌 삶의 밑바닥 인생을 적나라한 풍경으로 그려 보여준다. 그러나 그중에서도 관심의 초점은 성욕이나 식욕, 권력의지나 노예의식 등 생의 근원적 본능의 문제에 있다. 함민복은 윤리나 사회적 금기가 무너진 이 시대의 인간의 삶이 어떻게 동물적 차원으로까지 추락해 갈 수 있는가를 적시함으로서 현대사회를 지배하는 자본의 폭력을 아무렇지도 않은 일상의 이야기처럼 고발한다. 여기에는 물론 풍자·패러디·몽타주 등 이른바 일련의 포스트모더니즘 기법이 동원된다.

3) 민중시 경향

1970, 80년대의 유산을 계승한 젊은 시인들은 이 시기에도 여전히 민중시를 창작하고 있었다. 그러나 1990년 동구 마르크스주의 국가의 붕괴, 1992년 김영삼 정부의 이른바 문민정부 수립, 그리고 신군부의 권위주의 통치가 종막을 고하자 반독재투쟁과 민주주의 회복을 기치로 내걸었던 민중시의 기세는 한풀 꺾일 수밖에 없었으며, 그 결과 그들은 1970, 80년대의 문학적 영광을 뒤로하고 문단 한구석으로 밀려나는 형국을 보여준다. 1970, 80년대 이 운동을 주도하던 고은·신경림·김지하·정희성 등 대부분의 시인들도 물론 더 이상 민중시를 창작하거나 옹호하지 않았다.

그러나 새롭게 등장한 이 시기의 젊은 시인들의 생각은 그렇지 않았다. 그들 가운데는 1970, 80년대의 광풍 같은 민중시의 영향 아래서 문학수업을 했거나, 시대가 어떻게 도저하게 흘러가든 자신이 지닌 특별한 이념을 저버릴 수 없는 사람들도 적지 않았기 때문이다. 그리하여 이 시기의 민중시는 1970, 80년대의 그것과 다른 몇 가지 특징들을 드러내 보여주며 등장한다. 첫째, 더 이상 사회주의 이상을 공개적으로 선언하지 않았다. 둘째, 1980년대의 일부 노동시를 창작했던 시인들처럼 주사파를 자처하거나 스스로 자신이 자생적 공산주자임을 공표하지 않다. 셋째, 반독재 민주항쟁이라는 깃발을 내렸다. 넷째, 그들의 주된 관심이 정치적인 이슈라기 보다 노사갈등이나 자본주의 사회의 병폐 고발 등과 같은 문제에 집중되었다.

이 시기의 민중시인들로는 송경동·맹문재·최종천·김신용·표성배·최창균·안상학·최영미·이중기·박해석·윤임수·이덕규·김만수·강세환·육봉수·서수찬·조기조·조혜영·이면우·정철훈·김태정·조성국 등이 있다.

민주화 이후 정치적으로 큰 담론이 사라지면서 현실주의 시가 노동시 계열만으로 그 명맥을 겨우 유지하게 되었다는 것은 앞에서 지적한 바 있다. 송경동은 이 계열을 대표하는 시인이다. 그를 그렇게 평가할 수 있는 것은 세 가지 이유 때문이다. 첫째 문학성을 어느 정도 지키고, 둘째 이 계열의 다른 시인들과 견줄 수 없을 만큼 노동운동에 실천적으로 참여했으며, 셋째 현실적인 노동 체험과 순수한 문학적 열정을 일원화시켰다는 것 등이다. 송경동은 그가 체험한 노동현장의 여러 사건을 빌려 자본의 폭력 앞에서 속절없이 희생되어 가는 약자들의 고통을 여실하게 폭로한다. 그렇지만 그는 맹목적이거나 정치적 이념의 이데올로기 선봉자 또는 선동자만은 아니다. 노동자 편에 서 있다 하지만 노동운동 내면에 숨겨진 비리와 모순을 간과하지 않는 그의 엄정한 비판의 칼날이 이를 말해 준다. 그러나 무엇보다도 송경동이 주목받는 이유는 그가 선동적 메시지 전달의 시들을 쓰면서도 소재주의에 빠지지 않고 일정 부분 문학성을 성취하고 있다는 점이다. 산문이 아닌 시는 장르의 특성상 메시지 전달을 목적으로 할 경우 다분히 문학적 형상화에 다다르기가 힘들기 때문이다.

맹문재 역시 한때는 노동현장에서 일했고 (노동시라는 목적시를 씀에도 불구하고) 어느 수준의 문학적 성취를 이루었다는 점에서 송경동과 유사한 측면을 공유한 시인이다. 그러나 그는 노동현장에서 부딪히는 사건을 직접 고발하기보다 (물론 전혀 없다고 말할 수는 없지만) 일상 삶에 비치는 노동자의 고통을 보고하거나 일상에서 부딪히는 사건이나 사물을 노동자의 관점에서 해석하는 시를 쓰는 데 만족한다. 그런 의미에서 그의 시는 공격적 외부 지향의 사회의식이 아니라 자기반성적 내부 지향의 사회의식을 지녔다고 하겠다.

앞의 시인들처럼 노동자로 살았고 노동에 관련된 소재들을 시로 썼기 때문에 최종천 또한 민중시인으로 분류되긴 하지만, 그의 시에서 노동시라 규정할 수 있는 작품은 그리 많지 않다. 엄밀하게 보면 그는 일상생활에서 접하는 사건이나 사물을 투박한 산문적 어법과 기발한 상상력으로 해석하는 시들을 많이 썼다. 그런데도 그를 여전히 노동시인으로 규정하는 것은 그의 시편들 가운데 삶과 더불어 노동현장의 이야기를 형상화한 작품이 몇 편 있고 그 자신이 노동자이기 때문이다. 그러나 그의 노동시는 계급의식을 고취하거나 계급적 갈등을 부추기기보다 노동자로서의 삶의 애환이나 자아성찰 같은 것을 고백하고 있다. 그러면서도 한편으로 그의 서정시에 리비도적 충동이 자주 거론되고 있는 것은 노동해방에 대한 자신의 욕망을 시적으로 표현한 상징일 것이다. 노동시에 해당하는 작품으로 〈가엾은 내 손〉〈나사들〉 같은 작품들이 있다.

앞서도 언급한 것처럼 전체적으로 보아 일반 서정시 계열에 속하는 시인이기는 하지만 유홍준의 시에도 노동시라 부를 만한 시들이 적지 않다. 그러나 그의 노동시는 물론 사회 공격적이거나 계급의식을 고취하는 유의 이념시는 아니다. 그는 노동현장에서 체험한 에피소드들을 빌려 자본주의 사회구조의 모순을 간접적으로 고발하는 수준에서 만족한다. 그러므로 그의 시는 한마디로 노동체험의 문학적 형상화라는 말로 설명될 수 있을지 모른다. 그만큼 그의 노동시/민중시는 계급성이 취약하다고 말할 수 있다.

평생을 떠돌이·노숙자·막노동꾼으로 살아온 김신용은 그 자신 노동자이지만 장기적으로 어떤 뚜렷한 직장을 가진 경험이 없었던 탓인지 시에서 구체적인 노동현장이 묘사된 것은 거의 없다. 그런 관점에서 그는 노동시인이라기보다 일반 민중시인에 가깝다. 그의 시가 즐겨 대상으로 삼은 것은 빼앗기고 억압당한 약자, 즉 일반 민중의 삶이다. 거기에는 심지어 '꽃제비' 아이 같은 북한 사람들까지도 포함된다. 시인은 이렇게 사회의 중심에서 밀려나 변두리 또는 밑바닥으로 내쫓긴 사람들의 공동체를 양동(서울의 사창가)으로 상징화시켜 거기서 민중 삶의 실체를 들여다보고 있다. 그의 민중시에는 두 가지의 특징이 있다. 하나는 그럼에도 불구하고 이데올로기나 정치의식 같은 것이 부재한다는 점이고, 다른 하나는 그의 현실고발이 산문적 어법을 쓰면서도 항상 이미지나 은유적 묘사 따위에 의존하고 있다는 점이다. 가령 노숙자를 모래나 '고사목'으로, 세계화를 '바람'으로 비유하는 따위다. 그런 까닭에 그의 시는 민중성의 허약함과 반비례해서 서정성으로서의 위상이 좀 더 높이 평가된다. 대표작으로 〈이제 물구나무 서서 보라〉〈고사목〉 등이 있다.

정철훈은 등단 초기, 왜곡된 우리의 근대화과정을 옛 북방 고토(故土)에 관련된 역사적 체험으로 극복코자 하는 남성적 상상력을 보여주었다. 이는 우리 문학사에서 흔치 않은 시도로 1920년대 초의 김동환이나 1930년대 백석의 시에서나 찾아볼 수 있는 북방정서를 해방 후 처음으로 계승한 것이기도 하다. 물론 그가 그 같은 시작이

가능했던 것은 그의 남다른 가족사나 그 자신의 이력(러시아 외무성 외교과학원에서 수학하여 역사학 박사 취득)과 관련이 있을지도 모르나 이후 그는 이 같은 역사적 건강성의 회복을 광주민주화운동을 통해 발견하면서 민중성의 관점으로 근대화를 성찰하는 내면적 자기검열의 차원에 도달하게 된다. 여기에는 물론 민중의 아픈 삶을 연민으로 감싸안은 시편들도 적지는 않지만 그렇다고 해서 그를 상투적 민중시인으로 보기는 어렵다. 실제로 그의 시에는 폭로·비판적인 사회시들이 거의 없다.

최영미의 시들은 마치 전쟁문학 장르에 전후문학이라는 개념이 있듯 민중운동 이후의 문학, 즉 '이후의 민중시'라 칭할 만하다. 왜냐하면 그의 시는 직접 현실과 맞선 삶의 내용을 창작한 것들이 아닌 민중운동 이후의 상황을 자기성찰적으로 보고한 작품들이기 때문이다. 그가 문학활동을 하기 시작한 것이 민주화 이후의 일이니 (노동문제 같은 정치 외적 사건에 뛰어들지 않는 한) 그럴 만도 할 것이다. 그러나 그의 시에 담긴 건강한 민중성의 회복에 대한 신념, 약자들에 대한 연민, 근대의 파산에 대한 끊임없는 반성적 사유 같은 것들을 보면 그의 시들을 넓은 의미의 민중시 범주에 포함시켜도 좋으리라 생각한다.

표성배는 노동의 도구인 공장 또는 기계를 마침내 노동자 자신과 육화시켜 버리는 자본의 보이지 않는 폭력에 관해 이야기한다. 그리하여 이제 시인은 그가 자신의 일부가 되어버린 기계에 대해 오히려 인간적 연민을 갖게 되는 아이러니를 고백하고 있다. 그렇다면 그의 시에서 자본의 이 보이지 않은 폭력이란 무엇일까. 여기서 그의 시간에 대한 의식이 문제된다. 즉 자본이 살아 숨쉬는 시간과 자신이 사는 시간의 괴리현상이다. 자본의 시간은 '시간은 금이다'

라는 일상의 시간, 즉 천체의 시간임에 반하여 시인이 추구하는
시간은 존재의 시간, 주관적인 시간이기 때문이다.

한편 이 시기의 현실주의적 경향에는 노동시와 구분하여 농민시
또는 농부시라 부를 수 있는 시인들도 몇몇 등장했다. 안상학과 박
덕규, 이중기 같은 시인이 그들이다. 이들은 1980년대 민중시 운동
에서 논의된 바 있는 넓은 의미에서 이른바 '농민시'[38]의 계보를 이
어 농촌 삶의 애환을 그리거나 산업사회화 과정에서 노정된 이농과
세계화에 따르는 농업의 붕괴 같은 농민의 고통을 시로 고발하였다.
그중에서도 박덕규와 이중기는 자신이 농민인 까닭에 앞서 언급한
1970, 80년대의 최창균·고재종 등과 더불어 농부시[39]라는 범주에 포
함될 수 있을 것이다.

4) 생태시

현대에 들어 물질문명이 가속화되고 고도로 산업화된 사회가 확
립되자 인류는 삶의 현장에서 아직까지 경험해 보지 못한 생태환경
의 파괴와 공해라는 재앙에 직면하게 되었다. 그러므로 이를 해결
하지 않고서 세계의 미래를 이야기한다는 것이 불가능하다는 것은
이제 누구나 공감하는 사실이다. 인류는 기본적으로 생태환경의 소

---

38 '농민시'라는 용어에는 '좁은 의미의 농민시'라는 개념과 '농부시'라는 개념을 포괄한다.
좁은 의미의 농민시란 농민과 농촌의 현실을 사회의식의 차원에서 고발한 시이며, 농부
시란 농촌의 현실을 고발하건 아니건 농부인 시인이 흙과 자연에 관해 쓴 시를 말한다.
39 이중기는 농촌의 현실을 고발하는 시들을 썼으나 최창균이나 고재종은 흙에 애착을 지
닌 자연친화적 농촌 서정시를 썼다는 점에서 다르다. 그러므로 엄밀히 구분하자면 이중
기는 농촌변혁운동을 지향한 농민시인이요, 고재종이나 최창균은 농촌의 서정을 노래
한 농부시인이라 할 수 있을 것이다.

산이며, 또 생태환경 안에서 살고 있기 때문이다. 따라서 제3세계와 달리 이미 20세기 초에 고도 산업사회에 진입한 서구에서 이 문제가 먼저 논의되기 시작했던 것은 어찌 보면 당연한 일이다. 그런데 한국의 경우는 이보다 늦은 1970, 80년대에 들어 이 문제가 부각되기 시작했고, 그것이 문학적으로 활발하게 논의된 것은 1980년대 말, 90년대 초라 할 수 있다. 아마도 후발 경제개발국의 하나인 한국이 이른바 제3기 자본주의 시대에 진입한 것이 1980, 90년대에 들어서였기 때문일 것이다.

그렇다면 생태시란 무엇인가. 간단히 말하자면, 넓게는 생태의식을 일깨우고 좁게는 생태를 보존하려는 시로 정의할 수 있다. 이 경우 생태의식이란 물론 생태학의 원리, 즉 모든 유기체는 유일한 것이기도 하지만 실제로는 본질적으로 놓여진 환경, 그리고 다른 유기체들과 상호의존하는 관계에 있지 않고서는 살 수 없다는 원리를 가리키는 말이다. 그러므로 생태시란 생태학이 전제한 이 같은 원리를 존중함으로써 이 지구상의 생명체가 그 존재를 도모하는 데 기여하는 시라고 할 수 있다. 여기에는 생태를 규명하는 시, 생태를 고발하는 시, 생태를 보존·복원하는 시, 생태의 이상을 노래하는 시 등이 포함될 수 있다.

물론 생태시는 '생태시인'이라 불리는 특별한 시인들만이 그의 전 문학적 생애에 걸쳐 독점적으로 창작하거나 창작해야 할 이유는 없다. 1990년대의 우리 시단에서도 생태시만을 전문적으로 쓰는 별도의 시인을 상정한다는 것은 있을 수도 없고 있지도 않다. 그러므로 1990년대 한국에서 쓰여지고 논의된 생태시도 이 시기의 일반 시인들 중에서 특별히 생태문제에 관심을 가진 몇몇 시인의 소산이라 할 수 있다. 그 대표적인 시인들이 이형기·오세영·김지하·정현종·최승호·문정희·고진하 등이다.

5) 여성주의 시

1990년대에 새롭게 등장한 또 하나의 경향은 여성주의 시의 창작
이다. 이때 "'여성적 시쓰기'란 다수의 여성이 시쓰기의 주체로 나
섰다는 선언적 의미에 그 뜻이 한정되지 않는다. 그것은 그동안 이
성·권력·남성중심적이었던 우리의 근대적 사유체계를 감성·다양
성·생명중심적으로 탈바꿈시키려는 인식의 전환이 이들에게서 나
타나고 있다는 사실을 두루 포괄한다."[40] 원래 여성의 본질은 남성
의 특징이라 할 이성·논리·법·권력·전쟁·거칢 같은 남성성과 달
리 감성·직관·사랑·화해·부드러움·생명 같은 여성성에 있기 때문
이다. 따라서 여성주의 시란 여성만이 쓰는 시 또는 여성 전유물의
시가 아님은 당연하다.

페미니즘론에서는 한마디로 '여성적 글쓰기'라는 개념이 이슈로
되어 있다. 라캉·데리다·바르트 같은 철학자들이 그 주역인데, 그
들은 서구적 전통을 지배해 왔던 이성중심·남근중심 세계관을 거
부 또는 파괴하고 그 대신 여성성이 중심이 되는 비₩이성인 세계관
을 회복코자 하였다. 그 결과 언어의 경우에도 그 안에 담긴 의미(시
니피에signifié)는 물론 그것을 담는 언어 그 자체(시니피앙signifiant)도
해체하는 관점에서의 글쓰기를 시도했다는 것은 다 아는 바와 같
다. 일상의 논리적 문법은 가부장적 남성중심의 질서가 반영된 것
으로 규정되기 때문이다. 푸코가 말한 이른바 '광기'라는 개념 역시

---

40 유성호, 〈탈냉전의 시기(1991-2000)〉, 오세영(외), 《한국현대시사》(민음사, 2007)

여기에 관련되는 것이라고 하겠다.

1990년대에 이와 같은 여성주의가 우리 문단에서 주요 이슈로 떠오르게 된 것은 이 같은 서구 사조의 유입에서 직접적인 영향을 받은 바 컸으나, 국내적으로도 정치적 권위주의(극단적 남성중심의 권력구조)의 붕괴와 민주주의(여성성의 권력구조)의 회복, 인권에 대한 새로운 자각과 함께 가정적·사회적으로 활발히 전개되기 시작한 여성해방운동 및 성적 평등의식의 제고가 기폭제 역할을 했다고 할 수 있다. 이 시기에 등장한 여성주의 시는 이 같은 시대의식을 그대로 반영한 것이다.

그러나 물론 이 시기 여성주의 시 창작 역시 (생태시와 마찬가지로) 별도의 전문적인 시인들의 소산만은 아니었다. 아니, 여성주의 시만을 전문적으로 쓰는 시인들도 없었다. 그러므로 이 시기의 여성주의 시는 이 문제에 특별한 관심을 지닌 몇몇 시인에 의해서 창작되었다고 보는 것이 옳다. 그 대표적인 시인들로는 천양희·문정희·김승희·강은교·나희덕·허수경·김혜순·김정란 등이 있다.

■ **참고문헌**

권영민,《해방 직후의 민족문학운동 연구》, 서울: 서울대학교 출판부, 1986.

김영철,《한국 개화기 시가의 장르 연구》, 서울: 학연사, 1987.

김용직,《한국근대문학의 사적 이해》, 서울: 삼영사, 1977.

_____,《한국근대시사》, 서울: 학연사, 1986.

김재홍,《현대시와 역사의식》, 인천: 인하대학교 출판부, 1988.

김학동,《한국 개화기 시가 연구》, 서울: 시문학사, 1981.

박인기,《한국현대시의 모더니즘 연구》, 서울: 단국대학교 출판부, 1988.

오세영,《한국 낭만주의 시 연구》, 서울: 일지사, 1989.

_____,《20세기 한국시 연구》, 서울: 새문사, 1989.

_____,《우상의 눈물》, 서울: 문학동네, 2005.

오세영(외),《한국현대시사》, 서울: 민음사, 2007.

이승원,《근대시의 내면구조》, 서울: 새문사, 1985.

조남현,《한국현대문학의 자계》, 서울: 평민사, 1985.

조동일,《한국문학통사》, 서울: 지식산업사, 1986.

최동호,《현대시의 정신사》, 서울: 열음사, 1985.

한계전,《한국현대시론 연구》, 서울: 일지사, 1983.

Michel Carrouges, André Breton and Basic Concepts of Surrealism, *Maura Prendergast* (trans.), S. N. D. Albana: Albana Univ. Press, 1974.

근대시가 작가 소개

〈ㄱ〉

강우식姜禹植(1941~) | 1963년 12월《현대문학》에 〈박꽃〉 등이 초회 추천되어 문단활동 전개. 시집으로《사행시초》(1974),《고려의 눈보라》(1977),《꽃을 꺾기 시작하면서》(1979) 등이 있음.

강은교姜恩喬(1945~) | 1969년 9월《사상계》신인상에 〈순례자의 잠〉이 당선되어 등단. 시집으로《허무집》(1971),《풀잎》(1974),《소리집》(1982) 등이 있음.

강인한姜寅翰(1944~) | 본명은 동길東吉. 1966년 8월《현대시학》에 〈귓밥파기〉, 1967년《조선일보》신춘문예에 〈대운동회의 만세 소리〉가 당선되어 등단. 시집으로《이상기후》(1966),《불꽃》(1974),《전라도 시인》(1982) 등이 있음.

고영(1966~) | 2003년《현대시》신인상 수상으로 등단. 시집으로《산복도로에 쪽배가 떴다》(2005),《너라는 벼락을 맞았다》(2009) 등이 있음.

고은高銀(1933~) | 본명은 은태銀泰. 1958년《현대시》에 〈폐결핵〉이 발표되고 이어 1958년 11월《현대문학》에 〈봄밤의 말씀〉, 〈천은사운泉隱寺韻〉, 〈눈길〉이 추천되어 등단. 시집으로《피안감성彼岸感性》(1960),《해변의 운문집》(1964),《입산》(1977) 등이 있음.

고재종高在鍾(1957~) | 1984년《실천문학》에 신작 시집《무기여 무기여》에서 〈동구 밖 집 열두 식구〉가 실리며 시작활동 전개. 시집으로《바람 부는 솔숲에 사랑은 머물고》(1987),《새벽 들》(1989),《사람의 등불》(1992) 등이 있음.

고정희高靜熙(1948~1991) | 1974년 1월《현대시학》에 〈부활 그 이후〉가 초회 추천되어 문단에 등단. 시집으로《누가 홀로 술틀을 밟고 있는가》(1979),《이 시대의 아벨》(1983),《초혼제》(1983) 등이 있음.

고형렬高炯烈(1954~) | 1979년 10월《현대문학》에 〈장자壯者〉 등이 초회 추천되면서 시작활동 전개. 시집으로 〈대청봉 수박밭〉(1985),《해청》(1987),《해가 떠올라 풀 이슬을 두드리고》(1988) 등이 있음.

공광규孔光奎(1960~) | 1986년《동서문학》에 〈저녁1〉을 발표하며 시작활동 전개. 시집으로《대학일기》(1097),《마른 잎 다시 살아나》(1989),《소주병》(2004) 등이 있음.

곽재구郭在九(1954~) | 1981년《중앙일보》신춘문예에 〈사평역에서〉가 당선되어 등단. 시집으로 사평역에서》(1983),《전장포 아리랑》(1985),《한국의 연인들》(1987) 등이 있음. '오

월시' 동인.

구상其常(1919~2004) | 동인지 《응향》(1946)에 〈길〉 등을 발표하며 시단에 등단. 시집으로 《구상시집》(1951), 《초토의 시》(1956), 《까마귀》(1981) 등이 있음.

권환權煥(1903~1954) | 《조선지광》(1930. 3)에 〈가랴거든 가거라〉 등 경향파 시들을 발표하며 문단활동 전개. 시집으로 《자화상》(1943), 《윤리》(1944), 《동결凍結》(1946) 등이 있음.

기형도奇亨度(1960~1989) | 1985년 《동아일보》 신춘문예에 〈안개〉가 당선되어 등단. 유고 시집으로 《입 속의 검은 잎》(1989)이 있음.

길상호(1973~) | 2001년 《한국일보》 신춘문예에 〈눈의 심장을 받았네〉가 당선되어 등단. 시집으로 《오동나무 안에 잠들다》(2004), 《모르는 척》(2007), 《눈의 심장을 받았네》(2010) 등이 있음.

김경린金璟麟(1918~2004) | 《민성》(1948. 12)에 〈빛나는 광선光線이 올 것을〉을 발표하며 등단. 시집으로 《태양이 직각으로 떨어지는 서울》(1985), 《서울은 야생마처럼》(1987), 《그 내일에도 당신은 서울의 불새》(1988) 등이 있음.

김경미金慶渼(1959~) | 1983년 《중앙일보》 신춘문예에 〈비망록〉이 당선되어 등단. 시집으로 《쓰다만 편지인들 다시 못 쓰랴》(1989), 《이기적인 슬픔들을 위하여》(1995), 《쉬잇, 나의 세컨드는》(2001) 등이 있음.

김경주(1976~) | 2003년 《대한매일신보》 신춘문예에 〈꽃피는 공중전화〉로 당선. 시집으로 《나는 이 세상에 없는 계절이다》(2006), 《기담》(2008) 등이 있음.

김광규金光圭(1941~) | 1975년 5월 《문학과 지성》에 〈유무〉, 〈영산〉, 〈시론〉 등을 발표하며 문단활동 전개. 시집으로 《우리를 적시는 마지막 꿈》(1979), 《반달곰에게》(1981), 《아니다 그렇지 않다》(1983) 등이 있음.

김광균金光均(1914~1993) | 《중외일보》(1926. 12. 14)에 〈가는 누님〉을 발표하며 등단. 시집으로 《와사등瓦斯燈》(1939), 《기항지》(1947), 《황혼가》(1957) 등이 있음. 《자오선子午線》 동인.

김광림金光林(1928~) | 《전시문학선》(1955)에 〈장마〉, 〈내력〉, 〈진달래〉가 실리면서 문단활동 전개. 시집으로 《상심하는 접목接木》(1959), 《심상心象의 밝은 그림자》(1962), 《오전의 투망投網》(1965) 등이 있음.

김광섭金珖燮(1905~1977) | 《시원》(1935)에 〈고독〉을 발표하며 등단. 시집으로 《동경》(1938), 《마음》(1949), 《해바라기》(1957) 등이 있음.

김구용金丘庸(1922~2001) | 1949년 《신천지》에 〈산중야〉, 〈백탑송〉 등을 발표하며 시작활동 전개. 시집으로 《시집 I》(1969), 《시》(1976), 《구곡九曲》(1978) 등이 있음.

김구용金丘庸(1928~2001) | 1949년 《신천지》에 〈산중야山中夜〉, 〈백탑승〉 등을 발표하며 등단. 시집으로 《시집1》(1969), 《시》(1976), 《구곡九曲》(1978) 등이 있음.

김규동金奎東(1925~2011) | 〈예술조선〉(1948. 3)에 〈강〉을 발표하며 시작활동 전개. 시집으로 《나비와 광장》(1955), 《현대의 신화》(1958), 《죽음 속의 영웅》(1977) 등이 있음.

김기림金起林(1908~?) | 호는 편석촌片石村.《조선일보》(1930)에 〈가거라 새로운 생활로〉, 〈슈르 레알리스트〉 등을 발표하며 등단. 시집으로《기상도》(1936),《태양의 풍속》(1939), 《바다와 나비》(1946),《새노래》(1948)가 있음.《시론》(1947)은 한국 현대문학사에서 기억해야 할 저작임. 한국전쟁 때 납북됨.

김기진金基鎭(1903~1985) | 호는 팔봉八峯.《개벽》(1923)에 〈애련모사哀戀慕思〉를,《백조》(1923)에 〈한 갈래의 길〉 등을 발표하며 시작활동 전개. 1923년 박영희, 안석영, 김형원, 이익상, 김복진 등과 마르크스 문학단체 '파스큐라' 결성.

김기택金基澤(1957~) | 1989년《한국일보》신춘문예에 〈가뭄〉,〈꼽추〉가 당선되어 등단. 시집으로《태아의 잠》(1991),《바늘구멍 속의 폭풍》(1994),《갈라진다 갈라진다》(2012) 등이 있음.

김남조金南祚(1927~) | 1950년《연합신문》에 〈성숙〉,〈잔상〉 등이 발표되면서 시작활동 전개. 시집으로《목숨》(1953),《나아드의 향유》(1955),《나무와 바람》(1958) 등이 있음.

김남주金南柱(1946~) | 1974년《창작과 비평》에 〈진혼가〉,〈잿더미〉 등 7편을 발표하며 등단. 시집으로《진혼가》(1984),《나의 칼 나의 피》(1987) 등이 있음.

김달진金達鎭(1907~1989) | 《문예공론》(1929)에 〈잡영수곡雜詠數曲〉,《동아일보》(1935. 4. 12)에 〈춘일지지春日遲遲〉 등을 발표하며 등단. 시집으로《청시靑枾》(1940)가 있음.

김동리金東里(1913~1992) | 1934년《조선일보》신춘문예에 시 〈백로白鷺〉가, 1935년《조선중앙일보》와 1936년《동아일보》신춘문예에 각각 단편소설 〈화랑의 후예〉와 〈산화山火〉가 당선하면서 문단에 등단. 동인지《시인부락》에 참여. 시집으로《바위》(1973)가 있음.

김동명金東鳴(1900~1968) | 《개벽》(1923. 10)에 〈당신이 만약 내게 문을 열어주시면〉을 발표하며 등단. 시집으로《파초芭蕉》(1938),《38선》(1947),《하늘》(1948) 등이 있음.

김동환金東煥(1901~1958) | 호는 파인巴人.《금성金星》(1924)에 〈적성을 손가락질하며〉를 발표하며 시작활동 전개. 시집으로《국경의 밤》,《승천하는 청춘》 등 이야기체 시집과《해당화》(1939)가 있음.

김명수金明秀(1945~) | 1977년《서울신문》신춘문예에 〈월식〉,〈새우〉,〈무지개〉가 당선되어 등단. 시집으로《월식》(1980),《하급반 교과서》(1983),《피뢰침과 심장》(1986) 등이 있음.

김명인金明仁(1946~) | 1973년《중앙일보》신춘문예에 〈출항제〉가 당선되어 등단. 시집으로《동두천》(1979),《머나먼 곳 스와니》(1988),《물 건너는 사람》(1992) 등이 있음.

김백겸金伯鎌(1953~) | 1983년《서울신문》신춘문예에 〈기상예보〉가 당선되어 등단. 시집으로《비를 주제로 한 서정별곡》(1988),《가슴에 얹힌 산 하나》(1995),《기호의 고고학》(2013) 등이 있음.

김사인金思寅(1956~) | 1982년 무크지《한국문학의 현 단계》에 평론 〈지금 이곳에서의 시〉, 시 〈양변기 앞에서〉 등을 발표하며 등단. 시집으로《밤에 쓰는 편지》(1987),《가만히

좋아하는》(2006) 등이 있음.

김상옥金相沃(1920~2004) | 《맥貊》(1938. 6)에 〈모래알〉을 발표하며 시작활동 전개. 시집으로 《초적草笛》(1947), 〈고원故園의 곡曲〉(1949), 《석류꽃》(1952) 등이 있음.

김상용金尙鎔(1902~1951) | 《신생新生》(1930. 10)에 〈백두산음白頭山吟〉을 발표하며 등단. 시집으로 《망향》(1939)이 있음.

김석송金石松(1900~1950) | 본명은 형원炯元. 《삼광三光》(1919.2.)에 〈곰보의 노래〉를 발표하며 등단. '파스큐라'에 가담, 경향적인 시를 썼음.

김선우金宣佑(1970~) | 1996년 《창작과 비평》에 〈대관령 옛길〉 등을 발표하며 작품활동 시작. 시집으로 《내 혀가 입속에 갇혀 있기를 거부한다》(2000), 《도화 아래 잠들다》(2003), 《내 몸 속에 잠든 이 누구신가》(2007) 등이 있음.

김선호金善鎬(1961~) | 2001년 10월 《시문학》에 〈길은 X염색체 사이에서 지워진다〉가 당선되어 등단. 시집으로 《몸속에 시계를 달다》(2004), 《햇살 마름질》(2011) 등이 있음.

김소월金素月(1902~1934) | 본명은 정식廷湜. 《영대靈臺》 동인. 《창조》(1920)에 〈낭인浪人의 봄〉, 〈야夜의 우적雨滴〉, 〈오과午過의 읍泣〉, 〈그리워〉, 〈춘강春崗〉 등 5편을 발표하며 시작활동 전개. 시집으로 《진달래꽃》(1925)이 있음.

김수복金秀福(1953~) | 1975년 5월 《한국문학》 신인상에 〈겨울 숲에서〉, 〈청동 그릇〉 등이 당선되어 등단. 시집으로 《지리산 타령》(1977), 《낮에 나온 반달》(1980), 《새을 기다리며》(1988) 등이 있음.

김수영金洙暎(1921~1968) | 《예술부락》에 〈묘정廟廷의 노래〉(1947)를 발표하며 시작활동 전개. 《달나라의 장난》(1959), 《거대한 뿌리》(1974) 등이 있음.

김승희金勝熙(1952~) | 1973년 《경향신문》 신춘문예에 〈그림 속의 물〉이 당선되어 등단. 시집으로 《태양미사》(1979), 《왼손을 위한 협주곡》(1983), 《미완성을 위한 연가》(1987) 등이 있음.

김신용金信龍(1945~) | 1988년 《현대시사상》 신인상에 〈양동시편: 뺑다귀집〉이 당선되어 등단. 시집으로 《버려진 사람들》(1988), 《개 같은 날들의 기록》(1990), 《몽유 속을 걷다》(1998) 등이 있음.

김억金億(1986~?) | 호는 안서岸曙, 본명은 희권熙權. 《학지광學之光》(1914)에 〈미련〉, 〈이별〉을 발표하며 시작활동 전개. 시집으로 《해파리의 노래》(1923), 《안서시집》(1929), 《민요시집》(1948) 등이, 한국 최초의 번역시집인 《오뇌의 무도》(1921)가 있음. 한국전쟁 때 납북됨.

김언희(1953~) | 1989년 《현대시학》에 〈고요한 나라〉 외 9편을 발표하며 등단. 시집으로 《트렁크》, 《뜻밖의 대답》 등이 있음.

김여정金汝貞(1933~) | 본명은 정순貞順. 1968년 《현대문학》에 〈남해도〉 등이 초회 추천되면서 작품활동 시작. 시집으로 《화음和音》(1969), 《바다에 내린 햇살》(1973), 《레몬의 바다》

(1976) 등이 있음.

김영남(1957~) │ 1997년 《세계일보》 신춘문예에 〈정동진역〉이 당선되어 등단. 시집으로 《정동진역》(1998), 《모슬포 사랑》(2001), 《푸른 밤의 여로》(2006) 등이 있음.

김영랑金永郎(1903~1950) │ 본명은 윤식允植. 《시문학》(1930. 3)에 〈동백잎에 빛나는 마음〉, 〈언덕에 바로 누워〉 등을 발표하며 등단. 시집으로 《영랑시집》(1936)이 있음.

김영석金榮錫(1945~) │ 1970년 《동아일보》 신춘문예에 〈방화〉가, 1974년 《한국일보》 신춘문예에 〈단식〉이 당선되어 등단. 시집으로 《썩지 않은 슬픔》, 《나는 거기에 없었다》 (1999), 《바람의 애벌레》(2011) 등이 있음.

김영승(1959~) │ 1986년 《세계의 문학》 가을호에 〈반성서序〉 외 3편을 발표하며 등단. 시집으로 《반성》(1987), 《차에 실려가는 차》(1988), 《아름다운 폐인》(1991) 등이 있음.

김영태金榮泰(1936~2007) │ 1959년 9월 《사상계》에 〈설경〉, 〈시련의 사과나무〉, 〈꽃씨를 받아 둔다〉가 추천되어 등단. 시집으로 《유태인이 사는 마을의 겨울》(1965), 《바람이 센 날의 인상》(1970), 《여울목 비오리》(1981) 등이 있음.

김요일(1965~) │ 1990년 《세계의 문학》에 〈자유무덤〉 외 4편의 시를 발표하며 등단. 실험장시집 《붉은 기호등》(1994), 《애초의 당신》(2011) 등이 있음.

김용범金勇範(1954~) │ 1975년 1월 《심상》에 〈숙부의 죽음〉이 당선되어 등단. 시집으로 《분리된 의자》(1975), 《겨울의 꿈》(1980), 《잠언집》(1983), 《평화 만들기》(1989) 등이 있음.

김용택金龍澤(1948~) │ 1982년 《창작과 비평 21인 신작 시집》에 〈섬진강〉을 발표하며 시작활동 전개. 시집으로 《섬진강》(1985), 《맑은 날》(1986), 《꽃산 가는 길》(1988) 등이 있음.

김용호金容浩(1912~1973) │ 《조선일보》(1936. 3. 26)에 〈바닷가〉를 발표하며 등단. 시집으로 《향연》(1941), 《해마다 피는 꽃》(1948), 장시 《남해찬가》(1952) 등이 있음.

김윤성金潤成(1926~) │ 《백맥》(1946)에 〈들국화〉 등을 발표하며 시작활동 전개. 시집으로 《바다가 보이는 산길》(1959), 《예감》(1970), 《애가哀歌》(1973) 등이 있음.

김제현金濟鉉(1939) │ 《조선일보》(1960) 신춘문예에 〈고지高地〉가 입선되어 등단. 작품으로 《동토》(1966), 《산번지》(1979) 등이 있음.

김종길金宗吉(1926~) │ 1947년 《경향신문》 신춘문예에 〈문〉이 입선되어 등단. 시집으로 《성탄제》(1969), 《달맞이 꽃》(1997), 《해거름 이삭줍기》(2008) 등이 있음.

김종문金宗文(1919~1981) │ 《문예》(1952. 1)에 〈두 유령의 대화〉를 발표하며 시작활동 전개. 시집으로 《벽》(1952), 《환상미술관》(1978), 《나는 어느덧 소나무》(1978) 등이 있음.

김종삼金宗三(1921~1984) │ 1954년 6월 《현대예술》 2호에 〈돌각담〉을 발표하며 등단. 시집으로 《12음계》(1969), 《시인학교》(1977), 《북치는 소년》(1979) 등이 있음.

김종철金鍾鐵(1947~) │ 1968년 《한국일보》 신춘문예에 〈재봉〉이 당선되어 등단. 시집으로 《서울의 유서》(1975), 《오이도》(1984) 등이 있음.

김종해金鍾海(1941~) │ 1963년 《자유문학》 신인상에 〈저녁〉이, 1965년 경향신문 신춘문예에 〈내란〉이 당선되면서 문단활동 전개. 시집으로《인간의 악기》(1966),《신의 열쇠》(1971),《왜 아니 오시나요》(1979) 등이 있음.

김중식(1967~) ｜ 1990년《문학사상》신인상에 〈아직도 신파적인 아이들이〉가 당선되어 등단. 시집으로《황금빛 모서리》(1993)가 있음.

김지하金芝河(1941~) ｜ 본명은 김영일金英一. 1969년 11월《시인》에 〈황톳길〉 등의 작품을 발표하며 시작활동 전개. 시집으로《황토》(1970),《타는 목마름으로》(1982), 대설 〈남南〉 등이 있음.

김춘수金春洙(1922~2004) ｜《죽순》(1946. 9)에 〈애가〉를,《죽순》(1947. 5)에 〈꽃〉 등을 발표하며 시작활동 전개. 시집으로《구름과 장미》(1948),《늪》(1950),《기旗》(1951) 등이 있음.

김해화(1957~) ｜ 1984년 공동시집《시여 무기여》로 등단. 시집으로《인부수첩》,《우리들의 사랑가》 등이 있음.

김현승金顯承(1913~1975) ｜《동아일보》(1934. 3. 25)에 〈쓸쓸한 저녁이 올 때 당신들〉을 발표하며 등단. 시집으로《김현승 시초》(1957),《옹호자의 노래》(1963),《견고한 고독》(1968) 등이 있음.

김형영金炯榮(1945~) ｜ 1966년 6월《문학춘추》에 〈소곡〉이 당선되어 등단. 시집으로《침묵의 무늬》(1973),《모기들은 혼자서도 소리를 친다》(1979),《다른 하늘이 열릴 때》(1987) 등이 있음.

김혜순金惠順(1955~) ｜ 1979년 12월《문학과 지성》에 〈도솔가〉, 〈담배를 피우는 시인〉 등을 발표하며 등단. 시집으로《또 다른 별에서》(1981),《아버지가 세운 허수아비》(1985),《어느 별의 지옥》(1988) 등이 있음.

김화산金華山(1905~?) ｜ 본명은 방준경方俊卿.《시종時鍾》(1927. 8)에 발표한 〈아름다운 사람〉,《혜성》(1931. 10)에 발표한 〈구월우일九月雨日〉,《신생》(1931. 11)에 발표한 〈행복〉 등 3편의 시를 남김.

〈ㄴ〉

나태주羅泰柱 (1945~) ｜ 1971년《서울신문》신춘문예에 〈대숲 아래서〉가 당선되어 등단. 시집으로《대숲 아래서》(1973),《누님의 가을》(1977),《모음母音》(1979) 등이 있음.

나희덕羅喜德(1966~) ｜ 1989년《중앙일보》신춘문예에 〈뿌리에게〉가 당선되어 등단. 시집으로《뿌리에게》(1991),《그 말이 잎을 물들였다》(1994),《그곳이 멀지 않다》(1997) 등이 있음.

남궁벽南宮璧(1895~1922) ｜《폐허》동인으로 창간호에 〈무제〉 등을 발표하며 시작활동 전개.

노자영盧子泳(1901~1940) ｜ 호는 춘성春城.《백조》동인.《학생계》(1920)에 〈꿈의 동산〉 등을 발표하며 시작활동 전개. 시집으로《처녀의 화환花環》(1924),《내 혼이 불 탈 때》(1928) 등이 있음.

노천명盧天命(1912~1957) | 본명은 기선基善.《신동아》(1932. 6)에 〈밤의 찬미〉를 발표하며 등단. 시집으로《산호림珊瑚林》(1938),《창변》(1945)이 있음.

노향림盧香林(1942~) | 1970년《월간문학》신인상에 〈불〉이 당선되어 등단. 시집으로《K읍 기행》(1977),《연습기를 띄우며》(1980),《눈이 오지 않는 나라》(1987),《해에게선 깨진 종소리가 난다》(2005) 등이 있음.

〈ㄷ〉

도종환都鍾煥(1954~) | 1984년 동인지《분단시대》를 통해 작품활동을 시작. 시집으로《고 두미 마을에서》(1985),《접시꽃 당신》(1986),《슬픔의 뿌리》(2002) 등이 있음.

〈ㅁ〉

마종하馬鍾河(1943~?) | 1968년《동아일보》신춘문예에 〈겨울행진〉이,《경향신문》신춘문 예에 〈귀가〉가 당선되어 등단. 시집으로《노래하는 바다》(1983),《파 냄새 속에서》(1988) 등이 있음.

맹문재孟文在(1960~) | 1991년《문학정신》신인상에 당선하여 등단. 시집으로《먼 길을 움 직인다》(1996),《책이 무거운 이유》(2005),《사과를 내밀다》(2012) 등이 있음.

모윤숙毛允淑(1910~1990) |《동광》(1931. 1)에 〈피로 새긴 당신의 얼굴을〉을 발표하며 시작 활동 전개. 시집으로《빛나는 지역》(1933),《옥비녀》(1947),《정경》(1951) 등이 있음.

문덕수文德守(1928~) | 1955년 10월《현대문학》에 〈침묵〉이 초회 추천되면서 등단. 시집으 로《황홀》(1956),《선·공간》(1966),《새벽바다》(1975) 등이 있음.

문정희文貞姬(1947~) | 1969년 7월《월간문학》신인상에 〈불면〉, 〈하늘〉이 당선되어 등단. 시집으로《문정희 시집》(1973),《새떼》(1975),《혼자 무너지는 종소리》(1984) 등이 있음.

문태준文泰俊(1970~) | 1994년《문예중앙》신인상에 〈처서〉 외 9편이 당선되어 등단. 시집 으로《수런거리는 뒤란》(2000),《맨발》(2004),《가재미》(2006) 등이 있음. '시힘' 동인.

문효치文孝治(1943~) | 1966년《한국일보》신춘문예에 〈사색〉이,《서울신문》신춘문예에 〈바람 속에서〉가 당선되어 등단. 시집으로《연기 속에 서서》(1976),《무녕왕武寧王의 나무 새》(1983) 등이 있음.

〈ㅂ〉

박남수朴南秀(1918~1994) | 1932년《조선중앙일보》에 〈삶의 오료悟了〉 등을 발표했으나 정 식으로 등단한 것은 1939년 10월《문장》에 〈심야〉, 〈마을〉이 초회 추천되면서다. 시집으 로《초롱불》(1940),《갈매기 소묘》(1958),《신의 쓰레기》(1964) 등이 있음.

박남철朴南喆(1953~) | 1979년 12월《문학과 지성》에 〈연날리기〉 등을 발표하며 문단에 등

단. 시집으로 《지상의 인간》(1984), 《반시대적 고찰》(1988), 《용의 모습으로》(1990) 등이 있음.

박노해朴勞解(1956~) | 본명은 박기평. 1983년 《시와 경제》에 〈시다의 꿈〉이 발표되면서 시작활동 전개. 시집으로 《노동의 새벽》(1984), 《참된 시작》(1993) 등이 있음.

박두진朴斗鎭(1916~1998) | 《문장》(1939. 6)에 〈향현香峴〉, 〈묘지송〉 등이 초회 추천되면서 시작활동 전개. 시집으로 《오도午禱》(1953), 《거미와 성좌》(1962), 《인간밀림》(1963) 등이 있음.

박라연(1951~) | 1990년 《동아일보》 신춘문예에 〈서울에 사는 평강공주〉가 당선되어 등단. 시집으로 《서울에 사는 평강공주》(1991), 《생밤 까주는 사람》(1993), 《우주 돌아가셨다》(2006) 등이 있음.

박목월朴木月(1917~1978) | 본명은 영종泳鍾. 어린이 잡지 《어린이》에 동시 〈통딱딱 통딱딱〉이 실리고, 1939년 정지용이 《문장》에 〈길처럼〉, 〈그것은 연륜이다〉를 초회 추천하면서 시작활동 전개. '청록파' 동인. 시집으로 《산도화》(1955), 《난. 기타》(1959), 《청담晴曇》(1964) 등이 있음.

박봉우朴鳳宇(1934~1990) | 《영도》(1955. 2)에 〈산국화〉를 발표하고, 1956년 《조선일보》 신춘문예에 〈휴전선〉이 당선하면서 등단. 시집으로 《휴전선》(1957), 《겨울에도 피는 꽃나무》(1959), 《4월의 화요일》(1961) 등이 있음.

박상순(1962~) | 1991년 《작가세계》에 〈빵공장으로 통하는 철도〉 외 8편의 시로 등단. 시집으로 《6은 나무 7은 돌고래》(2009), 《마라나, 포르노 만화의 주인공》(1996), 《자네트가 아픈 날》(1996) 등이 있음.

박상천朴相千(1955~) | 1974년 4월 《현대문학》에 〈밤〉 등이 초회 추천되면서 등단. 시집으로 《사랑을 찾기까지》(1984) 등이 있음.

박성룡朴成龍(1932~2002) | 1955년 12월 《문학예술》에 〈교외郊外〉가 초회 추천되면서 문단활동 시작. 시집으로 《가을에 잃어버린 것들》(1969), 《춘하추동》(1979), 《동백꽃》(1977) 등이 있음.

박세영朴世永(1902~?) | 《문예시대》(1927)에 〈농부 아들의 탄식〉을 발표하며 등단. 시집으로 《산제비》(1938), 《횃불》(1946) 등이 있음. 1946년 월북함.

박아지朴芽枝(1905~?) | 본명은 박일朴一. 《습작시대》(1927. 1)에 〈흰나라〉를 발표하며 시작활동 전개. 해방기에 월북함. 시집으로 《심화》(1946)가 있음.

박영근朴永根(1958~) | 1981년 《반시》에 〈수유리에서〉 등을 발표하면서 등단. 시집으로 《취업공고판 앞에서》 등이 있음.

박영희朴英熙(1901~?) | 호는 회월懷月. 《장미촌》 창간 동인, 창간호에 〈적笛의 비곡悲曲〉, 〈과거의 왕국〉 등을 발표. 한국전쟁 때 납북됨.

박용래朴龍來(1925~1980) | 1955년 《현대문학》에 〈황톳길〉, 〈땅〉으로 초회 추천을 받아 시

작활동 전개. 시집으로《싸락눈》(1969),《강아지풀》(1975),《백발의 꽃대궁》(1979) 등이 있음.

박용철朴龍喆(1904~1938) │ 호는 용아龍兒.《시문학》(1930. 3)에 〈떠나가는 배〉, 〈싸늘한 이마〉, 〈밤기차에 그대를 보내고〉 등을 발표하며 등단. 시집으로《박용철 전집》(1940)이 있음.

박의상朴義祥(1943~) │ 1964년《서울신문》신춘문예에 〈인상〉이 당선되어 등단. 시집으로《금주에 온 비》(1967),《성년成年》(1971),《봄을 위하여》(1977) 등이 있음.

박이도朴利道(1938~) │ 1962년《한국일보》신춘문예에 〈황제와 나〉가 당선되어 등단. 시집으로《회상의 숲》(1968),《북향北鄕》(1968),《폭설》(1975) 등이 있음.

박인환朴寅煥(1926~1956) │《국제신보》에 〈거리〉(1946)를 발표하며 시작활동 전개. 시집으로《박인환 시선집》(1955)이 있음.

박재삼朴在森(1933~1997) │ 1953년 10월《문예》18집에 시조 〈강물에서〉가, 1955년 6월《현대문학》에 시 〈정적〉이 초회 추천되며 시작활동을 함. 시집으로《춘향이 마음》(1962),《햇빛 속에서》(1970),《천년의 바람》(1975)이 있음.

박정만朴正萬(1946~1989) │ 1968년《서울신문》신춘문예에 〈겨울 속의 봄 이야기〉가 당선되어 등단. 시집으로《잠자는 돌》(1979),《맹꽁이는 왜 우는가》(1986),《무지개가 되기까지는》(1987) 등이 있음.

박제천朴堤千(1945~) │ 1965년 3월《현대문학》에 〈빈사의 새〉가 초회 추천되어 등단. 시집으로《장자시莊子詩》(1975),《심법心法》(1979),《새 그림을 보며》(1980) 등이 있음.

박종화朴鍾和(1901~1981) │ 호는 월탄月灘.《백조》동인.《서광曙光》(1920)에 〈쫓김을 받은 이의 노래: 낭화浪花의 노래〉를,《백조》(1922)에 〈밀실로 돌아가다〉 등을 발표하며 시작활동 전개. 시집으로《흑방비곡黑房悲曲》(1924),《청자부青瓷賦》(1946) 등이 있음.

박주택朴柱澤(1959~) │ 1986년《경향 신문》신춘문예에 〈꿈의 이동건축〉이 당선되어 등단. 시집으로《꿈의 이동건축》(1991),《방랑은 얼마나 아픈 휴식인가》(1996),《사막의 별 아래서》(1999) 등이 있음. '시운동' 동인.

박찬일朴贊一(1956~) │ 1993년《현대시 사상》에 〈무거움〉, 〈갈릴레오〉 등을 발표하며 등단. 시집으로《화장실에서 욕하는 자들》(1995),《나비를 보는 고통》(1999),《나는 푸른 트럭을 탔다》(2002) 등이 있음.

박팔양朴八陽(1905~?) │《동아일보》(1923)에 〈신神의 주酒〉를,《생장生長》(1925)에 〈저자에 가는 날: 향수〉, 〈가난으로 십년〉 등을 발표하며 등단. 시집으로《여수시초麗水詩抄》(1940),《박팔양시집》(1947) 등이 있음. 해방기에 월북함.

박현수(1966~) │ 1992년《한국일보》신춘문예에 〈세한도〉가 당선되어 등단. 시집으로《우울한 시대의 사랑에게》(1998),《위험한 독서》(2006) 등이 있음.

박형준朴鎣浚(1966~) │ 1991년《한국일보》신춘문예에 〈가구家具의 힘〉이 당선되어 등단. 시집으로《나는 이제 소멸에 대해서 이야기하련다》(1994),《빵 냄새를 풍기는 거울》(1997),《물속까지 잎사귀가 피어 있다》(2002) 등이 있음.

박희진朴喜璡(1933~) │ 1955년 7월《문학예술》에 〈무제〉 2편이 초회 추천되어 문단활동 시작. 시집으로《실내악》(1960),《청동靑銅시대》(1965),《미소하는 침묵》(1970) 등이 있음.

백무산(1955~) │ 본명은 백봉석. 1984년 무크지《민중시》에 연작시 〈지옥선〉을 발표하며 시작활동 전개. 시집으로《만국의 노동자여》(1989),《동트는 미포만의 새벽을 딛고》(1990),《인간의 시간》(1996),《길은 광야의 것이다》(1999) 등이 있음.

백석白石(1912~?) │ 본명은 기행夔行.《조선일보》(1935. 8. 31)에 〈정주성定州城〉을 발표하며 등단. 해방기에 고향에 남아 있다가 북에 체류됨. 시집으로《사슴》(1936)이 있음.

변영로卞榮魯(1897~1961) │ 호는 수주樹州.《폐허》 동인.《신천지》(1921)에 〈소곡小曲 5수〉 등을 발표하며 시작활동 전개. 시집으로《조선의 마음》(1924),《수주시문선》(1959) 등이 있음.

〈ㅅ〉

서정윤徐正潤(1957~) │ 1984년《현대문학》에 〈서녘바다〉가 당선되어 등단. 시집으로《홀로 서기》(1987),《소망의 시》(1991),《가끔 절망하면서 황홀하다》(1999) 등이 있음.

서정주徐廷柱(1915~2000) │ 호는 미당未堂.《동아일보》(1933. 12. 24)에 〈그 어머니의 부탁〉을 발표하고 1936년《동아일보》 신춘문예에 〈벽〉이 당선하면서 등단. 1936년《시인부락》 창간에 참여하면서 '생명파' 동인이 됨. 시집으로《화사집花蛇集》(1941),《귀촉도》(1948),《서정주 시선》(1961),《신라초新羅抄》(1969) 등이 있음.

서정춘徐廷春(1941~) │ 1968년《신아일보》 신춘문예에 〈잠자리 날다〉가 당선되어 등단. 시집으로 등단 후 28년 만에 상재한 첫 시집《죽편竹篇》(1996),《봄 파르티잔》(2001),《귀》(2005) 등이 있음.

설정식薛貞植(1912~?) │《동광》(1932. 3)에 〈묘지〉, 〈거리에서 들려주는 노래〉를 발표하며 문단활동 전개. 한국전쟁 때 월북했으나 곧 숙청됨. 시집으로《종鐘》(1947),《포도葡萄》(1948),《제신諸神의 분노》(1948)이 있음.

성찬경成贊慶(1930~2013) │ 1956년 1월《문학예술》에 〈미열〉이 초회 추천되면서 시작활동 전개. 시집으로《화형둔주곡火刑遁走曲》(1966),《벌레소리 송頌》(1970),《시간음時間吟》(1982) 등이 있음.

손택수孫宅洙(1970~) │ 1998년《한국일보》 신춘문예에 〈언덕 위의 붉은 벽돌집〉이 당선되어 등단. 시집으로《호랑이 발자국》(2003),《목련전차》(2006),《나무의 수사학》(2010) 등이 있음.

송경동(1967~) │ 2001년《내일을 여는 작가》로 등단. 시집으로《꿀잠》(2006),《사소한 물음에 답함》(2009) 등이 있음.

송수권宋秀權(1940~) | 1975년《문학사상》신인상에〈산문에 기대어〉가 당선되어 등단. 시집으로《산문山門에 기대어》(1980),《꿈꾸는 섬》(1983),《우리나라 풀이름 외기》(1987) 등이 있음.

송완순宋完淳(1907~?) |《우리문학》(1946. 2)에〈무제〉를 발표하며 등단. 한국전쟁 때 월북함.

송욱宋稶(1925~1980) |《문예》(1950)에〈장미〉를 발표하며 등단. 시집으로《유혹》(1954),《하여지향》(1961),《월정가月精歌》(1971)이 있음.

송재학宋在學(1955~) | 1986년《세계의 문학》에〈어두운 날짜를 스쳐서〉등이 발표되며 등단. 시집으로《얼음시집》(1988),《살레시오네 집》(1992),《푸른빛과 싸우다》(1994) 등이 있음.

송찬호(1959~) | 1987년《우리 시대의 문학》6호에〈금호강〉,〈변비〉등을 발표하며 등단. 시집으로《흙은 사각형의 기억을 갖고 있다》(1989),《10년 동안의 빈 의자》(1994),《붉은 눈 동백》(2000) 등이 있음.

신경림申庚林(1936~) | 1956년《문학예술》에〈낮달〉,〈갈대〉,〈석상〉등이 초회 추천되면서 문단활동 시작. 시집으로《농무農舞》(1973),《새재》(1979), 장시집《남한강》(1987) 등이 있음.

신달자愼達子(1943~) | 1964년 여성지《여상》에〈환상의 밤〉당선, 1970년《현대문학》에〈처음 목소리〉가 초회 추천되면서 등단. 시집으로《봉헌문자》(1973),《겨울 축제》(1976),〈고향의 물〉(1982) 등이 있음.

신동문辛東門(1928~1993) | 1956년《조선일보》신춘문예에〈풍선기〉로 당선. 시집으로《풍선과 제3 포복》등이 있음.

신동엽申東曄(1930~1969) | 1959년《조선일보》신춘문예에〈이야기하는 쟁기꾼의 대지〉가 당선되어 등단. 시집《아사녀》(1963), 유고시집《누가 하늘을 보았다 하는가》(1980) 등이 있음.

신동집辛瞳集(1924~2003) | 1949년《죽순》에〈대춘待春〉등이 실리면서 문단활동 전개. 시집으로《대낮》(1948),《서정의 유형》(1954),《모순의 물》(1963) 등이 있음.

신백수申百秀(1915~1945) |《삼사문학》(1934. 9)에〈얼빠진〉등을 발표하며 시작활동 전개. 이시우, 조풍연 등과 함께《삼사문학》발간.

신석정辛夕汀(1907~1974) | 본명은 석정錫正. 1924년《조선일보》에〈기우는 해〉를 발표하며 시작활동 전개. 시집으로《촛불》(1939),《슬픈 목가》(1947),《빙하》(1956) 등이 있음.

신석초申石艸(1909~1976) | 본명은 응식應植.《자오선》(1937. 11)에〈호접胡蝶〉을 발표하며 등단. 시집으로《석초시집》(1946),《바라춤》(1959),《폭풍의 노래》(1970) 등이 있음.

심훈沈熏(1901~1936) | 본명은 대섭大燮. 1926년《계명啓明》에〈만가〉,〈야시夜市〉,〈일 년 후〉등을 발표하며 시작활동 전개. 시집으로《그날이 오면》(1949)이 있음.

〈ㅇ〉

안도현安度鉉(1961~) │ 1981년《대구매일》신춘문예에 〈낙동강〉이, 1984년《동아일보》신춘문예에 〈서울로 가는 전봉준〉 등이 당선되어 등단. '시힘' 동인. 시집으로《서울로 가는 전봉준》(1985),《모닥불》(1989),《외롭고 높고 쓸쓸한》(1994) 등이 있음.

안상학(1962~) │ 1988년《중앙일보》신춘문예에 〈1987년의 신천新川〉이 당선되어 등단. 시집으로《그대 무사한가》,《안동소주》,《오래된 엽서》(2003) 등이 있음.

안함광安含光(1910~?) │《비판》(1932)에 〈의식적 비약이 있거라〉를 발표하며 등단. 두세 편의 시를 남김. 해방기에 월북함.

양애경楊愛卿(1956~) │ 1982년《중앙일보》신춘문예에 당선되어 등단. 시집으로《불이 있는 몇 개의 풍경》(1988) 등이 있음. '시힘' 동인.

양주동梁柱東(1903~1977) │ 호는 무애无涯. 유엽, 백기만, 이장희 등과 동인지《금성金星》(1923)을 창간하고 그 창간호에 〈기몽記夢〉을 발표하며 시작활동 전개. 시집으로《조선의 맥박》(1930)이 있음.

염상섭廉想涉(1897~1963) │ 일생 소설만을 창작했으나《폐허》동인으로서 그 창간호에 단 한 편의 시 〈법의法衣〉를 남김.

오규원吳圭原(1941~2007) │ 1965년 7월《현대문학》에 〈겨울 나그네〉가 초회 추천되어 문단활동 시작. 시집으로《분명한 사건》(1971),《순례》(1973),《사랑의 기교》(1975) 등이 있음.

오상순吳相淳(1894~1963) │ 호는 공초空超.《개벽開闢》(1920)에 〈신시新詩〉,《폐허》(1921)에 〈힘의 숭배〉 등을 발표하며 시작활동 전개.

오세영吳世榮(1942~) │ 1965년《현대문학》에 〈새벽〉 등이 초회 추천되어 등단. 시집으로《반란하는 빛》(1970),《가장 어두운 날 저녁에》(1982),《무명연시》(1986) 등이 있음.

오장환吳章煥(1916~?) │《조선일보》(1933.11.)에 〈목욕간〉을 발표하며 등단. 시집으로《성벽》(1937),《헌사》(1939),《병든 서울》(1946) 등이 있음. 한국전쟁 때 월북함.

오탁번吳鐸藩(1943~) │ 1966년《동아일보》신춘문예에 〈순은純銀이 빛나는 아침에〉가 당선되어 등단. 시집으로《아침의 예언》(1973),《너무 많은 가운데 하나》(1985),《생각나지 않은 꿈》(1991) 등이 있음.

우대식(1965~) │ 1999년《현대시학》으로 등단.《늙은 의자에 앉아 바다를 보다》,《단검》(2008) 등이 있음.

유안진柳岸津(1941~) │ 1965년 3월《현대문학》에 〈달〉이 초회 추천되면서 등단. 시집으로《달하》(1970),《절망시편》(1972),《물로 바람으로》(1976) 등이 있음.

유진오兪鎭五(?~1949) │《민중조선》(1945. 11)에 〈피리소리〉를 발표하며 등단. 시집으로《창窓》(1948)이 있음.

유치환柳致環(1908~1967) │《문예월간》(1931. 12)에 〈정적靜寂〉을 발표하며 등단. 시집으로《청마시초青馬詩抄》(1939),《생명의 서書》(1947),《울릉도》(1947) 등이 있음.

윤곤강尹崑崗(1911~1949) | 《비판》(1931. 11)에 〈옛 성터에서〉를 발표하며 등단. 시집으로 《대지》(1937), 《만가》(1938), 《동물시집》(1939) 등이 있음.

윤동주尹東柱(1917~1945) | 일본 유학 중(도시샤대학교 영문학과) 일경에 체포되어 옥사함. 《조선일보》(1939. 2. 6)에 〈유언〉을 발표하며 시작활동 전개. 유고시집으로 《하늘과 바람과 별과 시》(1948)을 남김.

윤의섭(1968~) | 1994년 《문학과 사회》에 작품들을 발표하며 등단. 시집으로 《말괄량이 삐삐의 죽음》(1996), 《천국의 난민》(2000), 《붉은 날은 미친 듯이 궤도를 돈다》(2005) 등이 있음.

윤재철尹載喆(1953~) | 1982년 동인지 《오월시》로 등단. 시집으로 《아메리카 들소》(1987), 《그래 우리가 만난다면》(1992) 등이 있음.

이가림李嘉林(1943~) | 1966년 《동아일보》 신춘문예에 〈빙하기〉가 당선되어 문단활동 시작. 시집으로 《유리창에 이마를 대고》(1981), 《슬픈 반도》(1989), 《순간의 거울》(1995) 등이 있음.

이건청李健淸(1942~) | 1967년 《한국일보》 신춘문예에 가작 입선하고 1968년 《현대문학》에 〈손금〉이 초회 추천되어 등단. 시집으로 《이건청 시집》(1970), 《목마른 자는 잠들고》(1975), 《하이에나》(1989) 등이 있음.

이경림(1947~) | 1989년 《문학과 비평》에 〈굴욕의 땅에서〉 외 9편이 발표되면서 등단. 시집으로 《토씨찾기》(1992), 《그곳에도 사거리는 있다》(1995), 《시절 하나 온다. 잡아먹자》(1997) 등이 있음.

이광수李光洙(1892~1950) | 호는 춘원春園. 《매일신보》(1917)에 최초의 근대 장편소설 〈무정無情〉을 연재하며 소설 창작을 시작, 《대한흥학보大韓興學報》(1910)에 〈옥중호걸〉, 《소년》(1910)에 〈우리 영웅〉을 발표하며 시작활동 전개.

이근배李根培(1940~) | 1961년 《경향신문》 신춘문예에 시조 〈묘비명〉, 1964년 《한국일보》 신춘문예에 시 〈북위선〉이 당선되어 등단. 시조집으로 《동해바다 속의 돌 거북이 하는 말》(1982), 《달은 해를 물고》(2006), 시집으로 《노래여 노래여》(1981), 《종소리는 끝없이 새벽을 깨운다》(2006), 장편 서사시집 《한강》(1984) 등이 있음.

이기철李起哲(1943~) | 1972년 11월 《현대문학》에 〈5월에 들른 고향〉 등이 초회 추천되면서 등단. 시집으로 《낱말 추적》(1974), 《청산행靑山行》(1985), 《전쟁과 평화》(1985) 등이 있음.

이동순李東洵(1950~) | 1973년 《동아일보》 신춘문예에 〈마왕의 잠〉이 당선되어 등단. 시집으로 《개밥풀》(1980), 《물의 노래》(1983), 《지금 그리운 사람은》(1987) 등이 있음.

이동주李東柱(1920~1979) | 1940년 6월 《조광》에 〈귀농〉이 발표되고, 1950년 4월 《문예》 6호에 〈황혼〉, 〈새댁〉, 〈혼야婚夜〉가 초회 추천되며 시작활동 전개. 시집으로는 《혼야》(1951), 《강강술래》(1955)가 있음.

이명수李明洙(1945~) | 1975년《심상》에 〈비가〉를 발표하며 등단. 시집으로《공한지》(1979),《흔들리는 도시에 밤이 내리고》(1991),《왕촌일기》(2002) 등이 있음.

이병기李秉岐(1891~1968) | 호는 가람伽藍.《청년》(1921)에 〈도悼 이츠 마리아〉를,《조선문단》(1926)에 〈앓으면서 어버이 생각〉을 발표하며 시작활동 전개. 시집으로《가람시조집》(1939)이 있음.

이병률李秉律(1967~) | 1995년《한국일보》신춘문예에 〈좋은 사람들〉, 〈그날엔〉이 당선되어 등단. 시집으로《눈사람 여관》(2013),《찬란》(2010),《바람의 사생활》(2006) 등이 있음.

이사라李紗羅(1953~) | 1981년《문학사상》신인상에 〈히브리인의 마을 앞에서〉가 당선되어 등단. 시집으로《히브리인의 마을 앞에서》(1988),《미학적 슬픔》(1990),《시간이 지나간 시간》(2002) 등이 있음.

이상李箱(1910~1937) | 본명은 해경海卿.《조선과 건축》(1931. 7)에 〈이상한 가역반응〉을,《조선중앙일보》(1934. 7. 24~8. 8)에 〈오감도烏瞰圖〉 등을 발표하며 등단. 유고시집으로《이상선집》(1949),《이상시전작집》(1978) 등이 있음.

이상범李相範(1935~) | 1965년《조선일보》신춘문예로 등단. 시조집으로《일식권》(1967),《가을입문》(1976) 등이 있음.

이상호李尙鎬(1951~) | 1982년《심상》에 〈금환식〉을 발표하며 등단. 시집으로《금환식》(1984),《그림자도 버리고》(1988),《시간의 자궁 속》(1989) 등이 있음.

이상화李相和(1901~1943) | 호는 상화尙火.《백조》동인. 그 창간호(1922)에 〈말세의 희탄稀嘆〉, 〈단조單調〉를 발표하며 시작활동 전개. 유고시집으로《늪의 우화》(1969),《나의 침실로》(1977) 등이 있음.

이성복李晟馥(1952~) | 1977년《문학과 지성》에 〈정든 유곽에서〉를 발표하며 문단에 등단. 시집으로《뒹구는 돌은 언제 잠 깨는가》(1980),《남해금산》(1986),《그 여름의 끝》(1990) 등이 있음.

이성부李盛夫(1942~2012) | 1961년《현대문학》에 〈소모의 밤〉이 초회 추천되고, 1967년《동아일보》신춘문예에 〈우리들의 양식〉이 당선하여 등단. 시집으로《이성부 시집》(1969),《우리들의 양식》(1974),《백제행》(1977) 등이 있음.

이성선李聖善(1941~2001) | 1970년《문화비평》에 〈시인의 병풍〉 등, 1972년《시문학》에 〈아침〉을 발표하며 등단. 시집으로《시인의 병풍》(1974),《하늘 문을 두드리며》(1977),《몸은 지상에 묶여도》(1979) 등이 있음.

이세룡李世龍(1947~?) | 1974년 4월《월간문학》신인상에 〈겨울 비망록〉이 당선되어 등단. 시집으로《빵》(1980),《작은 평화》(1987),《채플린의 마을》(1988) 등이 있음.

이수익李秀翼(1942~) | 1963년《서울신문》신춘문예에 〈고별〉, 〈편지〉가 당선되어 등단. 시집으로《우울한 상송》(1969),《야간열차》(1978),《슬픔의 핵》(1983) 등이 있음.

이승하李昇夏(1960~) | 1984년《중앙일보》신춘문예에 〈화가 뭉크와 함께〉가 당선되며 등

단. 시집으로 〈사랑의 탐구〉(1987), 《우리들의 유토피아》(1989), 《욥의 슬픔을 아시나요?》(1991) 등이 있음.

이승훈 李昇薰(1942~) | 1962년 4월 《현대문학》에서 〈낮〉 외 1편으로 초회 추천되면서 문단활동 시작. 시집으로 《사물 A》(1969), 《환상의 다리》(1976), 《당신의 초상》(1981) 등이 있음.

이시영 李時英(1949~) | 1969년 《중앙일보》 신춘문예에 시조 〈수繡〉가, 동년 11월 《월간문학》 신인상에 〈채탄採炭〉 등이 당선하여 등단. 시집으로 《만월》(1976), 《바람 속으로》(1986), 《피뢰침과 심장》(1989) 등이 있음.

이시우 李時雨(?~?) | 《삼사문학三四文學》(1934. 9)에 〈제1인칭 시〉를 발표하며 시작활동 전개. 한국전쟁 때 월북함.

이영도 李永道(1916~1975) | 《죽순》(1945. 12)에 〈제야〉를 발표하며 등단. 시집으로 《청저집青苧集》(1954), 오빠인 이호우와 함께 공동시조집 《비가 오고 바람이 붑니다》 간행. 유고시집으로 《언약》(1976)이 있음.

이영순 李永純(1922~?) | 《학도》(1951. 12)에 〈개미고지〉를 발표하며 시작활동 전개. 시집으로 《연희고지》(1951), 《지령地靈》(1952), 《제3의 혼돈》(1958) 등이 있음.

이영식 李永植(1956~) | 2000년 《문학사상》 신인상으로 등단. 시집으로 《공갈빵이 먹고 싶다》(2002), 《희망온도》(2006), 《휴》(2012) 등이 있음.

이용악 李庸岳(1914~?) | 《신인문학》(1935. 3)에 〈패배자의 소원〉을 발표하며 시작활동 전개. 한국전쟁 때 월북함. 시집으로 《분수령》(1937), 《낡은 집》(1938), 《오랑캐꽃》(1947) 등이 있음.

이원(1968~). 1992년 《세계문학》에 〈시간과 비닐봉지〉를 발표하며 등단. 시집으로 《그들이 지구를 지배했을 때》(1996), 《야후의 강물에 천개의 달이 뜬다》(2001), 《그럼에도 불구하고》(2010) 등이 있음.

이원조 李源朝(1909~?) | 주로 평론을 썼으나 《동아일보》(1931. 6. 7)에 발표한 〈초하음初夏吟〉, 《동광》(1931. 9)에 발표한 〈나의 어머니〉와 같은 시편도 남김. 1947년 월북, 1953년 숙청됨.

이유경 李裕憬(1940~) | 1959년 3월 《사상계》에 〈과수원〉이 당선되어 등단. 시집으로 《밀알들의 영가》(1969), 《하남下南 시편》(1975), 《초락도草落島》(1983) 등이 있음.

이육사 李陸史(1904~1944) | 본명은 원록源祿, 원삼源三 또는 활活. 《신조선》(1933)에 〈황혼〉을 발표하며 시작활동 전개. 독립운동을 하다가 일제에 체포되어 중국 베이징의 형무소에서 옥사. 유고시집으로 《육사시집》(1946)이 있음.

이윤택 李潤澤(1952~) | 1975년 《현대시학》에 〈시작詩作〉 등이 초회 추천되어 등단. 시집으로 《시민》(1983), 《춤꾼 이야기》(1987), 《우리는 지금 제네바로 간다》(1988) 등이 있음. '열린시' 동인.

이윤학(1965~) | 1990년《한국일보》신춘문예에 〈청소부〉, 〈제비집〉이 당선되어 등단. 《먼지의 집》(1992),《붉은 열매를 가진 적이 있다》,《나를 위해 울어주는 버드나무》(1997) 등이 있음.

이은봉(1954~) | 1983년《삶의 문학》에 〈철공소 황씨〉 등을 발표하며 등단. 시집으로《좋은 세상》(1987),《봄 여름 가을 겨울》(1989) 등이 있음.

이은상李殷相(1903~1982) | 호는 노산鷺山.《연희延禧》(1923)에 〈새벽비〉를,《조선문단》(1924)에 〈저쪽, 저쪽으로〉 등을 발표하며 시작활동 전개. 시집으로《노산시조집》(1932), 〈조국 강산〉(1954) 등이 있음.

이인원(1953~) | 1992년《현대시학》을 통해 등단. 시집으로《마음에 살을 베이다》(1996), 《사람아 사랑아》(1998),《빨간 것은 사과》(2004) 등이 있음.

이장욱(1968~) | 1994년《현대문학》으로 등단. 시집으로《내 잠 속의 모래산》(2002),《정 오의 희망곡》(2006),《생년월일》(2011) 등이 있음.

이장희李章熙(1900~1929) |《금성》(1924)에 〈청천靑天의 유방乳房〉, 〈실바람 지나간 뒤〉, 〈새 한 마리〉를 발표하며 등단. 1929년 스스로 목숨을 끊음.

이재무(1958~) | 1983년《삶의 문학》에 〈귀를 후빈다〉 등을 발표하며 등단. 시집으로《섣 달그믐》(1987),《온다던 사람 오지 않고》(1990),《벌초》(1992), 등이 있음.

이정록李楨錄(1964~) | 1989년《대전일보》신춘문예와 1993년《동아일보》신춘문예에 당 선하여 등단. 시집으로《벌레의 집은 아득하다》,《풋사과의 주름살》,《버드나무 껍질에 세 들고 싶다》(1999) 등이 있음.

이주홍李周洪(1906~1987) | 소설가로 활동하면서 3편의 시 〈새벽〉, 〈독립의 아침〉, 〈벽〉을 발표함.

이준관李準冠(1949~) | 1974년《심상》에 〈풀벌레 울음〉 등이 당선되어 등단. 시집으로《황 야》(1983),《가을 떡갈나무 숲》(1991),《열 손가락에 달을 달고》(1992) 등이 있음. '신감각' 동인.

이중기(1967~) | 1992년 시집《식민지 농민》으로 등단.《밥상 위의 안부》(2001),《다기 격 문을 쓰다》(2005),《오래된 책》(2008) 등이 있음.

이지엽李志葉(1958~) |《한국문학》백만원 고료 신인상에 시 〈촛불〉이 당선되고(1981),《경 향신문》신춘문예에 시조 〈일어서는 바다〉가 당선되어(1984) 등단. 시조집으로《떠도는 삼각형》(1989), 시집으로《샤갈의 마을》(1990) 등이 있음.

이찬李燦(1910~?) |《신시단》(1928)에 〈봄은 간다〉를 발표하며 등단. 시집으로《대망待望》 (1937),《분향焚香》(1938),《망양茫洋》(1940) 등이 있음. 해방기에 월북함.

이탄李炭(1940~2010) | 본명은 김형필金炯弼. 1964년《동아일보》신춘문예에 〈바람 불다〉가 당선되어 등단. 시집으로《바람 불다》(1967),《소등》(1968),《줄풀기》(1975) 등이 있음.

이태극李太極(1913~2003) |《시조연구》(1953)에 〈갈매기〉를 발표하며 등단.《꽃과 여인》

(1970), 《노고지리》(1976), 《소리·소리·소리》(1982) 등 시조집이 있음.

이하윤異河潤(1906~1974) | 《해외문학》(1927. 7)에 〈애송 9편〉을 발표하며 등단. 시집으로 《물레방아》(1939)가 있음.

이한직李漢稷(1921~1976) | 〈풍장〉, 〈북극권〉 등이 《문장》에 초회 추천되면서 문단활동 전개. 유고시집으로 《이한직 시집》(1977)이 있음.

이호우李鎬雨(1912~1970) | 《문장》(1940. 7)에 〈달밤〉, 〈맹서〉, 〈출범〉 등 시조가 초회 추천되면서 시작활동 전개. 《이호우의 시조집》(1955), 누이인 이영도와 함께 공동시조집 《비가 오고 바람이 붑니다》(1968) 간행.

이흡李洽(1908~?) | 《전선》(1933. 1)에 〈피에로의 노래〉를 발표하며 등단. 해방기 빨치산 활동을 하다가 사살됨.

임보林步(1940~) | 본명은 강홍기姜洪基. 1959년 10월 《현대문학》에 〈자화상〉이 초회 추천되어 문단활동 전개. 시집으로 《임보의 시들》(1974), 《산방동동山房動動》(1984), 《목마木馬일기》(1987) 등이 있음.

임영조任永祚(1943~) | 본명은 임세순任世淳. 1971년 《중앙일보》 신춘문예에 〈목수의 노래〉가 당선되어 등단. 시집으로 《바람이 남긴 은유》(1985) 등이 있음.

임화林和(1908~1953) | 본명은 인식仁植. 1926년 4월 14일 《매일신보》에 〈무엇 찾니〉를 발표하며 시작활동 전개. 1947년 월북, 1953년 미제 간첩 혐의로 사형됨. 시집으로 《현해탄》(1938), 《찬가》(1947), 《회상回想시집》(1947) 등이 있음.

〈ㅈ〉

장만영張萬榮(1914~1975) | 《동광東光》(1932. 5)에 〈봄노래〉를 발표하며 등단. 시집으로 《양羊》(1937), 《축제》(1939), 《유년송幼年頌》(1948) 등이 있음.

장석남張錫南(1965~) | 1987년 《경향신문》 신춘문예에 〈맨발로 걸어차기〉가 당선되어 등단. 시집으로 《새떼들에게로의 망명》(1991), 《지금은 간신히 아무도 그립지 않을 무렵》(1995), 《젖은 눈》(1998) 등이 있음.

장석주張錫周(1954~) | 1975년 4월 《월간문학》 신인상에 〈심야〉가 당선되어 등단. 시집으로 《햇빛 사냥》(1979), 《완전주의자의 꿈》(1981), 《그리운 나라》(1984) 등이 있음.

장순하張諄河(1928~) | 《현대문학》(1958. 5)에 〈울타리〉가 초회 추천되면서 등단. 시집으로 《백색부》(1968), 《묵계》(1974), 《동창이 밝았느냐》(1985) 등이 있음.

장정일將正一(1962~) | 1984년 《언어의 세계》에 〈강정 간다〉를 발표하며 등단. 시집으로 《햄버거에 관한 명상》(1987), 《서울에서 보낸 3주일》(1988), 《길 안에서 택시 잡기》(1988) 등이 있음.

장호강張虎崗(1916~?) | 《자유문학》(1949)에 〈또 한 번 다름박질할거나〉를 발표하며 시작활동 전개. 시집으로 《총검부銃劍賦》(1952), 《쌍룡고지雙龍高地》(1954), 《항전의 조국》(1955)

등이 있음.

전봉건全鳳健(1928~1988) | 《문예》(1950. 3)에 〈4월〉을 발표하며 시작활동 전개. 시집으로 《사랑을 위한 되풀이》(1959), 《춘향연가》(1967), 《속의 바다》(1980) 등이 있음.

전영경全榮慶(1926~?) | 1955년 《조선일보》 신춘문예에 〈선사시대〉 등이 당선되어 문단에 등단. 시집으로 《선사시대》(1956), 《김산월 여사》(1958), 《어두운 다리목에서》(1964) 등이 있음.

전윤호(1964~) | 1991년 《현대문학》으로 등단. 시집으로 《이제 아내는 날 사랑하지 않는다》, 《순수시대》(2001), 《연애소설》(2005) 등이 있음.

정끝별(1964~) | 1988년 《문학사상》 신인상에 〈칼레의 바다〉가, 1994년 《동아일보》 신춘문예에 평론 〈서늘한 패러디스트의 절망과 모색〉이 당선되어 등단. 시집으로 《자작나무 내 인생》(1996), 《삼천갑자 복사빛》(2005), 《흰 책》(2010), 《와락》(2008) 등이 있음.

정완영(1911~) | 1960년 《국제신보》 신춘문예에 시조 〈해바라기〉가 당선, 같은 해 《현대문학》 6월호에 시조 〈애모〉가, 1962년 《조선일보》 신춘문예에 시조 〈조국〉이 당선되어 등단. 시조집으로 《채춘보采春譜》(1969), 《묵로도默鷺圖》(1972), 《실일失日의 명銘》(1974) 등이 있음.

정인보鄭寅普(1892~?) | 호는 위당爲堂 혹은 담원薝園. 《동광》(1927)에 시조 〈가신 님〉, 《한빛》(1928)에 〈자모사慈母思〉 등을 발표하며 시작활동 전개. 시조집으로 《담원시조薝園時調》(1948)가 있음. 한국전쟁 때 납북됨.

정일근(1958~) | 1984년 10월 《실천문학》에 〈야학일기〉를 발표하고, 1985년 《한국일보》 신춘문예에 〈유배지에서 보낸 정약용의 편지〉가 당선되면서 시작활동 전개. 시집으로 《바다가 보이는 교실》(1987), 《유배지에서 보낸 정약용의 편지》(1991), 《그리운 곳으로 돌아보라》(1994) 등이 있음.

정지용鄭芝溶(1903~?) | 《학조學潮》(1926. 6)에 〈까페 프란스〉, 〈마음의 일기에서〉 등을 발표하며 등단. 한국전쟁 때 납북됨. 시집으로 《정지용 시집》(1935), 《백록담》(1941), 《정지용 시선》(1946) 등이 있음.

정진규鄭鎭圭(1939~) | 1960년 《동아일보》 신춘문예에 〈나팔 서정〉이 가작으로 입선되어 문단활동 전개. 시집으로 《마른 수수깡의 평화》(1965), 《들판의 빈집이로다》(1977), 《유한의 빗장》(1971) 등이 있음.

정철훈(1959~) | 1997년 《창작과 비평》에 〈백야白夜〉 등 시 7편을 발표하며 등단. 시집으로 《살고 싶은 아침》(2000), 《내 졸음에도 사랑은 떠도느냐》(2002), 《개 같은 신념》(2004) 등이 있음.

정한모鄭漢模(1923~1991) | 《백맥》(1946)에 〈귀향시편〉를 발표하며 시작활동 전개. 시집으로 《카오스의 사족蛇足》(1958), 《여백을 위한 서정》(1959), 《아가의 방》(1970) 등이 있음.

정현웅鄭玄雄(1910~1976) | 《삼사문학》(1934. 9)에 〈일기장〉, 〈교외사생郊外寫生〉, 〈길〉, 〈안개

를 걸음〉 등을 발표하며 시작활동 전개.

정현종鄭玄宗(1939~) | 1964년 5월 《현대문학》에 〈화음和音〉 등이 초회 추천되어 시작활동 전개. 시집으로 《사물의 꿈》(1972), 《고통의 축제》(1974), 《떨어져도 튀는 공처럼》(1984) 등이 있음.

정호승鄭浩承(1950~) | 1973년 《한국일보》 신춘문예에 〈슬픔이 기쁨에게〉가 당선되어 등단. 시집으로 《슬픔이 기쁨에게》(1973), 《서울의 예수》(1982), 《새벽편지》(1987) 등이 있음.

정희성鄭喜成(1945~) | 1970년 《동아일보》 신춘문예에 〈변신〉이 당선되어 등단. 시집으로 《답청》(1974), 《저문 강에 삽을 씻고》(1978) , 《한 그리움이 다른 그리움에게》 등이 있음.

조벽암趙碧巖(1908~?) | 《동아일보》(1934. 2. 10)에 〈새 설계도〉를 발표하며 등단. 시집으로 《향수》(1938), 《지열》(1948)이 있음.

조병화趙炳華(1921~2003) | 《백민》(1949. 6)에 〈후조候鳥〉를 발표하며 시작활동 전개. 시집으로 《버리고 싶은 유산》(1949), 《하루만의 위안》(1950), 《패각貝殼의 침실》(1952) 등이 있음.

조연현趙演鉉(1924~1981) | 평론가로 활동하며 《시건설詩建設》(1935. 10)에 〈과제〉, 《아芽》(1938. 7)에 〈비 내리는 밤의 향수〉 등 몇 편의 시를 발표함. 등단 평론은 《매일신보》(1939. 9. 3)에 실은 〈결별적訣別的에 답함〉임.

조영암趙靈岩(1918~?) | 본명은 승원昇元. 《시문예》(1945. 12)에 〈모든 강물은 바다로 흐른 다〉를 발표하며 문단에 등단. 시집으로 《시산을 넘고 혈해를 건너》(1951), 《우남찬가》(1954) 등이 있음.

조오현曹五鉉(1942~) | 승려(신흥사 조실)이자 시조시인. 《시조문학》(1966. 9)에 〈몸을 씻어 주세요〉, 같은 잡지(1968. 4)에 〈봄〉 등이 당선되어 등단. 시조집으로 《심우도尋牛圖》(1979), 《만악가타집萬嶽伽陀集》(2006), 《아득한 성자》(2007) 등이 있음.

조용미曹容美(1962~) | 1990년 《한길문학》에 〈청어는 가시가 많아〉를 발표하며 등단. 시집 으로 《불안은 영혼을 잠식한다》(1996), 《일만 마리 물고기가 산을 날아오른다》(2000), 《삼 베옷을 입은 자화상》(2004) 등이 있음.

조운曹雲(1898~?) | 1921년 《동아일보》에 시 〈불살러주오〉, 1934년 《조선문단》에 〈초승달 이 재 넘을 때〉 등을 발표하며 시작활동 전개. 시집으로 《조운시조집》(1947)이 있음. 한국 전쟁 때 월북함.

조정권趙鼎權(1949~) | 1969년 9월 《현대시학》에 〈바다〉 등이 초회 추천되면서 시작활동 전개. 시집으로 〈비를 바라보는 일곱 가지 마음의 형태〉(1977), 《시편》(1982), 《허심송虛心 頌》(1985) 등이 있음.

조지훈趙芝薰(1920~1968) | 본명은 동탁東卓. 《문장》에 〈고풍의상〉이 초회 추천되면서 시작 활동 전개. 시집으로 《풀잎단장》(1952), 《조지훈 시선》(1956), 《역사 앞에서》(1959) 등이 있음.

조창환曹敞煥(1945~) | 1972년 10월 《현대시학》에 〈귀향〉 등이 추천되어 등단. 시집으로

《빈집을 지키며》(1980), 《라자로 마을의 새벽》(1984), 《그때도 그랬을 거다》(1992) 등이 있음.

조태일趙泰一(1941~1999) | 1965년 《경향신문》에 〈아침 선박〉이 당선되어 등단. 시집으로 《아침 선박》(1965), 《식칼론》(1970), 《국토》(1975) 등이 있음.

조향趙鄉(1917~1985) | 《매일신보》 신춘문예에 〈첫날밤〉(1941)이 당선되면서 시작활동 전개.

주요한朱耀翰(1900~1983) | 호는 송아頌兒. 《청춘》(1917)에 필명으로 소설 〈마을집〉을, 《학우》學友(1919)에 '에튜으트'라는 제목 아래 창작시 5편을 발표하며 문단활동 전개. 시집으로 《아름다운 새벽》(1924), 《봉사꽃》(1930) 등이 있음.

〈ㅊ〉

최남선崔南善(1890~1957) | 호는 육당六堂. 1908년 최초의 종합월간지 《소년少年》의 권두시로 최초의 신체시 〈해에게서 소년에게〉를 발표하며 문단활동 전개. 시조집 《백팔번뇌》(1926)가 있음.

최동호崔東鎬(1948~) | 1976년 시집 《황사바람》으로 등단. 시집으로 《황사바람》(1976), 《아침책상》(1988), 《딱따구리는 어디에 숨어 있는가》(1995) 등이 있음.

최두석崔斗錫(1956~) | 1980년 《심상》에 〈그늘〉 등을 발표하며 문단에 등단. 시집으로 〈대꽃》(1984), 《임진강》(1986) 등이 있음.

최승범崔勝範(1931~) | 《호서문학》(1956. 6)에 〈진달래꽃 전설〉이, 《현대문학》(1958. 5)에 〈설경雪景〉이 초회 추천되면서 문단에 등단. 《후조의 노래》(1968), 《설청雪晴》(1970), 《계절의 뒤란에서》(1971) 등 시조집이 있음.

최영미崔泳美(1961~) | 1992년 《창작과 비평》에 〈속초에서〉 외 7편을 발표하며 등단. 시집으로 《서른, 잔치는 끝났다》(2009), 《이미 뜨거운 것들》(2013), 《돼지들에게》(2014) 등이 있음.

최종천崔鍾天(1954~) | 1986년 《세계의 문학》, 1988년 《현대시학》에 시를 발표하며 시작활동 전개. 시집으로 《눈은 푸르다》(2002), 《나의 밥그릇이 빛난다》(2006) 등이 있음.

최창균(1960~) | 1988년 《현대시학》에 〈벼랑에서〉를 발표하며 시작활동 전개. 시집으로 《백년 자작나무의 숲에서 살자》(2004)가 있음.

최하림崔夏林(1939~2010) | 1964년 《조선일보》 신춘문예에 〈미개의 기나긴 달빛〉이 당선되어 등단. 시집으로 《우리들을 위하여》(1976), 《작은 마을에서》(1982), 《겨울꽃》(1985) 등이 있음.

〈ㅍ〉

표성배表成倍(1966~) | 1995년 〈우리의 요구는 너무나 작은 것입니다〉로 제6회 마창노련

문학상을 수상하면서 작품활동 시작. 시집으로 《개나리 꽃눈》(2006), 《공장은 안녕하다》
(2006), 《기계라도 따뜻하게》(2013) 등이 있음.

⟨ㅎ⟩

한광구韓光九(1944~) | 1974년 7월 《심상》에 ⟨가는 길⟩을 발표하며 등단. 시집으로 《이 땅
에 비 오는 날은》(1979), 《찾아가는 자의 노래》(1981), 《상처를 위하여》(1987) 등이 있음.

한영옥韓英玉(1951~) | 1972년 7월 《현대시학》에 ⟨손님⟩ 등이 추천되면서 시작활동 전개.
시집으로 《적극적 마술의 노래》(1979) 등이 있음.

한용운韓龍雲(1879~1944) | 호는 만해萬海. 《유심》(1918)에 ⟨심心⟩을 발표하며 시작활동 전
개. 시집으로 《님의 침묵》(1926)이 있음.

함기석(1966~) | 1992년 《작가세계》에 ⟨신고린도전서식 서울 사랑⟩ 등을 발표하며 등단.
시집으로 《국어선생은 달팽이》(1998), 《착란의 돌》(2002), 《뽈랑공원》(2008) 등이 있음.

함민복(1962~) | 1988년 《세계의 문학》에 ⟨성선설⟩을 발표하며 시작활동 전개. 시집으로
《우울씨의 일일》(1990), 《자본주의의 약속》(1993), 《모든 경계에는 꽃이 핀다》(1996) 등이
있음. '21세기 전망' 동인.

함성호(1963~) | 1990년 《문학과 사회》에 ⟨비와 바람 속에서⟩ 등을 발표하며 등단. 시집
으로 《너무나 아름다운 병》(2001), 《성聖 타즈마할》(1998), 《56억 7천만 년의 고독》(1992)
등이 있음. '21세기 전망' 동인.

함형수咸亨洙(1916~1946) | 《동광》(1932. 2)에 ⟨오늘 생긴 일⟩을, 《동아일보》(1935. 1. 25)에
⟨마음의 단편⟩ 등을 발표하며 등단. 유고시집으로 《해바라기 비명》(1989)이 있음.

허민許民(?~1943) | 《동아일보》(1939. 12. 22)에 ⟨독목禿木⟩을 발표하며 등단. 1970년대 들어
여러 편의 유고시가 발굴됨.

허영자許英子(1938~) | 1961년 《현대문학》에 ⟨도정道程의 연가⟩가 초회 추천되어 시작활동
전개. 시집으로 《가슴엔 듯 눈엔 듯》(1966), 《친전親展》(1971), 《어여쁨이야 어찌 꽃뿐이랴》
(1977) 등이 있음.

허혜정(1966~) | 1987년 《한국문학》 신인상(시), 1997년 《중앙일보》 신춘문예(평론)에 당
선되어 등단. 시집으로 《적들을 위한 서정시》(2008), 《비 속에도 나비가 오나》(1991) 등이
있음.

홍사용洪思容(1900~1947) | 호는 노작露雀. 1920년 박종화, 정백 등과 문예지 《문우》 창간,
1922년 박종화, 현진건, 박영희 등과 동인지 《백조白潮》 창간. 창간호에 ⟨꿈이면은?⟩, ⟨백
조는 흐르는데 별 하나 나 하나⟩ 등 발표. 유고시집으로 《나는 왕이로소이다》(1976)가
있음.

홍신선洪申善(1944) | 1965년 5월 《시문학》에 ⟨이미지 연습⟩이 추천되어 등단. 시집으로
《서벽당집棲碧堂集》(1973), 《겨울 섬》(1980), 《삶, 거듭 살아도》(1982) 등이 있음.

홍윤숙洪允淑(1925~) | 《문예신보》(1947. 11)에 〈가을〉을 발표하며 시단에 등단. 시집으로 《여사麗史시집》(1962), 《풍차》(1964), 《장식론》(1968) 등이 있음.

황동규黃東奎(1938~) | 1958년 《현대문학》에 〈10월〉이 초회 추천되어 등단. 시집으로 《어떤 개인 날》(1965), 《비가》(1968), 《삼남에 내리는 눈》(1975) 등이 있음.

황병승(1970~) | 2003년 《파라 21》에 〈주치의 H〉 외 5편을 발표하며 시작활동 전개. 시집으로 《여장남자》(2005), 《육체 쇼와 전집》(2013), 《트랙과 들판의 별》(2007) 등이 있음.

황석우黃錫禹(1895~1960) | 《폐허廢墟》(1920)에 〈애인의 인도引導〉 〈벽모碧毛의 묘猫〉, 〈태양의 침몰〉 등을 발표하며 《장미촌》 동인으로서 시작활동 전개. 시집으로 《자연송自然頌》(1929)이 있음.

황인숙黃仁淑(1958~) | 1984년 《경향신문》 신춘문예에 〈나는 고양이로 태어나리라〉가 당선되어 등단. 시집으로 《새는 하늘을 자유롭게 풀어놓고》(1988), 《슬픔이 나를 깨운다》(1991) 등이 있음.

황지우黃芝雨(1952~) | 본명 황재우. 1980년 《중앙일보》 신춘문예에 〈연혁〉이 입선, 같은 해 《문학과 지성》에 〈대답 없는 날들을 위하여〉가 발표되면서 등단. 시집으로 《새들도 세상을 뜨는구나》(1983), 《겨울-나무로부터 봄-나무에로》(1985), 《나는 너다》(1987) 등이 있음.

7부 · 근대 산문

조남현

1. 서론

　현대산문은 현대소설·현대희곡·현대문학비평·현대수필 등을 포괄한다. 문학 양식을 3분법, 4분법, 5분법 그 어느 것으로 보든 시 양식을 제외한 나머지 모두를 묶은 것이 산문이다.

　따라서 현대산문이 걸어온 길은 현대소설사·현대희곡사·현대문학비평사·현대수필문학사 등을 합쳐놓은 것이라 할 수 있다. 다시 말해 현대산문의 역사는 현대문학사에서 현대시사를 제외한 나머지를 가리킨다. 문학사는 주제사·사상사·장르사·형태사·제재사 등으로 구체화된다. 마찬가지로 현대산문이 걸어온 길은 주제·사상·양식·형태 등 여러 관점에서 살펴볼 수 있다. 한국의 문학사가나 문학이론가들 사이에서는 '정신사로서의 문학사'가 가장 의미 있는 형태의 문학사로 인식되고 있다. 우리 현대문학의 역사는 제국주의·봉건주의·반인간주의와의 투쟁의 역사로도 설명될 수 있기 때문이다.

　한국 현대산문을 연구하는 사람들 사이에서 문예비평사에 대한 관심이 과거보다 훨씬 높아진 것은 틀림없지만, 산문의 중심은 역시 소설에 있다. 다시 말해 한국 현대산문 역사의 중심이 한국 현대소설사에 있음은 재론의 여지가 없다. 한국 현대소설사에서 우선적으로 해결해야 할 과제는 현대소설의 기점을 어디에 놓느냐와 현대소설의 범위를 어떻게 잡느냐 하는 것이다. 이러한 과제는 한국 현대소설의 첫 장면인 개화기 소설의 외연을 어떻게 정하느냐 하는 문제로 요약되기도 한다. 또 소설에 대한 세계문학적인 평가기준과 한국소설에 대한 감정적 편향을 어떻게 조화시키느냐 하는 것도 과제로 남는다.

개화기 소설은 서술방법과 표현기교 면에서 구태를 벗지 못한 것도 있고 근대소설적인 자질을 지닌 것도 있다. 개화기 소설을 대상으로 한 지금까지의 연구동향을 보면, 개화기 소설의 주제와 형식상의 특질을 고전소설의 연장선에 놓고 보는 견해와 근대소설 쪽으로 이어보려는 견해로 양분된다.

여러 가지 정황을 미루어보면 한국의 근대화 기점을 개화기에서 잡는 데는 무리가 없다. 개화기는 개화론이 우세를 보이는 가운데 신·구 세력 간의 대립이 치열하게 전개된 시기였던 것처럼 개화기 소설의 양식화 방법도 대체로 신·구 요소가 팽팽하게 맞서고 있는 상태로 보아야 한다. 개화기 소설은 주제의식 면에서나 창작방법 면에서나 서로 어울리지 않는 것, 때로는 팽팽하게 대립하는 것이 공존하는 공간이라고 할 수 있다. 이를 억지로 단일한 주제나 서술태도의 경향으로 몰아가면 작품을 왜곡시키는 결과를 가져오기 쉽다. 현대소설의 특징 중 하나를 리얼리즘이라고 전제한다면 우리 현대소설의 진정한 출발은 1920년대가 된다. 한국소설에서 바로 이 1920년대는 리얼리즘의 태도와 기법을 제대로 드러내기 시작한 시기이기 때문이다.

염상섭廉想涉이 리얼리즘을 주제의식 면에서 눈에 띄게 끌어올렸다면 현진건玄鎭健은 기법 면에서 리얼리즘의 지평을 타개한 경우가 되며, 최서해崔曙海는 제재 면에서 리얼리즘의 외곽을 한껏 넓혔다.

그런가 하면 김팔봉金八峰과 박영희朴英熙는 추상성과 도식적 관념에 고착되어 리얼리즘의 한 강령인 '현실의 구체적 제시'에는 한계를 보이고 말았다. 김팔봉과 박영희가 지닌 사회주의적 관념이 당시 한국인의 삶의 핵심을 추려내고 있기는 하지만, 소설화 과정에서는 관념이 구체적인 현실이나 소재를 압도함으로써 독자와의 거리를 좁히지 못했다.

한국 현대희곡 역사의 내용은 한국 현대소설과 다르지 않다. 기본적으로 소설과 희곡은 유사한 양식인 만큼, 소재로서의 현실에 접근하고 그것을 형상화하는 방법 등에서 같은 길을 걸을 수밖에 없었다.

창작이라는 것에 능동적으로 관여하는 비평의 행태라든가 시·소설과 마찬가지로 전문적인 성격을 띤 비평의 양식은 1920년대에 들어와 본격적으로 출발했다. 문화사적 전개과정이 다 그러하듯이 모든 본격적인 출발 앞에는 전조가 있게 마련이다.

이런 점에서 1920년대의 바로 전대인 1900년대 또는 1910년대로 눈길을 돌릴 필요가 있다. 그리고 이 시기는 비평사적인 안목에서 볼 때 1920년대에 대해 일종의 원형을 품고 있는 것으로 볼 수 있는가, 아니면 단순한 전사前史로만 볼 수 있는가 하는 근본적인 질문을 떠올리게 한다. 이식문화론의 극복이나 자주사관의 확립을 실천에 옮기는 것도 중요한 일이지만, 우리의 문학적 결실을 읽고 분석하고 평가하는 과정에서 최소한의 애정을 지니는 것도 꼭 필요한 일이다.

2. 개화기 소설

　대부분의 개화기 소설은 을사보호조약(1905)에서 한일합방(1910)까지의 사이에 발표되었다. 국가적·민족적 정체성이 뿌리째 뒤흔들렸던 때다. 이때의 소설은 전달매체 면에서 신문에 게재된 것, 회보나 월보와 같은 잡지에 실린 것, 단행본의 형태를 취한 것으로 대별된다. 서술방법 면에서 보면 개화기 소설은 전기체와 역사소설같이 사실 기록에 치중한 것과 흔히 신소설로 불렸던 것으로 이분된다.

　개화기 소설의 작가들은 박은식朴殷植·장지연張志淵·신채호申采浩·유원표劉元杓 등과 같이 유학에 바탕을 둔 지식인과 이인직李人稙·이해조李海朝·안국선安國善·장응진張膺震 등과 같은 근대지향형 지식인으로 나뉜다. 전자의 작가들은 소설 양식을 국가적 정체성의 상실을 극복하는 국권회복운동의 한 방안으로 파악했다. 이에 반해 후자의 작가들은 소설의 효능을 대체로 흥미 제공 쪽으로 맞추어가면서 '사회'나 '시대'보다는 '가정'이나 '운명' 등의 문제에 더욱 집착했다.

　창작활동을 대人지식인으로서의 역할 행사의 한 방편으로 여긴 전자의 작가들이 힘을 쏟은 것은 전기와 역사물 편찬이나 번역사업이었다. 전기물로는 《이태리건국삼걸전》(1906, 신채호 역술), 《서사건국지》(1907, 박은식), 《비사맥전比斯麥傳》(1907, 황윤덕), 《미국대통령까쮜일트전》(1908, 현공렴), 《부란극림전富蘭克林傳》(1911, 이시후) 등과 같이 외국 정치영웅의 업적을 소개한 것들도 있고, 《을지문덕》(1908, 신채호), 《강감찬전》(1908, 우기선), 《이순신전》(신채호), 《연개소문전》(박은식) 등과 같이 우리 구국영웅들의 행적을 창작욕에 가미해 서술한 것들도 있다. 이외에 현채玄采가 중역한 《미국독립사》

《월남망국사》와 장지연이 중역한《애급근세사》《태서신사泰西新史》
등이 있다.

《을지문덕》은 신채호가 지었고 변영만卞榮晚이 교열했다. 한국인
들에게 을지문덕은 고구려 때 수나라 대군을 지략으로 격퇴한 용장
이요 덕장으로 인식되어 있다.《을지문덕》은 서문에서 을지문덕 장
군의 독립적 기상과 전투적 정신을 부각시키려 한 것이라고 밝혔
으며, 과거의 영웅을 그려내는 참뜻은 오늘날의 국난을 극복해 나
갈 영웅적 존재를 불러오는 데 있다고 주장했다. 신채호는 서문의
끝부분에서 "과거의 영웅을 그려 미래의 영웅을 불러온다."는 말로
《을지문덕》의 집필 이유를 압축 제시했다.《을지문덕》은 '을지문덕
이전의 한한관계韓漢關係'(제1장), '을지문덕의 외교'(제6장), '용변호
화龍變虎化의 을지문덕'(제10장), '을지문덕의 인격'(제14장) 등 15장
으로 구성되어 있다.《을지문덕》은 을지문덕이 태어나기 전후의 시
대적 배경, 을지문덕의 인물됨, 살수대첩, 을지문덕의 영웅적 면모
등 크게 네 가지로 나뉜다.《을지문덕》은 과거에 실존했던 인물의
삶을 그려낸 점에서는 역사소설이며, 을지문덕 장군의 영웅적 면모
를 그린 점에서는 영웅소설이다. 신채호는 제5장 '을지문덕의 웅략
雄略'에서 '을지문덕주의'라는 신조어를 썼다. 을지문덕주의는 "적이
커도 반드시 진격하며, 적이 강해도 나는 반드시 진격하며, 적이 날
카롭든지 용감하든지 나는 꼭 진격하는" 태도를 의미하는 것으로
설명된다. 신채호는 을지문덕주의를 힘을 지닌 애국주의라는 의미
의 제국주의로 불렀다.《을지문덕》은 한주국종체漢主國從體이며 현토
체懸吐體다.

서양의 새로운 문물의 수용을 긍정한 유학자인 신채호가 현토체
를 택한 것과 이인직·이해조 유의 신소설이 순국문을 쓴 것은 좋은

대조가 된다.《을지문덕》에서 역사기록 부분은 작은 활자로 처리되어 있다. 그래서 독자들은 허구적 서사양식 부분과 역사서술 부분을 쉽게 갈라 볼 수 있다. 이는 한국 현대소설의 기원을 가늠해 볼 수 있는 중요한 근거가 된다.

외국인이나 한국인 그 누구를 다루었든지 간에 전기들은 나라와 민족을 위기에서 건져낸 영웅적 존재들에 대한 이야기를 들려줌으로써 동시대 독자들의 구국의지를 고취시켰다. 역사소설은 이런 의도에다 외국의 국난타개 역사에 대한 지식을 제공하고 각성을 높이려 한 의도를 덧붙인 것이다. 역사전기체의 특징으로는 국한문혼용체가 우세를 보인 점, 일본이나 청나라의 텍스트를 번역한 중역의 형식이 지배적이었다는 점, 작가 또는 역술자로는 유학자 출신이면서 외세 수용은 인정하나 반제·반봉건의식이 투철했던 신채호·박은식·장지연이 중심을 이루었다는 점 등이 있다. 이처럼 우리 현대소설은 소설을 국난타개의 한 효과적인 방안으로까지 생각하고 작가를 곧 지사로까지 여기는 분위기에서 출발했다.

《태극학보》(1906),《장학월보》(1908),《대한자강회월보》(1906),《대한유학생회보》(1907),《소년》(1908) 등의 잡지에서도 대체로 콩트 정도의 분량이긴 하지만 여러 편의 소설을 만나볼 수 있다.

《대한일보》에선 현토 한문소설인 〈용함옥龍含玉〉(1906. 2. 23~4. 3), 〈여영웅〉(1906. 4. 5~4. 29), 〈일념홍〉(1906. 1. 23~2. 18)을 찾아볼 수 있으며,《대한매일신보》에서는 국문소설 〈소경과 안즘방이 문답〉(1905. 11. 17~12. 13), 〈거부오해車夫誤解〉(1906. 2. 20~3. 7), 〈이태리국 아마치전〉(1905. 12. 14~12. 21) 등을 볼 수 있다.《황성신문》은 한문소설 〈신단공안神斷公案〉(1906. 5. 19~12. 31)과 국문소설 〈몽조夢潮〉(1907. 8. 12~9. 17)를 소개하였으며,《제국신문》은 콩트 정도의 분량

인 〈정기급인正己及人〉〈견마충의犬馬忠義〉〈살신성인〉 등의 단편을 소개했다. 이러한 신문소설들은 〈용함옥〉〈여영웅女英雄〉〈몽조〉〈일넘홍 一捻紅〉을 제외하고는 모두 작가명이 밝혀져 있지 않다. 무서명 소설이 월등히 많은 현상의 원인 중 하나는 신문 제작진의 일원이 사시社足를 강조하려는 의도로 쓴 데서 찾을 수 있다. 이러한 현상은 기자로부터 작가가, 언론정신으로부터 작가의식이 아직은 독립하지 못했음을 뜻한다.

개화기 신문에 연재된 한문소설 대부분은 작가의 논평을 삽입하거나 해피엔딩의 공식에서 벗어나지 못하여, 제재·서술방식·구성방법 등의 면에서 고전소설의 수준을 넘어서지 못했다. 그러나 〈일넘홍〉〈신단공안〉 등이 좋은 실례가 되고 있는 것처럼 단편적으로나마 외국 유학·교육입국·남녀평등·산업진흥 등의 중요성을 역설함으로써 '근대'니 '세계'니 하는 것에 관심이 컸음을 입증하고 있다.

복술卜術을 하는 장님과 망건 장수인 앉은뱅이가 당시의 정치·사회·경제 등 제반 현상에 대해 비판과 냉소를 섞어 대화한 것을 적은 〈소경과 안즘방이 문답〉은 정치소설로서의 골격과 풍자소설의 형태를 갖춘 것이다.[1] 이 작품은 가난·관료들의 부패·미신타파·상업발달책·민족단결 등의 문제를 다루면서 한·일 신조약과 통감부를 비판하였다. 속담을 빈번히 원용함으로써 해학미와 풍자효과를 더욱 높이고 있지만, 사건 전개도 없고 서사적 구성도 유지하고 있지 못해 소설 양식에 포함시키기 어렵다는 평가도 받는다. 〈거부오해〉는 구체적인 사건이 설정되지 않은 상태에서 작중인물의 대화내

---

1 송민호,《한국 개화기 소설의 사적 연구》(서울: 일지사, 1976), 179쪽.

용만으로 작품 전체 구조가 이루어졌고, 수준 높은 정치적 안목과 풍자정신을 바탕으로 삼고 있는 점에서 〈소경과 안즘방이 문답〉과 동공이곡同工異曲이다.

신문 연재소설들보다 2, 3년 뒤늦게 이인직의 《혈의 누》를 필두로 해서 수십 편의 창작집이 출간되었다. 이인직은 단행본을 내기 1년 전에 1906년 7월 22일에서 10월 10일까지 《만세보》에 같은 제목의 소설을 연재한 바 있다.

이인직은 《혈의 누》(1907) 외에도 《귀의 성》(상편 1907, 하편 1908), 《치악산·상》(1908), 《은세계》(1908) 등을 펴냈고, 이해조는 《빈상설》 (1908), 《구마검》(1908), 《자유종》(1910), 《홍도화》(1908), 《구의 산》 (1912), 《화의 혈》(1912), 《탄금대》(1912) 등을 발표했으며, 최찬식崔瓚植은 《추월색》(1912), 《안의 성》(1912), 《금강문》(1914) 등을 써냈다. 안국선은 《금수회의록》(1908), 《공진회》(1915)를, 구연학具然學은 번안소설 《설중매》(1908)를, 김교제金敎濟는 《현미경》(1912)과 《지장보살》(1913)을 써냈다. 이해조가 양을 대표한 작가라면 안국선은 질을 대표한 작가다. 질과 양을 겸비한 개화기의 대표적 작가는 이인직이다.

개화기 소설은 교육입국·남녀평등·과학적 세계관·미신타파·계급갈등 표출 등과 같은 개화사상의 반영물이라는 통념은 명목론이나 과장심리의 산물로 보이기 쉽다. 실제 개화기 소설에서 위의 개화사상 중 단 한 가지만을 집중적으로 파헤치거나 고집한 작품은 찾기 어렵다. 개화기가 개화파와 완고파 사이의 각축장이었던 것처럼 이인직·이해조·최찬식·안국선 등이 써낸 신소설은 옛 것과 새 것, 지키려는 의지와 파괴하면서 건설하려는 의지가 공존해 있기도 하고 대립하고 있기도 한 공간을 제시하였다.

《혈의 누》는 작중인물 구완서의 입을 통해 새로운 내용의 교육이 시급함을 주장했고 조혼제도를 비판했으며, 남녀평등과 자유연애를 주창했다.《구마검》은 미신 또는 우연론적 세계관의 허위성을 폭로하는 데 힘썼다.《은세계》는 탐관오리에 맞섰다가 억울한 죽음을 당한 중인계급의 최병도가 주역이 된 이야기와 미국 유학을 갔다 온 그의 아들 최옥남이 끌고 가는 이야기가 현실인식 면에서 상치되고 있어 초점이 흐려진 작품이 되고 말았지만, 신소설 가운데서 시대의식을 가장 적극적으로 담은 작품에 속한다.

또한 개화주의자의 승리로 작품의 결말을 맺은《치악산》이나 악비가 악주에게 속아 속량되지 못한다는 사건을 제시한《귀의 성》은 신소설의 수준을 한껏 끌어올린 문제작이라는 평가를 받고 있다. 개화기 소설은《치악산》《안의 성》《혈의 누》《금강문》《구의 산》《추월색》그리고 〈몽조〉 등에서 볼 수 있는 바와 같이 주인공이 해외 유학을 갔다 온다는 모티프가 자주 나타나는데, 유학 가는 동기나 유학 후의 활동상이 대체로 불분명하게 처리되어 있다. 또 유학을 떠나는 인물들은 거의 다 양반의 자제로 처리되어 있어 개화기 소설의 계급의식은《은세계》《설중매》《공진회》 정도를 제외하고는 봉건적인 수준을 벗어나지 못하였다.

그러나 개화기 소설이 반상제도와 같은 봉건적인 신분질서를 옹호하려고 한 것만은 아니었다.《귀의 성》에서의 중인 강동지의 언행,《화의 혈》에서의 벼락출세한 양반 리시찰의 비극적 결말,《혈의 누》에서의 노비 막동의 양반 비판,《현미경》에서의 탐관오리 정대신의 몰락을 보면 개화기 소설이 양반 비판에 결코 소극적이 아니었음을 알 수 있다.

이처럼 몇 작품이 봉건귀족의 몰락을 그렸거나 그들을 간접적으로나마 비판했던 반면, 〈몽조〉(석진형)《은세계》(이인직)《원앙도》(이해조)〈다정다한〉(장응진) 등의 소설은 개화주의자가 수난받는 장면을 설정하고 있다. 가령, 〈몽조〉의 한대홍은 일본 유학 후 귀국해서 개혁의 뜻을 펼치려다 대역죄로 몰려 사형당했고, 〈원앙도〉의 조감사는 개혁을 도모하다 대역죄에 몰린 동생과 연루되어 옥고를 치르고 나와서는 해외로 나가버린다. 그리고《은세계》의 주인공 최옥남은 자칭 의병들 앞에서 군주제 아래 내정개혁이 이루어져야 한다고 주장하다 끌려가고, 〈다정다한〉의 주인공 삼성 선생은 백성들 편에서 정치하다가 옥에 갇히고 만다.

동학운동의 문제를 정면에서 다룬 것은 아니지만 이를 하나의 모티프로 수용한 소설로 김교제의《현미경》, 이해조의《화의 혈》, 안국선의《공진회》등을 꼽아볼 수 있다. 또 의병을 다룬 소설로는 이인직의《은세계》, 최찬식의《금강문》, 안국선의《공진회》등이 있다. 이 중에서《현미경》과《화의 혈》등의 작품은 동학 관련자들의 색출과 동학 여당의 토벌을 총지휘하는 벼슬아치가 난리 평정이라는 이름 아래 온갖 행패를 저지르다가 결국 감옥에 간다는 이야기를 들려줌으로써 개화기 소설은 동학을 부정한 서술 양식이라는 통설을 재검토하게끔 만든다.[2] 또《공진회》는《현미경》과 마찬가지로 동학군과 의병은 평소에 크게 인심을 잃은 부자나 양반만을 골라 괴롭혔다는 내용을 담고 있어, 신소설 작가들이 동학군과 의병의 존재에 대해 오해와 부정으로만 일관한 것이 아님을 잘 밝혀준다.

소설은 그 작가가 살았던 시대와 사회를 적실하게 기록한 것이라는 반영론의 관점에서 보면 선주선비善主善婢와 악주악비惡主惡婢의 대

---

2 조남현,《한국현대소설 연구》(서울: 민음사, 1987), 61~63쪽.

립상을 제시한 작품들은 충분히 주목할 만하다.《치악산》《귀의 성》《빈상설》《구의산》〈재봉춘〉〈봉선화〉〈춘몽〉《홍도화》같은 작품들이 있다. 이 중에서도 노비가 속량의 조치를 받기 위해, 또 신분 상승에 필요한 돈을 벌기 위해 살인까지도 서슴지 않는다는 구성을 보인《치악산》과《귀의 성》은 사회이동론이나 신분사의 중요 자료로 기능한다.

이처럼 개화기 소설은 여러 가지 소설 유형을 제시한 것으로 정리된다. 발표매체 면에서 보면 신문소설 유형이 가장 번성했으며, 소재 면에서는 가정소설 유형이 제일 두드러진 편이었다. '악한소설'의 계열에 넣을 수 있는 것도 여러 편 있으며, '관념소설'로서의 면모를 보이는 것도 많다. 관념소설의 색채를 노골적으로 드러낸 것으로는 우화소설인《금수회의록》과 토론체 소설인《자유종》이 두드러진다.《금수회의록》은 까마귀·여호·개구리·벌·게·파리·호랑이·원앙 등을 의인화해 당대의 여러 현상과 문제들을 비판적 각도에서 지적한 것이다. 여러 동물이 내레이터나 초점화자가 되고 있는 이 작품에서 외세주의자·부패한 양반관료·허명개화꾼 등은 동물보다 못한 존재로 격하되고 있다.《금수회의록》계열에는〈병인간친회록〉〈금수재판〉등이 들어간다.

양반집 부인들이 모여 앉아 시국담을 나누는 형식을 취한《자유종》에서는 교육제도·반상제도·언어정책 등 여러 문제가 고루 지적·분석되기도 했고, 위정척사파·보수주의자 그리고 신분질서 개혁안 등에 대한 비판의 소리가 크게 울려 나오기도 했다.《자유종》은 토론체 소설로 그 이전의 신문과 잡지에서 자주 볼 수 있었던 문답체 논설과 대화체 서사 양식의 결정판이라고 할 수 있다. 이런 문답체·대화체·토론체 소설은 한국 현대소설의 원형으로 볼 수 있다.

이인직·이해조·최찬식 유의 개화기 소설은 1920년대 이후의 소설들을 기준으로 놓고 볼 때 다음과 같은 문제점을 드러낸다.

첫째, 고전소설의 한계점 가운데 하나인 우연성이 개화기 소설에서 계속되고 있다. 〈춘몽〉《추월색》《구의 산》《안의 성》《금강문》《귀의 성》 외에도 많은 작품이 제시하고 있는 젊은 여성의 수난사에는 거의 예외 없이 '기계로부터의 신God from machine'과 같은 조력자가 등장해 그 여주인공을 구해 주고 행복한 상태로 이끌어가는 결말 처리 방식을 볼 수 있다.

둘째, 과거의 소설에서는 인정론에 바탕을 둔 도덕의식으로 선악을 나누었으나 개화기 소설에 와서는 '새 것＝선' '옛 것＝악'이라는 도식적 관념이 성립하였다. 이인직·이해조 유의 신소설은 개화주의에 정신적 입지를 두었던 만큼 결국 전통이나 민족주의와는 거리가 있는 도덕관에 빠지게 된다.

셋째, 신문에 장기간 연재된 소설이나 단행본의 형태로 나온 비교적 규모가 큰 소설은 역차적 시간관을 잘 활용했으며, 장면 전환에서도 과감성을 보여주었다. 그러나 독자의 상상력에 어느 정도 전후 사건의 파악을 맡겨버리는 이른바 생략과 비약의 묘는 잘 살리지 못했다.

넷째, 대부분의 개화기 소설은 인물 묘사나 성격 창조에서 평면성의 수준을 벗어나지 못했다.

다섯째, 개화기 소설은 작품에 따라 정도의 차이는 있지만 관념적인 서술이 성행했음을 드러낸다. 관념적 서술이 과다했다는 점은 그만큼 사상과 삶의 태도가 깊은 혼미 속으로 빠져들어갔다는 것을 뜻한다. 개화기 소설은 개화기가 반상 대립, 신·구 세력이나 세대의 충돌, 개화파와 보수파의 갈등 등 여러 측면의 갈등관계가 혼재하였던 시대였음을 잘 일러준다.

3. 1920, 30년대의 소설

1) 1920년대의 소설

3·1운동 후 조선총독부는 문화정치를 표방하면서 '분리해서 조정한다divide and control'는 정책을 취했다. 이는 언론·집회·결사의 자유를 부분적으로 허용하는 것으로 구체화되었고, 그에 따라 많은 사상단체와 사회운동단체가 생겨났다.

1920년대에 출몰했던 각종 단체들을 지배했던 이념은 크게 둘로 나뉜다. 하나는 일제에 정면으로 맞서는 대신 교육장려와 산업진흥을 통해 민족의 실력을 배양해 민족정체성을 회복하자는 이념이며, 다른 하나는 직접적이며 물리적인 수단을 써서 일제에 대항해야 한다는 태도다. 전자는 민족주의·민족개량주의·점진주의·실력양성론 등을 가리키는 것으로, 자산층과 상층계급의 인사들, 그리고 온건한 지식인들이 주도세력이 되어 언론활동·문화운동·예술운동을 이끌어가는 형식을 취했다. 후자는 국내 및 해외의 독립운동가들이 이끌고 나간 노선으로, 이 노선 안에서도 좌우파는 심각한 대립상을 보이곤 했다. 1925년에 결성된 카프는 1927년에 1차 방향전환을, 1931년에 2차 방향전환을 꾀했다. 1927년 2월에 결성되었던 민족 단일당 신간회新幹會도 내내 좌우대립에 시달리던 끝에 1931년 5월에 해체되고 말았다.

이러한 1920년대의 이념갈등은 작가들 사이에서도 그대로 재현되었다. 이광수李光洙·김동인金東仁·염상섭·현진건·나도향羅稻香 등의 작가들이 민족주의나 점진적 개량주의에 정신의 뿌리를 내린 데 반해, 조명희趙明熙·최서해·박영희·김팔봉·이기영李箕永·한설야韓雪野· 송영宋影·윤기정尹基鼎·이북명李北鳴 등의 작가들은 사회주의에 기반을 둔 투쟁심을 작가의식의 중심에 두었다. 1920년에 많은 사상단체와 사회운동단체, 그리고 이익집단이 나타남으로써 당시의 개개인은 '사회'를 발견할 수 있게 되었다. 개화기 소설과 이광수의《무정》이 부족하나마 '시대'를 찾았다면, 1920년대의 한국소설은 '사회'를 알게 된 것이다. 바로 이러한 연장선에서 1930년대의 한국소설은 역사소설이 집중적으로 많이 나타난 현상이 특히 잘 암시하고 있는 것처럼 '역사'를 똑바로 파악하려고 했다.

앞 시대의 부정적 태도나 파괴논리가 뒷시대의 새로움이 피어날 계기를 마련해 주듯, 1920년대 초에《창조》《백조》《폐허》 등의 잡지에 집중적으로 발표되었던 예술가소설에 대한 반감은 경향소설 발생의 한 요인으로 작용했다. 최소한의 창작욕마저 더 끌고 나갈 수 없을 정도로 자신이 곤궁하다는 내용의 이야기를 들려준 소설로 나도향의〈십칠원오십전〉《개벽》, 1923. 1), 최서해의〈팔개월〉 《동광》, 1926. 9),〈전아사〉《동광》, 1927. 1), 현진건의〈빈처〉《개벽》, 1921. 1), 박영희의〈철야〉《별건곤》, 1926. 11), 조명희의〈땅속으로〉 《개벽》, 1925. 2~3) 등이 주목할 만하다. 이러한 소설들은 1920년대 한국소설의 리얼리즘의 수준을 잘 대변한다.

이 중에서도 최서해의〈전아사餞迓辭〉는 직업문사가 생활의 위협과 작가적 양심 사이에서 갈등을 겪는 모습을 실감나게 그려냈다. 이 작품에서 강조된 물질적 궁핍상과, 여기서 파생된 박탈감은 당시의 조선인들 사이에서 쉽게 찾아볼 수 있다.

그리고 조명희의 〈땅속으로〉는 가난하고 힘없는 한 젊은 지식인이 극한상황에 처해 생존책을 모색하는 과정을 잘 보여준다. 〈땅속으로〉는 동경 유학까지 다녀온 한 시인 지망생이 가족들의 기대를 충족시키지 못한 채 가난과 시대고에 짓눌리는 모습을 보여준 것으로, 이 작품에선 1920년대 한국사회를 "거대한 걸식단" "아사자와 걸식자가 길에 널린 사회" "빈사상태에 빠진 기아군" 등과 같이 압축해서 표현한 것들이 눈에 띈다. 최서해의 〈고국〉(《조선문단》, 1924. 10)은 주인공 나운심이 간도에서 노동자로 생활하다가 독립단에 가담해 표랑하던 끝에 국내에 들어와서 도배장이 간판을 내걸게 된다는 이야기를 들려주었으며, 〈전아사〉는 매문문사賣文文士와 낭만주의자로서의 길을 청산하고 최소한의 양심과 천진성을 지니며 살겠다는 뜻에서 구두닦이를 선택하는 인물의 경우를 보여주었다.

1920년대에 많은 작품들을 포괄한 소설 유형들 중 가장 주목해야 할 것으로 경향소설傾向小說이 있다. '경향소설'은 "사회주의적 경향을 보여준 소설"을 축약한 것으로, 광의의 경향소설에는 프롤레타리아 소설이 포함된다.

경향소설의 작가들은 집단사회·계급·역사 발전·빈궁·이데올로기 등의 개념에 크게 눈을 뜨고 있다. '무산파'의 문학을 '신경향파' 문학의 발전 양태로 파악한 박영희는 경향소설의 주제의식과 구성 방법에 대해 다음과 같이 잘 정리된 견해를 표명했다.

기생, 불량배, 부르주아의 생활, 이상주의를 고조하는 청년, 인도주의를 고창하는 주인공은 농부, 노동자, 무산자의 생활 ○○○ 동경하는 주인공, 급진적 청년으로 교환되었다. 신경향파 문예에 나타난 주인공인 농부, 노동자, 무산자의 생활은 사회적 원인에 서서, 즉 계급적 ○○

과 사회적 불안에서 출현되는 주인공의 생활은 문학상에 주관 강조적으로 전개되니, 그 주인공은 울분과 고민 끝에 ○○, ○○, 폭행, 호규號
呌로써 종결을 짓고 말았다.[3]

박영희에 따르면 경향소설의 주인공은 농민·노동자·빈자·주의자 등으로 대별되며, 창작의도는 궁핍상의 제시 및 계급적 갈등의 강조를 중심으로 한다. 경향소설은 이러한 주제의식을 더욱 분명하게 부각시키려는 의도에서 살인·방화·폭행·절규 등의 결말처리법을 선호했다.

경향소설 중 살인으로 끝을 맺은 작품으로는 최서해의 〈홍염〉(《조선문단》, 1927. 1), 〈기아와 살육〉(《조선문단》, 1925. 6), 〈박돌의 죽음〉(《조선문단》, 1925. 5), 주요섭朱耀燮의 〈살인〉(《개벽》, 1925. 6), 현진건의 〈사립정신병원장〉(《개벽》, 1926. 1) 등이 있으며, 주인공이 가난이나 절망감을 극복하지 못한 나머지 자살하고 만다는 결말을 보인 것으로는 김팔봉의 〈젊은 이상주의자의 사〉(《개벽》, 1925. 6~7), 조명희의 〈농촌사람들〉(《현대평론》, 1927. 1) 등이 있다. 〈농촌사람들〉의 주인공 원보는 좀 배웠다는 농민으로, 몰인정한 지주 김참봉의 아들과 맞서 싸우다가 아내도 빼앗기고 감옥에 들어가서 자살하고 만다. 유완희柳完熙의 〈영오의 사〉는 인쇄소에서 해고당한 주의자가 인쇄업계에서 기피인물로 낙인 찍혀 극도의 생활고에 시달리다 유서를 남기고 자살한다는 이야기를 들려주었다. 굶주린 끝에 비참하게 죽어가는 인물을 그려낸 소설로는 이기영의 〈아사〉(《조선지광》, 1927. 2), 〈원보〉(《조선지광》, 1928. 5), 최서해의 〈박돌의 죽음〉, 주요

3 박영희, 〈신경향파 문학과 무산파의 문학〉, 《조선지광》(1927. 2), 57~58쪽.

섭의 〈인력거꾼〉(《개벽》, 1925. 4) 등이 있다.

살인·방화·폭력·시위 등은 당시 일제의 입장에서 보면 '범법das Verbrechen'과 '광기der Wahnsinn'의 행태다.[4] 최서해의 〈기아와 살육〉, 이기영의 〈실진失眞〉 이외에도 송영의 일련의 작품들이 이 방면의 좋은 예다.

경향소설은 다음과 같이 몇 갈래로 나뉜다.

첫째, 최서해의 〈팔개월〉〈전아사〉〈백금〉, 박영희의 〈철야〉, 이기영의 〈가난한 사람들〉〈오남매 둔 아버지〉, 조명희의 〈땅속으로〉, 김영팔金永八의 〈쓸 수 없는 소설〉 등과 같이 문사를 주인공으로 해 곤궁한 삶의 모습을 그리는 데 역점을 둔 것이 있다.

둘째, 최서해의 〈의사〉〈갈등〉〈가난한 아내〉, 박영희의 〈사건〉, 김팔봉의 〈붉은 쥐〉〈젊은 이상주의자의 사〉, 이기영의 〈부흥회〉, 조명희의 〈R군에게〉〈동지〉〈낙동강〉, 송영의 〈선동자〉, 이익상李益相의 〈흙의 세계〉, 최승일의 〈봉희〉, 윤기정의 〈딴길을 걷는 사람들〉, 유진오金鎭午의 〈스리〉 등과 같이 인텔리를 주인공으로 내세워 '못 가진 자'에 대한 연민의 정을 불러일으키려 한 것이나 지식인이 경향성을 갖게 되는 과정을 서술한 것을 들 수 있다. 이 작품들은 시대적 상황에 대해 참여자·방관자·가해자 중 어느 것이나 될 수 있는 인텔리를 부초적 존재나 이념 지향적 지식인 쪽으로 그려낸 공통점을 갖는다.

셋째, 최서해의 〈홍염〉, 이기영의 〈농부 정도룡〉〈아사〉〈원보〉

---

4 조남현,《소설신론》(서울대출판문화원, 2004), 60~61쪽. 게오르그 루카치는《소설의 이론》에서 "소설은 성숙한 남성의 형식"이란 언급을 여러 차례 반복하였다. 성숙한 남성성에는 범죄·광기·고향상실성·자신 찾기·모험심·문제적 개인·여행·방랑 등의 특징이 들어 있다.

〈농부의 집〉, 조명희의 〈농촌사람들〉〈춘선이〉, 이익상의 〈위협의 채찍〉〈쫓기어 가는 이들〉 등은 1920년대 한국 농민들의 비참한 삶을 그리고 있다. 이 작품들은 당시의 농촌을 일제의 수탈정책과 지주들의 횡포로 인해 극도로 피폐해진 공간으로 파악했다.

넷째, 노동자의 공궁한 삶을 그렸거나 여기에서 한걸음 더 나아가 노동쟁의를 벌이는 모습을 그린 소설의 계열을 추려볼 수 있다. 이의 예로는 최서해의 〈고국〉〈십삼원〉〈이역원혼〉〈무서운 인상〉, 조명희의 〈한여름 밤에〉〈아들의 마음〉, 송영의 〈용광로〉〈석공조합대표〉〈군중정류〉〈석탄 속의 부부들〉〈다섯해 동안의 조각편지〉, 이효석崔孝石의 〈도시와 유령〉, 한설야의 〈과도기〉〈씨름〉, 김영팔의 〈송별회〉, 주요섭의 〈인력거꾼〉 등이 있다.

다섯째, 최서해의 〈박돌의 죽음〉〈그믐밤〉〈인정〉〈같은 길을 밟는 사람들〉〈주인아씨〉〈기아와 살육〉, 박영희의 〈결혼전일〉〈지옥순례〉〈전투〉〈정순이의 설움〉, 이기영의 〈며느리〉〈쥐이야기〉, 최승일의 〈바둑이〉〈종이〉 등과 같이 '뿌리 뽑힌 자'의 실상을 드러낸 소설의 계열이 있다.

이상과 같이 여러 가지 소설 유형을 보여준 경향소설은 서술방법면에서 작가 자신의 체험내용을 소개하는 데 치중한 것과 관념 개진에 주력한 것으로 대별된다. 경향소설은 최서해·이기영·나도향·송영·유진오·유기정·이익상·이효석·최독견崔獨鵑·한설야처럼 물질적·정신적 궁핍상을 자전적 소설이나 관찰문학의 형태로 처리한 것과, 김팔봉·박영희·이기영·조명희·이효석·유진오처럼 작중인물이 의식화되어 가는 과정을 관념소설의 형태로 담은 것으로 나눌 수 있다.

최서해의 〈탈출기〉와 〈전아사〉, 조명희의 〈R군에게〉, 송영의 〈다섯해 동안의 조각편지〉, 최승일의 〈봉희〉 등에서 보이는 서간체 형식이나 김팔봉의 〈젊은 이상주의자의 사〉, 이익상의 〈흙의 세례〉가 취한 일기체 형식은 리얼리즘과 관념적 접근을 혼합한 것이다. 서간체나 일기체를 취한 작가들은 이 형식이 주인공의 심경을 표백하는 데, 또 작가의 직접 해설로 인한 거부감을 줄이는 데 적합하다는 인식을 가졌다.

경향소설의 양식화 과정에서 또 하나의 큰 변수요인이 되었던 것은 총독부가 시행한 사전검열제다. 복자 처리·부분 삭제·전문게재 금지 등 사전검열로 인한 상처를 드러낸 소설이 적지 않다. 경향소설을 의도적으로 많이 소개한 잡지로는 《개벽》《조선지광》이 단연 선두에 속하는데, 《조선지광》 발표분이 검열로 인한 상흔을 더욱 짙게 드러내고 있다. 그 당시 평자들 사이에서 수작으로 꼽혔던 조명희의 〈낙동강〉(《조선지광》, 1927. 7)만 해도 검열로 인한 양적 결손이 두드러진 나머지 앞뒤 문맥을 파악하기 어려울 정도다.

복자 처리의 강요, 일부 또는 전면의 삭제조치나 압수조치 등은 1920년대의 한국 작가들이 식민통치체제를 향해 지니고 있었던 갈등이나 저항감이 결코 약하지 않았음을 반증해 준다.

염상섭의 〈만세전〉은 《신생활》이라는 잡지에 1922년 7월부터 9월까지 연재되었으며, 3회분(9월호)은 전면 삭제된 〈묘지〉를 개작해서 《시대일보》에 59회에 걸쳐 연재한 것이다. 이 작품은 동경 유학생 이인화가 아내가 위독하다는 소식을 듣고 귀국했다가 결국 아내의 장례를 치르고 다시 일본으로 되돌아가기까지 중간중간 겪고 보고 느낀 바를 적어놓았다. 도쿄·시모노세키·부산·김천·경성 등을 공간적 배경으로 삼고 있는 〈만세전〉에선 평소 사변적인 데다 우울증이 겹쳐 있는 주인공의 눈과 귀를 통해 일제의 수탈상, 그로 인한 극심한 궁핍상, 북간도 이민, 한민족의 무자각과 미몽, 친일분자, 신여성 등과 같은 당시의 문제를 부각시킨다. 이 작품에서 더욱 주목해야 할 것은 한국인이 고식·미봉책·가식·굴종·비겁성의 상태에서 헤어나지 못하고 있다며 작가가 비판적 자기성찰을 꾀한 부분이다.

경향 작가들과는 달리 못 가진 자의 관점에 서지 않았던 염상섭은 〈만세전〉에서 한국인의 삶은 굶주림과 굴욕 바로 그것이라고 파악하고 있다. 〈만세전〉의 주인공이면서 목격자이고 동경 W대학 문과에 재학 중인 '나'는 조선 사람들을 일본에 저임금 노동자로 팔아먹는 일을 하는 일본인들끼리 대화하는 내용을 듣고는 "인생이니 자연이니 시니 소설이니 한대야 결국은 배가 불러서 투정질하는 수작"이라고 자조하면서 한국 농민들의 비참한 모습을 압축적으로 제시한다.

> 그들은 흙의 노예다. 자기 자신의 생명의 노예다. 그들에게 있는 것은 다만 땀과 피뿐이다. 그리고 주림뿐이다. 그들이 어머니의 뱃속에서 뛰어나오기 전에, 벌써 확정된 단 하나의 사실은 그들의 모공이 막히고 혈청이 마르기까지, 흙에 그 땀과 피를 쏟으라는 것이다. 그리하여 열 방울의 땀과 백 방울의 피는 한 톨[一粒]의 나락을 기른다. 그러나 그 한 톨의 나락은 누구의 입으로 들어가는가? 그에게 지불되는 보수는 무엇인가—주림만이 무엇보다도 확실한 그의 받을 품삯이다.[5]

당시 조선 농민들은 "모공이 막히고 혈청이 마를 정도로" 일을

---

5 《신생활》(1922. 9), 145~46쪽.

해도 돌아오는 건 굶주림뿐이라는 파악은 "조선은 바야흐로 묘지"라는 당시 다른 작가들에게서 찾기 힘든 과감하면서도 날카로운 선언으로 나아가게 된다.

1920년대는 간도행이라는 모티프를 보인 작품들과 간도지방을 배경으로 한 한국인들의 가난하고 오욕에 찬 삶의 모습을 그린 작품을 적지 않게 보여주었다. 간도를 배경으로 한 소설로는 최서해의 〈고국〉〈탈출기〉〈기아와 살육〉〈저류〉〈홍염〉〈해돋이〉, 한설야의 〈합숙소의 밤〉〈인조폭포〉, 최독견의 〈황혼〉, 조명희의 〈춘선이〉, 계용묵柱鎔默의 〈인두지주〉, 김동환金東煥의 〈전쟁과 연애〉 등이 있다.

이상에 논한 작품 외에 1920년대를 대표하는 소설로 현진건의 〈빈처〉, 염상섭의 〈표본실의 청개구리〉, 김동인의 〈태형〉, 이광수의 〈거룩한 죽음〉, 채만식蔡萬植의 〈과도기〉, 염상섭의 〈밥〉, 이기영의 〈고난을 뚫고〉, 유진오의 〈오월의 구직자〉, 심훈沈熏의 〈탈춤〉, 신채호의 〈용과 용의 대격전〉 등이 있다.

2) 1930년대의 소설

1931년도의 1차 검거선풍이 몰아닥치기 전 카프맹원은 근 100명에 달했으면서도 그 맹원들이 한 해 동안 발표한 소설은 전부 합해 20편을 넘지 못하는 부진을 보였다. 그나마 이 시기의 프로소설은 이데올로기의 복창, 민중의 삶에 대한 전문지식과 체험의 결핍증, 소설 양식화에 필요한 기술의 부족 등의 한계를 보였다. 1930년대 소설의 가장 큰 특징의 하나는 리얼리즘이 외부조건에 의해 무너지는 것을 막아내려 한 일군의 작가가 존재했던 데서 찾을 수 있다. 그들은 흔히 동반자작가로 불린다. 동반자작가에는 유진오·이효석·이무영李無影·채만식·유치진柳致眞·홍효민洪曉民·박화성朴花城·최정희崔貞熙 등이 들어 있다. 이들 중 유진오·이효석·채만식·이무영은 1930년대 한국소설의 높이와 넓이를 가장 잘 대변해 주었으며, 박화성과 최정희는 강경애姜敬愛, 백신애白信愛와 함께 적극적으로 활동했다.

동반자작가들은 프로문학자들로부터 투쟁정신이 약하고 이데올로기가 희박하다는 따위의 비판을 들어야 했다. 이러한 비판은 동반자작가의 작품들이 도식적인 서술방법과 기계적인 현실관을 갖지 않았다는 증거이기도 하다. 유진오·채만식·박화성·이무영 같은 동반자작가들의 소설들은 이기영·조명희·한설야·김남천金南天 등이 중심이 된 프로소설과는 기본적으로 다음과 같은 차이점을 드러낸다.

전자의 작품들이 사회주의 이념을 총체적 현실인식의 중요 부분으로 본 데서 머무른 반면, 후자는 사회주의 이데올로기에 절대적 가치를 부여했다. 전자가 소설을 만드는 과정에서 서술방법과 구성방법 같은 형식적 요소를 중시한 데 반해, 후자의 작품들은 선전과 선동에 집착한 나머지 주제나 내용 중심으로 흘렀다.

프로작가가 창작한 것이든 동반자작가가 창작한 것이든 작중 주요 인물이 저항적인 사상운동을 한 혐의로 옥고를 치르고 나온다는 모티프를 취한 작품들에 주목할 필요가 있다. 이는 작가의 이념적 바탕이 다른 염상섭의 《삼대》, 강경애의 《인간문제》, 박화성의 《북국의 여명》, 한설야의 《황혼》, 장혁주張赫宙의 《무지개》 등에 공통적으로 나타나고 있다. 주의자를 주인공으로 한 소설은 대부분 옥살이 모티프를 내보였다고 해도 과언이 아니다.

유진오는 〈형〉(1931)에서 일본 W대 출신으로 잡지를 운영하던 중 계급운동을 했다는 죄목으로 옥고를 치른 젊은 지식인의 이야기를 어린 동생의 시점에서 들려주었으며, 〈가을〉(1939)에서는 주인공의 기억을 통해 한 동창생이 사상운동에 연루되어 옥고를 겪고 나와 폐인이 되어버린 이야기를 제시한다. 이외에도 유진오는 〈행로〉(1934)에서 동경 유학을 마치고 돌아와 사회운동을 한 혐의로 옥살이를 하고 난 뒤 폐인이 되고 만 주인공을 설정했고, 〈수난의 기록〉(1938)에서도 사상운동 → 감옥살이 → 폐인의 과정을 밟은 한 인물의 이야기를 들려주었다.

〈레디메이드 인생〉(1934)에서 옥살이 모티프를 잠깐 비친 채만식은 〈치숙痴叔〉(1938)에서 사회주의 운동을 포기하지 않아 몇 차례 감옥에 들어갔다 나온 아저씨가 미래에 대한 기대감을 지니고 일본인 가게에서 사환으로 일하는 무식한 조카로부터 수모를 당한다는 이야기를 들려주었다. 정비석鄭飛石의 〈삼대〉(1940)에서는 형이 출옥 후 철저한 현실주의자인 동생과 한바탕 토론하고 나서 가출, 행방불명이 되고 만다는 이야기를 들을 수 있다. 이효석의 〈장미 병들다〉(1938)는 남죽이라는 연극배우가 '진보사상'을 실천에 옮기다 징역을 살고 나와서 도덕적으로 타락해 버리는 과정을, 최정희의 〈지맥〉(1939)은 동경 유학을 다녀온 정치학도가 진보운동 혐의로 옥고를 치르고 나와 죽기까지의 과정을 그려 보이고 있다. 옥살이 모티프를 취한 작품들 중 문제작의 수준을 보여준 것으로는 강경애의 〈파금〉《인간문제》〈어둠〉, 강로향姜鷺鄕의 〈모립〉, 김남천의 〈남편, 그의 동지〉〈물!〉〈독성당〉〈경영〉, 박승극朴勝極의 〈풍진〉〈색등 밑에서〉〈화초〉〈추야장〉, 유진오의 〈상해의 기억〉, 이기영의 〈김군과 나와 그의 아내〉《신개지》, 이북명의 〈공장가〉, 최명익崔明翊의 〈심문〉, 정비석의 〈이 분위기〉, 채만식의 《인형의 집을 나와서》, 한설야의 〈귀향〉, 현진건의 《적도》, 함대훈咸大勳의 《폭풍전야》 등이 있다.

옥살이 모티프를 썼느냐 안 썼느냐 하는 점으로 작품의 우열을 가리는 절대적 평가기준을 삼을 수는 없지만, 이 모티프가 한 작가의 정직한 현실인식 여부를 판가름하는 척도의 하나가 됨은 부정할 수 없다. 고등교육을 마친 청년이 급진적인 사상운동이나 저항적인 사회운동을 한 혐의로 옥살이를 한다는 것과 출옥한 인물이 대체로 폐인이 되고 만다는 것은 1930년대 현실의 엄연한 한 토막이기 때문이다.

1933년 11월 15일부터 1934년 9월 21일에 걸쳐 《조선일보》에 연재되었던 이기영의 《고향》은 옥살이 모티프를 거의 취하지 않았는데도 1930년대의 대표작으로 평가되어 왔다. 《고향》은 1936년에 단행본으로 출간된 후 일약 베스트셀러가 되었으며, 당시의 문학평론가들로부터도 최고의 찬사를 받았다. 가령 임화林和·민병휘閔丙徽·김태준金台俊 등으로부터 '프로문학 최고의 수준작' '조선농민의 생활과 심리를 최고로 리얼하게 그린 작품' '경향문학의 도달점' 등과 같은 찬사를 받았다.

《고향》은 동경 유학생 김희준의 귀향, 청년회·야학·취직 알선·두레 조직 등의 활동상을 중심으로 지식인과 농민의 교호작용, 농민과 노동자의 연대, 조선 농민의 분해 및 성장, 다양한 애정형태 등에 관한 이야기를 들려주고 있다.

전형이란 말을 한 집단이나 계급의 근본 동향 및 본질을 구현하는 것이라고 할 때, 또 모순을 첨예한 갈등으로 제시하는 것이라고 할 때, 《고향》은 1920, 30년대의 전형적인 성격을 그려낸 농민소설이라 할 수 있다. 이 작품에는 김희준·안갑숙 등과 같은 진보적 지식인과 보수적 성격, 숙명론, 소소유자적 이기적 근성에서 헤어나지 못하는 소작농들 그리고 지식인들과 소작농들에게 적으로 여겨지는 마름 안승학과 같은 세 부류의 인간이 있다.《고향》은 이 세 부류의 인간형 중에서 소작농을 가장 따뜻한 눈으로 바라보고 있으며, 가장 가능성이 있는 존재로 파악하고 있다. 김선달은 김희준에게 지식인으로서의 관념성을 일깨워주면서 농민의 자발적이고 주체적인 각성의 과정을 보여준 인물로, 마름 안승학과의 싸움에서 지도력을 발휘한다. 인동은 농민계급의 강인한 정신과 건강한 생명력을 보여준다. 그런가 하면 인동의 동생 인순과 애인인 방개는 제사공장 노동자로 변신해 자신의 삶을 적극적으로 개척할 뿐만 아니라 소작쟁의를 적극 지원하는 행위를 보인다. 인순과 방개가 농민과 노동자의 연대를 실천적으로 보여주는 것과 마찬가지로 안승학의 딸 갑숙은 공장 노동자로 위장취업하여 활동하는 전위의 역할을 성공적으로 수행한다.

이 작품은 남녀 사이의 사랑이 이념을 같이하는 동지애로 승화되는 과정을 보여주기도 한다.《고향》의 서술방법으로는 전형적인 성격의 제시, 미하일 바흐친Mikhail Bakhtin이 말하는 민중적인 언어 사용, 치밀한 세부 묘사, '보여주기'와 '말하기'의 조화 등을 특기할 수 있다.

1930년대의 소설이 보인 또 한 가지 큰 특징으로 주의자소설·노동자소설·소설가소설·여급소설·역사소설·가족사소설·농민소설·지식인소설·도시소설 등의 세부적 유형이 뚜렷한 외연성과 내포성을 지니게 된 점을 들 수 있다. 1930년대에 와서 이렇듯 여러 소설 유형이 골격을 갖출 수 있었던 것은 1920년대에 활동한 작가들의 시대적 응전이나 자기성찰이 빚어낸 성과라고 할 수 있다. 역사소설을 쓰는 의도가 민족혼의 고취라는 양면과 현실에 대한 우회적 접근이라는 음면을 동시에 지니고 있는 것임을 생각한다면, 각종 소설 유형의 확대 현상을 긍정적으로만 보기는 어렵다. 사실 역사소설처럼 격차가 심한 작가적 시각을 모두 포용하고 있는 소설 유형도 찾아보기 힘들다.

이미 1920년대부터 신문에 〈마의태자〉〈단종애사〉 같은 여러 편의 역사소설을 쓴 이광수는 1930년대 이후로도 〈이순신〉〈이차돈의 사〉〈공민왕〉〈원효대사〉 등 여러 편의 역사소설을 신문에 연재한 바 있는데, 훗날 그는 자신의 역사소설 창작 동기를 "민족정신 밀수입의 포장"이라고 미화하기도 했다. 이광수의 역사소설은 영웅사관으로 묶을 수 있다.

장편《적도》를 쓴 이후 5년가량 침묵을 지키던 현진건은《무영탑》(《동아일보》, 1938. 7. 20~1939. 2. 7), 〈흑치상지〉(《동아일보》, 1939. 10. 25~12. 28), 〈선화공주〉(《춘추》, 1941. 4~6) 등의 역사소설을 발표함으로써 평소 민족정체성 회복 의지를 돋우고 식민지 치하에서 한국인의 몰락과정을 드러내 보여온 작가의식을 재확인시켰다. 그의 역사소설 중 유일한 완성작인《무영탑》은 세속적 번뇌를 예술의 정신을 통해 승화시킨 아사달을 내세워 민족정기의 뿌리를 드러내 보인 것으로, 전설을 소재로 해서도 훌륭한 역사소설이 나올 수 있다는 귀중한 전례를 남겼다. 백제의 유민 흑치상지를 주인공으로 내세워 당시 독자들에게 실지 회복의 의지를 일깨운 〈흑치상지〉는 이러한 작가적 의도가 불온사상 단속망에 포착됨으로써 중단되고 말았다.

이외에도 1930년대에는 홍명희洪命熹의《임꺽정》, 김동인의《젊은 그들》《운현궁의 봄》, 박종화朴鍾和의《금삼의 피》《대춘부》 등의 장편 역사소설이 발표되었다.

염상섭의 《삼대》(《조선일보》, 1931. 1. 1~9. 17), 채만식의 《태평천하》(《조광》, 1938. 1~9), 김남천의 《대하》(1939), 한설야의 《탑》(《매일신보》 1940. 8. 1~1941. 2. 14) 등은 가족사소설로 묶인다. 가족사소설은 한 가족의 3대 이상의 역사나 세대 간의 갈등상 등을 그림으로써 그 가족이 소속된 사회 전체의 변화상을 암시하는 방법을 취했다. 가족사소설은 인물이 현실을 초월하지 않게 하면서 과거와 현재를 하나로 엮어 종합적으로 바라보려는 시각도 제시해 준다. 물론 모든 가족사소설은 제2, 제3의 소설 유형을 내보인다. 《삼대》가 이데올로기 소설의 골격을 취했다면 《탑》은 성장소설 범주에 들어가기도 한다.

《태평천하》는 대대로 천민이었다가 구한말의 혼란을 틈타 벼락부자가 된 1대에서부터 자기 집안의 번영과 출세만을 기원하는 동시에 자신의 온갖 탐욕을 채우는 데만 급급한 2대의 꿈을 저버리고 사회주의자가 된 3대에 이르기까지의 내력을 그린 것이다. 많은 돈을 주고 족보를 사서 명문자손으로 행세하는 점, 남에게는 인색하고 자신의 탐욕에는 충실한 점, 아들을 불신하는 점 등에서 《삼대》의 조의관은 《태평천하》의 윤직원의 선배로 볼 수 있다. 그런데 《태평천하》에서는 《삼대》의 조덕기처럼 어느 정도 식민지 현실에 대한 극복의지를 보이면서 앞날에의 비전을 제시하는 인물을 찾아볼 수가 없다. 실제로 《삼대》가 손자 조덕기가 할아버지의 봉건적 사고와 행태, 아버지의 방황과 타락을 딛고 비판하면서 사회주의에의 협조자sympathizer와 같은 새로운 삶의 방식으로 나아가는 과정을 자세하게 그린 데 반해, 《태평천하》는 사회주의자 윤종학의 출현으로 윤씨 집안이 붕괴되기 시작한다는 것으로 결말을 맺고 말았다. 《삼대》는 개별 작품이면서 연작으로 보이는 《무화과》(《매일신보》 1931.

11. 13~1932. 11. 12)로 이어졌다.

1930년대 소설의 갈래 중 또 하나 중요한 것은 농촌소설 또는 농민소설이다. 〈노다지〉(1935), 〈산골〉(1935), 〈만무방〉(1935), 〈봄봄〉(1935) 같은 김유정金裕貞의 소설, 〈우심〉(1934), 〈노래를 잊은 사람〉(1934), 〈제일과 제일장〉(1939), 〈흙의 노예〉(1940) 같은 이무영의 소설, 〈홍수〉(1934), 〈연기〉(1935) 같은 박노갑朴魯甲의 소설, 〈항진기〉(1937), 〈사하촌〉(1936) 같은 김정한金廷漢의 소설, 〈서화〉(1933), 《고향》(1933~34), 《봄》(1940) 같은 이기영의 작품, 그리고 이광수의 《흙》(1932~33)과 심훈의 《상록수》(1935~36) 등등으로 넓은 외연을 형성하고 있는 1930년대 농촌소설은 굶주림과 절망으로 가득 찬 당시 농촌의 실상을 그린 것, 지식인의 귀농이란 모티프를 중심으로 해서 현실 극복을 모색한 것, 프로문학의 이념을 드러낸 것 등으로 대별해 볼 수 있다.

《흙》과《상록수》는 1930년대의 농민계몽소설의 모델로 평가되고 있긴 하나, 이 두 장편이 공통적으로 내보이는 '지식인 귀농'이란 모티프는 이미 1920년대에 몇몇 작품에서 드러난 바 있다.

동일한 모티프와 유사한 구성방법을 썼으면서도《상록수》가 《흙》보다 더욱 미더운 현실감을 안겨주게 된 이유 중 가장 분명한 것은, 심훈이 이미 그 자신의 이력에서 잘 보여주고 있듯이 저항의식에 기조를 두었다는 점이다.《상록수》의 남주인공 박동혁은 심훈의 동반자작가적 태도가 빚어낸 존재로 1930년대 한국 농촌의 현실과 이상을 잘 반영하고 있다.

한곡리로 돌아간 후 박동혁이 한 일은 농우회관 완성, 공동답 설치, 부인근로회 조직, 고리대금업자 강기천에 대한 저항, 진흥회 운영, 반상타파론 계몽 등으로 되어 있다. 특히 박동혁은 농민들의 고

혈을 빨아 부자가 되어 여러 가지 직함을 지니게 된 강기천과 대립하는 과정에서 토지제도 개혁과 반상타파를 소리 높이 외친다. 박동혁은 프로작가 이기영의 《고향》의 주인공 김희준보다 더욱 활동적이며 의지가 강한 면모를 보여준다.

일정한 관념의 조정을 받지 않으면서, 또 선동과 같은 특정 의도도 보이지 않는 가운데 1930년대 한국 농촌의 궁핍상과 이에 따른 정신적 황폐함을 가장 잘 제시한 작가로 김유정을 꼽을 수 있다. 김유정은 1920년대에 최서해나 조명희가 보여준 것과 같이 지주한테 진 빚 때문에 딸을 팔아버린다는 식의 구성에서 한걸음 더 나아가, 극도의 가난 때문에 아내에게 매춘행위를 벌이게 한다는 이야기를 들려주었다.

1930년대 소설 중, 일제 식민통치하에서의 한국 사회사상사의 생생한 현장이 될 수 있는 지식인 간의 갈등관계를 다룬 작품들도 주목되어야 한다. 이효석의 〈일표의 공능〉(1939), 〈삽화〉(1937), 채만식의 〈소망少妄〉(1939), 정비석의 〈삼대〉(1940), 유항림兪巷林의 〈부호〉(1940), 이무영의 〈타락녀 이야기〉(1935), 〈거미줄을 타고 세상을 건느려는 B녀의 소묘〉(1934), 〈루바슈카〉(1933), 김동인의 〈잡초〉(1932), 유진오의 〈김강사와 T교수〉(1935) 등이 있다.

〈루바슈카〉에서 '우리회' 회원인 소설가와 R 그리고 최군이 가난과 절망감을 이기지 못해 서로 알력을 보이다가 다시 '투쟁의지'를 가다듬으며 결합한다는 이야기를 들려준 이무영은 〈타락녀 이야기〉에서 젊은 한때 '계급' '사회' '아나키즘' 등을 논하다가 이제는 이론과 생활 양면에서 무기력 증세를 드러내고 만 남주인공과 몸을 팔면서까지 좌익 예술단체의 활동에 적극적으로 가담하는 여성을 대비시키고 있다.

정비석의 〈삼대〉는 당대 지식인들 사이에서 보편화된 삶의 방법을 순응주의자와 저항주의자 둘로 나누어, 이 두 태도 사이의 갈등 관계를 설정하고 이를 깊이 있게 해부한 작품이다. 이 작품에는 아버지로 대표되는 보수적인 정치적 엘리트, 형 경세가 보여준 바와 같이 왕년의 '주의자'이면서 지금은 룸펜으로 전락한 지식인, 동생 형세로 상징화된 순응주의적이면서 현실주의적인 지식인 등의 세 유형이 나타난다. 두 형제는 일제강점기에서 어떻게 사는 것이 한 인간으로서 또 지식인으로서 올바른 길인지 진지하게 토론하지만 서로 합일점에 도달하지 못한 채 각각 제 갈 길을 간다.

위의 작품들은 일단 대지식인을 지향하는 존재를 주인공으로 설정했거니와, 1930년대에는 사회적응에 실패한 부초적 지식인들을 그려낸 작품이 적지 않았다.

채만식의 〈레디메이드 인생〉〈소망〉〈패배자의 무덤〉, 이상李箱의 〈날개〉〈종생기〉, 최명익의 〈비 오는 길〉〈폐어인〉, 김남천의 〈녹성당〉, 박태원朴泰遠의 〈소설가 구보씨의 일일〉, 이기영의 〈수석〉, 한설야의 〈이녕泥濘〉 등은 성공작으로 평가된다.

일본제국은 1940년대에 들어 국민총력연맹을 조직하고 신문·잡지를 폐간시키고 미국에 선전포고한다. 1940년에서 1945년까지의 장편소설은 이기영의 《봄》, 한설야의 《탑》처럼 자기성찰을 꾀한 것, 이광수의 《그들의 사랑》처럼 대일협력의 자세를 취한 것, 이태준李泰俊의 《청춘무성》처럼 더 나은 사회를 향한 노력담을 담은 것으로 나누어볼 수 있다. 단편소설은 지식인소설이 주도하였거니와 이태준의 〈무연〉처럼 허무주의를 강조한 것, 김남천의 〈경영〉〈맥〉, 채만식의 〈냉동어〉처럼 대일협력의 분위기를 보여준 것, 한설야의 〈두견〉처럼 양심적 지식인의 입상을 그린 것으로 나눌 수 있다.

4. 광복 이후의 소설

1945년 8월 15일 직후에 전개된 해방정국의 사회상은 각종 정파의 난립과 치열한 주도권 쟁탈, 좌우 이념세력 간의 살벌한 대립, 정상배와 모리배들의 횡행, 윤리의식의 난파, 전재민이나 월남민과 같은 뿌리 뽑힌 자들의 급증, 국민경제의 파탄 등으로 요약된다.

이 기간에 발표되었던 소설들은 일제강점기에서 한국인의 가난하고 비참했던 삶의 실상을 드러낸 것, 죄의식을 중심으로 하여 일제강점기에 자신이 살아온 자세를 비판한 것, 해방을 맞아 고국으로 돌아오는 사람들의 모습을 그리는 가운데 뿌리 없는 삶의 형편을 강조한 것, 38선이 그어진 현실의 불안감과 단절감을 주시한 것 등으로 나뉜다.

1940년대 후반기의 소설은 과거를 통찰하는 데 힘쓴 것, 현재를 주목하는 데 힘쓴 것, 미래를 전망하는 데 초점을 맞춘 것으로 나눌 수 있으며, 이념 면에서 보면 우익에 선 것, 좌익을 지지한 것, 중립을 지킨 것으로 분류되기도 한다. 과거 비판의 시각을 드러내면서 죄의식을 기조로 한 소설로는 채만식의 〈논이야기〉 〈민족의 죄인〉 〈맹순사〉, 박종화의 〈민족〉, 박노갑의 〈사십년〉, 황순원黃順元의 〈목넘이 마을의 개〉, 이태준의 〈해방전후〉, 최정희崔貞熙의 〈풍류 잡히는 마을〉, 김동인의 〈반역자〉 〈망국인기〉 등이 주목할 만하다. 역사적 기술이나 통시적 서술을 포함한 박노갑의 《사십년》(1948), 채만식의 〈역사〉 〈늙은 극동선수〉 〈아시아의 운명〉 〈역로〉, 안회남安懷南의 〈폭풍의 역사〉, 이갑기李甲基의 〈황혼〉 등은 해방 직후 당대의 혼란상이 빚어진 원인을 규명하는 데도 힘쓰고 있다. 그리고 김동리金東里의 〈혈거부족〉, 계용묵의 〈별을 헨다〉 〈바람은 그냥 불고〉, 정비석의

〈귀향〉, 허준許俊의 〈잔등〉은 만주·중국·일본 등 외방에서 살다가 해방을 맞아 고국으로 돌아오는 사람들의 모습을 그렸다. 염상섭의 〈삼팔선〉〈이합〉〈그 초기〉《효풍》, 박연희朴淵禧의 〈삼팔선〉, 최태응崔泰應의 〈월경자〉〈집〉, 전영택田榮澤의 〈새봄의 노래〉, 김송金松의 〈고향 이야기〉 등은 월남 모티프를 원인적 사건이나 해결적 사건으로 제시하면서 38선이 그어진 현실을 심각한 시선으로 바라보고 있다.

초상화 형식이든 풍경화 형식이든 해방 직후 한국사회의 혼란상을 그려내는 데 힘쓴 소설로는 김송의 〈인경아 우러라!〉〈고향 이야기〉, 채만식의 〈민족의 죄인〉, 최정희의 〈풍류 잽히는 마을〉, 안수길의 〈여수旅愁〉, 최태응의 〈월경자〉〈사과〉, 이근영李根榮의 〈탁류 속을 가는 박교수〉 등이 있다. 김송의 〈인경아 우러라!〉(《백민》, 1946. 3)는 어느 인쇄소 직공이 해방 이후 새 시대에 적응하기 위해 한글 강습과 조선역사 강습을 받는 한편 노동쟁의 대열에 적극 가담한다는 내용을 들려주고 있다. 주인공 신행은 공장 직공들까지도 임시정부파와 공산주의 지지파로 쪼개져버린 그 와중으로 휩쓸려 들어가고 만다. 평소 임시정부를 추앙했던 신행은 인공파를 지지하는 동료 직공들에게 임정파의 정당성을 주장한다. 월남 작가 김송은 해방 직후에 기본적으로 우파의 시각을 취하면서 많은 소설을 써냈다.

최태응의 〈월경자〉(《백민》 1948. 5)는 목사가 만주에서 북을 거쳐 월남하기까지의 복잡했던 과정을 그리면서 북에서는 일제 때의 독립운동가가 탄압받고 남에서는 친일파가 득세하는 현실을 목격하고 분개하는 모습을 보여준다. 목사는 친일파와 민족반역자를 가장 문제적인 존재로 보고 있다.

채만식은 참회록류의 소설 〈민족의 죄인〉(《백민》 1948. 10, 1949. 1)에서 친일행위와 친일파를 어떻게 정리하느냐가 가장 큰 문제라고 주장한다. 그러나 이 문제를 감정만 앞세워 처리한다거나 확대 해석하는 것은 바람직하지 못하다는 견해를 피력했다. 채만식은 시국 협력 강연, 생산현장 방문, 《매일신보》에 소설 연재 등의 대일협력을 하게 된 과정을 고백하면서 우물쭈물하거나 소심하게 군 것을 후회하였다.

해방 직후의 소설에서 가장 빈번하게 또 가장 심각한 양상으로 나타나는 갈등관계는 역시 좌우파의 대립이다.

이 시기에 나온 소설 중 좌우 이념 대립을 비교적 비중 있게 다룬 작품으로는 김송의 〈고향 이야기〉〈인경아 우러라!〉, 김동리의 〈상철이〉〈혈거부족〉〈형제〉, 최태응의 〈사과〉, 김영수金永壽의 〈행렬〉, 이근영의 〈탁류 속을 가는 박교수〉, 염상섭의 〈그 초기〉 등이 있다. 그리고 공산주의자를 주인공으로 내세워 그의 활동상이나 전향과정을 그리는 데 역점을 둔 작품으로는 최태응의 〈슬픔과 고난의 광영〉, 전영택의 〈새봄의 노래〉, 김광주金光洲의 〈정조〉 등이 눈에 띈다.

해방을 맞아 고국으로 돌아와서는 삼선교와 돈암교 사이의 방공굴에다 거처를 마련하고 하루하루 근근이 살아가는 전재민들의 모습을 그린 김동리의 〈혈거부족〉에서는 신탁통치안·자유주의·공산주의 등을 화제로 떠올리며 가볍게 대화를 나누는 혈거민들의 모습을 찾아볼 수 있다.

"여수사건이 일어나 있던 1948년 10월 21일 오후"로 서두를 떼는 김동리의 〈형제〉(《백민》, 1949. 3)는 여순반란사건을 소재로 취한점, 피는 이데올로기보다 진하다는 인식을 개척했다는 점에서 주목할 가치가 충분하다. 이 작품에서 형 인봉은 대동청년단에, 아우 신봉은 농민조합에 가맹했으며, 신봉의 처남 운규는 아무 데도 소속되지 않은 중간적 존재로 나타난다. 형 인봉은 농민조합 패들에 의해 두 아들이 끔찍하게 살해되는 비극을 겪으면서까지도 동생 신봉을 원망하지 않았으며, 오히려 조카 성수를 복수심으로 가득 찬 대동청년단 사람들에게서 구출해 낸다.

우익정당에 드나들며 잡지《신시대》를 발행하는 일을 맡고 있는 연걸과 방선생을 목격자 겸 피해자로 설정하면서 중학생들의 반공시위 대열을 따라가는 염상섭의 〈그 초기〉는 투쟁대열에 가담한 학생들이 총에 맞아 죽거나 다치거나 투옥되는 식의 피해 입는 모습을 그리는 데 초점을 맞추고 있다. 염상섭의 〈삼팔선〉〈그 초기〉〈이합〉은 연작소설로 묶을 수 있다.

이무영은 〈산정삽화〉에서 농민조합원 출신으로, 지주의 부당한 요구를 거절했다가 빨갱이로 몰린 어느 젊은이의 이야기를 보여준다. 을사조약 때부터 해방되기까지의 어떤 머슴의 일생을 소설로 그리고자 구상에 몰두하고 있는 소설가 준은 산에 올라갔다가 우연히 청년 김군을 만나 지주한테 반항하다 빨갱이로 몰린 사연을 듣게 된 것이다.

해방 직후의 소설에 나타난 이데올로기적 측면의 갈등상을 고찰하는 자리에서 '월남' 모티프를 보여주는 소설들은 주변 자료권에 넣을 수 있다. 이에 해당하는 소설로는 최태응의 〈슬픔과 고난의 광영〉〈월경자〉〈고향 이야기〉〈달이 뜨면〉, 김광주의 〈정조〉, 전영택의 〈새봄의 노래〉, 김송의 〈정임이〉, 박계주朴啓周의 〈조국〉〈예술가 K씨〉, 임옥인林玉仁의 〈오빠〉, 강신재康信哉의 〈성근네〉 등이 있다.

이태준의 중편 〈해방전후〉(《문학》 1946. 8)는 '한 작가의 수기'라는 부제가 붙어 있는 것처럼 이태준 자신의 사상전환 과정을 기록해 놓은 자전적 사상소설이다. 이태준은 해방 이전의 자신의 삶의 자세를 무신념의 처세주의로 규정하면서 행동성이나 양심이 없었

다는 식으로 자기반성을 거친 다음, 이념인으로서의 첫발을 내디딘
다. 실제로 이태준은 문학건설본부와 조선문학가동맹에 주도적으
로 참여하고 좌익문예지《문학》을 발행하면서 월북을 결행하였다.
1945년에서 1950년까지 이기영·이태준·김남천·송영·안회남·박
승극朴勝極·이북명·한설야·홍명희 등의 소설가가 월북했다. 박태원
은 한국전쟁기에 월북했다.

한국전쟁 기간 중(1950~53) 전·후방을 뛰어다니며 그 상황과 실
태를 기록해 놓은 르포르타주나 종군체험기는 소설의 주변양식이
나 대체양식은 될 수 있을지언정, 그 자체가 곧바로 작품으로 인정
되기는 어려웠다.

전쟁 중에 쓰여진 소설로 중요한 것으로 최인욱崔仁旭의 〈목숨〉,
염상섭의 〈해방의 아침〉, 강신재의 〈눈물〉, 박영준朴榮濬의 〈빨치산〉,
황순원의 〈학〉, 이무영의 〈O형의 인간〉, 유주현柳周鉉의 〈패배자〉 등
이 있다.

최인욱崔仁旭의 〈목숨〉(《문예》, 1950. 12)은 서울 한강로에서 병원을
운영하던 한 의사가 피란을 가지 못했다가 인공 치하가 되어버리자
굴욕감과 공포심에 사로잡혀 자살하고 만다는 내용을 담고 있다.

염상섭의 〈해방의 아침〉(《신천지》, 1951. 1)은 인공시절과 9·28수
복 직후를 시간적 배경으로 삼고 있는 점에서 박용구의 〈칠면조〉와
일치되나, 인공시절의 협력자를 처리하는 방법에서 두 작품은 분명
히 거리를 보인다.

빨치산 부대장으로 여자대원과 사랑에 빠지면서 빨치산 생활에
회의를 느끼던 중 국군에게 생포된 한 사회주의자가 자신의 과거
행적과 현재의 심경을 고백하는 형식으로 되어 있는 박영준의 〈빨
치산〉(《신천지》 1952. 5)은 사회주의자를 주인공으로 내세워 증오감

이나 적개심으로 색칠하는 대신 객관적인 해부정신으로 그 행동방식과 심리세계를 깊이 있게 파헤쳤다.

황순원의 〈학〉(《신천지》 1953. 5)이 강조했던 것은 대립과 분열로서의 현재가 아닌, 화해와 동심으로서의 과거였다. 이 소설의 끝부분에서 성삼은 덕재를 묶은 포승을 풀어주고 학 사냥 놀이를 시작함으로써 학 사냥 놀이가 상징하는 평화와 순박성과 일체감이 감돌고 있는 과거로 복귀할 뜻을 분명하게 내보인다.

1953년 발표작으로는 자신의 출세를 위해 많은 사람들을 짓밟고 배신하는 남자에게 이혼을 요구하는 아내가 보낸 편지 형식을 취한 이무영의 〈O형의 인간〉(《신천지》 1953. 6), 일제 때의 사회운동가가 해방 후 대필업자로 전락하는 과정을 그린 한무숙(韓戊淑)의 〈허물어진 환상〉(《신천지》 1953. 6), 한 국군포로가 과거 포로수용소에서 목숨을 건지기 위해 전우를 무고했던 것과 북에 여인을 두고 온 것에 괴로워하다 용초도에 들어설 때 물에 뛰어들어 자살한다는 박영준의 〈용초도근해〉(《전선문학》 1953. 12) 등을 주목할 만하다.

1955년 발표작으로는 1·4후퇴 전후 부산의 밀다원다방에 드나드는 여러 문인의 현실 대응과 좌절의 모습을 그린 김동리의 〈밀다원시대〉(《현대문학》 1955. 4), 1·4후퇴 직후 피난지 부산을 배경으로 하여 동경유학생 출신으로 각각 신문기자와 만년필 장사 일을 보는 두 남자의 애정관계를 그린 김동리의 〈실존무〉(《문학과예술》 1955. 6), 거제도 포로수용소라는 소재와 토끼 우화를 종합문학적 방법으로 연결시킨 장용학(張龍鶴)의 〈요한시집〉(《현대문학》 1955. 7), 해방 직후 북한에서 조그만 정당 당수였다가 암살당한 형의 원수를 갚기 위해 테러리스트가 된 젊은이의 내면을 따라가본 오상원(吳尙源)의 〈균열〉(《문학예술》 1955. 8) 등이 명작으로 남는다.

1956~57년의 발표작으로는 한국전쟁을 맞아 여러 가지 비극적 사건을 겪은 종손이 종손의식보다는 종의 자식에 대한 연민을 택해 고가를 정리한다는 정한숙鄭漢淑의 〈고가古家〉(《문학예술》 1956. 7), 한 여자를 공유한 두 젊은이의 내면세계를 파헤쳐 전후 우리 사회의 허무주의 풍조를 드러낸 서기원徐基源의 〈암사지도〉(《현대문학》 1956. 11), 할아버지의 과잉보호 아래 현실을 외면하고 살아왔던 청년이 공산주의자들의 만행을 겪고 난 후 반공주의자로 현실에 참여하기까지의 과정을 그린 선우휘鮮于煇의 〈불꽃〉(《문학예술》 1957. 7) 등을 주목해야 한다.

1958년 발표작 중에서는 과대망상증 인간, 자폐증 인간, 건실하고 정직한 인간을 병치시켜 그려내고 있는 손창섭孫昌涉의 〈잉여인간〉(《사상계》 1958. 9), 부정직한 정치가를 애국심에 입각하여 제거하는 한 테러리스트를 그린 오상원의 〈모반〉(《사상계》 1958. 9) 등이 뛰어나다.

1959년의 대표작으로는 전광용全光鏞의 〈01234〉(《신태양》 1959. 3), 강신재의 〈옛날의 금잔디〉(《자유문학》 1959. 6), 남정현南廷賢의 〈모의시체〉(《자유문학》 1959. 7), 최인훈崔仁勳의 〈GREY 구락부 전말기〉(《자유문학》 1959. 10), 〈라울전〉(《자유문학》 1959. 12), 선우휘의 〈깃발 없는 기수〉(《새벽》 1959. 12) 등을 추릴 수 있다.

1950년대의 장편소설 가운데 명작으로 기억되어야 할 것으로는 염상섭의 《취우》(《조선일보》 1952. 7. 18~1953. 2. 10), 황순원의 《카인의 후예》(《문예》 1953. 9~1954. 3), 박경리朴景利의 《표류도》(《현대문학》 1959. 2. 10), 김동리의 《자유의 기수》(《자유신문》 1959. 7~1960. 4) 등이 있다.

5. 희곡

개화기에는 소설과 마찬가지로 신소설이 희곡으로 각색, 공연된 것이 근대희곡으로서의 싹을 보여주었다. 1910년대에 '문수성' '유일단' 등 근대 극단을 표방한 여러 극단에서는 〈혈의 누〉〈귀의 성〉〈은세계〉〈추월색〉 등 10편 이상의 신소설을 연극으로 공연하였다. 이 중에서도 〈은세계〉 공연이 가장 큰 호응을 얻었다. 개화기는 일본 신소설의 각색, 일본 신파극의 번안이 창작희곡을 압도했던 시기였다. 거친 점이 많기는 하지만 근대적인 색채가 짙은 창작희곡에는 조중환趙重桓의 〈병자삼인〉, 이광수의 〈규한〉〈순교자〉 등이 있다.

〈병자삼인〉은《매일신보》(1912. 11. 17~12. 8)에 연재되었던 4장으로 이루어진 희극이다. 여교사·여의사·여교장 등의 신여성과 공처가인 그녀들의 세 남편 사이에서 남녀 역할이 전도된 사건을 그려내었다. 당시의 여권신장·남녀평등과 같은 개화기의 새로운 사조의 일탈상을 풍자희극 수법으로 다루었다. 부인에게 몹시 시달린 나머지 여교사의 남편은 귀머거리 흉내를, 여의사 남편은 벙어리 흉내를, 여교장 남편은 장님 흉내를 낸다. 〈규한〉은 이광수의 첫 희곡으로, 한 지식인이 당시로서는 아직도 낯선 자유결혼의 문제로 고민하는 모습을 그려내었다.

1920년대에 들어서면서 소설의 경우와 마찬가지로 사회와 시대를 적극적으로 인식한 희곡들이 나타난다. 이렇듯 시대극이나 사회극의 성격을 지닌 작품들이 나오게 된 데는 유럽 자연주의 사조의 수용이 크게 작용했다. 이 시기에는 톨스토이·입센·몰리에르·셰익스피어·체호프 등의 세계적인 고전극들이 번안·번역되어 무대에 올려졌다. 1920년대에는 조명희·이기세·윤백남·김영보金泳仙·김우진金祐鎭·김정진金井鎭·김영팔·박승희朴勝喜 등이 창작 희곡을 썼다.

3막 4장으로 되어 있는 조명희의 《김영일의 사死》는 1923년에 단행본으로 나온 비극이다. 동경 유학생 김영일은 니체의 초인철학을 신봉하는 부호의 아들인 전석원과 맞서서 사상적 대립까지 벌인 끝에 경찰에 체포된다. 김영일은 폐렴에 시달리다 끝내 죽음을 당한다. 조명희는 〈김영일의 사〉 외에 〈파사〉(《개벽》, 1923. 11)를 통해서 아나키즘과 사회주의에 바탕을 둔 현실 개혁의 필요성을 역설했다.

1920년대의 대표적인 희곡작가 김우진은 〈정오〉〈이영녀〉〈난파〉〈산돼지〉 등의 희곡 작품을 남겼다. 김우진의 대표작이라고 할 수 있는 〈이영녀〉는 "매음, 노동, 빈곤, 섹스를 테마로 하여 버림받은 사회의 처절한 저변을 묘사한 자연주의 극이다."[6] 3막극으로 되어 있는 〈이영녀〉에서 주인공 이영녀는 매춘부·여성노동자·재혼처의 길을 걸으면서 동시대 여성들의 뿌리 뽑힌 삶의 모습을 드러내었다.

김우진은 1920년에 연극 연구단체인 극예술협회를 조직하고 주도하였다. 그 당시의 인텔리겐치아가 겪는 소외감과 갈등을 예리하게 파헤치고 있는 〈산돼지〉는 "현재와 과거, 현실과 환상 사이를 교차하는 심리 묘사와 그 당시로서는 훌륭하리만큼 전위적 수법"[7]을 썼다.

김정진이 1920년대 중반부터 10년간에 걸쳐 써낸 10여 편의 단막극은 전반적으로 반제·반봉건의 창작의도를 짙게 드러내었다.

---

6 유민영, 《한국현대희곡사》(서울: 기린원, 1988), 135쪽.
7 차범석, 〈한국현대희곡문학 약사〉, 《한국문학 개관》(서울: 어문각, 1986), 366쪽.

〈전변〉(《생장》, 1925. 1), 〈잔설〉 등은 봉건적이며 전통적인 인습에 대한 비판을 꾀하였으며, 〈기적 불 때〉(《폐허 이후》 1924. 1)는 철도노동자로 다친 할아버지의 약값을 벌기 위해 손자가 제면공장에 나가 일하다가 중상을 입자 할아버지가 자살한다는 비극을 들려준다. 이 작품은 리얼리즘극이자 경향극의 모델이 된다.

김우진·김정진·윤백남尹白南 등은 전문 희곡작가다. 이에 반해 조명희와 김영팔은 희곡도 쓰고 소설도 썼다. 홍사용洪思容·김동환 같은 시인들은 시를 주로 썼고 더러 희곡도 썼다. 1930년대에 들어 유진오·이효석·조용만趙容萬·채만식·이기영·송영 같은 소설가들도 이따금 희곡을 썼다.

〈바지저고리〉 〈역천군〉 등을 발표하기 직전에 김동환은 〈불부귀不復歸〉(《조선문단》 1926. 3)에서 한 여성이 주의자인 애인의 명령을 받아 부자인 남자와 위장결혼했다가 몇 달 후에 애인과 가짜 남편을 다 버리고 어디론가 멀리 떠난다는 사건을 제시하였다.

김영팔의 〈불이야〉(《문예운동》 1926. 5)는 〈미쳐가는 처녀〉 직후에 발표된 것으로, 동맹파업을 주도한 혐의로 감옥에 갔다 온 형이 방탕하고 타락한 생활을 하는 동생과 일대 설전을 벌인 끝에 민중을 위한 일이라면 그것으로 만족한다 하며 집에 불을 지르고 다시 감옥으로 간다는 이야기를 들려준다. 이 희곡은 대표적인 프로극으로 평가되었다. 이기영의 〈그들의 남매〉(《조선지광》 1929. 1), 〈월희〉(《조선지광》 1929. 2~6)는 카페 여급 월희가 비록 여급의 생활을 하지만 손님들의 이기성과 허위성을 비판하면서 바른 생활을 추구하던 끝에 어머니의 압력을 뿌리치고 공장 여공으로 들어가 노동운동을 펼친다는 프로극이요 노동자극이다.

소설가들의 희곡 작품은 대체로 소설과 같은 주제와 제재를 내보였다. 유진오의 희곡 〈피로연〉(1927), 〈삘딩과 여명〉(1929), 〈위자료 삼천원〉(1932) 등은 동반자작가로서의 유진오의 위치를 잘 확인시켜 준다. 채만식은 〈가죽버선〉(1927), 〈두부〉(1931), 〈제향날〉(1937), 〈당랑의 전설〉(1940) 등 30편 가까운 장·단막극을 남겼다. 소설을 통해 일제 치하의 대표적인 풍자작가로 인정받고 있는 채만식은 희곡을 통해서도 정확한 현실인식과 비판정신을 구체화했다. 소설가로서의 채만식을 한층 잘 이해하려면 그의 희곡 작품을 살펴보아야 하고, 반대로 희곡작가로서의 채만식을 잘 파악하려면 그의 소설을 고찰해야만 한다. 그의 희곡은 소설과 마찬가지로 인텔리의 무능, 사회주의자에 대한 냉소, 구세대의 몰락, 파업 등을 중심 모티프로 취하였다.[8]

1930, 40년대의 대표적 극작가인 유치진은 〈토막〉〈버드나무 선 동리의 풍경〉〈소〉〈도생록〉 등 리얼리즘 경향의 희곡을 발표했다. 그는 일제 치하에서의 비참한 조선 농촌의 모습을 그리는 데 힘썼다. 조선 농촌의 모습은 조선 전체 모습의 축도다. 〈소〉(《동아일보》 1935. 1. 30~2. 22)는 소를 팔아 사랑하는 연인의 빚을 갚아주려던 계획이 틀어진 젊은 농민이 지주집에 소를 끌고 가 불을 지른다는 중심 사건을 제시하였다. 〈토막〉(《문예월간》 1931. 12~1932. 1)은 소작농으로 빚을 갚지 못해 토막마저 차압당하고 마침내 고향을 떠나가는 경선네와 7년 전에 일본으로 건너가 주의자로 활동하다가 유골이 되어 돌아온 큰아들을 보고 미쳐버리는 명서네를 병치시켜 일제 치하의 한국 농민의 비극적 삶을 잘 보여준 리얼리즘 희곡이다. 〈토막〉은 1930년대의 극작가로 최고의 리얼리스트였고 동반자작가였

---

8 조남현,《한국현대소설 연구》(서울: 민음사, 1987), 185~220쪽.

던 유치진의 입장을 가장 잘 대변하고 있다. 유치진은 1920년대 초기에 수용되어 문학적 지식인들 사이에 널리 퍼졌던 로맹 롤랑의 민중연극론에서 영향을 받았다. 그의 모든 희곡은 민족, 조국, 그리고 역사에 직접 다가서고 있다. 그는 〈소〉가 문제 되어 경찰서에 갔다 온 후 리얼리즘 현대극에서 역사극으로 방향을 바꾸었다. 해방 이전에 〈춘향전〉〈마의태자〉 등을 썼는가 하면 해방 이후에는 〈자명고〉〈원술랑〉〈별〉〈사육신〉 등을 발표하였다. 그는 총독부의 정책이 소작인들 사이의 갈등을 해결해 주었다는 내용의 〈대추나무〉(《신시대》1942. 12~1943. 1)를 발표한 바 있다.

1930년대 전반에 '조선연극회' '황금좌' 등 상업주의 극단은 〈낙화유수〉〈아리랑〉〈경성행진곡〉 등과 같이 예술성을 찾기 어려운 대중극 또는 인정비극人情悲劇을 공연했다. 이 작품들은 예술성은 없으나 그 당시 가난과 억압에 찌든 한국인들에게 많은 위안을 주었다.

1935년에 창립된 상업주의 연극 전용 극장인 동양극장은 전속작가로 이서구李瑞求·이운방李雲芳·송영·임선규林仙圭·최독견 등을 두어 대중 통속극을 만들어냈다. 최독견의 〈승방비곡〉, 이운방의 〈국경의 밤〉, 임선규의 〈사랑에 속고 돈에 울고〉, 김영수의 〈사랑〉 등은 이때 나온 것이다. 대중극 또는 통속극에 비해 프로극은 어려운 여건 아래서도 창작희곡을 선호했는데, 이때의 창작희곡들은 소재·주제·목적의식 면에서 소설과 일치되는 경향을 보였다. 송영의 〈호신술〉(《시대공론》1931. 9~1932. 1)은 공장주가 노동자들의 파업에 대비하여 근본적 대책은 세우지 않고 호신술을 배우다가 망신당한다는 중심 사건을 제시하였고, 이기영의 〈인신교주〉(《신계단》1933. 2~4)는 돈과 성욕에 눈이 먼 교주를 그려내어 천도교를 풍자하였다. 이때의 천도교는 사회주의 세력과 대립하고 있었다.

빈곤과 사상대립이 겹치면서 건국과정에서 어려움을 겪었던 해방 직후에는 1920, 30년대에 이어 유치진·송영·이광래李光來·김영수·함세덕咸世德 등이 활발하게 활동했다. 해방 직후의 희곡계의 전개양상은 일제 치하에서의 흐름을 압축해서 제시한 것으로 볼 수 있다. 유치진이 대표하는 민족적 리얼리즘이 있었는가 하면, 함세덕·송영·김남천·이기영이 이끌었던 사회주의 리얼리즘과, 김춘광·이서구 등이 이끌었던 상업극·신파극이 있었다. 해방 전에 〈산허구리〉〈동승〉〈낙화암〉 등을 쓰고, 〈추장 이사베라〉〈에밀레종〉 같은 친일극을 쓰기도 했던 함세덕은 해방을 맞아 〈기미년 삼월 일일〉〈고목〉 같은 이념극을 쓰기도 했다.

1950년에《백민》(1950. 2)에 〈장벽〉을 발표한 유치진은《원술랑》(1952),《나도 인간이 되련다》(1953),《자매》(1955),《유치진 희곡 선집》(1959) 등 많은 희곡집을 펴내는 가운데 〈푸른 성인〉〈왜 싸워?〉〈한강은 흐른다〉 등의 작품을 발표하였다. 1950년대에는 유치진의 뒤를 이어 김진수金鎭壽·차범석車凡錫·김경옥金京鈺·오상원 등이 활발한 창작활동을 보였다. 김진수는 〈해 뜰 무렵〉(1952), 〈길가에 핀 꽃〉(1952) 등을, 차범석은 〈별은 밤마다〉(1951), 〈밀주〉(1955), 〈불모지〉(1957), 〈성난 기계〉(1959), 〈나는 살아야 한다〉(1959) 등을, 김경옥은 〈달은 언제나 맑다〉(1959), 〈배리〉(1959) 등을, 오상원은 〈이상〉(1956), 잔상(1956) 등을 발표하였다. 이 시기의 작품들은 전후소설과 마찬가지로 한국전쟁이 빚어낸 인간성 상실, 삶의 터전 파괴, 이데올로기 부정 등의 상황을 그려내었는가 하면 반공사상을 선전하는 태도를 취하기도 하였다.

1960년대에는 이근삼李根三·차범석·오태석吳泰錫·김의경金義卿·김자림金慈林 등이 여러 편의 희곡을 발표하였다. 이근삼은 〈원고지〉

(1960), 〈대왕은 죽기를 거부했다〉(1960), 〈동쪽을 갈망하는 족속들〉(1961), 〈데모스테스의 재판〉(1964), 〈국물 있사옵니다〉(1966) 등과 같은 문제작을, 차범석은 〈산불〉(1963), 〈청기와집〉(1964) 등을, 오태석은 〈유다의 닭〉(1969) 등을, 김의경은 〈신병후보생〉(1964) 등을, 김자림은 〈유산〉(1961), 〈이민선〉(1965) 등을 발표했다. 차범석의 희곡집 《껍질이 째지는 아픔 없이는》(1960), 《대리인》(1962), 하유상河有祥의 《미풍》(1962), 이근삼의 《제십팔공화국》(1967) 등은 높은 평가를 받았다.

이 시기의 희곡은 소설과 마찬가지로 시대와 역사에 눈을 부릅뜨면서 고발정신을 표출하거나 휴머니즘을 고취하는 데 힘을 썼다.

6. 비평과 수필

근대비평의 진정한 출발은 1920년대로 잡는 것이 정설처럼 되어 있으나, 1900년대와 1910년대가 비평사의 관점에서 일고의 가치도 없는 시기는 아니다. 이 시기는 '창작이 있는 곳에 비평이 있다.'는 명제를 충족시키지는 못했지만, 시대의 변화에 따른 새로운 문학정신과 창작방법의 출현을 외면했던 것은 아니다. 개화기로 일컬어지는 이 시기에는 이해조와 구연학 같은 신소설작가들이 《자유종》《화의 혈》《탄금대》《설중매》 등의 후기나 본문을 통해 당시 소설이 갖추어야 할 새로운 요건들을 구체적으로 지적한 것을 볼 수 있다. 뿐만 아니라 새로운 소설 양식의 필요성을 역설하는 가운데 새로운 것의 항목을 이해하기 쉽게 제시한 이광수의 〈현상소설고선여언懸賞小說考選餘言〉(《청춘》, 1918. 3), 소설 양식에 대한 기존의 통념을 부정하는 가운데 소설 양식의 긍정적인 역할과 기능을 더욱 넓혀가야 함을 호소한 김동인의 〈소설에 대한 조선 사람의 사상을〉《학지광》 19호, 1919. 1) 등을 접할 수 있다. 이 글들은 비평은 시대에 맞아야 할 뿐 아니라 창작을 이끌어가야 한다고 주장했다.

기본적으로 소설 양식의 사회적 순기능을 역설하는 데 초점을 맞추면서 동시대에 쓰여진 소설들을 비판적 안목으로 보고 있는 〈근일 국문소설을 저술하는 자의 주의할 일〉《대한매일신보》, 1908. 7. 8), 《대한매일신보》(1909. 7. 9) 논설에 실린 〈서적계를 한번 평론함〉, 소설과 연희의 긍정적 효능을 강조하는 가운데서도 부정적 효능을 잊지 않고 지적하고 있는 〈소설과 연희가 풍속에 상관되는 것〉《황성신문》, 1910. 7. 20)이란 논설, 시가의 본질과 기능을 논한 〈천희당시화〉《대한매일신보》, 1909. 11. 9~12. 4), 〈시가와 풍화〉《매일신보》, 1911. 6. 21) 등은 문학평론의 범주를 만들어내고 있다.

1910년대에 이광수는 소설가로서뿐만 아니라 비평가로서도 절대적인 위치를 차지하였다. 그는 〈문학의 가치〉《태극학보》 11호), 〈국문과 한문의 과도시대〉《태극학보》 21호, 1908), 〈문학이란 하(何)오〉《매일신보》, 1921. 1) 등의 평론에서 당시 문단의 흐름을 예리하게 파헤쳤다. 그는 폐허파를 중심으로 한 데카당스의 형성과정을 살펴본 다음, 자기 나름의 '건전한 문학' '인생을 위한 예술'의 정당성을 강하게 주장했다. 이광수의 비평가적 태도는 대가비평, 원론비평이라고 부를 수 있다. 그 밖에 《폐허》《태서문예신보》《백조》 등의 잡지에 김억金億·황석우黃錫禹·박종화·오상순 등이 시론·문예사조론·문학본질론 등과 같은 원론비평을 서양에서 수용하여 소개하였다.

1920년대에 들어서면서 주요한朱耀翰·염상섭·박종화·김억 등에 의해 월평의 형식이 자리잡게 되었다. 월평은 현장비평의 한 형식이거니와, 현장비평은 문학작품의 읽기와 평가와 해석이라는 비평의 본질적 기능을 가장 잘 이행하는 것이기도 하다.

진정한 의미의 한국 현대문학비평은 경향문학과 프로문학이 나타나면서 시작되었다고 할 수 있다. 1920년대 중반에서 1930년대 초반까지 한국문학의 주류였던 프로문학의 형성·전개·몰락 과정을 통해서 비평의 역할이 최대한 신장되었기 때문이다. 이때의 비평은 급진사조를 계몽하는 계도비평과 좌우 이념투쟁을 이끈 입법비평의 형태로 나타났다. 문화론이나 예술론이기보다는 정치론이나 사상운동론에 가까웠다. 이때의 문학비평은 작품의 해석이나 가치 평가에 머무는 것이 아니고 문학운동·문학단체 조직·창작활동의 계도 등의 역할을 했다. 프로문학의 전개과정에서 비평의 주요 행태인 문학논쟁이 여러 차례 나타났다.

1920년대에 들어 문화정치를 실시함에 따라 각종 단체가 많이 생겨났다. 이러한 분위기 속에서 1922년 9월에 '염군사'가 1923년에 '파스큘라'가 조직되었고, 이 두 모임이 모체가 되어 1925년에 카프가 결성되었다. 1920년대 전반기에 이 땅에 프로문학의 씨를 뿌렸던 대표적인 문학이론가로 김팔봉과 박영희가 있다. 김팔봉은 일본 유학시절 일본 사회주의자 아소 히사시麻生久와 나카니시 이노스케中西伊之助의 영향을 받았고 국내에 와서 〈클라르테 운동의 세계화〉(《개벽》, 1923. 9~10), 〈지배계급교화, 피지배계급교화〉(《개벽》, 1924. 1), 〈금일의 문학, 명일의 문학〉(《개벽》, 1924. 2), 〈붕괴의 원리, 건설의 원리〉(《개벽》, 1925. 1) 등 많은 평론을 발표했다. 김팔봉은 일본 잡지 《씨 뿌리는 사람》이 가르쳐준 대로 프롤레트컬트를 문학의 목표로 인식하게 되었고, 앙리 바르뷔스Henri Barbusse가 일깨워주었던 것처럼 문학의 이상을 혁명이나 해방을 위한 문학 또는 선전문학에서 찾았다.

김팔봉이 카프 결성 직전의 사회주의 문학의 논리와 주장을 대변했다면, 박영희는 카프 결성 직후의 대표적인 이론가가 되었다. 박영희는 〈고민문학의 필연성〉(《개벽》, 1925. 7), 〈신경향파의 문학과 그 문단적 지위〉(《개벽》, 1925. 12), 〈투쟁기에 있는 문예비평가의 태도〉(《조선지광》, 1927. 1), 〈문예운동의 목적의식론〉(《조선지광》, 1927. 7) 등의 많은 평론을 발표했다. 김팔봉은 문학작품은 건축이라는 요지의 건축설을 주장하여 이념과 예술의 조화를 염두에 둔 데 반해, 박영희는 문학은 특정 이념의 선전도구라는 요지의 도구설에 입각하여 이념의 표현이나 강화를 위해 예술은 희생되어도 좋다는 생각을 가졌다.

제1차 방향 전환은 프로문학이 종래의 자연발생적인 형태에서 목적의식의 단계로, 개인 차원의 투쟁에서 조직을 통한 투쟁으로, 경제적·조합주의적 투쟁에서 정치적·대중적 투쟁으로 나아간 것을 의미한다. 제1차 방향 전환은 1927년 조직 내의 문호개방과 아울러 시작되었고 카프의 양적 확대로 매듭지어졌다. 제2차 방향 전환은 1931년의 신간회 해소에 맞추어 김팔봉이 주장한 것과 같은 프로문학의 대중화나 통속화에 반대한 임화 중심의 극좌적 소장파에게 카프의 실권이 넘어간 것을 말한다. 이때부터 카프는 일제와의 타협을 거부하고 무력투쟁을 지지하는 쪽으로 옮겨가 이른바 볼셰비키화의 길을 걷게 된다.

아나키즘 논쟁은 아나키스트 측에서 카프의 목적의식을 비판한 것이 발단이 되었다. 김화산金華山은 아나키스트의 중심 인물로 〈계급예술 논의의 신전개〉(《조선문단》, 1927. 3), 〈뇌동성 문예론의 극복〉(《현대평론》, 1927. 6) 등의 글을 발표했다. 결국 김화산은 카프로부터 제명당했고 아나키스트의 항복으로 논쟁은 끝났다. 박영희와 의 '내용·형식 논쟁'에서 조직의 압력 때문에 후퇴해야만 했던 김 팔봉은 다시 '대중화론'을 들고 나왔다. 그는 〈통속소설 소고〉(《조선일보》, 1928. 11. 9~11. 20), 〈대중소설론〉(《동아일보》, 1929. 4. 11~4. 20), 〈프로시가의 대중화〉(《문예공론》 2호), 〈단편 서사시의 길로〉(《조선문예》, 1920. 1) 등의 평론을 써냈다. 아무리 의식이 깊고 목적이 좋다 하더라도 문학이 대중의 지지를 받지 못하면 소용이 없다는 논리다. 김팔봉의 예술 대중화론은 카프로부터 우익 기회주의라는 비판을 받았다.

백철白鐵과 안함광安含光이 벌였던 농민문학 논쟁은 창작방법론 논쟁으로 묶을 수 있다. 본격적인 창작방법론 논쟁은 카프 해산을 전후로 해서 사회주의 리얼리즘 시비를 중심으로 전개되었다. 창작방법론 논쟁에는 권환權煥·김두용金斗鎔·박승극朴勝極·안막安漠·안함광 등이 적극 참여했다. 이들의 평론은 러시아와 일본의 창작방법론을 맹목적으로 받아들이고 복창하는 수준에서 그리 멀리 나아가지 못했다.

그러나 1920년대에 프로문학 운동만 있었던 것은 아니다. 프로문학에 대립한 민족주의 문학 또는 국민문학의 세력도 적극적인 활동을 펼쳤다. 민족주의 문학은 최남선崔南善·이병기李秉岐·이은상李殷相 등이 중심이 되었던 시조부흥운동에서 비롯되었다. 민족주의 문학은 이광수류의 민족주의와 염상섭·양주동梁柱東 유의 좌우 절충주의로 갈라지기도 한다. 같은 민족문학 진영에 몸담고 있는 이광수와 양주동 사이에서도 논쟁이 벌어졌다. 이광수의 〈중용과 철저〉(《동아일보》, 1926. 1. 2~1. 3), 이를 비판한 양주동의 〈철저와 중용〉(《조선일보》, 1926. 1), 이에 대한 이광수의 답변 〈양주동 씨의 '철저와 중용'

을 읽고〉(《동아일보》, 1926. 1. 27~1. 30)가 계속해서 발표되었다. 절충론이나 이광수식의 민족개량주의가 프로문학의 벽을 넘어서지 못하고 있을 때, 해외문학파가 결성되어 문예지《해외문학》이 발간되었다. 해외문학파의 의의는 도식적인 프로문학과 침체한 민족주의 문학 양자에게 신선한 자극을 주었다든가 비평의 영역을 넓혔다든가 하는 데서 찾을 수 있다.

1920년대부터 1930년대 전반기까지 아나키즘론·동반자작가론·해외문학 수용론·리얼리즘론·창작방법론과 같은 논쟁이 계속되었던 데 반해, 카프가 해체된 1935년 이후에는 이데올로기에 초연하거나 이데올로기를 부정하는 비평작업이 행해진다. 1930년대 후기의 비평은 휴머니즘론·지성론·모랄론·세대론 등으로 분류될 수 있는 주조 모색 비평으로 불리기도 한다. 1930년대 말에 가면 훗날 친일문학으로 매도되는 신체제 비평의 양상을 보인다. 전형기轉形期 비평의 선봉에 섰던 이는 최재서崔載瑞였다. 최재서는 서구의 주지주의 문학이론을 체계 있게 소개한 영문학자였다. 그는 문학에서 풍자·센티멘털리티·취미·리얼리즘·지성 등을 핵심 개념으로 파악하여 이들을 학문 연구의 수준에서 논했다. 최재서는 T. E. 흄, T. S. 엘리엇, H. 리드, I. A.리처즈 등의 이론을 집중적으로 소개했는데, 흄과 엘리엇으로부터는 인생관에서 과학적 태도, 예술론에서 기하학적인 것의 부흥을 꾀한 주지주의의 방법론을 배웠고, 리드와 리처즈로부터는 총칭해 심리학적 비평의 원칙과 방법을 터득할 수 있었다.

1920년대 프로문학의 비평이 작품을 접할 때 이념성·당파성·노동계급성 등과 같은 법칙을 가장 중시했다면, 김환태는 〈문예비평가의 태도에 대하여〉(《조선일보》, 1934. 4. 21) 같은 글에서 볼 수 있는 것처럼 작품으로부터 받은 주관적 인상과 정서를 제일로 여겼다. 프로문학 비평이 객관성의 비평이라면 김환태의 인상비평론은 주관성의 비평이다. 김남천의 〈고발의 정신과 작가: 신창작이론의 구체화를 위하여〉(《조선일보》, 1937. 6. 1~6. 5)에서 처음으로 구체화된 고발문학론은 〈'유다'적인 것과 문학: 소시민 출신 작가의 최초 모랄〉(《조선일보》, 1937. 12. 14~12. 18), 〈일신상 진리와 '모랄': 자기의 성찰과 개념의 주체화〉(《조선일보》, 1938. 4. 17~4. 24)로 이어진다. 이는 창작방법으로서의 사회주의 리얼리즘이 막다른 골목으로 쫓기게 된 상황에서 위기극복의 방안으로 모랄론을 내세우고, 또 자기고발의 태도에서 창작의 활로를 찾고자 한 것이다. 백철의 감상비평鑑賞批評, 김환태의 인상주의 비평, 김문집의 향락주의적 비평 등의 예술주의 비평이 나오기도 했다. 세대론은 임화·이원조·유진오의 신인 공격과 이에 대한 신인들의 응수나 유진오와 김동리의 순수 시비에서 찾아볼 수 있다.

해방 직후의 문학은 민족문학으로 요약된다. 그런데 이 민족문학이란 말은 좌우 문학진영에서 똑같이 사용하였다. 이러한 언어용법과 접근태도는 이미 1920년대에 보인 바 있다.

임화 중심의 '조선문학가동맹'(1945. 12)처럼 이데올로기에 바탕을 둔 민족문학이 있는가 하면, 정인보 중심의 '전조선문필가협회'(1946. 3)의 이념에 토대를 둔 것도 있다. 전자는 계급주의 세계관에서 출발했고, 후자는 고전 회귀와 같은 민족주의에 근거를 두었다.

1950년대 전후비평은 1920년대에서부터 해방정국까지 유지되어 왔던 순수/참여, 계급/민족, 이념 중심/예술 중심 등의 대립관계가 소멸된 것을 출발점으로 삼는다. 부조리·앙가주망·실존·행동적 휴머니즘·의식 등을 파헤친 사르트르·카뮈·말로 등의 문학을 받아들임으로써 한국 전후문학은 깊이를 갖게 되었다. 실존주의가 전후비평이 문단적 차원에서 전개된 것을 대변한다면, 신비평New Criticism은 백철에 의해 구체적으로 소개되었다. 1930년대에 활약했다가 전향을 선언했던 백철은 〈뉴·크리티시즘에 대하여〉(《문학예술》, 1956. 11), 〈뉴·크리티시즘의 제문제〉(《사상계》, 1958. 11) 등을 통해 이 새로운 비평방법론 또는 연구방법론을 소개하는 데 힘썼다. 이 분석비평은 거리·시점·메타포·의미와 어조 등을 중심 개념으로 삼았다. T. S. 엘리엇, T. E. 흄, C. 브룩스, I. A. 리처즈 등의 이론이 신비평 또는 분석비평의 중심을 이루었다. 전후비평은 1950년대 말에 이어령李御寧과 김우종金宇鍾, 이어령과 이형기李炯基, 정태용鄭泰榕 사이에 벌어졌던 전통론을 거쳤다.

　1960년대에 있었던 순수·참여 논쟁들 중에서는 1963, 64년에 걸쳐 김우종·김병걸金炳傑과 이형기 사이의 논쟁, 1967년에 김붕구金鵬九의 주제발표를 에워싸고 임중빈任重彬·선우휘·이호철李浩哲·김현金炫 등이 혼전의 양상을 보인 것, 1968년에 이어령과 김수영金洙暎이 공방전을 전개한 것 등 세 가지를 특히 주목할 만하다. 이 논쟁은 김우종의 순수문학 파산선고에다 김병걸이 서구의 현실참여문학을 공급해 참여문학론의 튼튼한 바탕을 마련한 것에 대해, 이형기가 순수문학 옹호자의 입장에서 반론을 폈고 다시 김우종이 재반론을 꾀한 것으로 정리할 수 있다. '불온성' 시비에서 촉발된 세 번째 논쟁은 앞의 두 경우에 비해 치열성이 더한 논쟁이긴 했으나 순수·참여 문학의 본질적 성격을 밝히는 단계가지 나아가지는 못했다. 순수·참여 논쟁이란 말은 1960년대에 처음 사용되기는 했으나 그 실제 내용은 훨씬 전에 있었다. 우리의 현대문학비평사는 이미 1920년대에 여러 차례에 걸친 민족문학과 프로문학의 논쟁을 통해 문학의 초월성과 참여성, 기능 축소론과 기능 확대론, 보수주의와 진보주의 사이의 대립을 경험한 바 있다.

순수·참여 논쟁은 1970년대에 들어서면서 민족문학론·민중문학론과 그에 대립하는 순수문학의 구도로 이어지게 되었다. 참여문학이 민중문학이라는 용어로 바뀌면서 1970년대의 민중문학은 반정부운동이라든가 현실개혁운동에 더욱 적극적으로 뛰어들었다.

시나 소설과 마찬가지로 수필도 옛날부터 있어왔던 문학양식이다. 문학양식을 세계문학의 분류법에 따라 셋으로 나눌 때 수필은 포함되지 않지만, 다섯 가지로 나눌 때는 당당하게 문학양식에 포함된다.

수필을 에세이와 미셀러니를 총괄하는 용어로 보면 수필에 대한 호칭은 실로 다양하게 나타난다. 소설·파한집·총화·만록·만필·잡록·패설 등과 같은 명칭이 고려시대와 조선시대에 걸쳐 사용되었다. 개화기 이후로는 수상·상화·단상·잡문 등과 같은 수십 가지의 명칭이 사용되어 왔다.

시와 소설처럼 현대수필의 출발도 개화기에서 잡는다. 개화기의 수필은 유길준과 최남선의 기행수필, 《독립신문》《대한매일신보》의 논설체 수필 등으로 나누어볼 수 있다. 근대수필의 첫 결실이라고 할 수 있는 유길준의 《서유견문》은 서양 여러 나라의 산업·정치·문화·학문·풍속·지리·제도 등을 소개한 책으로 기본적으로 개화사상의 고취에 힘쓴 책이다. 개화기 신문들에 실린 사설이나 논설은 에세이의 원형이라고 할 수 있다. 《독립신문》의 논설들이 대체로 개화사상과 부국강병론 또 교육입국론에 바탕을 둔 이상주의 쪽으로 나아갔다면, 《대한매일신보》는 자강운동을 내세우면서 상하와 보수·개화를 가리지 않고 비판한 리얼리즘 쪽으로 나아갔다.

현상 문예공모 광고를 낸 《청춘》 제7호(1917. 5)에서는 수필 대신 '보통문'이란 말을 썼다. 기행수필의 대가인 최남선이 발행한 《청춘》에는 현대수필이라고 할 만한 글들이 많이 발표되었다. 최남선·이광수·민태원閔泰瑗·방정환方定煥 등이 현대수필을 써냈다. 또한 《청춘》은 박지원朴趾源·임제林悌·허난설헌許蘭雪軒 등의 고전수필을 소개하는 데도 힘썼다.

1920년대에 들어서면 《개벽》《신여성》《조선문단》《별건곤》 등의 잡지와 《동아일보》《조선일보》《시대일보》 같은 신문에 문학성이 있는 수필과 논설체 수필이 많이 발표되었다. 이때는 수필가나 에세이스트가 따로 있다기보다는 시인·작가·평론가·기자가 겸업했다. 이광수·염상섭·김팔봉·박영희·이은상·최서해·김동환·노자영盧子泳·채만식·강경애 등은 소설이나 시뿐만 아니라 수필도 많이 썼다. 시 양식이나 소설 양식으로는 일제 식민통치에 저촉될 것 같은 내용을 수필로 처리하는 경우가 많았다. 수필의 범위를 넓게 잡을 경우, 일제에 맞서서 우리 민족정신을 일깨우려는 수필도 많았던 것으로 보인다. 또 뛰어난 인물에 대한 추모나 예찬의 글이 많이 나왔는가 하면, 우리의 풍속과 국토를 예찬한 글도 많이 나타났다. 최남선의 〈심춘순례〉〈백두산근참기〉 등의 장편 기행수필이 그 본보기다. 나도향의 〈그믐달〉처럼 문학적 향취가 짙은 수필도 많았지만, 민족적 정체성을 발견하고, 지키려 한 수필도 못지않게 많다. 당시의 시나 소설처럼 우리 민족의 비참한 삶의 모습을 여실하게 그려낸 수필도 적지 않다.

1930년대에 오면 《문장》《신동아》《인문평론》《조광》 같은 잡지의 수필 고정란을 통해 많은 문학적 수필이 발표된다. 1920년대와 마찬가지로 대부분의 시인·소설가들이 많은 수필을 썼다. 이광수·

이은상·이효석·이무영·김광섭·이상·모윤숙 毛允淑·이태준·김진섭 金晉變·최재서 등이 수필가 또는 에세이스트로 활약했다. 이들은 아름다운 문장, 힘있는 문장을 마음대로 구사할 줄 아는 공통점을 지녔다. 이광수의 〈병창어〉, 이양하 李敬河의 〈신록예찬〉, 이효석의 〈낙엽을 태우며〉〈청포도의 사상〉, 이태준의 〈신록〉, 이상의 〈권태〉 등은 시나 소설 못지않게 감동을 주는 문학적 수필의 본보기로 평가되고 있다. 1930년대 말에는 《박문 博文》(1938. 10~1941. 1)이라는 수필전문 잡지가 간행되어 채만식·김남천·백철·이효석·박태원 등의 무게 있는 수필이 소개되었다.

시인이나 소설가가 수필가를 겸업하던 현상은 1945년 이후 사라지고 대신 전문 수필가가 나타나기 시작했다. 〈생활인의 철학〉을 쓴 김진섭, 〈나무〉를 쓴 이양하, 〈딸깍발이〉를 쓴 이희승 李熙昇, 〈화단〉을 쓴 김태길 金泰吉, 〈목근통신〉의 김소운 金素雲, 〈평양의 회상〉의 이숭녕 李崇寧 등이 본격적인 수필가로서의 면모를 보여주었다. 해방 직후에는 좌우 이념대립과 극도의 가난과 혼란으로 표현되는 사회상을 반영하듯 현실을 비판하거나 풍자한 수필들이 많이 발표되었다.

해방 이후 1960년대에 이르는 사이에 많이 읽힌 수필집으로는 김진섭의 《생활인의 철학》, 이양하의 《나무》, 김소운의 《목근통신》, 이광수의 《돌베개》, 변영로의 《명정사십년》, 박종화의 《달과 구름과 사상과》, 이희승의 《벙어리 냉가슴》, 박목월의 《구름위의 서정》, 유치환의 《동방의 느티》, 이어령의 《지성의 오솔길》, 양주동의 《문주반생기》, 조연현의 《여백의 사상》 등이 있다.

1960년대 후기에 들면서 수필집이 급증했고 전집·선집 형태의 수필집들이 많이 나왔다. 정치인·학자·교육가·법조인 등 각계 각층에서 전문 수필가가 나왔다. 그리고 여러 사람이 글을 모아 만든 수필집들도 급격히 늘어났다. 문인수필집 중에서는 유치환·박목월·김우종·김남조·이어령 등의 수필집들이 많은 독자를 끌어모았다.

■ **참고문헌**

김윤식,《한국근대문예비평사 연구》, 서울: 일지사, 1973.

송민호,《한국개화기소설의 사적 연구》, 서울: 일지사, 1976.

유민영,《한국현대희곡사》, 서울: 기린원, 1988.

이재선,《한국현대소설사》, 서울: 홍성사, 1979.

_____,《현대한국소설사》, 서울: 민음사, 1991.

조남현,《한국현대소설 연구》, 서울: 민음사, 1987.

_____,《한국현대소설의 해부》, 서울: 문예출판사, 1993.

_____,《한국현대소설사 1》, 서울: 문학과지성사, 2013

_____,《한국현대소설사 2》, 서울: 문학과지성사, 2013

차범석,〈한국현대희곡 문학 약사〉,《한국문학개관》, 서울: 문학과지성사, 2013.

인명 찾아보기

3부 한문학

4부 고전시가

5부 고전산문

6부 근대시가

7부 근대산문